JN180797

プロレス入門

THE MYTH, THE LEGENDS, THE HISTORY

神がみと伝説の男たちのヒストリー

FUMIHIKO SAITO
斎藤文彦

ビジネス社

はじめに　About This Book

この本のタイトルは『プロレス入門』。プロレスを知るための入門書です。この本を手にとってくださるであろう読者のみなさんは、プロレスが大好きな人たちであると考えます。プロレスが大好きな人たちのなかにはプロレスとめぐり逢ったばかりのビギナーもいれば、子どものころにプロレスに夢中になり、オトナになってもその気持ちを持ちつづけている筋金入りのマニア層もいる。ビギナーではないけれど、ものすごいマニアというわけでもない中間層、カジュアル層もかなりいるものと思われる。そういうありとあらゆる層のプロレスファンにとって役に立ち、おもしろかったり、ためになったりするストーリーの数かずをわかりやすくまとめたものが入門書ということになるのだろう。

ぼくたちの世代が少年ファンだった時代は、近所の本屋さんにいくとプロレスの入門書が何冊か棚に並んでいた。少年マンガ的なものがあったり、歴史ものや実録ものがあったり、ジャイアント馬場さんやアントニオ猪木さんの伝記本みたいなものもあった。そのものずばり、『プロレス入門』というタイトルの書籍もいくつかあった。いまは大きな書店——ネット世代ピープルはそもそも本屋さんに足を運ぶという習慣がないのかもしれないけれど——のプロレス・格闘技コーナーをのぞいてみても、純粋なプロレスの入門書というものが見当たらない。この状況はあまりよくないと感じていた。

3歳のときにプロレスと出逢ったぼくは、小学生のころからプロレス専門誌、プロレスに関する書籍をむさぼり読み、いちども離れることなく、かれこれ50年以上もプロレスを観てきた。ぼくのなかでは、プロレスは〝観る〟ものであると同時に〝読む〟ものでもあった。〝観る〟と〝読む〟がずっと同時進行しつづけると、それは自然に〝考える〟ことにつながってくる。プロレスについて観て考え、読んで考える。観ることだけではわからないときは読んで考え、読むことだけではわからないときは観て考える。プロレスと仲よくしていくというのは、そういうことではないだろうか。

ぼくはアメリカの大学に留学していた19歳のときに、専門誌の〝海外通信員〟としてプロレスの取材をするようになった。そういう表現を用いるとあまりにもカッコいいことみたいになってしまうけれど、じっさいはそうではなくて、きのうまではただのプロレスファンだったのに、ある日、プロレス記者のマネごとをするようになっただけのことだ。いまでも〝中身〟はプロレスファンのままなのだけれど、プロレスの試合やプロレスに関するもろもろについて記事やコラムを書いたり、レスラーをインタビューしたりすることを仕事にするようになって、気がついたら35年もたっていた。ぼくは、ぼくのこれまでの経験をプロレスファンのみんなとできるだけシェアしたいと考えている。

本書は『プロレス入門』だから、序章ではそのプロローグとしてプロレスというジャンルそのものについて論じた。プロレスファンは、プロレスとプロレスが大好きな自分にもっと自信をもっていいはずだ。第1章「日本人とプロレス」では、〝最古の日本人レスラー〟ソラキチ・マツダから力道山以前の日本のプロレス、〝力道山プロレス〟と馬場、猪木、UWF世代から平成のプロレスまで、日本人とプロレスのかかわりと日本プロレス史をごくかんたんにまとめた。

第2章「プロレスの神がみ」ではルー・テーズ、カール・ゴッチ、ビル・ロビンソン、ダニー・ホッジの4人の〝神がみ〟について、第3章「伝説の男たち」ではスタン・ハンセン、ブルーザー・ブロディ、ドリーとテリーのザ・ファンクス、ザ・デストロイヤー、アブドーラ・ザ・ブッチャー、タイガー・ジェット・シン、ロード・ウォリアーズら〝伝説の男たち〟について記した。若い世代のプロレスファンには〝神がみ〟と〝伝説の男たち〟についてぜひ知ってほしいし、〝神がみ〟と〝伝説の男たち〟をリアルタイムで観たり、ビデオで観たりしたことがあるマニア層、あるいは40代後半以上のオールドスクールのファンにはなつかしいストーリーとしてこの章を読んでいただきたい。

第4章「プロレス世界史」では、プロレスがプロレスとしての様式を整えた19世紀半ばから20世紀、そして21世紀までのアメリカ・プロレス史をまとめた。

ほかの多くの文化、芸術、エンターテインメントと同様、プロレスもまたヨーロッパから新大陸アメリカに渡り、アメリカから日本に伝わってきた。戦後の１９５０年代以降は、アメリカのプロレス史と日本のプロレス史がいろいろな形でリンクしていて、90年代の終わりから21世紀にかけてはWWEのグローバリゼーションの時代がはじまる。これは〝世界〟の動きとまったく同じだ。

巻末には人物索引をつけたので、ノンブル（ページ）をながめながら、どの時代のどんなレスラーとどの時代のどんなレスラーとが歴史的事件でかかわっていたかもチェックしてみてください。

第2章　プロレスの神がみ

第3章　伝説の男たち

第4章　プロレス世界史

第1節　プロレスの源流

第2節　プロフェッショナル・レスリング第一期黄金時代

第3節　第二次世界大戦後のレスリング・ビジネス

第4節　地方分権テリトリー時代

第5節 ローカル団体システムの終えん―2大メジャーリーグ時代

第6節　ＷＷＥグローバリゼーション

おわりに　At The End Of The Day……691

序章

プロレスとはなにか？

プロレスのルール＝〝やる側〟と〝観る側〟の不文律

プロレスとはいったいなにか。これこそがプロレスの永遠のテーマである。プロレスというカタカナ語はプロフェッショナル・レスリングの略ではあるけれど、プロフェッショナルとアマチュアを区別するための〝プロ〟ではない。また、アマチュア・レスリングがプロ化してプロフェッショナル・レスリングが生まれたわけではない。

プロフェッショナル・レスリングとアマチュア・レスリングのどちらが古いかというと、じつはプロレスのほうがその歴史は古い。プロレスとアマレスは19世紀の終わりに分離し、それぞれがまったく別べつの歴史を歩んできた。ふたつのスポーツが現在ではルールも視覚的な形態もまったく異なる競技になっているのはそのためだ。

プロレスのルールはひじょうにシンプルでわかりやすい。

①相手の両肩を3秒間、マットにつけるピンフォール。
②関節技、絞め技などによって対戦相手に戦意喪失の意思表示をさせるギブアップ（タップアウト）。
③選手が競技場＝リングから場外に落ちて規定の時間内にリングに戻れなかった場合のカウントアウト。
④反則裁定。
⑤審判＝レフェリーが競技の続行が不可能とみなしたときに試合終了のゴングを要請するレフェリ

ー・ストップおよびノーコンテスト裁定。

大きく分類するとこの5つのパターンのいずれかで勝敗が決まる。これ以外にはボクシングと同様、10カウントのノックアウトで試合が終了する場合もある。場外カウントについては一般的にアメリカ式が10カウント、日本式が20カウント（エプロン・サイドは10カウント）になっている。

試合時間は10分、15分、20分、30分、45分、60分、61分、90分、時間無制限などがあり、試合形式には1本勝負と3本勝負がある。20世紀初頭から1950年代あたりまでの約50年間は3本勝負がスタンダードで、50年代から60年代後半あたりまではタイトルマッチが3本勝負（制限時間60分または61分）で、ノンタイトル戦は1本勝負。70年代後半以降はタイトルマッチについても1本勝負が主流になった。ヨーロッパでは80年代までラウンド制（1ラウンド3分または5分）が適用されていた。

試合方法としては1対1のシングルマッチ、2対2のタッグマッチ、3対3の6人タッグマッチ、4対4の8人タッグマッチ、5対5の10人タッグマッチ、10人ほどのレスラーたちが同時にリングに上がって闘い、最後までリング内に残った選手が勝者となるバトルロイヤルなどがある。

反則とされる行為はクローズド・フィスト（握りこぶし）によるパンチ、サミング（目つぶし）、ローブロー（急所攻撃）、ガウジング（顔面をかきむしる攻撃）、チョーク（首を絞める攻撃）、髪をひっぱる攻撃、嚙みつき、凶器の使用など。そのほかに対戦相手のタイツやロープをつかんでの攻撃も反則。これらの行為がおこなわれた場合は、レフェリーがただちにカウントを数え、反則行為が5カウント以上つづいた時点で試合が終了し、反則を犯した選手の反則負け（DQ＝ディスクオリフィケーション）となる。

レフェリーがとくに危険とみなした行為については、レフェリーの権限で即時に試合をストップすることもできる。地域によっては対戦相手をトップロープごしに場外に投げ落とす行為(オーバー・ザ・トップロープ)、トップロープ上、またはコーナーのターンバックル最上段からジャンプしてリング内の対戦相手に攻撃を加える行為も反則とされている。

プロレスをプロレスたらしめる「反則」という概念

こういった基本的なルールは、プロレスファンにとっては常識のなかの常識である。

プロレスとプロレス以外のあらゆるスポーツが決定的に異なっている点は、これらのルールらしきものがプロレスを〝やる側〟〝提供する側〟と〝観る側〟の約束事、いわば不文律によって成り立っているところだ。プロレスには野球やサッカー、フットボールやバスケットボールのように万国共通の公式ルールブックというものが存在しない。公式ルールだけでなく、協会組織もコミッショナーもライセンス制度も労働組合も存在しない。それでもプロレスは興行スポーツとして確立し、試合はちゃんと試合としておこなわれ、スペクテーター・スポーツ(観賞用スポーツ)として少なくとも150年以上の歴史を重ねてきた。

ルールらしきものが〝やる側〟と〝観る側〟とのいわば相互理解によって成立しているということは、反則行為の規定にもやはり〝やる側〟と〝観る側〟の不文律がある。握りこぶしによるパンチが反則とされているのは、レスリングとボクシングというふたつの格闘技をきっちりと区別するための大前提であることはいうまでもない。ゲンコツで殴る行為がルール上で認められると、試合はあっというまに殴りっこになる。

レスリングとはあくまでもグラップリング＝取っ組み合いで、ボクシングはストライキング＝殴り合うことだけを目的とした競技である。１９９０年代に誕生したプロ格闘技、総合格闘技またはＭＭＡ（ミックスト・マーシャルアーツ）と呼ばれる新しいジャンルはこのパンチ攻撃をルールで認めているため、アマレス出身、柔道・柔術出身の選手たちがもともとの専門領域であるグラップリングではなく、グローブをつけて殴り合いを演じるという不思議な現象が起きている。

いっぽう、ボクシングでは認められていなくてプロレスでは認められている打撃技にはオープンハンドの張り手とチョップ、エルボー＝ヒジ、ニー＝ヒザを使った攻撃、頭突き、キックがある。プロレスにおけるオープンハンドの打撃技は、相撲でいうところの突っ張りや張り手と同じような定義と考えればわかりやすいかもしれない。

相撲の立ち合いにおける〝かちあげ〟は助走つきの体当たりのような動作だが、プロレスではこれも認められている。頭部、両腕、腰を相手に密着させた体勢からの攻撃――レスリングの基本ポジションである前傾姿勢からのコンタクト――は相撲と同様、すべて認められている。また、相撲にはみずからの頭を相手の肩や胸にぶつけ、相手の差し手かヒジをつかんで腕と首を同時にひねりながら投げる頭捻り（ずぶねり）という決まり手があるが、プロレスではこうした打撃と投げの複合技も認められている。

握りこぶしによるパンチだけが反則でヒジ、ヒザによる打撃、頭突き、蹴りはオーケーというルールは、競技の安全性とその整合性を考えた場合、理論的なつじつまの合わせ方がひじょうにむずかしいところではあるが、エルボードロップ、ニードロップ、ヘッドバット、ドロップキックといった打撃技、蹴り技の数かずが古くからプロレスの試合で使われてきたひじょうにポピュラーなテクニックだということはまぎれもない事実である。

目つぶし、急所攻撃、噛みつき、相手の首を絞めたり髪をひっぱったりする行為が反則とされている点は、スポーツとしての常識の範囲内ということになるのだろう。なにをやってもいいということになるとルールがないのと同じだから、それではただのケンカになってしまう。

プロレスでは試合中に反則行為がおこなわれた場合はレフェリーが〝反則カウント〟を数えるが、反則が発覚してから5カウントまでの微妙な時差が、4カウントまでの反則行為ならルール内で認められるという逆説的なロジックを生んだ。また、レフェリーの見ていないところでの反則は反則にならないし、レフェリーの目を盗んでの反則行為で試合に勝ったとしても、勝ちは勝ちということにもなる。この〝反則カウント〟と反則そのものに関するややアバウトな解釈こそ、プロレスがプロレスとして独自の進化・発展をとげ、現在の様式にたどり着いた大きな要因のひとつといえるだろう。

ユニフォームも自由、マスクもOK、リングのかたちも自由

プロレスにはほかのスポーツのようにユニフォームというものがない。一般的にはタイツとリングシューズを着用して試合をおこなうが、その素材や大きさや形や色に規定はなく、だいたいどんなものを身につけてもかまわない。ジーンズやふつうのズボンをはいて試合をする選手、Tシャツやスウエットを着たまま試合をする選手もいるし、リングシューズの代わりにスニーカーやウエスタンブーツをはいてリングに上がる選手もいる。また、シューズをはかなければならないという規則もないか

ら、素足で闘う選手もいる。

どんな格好でリングに上がっていいといっても、フットボールのヘルメットをかぶったり、金属製の衣装を身にまとって試合をしたら危険だし、競技としても公平ではないから、とりあえずそれは認められないし、そういうレスラーはいない。ルール（らしきもの）と反則の解釈と同様、このあたりの初期設定もまた〝やる側〟と〝観る側〟の約束事で成り立っている。

正体を隠すため（？）にマスクをかぶることがスポーツとしてフェアかアンフェアかはいささかの議論の余地を残すところではあるけれど、プロレスというジャンルでは〝やる側〟が提示したものを〝観る側〟が否定しなければ、それはプロレスのなかのサムシングということになる。プロレス史上最古のマスクマンは、1873年にパリのトーナメント大会に出現したという記録が残っている。

プロレスには競技場の面積、構造に関する規定もない。3本のロープがはりめぐらされた四角いリングがプロレスの〝舞台〟だということはプロレスファンでなくても知っているだろう。しかし、リングが正方形でリングの内側と外側を区切るロープが3本でなければならないという規則はじつはどこにもない。ニューヨークの格闘技の殿堂、マディソン・スクウェア・ガーデンでは70年代前半までボクシングと同じ〝4本ロープ〟のリングが使われることがあった。

面積についても標準サイズというものはなくて、アメリカでは正方形の一辺が20フィート（約6メートル）から25フィート（約7・6メートル）、日本では6・5メートル程度が一般的とされるが、じっさいに各団体で使用されているリングの大きさはそのひとつひとつが微妙に異なっている。大きめのリングもあれば、試合会場のキャパシティーに合わせて組み立てられるちいさめのリングもある。

アメリカで興行スポーツとしてのプロレスの原型がスタートしたとされる1850年代から約20年間は、現在のような正方形のリングではなく、リング＝輪という単語の語源どおり、見物客が選手の周りを円形に取り囲んだなかで試合がおこなわれていた。

レスリングの試合にキャンバスのマットが登場するのは1870年ごろで、観客が多くなってくると競技場は地面よりもやや高いところに設置されるようになり、選手たちが競技場から下に落ちないようにリングの周囲にロープが張られた。プロレスとプロボクシングのリングの構造がひじょうによく似ているのは、19世紀の終わりから20世紀初頭にかけてこのふたつのスポーツのプロ興行が〝親せき〟のような関係にあったことと深く関係している。

プロレスファンというライフワーク

プロレスは好き嫌いがはっきりと分かれるジャンルである。大男たち（女子プロレスの場合は女性アスリートたち）が裸に近い格好で四角い箱のなかで闘う。取っ組み合いをしたり、殴ったり、蹴ったり、飛んだり跳ねたりする。ときには血を流すこともある。レスラーたちは体じゅうからアドレナリンを噴射させながら闘い、観客はそれを観て非日常的なテンションで喜怒哀楽を体験する。ハラハラドキドキしたり、喜んだり、驚いたり、怒ったり、悲しんだりしながら試合を観て、試合が終わるとたったいま目撃したばかりの映像を頭のなかで巻き戻しながら納得したり、納得しなかったり、満足したり、満足しなかったり、感動したり、感動しなかったりする。

好きな人はとことん好きだけど、嫌いな人にとってはまるで興味のわかない世界ということになるのだろう。かなり積極的に「プロレスは大嫌い」なんて人たちもけっこういる。ほとんどの場合において、そういう人たちはプロレスのことをなにも知らない。なにも知らなくて、プロレスそのものを自分の目でちゃんと観たことがないにもかかわらず、なぜか判で押したように「八百長だ」「ショーだ」「お芝居だ」「あんなものはインチキだ、スポーツじゃない」とステレオタイプのイメージのようなものを口にし、そのあとにはオプションで「くだらない」「つまらない」といった評価を下したりする。

もちろん、こういったコメントの数かずはその人たちがみずからの頭でプロレスについてよく考え、勉強したり、研究したりして導き出した結論ではなくて、どれもこれも「……って聞いたよ」「……

というはなしだよ」といったたぐいのあいまい（で無責任）な二次的情報でしかない。なかには「プロレスはみんなヤクザだ」なんてわけ知り顔で話す人たち——昭和30年代生まれからその上の世代に多くみられる——もいる。

ここの文脈でいうところの〝プロレス〟がプロレスというジャンル全体なのか、プロレス団体やプロレスラーのことなのか、それともプロレスとかかわるすべての人たちを指すものなのかはいまひとつはっきりしないが、いずれにしても〝プロレス〟と〝みんな〟と〝ヤクザ〟は〝は〟と〝だ〟ではつながらない。無理やりつなぎ合わせようとしても日本語のセンテンスとしてあまり意味をなさないし、ロジックとしてもひじょうに乱暴だ。かんたんにいえば、誤った常識、無知からくる偏見と激しい思い込みである。

プロレスファンはプロレスファンになったときからずっとこういった偏見、差別的なまなざしやコメント、蔑視、ひぼう、中傷と直面しつづける。

ちいさいころからプロレスが好きだった人たちは、学校や家庭や地域社会で子どもなりにプロレスについてのまじめなディスカッションを経験するし、おとなになってからも会社や友人・知人たちとのソーシャルな場所でプロレスに関する議論をかさねていく。おとなになってからプロレスとめぐり逢い、プロレスを好きになった人たちは、プロレスのおもしろさとか不思議とかにあれこれ想いをめぐらせながら、日常的かつ継続的に、プロレスとプロレスを好きな自分について自問自答をくり返す。プロレスが大好きな人たちもまた、プロレスに対する素朴な疑問をたくさん抱えながらプロレスと接している。

プロレスと付き合っていく作業のうちの半分はじっさいに試合を観ることで、もう半分はその試合について考え、プロレスとプロレスラーについて考え、語り合うことだ。プロレスというカタカナの4文字を声にした瞬間、〝試合開始〟のゴングが鳴って、ありとあらゆる考察がはじまる。プロレスが好きな者同士の会話はポジティブで楽しいプロレス談義になるけれど、プロレスが好きな人たちとそうでない人たちとの会話は〝肯定派〟対〝否定派〟の討論会になる。プロレスをよく観て、プロレスを学習している人たちはこういう場面ではプロレスを弁護、擁護する側に立つことになる。これはプロレスファンのひとつの宿命といっていい。

プロレスにつきまとう問題〝八百長〟と〝真剣勝負〟

偏見は偏見でじつにさまざまなレベルがある。「あんなこと本気でやったら死んじゃうよ」「ホントに殴ってるはずないじゃん」といったごく初歩的なものもあれば「(テレビのプロレス番組で試合が)時間どおりに終わるのはおかしい」「(相手の攻撃を)よければいいのに、よけないでやられちゃうのはヘンだ」といった素朴な疑問の延長みたいなものもある。

その次の段階として「相手をロープに投げ飛ばしたら、その相手がまっすぐに戻ってくるのはやらせだ」「真剣勝負だったらあんなに長時間、闘えっこない」といったやや中級レベルの偏見があって、最後に「あれは全部、シナリオがあって、だれもケガしないようにできているんだ」という最上級の偏見にたどり着く。

もちろん、プロレスラーはほんとうに殴るし、ほんとうに蹴る。プロレスラーの肉体はとてつもなく頑丈にできている。テレビの放送時間どおりに試合が終わるのはおかしいという議論は、テレビのプロレス中継がまだ地上波のネットワーク局でゴールデンタイムに生放映されていた時代の一般論だった。ごくあたりまえのことだが、映像と音声が編集・加工されたテレビ番組（録画）だったら当然、試合は放送時間ぴったりに終わる。

対戦相手をロープに振ったら、その相手がまっすぐに戻ってくる場面——専門用語ではロープワーク——はおかしいという疑問に答えるのはひじょうにかんたんだ。相手をロープに振ったレスラーはロープの反動を利用したカウンター・ムーブを狙っているし、ロープに振られたほうのレスラーもまたロープの反動を利用したカウンター・ムーブを狙っている。ロープに振ったほうのレスラーの技がタイミングよく決まることもあるし、その反対にロープに振られたほうのレスラーの技がタイミングよく決まることもある。プロレスの試合をじっくりと観ていれば、そのどちらのシーンもちゃんと目撃することができる。

プロレスとかかわっていくうえでいちばんやっかいなのはやっぱり〝八百長〟と〝真剣勝負〟というふたつの単語——というよりも概念——とその定義だろう。

八百長。やおちょう。ヤオチョー！　大相撲の八百長問題が大きなニュースになってからテレビでも新聞でもネットでも八百長というコトバに関する論説、論述をひんぱんに目にし、耳にするようになった。何年かまえの朝日新聞（2011年2月17日付）のオピニオン面に〝耕論　八百長と日本社会〟という特集記事が載っていた。

国語学者の金田一秀穂さんは「〝八百長〟という言葉には愛がある」と前置きしてから「日本人は、

負けだけど勝ち、勝ちだけど負け、というようにはっきり勝ち負けをつけたがらない」と日本人のメンタリティーを分析し、「八百長と同じような言葉がある。融通を利かせる。手心を加える。顔を立てる」「八百長という言葉がなかった江戸時代には、病気の母親を抱えた相手力士をおもんぱかって横綱・谷風がわざと負けたのを『人情相撲』とたたえた」「白黒つけないのが大人、日本人的」と「日本社会を動かす原理」である「人と人との情」について論じた。

相撲にはガチンコがあって、八百長があるのだろう。プロレスにはガチンコもないし、八百長もない。相撲用語のガチンコと八百長にひじょうによく似たコンセプトとして、プロレスにはシュート（shoot とワーク work という隠語があるけれど、シュートとガチンコ、ワークと八百長がそれぞれ同義語なのかというとそうではない。プロレスにはプロレスの価値観、あるいは世界観としてのシュートとワークがある。

プロレス用語のなかにはすでに一般的な日本語にアダプトされているものもある。これも何年かまえの朝日新聞（2009年12月14日付）のスポーツ面で西村欣也編集委員が〝斎藤 ベビーフェースの重圧〟というタイトルでプロ野球の斎藤祐樹投手（日本ハム・ファイターズ）についてコラムを書いていた。

〝究極のベビーフェース〟が〝ハンカチ王子〟の斎藤で、同じ六大学野球出身のスターでも〝究極のヒール〟は〝空白の1日〟でかつて日本じゅうを敵にまわした江川卓なのだという。ベビーフェースの称号とヒールのレッテル。プロレス用語でなければ伝わらないニュアンスである。

プロレスとは「興行として行う職業レスリング」

プロレスのあれこれについて考えていくまえに、そのキーワードとなるいくつかの単語を広辞苑でおさらいしておきたい。

プロ-レス（professional wrestlingの略）興行として行う職業レスリング。

スポーツ【sport（s）】陸上競技・野球・テニス・水泳・ボートレースなどから登山・狩猟などにいたるまで、遊戯・競争・肉体的鍛錬の要素を含む身体運動の総称。

ほんき【本気】まじめな心。冗談や遊びでない真剣な気持ち。また、そのような気持ちで取り組むさま。「人の話を―にする」「―で働く」

―になる（それまでは軽い気持ちでいたのが）真剣になる。「仕事に―になる」「本気になってなぐる」

しんけん【真剣】①（木刀・竹刀などに対して）本物の刀剣。②まじめ。ほんき。「―なまなざし」「―に取り組む」

―しょうぶ【真剣勝負】①真剣で勝負すること。②命がけですること。

しょうぶ【勝負】①かちまけ。勝敗。「―をつける」「―あった」②争ってかちまけを決めること。「―に出る」「真剣に―にせよ」③ばくちをすること。かけごとをすること。

―は時の運　勝敗はその時の運次第で、必ずしも強い者が勝つとは限らない。「勝敗は時の運」とも。

ショー【show】（示す意）①人に見せるための催し。見世物。興行。「ワンマン―」「ロード―」②軽演劇。寸劇。③展示会。発表会。「モーター―」「ファッション―」

根性。

—ウィンドー【〜window】店頭の陳列窓。飾り窓。

—ケース【〜case】陳列棚。

—マン【〜man】芸人。顧客・聴衆を楽しませることに徹しようとする心構え。興行的手腕。芸人

やおちょう【八百長】〔明治初年、通称八百長という八百屋が、相撲の年寄某と碁の手合わせで、常に一勝一敗になるようにあしらっていたことに起るという〕①相撲や各種の競技などで、一方が前もって負ける約束をしておいて、うわべだけの勝負を争うこと。なれあい勝負。「—勝負」②転じて、内々示しあわせておいて、なれあいで事を運ぶこと。「質疑応答で—をする」

がく【学】①まなぶこと。「—に志す」「学問・独学」②まなび得たもの。体系化された知識。「—がある」「学識・語学」③教育施設。「進学・大学」④まなぶ人。「先学・碩学」⑤〔哲〕(ア)現実の全体あるいはそれの特殊な諸領域または側面に関する系統的認識。哲学ないし専門諸科学を含む。(イ)学芸。学問・芸術の総称。

がくもん【学問・学文】①(「学門」とも書いた)勉強すること。武芸などに対して、学芸を修めること。また、そうして得られた知識。「—のある人」②(science(s))一定の理論に基づいて体系化された知識と方法。哲学・史学・文学・社会科学・自然科学などの総称。学。

ロラン・バルトの『レッスルする世界』はプロレス論の古典

　フランスの哲学者ロラン・バルト（Roland Barthes １９１５-１９８０）の評論『レッスルする世界』はプロレス論の古典である。バルトの著作『神話作用 Mythologies』に収録されている評論の数かずは１９５４年から１９５６年にかけて書かれたもので、この『レッスルする世界』はフランスの雑誌『エスプリ Esprit』に発表されたエッセーの再録だ。

　バルトが論じるところの〝神話〟とは、天地創造や人類の誕生や英雄の説話ではなくて、根拠のないものが比喩的に、しかし絶対的に信じられている現代の事象を指している。

　バルトが論じたのは１９５０年代のフランスのプロレスについてで、バルトはまずプロレスを「見かけはすべての文学から最も遠い事実」と位置づけた。

　ここでは『神話作用』の翻訳版（１９６７年＝昭和42年初版）に収められている『レッスルする世界』（篠沢秀夫訳）を当時よりも現代的な日本語にリライトし、そのあらましを紹介する。

「プロレスのよさは度を超えた《見せ物》であることだ。プロレスは下劣なスポーツだと信じている人たちがいる。その人びとはプロレスが八百長スポーツであると――そうだとしたらその下劣さが失われてしまうのに――憤慨するが、観客にとっては闘いが八百長かどうかを知ることなどまったくどうでもいいのだ。観客はこの《見世物》の第一の美点に身をゆだねる。それは動機も結果もすべて廃絶することにある。大事なのは観客が信じるものではなく、観客が観るものなのだ」

「プロレスの試合で意味を持つのは各瞬間で、持続ではない。観客はある種の情熱の瞬間的映像を期待し、プロレスは意味の読みとりを要求する」

バルトは、いちばんはじめに「プロレスのよさは……」と語ることでプロレスに対する基本的な好意の姿勢を示している。

この評論を読み解くためのキーワードは《見せ物》《身ぶり》《げす野郎》という3つの単語だろう。《見せ物》は原書（フランス語）と英語版ではともにスペクタクル（spectacle）、《身ぶり》はフランス語版がジェステ（geste または gestes）で、英語版はジェスチャー（gesture）だ。《げす野郎》はフランス語版ではサロー（salaud）、英語版ではバスタード（bastard）という単語が使われている。

バスタードのもともとの意味は非嫡出子（ひちゃくしゅつし）だが、アメリカ英語のスラングでは「無礼なやつ」「イヤなやつと」いった意味がある。現代のプロレス用語でいえば、ヒール（heel）＝悪役のことだ。

「プロレスは苦痛を恥とせず、泣くことができ、涙を流すことが好きだ。プロレスのどの《身ぶり》もその場で理解しなければならないものであるから、全面的な明晰（めいせき）さを備えている。レスラーたちがリングに上がるやいなや、観客にはそれぞれのレスラーの役割の明白な意味が示され、それぞれの肉体的タイプがレスラーたちに与えられた仕事を過度に表現する」

「観客が求めるのは情熱のイメージであって、情熱それ自体ではない。プロレスにおいては、劇場におけるそれと同様、真実という問題はない。期待されているのは、通常は秘密である精神的状況のわかりやすい形象化である」

「プロレスの各瞬間は、ひとつの原因とそこから予想される結果を即座に解明する数学のようである。

プロレスの愛好者たちにとっては、精神的メカニズムがこれほど完全に働くのを見ることへの一種の知的快楽がある。観客に与えられるものは苦悩、敗北、そして正義の偉大な《見せ物》である」

「レスラーの《身ぶり》はいかなる物語、いかなる背景も必要としない。じっさいの（観客にみえない）隠れた残酷な動作はプロレスの不文律を踏みにじり、狂気の、または無駄な動作としていかなる社会学的な効果も持たない。（中略）明白な原因なしに現れる苦痛は理解されない。すべての人は、レスラーが苦しんでいるということだけでなく、とりわけ、なぜ彼が苦しんでいるかを理解することが必要だからだ」

「プロレスは拷問の外面的なイメージを与える唯一のスポーツである。しかし、ここでなお、そのイメージはプレーの場においてだけであり、観客はレスラーの真の苦しみを願いはせず、ひたすら肖像画の完全さを味わうのみだ。プロレスはサディスティックな《見せ物》だというのは本当ではない。ただわかりやすい《見せ物》なのだ」

リングの上で、レスラーは「神がみ」となる

バルトは「プロレスは人間の苦悩を悲劇のマスクの誇張をもって提示する」と分析している。「通常は秘密である精神的状況」とは〝うぬぼれ〟〝正当な権利〟〝洗練された残酷さ〟〝仕返しの感覚〟などで、だからこそ、はめを外した世界の扉をこじ開ける行為——レスラーがほんのわずかだけルールを踏み外して反則を犯す瞬間——は観客を熱狂させ、興奮させ、「彼らはそれをちょうどいいロマンチックな神話のように楽しむ」のだという。

プロレスの本来の意味とは「修辞学的誇張――情熱の強調、絶頂のくり返し、（観客を含めた）レスラーたちのやりとりの激昂、異様な混乱への到達、最後の大騒ぎ――である。規則も形式の法則もレフェリーの制止もリングの限界も廃止され、客席にはみ出し、レスラー、セコンド、そして観客をもごちゃまぜに巻き込む、一種のはめを外した大狂乱である」とバルトは結論づける。

「プロレスの試合では、いかなる象徴、いかなる比喩もなく、すべてが余すところなく与えられる。《身ぶり》はすべての余分な意味を切り払い、観客に対して儀礼的に、自然と同じようにきっちりとした、純粋で充実した意味を提供する」

「リングの上で、その自発的な下劣さのどん底で、このドラマの主人公、または《げす野郎》――つまり形而上学的な表象の一種にまで拡大された男たち――は神がみである。なぜならば、彼らは何秒かのあいだ、自然を開くカギであり、善を悪からへだて、ついに明らかとなった正義というものの様相をあらわにする《身ぶり》だからである」

「プロレスがレスラーたちの《身ぶり》によって示すものは、事物の理想的な明白さであり、人間であることの幸福感」である。

バルトが語っているのはいまから約60年まえのフランスのプロレスについてだが、その観客論は現代のプロレスにもちゃんとあてはまる。WWEの世界観をイメージしてもいいし、アントニオ猪木の〝燃える闘魂〟をイメージしてもいい。ひょっとしたら、大仁田厚のプロレスに《見世物》《身ぶり》《げす野郎》というキーワードをあてはめてみるとひじょうにわかりやすいかもしれない。

プロレスはぼくたちを幸せにできるのである――。

プロレスはアマレスよりも古いという現実――プロレス発祥のエビデンス

歴史的発見なんていったらちょっと大げさかもしれないけれど、これまでの誤った常識の修正ということにはなるだろう。プロフェッショナル・レスリングの歴史はアマチュア・レスリングの歴史よりもずっと古い。

結論からいってしまえば、プロレスのほうが先に存在していて、プロレスよりもあとからアマレスが生まれた。アマチュアとプロの〝分離〟は、そもそも近代オリンピックからはじまった概念である。プロレスとアマレスの関係は、日本の伝統的レスリングである大相撲と学生相撲の関係とまったく同じととらえるとわかりやすい。ごくあたりまえのことではあるけれど、大相撲の歴史は学生相撲のそれよりもはるかに古い。また、学生相撲＝アマチュアが発展して大相撲＝プロが誕生したわけでもない。

これまでの研究では、アメリカでプロレスの興行がはじまったのは1860年代ごろとされてきたが、最近の研究では1820年ごろにフランスで〝プロレス巡業〟の原型がスタートしていたことが明らかになってきた。

初期のプロレスラーはエドワード〝ザ・スティール・イーター〟（鉄を食う男）〟、ガスタヴ・デアビヨン〝ザ・ボーン・レッカー〟（骨折魔）〟、ボネット〝ザ・オックス・オブ・ジ・アルプス〟（アルプス山脈の雄牛）〟といったいかにもフリーク的なリングネームを名乗り、動物の曲芸ショーや綱渡りや奇人・変人の見せ物小屋などといっしょにバーンストーミング＝地方巡業をまわりながら「だれの挑戦でも受ける。この大男を投げ飛ばすことができた者には賞金500フラン」といった賞金マッチのたぐいをおこなっていたのだという。

ヨーロッパのバーンストーミングでいちばん有名だった〝プロレス一座〟は、ジャン　エクスブロイヤ Jean Exbroyat（本名はジャン・ブロヤッセでエクスブロイヤはニックネーム）という人物が1848年に南フランスに設立したサーカス団である。エクスブロイヤは、伝統的なフランス式レスリングの流れを汲むサムシングとしてウエストから下への攻撃を禁止し、上半身のみを使って闘うレスリングをフラット・ハンド・レスリング Flat Hand Wrestling と命名。この新しいスタイルのレスリングを〝プロレス一座〟の統一ルールとして採用した。

グレコローマン・レスリングの誕生と近代オリンピック

エクスブロイヤが実用化――発明、開発というよりもここでは実用化という表現のほうが適切ではないかと思われる――したフラット・ハンド・レスリングはその後、フレンチ・レスリング、クラシック・レスリング、フレンチ・クラシカル・スタイル・レスリング French Classical Style Wrestling といった名称でフランスからオーストリアハンガリー帝国、イタリア、デンマーク、ロシアへ普及していった。

しかし、普仏戦争（1870－1871）でドイツ帝国が大勝し、敗れたフランスが第二帝政から第三共和政へ移行するとフレンチ・レスリングという名称そのものが使われなくなり、イタリア人レスラーのバシリオ・バルトーリ Basilio Bartoli が、レスリングの起源は古代ローマにあるという主張からこれをグレコローマン・レスリング Greco-Roman Wrestling と命名、呼称するようになった。これが現在のグレコローマン・レスリングのルーツである。

グレコローマン・レスリングはその名称とはうらはらに、古代ギリシャとも古代ローマともまったく関係なく、19世紀後半のフランス人とイタリア人の〝発明〟だったが、グレコローマン・レスリングそのものは1860年代から1900年代までの約40年間、ヨーロッパのプロレス興行の主流としてその地位を確立していく。

1898年、フランス人レスラーのポール・ポンズ Paul Pons が初代世界グレコローマン王者に認定されるとヨーロッパのプロレスの中心地はパリに移り、フォリー・ベルジェール、カジノ・ド・パリといった由緒ある劇場がプロレス興行の舞台となるが、19世紀末から20世紀初頭にかけてのたびかさなる八百長疑惑、不透明な試合結果、選手のプロフィル詐称など――つまりプロレスが20世紀的な様式を整えていくプロセス――が原因でプロレスの〝信用〟は失墜する。

近代オリンピックの第1回大会（アテネ＝1896年）の正式種目は陸上、レスリング、ボート、自転車、フェンシング、体操、重量挙げ、水泳、射撃、テニスの10競技だった。〝オリンピックの父〟ピエール・ド・クーベルタン男爵は、フランスにおけるプロレスの人気とその功罪を理解し、レスリングをオリンピックの正式種目とすることに消極的ではないが、それほど積極的でもなかったという。

初代オリンピックの初代レスリング・チャンピオンは陸上競技選手

近代オリンピックの第1回大会、1896年のアテネ大会ではアマチュア・レスリングとしてオーガナイズ＝競技化される以前のアマチュアのレスリングの試合がおこなわれた。フランスのプロフェッショナル・レスリング（グレコローマン・スタイル）に準じたルールを適用し、時間無制限、ウエート階級制なし、ポイント制もジャッジによる判定もなしという〝初期設定〟で開催されたトーナメント戦にはレスリング以外の種目の代表選手5名が出場。ドイツのカール・シューマン（陸上競技）がイギリスのラウンストン・エリオット（重量挙げ）を下して初代オリンピック王者となった。

4年後のパリ大会（1900年）ではレスリングは正式種目には含まれず、さらに4年後のセントルイス大会（1904年）ではグレコローマン・スタイルが姿を消し、アメリカ代表40選手のみ――47・6キロ＝104・9ポンド級から71・7キロ＝158ポンド超級の全7階級――によるフリースタイルのトーナメント戦が開催された。

この時点ではヨーロッパのレスリングの主流はあくまでもフランス発祥のグレコローマン・スタイルで、アメリカのそれはイギリスのキャッチ・アズ・キャッチ・キャンの流れを汲むフリースタイルだった。

現在のUWW＝世界レスリング連合（United World Wrestling）とその前身のFILA＝国際レスリング連盟（英＝International Federation of Associated Wrestling Styles、仏＝Federation Internationale Des Luttes Associees）のさらにルーツにあたる最初の国際的なレスリング連盟組織がドイツのデュイ

スブルグに誕生したのは１９０５年。

同連盟はストックホルム大会（１９１２年）からアントワープ大会（１９２０年）にかけて何度かの分裂・組織改編をくり返し、１９２０年にＩＯＣ国際オリンピック委員会の要請でＩＡＷＦ（International Amateur Wrestling Federation）に改称。

戦後の１９５４年（昭和29年）、東京で開催された国際会議にてＩＦＡＷ（International Federation of Amateur Wrestling）、１９９４年にはＩＦＡＷＳ（International Federation of Associated Wrestling Styles）と改称したが、フランス語読みの頭文字であるＦＩＬＡという正式名称を経て、２０１４年９月にＵＷＷ＝世界レスリング連合（United World Wrestling）という新名称に統一された。ＵＷＷは現在、アマチュア・レスリングだけでなく、グラップリングやアマチュアＭＭＡ（総合格闘技）の大会運営も手がけている。

フランスでは１８３０年代ごろから、アメリカ大陸では南北戦争（１８６１〜１８６５年）の前後から本格的なプロレス巡業がはじまっていたが、ヨーロッパでもアメリカでも、いわゆるアマレスは20世紀の〝産物〟であった。

アメリカで――オリンピック・ムーブメントとは関係なく――アマレスが組織化されはじめたのは１８７６年。ＮＡＡＡ（National Association of Amateur Athletes of America）という団体がアマチュア・スポーツのルールづくりに着手し、レスリングについてはふたつの異なるスタイルであるグレコローマンとキャッチ・アズ・キャッチ・キャン（フリースタイル）の公式ルールを作成したが、ルールそのものはヨーロッパとアメリカ国内ですでにおこなわれていたプロレスの様式を踏襲したものだった。

1878年にはニューヨーク・アスレチック・クラブというアマチュアの団体がアメリカ国内で初のアマレス・トーナメントを開催。NAAAAによるルールづくりから10年後の1888年、同団体から派生した新組織AAU（Amateue Athletic Union）がキャッチ・アズ・キャッチ・キャン・ルールに改良を加え、のちにカレジエイト・スタイル（カレッジ・スタイル）と呼称されるところの新しいレスリング・スタイルの土台をつくった。

アメリカの〝プロレスの父〟マルドゥーンは1876年、NYでデビュー

初期のプロレスのひのき舞台だったフランスでは1856年に〝八百長疑惑〟が社会問題化し、パリでの興行が一時禁止となった。1873年にはパリのトーナメントにプロレス史上最初のマスクマン、ザ・マスクド・レスラーが登場した。この時代にプロレス興行のショービジネス化に拍車がかかった。

いっぽう、アメリカでは1867年1月、ニュージャージー州ニューアークでカーネル・ジェームス・H・マクラフリンがルイス・エインズワースを退け、プロレス最古のタイトルといわれるアメリカン・カラー・アンド・エルボー王座を獲得した。

ごく最近の研究では、J・H・マクラフリンのライバルで、同時代を生きたホーマー・レーン、ジョン・マクマホンといったレスラーたちも〝チャンピオン〟を名乗って全米各地を転戦していたことが判明している。

〝プロレスの父〟として知られるウィリアム・マルドゥーンは1876年、アメリカで最初の〝職業レスラー〟としてニューヨークでデビューした。

J・H・マクラフリンも、マルドゥーンも、アマレスというものがまだ存在しなかった時代のアメリカのプロレスラーである。マクラフリンやマルドゥーンの歩んだ道、プロレスラーとしての足跡とその功績をリサーチするための手がかりは、ごく数カットだけ残されているモノクロの写真、当時の新聞記事や古い文献だけで、試合映像はもちろん存在しない。

この時代のプロフェッショナル・レスリングの闘い方がいわゆるプロレス――現代人であるわれわれがイメージするところのプロレス――というよりもMMAに近いものであったとしたら、マクラフリンやマルドゥーンはプロレスだけではなく総合格闘技の始祖ということにもなる。

プロレスの歴史は、アマレスのそれよりもMMAのそれよりもはるかに古い。レスリングの変容の歴史はまさに〝人類学〟なのである。

「タッグマッチの起源は?」というきわめて難解な問い

先日、知人からいきなり「タッグマッチの起源は?」と質問され、ぼくは答えに困ってしまった。たしかに素朴な疑問ではあるけれど、これまであまり研究されることのなかったプロレス史のなかの重要な〝論点〟のひとつといっていいかもしれない。ぼくはとっさに「100年くらいの歴史はあると思う」と答えたけれど、ほんとうはまったく自信がなかった。わからないことをわからないままにしておくのはよくないので、ぼくはぼくなりに調べものをしてみることにした。

タッグマッチ、またはタッグチーム・マッチのルーツについては諸説があり、いったいいつどこでだれが発案し、実用化したものであるかはいまひとつはっきりしない。試合のデータとその試合にまつわるエピソードが残されているいちばん古いタッグマッチは、どうやら1936年にテキサス州ヒューストンでおこなわれたマイロ・スタインボーン&ウィスカーズ・サベージ対タイガー・ドーラ&ファズール・モハメドの一戦だ。

1936年――あえて日本式の年号を用いるとするならば昭和11年――というといまから80年もまえだから、かなり昔のできごととらえることもできるし、プロレス世界史の年表からみれば19世紀半ばの〝黎明期〟よりは現代に近い。

第一次世界大戦後の1920年代、アメリカじゅうでプロレス・ブームが起きた。大恐慌の時代もプロレスは大衆娯楽としてその人気をキープし、1930年代後半には全米各地にローカル・ベースの興行団体が点在していた。タッグマッチを興行の目玉商品としたヒューストンのプロモーターはモリス・シーゲルという人物だったといわれている。

スタインボーン&サベージ対ドーラ&モハメドのタッグマッチは、厳密には現在のタッグマッチと同じルールではなくて、4人の選手がいちどにリング内で闘うトルネード式の〝ダブルス〟だったとされる。19世紀の終わりから20世紀初頭にかけてのアメリカのプロレス興行では「15分以内に○○を投げたら××の勝ち。15分以内に投げられなかったら○○の勝ち」「30分以内に○○と××が●●からフォールを取れば○○と××の勝ち。フォールを取れなければ●●の勝ち」といった特別ルールのハンディキャップ・マッチがひんぱんにおこなわれていた。

これは一流レスラーがローカルの〝飛び入り〟の挑戦を受けて試合をする場合にプロモーターが用意した文字どおりのハンデで、実力差がある（と思われる）2選手の闘いでは弱い（と思われる）ほうの選手あるいは選手たちにハンデを与えることで、よりフェアな条件のもとで試合を成立させるという目的があった。

ある日、モリス・シーゲルの甥っ子がシーゲルに「2対1のハンディキャップ・マッチは観たことがあるけれど、どうしてチームとチームが闘う試合はないの?」とたずねた。これがタッグマッチというまったく新しい試合形式のヒントになった。

ヒューストンで発祥した（とされる）タッグマッチは翌1937年から1938年にかけていっきにアメリカじゅうに広まった。世界チャンピオン・クラスのレスラーがなかなか遠征してこない各地のローカル団体では、タッグマッチの定番カードが〝人気商品〟としてもてはやされるようになった。

1950年代にタッグマッチがオーストラリアン・ルール、オーストラリアン・スタイル・マッチと呼ばれた時代があったが、これはオーストラリア出身の名タッグチーム、ザ・ファビュラス・カンガルーズ（ロイ・ヘッファーナン&アル・コステロ）がタッグマッチの〝発明者〟を自称していたからだった。

日本のプロレス史もタッグマッチからはじまった。1954年（昭和29年）2月19日、蔵前国技館でおこなわれたシャープ兄弟対力道山&木村政彦のタッグマッチ＝61分3本勝負は、日本人――そこにいた観客、テレビ視聴者、新聞記者・雑誌記者をはじめとする報道陣、関係者――が目撃した初めてのプロレスだった。オフィシャルな祝日ではないが、カレンダーによっては〝2月19日〟がはっきりと〝プロレスの日〟と記されている。

兄ベンと弟マイクのシャープ兄弟は〝世界タッグ・チャンピオン〟という肩書で日本にやって来た。身長6フィート5インチ（約196センチ）、体重250ポンド（約114キロ）というカナダ人の兄弟――マスメディアもオーディエンスも当然のことのようにこの兄弟チームがアメリカ人であると思い込んでいた――のヘビー級の体格が当時の日本人の目には〝巨人〟に映った。

昭和の日本人はシャープ兄弟のタッグマッチを観てプロレスのなんたるかを学び、〝相撲の力道山〟と〝柔道の木村〟が勝てなかったシャープ兄弟の存在がこの国のプロレス史のプロローグになった。

1対1の〝果たし合い〟をイメージさせるシングルマッチではなく、タッグマッチを先に目撃し、そのコンテンツを理解し、楽しんだことで、じつは日本人のプロレスを観る目は養われたのである。

ちょっとやっかいな専門用語、隠語、エトセトラ、エトセトラ

プロレス用語、とくに知らないで使うとものすごく恥ずかしい専門用語、誤って使われることが多い〝隠語〟のたぐいについて考えてみたい。

いちばんはじめにきっちりと定義しておかなければならない単語は、やっぱり〝ガチンコ〟だろう。ガチンコという単語はもともと相撲の専門用語（あるいは隠語）であったものが一般名詞としてアダプトされたものである。

語源は力士と力士がぶつかり合うときの〝ガチッ〟という衝撃音といわれる。広辞苑（第六版＝岩波書店）で〝がちんこ〟を引いてみると「相撲で、真剣勝負。広く、正面から本気で対決することにもいう」とあるが、明鏡国語辞典（大修館書店）には〝がちんこ〟という単語そのものが載っていない。〝プロレスの父〟力道山が大相撲の慣習や伝統的なしきたりの多くをプロレスの世界に持ち込んだため、相撲界の専門用語・隠語がそのままプロレス界の専門用語・隠語に化け、結果的にお相撲さんの生活習慣やしきたりが昭和のプロレスラーの生活習慣やしきたりを決定づけた。力道山の死から半世紀が経過している現在でも、相撲用語をルーツに持つプロレス用語の多くがそのままの用法、相撲社会の通念のまま使われている。

プロレスの道場には兄弟子（先輩）がいて、弟弟子（後輩）がいて、新弟子（練習生）がいる。日本のプロレスをよく知るアメリカ人レスラーの多くは、先輩 Senpai、後輩 Kohai をそのままの発音で

英語にアダプトしている。無理やりアメリカ英語に訳すとしたら、先輩はメントアMentorで、後輩はプロトジェーProtegeとなる。

ケイコのあとの食事は、それが鍋物であってもそうでなくても、お父ちゃん、お母ちゃん、お兄ちゃんなど、みんなでいっしょに食べるごはんはチャンコだ。〝ごっつぁん〟〝ごっちゃん〟には「ごちそうさま」だけでなく「ありがとう」という意味もある。

〝北向く〟はヘソを曲げること、腹を立てること、すねること。〝シカきめる〟〝シカかます〟は知らん顔をすること、無視すること、とぼけること。〝シカ〟の語源は、花札の〝猪鹿蝶（いのしかちょう）〟の〝鹿〟が知らん顔をしてよこを向いているためといわれている。

〝しょっぱい〟は（相撲が）弱いこと、ヘタなこと、ケチくさいこと。〝食らわす〟は殴ること。〝手が合う〟は仲がいいこと。〝盆中（ぼんなか）〟はおたがいに気を利かせること。〝ヤマいく〟は病気やケガをすること。〝金星（きんぼし）〟は美人で、〝星〟は恋人。〝ヨカタ（外方、世方）〟は業界人や関係者ではない一般人を指す。

隠語ではないけれど〝一枚上手（いちまいうわて）〟〝まだ序の口〟〝肩すかし〟〝勇み足〟〝わきが甘い〟〝押し切る〟〝仕切り直し〟〝痛み分け〟といったフレーズの数かずは相撲用語が日常語に変換された口語表現である。〝ガチンコ〟もこのグループにカテゴライズされる単語ととらえていい。

カタカナのプロレス用語でいちばん誤用が多いのは〝ハイスパート high spot〟という外来語だろう。ハイスパートを——インタビュー内のコメントとして——最初にカタカナに変換したプロレスラーは長州力で、長州自身がみずからのレスリング・スタイルをハイスパートあるいはハイスパート・レスリングと形容したため、長州スタイルのプロレスとハイスパートなる単語がほとんど同義語のようにとらえられるようになった。

じっさいは、ハイスパートとは、派手な大技や合体殺法をくり出す〝場面〟〝タイミング〟〝見せ場〟のことで、あるひとつのレスリング・スタイルを意味するものではない。〝high spot〟をカタカナに直訳すれば〝ハイ・スポット〟になるはずだが、長州はアメリカ英語の〝ハイスパー（ット）〟の発音をそのまま日本語に変換し、それがカタカナの新語・造語として定着した。

あまり聞きなれない英単語がやや誤った発音のままカタカナ語として定着してしまったものにはニール・キックやトラース・キックのような例もある。ニール・キックはスピニング・ヒール・キックspinning heel kick（回転カカト蹴り）、トラース・キックはスラスト・キック thrust kick（突き蹴り）がそれぞれ正しい名称だが、スピニング・ヒール・キック、スラスト・キックをそれぞれ3回くらいつづけて発音してみるとニール・キック、トラース・キックというカタカナ的発音に〝変音〟するのがわかる。

テレビという新しいメディアが日本に導入され、開局したばかりのNHKと日本テレビがプロレス中継を手がけ、街頭テレビによってプロレスが、プロレスによって街頭テレビが大ブームになった1954年（昭和29年）、ある新聞社の社会部の記者と力道山がこんな会話を交わしたという。その記者は「プロレスはスポーツのようにも見えるし、ショーのようにも見えます。ほんとうのところはどうなんですか」と質問した。

力道山は「プロレスはね、ガチンコのなかに八百長があって、八百長のなかにガチンコがある、と考えればわかりやすいですよ」と答えたとされる。プロレスのキャリアがまだ3年足らずのルーキー（当時）だった力道山は、プロレス観戦歴が半年くらいの新聞記者に相撲用語を使ってプロレスのなんたるかを伝えようとしたのだろう。

ぼくはいまから30年以上まえにプロレス・ライターの大先輩で、当時、『週刊プロレス』誌（ベースボール・マガジン社）の編集顧問だった〝長老〟鈴木庄一さんからこのおはなしを聞いた。庄一さんは「そんなこともあったね」といった感じで、新人だったぼくにそれを話して聞かせてくれた。

いまとなっては、それがどこの新聞社のなんという記者で、力道山のコメントがどういう形で活字になったかを調査するすべがない。伝聞の伝聞だから〝伝説〟ということになるのかもしれない。力道山の時代を知る記者はもう現場にはほとんどいない。

ネット世代のプロレスファンがよく使う隠語（とされるもの）のなかでいちばん誤りが多いのは、ブックあるいはブッカーという単語だろう。プロレスにはシナリオ、脚本があると信じているファンはよく「だれがブック（脚本）書いた？」「あれはブック破りだ」という表現を使うが、これは明らかな誤用だ。

プロレス用語として使われるブックは名詞ではなくて動詞だから、ブック book（―を手配する、―を記載する、―を記録する、―を契約する）、ブックト booked（過去形・過去分詞）、ブッキング booking（現在分詞・動名詞）、人間を指す場合はブッカー booker という変換になる。

ガチンコは相撲用語、または相撲の隠語から派生したプロレス用語ということになってはいるけれど、日常語に変換されたガチンコは相撲用語でもプロレス用語でもない。ガチンコとは、当事者＝競技者ではなく、あくまでも第三者＝観客の視点である。

ガチンコとは――逆説的ではあるが――ガチンコとガチンコでないものが共生・共存しているなかで初めてガチンコたりえる。相撲のなかにはガチンコとガチンコでないものが同時に存在してきた。プロレスにもシュート Shoot と呼ばれるものとワーク Work と呼ばれるものが同時に存在していて、それがプロレスをプロレスたらしめている。

ガチンコを求める目は、プロレスを観るたくさんのまなざしのなかのひとつにすぎないのである。

第1章

日本人とプロレス

〝最古の日本人プロレスラー〟ソラキチ・マツダ

文献に残されている最古の日本人プロレスラーは、明治時代にアメリカに渡り、1880年代のプロレスリングのパイオニアのひとりとして活躍したソラキチ・マツダ Sorakichi Matsuda である。

日本人レスラー――お相撲さん――が外国人レスラーと最初に試合をしたのは、いまから160年ほどまえの1853年（嘉永6年）から1854年（嘉永7年〜安政元年）ごろといわれている。アメリカのマシュー・ペリー海軍提督による〝黒船来たる〟の時代である。

幕末には横浜を舞台に力士対レスラーの〝異種格闘技戦〟のようなものがしばしばおこなわれ、その様子が数かずの錦絵として残されている。日本におけるプロレスのルーツはこのあたりなのだろう。

マツダは1862年（文久2年）、福井県出身。本名は松田幸次郎。東京相撲・伊勢ヶ濱部屋で両國梶之助の弟子として荒竹寅吉の四股名（序二段）で――相撲時代の下の名は本名の〝幸次郎〟または〝光二郎で、〝寅吉〟は名乗っていなかったとする説もある――相撲をとっていたが、1883年（明治16年）に巡業先の横浜から〝蒸発〟し、アメリカに渡った。マツダをスカウトしたのはアメリカ人のサーカス・プロモーター、フィル・H・カービーという人物だったとされる。

ソラキチ・マツダ「アレン&ジンターズ・タバコ・カンパニー」というタバコ会社が発行した1880年代のプロレスのトレーディングカード

これまでのリサーチでは、リングネームのソラキチ・マツダは本名の松田と相撲時代の四股名・荒竹寅吉の寅吉とをミックスしたものとされてきたが、最近の研究では、トラキチなるファーストネームはマツダ自身が名乗ったものではなく、アメリカのプロモーターによるネーミングで、幕末から明治初期にかけてアメリカ各地を巡業した日本のサーカス一座〝トラキチ〟からアダプトしたものとする説もある。

いずれにしても、寅吉がどうやってソラキチ Sorakichi というスペルになったかについては諸説があり、単純にマツダの英語の発音が悪かったからとする説、マツダの前歯が折れていたため口から空気がもれてトラキチの〝ト〟〝T〟がソラキチの〝ソ〟〝S〟に変音したなどさまざまな説がある。

マツダがプロレスラーとしてデビューしたのは――これについても諸説があるが――1884年（明治17年）1月14日。ニューヨークのアービン・ホールでイギリス・ミドル級王者エドウィン・ビビーと500ドルを賭けた賞金マッチ（3本勝負）で対戦し、2－0のスコアで敗れた。

この試合の模様を報じた『サンフランシスコ・クロニクル』新聞（1884年1月15日付）によれば、マツダは「身長5フィート7インチ（約170センチ）、体重175ポンド（約79キロ）」。アメリカのリングに登場した時点ではまだマゲを結っていた。記事は「広い胸、たくましい両腕と肩、細いウエスト、太い大腿部、目立って突起したふくらはぎ、細い足首、極端にちいさな足」とその体つきをていねいに描写し、「両ヒザを広く開け、足をフロアにスタンプさせ、首を低くし、そして突然、頭から相手に向かって突進した」という記述がある。相撲スタイルで四股を踏み、蹲踞（そんきょ）の姿勢から仕切りに入り、下から〝かちあげ〟をかましたということなのだろう。

マツダのレスリングは――お相撲さんがいきなりリングに上がったのだからあたりまえといえばあたりまえのことではあるが――いわゆる相撲のそれで、かちあげ、ぶちかまし（頭突き）、押し、突き、突っ張り、相手の腕やヒジを抱え込んでの投げ技を得意としていたという。

言語とコミュニケーションの壁といってしまえばそれまでのことかもしれないが、マツダは、デビュー当時、レスリングの試合も相撲と同じように、対戦相手をリングの外に押し出すか、リングの周囲にロープが張られている場合は対戦相手の体をロープに接触させる〝寄り切り〟や〝押し出し〟のような形で勝負が決まるものと理解していたようだ。

相撲とグレコローマンは、基本的にはどちらもスタンディング・ポジションで体を密着して闘うレスリングであるため、相撲スタイルを貫くマツダは、腰から上しか攻撃できない（攻撃されない）グレコローマン・スタイルとは相性がよかったが、腰から下への攻撃が認められグラウンドでの攻防も含まれるキャッチ・アズ・キャッチ・キャンは苦手だった。アメリカ人レスラーは、マツダの〝立ち上がり〟を危険なヘッドバットとして嫌がったという。

当時のアメリカのプロレスでは、グレコローマン・ルールの試合は〝足の裏〟と〝手〟以外の部分がマットについた時点で負けというルールになっている場合が多かったとされるが、マツダはキャッチ・アズ・キャッチ・キャン・ルールの試合でも「土俵に手がついたら負け」とする相撲ルールの適用を主張したという。デビュー戦から2カ月後（同年3月10日）、ニューヨークのクラレンドン・ホールでおこなわれたE・ビビーとの再戦（5本勝負）では、こんどはマツダが3－0のストレートで完勝した。デビュー戦はグレコローマン・ルールのレスリング・マッチだったが、第2戦はマツダのマネジャーが要求した〝相撲ルール〟だった。

『サンフランシスコ・クロニクル』紙に掲載されたこの第2戦に関する特集記事は日本語に翻訳され、『開花新聞』(明治17年4月24日付)に大々的に報道された。ニューヨークのできごとがリンフランシスコを経由して、約6週間後に日本にたどり着いた。

同新聞はこの試合をマツダの現地でのデビュー戦と報じたが、現在までの研究でいちばん有力とされている〝初リング〟は、前出の同年1月14日のE・ビビーとの最初の試合で、3月10日のビビーとの再戦のまえにもほかに数試合おこなっていた可能性もある。

ドル箱カードとなったマツダの試合

マツダの姿かたちを現代に伝える数少ない資料のひとつとして、1884年(明治17年)6月に出版された『角觝秘事解(かくていひじかい)』(松木平吉・編)という相撲の解説書に載った有名な肖像画がある。イラストの右上には〝松田幸次郎事　荒竹寅吉〟というタイトル、右下には〝米国渡来写真ヲ図ス　井上探景筆〟なる画家のクレジットが記されている。

同書はマツダのアメリカでの活躍をくわしく紹介しているが、そのプロフィルについては「序二段の小力士にして越前の産、力量はすぐれしが、まだろくにケイコも積まず、角力の手さえも知らぬものなり」とかなり辛口な論評になっている。

〝米国渡来写真〟のオリジナルは、マツダがアメリカに渡った1883年に『ザ・ナショナル・ポリス・ガゼット The National Police Gazette』紙に掲載されたポートレートで、アメリカ国内でパブリシティー用のブロマイドとして複写されたり、ほかの出版物に転載されたりして、結果的に130年もの歳月を生き延びてきた。

『ザ・ナショナル・ポリス・ガゼット』（以下『ガゼット』紙）を直訳すると〝国立警察官報〟となるが、公的機関が発行していた新聞ではなくて、どちらかといえばタブロイド新聞、男性誌のはしりとでもいうべきトラッシュ・ペーパーのたぐいだった。

『ガゼット』紙は1845年、ジャーナリストのジョージ・ウィルキスとウィルキスのパートナーで弁護士のイノック・キャンプの両氏が創刊した週刊新聞で、殺人事件や銀行強盗などの凶悪犯罪を連続小説風につづった記事、さまざまな事件の犯人や容疑者の顔写真と経歴を掲載する告知ページ、〝交際相手募集〟〝売ります〟〝買います〟といった読者欄を売りものに1850年代には発行部数を公称4万部まで伸ばした。

『ガゼット』紙が大衆ジャーナリズムとして大きな力を発揮するようになったのは、リチャード・カイル・フォックスという人物が前オーナー・グループから同社の株を買い上げた1877年以降だった。

R・K・フォックスはその後、1879年に『ガゼット』紙編集部内にアメリカのジャーナリズムとしてはおそらく初のスポーツ専門部を立ち上げ、これと同時にプロモーター、あるいは〝賞金マッチ〟のスポンサー的立場でプロレスやプロボクシングの興行にかかわるようになった。

ニューヨークを主戦場にレスリング・ビジネスのメインストリートをのし歩くようになったマツダは、アメリカにおける最初の職業レスラーとして高名な〝プロレスの父〟ウィリアム・マルドゥーンと合計8回対戦し、2勝5敗2引き分けの戦績を残した。

デビューから半年後にシカゴで実現した初対決（1884年7月18日）は、相撲ルール2本、グレコローマン・ルール2本、それでも勝敗が決まらない場合はさらにキャッチ・アズ・キャッチ・キャン・ルール1本という変則5本勝負でおこなわれた。

マルドゥーン・サイドはマツダのかちあげ、頭突きを〝反則〟とすることを対戦の条件として提示したが、プロモーターのR・K・フォックスはあくまでもグレコローマン・ルールと相撲ルールの併用案にこだわったという。

ファイトマネー各500ドル、サイド・ベット（賭け金）500ドルの賞金マッチは、プロレスラ

明治17年6月発行の『角觝秘事解』という相撲の書籍で紹介された荒竹寅吉（本名・松田幸次郎）ことソラキチ・マツダ

上記のイラストのもとになったソラキチ・マツダの写真。1883年（明治16年）に米『ザ・ナショナル・ポリス・ガゼット』紙に掲載

ー対相撲レスラーの異種格闘技戦——あるいは現在のＭＭＡ（総合格闘技）——のような試合だったようだ。この試合はマルドゥーンの勝利に終わったが、残念ながら、試合結果以外の詳細を記す文献は発見されていない。

翌1885年（明治18年）4月にニューヨークでおこなわれた2度めの対戦——制限時間1時間以内にマルドゥーンが合計5回、マツダに〝投げ〟を決めなければマツダの勝ちというハンディキャップ・ルール——では、マツダが〝粘り腰〟でかろうじて勝利を収めた。

1887年（明治20年）5月から同年10月までの6カ月間には、全米を舞台にマルドゥーンとマツダがたてつづけに4回対戦したという記録が残っている。19世紀末にも〝ドル箱カード〟というコンセプトはあったのだろう。

19世紀のアメリカ〝活字プロレス〟

〝プロレスの父〟マルドゥーンは警察官からプロレスラーに転向した人物——のちにニューヨーク州体育協会の初代コミッショナーに就任——で、現役選手として活動するかたわら、リチャード・Ｋ・フォックスとともに『ガゼット』紙の経営にも参画した。

〝バーバーズ・バイブル〟（理髪店の聖書）と呼ばれた『ガゼット』紙は、アメリカじゅうの理髪店、サロン（喫茶店、ゲーム場、談話室、討論の場）、ホテル・チェーンとの定期購読契約＝速達郵便による配達というまったく新しい流通システムを用い、男性読者層が集まりそうなアメリカじゅうの社交の場に同紙を届け、1880年代にはその発行部数を公称40万部まで拡大。ホテルのロビー、ドラッグストアなどで同紙を立ち読みした読者の実数はその10倍以上にはなるだろうといわれている。

マルドゥーンとそのライバルたちによるプロレス黎明期の名勝負の数かずは『ガゼット』紙によって活字となり、マルドゥーンの名声は〝サロン談義〟とそこから再生産される口コミによってアメリカじゅうに拡散された。

マツダもまた同紙のスポーツ記事の登場人物として〝活字プロレス〟によって全米にその名をとどろかせた。テレビもビデオも、もちろんネットもなかった時代にすでに〝活字プロレス〟は存在していた。

ニューヨークでのデビュー戦から1年後の1885年（明治18年）2月、マツダはフィラデルフィアでアメリカ人女性、エルラ・ボンソール・ロッヂさんと結婚し、このニュースが〝渡米力士米国で米婦人と結婚す〟として『東京横浜毎日新聞』『東京絵入新聞』などに報じられた。このとき、イラストで描かれたマツダは口ひげをたくわえ、かなりアメリカナイズされたビジュアルに変身していた。

マツダ——ニックネームはそのものずばり〝ザ・ジャップ〟——とエルラ夫人

S・マツダのトレーディングカード。Japというキャプションがみえる（相手はアーネスト・ローバー）

の結婚生活については『ガゼット』紙でもたびたび取り上げられたが、〝サロン談義〟のネタとして男性読者を喜ばせたのは、マツダの家庭内暴力、エルラ夫人が両親から相続した遺産をマツダがギャンブルで浪費してしまったこと、マツダが愛人（日本人女性）を自宅に同居させているといったスキャンダラスなニュース、ゴシップの数かずだった。

プロレス黎明期のスーパースター〝マツダ〟

1887年（明治20年）にニューヨークの〝アレン&ジンターズ・タバコ・カンパニー〟が発行したトレーディング・カードのファースト・シリーズ〝ザ・ワールズ・チャンピオンズ〟には、マルドゥーン、ジェームズ・H・マクラフリン、シーバウド・バウワーといった19世紀末のスーパースターたちとともにマツダ・ソラキチ Matsuda Sorakichi ――アメリカの活字メディアはラストネームの〝マツダ〟とファーストネームの〝ソラキチ〟をしばしば日本式に表記していた――の肖像画が収録された。

マツダは単なるものめずらしい相撲レスラーではなく、1880年代のアメリカのプロレス・シーンを代表するスーパースターのひとりだった。1884年（明治17年）から1891年（明治24年）までの約8年間、全米をツアーし、〝初代・絞め殺し〟の異名を持つイバン〝ストラングラー〟ルイス、〝カラー・アンド・エルボーの家元〟H・M・ドゥーファー、〝アメリカン・キャッチ・アズ・キャッチ・キャン王者〟ジョー・アクトン、〝ヨーロピアン・グレコローマン王者〟カール・エイブス、〝ドイツの世界王者〟アーネスト・ローバーといったプロレス界のパイオニアたちと対戦した。

初代〝絞め殺し〟――二代目〝絞め殺し〟は1920年代のアメリカのプロレス界を牛耳ったエド〝ストラングラー〟ルイス――として知られるイバン〝ストラングラー〟ルイスの〝絞め殺し〟なるニックネームの由来は、マツダとの試合（1886年1月28日＝シカゴ）でルイスがチョークホールドを使い、マツダが口から泡を吹いて悶絶したシーンがあまりにも凄惨だったため、という伝説がある。

マツダはその後、アメリカン・スタイルのキャッチ・アズ・キャッチ・キャン――スタンディングとグラウンドのミックスしたレスリングで、現在のフリースタイルのベースとなったスタイル――を学び、人気プロレスラーに変身したが、1891年（明治24年）8月16日、現役のままニューヨークでウイルス性感染症のため病死した。

生涯最後の試合は同年5月13日、ニューヨーク州トロイでおこなわれたマーティン〝ファーマー〟バーンズとの一戦（敗退）だった。

〝農民バーンズ〟ことファーマー・バーンズは、20世紀最初の統一世界ヘビー級王者フランク・ゴッチ――20世紀の〝プロレスの神様〟カール・ゴッチの〝ゴッチ名〟の由来――の師匠として知られる人物である。

1862年（文久2年）生まれという相撲時代のプロフィルが正しければ享年29だが、1859年（安政6年）生まれとするアメリカの資料によれば享年32。ソラキチ・マツダの足跡はまだまだ多くのナゾを残している――。

浜田庄吉の日本初のプロレス興行

日本で初めてプロレスの興行がおこなわれたのは1887年（明治20年）6月。アメリカから日本に〝欧米相撲〟を持ち込んだのは浜田庄吉という人物だった。

浜田庄吉に関する資料はひじょうに少ない。

漫画家、力士、雑誌記者、新聞記者、放送作家などを経て相撲評論家、演芸評論家として活躍し、160作品を超す著作を遺した小島貞二さんが単行本、雑誌の記事のなかで何度か浜田庄吉と浜田がプロデュースした日本初のプロレス興行について書いている。

小島さん（大正8年～平成15年）は、相撲時代の力道山との個人的なつながりからプロレスにも関心を持ち、大須猛三（お相撲さんという意味か）というペンネームで昭和30年代から昭和50年代までプロレスの記事もたくさん執筆した。

浜田庄吉について時間をかけて調査、研究をかさねたジャーナリストは、ぼくの知る限り、日本では小島さんだけで、小島さんの文献よりもあとから活字、あるいはネット上の情報となっている浜田庄吉に関する記述は――出典を明らかにしているものもしていないものも含めて――そのほとんどが小島リサーチのコピー・アンド・ペイスト、または〝孫引き〟と思われる。

小島さんは『日本プロレス風雲録』（ベースボール・マガジン社、1957年＝昭和32年）、『ザ・格闘技』（朝日ソノラマ刊、1976年＝昭和51年）、『力道山以前の力道山たち』（三一書房刊、1983年＝昭和

58年）という3作の著書のなかで浜田庄吉について記し、大須猛三のペンネームでは『プロレス&ボクシング』（ベースボール・マガジン社、1965年＝昭和40年）1月号の巻頭特集〝力道山以前の日本のプロレスのすべて〟のなかで浜田庄吉のプロレス興行とその顛末を紹介している。

小島さんもご自身のリサーチに改訂作業をほどこしていて、浜田庄吉の〝正体〟については昭和40年代までは「明治十五年（一八八二年）ごろ、伊勢ケ浜部屋に二人の新弟子が入ってきた。一人は本名松田幸次郎で、四股名を『荒竹寅吉』とつけた。一人は本名浜田庄吉、四股名は『三国山庄吉』とつけた。すぐライバルでトモダチとなった」としていたのに対し、昭和50年代の著作ではこれを以下のように修正している。

《明治十六年二月のはじめ（一月ではない）東京の本場所（一月、本所回向院（ほんじょえこういん））を終えた大相撲一行は、恒例により横浜にくり出した》

《その一行から、二人の下っ端力士が姿を消した。伊勢ケ浜部屋の荒武（竹？）光二郎（寅吉ではない）と、山響部屋の戸田川庄五郎（本名・浜田庄吉）である》

《これが幕内や十両力士の脱走なら、新聞も騒いだかもしれないが、無名のふんどしかつぎ。「そのうちに帰ってくるだろう」と、親方はそのまま次の番付に名前をのせて待った》

《十六年一月番付で、荒竹は序ノ口に名前がのったばかり。十六年五月は、序二段西十四枚目に上る。戸田川は十六年一月、五月ともに序二段で、五月の番付は東二十一枚目にいる》

《この脱走の裏には、海外渡航の芸人募集があった。ヨコハマ海岸通り十八番館のホテルで、三月中旬にひそかに人選が行われ、上等舞子四人、独楽まわし一人、蝶遣い一人、綱渡り一人、梯子昇り一

人に、力士二人が応募し、下旬にはヨコハマ港をあとにしている。その力士二人がつまり彼らだったのである》（原文のまま）

小島さんは、明治時代の大相撲の番付をていねいに読み込んだのだろう。かんたんにまとめるとこうなる。明治16年（1883年）2月、荒竹光二郎と戸田川庄五郎という序二段のお相撲さんが横浜巡業から脱走した。荒竹はいうまでもなくのちの〝最古の日本人レスラー〟ソラキチ・マツダで、戸田川が浜田庄吉だ。

マツダと浜田は同年1月の本場所のあとの横浜巡業から脱走し、アメリカに渡った。マツダと浜田を勧誘したのは、アメリカの〝サーカス王〟P・T・バーナムの特使として日本にやって来たスカウトだった。

大相撲の本場所は当時、現在のような年間6場所制ではなく1月と5月の2場所制。本所回向院とは、墨田区両国2丁目にある寺で正式名称は諸宗山無縁寺回向院。墨田区本所エリアに所在していたことから本所回向院とも呼ばれ、1781年（天明元年）あたりから勧進相撲の興行がはじまり、これが今日の大相撲の起源となったといわれている。

マツダと浜田を含む10人あるいは15人の日本人の〝芸人団〟はアメリカに到着後、現地のサーカス団と合流し、サンフランシスコ、シカゴ、ニューオーリンズなどを巡業したとされる。このサーカス団でのツアー活動がしばらくつづいたと考えると、マツダがニューヨークでプロレスラーとしてデビューしたのが日本を離れてから約1年後の1884年（明治17年）1月だったというのもなんとなく説明がつく。

日本人プロレスラー、ソラキチ・マツダのアメリカでの活躍ぶりが日本に伝わってきたのは1884年（明治17年）4月。『開花新聞』（4月24日付）が同年3月10日にニューヨークのクラレンドン・アリーナ（文献によってはホール）でおこなわれたマツダ対〝英国王者〟エドウィン・ビビーの賞金マッチのニュースを報じた。

明治20年のプロレス興行

浜田——アメリカでのリングネームはコラキチ・ハマダ——は、アメリカでプロレスしボクシングの試合に出場した。プロレスラーとしてはマツダにつづく〝第2号〟。ボクシングの研究では〝日本人ボクサー第1号〟という位置づけになっている場合もある。ただし、プロレスでもボクシングでもマツダほどの活躍はしていない。

マツダが日本人プロレスラーのパイオニアならば、浜田はいまでいうところのアントレプレナー＝起業家としての才能を持っていた。英語を身につけ、ビジネスマンとしての手腕を発揮し、渡米から4年後の1887年（明治20年）春、〝欧米大相撲〟〝西洋角觝（かくてい）〟のプロモーターとして外国人のレスラー、ボクサーの一団を率いて日本に戻ってきた。

このとき〝欧米大相撲スパーララスラ之図〟と題した錦絵が興行の宣伝ポスターとして用いられ、まだなじみの薄かったレスリングとボクシングの試合風景とルールがわかりやすい図解入りで紹介された。

スパーラはスパーリング（ボクシング）、ラスラはレスラー（レスリング）であることはいうまでも

マツダとともに渡米した浜田庄吉は、明治20年（1887年）に帰国し、日本最初のプロレス興行を開催。そのときの錦絵の一部（宣伝用）

ない。錦絵の上部にカタカナで記されていた出場メンバーの名前はじつは〝当て馬〟で、じっさいにアメリカから来日した顔ぶれはこれとはちょっと異なっていた。イラストのまんなかには通弁人＝通訳としてスーツ姿の浜田も描かれていた。

東京での初興行は同年6月、現在の銀座と築地のあいだに位置する木挽町（こびきちょう）の広場、現在の歌舞伎座があるあたりで開催され、大きなテントを張り、ジンタと呼ばれる客寄せの吹奏楽団が配置され、色とりどりの万国旗を飾った下で試合がおこなわれた。アメリカから運ばれてきた（と思われる）リングは、3本ロープであったか4本ロープであったかはさだかではないが、テント内のまんなかにセッティングされ、客席はリングサイドだけがイス席で、その後ろはヒナ壇式の桟敷になっていたという。

この〝西洋相撲〟を生観戦した、有名な随筆家の山本笑月（やまもとしょうげつ）さんが『明治世相百話』（1936年＝昭和11年）という本のなかで「初見参の拳闘と西洋相撲」と題し、日本初のプロレス興行についてこう書いている。

《拳闘が初めて日本へ来たのは明治二十年の春（原文のまま）、レスラー即ち西洋相撲も一緒で米国力士の一行十余名、同地で相当叩き上げた日本人の力士浜田常吉（原文のまま）が肝煎りで、力士の大関はウエブスターという図抜けた大男、まず常陸山に輪をかけた立派さ。木挽町三丁目の空地（今の歌舞伎座付近）で天幕張りの興行。物珍しさに前景気は素敵。》

《拳闘がスパーラー、相撲がレスラー、土俵はむろん床張りで十畳ばかりの広さ、私は拳闘の方はよく覚えぬが、なにしろ日本での初物、ことに名も知れぬ外人同士の試合、まず判らずじまい。相撲も結局同じことだが、これは両力士が同体に倒れながら上になり下になり、床へ肩を押し付けるのが最後の勝負とあって、双方肩を気にしながら上を下へと揉み合う有様はむしろ柔道式、華々しい日本の相撲を見馴れた目には、ただもぐもぐと埒の明かぬこと夥しい。》

《やっと相手を取っちめて肩が床につくと審判が呼子の笛、「かたがつく」とはこのことかと見物一同ほっと息。次もまた同じくもぐもぐ、見る方も肩が張って寝ころびたくなる。第一、声援したくとも名は知らず、そのうえ一勝負に二、三十分もかかるので好い加減くさくさ、気の短い東京ッ子には不評判で、私が見た日も桟敷はガフガラ、幾日も打たずに引き揚げた。後にも先にも西洋相撲はこの一回きりだが、拳闘は近来大流行、全く時代が違う。》

山本笑月さんは1873年（明治6年）、東京・深川の生まれだから、14歳のときにこの興行を観て、そのときの思い出を62、63歳になってからつづったということなのだろう。

記憶があいまいなところもあるだろうし、浜田庄吉のファーストネームが〝常吉〟になっていたりするが、明治時代の日本人が初めて目にしたレスリングが「華華しい日本の相撲を見馴れた目にはラチがあかぬ」ものであったこと、ピンフォールによる勝敗のつけ方を「『かたがつく』とはこのことか」とおもしろおかしく分析している点はひじょうに興味ぶかい。

相撲との対抗戦で日本全国を巡業

木挽町での興行に失敗した浜田は、こんどは大相撲とのコネをうまく利用して相撲とレスリングの合同興行を計画し、大関・剣山(つるぎざん)の一派とのコラボレーションを企画。浜田グループのアメリカ人レスラー、ウエブスターを西洋相撲の大関に仕立てて〝内外対抗戦〟というわかりやすいコンセプトを打ち出した。

この企画はヒット作となり、6月下旬には木挽町で7日間連続興行、7月上旬には外神田の秋葉ヶ原(あきばがはら=現在の秋葉原)の広場に舞台を移して7日間連続興行を開催。相撲との合同興行に自信をもった浜田はその後、大阪相撲や京都相撲とのコラボ企画を推し進め、〝欧米大相撲〟の一団は関西エリアを長期巡業した。

滋賀県大津市の天孫神社境内での10月の興行では、神社の境内にめずらしい〝板番付〟(木のトビラに筆で番付を記帳したもの)が奉納され、西の大関ウエブスター、関脇コールスン、小結ジョンスエネなど全13人の外国人力士の名が番付に残された。

同年、夏から秋にかけて大阪、京都、四国・徳島まで足を伸ばし地方巡業を経験したアメリカ人レスラーたちは日本の相撲にすっかり慣れ、このころになると日本人力士を相手に〝初っ切り〟的な相撲をとる選手たちもいたという。

日本に長期滞在した元水夫のウエブスターは、5尺9寸（約181センチ）、43貫（約160キロ）の体格から〝ビア樽式の肥大漢〟というニックネームをもらい、すっかり人気者になった。

〝夜逃げ〟同然で相撲をやめたうしろめたさがあったのか、それともいまでいうところのイベント・プロデューサーとしての業務を大切にしたのか、浜田自身は――タキシードからタイツ姿に着替え、レスリング、ボクシングのエキシビションをおこなうことはあった――ほとんど試合には出場せず、製作総指揮・監督に全力を注いだという。

小島リサーチによれば、浜田庄吉がその後、どうなったのか、日本にとどまったのか、あるいは再びアメリカに渡ったのか、その結末を伝えるたしかな情報はないという。

日本人レスラー初の〝世界チャンピオン〟マティ・マツダ

明治時代の終わりから大正時代――1900年代から1920年代――にかけてアメリカで活躍した日本人プロレスラーの代表は、日本人として初めて〝世界チャンピオン〟の称号を与えられたマティ・マツダである。

本名は松田萬次郎（まつだまんじろう）。1879年（明治12年）、熊本県八代郡文政村（現・八代市）の農家の出身で、5人兄弟の次男。少年時代から体が大きく、運動万能だったというが、17歳のときに行方不明――単身、上京したとされる――となり、それから約10年後にいきなりアメリカから家族のもとに手紙が届き、海の向こうでプロレスラーとして活躍していることがわかったのだという。

マツダがどういった経緯でアメリカへ渡り、いつごろどこでだれのコーチを受けてプロレスラーとなり、その後、どのようなキャリアを積んで世界ジュニア・ウェルター級チャンピオンの座にたどり着いたかについては残念ながら不明な点が多い。

マツダが日本を離れたのは日露戦争が起きた1904年（明治37年）の前後のようで、マツダ自身からの書簡によりアメリカでプロレスラーになっていたことが判明したのは1906年（明治39年）。1920年（大正9年）ごろからテキサス州エルパソに在住し、アメリカ人女性と結婚した。

1920年代にアメリカで活躍したマティ・マツダ（世界ジュニアウェルター級チャンピオン）

1929年（昭和4年）8月14日、試合での負傷が原因で、ミシガン州バトルクリークの病院で死去。現役選手のままこの世を去った。享年50。日本に戻ってきたのはひと握りの遺骨とほんの少しの遺品だけだったとされる。ひとつの仮説として、渡米後の1905年（明治38年）ごろに26歳でデビューしたとすると、その現役生活は25年。かなり息の長いプロレスラーだった。

アメリカの文献にマティ・マツダ Matty Matsuda の名が発見できるのは1905年（明治38年）あたりからで、同年から1909年（明治42年）にかけての4年間はどうやらカナダのバンクーバーに滞在。1910年（明治43年）2月にはオレゴン州ポートランドで、1911年（明治44年）2月にはミネソタ州セントポールで試合をしたという記録が残っている。

〝穴ぼこ〟だらけのパズルのかけらを組み合わせていくと、1912年（明治45年）4月から1920年（大正9年）5月まではコロンバス、トレド、デラウェア、アクロンといったオハイオ州内の各都市での試合結果が散見できる。

マツダの有名なチャンピオンベルト姿のポートレートの右下コーナーには〝1921〟と記されているが、この写真が世界ジュニア・ウェルター級王座獲得直後のものだとするとチャンピオンになったのは42歳のときだったことになる。

『エルパソ・ヘラルド』紙（1920年5月25日付）によれば、ジュニア・ウェルター級の契約体重は158ポンド（約72キロ）。文献によっては、マツダを世界ウェルター級王者、あるいは世界ライト級王者と表記しているものもある。

現地発行の邦字新聞は〝エルパソ　マテー松田の死〟と題し、「ウェルターウエートレスリング世

Tickets Go On Sale Tomorrow For Reynolds-Matsuda Wrestling Match

Tickets for the wrestling match between Jack Reynolds of this city, and Matty, the champion Jap, at the City Auditorium next Tuesday night, will go on sale downtown tomorrow. Already a pile of letters from out of town requesting ringside tickets have been received, and indications are one of the largest houses of the winter will view the match.

Notice was received today from Columbus, O., where Matsuda is doing his training, that his famous belt, had been shipped and will be displayed in the [illegible] store window probably tomorrow. Matsuda was awarded the belt for his remarkable work soon after he started professional wrestling a few years ago.

Nichols to Wrestle.

One of the biggest features of the coming match will be the preliminary between Hugh Nichols, this city's middleweight, and George [illegible] of Atkins. The latter is recognized as a tough lad, and one it took Reynolds two hours to beat four years ago. Nichols has developed to such an extent that Reynolds believes he is capable of meeting the best and taking care of himself.

Matsuda, the Jap, has been following the wrestling game for the past 14 years. Matty has wrestled all over the United States and Canada and has met and defeated some of the best men in the mat game.

Matty is training hard and expects to be in the best of condition. Matty first started wrestling in Japan, at the age of 12 years. He went to the jiu jitsu school until he was 18 years old. He took first honors in his class.

Matty was [illegible] years old when he left Japan for Van Cover, B. C. The first American wrestling he ever seen was between Frank Gotch and Dan McCleod at Van Cover. After seeing these two great mat men he decided to learn the American style of wrestling. It took him four years to succeed. He was a student at the Van Cover Athletic club. While attend-

MATTY MATSUDA.

マティ・マツダ対ジャック・レイノルズのタイトルマッチを予告する新聞記事

界選手権を所有する同胞唯一の松田君は、14日の朝6時半にミシガン州のボットルクリーキで客死したとの報がエルパソ市に報ぜらるるや、当市の運動界はもちろん一般のファンははなはだしく彼の死を惜しみ（中略）。約2か月前にシンシナティ市でジャッキ・レナウド氏と大試合をした時に長年わずかの傷害を有したヒザ関節に激痛をおぼえたのでボットルクリーキの病院に入院――」とマツダの訃報を報じた。

対戦相手の〝ジャッキー・レナウド〟とは、世界ウェルター級王座を通算9回保持した名選手、ジャック・レイノルズを指しているものと思われる。〝大試合〟とはタイトルマッチのことだろう。死因については骨髄炎と肺結核のふたつの説がある。シンシナティでの試合の対戦相手についてはレイノルズではなく、バサンタ・シンという選手だったとする文献もある。

現存しているごくわずかな資料には〝シーズンズ・グリーティングス〟と記されたクリスマス・カード、スーツ姿のマツダがプロボクシング世界へビー級王者ジャック・デンプシーと肩を並べて記念撮影におさまっているポートレート、柔道着を着たマツダが柔道ジャケット・マッチのデモンストレーションをおこなっている写真などがある。

クリスマス・カードには富士山と柳と太陽（日の丸のイメージか）のイラストが描かれ、左側にはタキシードを着てステッキを手にしたマツダ、右側にはチャンピオンベルトを腰に巻いたロングタイツ姿のマツダの写真がコラージュされている。

〝マティ・マツダ Matty Matsuda〟の名のすぐ下には〝ワールズ・ジュニア・ウェルターウエート・チャンピオン・レスラー World's Junior Welterweight Champion Wrestler〟というキャプションがあるから、マツダが保持したタイトルは、正確には世界ジュニアウェルター級王座なのだろう。

ジャック・デンプシーは「大統領の名を知らなくてもデンプシーの名を知らぬ者はいない」といわれたこの時代のスーパースターのなかのスーパースターで、当時のアメリカのプロレス界におけるマツダのステータスの高さをうかがわせる写真といっていい。

柔道家からレスラーに転身したタロー三宅

柔道ジャケット・マッチのデモンストレーション（写真）でマツダが一本背負いをかけている日本人は、マツダと同じ時代を生きた柔道家・プロレスラーのタロー三宅（本名・三宅多留次）だ。

三宅は1881年（明治14年）、岡山の生まれ。大阪天王寺中学、同師範学校時代に不遷流柔術を学び、神戸警察署の柔道教師を経て、1904年（明治37年）、23歳で柔道の指導員としてフランスに渡った。その後、イギリスに在住し、レスリングを身につけ、ヨーロッパ・マットを経出して第一次世界大戦直前にアメリカに移り住み、日本人レスラーの草分けのひとりとなった。

このタロー三宅も——アメリカでプロレスラーになった浜田庄吉が明治20年（1887年）に〝欧米大相撲〟と題してプロレスとボクシングの興行を日本に持ち込んだのと同じように——1928年

（昭和3年）10月、アスバードル（アメリカ）、ベルソート（カナダ）、ベルダラメン（イギリス）の3人の外国人レスラーを帯同し、プレーイング・マネジャーとして帰国した。日本に伝わったカタカナ表記ではメケ・ミヤケ（マイクMikeのローマ字読みによる誤訳か）、在外邦人のあいだでは本名・多留次をもじったタロー三宅で通っていた。

このときに〝大日本レッスリング普及会〟なる組織が発足し、当時の新聞は柔道家から〝レッスリング家〟に転向した三宅を〝三宅六段〟として紹介。身長170センチ、体重180ポンド（約82キロ）の小柄な体で、相手の手首をつかんで投げる大技〝三宅投げ〟を得意としていると報じた。

この〝大日本レッスリング普及会〟に協力した大相撲・出羽ノ海一門の年寄・千賀ノ浦（元関脇・綾川五郎次）は、引退したばかりのふたりの弟子たち、元幕下の鬨（とき）の川（がわ）と若響（わかひびき）を――マゲを残したまま――プロレスに転向させた。

日本人（三宅を含め3人）対外国人の国際試合「日米英レッスリング競技大会」の第1回大会は10月、神宮外苑相撲場（現在の神宮第2球場）、2日めは日比谷公会堂、3日めは静岡の若竹座という芝居小屋でおこなわれ、その後は沼津、浜松、名古屋、大阪、和歌山と移動。しかし、お客さんの入りが悪く、興行的には失敗だったという。

マツダと三宅の〝一本背負い〟のポートレートには、大正から昭和初期にかけて海を渡った日本人ジュードー・レスラーたちの足どりを探るヒントが隠されているのかもしれない。

大正10年の〝サンテル来訪〟プロレス対柔道の異種格闘技戦

大正から昭和にかけての日本のプロレス史でもっとも重要な事件は、アド・サンテルの来日と日本人柔道家との闘いである。

サンテルとその弟子ヘンリー・ウィーバーは日本にやって来た最初の純粋なプロレスラーで、このふたりと日本人柔道家との試合は——プロレス興行というよりも——現在の〝学説〟では日本のMMA（総合格闘技）のルーツという位置づけになっている。

サンテルは1887年（生まれた年については1884年、1888年と諸説がある）、ドイツのドレスデン出身で、本名はアドルフ・アーンスト。

アメリカで伊藤徳五郎五段、坂井大輔四段ら在米の柔道家、柔道からプロレスラーに転向したタロー三宅（三宅多留次）らを下し〝柔道世界チャンピオン〟を名乗った。1921年（大正10年）2月、弟子のヘンリー・ウィーバーを帯同して来日し、講道館に対し日本人柔道家との対戦を申し入れた。

ただし、この〝アメリカ人プロレスラーが講道館柔道に挑戦〟というストーリーはじつに荒唐無稽で、少年漫画であればこういう設定でもあまり不自然ではないかもしれないが、この時代にアメリカの超一流レスラーがなんのあてもなくわざわざ太平洋を渡って——それも飛行機ではなく何週間も船に揺られて——日本までやって来て、興行日程もなにも決まっていないような状況のなかで、ファイトマネーの交渉もなしにいきなり講道館に宣戦布告するとは考えにくい。

日本柔道に挑戦したアド・サンテル

アメリカ側にはアメリカ側でこのイベントを企画したプロデューサーがいて、日本サイドは日本サイドでそれなりの人物、あるいはそれなりのグループがそれなりの受け入れ態勢を整えていたととらえたほうがより現実的だろう。

来日したサンテルを横浜で出迎えたのは、講道館の山下義韶八段をはじめとする講道館関係者数名、武侠世界社という出版社（雑誌『武侠世界』を発行）の針重敬喜社長、米国レスリング倶楽部国際競技会支部という団体の河昭一という人物だったとされる。

この〝サンテル事件〟の一部始終をくわしく描いた著作物としては『講道館柔道対プロレス初対決——大正十年サンテル事件——』（丸島隆雄著＝島津書房、２００６年）という研究書がある。プロレスファンのための本ではなく、どちらかといえば柔道サイドの視点に立ったドキュメンタリーではあるが、大正から昭和初期にかけての文献がていねいにリサーチされていて資料的価値はひじょうに高い。

破門を覚悟で他流試合に名乗りをあげた4人の柔道家

嘉納治五郎・講道館館長は「興行スポーツと関係を持つことは好ましくない」としてプロレスラー

と柔道家の"他流試合"に反対し、講道館も門下生がサンテルらと対戦することを禁止した。嘉納館長が高等師範学校校長として教育者の立場にあったこと、IOC（国際オリンピック委員会）委員、対日本体育協会（日本体育協会）会長としてアマチュア・スポーツ界のトップの座にあったことなどがその理由だった。

これもまたいささか少年漫画的な展開ではあるが、講道館からの破門を覚悟でサンテルとの他流試合に名乗りをあげたのは、早稲田大学の庄司彦男三段（資料によっては四段と表記されている）、〝義足の名人〟児玉光太郎門下の清水馨三段（文献によっては〝はじめ〟を〝一〟と表記、資料によっては二段とも四段とも表記）、永田礼次郎三段、増田宗太郎二段（文献によっては〝壮太郎〟と表記）の4人の若き熱血漢たちだった。

当時の新聞はサンテルを六尺（約180センチ）と報じたが、じっさいは身長173センチ、体重80キロのミドル級の体格。のちに日本におけるレスリングの普及のキーパーソンのひとりとなる庄司も身長167センチ、体重75キロと小兵だった。

特別ルールにより柔道側は当て身、レスラー側は首（ヘッドロック、フェースロックを含む）、指関節（フィンガーロック、トーホールドを含む）への攻撃をそれぞれ禁止とし、レスラー側が柔道衣を着用することが義務づけられた。判定の正確さを期すため、各試合とも主審、副審の2名のレフェリーがついた。

講道館が禁じた〝日本柔道対西洋相撲〟〝日米国際大試合〟のプロ興行は3月5日、6日の2日間、東京・九段の靖国神社相撲場で開催され、いまでいうところのリングサイド席には元横綱・太刀山が陣どった。
観客数については、両日とも2万5000人動員とする説、1万人余とする説のふたつの説がある。〝特設リング〟は4本柱の土俵の上に床を張り、その上に約5メートル四方のキャンバスを敷いて、周囲を2本のロープで囲む形で組み立てられた。試合はいずれも20分1ラウンドの3本勝負でおこなわれた。

初日の第1試合にラインナップされたウィーバー対増田二段の一戦は、1本めを増田が絞め技で先制し、2本めはウェーバーが絞め技を決めてイーブンとし、3本めは20分タイムアップ。1－1のスコアでドローという結果だった。

第2試合のサンテル対永田三段は、1本めが20分タイムアップで、2本めはサンテルのチョークホールドが反則かどうかで試合が中断され、協議の末、サンテルの反則負けが宣告されたが、負傷により永田が3本めを棄権したため、結果的に1－1の引き分けに終わった。

2日めの第1試合、ウィーバー対清水三段は1本め、2本めとも清水三段が右腕の逆関節——プロレス技でいうところのダブル・リストロック、またはチキンウィング・アームロック——をキメての2－0のストレート勝ち。

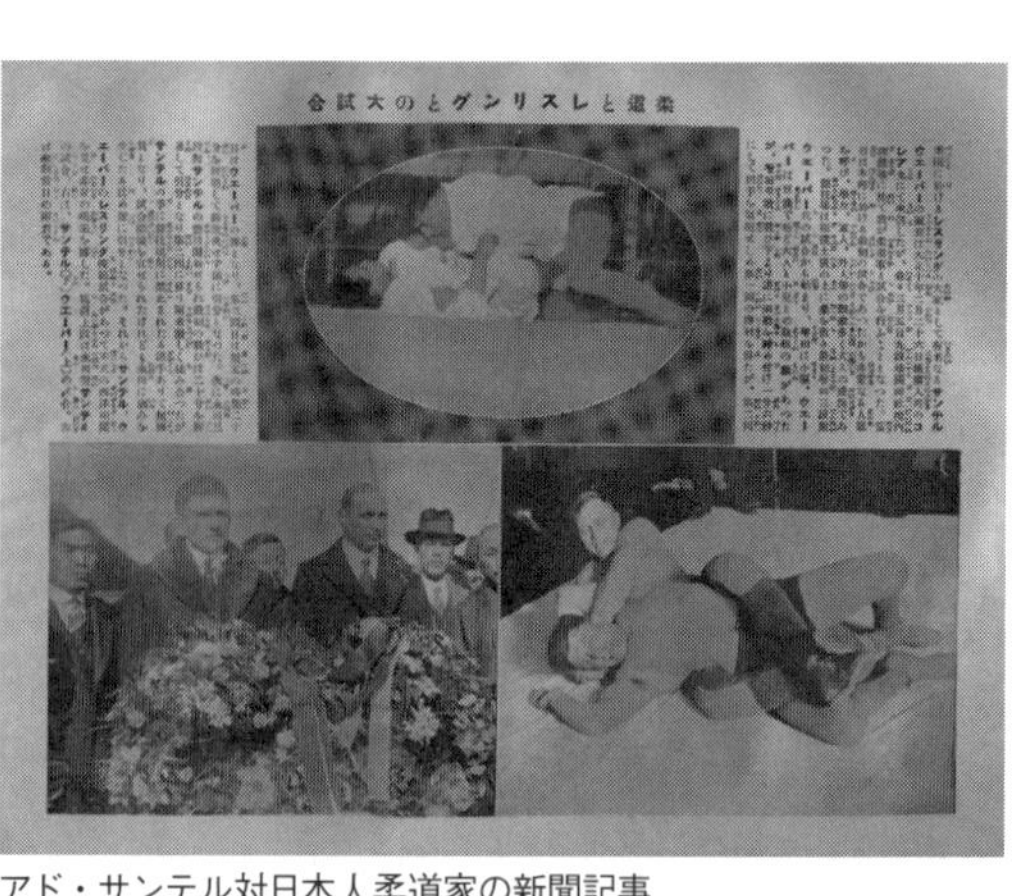
柔道とレスリングとの大試合

アド・サンテル対日本人柔道家の新聞記事

サンテル対庄司彦男のメインイベントは、各ラウンドとも20分タイムアップに終わり、試合は3ラウンド合計60分を闘いぬいての時間切れドローに終わった。

1887年生まれ、1907年にデビューというプロフィルが正確ならば、サンテルはこのときキャリア14年の34歳。アメリカ国内では世界ミドル級王者、世界ライトヘビー級王者の肩書を持ち――それを確認できる日時や場所などのデータはないが――生涯にわたりシングルマッチでは〝絞め殺し〟エド・ストラングラー・ルイス、〝胴絞めの鬼〟ジョー・ステッカー、〝大黒柱〟スタニスラウス・ズビスコの3人の世界チャンピオンにしか敗れていないという超一流の実力者だった。

現役選手としてのエピソード以外では、サンテルは、20世紀のアメリカのプロレス史の幕開けとされる〝家元〟フランク・ゴッチ対〝ロシアのライオン〟ジョージ・ハッケンシュミットの1911年の（2度めの）統一世界ヘビー級選手権のプロデュースに深くかかわり、1930年代には若き日の〝鉄人〟ルー・テーズをコーチしたことでも知られている。

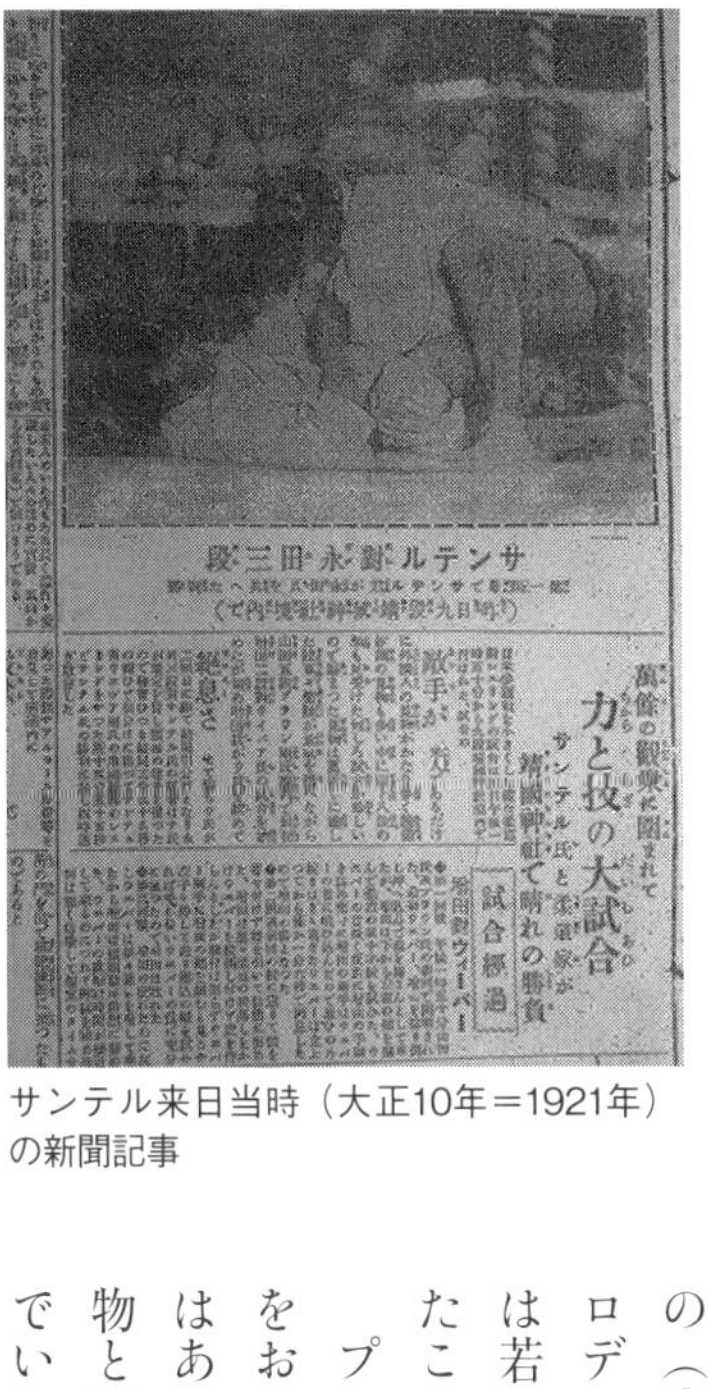
萬餘の觀衆に圍まれて
力と技の大試合
サンテル氏と柔道家が
靖國神社で晴れの勝負
試合經過
サンテル對永田三段

サンテル来日当時（大正10年＝1921年）の新聞記事

プロレスラーが柔道着を着用して他流試合をおこなうという特殊なシチュエーションではあったが、庄司はどうやらとんでもない大物と引き分けたことになる。サンテルが望んでいたのは〝決闘〟ではなく、日本におけるレスリング（あるいはプロレス）の普及だった。

もうひとりの〝プロレスの父〟庄司彦男

1896年（明治29年）、鳥取県境港生まれの庄司は、このとき25歳。この試合がおこなわれた翌年の1922年（大正11年）に早稲田大学を卒業し、その後、アメリカに留学してロサンゼルスの南カリフォルニア大学に6年間、籍を置いた。

南カリフォルニア大講師となった庄司が同大野球部を引率し、母校・早稲田大学の招きで帰国したのはサンテル戦から8年後の1929年（昭和4年）。このとき、庄司は日本人柔道家のプロレス転向を熱心に説いたとされる。

庄司自身はアメリカではプロレスのリングには上がらなかったが、在米中にプロレスそのものへの造詣を深め、帰国後は「ミイラ取りがミイラになった」とコメントし、〝絞め殺し〟ルイスや〝胴絞めの鬼〟ステッカーについて熱く語っていたとされる。

日本のプロレス・ライターのパイオニアとして知られる田鶴浜弘（たづはまひろし）さんは、この時代に早稲田大学の先輩にあたる庄司からアメリカのプロレスのはなしを聞かされ、プロレスというジャンルに興味を持ったのだという。

庄司の帰国からさらに2年後の1931年（昭和6年）4月、庄司、八田一朗、山本千春、小玉正巳らが中心メンバーとなり早稲田大学に日本最初のレスリング部が創部された。八田が〝日本レスリング界の父〟として知られる人物であることはいうまでもないが、庄司の母校である早稲田大学にレスリング部が創部された時点では、10歳年上の先輩にあたる庄司のほうが八田よりも〝格上〟だったとみるべきだろう。

ロサンゼルス・オリンピックに代表選手を派遣するため、翌1932年（昭和7年）には八田を中心に大日本アマチュアレスリング協会が発足したが、プロ志向の庄司はこれとは別団体の大日本レスリング協会を設立。講道館もレスリング部を新設した。産声をあげたばかりの日本のアマチュア・レスリング界があっというまに3派に分裂してしまった現実は、どこかプロレス的なアイロニーを感じさせる。

それよりも先に1931年（昭和6年）6月、早稲田大学大隈講堂で開かれた日本初のレスリング大会は、アメリカ帰りの庄司がプロデュースしたイベントとされ、試合に使われたのはアマチュア用のマットではなく、3本のロープが張られた四角いプロレス仕様のリングだった。庄司はこの時点ですでにプロレス興行のイメージを頭に描いていたのだろう。

庄司は戦後の1947年（昭和22年）、衆議院議員となり、社会党と自民党を渡り歩き、実業家としても成功した。1960年（昭和35年）、64歳で死去。力道山からはじまる日本のプロレス史の年表には登場しないが、庄司彦男は、その功績がもっともっと評価されていい、もうひとりの〝プロレスの父〟といえるかもしれない。

かつて〝ジャップ〟はこんなふうに描かれていた

ひょっとしたら、いまどきのプロレスファンは〝日系レスラー〟という単語そのものを知らないかもしれない。日系――日本から見れば日本人の血をひくアメリカ人で、アメリカから見ればフツーのジャパニーズ――レスラーは、いまから60年、70年ほどまえのアメリカのプロレス・シーンには欠かすことのできない悪役キャラクターだった。

だいたいの場合において、空手か柔道あるいは柔術の達人ということになっていて、必殺技は神秘的とされる空手チョップかスリーパーホールドかケイ動脈クロー。反則技のレパートリーは、対戦相手の目に塩をすりこむ〝塩攻撃〟、ゲタ攻撃、背後からの急所打ち、柔道着や着物の帯を使ったチョーク攻撃など。定番のリングコスチュームは和服や柔道着で、タイツは着用するが、基本的にはリングシューズははかず、試合をするときは素足。パールハーバー Pearl Harbor という単語が〝奇襲攻撃を仕掛ける〟という意味の動詞として使われていた。

怪しいマーシャルアーツを使い、レフェリーの目を盗んでは反則攻撃の限りをつくし、反則がバレると卑屈な笑みを浮かべて対戦相手とレフェリーと観客に向かって深ぶかとお辞儀をするといったボディー・ランゲージの数かずは、アメリカと日本が仲が悪かった時代にアメリカ人がイメージしていたところのいわゆるジャップ。ジャパニーズ・ピープルのステレオタイプ――固定観念、先入観、紋切り型、決まり文句、型にはまった画一的なイメージ――だった。

いわゆるジャパニーズ・ヒールが〝時代の子〟としてプロレスのリングに登場してきたのは第二次世界大戦前後の1940年代前半から1950年代にかけてだが、じっさいにそれを演じていたのは日本からアメリカに渡った日本人レスラーではなくて、ほとんどのケースにおいて日系二世、日系三世のジャパニーズ・アメリカンだった。

アメリカマットで活躍した〝7人の東郷〟

50年代に活躍したオーヤマ・カトー Oyama Kato とグレート・トーア・ヤマト Great Tor Yamato のふたりは――これまで日本のプロレスマスコミにはあまり紹介されることはなかったが――いわゆるメイド・イン・USAの典型的なジャパニーズ・バッドガイということになる。〝大山〟も〝加藤〟も日本人の名字としては平凡な部類に入るが、ふたつのラストネームをくっつけてエキゾチックなエスニック系キャラクターに仕立て上げてしまうという発想はアメリカ人のセンスなのだろう。ちなみにカトーのアメリカ式の発音はケートーだ。

オーヤマ・カトーは1919年、ハワイ生まれの日系二世で、本名はシンイチ・スタンリー・マエシロ。戦後の40年代後半、7人の子どもたちとともにハワイからカリフォルニアに移住し、プロレスラーとなった。デビュー当時は、戦前にアメリカで活躍した日本人俳優の早川雪州にちなんでセッシュー・オーヤマを名乗っていたという。

日系二世のオーヤマ・カトーはもちろん英語と日本語のバイリンガルだったが、プロレスのリングでは〝英語がわからない日本人〟を演じた。戦後、アメリカで活躍したジャパニーズ・ヒールの大物といえば、日本のプロレス史にも深くかかわったグレート東郷とハロルド坂田（トシ東郷）があまりにも有名だが、オーヤマ・カトーは全米各地のプロモーターから東郷の〝分身〟的なポジションを与えられたレスラーだった。

アメリカの専門誌『ボクシング・アンド・レスリング』が〝7人の東郷〟というタイトルで東郷、坂田、ミスター・モト、キンジ・シブヤ、デューク・ケオムカ、オーヤマ・カトー、そしてトーア・ヤマトの7人の日系レスラーの特集記事を掲載したことがあった。

作家でプロレスファンとしても知られる村松友視さんが80年代にこの〝7人の東郷〟をモチーフに『7人のトーゴー』というタイトルで、戦後、アメリカで活躍した日系レスラーたちのその後の消息を描いた短編小説集を発表したが、オーヤマ・カトーとトーア・ヤマトのふたりに関してはこれまでくわしいプロフィルが不詳のままだった。

昭和40年代に出版された『プロレス・ニッポン世界をゆく』（恒文社＝1971年）という本の第4章〝近代プロレス史上の英雄たち〟には、戦前から戦後にかけてアメリカで活躍した日本人柔道家、日系レスラー、日本人レスラーたちのことがくわしく紹介されている。作者はプロレス・ライターの草分け的存在だった田鶴浜弘さんで、1905年（明治38年）生まれの田鶴浜さんは66歳のときにこの本を書いた。

同書には「オーヤマ・カトーは、テキサスの試合中に、ドロップ・キックを心臓に強襲されて急死したという」（原文のまま）という記述があるが、最近の研究では1961年1月9日、カナダ・バンクーバーでの試合後、宿泊先のホテルで心臓発作のため死去したことが判明した。42歳の若さだった。

7人のトーゴー

ミスター・モト

トシ東郷＝ハロルド坂田

グレート東郷のいちばん有名なパブリシティー写真

キンジ・シブヤ

オーヤマ・カトー（右）

トーア・マヤト

デューク・ケオムカ

東郷ブラザース
グレート東郷（右）と
トシ東郷

壮絶な最期をとげた謎の日系レスラー〝トーア・ヤマト〟

もうひとりのナゾの日系レスラー、トーア・ヤマト（本名トヨキ・ウエダ）は、当時としてはめずらしかった女性マネジャーの――じつはヤマトの妻だった――〝ハナコ〟というアメリカ人女性にホテルの自室で射殺された。まさに小説よりも奇なりな最期だった。

身長5フィート8インチ（約172センチ）、体重218ポンド（約98キロ）といったごくかんたんなデータ、ハワイ生まれの日系二世らしいということ以外、くわしいプロフィルはわかっていないが、ユーチューブにアップされている50年代前半のプロレス番組〝レスリング・フロム・マリゴールド・ガーデン〟（ドゥモン・ネットワークTV）のモノクロの映像のなかにトーア・ヤマトの試合シーンをいくつか発見できる。

アメリカの専門誌に掲載された有名なパブリシティ写真では、向かって左側に和服を着たトーア・ヤマトが立っていて、右側にはマネジャーのハナコサンが三つ指をついて正座している。ふたりは平等で対等な立場の夫婦ではなくて、あくまでもマスター（家長）とサーバント（使用人）の関係。〝封建社会〟〝家長制度〟〝男尊女卑〟というアメリカ人が考えるところの日本と日本人のステレオタイプがプロレスのリングに描かれていた。

トーア・ヤマトは全米ツアー中だった1960年、ホテルの自室でハナコサンに射殺された。『プロレス・ニッポン世界をゆく』にはトーア・ヤマトに関するこんな記述が載っている。

《日系のゴージャス・ジョージといわれた華麗な美男悪玉グレート・トーア・ヤマト。》

《彼は、白人のグラマー娘をすそ模様にお太鼓の帯、頭を花カンザシで飾り、その名が〝花子さん〟——その美しい侍女を帯同してマットに登った》

《いかにも女出入りが絶えなかった美男悪玉らしい死に方だった。（中略）オハマのホテルの自室で、深夜、例の〝花子さん〟にピストルで心臓をうち抜かれて昇天した》

《ホテルの支配人がかけつけたとき、心臓から吹き出す鮮血にまみれたヤマトの死骸に、日本の長じゅばん姿で、ピストル片手の〝花子さん〟が取りすがり、狂ったように泣きわめいていたそうだ》（原文のまま）

当時の新聞記事によれば、この事件は殺人事件ではなく拳銃の〝暴発事故〟として処理され、ハナコサンは無罪になったという。『プロレス・ニッポン世界をゆく』には1962年（昭和37年）の夏、ロサンゼルスで〝7人の東郷〟のうちのグレート東郷、ミスター・モト、キンジ・シブヤの3人が顔をそろえ、筆者の田鶴浜さんといっしょに戦後のアメリカのプロレス界での苦労話を語り合うというシーンがある。

《『花子は——生命がけで惚れていたのよ……女のジェラシー一番こわいね』。そういってシブヤが首をすくめて見せた》（原文のまま）

どうやら、シブヤは〝トーア・ヤマト事件〟のディテールを知っているようだった。

〝悪いジャパニーズ〟キャラの終焉

1962年当時、アメリカのメイン・サーキットで武者修行中だったジャイアント馬場について、田鶴浜さんが「東部で人気売り出し——2メートルを越す超巨体、怪異ムードのカラーが人気の正体であった」と分析すると、東郷とモトとシブヤは「時代が変わったんだ」と口をそろえた。

馬場とこの3人の日系レスラーたちとの根本的なちがいは、馬場が日本からアメリカに渡った日本生まれの日本人アスリートであったのに対し、東郷らはアメリカ生まれの日系アメリカ人であったにもかかわらず、その事実をあえて隠し、アメリカの観客向けに〝悪いジャパニーズ〟を演じた点である。

〝7人の東郷〟がモチーフとなったジャパニーズ・ヒールのイメージは70年代前半あたりまでつづき、東郷をはじめとする〝戦中派〟が第一線を退いたあとは、ミツ・アラカワ、ドクター・モト（キラー・トーア・カマタ）、プロフェッサー・タナカ、ミスター・フジといった東郷らよりもひと世代若い日系レスラーたち——カマタはポリネシアン、タナカはフィリピン系だった——、あるいはアメリカに長期滞在した上田馬之助、グレート小鹿、マサ斎藤、ミスター・ヒト（安達勝治）あたりの世代までの日本人レスラーたちが古典的な〝悪いジャパニーズ〟のキャラクターを踏襲した。

70年代後半から80年代以降、アメリカのリングを主戦場としたジャパニーズ・ヒールのイメージはザ・グレート・カブキ、ケンドー・ナガサキ、ザ・グレート・ムタ（武藤敬司）らに代表されるフィクションあるいはファンタジーとしての東洋的ビジュアルへとシフトチェンジされた。キラー・カーン（小沢正志）のように、日本人ではなく〝ナゾの蒙古人〟を演じた例もある。

田吾作タイツと下駄ばきが定番のコスチュームで、リング上にお清めの塩をまき、レフェリーの目を盗んでは反則の限りをつくし、反則がバレると卑屈な笑みを浮かべながら深ぶかとお辞儀をして許しを請い、最後はベビーフェース＝白人レスラーにこてんぱんにやられるといったステレオタイプなジャパニーズ・ヒールはすっかり時代遅れとなり、これといった存在理由がなくなったため絶滅した。いまのアメリカのレスリング・ビジネスは、プロレスを社会的なナラティブの流布——つまり政治プロパガンダ——に利用していないし、プロレスファンもまたプロレスというジャンルにそれを求めていないのである。

ドクター・モト（左＝キラー・トーア・カマタ）＆ミツ荒川

「７人のトーゴー」よりもやや若い世代、1960年代から活躍した日系レスラーミツ・アラカワ

Rikidozan Timeline

1950年代

▶1950年（昭和25年）5月、大相撲夏場所、関脇・力道山は8勝7敗で勝ち越し。同年8月25日、日本橋浜町の自宅でみずからマゲを切る。9月10日、大相撲廃業声明。翌11日、秋場所新番付が発表されたが休場。

▶1951年（昭和26年）9月、国連軍慰問興行のためボビー・ブランズ、ハロルド坂田ら7選手が来日。9月30日、外国人選手のみによる初興行。10月、遠藤幸吉（プロ柔道）とともに練習に参加。同28日、メモリアル・ホール（旧両国国技館）での4度めの興行でプロレス・デビュー戦。"師匠"ボビー・ブランズと10分1本勝負で対戦し引き分け。

▶1952年（昭和27年）2月3日、初渡米。ハワイで沖識名のコーチを受け、同17日、ホノルルのシビック・オーデトリアムでチーフ・リトルウルフを下す。

▶同年6月10日、米本土へ移動。同12日、サンフランシスコのカウ・パレスでアイク・アーキンスと対戦しフォール勝ち。同23日、同所でプリモ・カルネラとのコンビでシャープ兄弟の世界タッグ王座に初挑戦（時間切れ引き分け）。

▶1953年（昭和28年）3月6日、1年1カ月のアメリカ武者修行を終え帰国。同年7月、日本プロレス協会、日本プロレス興業KKが発足。同年10月、再渡米。同年12月6日、ハワイ・ホノルルでルー・テーズのNWA世界ヘビー級王座に初挑戦。バックドロップで脳しんとう（試合放棄）。

▶1954年（昭和29年）2月19、20、21日、蔵前国技館で日本プロレス協会が初興行。初日、NHKと日本テレビが実況中継。力道山&木村政彦対シャープ兄弟（ベン&マイク）の歴史的一戦は1−1の時間切れ引き分け。

▶同年12月22日、蔵前国技館で木村政彦との日本ヘビー級王座決定戦。力道山がレフェリーストップ勝ち（試合放棄）。初代チャンピオンとなる。

▶1955年（昭和30年）3月27日、プロレス転向の元横綱・東富士のハワイ修行に同行。5月、力道山は米本土に渡り、ニューヨーク、シカゴ、ロサンゼルス、サンフランシスコを転戦。7月に帰国。8月にはシンガポールに初遠征。↖

昭和26年に来日した「ボビー・ブランズ一行」のボビー・ブランズ。力道山のプロレスの師匠でもある（デビュー戦の相手）

▶1956年（昭和31年）1月、“世界漫遊”に出発。3月、東南アジア、ヨーロッパからニューヨーク入り。新車のベンツでアメリカ大陸を横断。4月、帰国。

▶1957年（昭和32年）2月、豊登を帯同しハワイ遠征。5月、帰国。同年10月、“鉄人”ルー・テーズが初来日。7日、東京・後楽園球場で力道山の挑戦を受け、日本初の世界タイトルマッチ開催（時間切れ引き分け）。同13日、大阪プールで再戦。この試合は1-1のあと両者リングアウトのドロー。

▶1958年（昭和33年）8月27日、ロサンゼルスのオリンピック・オーデトリアムでテーズを下しインターナショナル王座を獲得。同年11月、ブラジル遠征。

▶1959年（昭和34年）6月15日、東京・東京体育館でジェス・オルテガを下し“第1回ワールド・リーグ戦”優勝。

1960年代

▶1960年（昭和35年）2月、2度めのブラジル遠征。猪木寛至をスカウトし、4月10日、帰国。翌11日、元読売ジャイアンツ投手の馬場正平のプロレス転向発表。同年9月30日、東京・台東体育館で馬場、猪木が同時デビュー。

▶1961年（昭和36年）7月30日、東京・渋谷にリキ・スポーツパレス完成。同月、馬場、芳の里、マンモス鈴木の3選手が長期の米武者修行に出発。ロサンゼルスでグレート東郷と合流し、9月にニューヨーク入り。

▶1962年（昭和37年）3月28日、ロサンゼルスのオリンピック・オーデトリアムでフレッド・ブラッシーを下しWWA世界ヘビー級王座獲得。同年7月26日の再戦（同所）では“出血多量”の不可解判定で王座から転落。

▶1963年（昭和38年）3月17日、ジャイアント馬場が1年8カ月の武者修行を終え、短期渡米中だった力道山といっしょに帰国。

▶同年6月5日、東京・赤坂のホテル・オークラで田中敬子さんと結婚式。新婚の力道山夫妻は世界一周のハネムーンへ出発。同12月8日、赤坂のナイトクラブ“ニュー・ラテンクォーター”で暴漢に腹部を刺され山王病院に入院。

▶同年12月15日、午後9時50分、腸閉塞を併発し再手術。死去。

〝力道山体験〟というひとまとまりのメディア言説

〝プロレスの父〟力道山がこの世を去ってから半世紀という時間が経過している。プロレスは、戦後の日本においてテレビと新聞というふたつの巨大なメディアと〝タッグ〟を組むことで大きく成長、発展したジャンルである。

日本でテレビの放送がスタートしたのはNHKが開局した1953年(昭和28年)2月で、民放テレビ局〝第1号〟の日本テレビが開局したのは同年8月。力道山のプロレスが初めてブラウン管に出現したのは翌1954年(昭和29年)2月19日で、力道山&木村政彦対シャープ兄弟(ベン・シャープ&マイク・シャープ)の〝世界選手権争奪大試合〟がNHKと日本テレビの2局で生中継された。この日がいわゆる〝街頭テレビ〟のはじまりであり、日本プロレス史のはじまりである。

日本のプロレスは、それがスタートした時点からマスメディアがプロデュースするメガ・イベントだった。現代のメディアが戦後史・昭和史を語るとき、必ずといっていいほど力道山のプロレスとプロレスを観るために街頭テレビのまえに群がる無数の群衆の映像が使われるのはそのためだ。

力道山のプロレスラーとしての現役生活は1951年(昭和26年)10月のデビューから1963年(昭和38年)12月に急死するまでの12年間だが、戦後の日本文化のひとつの象徴として語られる〝力道山体験〟は、街頭テレビを出発点として力道山がメディアのなかを動きまわっていた約10年間を指す。

日本の復興と再建が〝力道山体験〟という文脈とワンセットで論じられるときのストーリーはだいたいこういう感じだ。

①テレビに映る力道山の雄姿が〝敗戦国〟日本とその国民の士気を高め、社会に勇気と希望を与えた。

②力道山の空手チョップが〝戦勝国〟アメリカに対するコンプレックスを打ち消した。

③プロレスというキラー・コンテンツによって一般家庭にテレビが普及した。

あるアメリカの社会学者は〝力道山〟をこう分析する。

「プロレスは、敗戦がもたらしたストレスに基づいて、それを象徴的に解消していた。しかし、それと同時に、プロレスは〝西洋に追いつき、追い越せ〟という〝攘夷論〟的な、戦前からも存続していたイデオロギーを再生産していたのである」

「日本人の社会的、精神的安定感は敗戦によって脅かされていたのである。〝日本人〟という集団の生活の苦難の原因と思われていた〝進駐軍〟を象徴する外人レスラー（原文のまま）を〝ぶっとばす〟ことによって、〝日本人〟という集団を代表する力道山は〝民族の英雄〟になった」

力道山

シャープ兄弟

しかし、ほんとうにそうだろうか。ほんとうに①②③だけが〝力道山体験〟なのだろうか。とりわけ①と②はナショナリズムの再生産というイデオロギーのおはなし、現代の視点から過去形で語られるところのステレオタイプのおはなしである。

ユーチューブにアップされている力道山のモノクロの試合映像の数かずをチェックしてみると、ときおり映し出される観客の顔はそれほど殺気立ったものではなくて、もっとリラックスしていて、笑みを浮かべている。昭和30年代にも、そのようなイデオロギーとはあまり関係なく、プロレスそのものをもっと自由に楽しむオーディエンスがすでに存在していたのではないだろうか。

日本テレビが毎週金曜夜8時に放送していた『三菱ダイヤモンド・アワー』(1958年=昭和33年8月29日放映開始)は、〝プロレス中継〟と〝ディズニーランド・未来の国〟というふたつの番組を隔週でオンエアし、多くのテレビ視聴者は〝プロレス〟と〝ディズニー〟のコンテンツを平等に受容していた。

文化社会学者でとくにメディア論を研究領域としている小林正幸さんは、力道山をめぐるこういったひとまとまりの言説——コトバで説くこと。考えなどをコトバで述べること。また、そのコトバ。コトバによる思想の伝達。ディスコース discourse ——を〝力道山常識論〟と呼び、これに疑問を投げかけている。

「力道山体験がきわめて言語的に構成された現象であることを改めて問わなければならないのではないだろうか。〝力道山常識論〟が力道山体験やその記憶において特権的な地位を占めてきたのは、——その言説を媒介した諸メディアの〝メディア性〟とのからまり合いにおける現象だった」

「〝力道山常識論〟は、じつは論理的な操作によって〝事後的〟に構成された意味世界である可能性

もある――」（『力道山をめぐる体験』小林正幸著より）

〝昭和巌流島の決闘〟力道山vs木村政彦

メディアが媒介し、日本じゅうを熱狂させた最大の〝力道山体験〟は力道山対木村政彦の〝昭和巌流島の決闘〟だった。

力道山対木村の最初で最後のシングルマッチがおこなわれたのは1954年（昭和29年）12月22日。この試合を形容するときによく用いられる〝昭和巌流島の決闘〟というキャッチフレーズは、日本人ならだれでも知っている宮本武蔵と佐々木小次郎の〝巌流島の決闘〟になぞらえたものであることはいうまでもないが、じつはこのフレーズ自体も〝力道山常識論〟と同様、マスメディアによって事後的に構成されたものである。

昭和29年当時の日本のマスメディアが使ったうたい文句は〝柔道の木村か、相撲の力道か〟で、『プロレス日本選手権』と銘打って開催されたこの試合は、プロレスラーとプロレスラーによるプロレスのタイトルマッチであったにもかかわらず、一般的な認識はあくまでも〝柔道の鬼〟木村対〝大相撲・元関脇〟力道山、あるいは〝柔道の木村〟対〝プロレスの力道山〟の他流試合だった。木村に対してはつねに〝柔道の〟という但し書きが用意されていた。木村がいわゆるプロレスラーではなく、あくまでも柔道家であったとするメディア的コンセンサスは、この試合（とその結末）から60年が経過した現在でもあまり変わっていない。

力道山と木村は、というよりもプロレスというジャンルは、朝日新聞や毎日新聞という巨大メディアを興行の宣伝に利用し、メディアはメディアで――〝真剣勝負〟と〝ショー〟をキーワードに――そのナラティブ＝物語にのっかった。

力道山との対戦にさいして木村が用いた（とされる）レトリックは「力道山のプロレスはジェスチャーの多いショー。ショーではない真剣勝負ならば私は負けない」というものだった。木村が力道山に正式に挑戦表明したのはこの年の11月25日で、朝日新聞がこのニュースを報じたのは翌26日。力道山はその日のうちに木村の挑戦を受諾し、そのまた翌日の同27日には新聞、テレビの報道陣を招集しての〝選手権調印式〟がおこなわれた。

〝柔道の木村〟が力道山にいきなり挑戦を申し入れたという設定にしては新聞発表から記者会見、約1カ月後の試合開催決定に至るまでの段取りがあまりにもスムーズすぎることは――いまになってみれば――明らかではあるが、当時のメディアはこのあたりのディテールを追及しなかった。

力道山の圧勝に終わったこの試合の翌日（同12月23日）の朝日新聞のスポーツ面には〝力道、木村をけり倒す〟〝争われぬ実力の差〟という大見出しが躍り、記事内では力道山の「良心に恥じぬ試合だ」、木村の「傷はクツでふまれたものだ」というコメントをそれぞれ紹介。さらに翌24日付の朝日新聞・朝刊には「それは既にショウでなく、スポーツでもなく、血にうえた野獣の本能そのものであった」「社会的価値を有するものとはなり得ない」という論説が掲載された。

朝日新聞は1954年2月の力道山&木村対シャープ兄弟の〝プロレス国際試合〟から力道山対ルー・テーズの〝世界選手権〟がおこなわれた1957年（昭和32年）10月までの約4年間、力道山のプロレスをスポーツとして報道していたが、それ以降はなぜかプロレスのニュースを紙面で扱わなくなった。いっぽう、毎日新聞は1954年から1963年（昭和38年）までの約10年間、日本プロレス協会主催のほぼすべての興行を後援し、プロレスの記事をスポーツ面と社会面に掲載しつづけた。

真剣勝負か？　ショーか？

テレビに映る力道山の雄姿が〝敗戦国〟日本と日本国民に勇気と希望を与えた、力道山の空手チョップが〝戦勝国〟アメリカとアメリカ人に対するコンプレックスを打ち消した、プロレスがテレビという新しいメディアを一般家庭に普及させた、とするひとまとまりの〝力道山体験〟はほんとうのことかもしれないし、ずっとあとになってから現代のメディアがこの国の戦後史・昭和史を語るうえで共同プロデュースした〝神話〟かもしれない。

どちらが真実だとしても、力道山と木村の試合が実現した時点で、すでにメディアはプロレスが金太郎飴のようにどこから切っても〝真剣勝負〟と〝ショー〟とが同居するジャンルであることをオーディエンス（観客、大衆）に提示していた。

「プロレスは勝敗の肯定＝競争原理と勝敗の脱意味化という矛盾するふたつの論理を弁証法的に表現するものであり、スポーツとして観戦する観衆を許容し、同時に演技論的に受容する観衆をも許容する」（『力道山をめぐる体験』小林正幸著より）

ひとつだけはっきりしているのは、メディアとプロレスファンの〝力道山体験〟――〝真剣勝負〟と〝ショー〟をキーワードとした終わることのない物語――はいまでもつづいているということである。

〝柔道の鬼〟木村政彦のジャンケンポン発言が語りかける真実

日本のプロレスにはふたりの父がいる。ひとりは力道山であることはいうまでもないが、もうひとりは木村政彦である。日本における本格的なプロレスのお披露目は力道山&木村対シャープ兄弟の伝説のタッグマッチだが、このとき〝柔道の鬼〟木村が力道山のタッグパートナーとしていきなりプロレスのリングに上がったのかというとそうではない。木村は1950年（昭和25年）、プロ柔道家としてハワイに渡り、ここでプロレスに転向した。つまり、木村はプロレスラーとしては力道山よりも1年先輩にあたる。

力道山と木村の最初で最後の闘い（1954年12月22日＝蔵前国技館）は〝昭和巌流島の決闘〟としていまなお語り継がれているが、〝昭和巌流島〟というフレーズは、この試合があまりにも凄惨な内容であったため、事後的にメディアによって生成されたもので、その当時のうたい文句はあくまでも〝柔道の木村か、相撲の力道か〟あるいは〝柔道が勝つか、プロレスが勝つか〟だった。

〝昭和巌流島の決闘〟は力道山の一方的な勝利に終わったが、当事者である木村によって試合の内実が暴露されたのはそれから29年後の1983年（昭和58年）のことだ。スポーツグラフィック誌『ナンバー』（文藝春秋＝83年3月5日号）に掲載された木村のインタビューはだいたいこんな内容だった。

「二人で事前に、いっぺんやってみようか、そして金もうけをしようじゃないか、という話を交わした。だいたいの月日、段取りを決めての話で、これはおたがいに公表しないで、やるときはパッと新聞に出そうじゃないかと相談ずくでやったことなんです」

「最初は引き分け。次はジャンケンポンで勝った方が勝つ。その次は反対。またその次は引き分けということをずっと継続して、日本中を回ろうという口約束だったんです」

木村はこのインタビューのなかではっきりと〝ジャンケンポン〟という単語を2回、使っている。どうやら、木村は力道山との一騎打ちとそれにつづく〝因縁の再戦シリーズ〟の内容（試合結果）をほんとうにジャンケンポンで決めてもよいと考えていたようだ。力道山への挑戦表明のさいに木村が用いたレトリック――プロレス用語でいうならばアングル――は「力道山のプロレスはショー。真剣勝負なら負けない」というものだった。

木村がメディアに力道山との試合について語ったのはこのときが初めてではなく、じつはこれよりも約2カ月まえにプロレス専門誌『ビッグレスラー』（立風書房＝83年1月27日発売号）にもこれと同じような内容のインタビュー記事が掲載された。『ナンバー』誌の記事と重複しないところの木村のコメントは以下のようなものだ。

「都内の某料亭で、私と力が会って、当日の手はずを整えた。いずれかが先に勝ち、2本目は負けた方。3本目は、急所を蹴り合い、おたがいの負けにするか、場外乱闘に持ち込み、引き分けにする予定だった」

木村はここで、力道山によるガチンコ――あるいは裏切り行為――の原因となったとされる試合中の〝急所蹴り〟のシーンについても言及している。力道山が木村の〝急所蹴り〟のような攻撃にブチ切れていきなり鉄拳制裁に出たのか、あるいは最初からそのつもりでリングに上がっていたのかは、いまとなってはだれにもわからない。

木村による告発（または告白）はなぜか1983年に集中していて、このふたつのインタビュー記事のあと、木村は地元・九州のテレビ局（NHK福岡）のドキュメンタリー番組でも〝ジャンケンポン発言〟をくり返した。どうやら、マスメディアは〝昭和巌流島の決闘〟の真相究明が解禁になったものととらえたようだった。

ふたりの男の明暗をわけた勝敗の重み

木村の発言どおり〝昭和巌流島の決闘〟の第1ラウンドが予定どおり引き分けに終わり、それから木村が勝ったり力道山が勝ったりしながらの再戦、再々戦シリーズが全国巡業としておこなわれていたとしたら、その後の日本のプロレス界はどんなふうになっていっただろうか。

力道山は木村との一戦で日本選手権を獲得したあと、この〝日本一〟の王座防衛戦はほとんどおこなわず、翌1955年（昭和30年）にはキング・コングを退けアジア王座、1956年（昭和31年）にはタム・ライスを下し太平洋沿岸王座を獲得し、1957年（昭和32年）にはルー・テーズを招へいし国内初の〝世界選手権試合〟を実現させた。力道山にとって、木村との闘いは〝力道山伝説〟という大河ドラマのほんのプロローグでしかなかった。

いまから60年以上もまえに日本じゅうを熱狂させ、その後、約30年のときをへてその暗部が明らかにされたといわれる力道山と木村の〝昭和巌流島の決闘〟は、それからさらに30年が経過した現在でも、プロレスの真実をわれわれに語りかけている。

試合の結果があらかじめ決められているものだとすると、その勝ち負けはどうでもいい無意味なものなのかというと、そうではなくて、勝ち負けがあらかじめ決まっているものであるならば、むしろ、だからこそ、その勝ち負けは重要な意味を持つ。

木村にとってそれはジャンケンポンで決めてもいい程度のものであったとしても、力道山にとってはあの試合はなにがなんでも勝たなければならない正真正銘の決闘だった。勝った力道山は戦後ニッポンを象徴するスーパースターとなり、負けた木村は〝柔道の鬼〟のまま時代の表舞台から姿を消したのだった。

〝至宝〟インターナショナル王座のなぞ

日本のプロレス界に現存する最古のチャンピオンシップ——厳密にいうと1955年（昭和30年）に創設されたアジアタッグ王座のほうがその歴史はやや古いが——は、全日本プロレスが管理・運営している三冠ヘビー級選手権の〝三冠〟のなかのひとつ、インターナショナル王座である。〝三冠〟とはインターナショナル・ヘビー級王座、UN（ユナイテッド・ナショナル）ヘビー級王座、PWF（パシフィック・レスリング・フェデレーション）ヘビー級王座の3つのチャンピオンシップで、それまで個別に認定されていたシングルの3タイトルが初めて一本化されたのは1989年（平成元年）。インターナショナル王者ジャンボ鶴田がPWF&UN王者スタン・ハンセンを下し、3本のチャンピオンベルトを統一した（89年4月18日、東京・大田区体育館）。

三冠のなかでいちばん歴史が古いインターナショナル王座のルーツは、1958年（昭和33年）8月に力道山がルー・テーズを破りアメリカから持ち帰った〝世界選手権〟であることはいうまでもないが、このインターナショナル王座の〝出自〟はひじょうに大きななぞにつつまれている。

〝世界選手権〟をかけた力道山とテーズの世紀の一戦がプロレス・ブームのひとつのクライマックスとして大々的に開催されたのは、この前年の1957年（昭和32年）10月のことだ。タイトルマッチは東京と大阪で2試合おこなわれ、後楽園球場に3万人の大観衆を動員した第1戦は、両者ともノー・フォールのまま61分時間切れのドローでテーズが王座防衛に成功（10月7日）。第2戦は1本めをテーズ、2本めを力道山がそれぞれ取ったあと、決勝の3本めは両者リングアウトとなり、スコアの上では1−1の引き分けでこの試合もテーズが王座防衛に成功した（10月13日＝大阪・扇町プール）。

日本のマスメディアはテーズをごくシンプルに〝世界選手権者〟〝チャンピオン〟と形容し、当時の新聞紙上にも、テレビ中継の実況コメントのなかにも〝NWA〟という3つの頭文字はまったく登場していない。この4カ月まえ、テーズはエドワード・カーペンティアに敗れNWA世界王座から転落したが、3本勝負の3本めの判定をめぐりアメリカ、カナダのプロモーター間でその〝解釈〟が割れていた（57年6月14日＝イリノイ州シカゴ）。

記録によれば1本めは17分22秒、テーズのフォール勝ちで、2本めは3分39秒、カーペンティアのフォール勝ち。決勝の3本めは4分42秒、テーズの反則負け。2本めに肩を負傷したテーズが3本めの開始のゴングが鳴っても――コーナーからコーナーへ移動をつづけながらカーペンティアとの接触を避け――試合をはじめようとしなかったため、レフェリーがテーズの反則負けを宣告したとされる。

シカゴでカーペンティアがテーズを下してNWA世界王座を獲得したとされる57年6月からテーズが待望の初来日を果たす同年10月までの〝4カ月間〟、少なくともデータ上はアメリカ国内にふたりのNWA世界王者が存在し、新チャンピオンのカーペンティアは本拠地カナダのモンリオール（エディ・クイン派）をはじめ、アメリカの数都市で王座防衛活動をおこない、テーズもまたテーズを世界王者と認定するアメリカ国内の主要テリトリーで王座防衛活動をつづけた。

その間、モントリオールではテーズ対カーペンティアの再戦もおこなわれ、ここではテーズが王座奪回に成功したが、テーズの本拠地であるミズーリ州セントルイスのNWA本部（サム・マソニック派）

はシカゴでの王座移動そのものを無効としていたため、モントリオールでのリターンマッチと同所での王座移動をＮＷＡの公式記録から抹消した。

セントルスのマソニック派とモントリオールのクイン派のあいだで世界王座の管理・運営権をめぐる確執があったことはまぎれもない事実で、政治的対立による分裂と再編をくり返すＮＷＡは——なぜか日本のプロレス・マスコミと活字プロレスの読者であるプロレスファンの多くはＮＷＡを〝世界最高峰〟とする幻想を盲信してきたけれど——それほど盤石な組織ではなかった。

アメリカ国内でタイトルの認定をめぐる問題が生じたまま〝世界選手権者〟として初来日したテーズは、力道山を相手に2度の王座防衛戦をおこない、チャンピオンのままアメリカに帰国したが、それからわずか1カ月後、こんどはディック・ハットンに敗れ、わりとあっさりとＮＷＡ世界王座を明け渡した（57年11月14日＝カナダ・トロント）。

無冠となったテーズはその後、〝世界選手権者〟としてヨーロッパ・ツアーへ出て、イギリス、フランス、スペイン、ベルギーで王座防衛活動をおこなった。アメリカ国内ではＮＷＡ世界王座を手放したとしても、ヨーロッパのマーケットとそのオーディエンスにとっては——カーペンティアでもハットンでもなくて——あくまでも国際派スターのテーズが〝世界選手権者〟だった。

力道山ーテーズ戦は〝世界選手権試合〟だったのか？

「力道、テーズに勝つ」という大見出しで毎日新聞がそのニュースを報じたのは１９５８年（昭和33年）8月29日付の朝刊の紙面だった。記事は「日本プロレス協会への情報によると渡米中の全日本プロレス・チャンピオン力道山は二七日夜ロサンゼルスのオリンピック会館で世界チャンピオン、ルー・テーズに挑戦。三本勝負の結果（テーズを倒し）日本人として初めて世界チャンピオンの座についた」と力道山が〝世界チャンピオン〟になったことを伝えている。

この記事のすぐそばには〝ロサンゼルス二八日発ＵＰＩ〟の外電として「渡米中の日本のプロ・レスラー力道山は二七日、世界ヘビー級選手権保持者と称しているルー・テーズと戦い勝利を収めた。同試合はロサンゼルスのオリンピック競技場で行なわれたが、ノンタイトルマッチでメイン・イベントでもなかった」というもうひとつの記事（ニュースワイヤー）が載っていた。

前者（Ａ）は力道山の世界王座獲得を伝えるニュースで、後者（Ｂ）はその試合が「タイトルマッチではなかった」とする外電。つまり、（Ｂ）が（Ａ）の報道内容を完全に否定している。この前日の28日（日本時間）までに――アメリカ西海岸標準時間帯では問題の試合がおこなわれた27日夜――矛盾するふた通りの情報をすでに入手していた（と思われる）毎日新聞は、翌29日付の朝刊紙面において〝日本プロレス協会への情報〟をもとにした記事（Ａ）とＵＰＩ通信からの外電（Ｂ）をあくまでも公平に扱った。両論併記といわれる手法だ。

ここでまず論点となってくるのは、ロサンゼルスでおこなわれた力道山対テーズの一戦が〝世界選手権試合〟であったかどうかである。力道山がテーズに勝って「日本人として初めて世界チャンピオンになった」というニュースが大々的に報じられた時点では日本の活字メディアにはインターナショナル王座という単語はまだ登場していない。

テーズは前年の57年11月、カナダ・トロントでディック・ハットンに敗れＮＷＡ世界王座を失っているため、この試合がおこなわれたときは、少なくともNWA（ナショナル・レスリング・アライアンス＝ミズーリ州セントルイス）が認定するところの世界チャンピオンではなかった。

NWAという組織が認定し、管理・運営する世界ヘビー級王座だけが唯一無二の正統な〝世界選手権〟なのかというと、もちろんそうではない。1916年生まれのテーズは、1937年にエベレット・マーシャルを下して21歳の若さで初めて世界王座を獲得して以降、40年代から50年代の大半、テーズ自身にとっては20代半ばから30代のほとんどをワールド・チャンピオンとして過ごした。

E・マーシャルから最初に奪った世界王座はMWA（ミッドウエスト・レスリング・アソシエーション＝中西部）と旧AWA（アメリカン・レスリング・アソシエーション＝ボストン）の2団体が認定するタイトルだった。40年代から50年代にかけてはカナダ・モントリオールの〝別派〟AWA、旧NWA（ナショナル・レスリング・アソシエーション＝ニューヨーク）、カリフォルニア州アスレティック・コミッションなどがテーズを世界王座に認定していた。

のちに〝世界最高峰〟と位置づけられることになるNWAがアイオワ州ウォータールーで発足したのは戦後の1948年7月で、その初代世界王者には――新NWAの発起人のひとりでレスラー兼プロモーター――オーヴィル・ブラウンが認定された。

〝NWAをつくった男〟サム・マソニックは、旧NWA（アソシエーション）世界王者テーズと新NWA（アライアンス）世界王者ブラウンの王座統一戦を計画したが、ブラウンの交通事故＝引退によりこの試合はついに実現せず、翌49年11月、テーズが新旧NWAの統一世界王者に認定された。

アメリカじゅうの有力プロモーターはテーズが世界王者でありつづけることを望み、いつでもどこでもつねに1万人クラスの観客動員を計算できるテーズをチャンピオンとして〝共有〟していくことで――その内実は資本主義の根本である競争原理とフェアトレードからはほど遠いものであったにもかかわらず――戦後のアメリカのプロレス界は、地方分権的なビジネスモデルを構築した。

かんたんにいってしまえば、〝ルー・テーズ〟と〝世界チャンピオン〟はほとんど同義語で、それがテーズというプロレスラーのステータスであり、揺るぎない商品価値だった。

NWAはテレビ中継に対抗するために誕生

インターナショナル王座というタイトルは――昭和33年8月27日の時点で――そもそも実在したのだろうか。いわゆるプロレス・マスコミではないところの日本のジャーナリズムのなかには「力道山がテーズとNWAからインターナショナル王座を買った」とする〝歴史認識〟のようなものがあるが、この定説はまったく強引で、不正確で、リサーチ不足で、根拠がない。

バラバラになったパズルのかけらをつなぎ合わせていくためには、いくつかの〝そもそも〟を整理しておかなければならない。そもそも、テーズとNWA（もっと厳密にはセントルイスのサム・マソニック）の関係は一蓮托生ではなかった。この前年の57年11月にディック・ハットンに敗れNWA世界ヘビー級王座を失った時点で、テーズとNWAの契約は切れ、テーズ自身もホームタウンのセントルイスからアリゾナに転居。その後、フリーエージェントの立場でヨーロッパを長期間ツアーした。

そもそも、NWAはその名称が指し示すとおりレスリング・ビジネスのナショナル（国、国民的、国内的）なガバナンス、つまりアメリカ国内のプロモーター間のヨコのつながりとして発足した組織で、インターナショナルな活動は想定していなかった。また、インターナショナル王座といった名称のタイトルを認定するという発想もなかった。

57年10月に初来日し、日本のプロレス・ブームを目撃したテーズは、帰国後に新しい巨大市場としての日本のポテンシャルをサム・マソニックに報告したが、マソニックもNWAもこの時点ではジャパン・マネーにそれほど関心を示さなかった。関心を示さなかったというより、そもそもピンとこなかったといったほうが正確かもしれない。

このとき、テーズとともに来日したハワイのプロモーター、アル・キャラシックはセントルイスのマソニックに「日本はわたしのテリトリー（縄張り）です。日本とビジネスをする場合はわたしを通してください」という書簡を送り、マソニックはキャラシックのこのアプローチを了承したとされる。

NWAという組織をよりよく理解するためのキーワードは、この〝テリトリー〟という概念、ようするに〝縄張り意識〟だろう。1948年7月、アイオワ州ウォータールーに集まったマソニック（セントルイス）、ポール〝ピンキー〟ジョージ（アイオワ州デモイン）、オーヴィル・ブラウン（ミズーリ州カンザスシティー）、ウォーリー・カルボ（トニー・ステッカーの代理としてミーティングに出席＝ミネソタ州ミネアポリス）、マックス・クレイトン（ネブラスカ州オマハ）といった中西部の有力プロモーターたちは、まずおたがいの縄張りを確認し、その縄張りへの〝不可侵〟を約束し合った。

マソニックが中西部の有力プロモーターを中心にNWA設立――第二次世界大戦中の1941年にビリー・サンドー（本名ウィルヘルム・ボウマン）とマックス・ボウマンの兄弟がカンザス州ウィチタで、1943年にはピンキー・ジョージがアイオワ州デモインで、それぞれのローカル団体にNWA

という名称をすでに使っていた——を呼びかけた最大のモチベーションは、テレビのプロレス中継＝市場参入に対する防衛策を講じることだった。マソニックらは「あんなもの（テレビ）に無料で試合を放送されたらだれもライブ興行に足を運ばなくなり、われわれのビジネスは崩壊する」と考えた。

テレビというまったく新しいメディアは、カリフォルニアのローカル・レスラーだったゴージャス・ジョージをアメリカでいちばん有名なスポーツ・セレブリティーに変身させた。アイオワ州ウォータールーでの〝秘密会議〟からちょうど2年さかのぼる1946年7月、シカゴのテレビ局WBKBが毎週月曜夜のプライムタイムにプロレス中継番組（フレッド・コーラー派）をスタートさせた。1948年4月には同じシカゴのWGNもプロレス中継に参入し、WGNの同番組はニューヨークのネットワーク局ABCとのアフィリエート契約で全米放映されるようになった。1949年9月にはシカゴのドゥモン・ネットワークが伝説のプロレス番組〝レスリング・フロム・マリゴールド・ガーデン〟（F・コーラー派）を放映開始した。開局まもない全米各地のローカル・テレビ局にとって、プロレス中継は比較的、制作コストの安いテレビ番組だった。

NWA設立時のプロモーター間の取り決めは、①統一世界王座の認定、②加盟プロモーターのテリトリーの確認と不可侵協定（各地域に1団体のみ加盟認可）、③レスラーのファイトマネーの定額化、④組織の規則に従わないレスラーのブラックリスト作成と排除、といったものだった。

②は新会社、団体、プロモーターなどの新規参入を阻む私的市場独占、③は自由競争の妨害と不公正な取引方法、④はカルテルによる不当な取引制限で、①以外はいずれも明らかに独占禁止法に抵触する。NWAとは〝自由と平等の国〟アメリカらしからぬ談合の組織だったのである。

世界王座の分裂現象が起きはじめる57年の前年、1956年10月には独占禁止法違反とイリーガル・モノポリー（違法な市場独占）の容疑でNWAに米司法省の捜査のメスが入り、加盟プロモーター全員が「今後、そういうことは致しません」というコンセント・ディクリー（Consent Decree 同意判決・同意審決＝当事者の同意のみにもとづいて下される判決）に署名をすることで裁判所による解散命令を回避したという事件があった。

インターナショナル選手権にまつわるミステリー

いっぽう、ヨーロッパ・ツアーからアメリカに戻ってきたテーズは、ロサンゼルスのテレビ番組に出演し「パリでフィーリックス・マクェットを下しインターナショナル王座を獲得した」と発言した。アメリカ国内のメディアにインターナショナル王座という名称が初めて登場したのはどうやらこのときで、テーズは1958年春ごろから西海岸エリアを中心に同王座の防衛活動をスタートさせた。

テーズ対力道山の〝来週のタイトルマッチ〟を予告するロサンゼルス・タイムス紙の見出しは〝日本の偉大なるリッキー・ドーゼンがテーズと顔合わせ〟で、「ジャパニーズ・エンパイヤ・ヘビー級王者（大日本帝国チャンピオン）力道山とインターナショナル王者テーズのふたりのチャンピオンの対決」をおおいにあおった。

力道山が王者テーズに挑戦したとされる〝インターナショナル選手権〟をめぐるもうひとつの大きなミステリーは、その試合結果についてだ。8月27日のオリンピック・オーデトリアム大会の試合結果を伝えるロサンゼルス・タイムス紙（8月28日付）の見出しは「ナンドーがワナにはめる」で、ボブ・

ナンドーがウィリアム・バルガを2－1のスコアで下した一戦――3本勝負の3本めをナンドーが判定勝ち――をメインイベントとして報じ、テーズ－力道山戦については〝その他の試合結果〟として「リッキー・ドーゼンがルー・テーズに判定勝ち（3本勝負）」とだけ載せている。記事には〝インターナショナル選手権〟〝タイトルマッチ〟〝王座移動〟といった記述はいっさいない。

「力道、テーズに勝つ」と見出しがつけられた先述の毎日新聞（8月29日付）の記事は力道山が「日本人として初めて世界チャンピオンの座についた」ことを大々的に報じたが、〝ロサンゼルス28日発UPI〟の外電がこの試合を「ノンタイトルマッチでメインイベントでもなかった」と伝えたため、タイトルマッチと王座移動の真偽をめぐり日本のマスメディアに大きな混乱が生じた。

試合結果のスコアについてもメディアによってそのディテールはまちまちで「テーズがフライング・ボディーシザースから1本先取、2本めは力道山が空手チョップからフォールを返しタイ。決勝の3本めも力道山が空手チョップからフォール」とするものと「1本めはテーズが体固め（タイム不明）、2本めは力道山が反則勝ち（タイム不明）、3本めも力道山が反則勝ち（タイム不明）」とする情報とが混在していた。3本勝負の3本めが〝不透明〟な結果に終わったことだけはまちがいなかった。

ロサンゼルス在住のコレクターが現在も所持する同夜のプログラムには〝本日の対戦カード〟のページに各試合の結果が黒のボールペンで書き込まれているが、テーズ対力道山のところはテーズの名前の上に手書きの○印がつけられている。おそらく、この試合はオリンピック・オーデトリアムにいたライブの観客の目にはテーズの勝利と映る、かなりきわどい幕切れになっていたのだろう。

問題のタイトルマッチから4日後の8月31日午後、羽田空港では多数の報道陣がロサンゼルスから帰国した力道山を待ち構えていた。〝私は世界選手権者〟のタイトルで毎日新聞・夕刊（8月31日付）に掲載された記事のあらましは以下のようなものだった。

「プロレスラー力道山は世界選手権者ルー・テーズを倒したのをみやげに、三一日午後零時二一分、羽田空港着の日航機で米国遠征から帰国した。力道山はテーズとの試合が外電でノン・タイトルと報道されたことにつき次のように語った。

『あの試合は二七日ロサンゼルスのオリンピック会館で、約三〇〇〇の観衆を集めて行なわれ、またテレビ放送も行なった。試合をみた人は知っているように、試合前にアナウンサーから〝この試合は選手権試合だ〟と発表されたはずである。いずれにしても全レスラーがナンバーワンと認めているルー・テーズを破ることができたのは、私の本望である』」

プロレスマスコミのパイオニアのひとりで、『週刊プロレス』誌の編集顧問だった鈴木庄一は、その著書『鈴木庄一の日本プロレス史・上』（83年＝恒文社刊）のなかでこのときの力道山とのやりとりをこうふり返っている。

「『米本土に渡ってからテーズにタイトル挑戦を申し入れた。テーズが世界ヘビー級選手権者と思っていたが、王座はディック・ハットンに代わっていた』（力道山）」

「インターナショナル選手権は大レスラーのテーズが、それまでの海外不出を破って、前年世界の各国を回り（日本も）不敗を記録したのをたたえ、NWAがテーズに贈ったものと力道山は補足した」

「『ワシは2－1でテーズを破りタイトルを奪った。チャンピオンベルトを持って帰らないので疑うかもしれないが、ベルトは個人の物。テーズに〝ベルトをくれ！〟と言ったら〝三万ドル（当時約一千八十万円）出せばやる〟と答えた。そんな金はないから、もらってこなかった』とご機嫌で内幕まで明かした」

〝インターナショナル選手権〟におけるミステリアスな――と推測される――試合結果から派生してくるもうひとつの大きななぞは、この試合の映像がなぜ残されていないのかという素朴な疑問である。

舞台となったロサンゼルスでは、この日のオリンピック・オーデトリアム定期戦のメインイベントはボブ・ナンドー対ウィリアム・バルガのシングルマッチ（ノーTV）で、テーズ対力道山のタイトルマッチは〝TVメインイベント〟と発表されていた。しかし、この試合は現地ではテレビ放映されず、〝TVメインイベント〟として録画収録されたことになっている映像もこれまで〝発掘〟されていないし、現存しているかどうかもはっきりしない。常識的に考えれば、この映像がどこかに保存されていたとするならば、すでにユーチューブなどの動画サイトにアップされているだろう。

これより5年まえの1953年（昭和28年）10月から1954年（昭和29年）2月にかけての2度めのハワイ遠征ではその試合とツアー中のプライベート・シーンをたんねんにフィルムに収めていた力道山が、これほど大切なタイトルマッチをテレビ番組あるいはドキュメンタリー映画として映像化しなかったのはなんとも不可解としかいいようがない。

〝金曜夜8時〟の新番組『三菱ダイヤモンド・アワー』（日本テレビ）がはじまったのは力道山が帰国する2日まえの8月29日。プロレス中継と〝ディズニーランド未来の国〟の2番組を隔週サイクルでオンエアする同番組の第1回放映分は〝ディズニー――〟で、プロレス中継の初回放映は翌週の9月5日。番組内容は〝プロレスリング秋の国際試合〟開幕戦で蔵前国技館からの生中継だった。

インターナショナル・ヘビー級王座の正体

インターナショナル王座という単語、あるいは表現が日本の活字メディアに初めて登場するのは、それからさらに1カ月後の同年10月のことだ。毎日新聞（10月1日付）は〝世界選手権〟というタイトルで〝インターナショナル選手権者力道山〟が10月2日に蔵前国技館においてドン・レオ・ジョナサンを相手に初めての王座防衛戦をおこなうことを報じているが、記事のなかでは〝世界選手権〟と〝インターナショナル選手権〟とがまったく区別されていない。

インターナショナル・ヘビー級王座は――NWA認定のタイトルではなくて――テーズ系譜の〝世界選手権〟だった。どうやらこれが力道山がアメリカから持ち帰り、日本のプロレス界、日本のプロレス史の至宝となったチャンピオンシップの出自をめぐる巨大なミステリーの結論ということになるのだろう。

58年から1961年（昭和36年）にかけての3年間のあいだにはアメリカ各地でテーズ系譜の世界王座のスピンオフがいくつも産声をあげた。テーズを下し〝まぼろしのNWA世界王者〟となったエドワード・カーペンティア（57年6月14日＝シカゴ）は、その後も世界王者として全米ツアーを継続し、ボストンではキラー・コワルスキーがカーペンティアを破り初代AAC（アトランティック・アスレティック・コミッション）認定世界王者に認定され（58年5月3日）、ネブラスカ州オハマではバーン・ガニアがカーペンティアを下しオハマ版AWA世界王座が新設され（58年8月9日）、ロサンゼルスではフレッド・ブラッシーがカーペンティアから世界王座を奪いWWA（ワールド・レスリング・アソシエーションまたはワールドワイド・レスリング・アソシエイツ）が発足した（61年6月12日）。
アメリカ各地の、とくに都市部のプロモーターは、観客動員力のないNWA世界王者ディック・ハットンではなく、〝テーズに勝った男〟であり人気者のカーペンティアを世界王者として選択した。つまり、テーズというひとりのプロレスラーの影響力――テーズ・ブランドの市場価値――のほうが〝田舎の談合集団〟NWAのそれをはるか上回っていたということである。

いっぽう、日本ではなぜか「NWAがテーズの功績をたたえインターナショナル王座を贈った」とするジャパン・オリジナルのストーリーが〝定説〟となって根づいた。これは昭和30年代のプロレスマスコミが事後的に構成したナラティブで、それ以降の日本のマスメディア――活字メディアからネットのバーチャル空間まで――はこの定説をコピー・アンド・ペイストしつづけて現在に至っている。NWAがインターナショナル王座を新設したとする時期については媒体によって〝1949年〟〝1953年〟〝1958年〟とバラバラになったままだ。

いちばん重要なことは、テーズから〝のれん分け〟された世界王座のスピンオフを力道山がインターナショナル王座の名称で死ぬまで守りつづけ、ジャイアント馬場の時代を経て、ジャンボ鶴田、ブルーザー・ブロディらの世代から90年代の三沢光晴、小橋建太らの四天王世代まで、21世紀になってからは新日本プロレスから全日本プロレスに移籍した武藤敬司、新日本プロレス出身の佐々木健介、鈴木みのる、船木誠勝らがいにしえのチャンピオンベルトをその腰に巻き、力道山とテーズの闘いから半世紀以上が経過したいまもなお、このチャンピオンシップが三冠ヘビー級王座として日本のリングで生きつづけているという歴史的事実なのである。

日本じゅうを震撼させた〝テレビでショック死〟事件

日本のプロレス史、というよりも日本のテレビの歴史に残るひじょうにショッキングな事件である。「プロレスでショック死？　老人二人、テレビを見て」という見出しの記事が朝日新聞の夕刊7面・社会面に掲載されたのは1962（昭和37年）4月28日のことだ。力道山が突然この世を去る1年8カ月まえに起きた事件だった。

新聞記事には、同4月27日、テレビのプロレス中継を観ていた京都の76歳の女性と愛知の63歳の男性のふたりが「心臓マヒを起こして死んだ」とある。京都の女性はテレビの画面をみていて突然倒れ、まもなく急性心不全で亡くなった。「心臓ぜんそくの持病があったのでショック死といえるかどうかわからない。私がかけつけたとき、意識は失っていたが脈はしっかりしていた。ぜんそくの発作をしずめる注射をしておさまったが、一時間ほどたって死んだ」という医師のコメントが掲載されている。

愛知の63歳の男性も27日、夜8時から1時間、テレビでプロレスをみているうちに倒れ、近所に住む医師の往診を受けたが、同夜、亡くなった。男性の親族は「血圧が高かったが、プロレスやプロボクシングが好きで、この夜も家族といっしょにみていたが、むごたらしさにショックを受けたようだ」と話し、男性を診察した医師は「死因は脳出血だが、プロレスの強い刺激がショックを与えたようだ」とコメントしている。

〝ショック死〟したとされるふたりの老人が観ていたテレビ番組は〝金曜夜8時〟のプロレス中継『三

菱ダイヤモンド・アワー』（日本テレビ）で、問題の試合は同夜、生中継された力道山＆豊登＆グレート東郷対ルー・テーズ＆フレッド・ブラッシー＆マイク・シャープの6人タッグマッチだった（4月27日＝神戸市西灘王子体育館大会）。

神戸の試合は、同年4月20日の東京・渋谷リキ・スポーツパレス大会から同5月25日の最終戦・東京体育館大会まで全33戦の日程で開催中だった『第4回ワールド大リーグ戦』のシリーズ2週めのTVマッチ。同シリーズにはテーズ、ブラッシー以下、ディック・ハットン、バディ・オースチンといった超一流の外国人10選手が参加していた。

〝金曜夜8時〟は当時、プロレス中継と〝ディズニーランド未来の国〟の2番組の隔週放映シフトの時代。1960年（昭和35年）からはじまったニールセンのテレビ番組視聴率調査によれば、プロレス中継は平均52パーセント（関東エリア）の高視聴率をはじき出していたとされる。

〝ショック死〟事件の前週、特番ワクで放映された力道山対ブラッシーのWWA世界選手権試合（4月23日＝東京体育館大会）は60パーセント、4月27日の神戸大会は70パーセントの平均視聴率（ニールセン）をそれぞれ記録したというが、1962年（昭和37年）12月3日から調査が開始されたビデオリサーチ社の「全局高世帯視聴率番組50」の公式データにはこの2番組の数字は残されていない。

神戸大会の生中継が〝ショック死〟事件を引き起こしたとする新聞報道を受け、その後、前週の力道山対ブラッシーの試合をテレビで観ていた老人も全国で6人、同様に〝ショック死〟していたことが発覚した。ただし、この数字に関しては〝6人〟〝7人〟〝11人〟と諸説があり、プロレス観戦を原因とする〝ショック死〟事件そのものが一種の都市伝説だったとする分析もある。

問題の神戸の6人タッグマッチは、『ワールド大リーグ戦』の星取表とは直接関係のないハウスショー（TVマッチではあるが）のメインイベントだった。力道山とブラッシーは日本とロサンゼルスを舞台にWWA世界王座をめぐる長編ドラマを展開中のライバル同士で、〝鉄人〟テーズはいうまでもなく別格の存在。アメリカでは典型的なヒールとしてその悪名をとどろかせていた日系アメリカ人のグレート東郷は、〝祖国〟日本のリングでは力道山の盟友としてベビーフェース的な立場を演じていた。

アメリカン・スタイルの大乱闘といってしまえば、そういうことになるのだろう。日本組がベビーフェースで、外国人組がヒールというひじょうにシンプルでわかりやすい図式のなかで、シリーズ興行の主役だったブラッシーがトレードマークの噛みつき攻撃で東郷を血だるまにした。〝大流血シーン〟はじつは東郷の十八番だった。

テレビでプロレス中継を観ていたふたりの老人――あるいは〝6人〟〝7人〟〝11人〟――を〝ショック死〟させたとされるむごたらしい光景とは、どうやら東郷が額から大量の血を流しながらブラッシーの反則攻撃に耐えつづけるシーンだった。

東郷は顔から首、胸のあたりまで上半身全体を鮮血に染め、ある場面ではひん死の様相でキャンバスをのたうちまわり、またある場面ではニヤニヤと不気味な笑いを浮かべつつ、下からのカチあげ式の頭突きをブラッシーに見舞っていった。こういうシーンが何度も何度もくり返されたのだという。

大流血シーンといっても、この時代のテレビの映像はもちろん現在のようなＨＤ画質ではないが、ブラウン管に映し出される真っ赤な鮮血はひじょうにショッキングだった。プロレス中継はこの年の

4月、従来のモノクロ放送から〝最新技術〟のカラー放送に切り替えられたばかりだった。つまり、事件は――ショック死したとされる老人がカラー放送でこの番組を観ていたかどうかはさだかではないが――カラー放映導入直後に起こったものだった。

プロレスという〝情報コンテンツ〟の宿命と現実

「プロレスでショック死？　老人二人、テレビを見て」というタイトルがつけられた朝日新聞の夕刊（昭和37年4月28日付）には、事件のあらましを伝える記事とともに日本アマチュアレスリング協会理事（当時）の南一清氏、日本テレビ編成局次長（当時）の福井三郎氏、ボクシング評論家の平沢雪村氏の3氏のコメントが有識者の見解として掲載されていた。

「現在のプロレスはショーとしてもスポーツとしても行きすぎだ。見る人に不快な思いをさせてまで血を流したりして試合を続けることは、社会常識からいっても不合理だ。ましてスポーツ的な型をもったショーなのだから、もう少し考えて試合を選ぶべきだ。ことにアマレスまで、ああいうものだと一般に考えられるのは遺憾なことだ」（南氏＝原文のまま）

「昨夜はボクシングの試合場に行っていてそのプロレスは見なかった。しかし日本人のプロレスの見方が、一般に勝負にこだわりすぎて、演出されたショーを楽しむと

プロレスでショック死？
老人二人、テレビを見て
お天気はまあまあ
流血など行きすぎ
水キキン深刻化
日取り明後日に決定
少年、銀行帰りを襲う
通行人刺し逃走、捕わる
授業中に火事

昭和37年4月28日付『朝日新聞』

いうことを知らない。ことに日本人が外国人と試合すると、見る側で妙な大和魂のようなものを感じて興奮し、勝負にこだわってしまうようだ。大きな体を駆使してぶつかり合う見事なショーなのだと割切って見物すべきだと思う」（平沢氏＝原文のまま）

南氏、平沢氏、両氏の談話にはそれぞれ〝流血など行きすぎ〟〝勝負にこだわり過ぎる〟というコメント内容のいちばんコアな部分が小見出しとしてつけられていた。3人の有識者による談話のなかで、プロレスを一般大衆＝テレビ視聴者に提供する側からの見解は、プロレス中継を放送する日本テレビの編成局次長からのコメントだけだった。

「テレビ番組のショックで死んだという話ははじめてだ。プロレス放送のやり方については、かねが ね局としても十分気を配っており、あまりむごたらしい場面は大写しにしないようにつとめている。しかし、なんといってもプロレス放送の視聴率は高い。東京で五〇－六〇％、地方にいくほど高くなり八〇％を越す地区もある。こんなに人気のある番組はほかにない。なくなった人は血圧の高い老人のようだが、こうした人気番組では、特殊な病人のことまでは実際問題として配慮しきれない面もある。だからそういう人はなるべくみないように、また近親の人もみせないように気をつけてもらうほかないのではないか」（福井氏＝原文のまま）

このコメントには〝病人まで配慮し切れぬ〟なる小見出しがついていたが、このあたりは、いまから半世紀まえのテレビ人と21世紀のマスメディアの人権意識のちがいということになるのかもしれない。番組内容と〝ショック死〟の因果関係がこの時点では証明されていなかったとしても、人命よりも視聴率のほうが重要とするテレビ局のスタンスには、現在だったら各方面からの非難が集中することはまちがいない。

民放テレビ各局の報道番組、ワイドショー、バラエティー番組、朝日新聞以外の新聞メディアも一般週刊誌をはじめとする活字メディアも二次的な議論としてこの問題をこぞって取り上げるはずだし、〝バッシング派〟と〝擁護派〟がそれぞれ対立する意見をぶつけ合うネット空間は瞬時に炎上するだろう。

この事件のあと、民放連はプロレス中継（とスポーツ中継）のあり方を審議し、当事者の日本テレビは同番組のカラー放送を中止し、モノクロに変更した。

前出の南氏、平沢氏の「スポーツ的な型をもったショー」「ショーなのだと割り切って見物すべき」というコメントは、いわゆる〝門外漢〟のプロレスに対する共通の感覚であり、それは当時も現代もあまり変わっていない。

50年以上もまえに起きた〝ショック死〟事件がいまなおわれわれに突きつけているのは、力道山&木村政彦対シャープ兄弟の歴史的一戦と、その力道山対木村の〝昭和巌流島の決闘〟から本格的にスタートしたこの国のプロレスが――プロレスラーと観客のライブのコミュニケーションであるよりまえに――つねにメディアを媒介として社会に流通・流布される〝情報コンテンツ〟だという現実なのである。

〝金曜夜8時〟がプロレスの時間だった時代

〝金曜夜8時〟のプロレス中継番組をリアルタイムで体験したことがあるのは――幼少時代のおぼろげな記憶も含め――40代以上のプロレスファンだろう。日本でプロレスのテレビ放映がスタートしたのは1954年（昭和29年）2月。力道山、木村政彦、シャープ兄弟らが出場した日本プロ・レスリング協会の国際試合（蔵前国技館で2月19日から同21日まで3日間連続開催）をNHKと日本テレビがオンエアしたのがはじまりだった。

NHKは初日をテレビとラジオで中継し、民放〝第1号〟の日本テレビは3日間連続で放映。翌1955年（昭和30年）には開局したばかりのTBSもプロレス中継に参入したが、〝国営放送〟のNHKは1956年（昭和31年）にはプロレスから撤退した。当時のプロレス中継は基本的には不定期の〝特番枠〟だったが、日本テレビは1957年（昭和32年）6月から『ファイト・メン・アワー』という番組名で日本人選手を中心としたプロレス中継をレギュラー枠（毎週土曜の午後5時）でスタートさせた。

同番組は1958年（昭和33年）3月でいったん打ち切りとなったが、日本テレビは同年8月に〝金曜夜8時〟のゴールデンタイムで新番組『三菱ダイヤモンド・アワー』の放映を開始し、プロレス中継（生中継）と〝ディズニーランド未来の国〟の2番組を隔週ペースで放映。1961年（昭和36年）8月からは〝ディズニー――〟が放映される週はプロレス中継が午後10時台（地域によっては午後11

時台）に録画バージョンで放映されるという変則シフトがはじまり、プロレス中継そのものは毎週、オンエアされるようになった。

プロレスとディズニーの不思議な〝共存〟は１９６８年（昭和43年）２月16日放映分まで約10年間つづき、同２月23日から〝金曜夜８時〟がプロレス中継の指定席となった。いっぽう、〝ディズニーランド――〟は毎週日曜夜７時に移行し、その後、３回ほど放送時間を変更しながら番組そのものは１９７２年（昭和47年）４月まで継続された。いまから50年まえは少年ファンで、現在はシニア世代のプロレスファンが「昔はプロレスとディズニーが１週おきに放送されていた」と語るのはこの時代のエピソードである。

〝金曜夜８時〟のプロレス中継は、現代のメディア用語でいうところのキラー・コンテンツで、力道山対ザ・デストロイヤーのＷＷＡ世界選手権（１９６３年＝昭和38年５月24日放映分＝日本テレビ）が64パーセント、豊登対デストロイヤーのＷＷＡ世界選手権（１９６５年＝昭和40年２月26日放映分＝日本テレビ）が51・２パーセントの高視聴率をはじき出し、このふたつの数字は１９６２年（昭和37年）12月３日から調査が開始されたビデオリサーチ社の〝全局高世帯視聴率番組50〟の歴代４位、同34位にそれぞれランクインしている（２０１６年８月１日現在）。

〝金曜夜8時〟のその後

日本テレビの〝金曜夜８時〟のプロレス中継は１９７２年（昭和47年）５月、ジャイアント馬場対ゴリラ・モンスーンの『第14回ワールド・リーグ戦』決勝戦の生中継を最後に終了。日本テレビが「全国3000万人のプロレスファンのみなさん」——平均視聴率30パーセント台を指す番組冒頭のキャッチフレーズ——に支持されていた人気番組をあえてブラウン管から消したのは、日本プロレス（芳の里淳三社長）が〝日本テレビ専属契約〟だった馬場を日本テレビ側に事前交渉することなくNET（現在のテレビ朝日）のプロレス中継に登場させたことが原因だった。

NETは1969年（昭和44年）7月から『ワールドプロレスリング』の番組名でプロレス中継に参入し、日本プロレスが民放2局と放映契約を交わし、毎週、莫大な放映権料を手にするという〝バブル状態〟は約3年間つづいたが、NETは日本テレビの番組終了と同時に〝月曜夜8時〟の定位置をキープしつつ〝金曜夜8時〟のプロレス中継も並行して制作。72年10月の番組改編期からは『ワールドー——』の放映時間を〝金曜夜8時〟に一本化し、力道山時代からつづく長寿番組のポジティブなイメージをそっくりそのまま継承した。

いっぽう、日本テレビは馬場の日本プロレス退団－全日本プロレス設立に合わせ、72年10月から毎週土曜夜8時の時間帯でプロレス中継を再開した。NETも坂口征二の日本プロレス退団－新日本プロレス移籍と同時に日本プロレスとの契約を破棄し、1973年（昭和48年）4月に発足2年めの新日本プロレスと新契約を交わした。団体経営の命綱だったテレビ放映を打ち切られた日本プロレスは、それからわずか1カ月後の4月30日の群馬大会を最後に活動停止した。老舗・日本プロレスの崩壊はあまりにもあっけなかった。

テレビ朝日の〝金曜夜8時〟のプロレス中継は73年4月から1986年（昭和61年）10月まで13年6カ月間つづいたが、視聴率の低下を理由にいったん〝月曜8時〟に移行後、翌1987年（昭和62年）

4月からはプロレス中継とスタジオ・バラエティーをミックスした『ギブUPまで待てない!! ワールドプロレスリング』（バラエティー部門制作）という新番組に模様替えされた。80年代前半のブーム期に〝プロレスの声〟としてお茶の間の人気者となった古舘伊知郎アナウンサーは、87年3月の「INOKI闘魂LIVEパート2」を最後にプロレス番組から勇退した。

87年4月からスタートした『ギブUPまで待てない!!――』は視聴者からそっぽを向かれ、〝火曜夜8時〟、〝月曜夜8時〟と放映時間が二転三転したのち、1988年（昭和63年）4月から従来の試合中継スタイル（運動部制作）に戻り、放送日も土曜の夕方4時という時間帯に移行され、その後、現在の土曜深夜のディープな時間帯にたどり着いた。

〝金曜夜8時〟のゴールデンタイムがプロレスの時間だったのは1958年（昭和33年）8月から86年10月までの28年間。日本テレビからテレビ朝日、力道山－ジャイアント馬場の日本プロレスからアントニオ猪木の新日本プロレスへと移り変わりながら人気番組でありつづけたプロレス中継は、平成のプロレス――平成の日本――を目撃することなくゴールデタイムから姿を消したのだった。

Giant Baba Timeline

▶1938年（昭和13年）1月23日、新潟県三条市西四日町に生まれる。本名・馬場正平。三条実業高校時代は野球部のエースとして活躍し、54年（昭和29年）11月、読売ジャイアンツにスカウトされ55年（昭和30年）1月に入団。57年（昭和32年）9月、甲子園球場での阪神タイガース戦で一軍デビュー。60年（昭和35年）2月、大洋ホエールズに移籍したが、キャンプ中に右ヒジを負傷し、選手生活を断念。

▶1960年（昭和35年）4月、日本プロレスに入団。同年9月30日、東京・台東体育館で桂浜（田中米太郎）を相手にデビュー。5分15秒、股裂きで勝利。

▶1961年（昭和36年）7月、初のアメリカ武者修行に出発。

▶1963年（昭和38年）3月、“第5回ワールド・リーグ戦”に参加のため力道山とともに凱旋帰国。同年10月、再渡米。

▶1964年（昭和39年）2月、NWA世界ヘビー級王座（ルー・テーズ）、WWWF世界ヘビー級王座（ブルーノ・サンマルチノ）、WWA世界ヘビー級王座（フレッド・ブラッシー）の3大世界王座に連続挑戦という快挙を達成。同年3月、“第6回ワールド・リーグ戦”参加のため帰国。そのまま日本のリングに定着し、同年5月29日、豊登とのコンビでジン・キニスキー&カリプス・ヘリケーンを下しアジア・タッグ王座を獲得（札幌中嶋スポーツセンター）。

▶1965年（昭和40年）11月24日、大阪でディック・ザ・ブルーザーを下し“復活”インターナショナル・ヘビー級王座を獲得。

▶1966年（昭和41年）11月5日、吉村道明とのコンビでマイク・パドーシス&フリッツ・フォン・ゲーリングを下しインターナショナル・タッグ王座を獲得（東京・蔵前国技館）。馬場&吉村はアジア・タッグ王座と併せてタッグ2冠。馬場はシングルのインターナショナル王座と併せ3つのタイトルを独占。

▶1967年（昭和42年）10月31日、アントニオ猪木との新コンビでビル・ワット&ターザン・タイラーを下しインター・タッグ王座獲得。BI砲が誕生。

▶1971年（昭和46年）12月7日、ドリー・ファンクJr&テリー・ファンクに敗れインター・タッグ王座から転落（札幌）。これがBI砲としての最後の試合。

▶1972年（昭和47年）7月、日本プロレスから独立（インター王座は返上）。同年10月21日、全日本プロレスを旗揚げ。日本テレビが「全日本プロレス中継」放映開始。

▼1999年（平成11年）1月31日、肝不全のため死去。享年61。

Antonio Inoki Timeline

▶1943年（昭和18年）2月20日、神奈川県横浜市に生まれる。本名・猪木寛至。57年（昭和32年）、14歳のときに家族とともにブラジルに移住。陸上競技（砲丸投げ、円盤投げ）で活躍。

▶1960年（昭和35年）4月、ブラジル遠征中の力道山にスカウトされプロレス入り。同年9月30日、東京・台東体育館で同期入門の馬場と同日デビュー戦。大木金太郎とシングルマッチで対戦し敗退。

▶1964年（昭和39年）3月、豊登とともに初のアメリカ武者修行に出発。ハワイをサーキット後、ロサンゼルスで馬場と再会。その後、単身アメリカ本土をツアー。太平洋岸エリア（ロサンゼルス、サンフランシスコ、オレゴン）から中西部のカンザス、ミズーリの各州を転戦。テキサスでは日系人レスラー、デューク・ケオムカとタッグを結成。

▶1966年（昭和41年）4月23日、2年間のアメリカ遠征を終え帰国。羽田空港での記者会見で豊登とともに新団体・東京プロレス設立を発表。同年10月、旗揚げシリーズ開催。11月29日、ジョニー・バレンタインを下しUSヘビー級王座獲得（大阪球場）。

▶1967年（昭和42年）4月、東京プロレス消滅後、日本プロレスに復帰。

▶1971年（昭和46年）3月26日、ロサンゼルスでジョン・トロスを下しUN（ユナイテッド・ナショナル）ヘビー級王座獲得。同年12月12日、“会社乗っ取り”を計画したとして日本プロレスを除名に。

▶1972年（昭和47年）1月、新団体・新日本プロレス設立を発表。同年3月6日、東京・大田区体育館で旗揚げ戦をおこない、カール・ゴッチと対戦。

▶1976年（昭和51年）6月26日、プロボクシング世界ヘビー級王者モハメド・アリと“格闘技世界一決定戦”で対戦。15ラウンド引き分け。この試合はアメリカで衛星生中継された。

▶1989年（平成元年）7月24日、スポーツ平和党から参議院選に出馬し、99万3989票を集めて当選。日本初のプロレスラー国会議員に。95年（平成7年）7月23日、参議院選に再出馬するが落選。

▶1998年（平成10年）4月4日、東京ドームで引退試合。

▼2013年（平成25年）6月5日、日本維新の会から参議院選に出馬し、35万6606票（比例代表）を集めて当選。18年ぶりに国政に復帰。

▼2014年（平成26年）8月30日、31日、北朝鮮・平壌で19年ぶりのプロレス興行「インターナショナル・プロレスリング・フェスティバルin平壌」を開催。

プロレス実録劇画の名作『ジャイアント台風』

　ジャイアント馬場の全盛期——アメリカ武者修行時代からインターナショナル・ヘビー級王座獲得まで——を描いた『ジャイアント台風』（原作・高森朝雄／画・辻なおき）という漫画をリアルタイムで読んだことがあるという人たちは、おそらく昭和40年代に少年だった、いま40代後半から50代以上のリアル・オールドファンだろう。

　この作品が漫画週刊誌『少年キング』（少年画報社）に連載されたのは1968年（昭和43年）5月から1971年（昭和46年）5月までの3年間。いまから45年以上もまえに発表された〝実録劇画〟である。

　原作者の高森朝雄は、昭和の漫画文化の代表作といわれる『巨人の星』と『あしたのジョー』の生みの親として知られる梶原一騎のもうひとつのペンネームだ。〝高森朝雄〟は梶原の本名だとする定説がこれまであったが、本名は高森朝樹（あさき）であったことが近年の研究でわかってきた。

『少年キング』での『ジャイアント台風』の連載と『週刊少年マガジン』（講談社）での『巨人の星』『あしたのジョー』の連載はほとんど同時期にスタートしているから、梶原はこれらの〝長編大作〟のストーリーを同時進行で書いていたことになる。

　辻なおきはもともとは『0戦太郎』『0戦はやと』といった〝戦記もの〟を得意としていた漫画家だったが、その代表作は、原作を追いかける形で1969年（昭和44年）にテレビのアニメーション版がプロデュースされ、大ブームを巻き起こした『タイガーマスク』（原作・梶原一騎）だろう。

劇画版の『タイガーマスク』が月刊『ぼくら』（講談社）、隔週誌『ぼくらマガジン』（同）、『週刊少年マガジン』（同）に連載されたのは1968年1月から1971年10月までだから、辻も梶原と同様、『ジャイアント台風』と『タイガーマスク』のふたつの作品をパラレルで描いていた。

馬場を主人公とした『ジャイアント台風』は基本的にはノンフィクションで、『タイガーマスク』にも実在のプロレスラーやプロレス団体（日本プロレス協会）は登場するが、ストーリーそのものは『ジャイアント台風』よりやや子ども向けのフィクションだった。

『ジャイアント台風』に描かれている馬場は、どことなくたよりないところを残す20代の青年で、『タイガーマスク』に登場する〝昭和40年代〟の馬場は、すでに日本プロレス界の大黒柱で、なんでもわかっている大人物だった。

アメリカ武者修行時代の馬場のリングネームはババ・ザ・ジャイアント、またはショーヘイ・ジャイアント・ババ。力道山の日本プロレスでデビュー後、1961年（昭和36年）7月にアメリカ武者修行の旅に出発し――途中、1963年（昭和38年）の『第5回ワールド大リーグ戦』のため一時帰国――1964年（昭和39年）4月に凱旋帰国するまで通算2年7カ月間、23歳から26歳までの〝青春の1ページ〟をアメリカで過ごした。

G馬場と60年代米マット界のスーパースターたち

馬場の遺産である全日本プロレスのスローガンは〝王道〟だが、若かりし日の馬場はまさにアメリカのレスリング・ビジネスの〝王道〟を歩んだ。つねにプロレス文化の最先端の場所でありつづけるニューヨークでメインイベンターとして活躍し、バディ・ロジャース、アントニオ・ロッカらスーパースターたちと対戦。売り出し中だったブルーノ・サンマルチノにマディソン・スクウェア・ガーデンでの初黒星をつけた（1961年11月13日）。

アメリカのパンフレットには〝身長7フィート3インチ〟（約220センチ）というやや誇張したサイズが記載されていたが、これは馬場のマネージメントを担当していたグレート東郷のアイディアだった。若かりし日の馬場は、ホームシックになると坂本九の『上を向いて歩こう』『見上げてごらん夜の星を』を口ずさみながらマンハッタンの大通りをてくてくと散歩したのだという。

着物に兵児帯、素足に下駄ばきという純日本式のコスチュームでリングに上がっていたため、ニューヨークではベアフットで試合をすることが多かった。ババ・ザ・ジャイアントは、アメリカのどこへ行ってもつねに1万人クラスの観客を動員できるスーパースターで、プロモーターにとってはビッグマネー＝興行収益をはじき出す超大物だった。

少年キングに連載された『ジャイアント台風』コミック本の表紙（少年画報社）

全米のプロモーターからひっぱりダコの売れっ子になった馬場は、帰国直前の1964年2月、わずか3週間のあいだにNWA世界王者ルー・テーズ（デトロイトとシンシナティで2試合）、WWWF世界王者サンマルチノ（ニューヨーク＝マディソン・スクウェア・ガーデン）、WWA世界王者フレッド・ブラッシー（ロサンゼルスで2試合）と当時のメジャー3団体の世界チャンピオンに連続挑戦した。

グレート東郷とフレッド・アトキンス（アメリカ遠征中の馬場のコーチ兼トレーナー）は、馬場にアメリカに永住して「ミリオネアーになること」を勧めたが、馬場は日本での活動を希望した。アメリカにおける馬場の最大の功績は、〝戦争プロパガンダ〟によってゆがめられた日本人レスラー、日系人レスラー、そして、広い意味でのジャパニーズ・ピープルのイメージを大きく変えたことだった。

『ジャイアント台風』には馬場のアメリカ武者修行時代の数かずのエピソードが、フィクションとノンフィクションとが巧みにからみ合いながら、ていねいにつづられている。〝帝王〟アントニオ・ロッカ、〝野生児〟バディ・ロジャース、〝人間発電所〟ブルーノ・サンマルチノらが実名で登場するニューヨーク編にはWWWF－WWEがまだ存在しなかった時代のニューヨーク・マットの様子が描かれていてひじょうに興味ぶかい。

ビンス・マクマホンの父ビンス・マクマホン・シニアがニューヨークをサーキット中の馬場のボスとして何度か登場する。作品のなかで〝プロモーターのマクマホン氏〟は太い葉巻きを口にくわえ、黒ぶちのメガネにツルツルのハゲ頭という興行師のステレオタイプ的なビジュアルで描かれている。おそらく、当時は資料として使えるビンセント・ジェームス・マクマホンのちょうどいい顔写真がなかったのだろう。

〝人間発電所〟ブルーノ・サンマルチノ、〝殺人鬼〟キラー・コワルスキー、〝人間摩天楼〟スカイ・ハイ・リー、〝黒い魔神〟ボボ・ブラジル、〝魔術師〟エドワード・カーペンティア、プロレスラーからハリウッド俳優に転向したハードボイルド・ハガティ（正体不明のマスクマン、ミスターMの正体）、〝猿人〟ブル・カーリー、〝お化けかぼちゃ〟ヘイスタック・カルホーンといった60年代のスーパースターたちが馬場のライバル、友人として劇画のなかを動きまわる。

〝鉄の爪〟フリッツ・フォン・エリックの必殺技アイアンクローに耐えられるように〝顔面〟を鍛えるため、テキサスの大地に穴を掘ってそのなかに仰向けに寝そべり、上から土をかけ、さらにその上から——この特訓に付き合ってくれた日系レスラーのデューク・ケオムカが運転する——ピックアップトラックで顔面をひかせるといった荒唐無稽なシーンを、当時の少年ファンはそれほど荒唐無稽とは感じなかった。

馬場が〝魔豹〟ペドロ・モラレスといっしょに山ごもり特訓をして、同世代のモラレスからドロップキック（つまり32文ロケット砲）を伝授されるというエピソードに少年ファンは心を躍らせ、馬場とモラレスの男の友情に感動した。ふたりだけのキャンプファイヤーのシーンでは、馬場がポロンとギターを弾いたりする。

馬場が空手チョップ、逆水平チョップを相手の胸板にたたき込むときのカタカナ擬音は、なぜか〝スタンッ〟だった。

コミック本『ジャイアント台風』全11巻（少年画報社）は1971年に出版され、その初版本はコレターズ・アイテムとして現在でも50代以上のオールド・ファン、梶原マニア、コミック本収集マニアのあいだでひっそりと流通している。

馬場がこの世を去った1999年（平成11年）にこのコミック版よりもひとまわり大きいサイズの

愛蔵版『ジャイアント台風』全3巻（朝日ソノラマ）が出版されたが、この復刻バージョンがミレニアムの市場に出てからすでに15年以上が経過している。近年、再編集がほどこされた文庫版も出版された。

馬場の全盛期の試合をリアルタイムで目撃していない、いま10代から20代のプロレスファンは、昭和40年代のプロレス劇画の名作『ジャイアント台風』の存在すら知らないだろう。

大長編劇画のそれぞれのエピソードのなかで、若かりしころの馬場は、羽織りはかまに下駄ばきのトラディショナル・ジャパニーズ・ファッションでニューヨークの街をねり歩き、オープンカーでテキサスのフリーウェイを突っ走り、笑ったり、困ったような顔をしたり、怒ったり、泣いたりした。

主人公の〝ジャイアント馬場〟は、プロレスがいまよりももっと少年ファンの心をドキドキ、ハラハラ、ワクワクさせた時代のヒーローだった。

ジャイアント馬場　青春のアメリカ武者修行時代

ジャイアント馬場がババ・ザ・ジャイアント（Baba The Giant）のリングネームでアメリカで一世を風びしたのはいまから半世紀以上もまえのことである。1938年（昭和13年）1月23日、新潟県三条市出身の馬場は、三条実業高校時代から〝超高校級大型投手〟（右投右打）として活躍し、1955年（昭和30年）1月、高校を中退して読売ジャイアンツに入団。ジャイアンツには5年間在籍し、1959年（昭和34年）11月に自由契約となり、1960年（昭和35年）、大洋ホエールズの春季キャンプに参加したが、宿泊先の兵庫県明石のホテルの風呂場で転倒し、左前腕部の筋を断裂してプロ野球選手を断念。同年4月、日本プロレスに入門した。

60年4月10日、2度めのブラジル遠征から帰国した力道山は、羽田空港での記者会見で現地でスカウトした――〝日系二世〟というふれこみの――猪木寛至（のちのアントニオ猪木＝当時17歳）の入門を発表。翌11日、東京・日本橋人形町のプロレスセンターで馬場正平（当時22歳）の入門を正式に発表した。

馬場と猪木はそれからわずか5カ月後の同年9月30日、東京・台東体育館で同日デビュー。馬場は力道山の付き人でキャリア7年の桂浜（田中米太郎）を相手に5分15秒、股裂きでギブアップ勝ち。猪木は9カ月ほど〝兄弟子〟の大木金太郎に7分16秒、アームロックで敗れた。

馬場が先輩の芳の里、鈴木幸雄（のちのマンモス鈴木）とともに初めてのアメリカ武者修行の旅に出発したのは1961年（昭和36年）7月1日。デビューから10カ月で手にした〝出世コース〟だった。アメリカ滞在中のマネジメントとスケジュール管理は日系レスラーのグレート東郷が担当し、3人はロサンゼルス市内にアパートメントを借りて7月第3週から南カリフォルニア・エリアでのサーキットを開始した。

アメリカはまだ遠い国で、情報の伝達ものんびりした時代だった。馬場の最初のアメリカ遠征は61年7月から63年（昭和38年）3月までの1年8カ月間だが、その詳細がリアルタイムで日本に伝えられることはあまりなかった。馬場の全米ツアー中の〝記録〟についてはこれまで不明な部分が多かったが、ここ10年ほどのリサーチで当時の現地の新聞記事など、新しい資料がかなり発掘されている。日本に伝わらない情報もあれば、なんらかの理由で日本に伝えられなかった情報というものもあったのだろう。渡米から約1カ月後の61年8月18日、馬場はカリフォルニア州サンディエゴでフレッド・ブラッシーが保持するAWA世界ヘビー級王座に挑戦（馬場の反則勝ち＝ブラッシーが王座防衛に成功）。翌9月8日にもロサンゼルスのオリンピック・オーデトリアムでブラッシーの世界王座に挑戦したという記録が残っている。

このAWAはミネアポリスのAWA（バーン・ガニア派）とは別派の〝コロラド州デンバー〟を本拠地とする新興勢力で、その後、日本のプロレス史と深いかかわりを持つことになるロサンゼルスNAWA（ノース・アメリカン・レスリング・アソシエーション）－WWA（ワールドワイド・レスリング・アソシエイツ）の前身にあたる。力道山とブラッシーがロサンゼルスと東京を舞台としたWWA世界戦〝三番勝負〟をおこなう前年、馬場はすでに現地でブラッシーとタイトルマッチをおこなっていた。

馬場は同年9月、ニューヨークに転戦し、1962年（昭和37年）12月まで1年3カ月間、ニューヨーク、ワシントンDC、ペンシルベニア、コネティカット、ニュージャージー、メアリーランドなどの東海岸エリアをツアー。その間、マディソン・スクウェア・ガーデン月例定期戦16大会に出場し、ブルーノ・サンマルチノ（61年11月13日＝反則勝ち）、ベアキャット・ライト（同12月19日＝両者反則）、アントニオ・ロッカ（62年10月5日＝反則負け）、エドワード・カーペンティア（同12月10日＝フォール負け）といったニューヨークの超大物たちとシングルマッチで対戦した。

〝ネイチャー・ボーイ〟バディ・ロジャースが保持するNWA世界ヘビー級王座にはシカゴ（62年3月9日）、ワシントンDC（同3月12日）、フィラデルフィア（同6月16日）、ニューヨーク州パキプシー（同6月27日）、オハイオ州コロンバス（同6月23日、7月7日、7月25日）、ボルティモア（同11月19日）の各都市で通算8回挑戦。アメリカ大陸をフルに移動しながら各テリトリーのビッグショーでメインイベントのリングに上がる、どこのローカル団体にも派閥にも属さない超党派のスーパースターとしての地位を不動のものとした。

1963年1月、ニューヨークからロサンゼルスに戻った馬場は約3カ月間、同所をサーキット後、3月に一時帰国する。

〝ジャイアント馬場〟誕生

馬場がそのリングネームを本名の馬場正平から〝ジャイアント馬場〟に正式に改名したのは63年（昭和38年）3月、日本プロレスの〝春の本場所〟『第5回ワールド・リーグ戦』出場のためアメリカ遠征から一時帰国したときのことだった。

力道山は『第5回ワールド・リーグ戦』をまえに関係者との最終打ち合わせとトレーニングを兼ねて渡米し、ハワイで馬場と合流して3月17日にいっしょに帰国。このとき、新聞をはじめとする活字メディアは馬場のアメリカにおける1年8カ月間の戦績を「502試合おこない、シングルマッチでの敗戦は7、8試合」と伝えた。

これよりちょうど10年まえ、力道山が1年1カ月間のアメリカ武者修行を終えて1953年（昭和28年）3月に帰国したさい、マスコミは「260試合以上おこない、シングルマッチで負けたのはレオ・ノメリーニ、タム・ライス、フレッド・アトキンスの3人だけ」という力道山自身のコメントをそのまま報道したが、この〝260試合〟という数字はいわゆる力道山ナラティブ、つまり問答無用の〝力道山語録〟だった。

馬場の〝502試合〟なる数字もどうやら力道山ナラティブのなかのサイドストーリーのひとつとしての〝馬場物語〟だったのだろう。馬場の最初のアメリカ遠征時の試合数は、じっさいには380試合くらいだったことが近年の研究で判明している。

『第5回ワールド・リーグ戦』（63年3月25日～5月17日）の出場外国人選手はキラー・コワルスキー、パット・オコーナー、ヘイスタック・カルホーン、ジノ・マレラ（ゴリラ・モンスーン）、フレッド・アトキンス、キラーX（フランク・タウンゼント）、サンダー・ザボー、ボブ・エリス、グレート東郷の9選手。リーグ戦初出場の馬場は、4勝2敗1引き分け（コワルスキーとオコーナーに敗れ、マレラとドロー）という成績を残した。

リーグ戦では日本人選手同士が対戦する公式戦は組まれず、馬場は、先輩で当時はまだ〝格上〟だった豊登（4勝2敗）、吉村道明（4勝3敗）と同ランクの勝ち星をあげ、前年度の同大会初出場につづきリーグ戦にエントリーした〝若手〟のアントニオ猪木、大木金太郎の成績はそれぞれ0勝5敗、0勝6敗だった。

馬場は『第5回ワールド・リーグ戦』終了後、『プロレス夏の国際試合』（同7月12日〜9月13日）と『プロレス秋の国際試合』（同9月20日〜11月22日）の2シリーズに継続出場。リーグ戦開催中（4月25日＝兵庫・豊岡）から秋のシリーズにかけて通算10回、猪木とシングルマッチで対戦した。

猪木がそのリングネームを〝猪木完至〟から〝アントニオ猪木〟に改名したのはこの前年、1962年（昭和37年）11月の沖縄巡業からだった。〝ニューヨーク・マットの帝王〟と呼ばれた――馬場がアメリカ遠征時に何度も対戦した――アントニオ・ロッカにあやかって力道山が命名したもので、当初は〝死神酋長アントニオ猪木〟となるはずだったが、猪木自身が〝死神酋長〟を嫌がったため、〝アントニオ猪木〟となった。〝死神酋長〟は人気劇画『チャンピオン太』の実写版の映画で猪木が演じたキャラクターだった。

25歳のジャイアント馬場対20歳のアントニオ猪木のシングルマッチは、馬場がいずれもフォール勝ち（7月28日＝静岡・三島、8月3日＝大阪・岸和田、8月16日＝リキ・パレス、9月4日＝愛知・刈谷の4大会での試合は3本勝負。それ以外の試合はすべて1本勝負）。新人時代の61年（昭和36年）5月から6月にかけておこなわれた6試合と併せ、馬場がその対戦成績を16戦全勝としたが、その後、両者のシングルマッチが実現することはなかった。

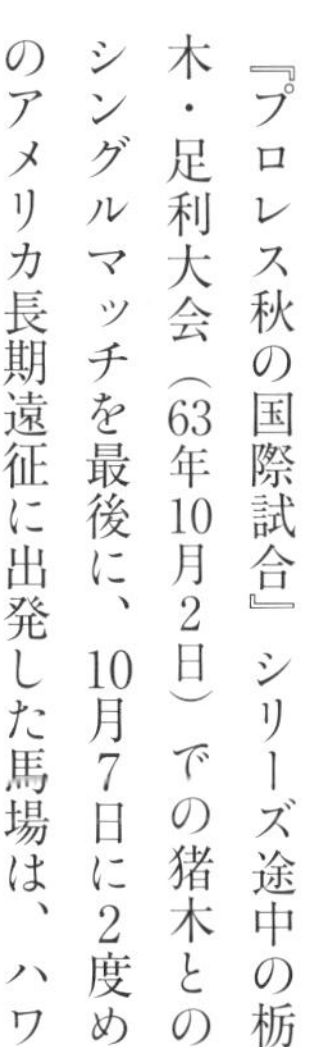

アメリカのプロレス専門誌の表紙を飾った馬場。となりはマネジャーのフレッド・アトキンス

2度めのアメリカ遠征と力道山の訃報

『プロレス秋の国際試合』シリーズ途中の栃木・足利大会（63年10月2日）での猪木とのシングルマッチを最後に、10月7日に2度めのアメリカ長期遠征に出発した馬場は、ハワイを経由して10月第3週にカナダ・オンタリオに移動。ここでマネジャーのF・アトキンスと合流し、全米ツアーを再スタートした。

サーキット・コースは、オンタリオを拠点にトロント、ハミルトン、ロンドン、ウインザーといった東カナダの各都市から、カナダとアメリカの国境をまたいでニューヨーク州バッファロー、ミシガン州デトロイト、オハイオ州シンシナティといった東海岸から中西部の人気マーケット一帯だった。

アトキンスはNWA世界ヘビー級王座に接近する手段として馬場をミズーリ州セントルイスの〝総本山〟キール・オーデトリアム定期戦に出場させ、これと同時にニューヨーク・エリアでの商品価値も維持するためにワシントンDC〟（ビンス・ジェームス・マクマホン派）のTVテーピングにもブッキング。馬場はオンタリオ滞在中に〝力道山急死〟のニュースを知ることになる。

現代的な感覚で考えれば、アメリカでのスケジュールをキャンセルし、急きょ一時帰国して葬儀に参列するという選択肢もあったかもしれないが、この時代の〝地球の裏側〟はあまりにも遠かった。馬場はこのときの気持ちを自伝『たまにはオレもエンターテイナー』（かんき出版＝83年）のなかで「ショックだったし、信じられなかった。早くくわしいことが知りたかったし、日本のプロレス界がどうなるのか、どんな方向に進んでいくのかも不安だった」とふり返っている。

馬場に力道山の訃報を伝えたのは当時、馬場のロード・マネジャーをつとめていたアトキンスだったが、なぜかこの件について日本プロレスから馬場への直接の連絡はなかったという。馬場は海の向こうでの3度めの正月をオンタリオ湖畔のクリスタル・ビーチのホテルで迎えた。

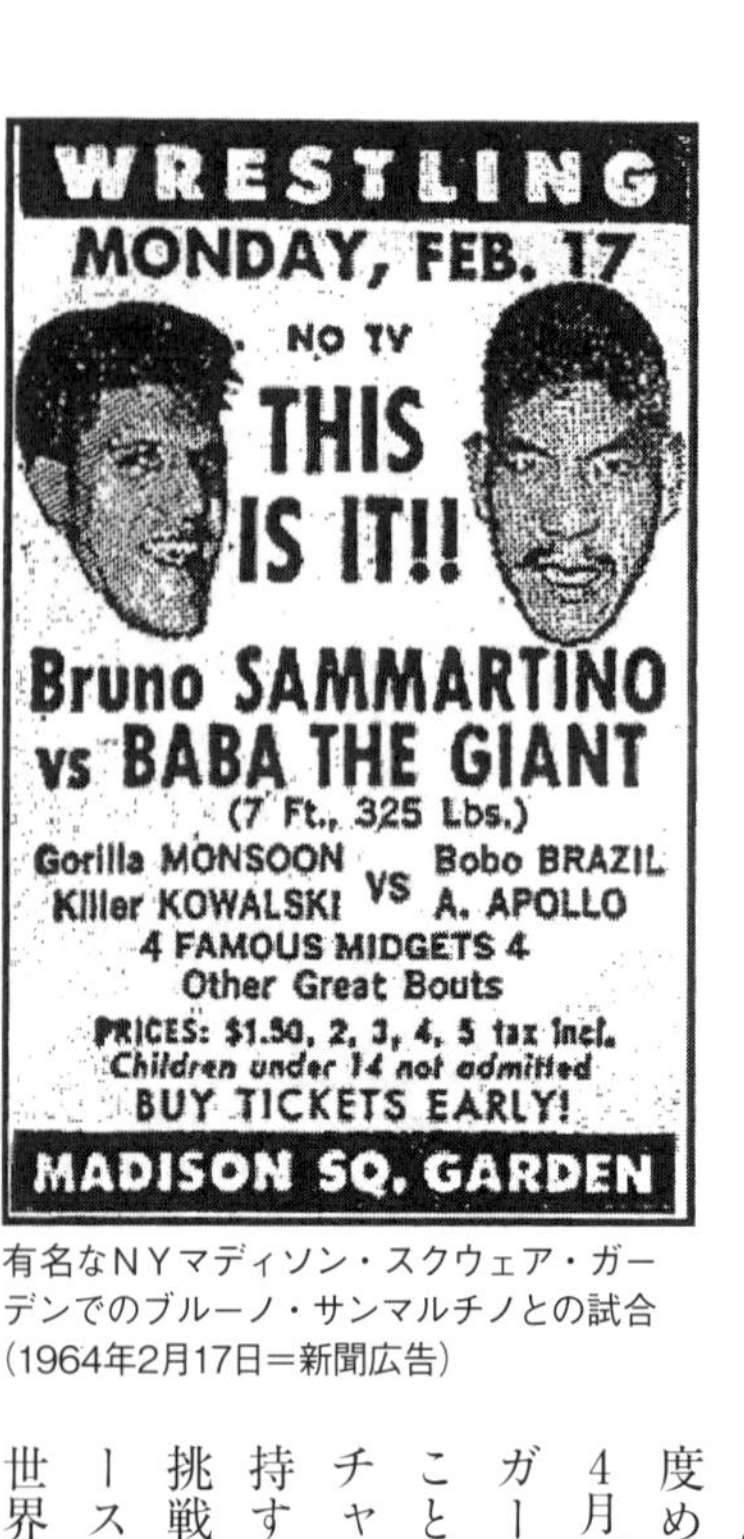
WRESTLING
MONDAY, FEB. 17
NO TV
THIS IS IT!!
Bruno SAMMARTINO
vs BABA THE GIANT
(7 Ft., 325 Lbs.)
Gorilla MONSOON
Killer KOWALSKI
VS
Bobo BRAZIL
A. APOLLO
4 FAMOUS MIDGETS 4
Other Great Bouts
PRICES: $1.50, 2, 3, 4, 5 tax incl.
Children under 14 not admitted
BUY TICKETS EARLY!
MADISON SQ. GARDEN

有名なＮＹマディソン・スクウェア・ガーデンでのブルーノ・サンマルチノとの試合（1964年2月17日＝新聞広告）

馬場自身がそう公言していたように、2度めのアメリカ長期遠征（63年10月～64年4月）の目的は「マディソン・スクウェア・ガーデンでメインイベントのリングに立つこと」だった。前回の全米ツアーで〝ネイチャー・ボーイ〟バディ・ロジャースが保持するＮＷＡ世界ヘビー級王座に通算8回挑戦した実績を持つ馬場は、まず、ロジャースからルー・テーズの手に渡ったＮＷＡ世界王座に挑戦（64年2月8日＝ミシガン州デトロイト)。それから9日後の2月17日、中西部から東海岸へ移動し、ニューヨークのガーデン定期戦でのブルーノ・サンマルチノとのWWWF世界ヘビー級選手権に駒を進めた。

同夜の興行の新聞広告には〝ノーTV　ディス・イズ・イット THIS IS IT!!〟というコピーが躍っていた。〝ノーTV〟はもちろん〝テレビ中継なし〟という意味で、〝ディス・イズ・イット〟は〝コレで決まり〟〝大一番〟といったニュアンスなのだろう。馬場のニューヨークでのリングネームはババ・ザ・ジャイアントで、大文字の英文のすぐ下には〝7フィート、325ポンド〟(約213センチ、約147キロ)という身体データが記されていた。

チケット料金は1ドル50セント、2ドル、3ドル、4ドル、5ドルの5種類で、14歳以下の児童は入場不可。この時代のプロレスはどうやら、ややオトナ向けの娯楽だった。

60分3本勝負で争われたサンマルチノ対馬場のWWWF世界戦は、1本めをサンマルチノが先取し(決まり手についてはカナディアン・バックブリーカー説とベアハッグ説のふたつの説がある)、2本めは〝午後11時で興行中止〟のカーフュー(ニューヨーク市条例)により試合終了となり、2－0のスコアでサンマルチノが王座防衛に成功した。

前回のガーデン定期戦での対戦(61年11月13日)は、B・ロジャース対アントニオ・ロッカのシングルマッチの前座にラインナップされ、馬場がサンマルチノにカウントアウト勝ちを収めたが、このときはサンマルチノの勝利に終わった。前年5月、同所でロジャースを下してWWWF世界王者となったサンマルチノは、この時点ですでにニューヨークの主役としての道を歩んでいた。

同興行はガーデンに1万4764人の観衆を動員し、興行収益は4万4218ドル(1ドル＝

360円のレートで約1592万円）。馬場の同夜のファイトマネーは3800ドル（136万8000円）とされるが、現在の物価に換算するならばこの10倍、あるいは20倍くらいの額になるものと思われる。馬場自身はニューヨークの思い出を「浴衣を着て、下駄をはき、『Sukiyaki　上を向いて歩こう』を口ずさみながらマンハッタンをあてもなく歩いた時代」と語っていた。

サンマルチノ戦の翌日、馬場は再び大陸を横断してカリフォルニアへ移動。ロサンゼルスのオリンピック・オーデトリアムでフレッド・ブラッシーが保持するWWA世界ヘビー級王座に連続挑戦した（2月28日、3月20日、3月27日）。これがいまも〝馬場伝説〟として語り継がれるNWA、WWWF、WWAの3大世界王座連続挑戦の快挙である。

アントニオ猪木は同年3月9日、豊登とともに初めてのアメリカ遠征に出発し、ハワイを経由して3月27日にLA入り。ここで馬場と猪木は半年ぶりに再会し、馬場がポケットに入っていたドル紙幣のキャッシュを猪木――これからひとり旅をはじめるライバル――に餞別として渡したという都市伝説的なエピソードが残っている。馬場は4月3日に帰国。羽田空港から『第6回ワールド・リーグ戦』開幕戦がおこなわれていた蔵前国技館に直行したのだった。

アントニオ猪木　青春のアメリカ武者修行時代

アントニオ猪木がアメリカ武者修行の旅に出たのは1964年（昭和39年）3月。力道山の突然の死から3カ月後のことだった。当初のプランでは前年の『第5回ワールド・リーグ戦』終了後の9月に出発が予定されていたが、猪木が遠藤幸吉との試合（5月5日＝札幌）で左足を負傷したため、兄弟子の大木金太郎が猪木よりも先に渡米。約4カ月間、ロサンゼルスをツアーした。

ジャイアント馬場、猪木、大木は力道山門下の〝若手三羽ガラス〟と称されたが、力道山が死去したとき（1963年＝昭和38年12月15日）、馬場と大木はアメリカ滞在中。ちょっと意外な感じだが、東京・赤坂の山王病院に入院した力道山に付き添っていたのは、まだ20歳だった猪木と平井光明（のちのミツ・ヒライ）の2選手だった。もし、予定どおりにこの年の9月にアメリカ長期遠征に出発していたとしたら、猪木はその場にはいなかった。

翌16日、赤坂台町の力道山の自宅（リキ・アパートメント）で通夜が営まれ、ここで今後の方針に関する話し合いがおこなわれた。17日には日本プロレス協会が記者会見を開き、豊登（とよのぼり）、遠藤、吉村道明、芳の里の4選手による最高決議機関（合議制）の発足、工藤雷介・日本プロレスコミッション事務局長と沖識名レフェリーの両氏の最高顧問就任などが明らかにされた。

再建新路線のリーダーである豊登から猪木のアメリカ長期遠征が正式に発表されたのは64年2月。猪木は力道山死後の新路線の〝海外遠征第1号〟として3月9日、豊登といっしょにハワイに飛んだ。

これが5年ぶり、通算4度めのハワイ遠征となる豊登は『第6回ワールド・リーグ戦』に向けての調整と同シリーズ興行の準備（渉外）のためのハワイ入り。猪木にとってハワイはアメリカ本土に向かうまえの〝中継地点〟だった。

ハワイ入りから3日後の3月11日、猪木はホノルルのシビック・オーデトリアムでカーティス・イアウケアと対戦した。この試合は、文献によってはイアウケアが保持していたUSヘビー級王座に猪木が挑戦した同タイトルマッチ（60分3本勝負）となっていて、試合結果は1－1のあとの決勝の3本めに豊登が〝乱入〟してノーコンテスト裁定という記録が残っている。豊登は同27日に帰国。猪木は単身、メインランドの西海岸に移動した。

〝未完の大器〟のアメリカ本土デビュー

ロサンゼルスで猪木を出迎えたのは、グレート東郷に代わり日本プロレス協会の新路線のアメリカ側エージェント（外国人選手の招へい窓口）となったミスター・モトだった。このとき、ロサンゼルス市内の日本料理店で猪木と馬場が再会し、2度めのアメリカ・ツアーを終えて帰国する途中の馬場がこれから武者修行の旅に出る猪木にひとつかみのドル紙幣を餞別として渡したというエピソードがある。

猪木はミスター・モトのブッキングで4月第1週からカ

The WRESTLER

VOL. 21, No. 30 SAN ANTONIO, TEXAS July 28, 1965 10¢

INOKI DEMANDS RE-MATCH WITH LEWIN

Kanji Inoki, the [illegible] Japanese wrestler to face an American since the last banzai charge of World War II, doesn't speak good English but he has gotten his point over with the use of his hands and the help of an interpreter: He demands a re-match with Mark Lewin so that he can regain face that he lost last Wednesday when Lewin was awarded a victory over him.

Inoki also demands that Danny McShane be barred from ringside so the manager can't help "The King", but if that isn't possible he wants both in the ring at the same time as wrestlers. That way, he figures, he will know where his enemies are and will be able to battle them.

That wasn't the case last week, when the Japanese had his iron claw locked on Lewin in the third fall and was about ready to wrap up a victory. Then McShane leaped into the ring and, while arguing with Referee Dick Raines, slipped his foot between the referee's legs so that Lewin could [illegible] a shoe. "The King" battered Inoki in the face with the shoe and knocked him across the ring into the ring apron. When Raines finally got McShane out of the ring he turned and saw Inoki on the apron and proceeded to count him out, not knowing what had happened [illegible] him.

Naturally Inoki protested but his English is so poor when he is excited that Raines could not understand him and so the decision stood.

In demanding the rematch, Inoki also said that if McShane could not be barred from a ringside he would like to have two referees. Promoter Frank Brown said he would make a decision later. ★★

"THE GREAT INOKI" . . . This [illegible] pound son of Nippon is hot because of the way Mark Lewin got a win over him here last week and is demanding a re-match.

'AVENGER', LEWIN IN MAIN EVENT

"The Blue Avenger" against Mark Lewin—that's the No. 1 attraction at the Wrestledom tonight. They will meet in the main event, the finale of a five match program.

"The Avenger", the masked man of mystery from Mexico, has impressed all fans with his skill in previous matches at the arena. Lewin, of course, is the usual Lewin—the self-styled "King of Wrestlers".

テキサス州サンアントニオの会場売りプログラム（1965年）、リングネームはカンジ・イノキンザス地区のサーキットに合流。滞在先となるカンザスシティーでは、前年8月に来日して猪木の素質をひじょうに高く評価していたサニー・マイヤースが〝未完の大器〟の到着を待っていた。

現地でトーキョー・トムという新リングネームを与えられた猪木は、カンザス州カンザスシティー、ミズーリ州セントジョゼフ、アイオワ州ウォータールー、同州デモインといった中西部の中都市を約6週間にわたりツアー。しかし、この直後に「猪木がアメリカ移民局から強制送還される」というウワサが流れた。日本プロレス協会が用意した就労ビザに不備があった。

カンザスシティーから西海岸に戻った猪木は、ミスター・モトのマネジメントで6月第4週からロサンゼルス地区のサーキットに加入し、リトル・トーキョーのリングネームでロサンゼルス、サンディエゴ、ハリウッド、ロングビーチ、ベイカーズフィールド、サンバーナディーノ、パサディナといった南カリフォルニア・エリアをサーキット。

同年11月まで同地区に定着し、ザ・デストロイヤーが保持するWWA世界へビー級王座（8月19日＝オリンピック・オーデトリアム）、当時まだ現役だったミスター・モトとのコンビでデストロイヤー&ハードボイルド・ハガティが保持するWWA世界タッグ王座に挑戦（10月21日＝同）するなどして、ほんの一歩ずつではあるがメインイベンターとしての道を歩みはじめた。

ロサンゼルス地区のあとはウエストコーストを北上しオレゴン州ポートランドを本拠地とするパシフィック・ノースウエスト地区（ドン・オーエン派）に転戦。64年11月から翌1965年（昭和40年）5月までの約半年間、同地区に腰を落ち着けることになる。

猪木がアメリカ武者修行時代――64年（昭和39年）3月から1966年（昭和41年）4月までの2

年1カ月間——にサーキットしたエリアはロサンゼルス、セントラル・ステーツ（カンザス、ミズーリ、アイオワ）、パシフィック・ノースウエスト（オレゴン、ワシントン）、テキサス、テネシーの5地区だった。

ジャイアント馬場が2回にわたるアメリカ長期遠征でツアーした西海岸（ロサンゼルス）、東部（ニューヨーク、ニュージャージー、フィラデルフィア、ボストン、ワシントンDC、コネティカットなど）、中西部（セントルイス、シカゴ、デトロイト）、カナダ（トロント、モントリオール）がこの時代のアメリカのレスリング・ビジネスのメインストリートだとすると、猪木が〝巡業〟したテリトリーはいわゆる全米各地のローカル団体。若き日の猪木に、カリフォルニアのプロモーターはリトル・トーキョー、カンザスシティーのプロモーターはトーキョー・トムというやや人種偏見的なリングネームを与えた。

デューク・ケオムカ、ヒロ・マツダとタッグを組んで南部エリア転戦

1965年（昭和40年）の正月をオレゴンで迎えた猪木は、同年5月まで同地区をツアー後、LAを経由してテキサスへ移動し、6月第4週からダラス・フォートワース－コーパスクリスティー－ヒューストン－サンアントニオのテキサス・サーキットに合流。同年11月まで約5カ月間、同地区に定着し、リングネームは本名のカンジ・イノキを名乗った。

テキサスではフリッツ・フォン・エリック、ジン・キニスキー、マーク・ルーイン、キラー・カール・コックス、ボブ・エリス、アル・コステロといった超一流どころとのシングルマッチが実現したが、当時の資料をひも解いてみると、どうやら試合結果は猪木の連戦連敗だった。

LAを主戦場にしていたザ・デストロイヤーも同時期、テキサスに転戦。猪木とデストロイヤーはダラス、サンアントニオなどでシングルマッチで5回対戦し、いずれもデストロイヤーが勝利を収めたという記録が残っている。

猪木のテキサス滞在中のマネジメントを手がけ、タッグパートナーもつとめたのは日系レスラーの大ベテラン、デューク・ケオムカ（本名マーティン・ヒサオ・タナカ）。ヒューストン在住のケオムカとLA在住のミスター・モトはイトコ同士だった。

テキサスのあとは〝無法地帯〟テネシーに転戦。65年12月にはフリーの日本人レスラー、ヒロ・マツダがテネシー地区（ニック・グーラス派）のサーキットに加わり、猪木とマツダはタッグチームとして活動。猪木はここで日本を離れて2度めの正月を迎えた。

マツダは1937年（昭和12年）、神奈川県出身。力道山にあこがれて高校卒業と同時に日本プロレスに入団したが、19歳でデビュー後、1957年（昭和32年）に退団。1960年（昭和35年）5月、単身ペルーに渡り、メキシコを経由してアメリカ本土に入った。この前年の7月、フロリダでダニー・ホッジを下して日本人として初めてNWA世界ジュニアヘビー級王座を獲得。この時代が全盛期だった。

マツダは後年、グリーンカード（永住権）を取得してフロリダ州タンパに定住し、NWAフロリダの役員をつとめるかたわら、ハルク・ホーガン、レックス・ルーガー、ロン・シモンズら大型新人をコーチし、名伯楽と称されることになる。

猪木&マツダのコンビは同地区認定サザン・タッグ王座、世界タッグ王座をめぐり〝覆面医師団〟ザ・

メディクス、フロリダからの遠征組のエディ・グラハム&サム・スティムボートらとテネシーを舞台に連戦シリーズを展開。日本のプロレス・マスコミは、猪木&マツダがグラハム&スティムボートから奪取した世界タッグ王座（フロリダ地区認定）をあえて〝NWA世界タッグ王座〟と表記した。

猪木引き抜き事件

猪木は1966年3月、2年間のアメリカ武者修行を終え、『第8回ワールド・リーグ戦』出場に向けての最終調整のためにハワイ入りするが、ここで事件が発生する。

猪木はひと足先にハワイに来ていた馬場、吉村道明らと合同トレーニングをおこない、3月20日にいっしょに帰国する予定だったが、猪木だけがこの予定をキャンセル。日本プロレス協会とは別行動でハワイに〝潜伏〟していた豊登に説得されて新団体への参画を表明した。これがいまも語り継がれる〝太平洋上の略奪〟と呼ばれる引き抜き事件である。

豊登は「日本プロレスの新路線は馬場の一枚看板。お前が日本に帰っても馬場の上にはいけない。オレがお前の力になってやる」という殺し文句で猪木を口説いた。23歳の猪木にとっては大きな決断だった。豊登と猪木が日本プロレス協会を離脱し〝東京プロレス協会〟設立に動いたことで、猪木と馬場の永遠のライバル物語はいよいよその〝本編〟を迎えたのだった。

23歳の猪木がプロデュースした〝インディー〟東京プロレス

インディペンデント、インディーという単語――というよりもプロレス用語――がまだカタカナになっていなかった時代のインディペンデント団体である。アントニオ猪木が東京プロレスの設立を発表したのは1966年（昭和41年）4月。2年間のアメリカ武者修行を終えて帰国した猪木は、キャリア6年、23歳になったばかりの〝次代のスター候補〟だった。

日本プロレス協会を脱退した豊登による猪木の引き抜き――〝太平洋上の略奪〟――新団体設立が明らかになったのは同年3月。日本プロレスは、豊登の日本プロレス選手会からの廃業（解雇）と協会からの〝追放〟を決定し、フリー宣言した猪木、豊登グループに合流した斎藤昌典（のちのマサ斎藤）、木村政雄（のちのラッシャー木村）、田中忠治、北沢幹之ら若手4選手の除名を発表した。豊登と猪木の動きは、いまでいうところの新団体設立というよりは日本プロレス協会に対する〝造反〟といったニュアンスだった。

ハワイで自主トレーニングをつづけていた猪木は、4月23日に豊登とともに帰国。この時点ですでに東京プロレスリング興業株式会社（東京・新宿）という新会社が登記され、それから2カ月後の6月には〝東京プロレス協会〟の人事とその事業計画が発表された。

豊登によれば東京プロレス協会は非営利団体で、新会社の経営母体は東京プロレス興業。同社設立時の登記上の代表取締役は斎藤昌典だったが、同年5月、猪木が社長に就任した。豊登はあえて役職には就かず通称〝会長〟となり、のちに新日本プロレスの営業本部長としてラッ腕をふるうことになる——豊登の友人だった——新間寿が取締役営業部長のポストに就いた。

設立記者会見では旗揚げ興行は8月、全34戦の全国巡業シリーズをおこなうことも併せて発表されたが、このプランは大幅に軌道修正。〝期日〟が迫った8月21日、東京・羽田空港内で再び記者会見を開き「10月初旬から6週間、33大会の旗揚げシリーズ開催」を発表。猪木は同日夜、外国人選手の契約とトレーニングを兼ねて渡米（斎藤を帯同）。ハワイ、アメリカ本土のオレゴン、テネシー、ミズーリなど各地をまわり、旗揚げシリーズに来日する外国人選手との契約をまとめ、1カ月後の9月22日に帰国した。

わずか8カ月で空中分解した東京プロレス

東京プロレスの旗揚げ『ビッグマッチ』シリーズは10月12日、東京・蔵前国技館で開幕した。〝23歳のプロモーター〟猪木が招へいに成功した外国人レスラーはジョニー・バレンタイン、ジョニー・パワーズ、ザ・ヘラキュリー（ボビー・グラハム）、サニー・マイヤース、ラッキー・シモノビッチ、日系レスラーのディーン樋口の6選手だった。

旗揚げ戦のメインイベントでは猪木とバレンタインがシングルマッチ（時間無制限1本勝負）で対戦。31分56秒、場外でバレンタインに新技——のちにアントニオ・ドライバーと命名される——フロントネック・チャンスリー・ドロップを決めた猪木が一瞬のカウントアウト勝ちをスコアした。蔵前に集まった1万1000人（主催者発表）の大観衆のまえで〝アントニオ猪木〟がスーパースターへの階段をいっきに駆けあがった瞬間だった。

猪木は同シリーズ中、シングルマッチでバレンタインと5回対戦。大阪・大阪球場大会（11月19日）でバレンタインからUSヘビー級王座を奪取し、シリーズ最終戦の東京・大田大会（11月22日）ではバレンタインを相手に同王座初防衛戦をおこなった。残念ながら、これらの試合の映像は残されていない。活字メディアはバレンタインを〝妖鬼〟、そのエルボー攻撃を〝毒針殺法〟と形容し、US王座は「NWA世界ヘビー級王座に次ぐ権威を持つタイトル」と紹介された。

旗揚げシリーズは、予定されていた全32大会のうち20大会を消化した時点で終了。シリーズ終盤戦の東京・板橋大会（11月21日）では、主催者サイドとの契約問題＝ギャランティーの未払いで試合がキャンセルとなり、これに怒った観客がリングを破壊し、暴動を起こすという日本プロレス史に残る事件――〝板橋事件〟――が起きた。結果的に、東京プロレスは旗揚げ第2弾『チャンピオン・シリーズ』（12月14日～同19日＝全5戦）を最後に活動休止。猪木と豊登は告訴合戦を演じて〝絶縁〟し、新団体はその誕生からわずか8カ月で解体した。

猪木は翌1967年（昭和42年）1月、ヒロ・マツダと吉原功が設立した〝第3団体〟国際プロレスの旗揚げシリーズに出場したあと、同年4月、川島正次郎コミッショナー（自民党副総裁＝当時）の仲介で日本プロレスに復帰。『第9回ワールド・リーグ戦』から〝協会〟にUターンしたのだった。

〝世界最高峰NWA〟というやっかいな刷り込み

日本のプロレス史――もっと厳密にいえば、日本のマスメディアが構成し、日本のプロレスファンが享受したこの国のプロレス史――におけるいちばんやっかいなファンタジーは〝世界最高峰NWA〟という概念だろう。結論から先にいってしまえば、〝世界最高峰NWA〟なる定説あるいはナラティブ＝物語はいわゆる〝刷り込み〟である。

刷り込みとは、多くの動物、とくに鳥類においてもっとも顕著に認められる学習形態で、生後間もない特定期間内に目にした動物や物体がヒナに固定的に認識され、以後それを見ると機械的に反応すること。インプリンティング（imprinting）。刻印づけ。

これを日本のプロレスファンに置き換えると、プロレスと接しはじめてから特定期間内に〝世界最高峰NWA〟という情報を固定的に認識し、以後それを機械的に信じつづけること。多くのプロレスファン、とくに40代以上のマニア層にもっとも顕著に認められる学習形態ということになる。

〝NWA幻想〟そのものは日本のプロレスファン、関係者だけに限定される現象ではない。たとえば、WWA（ワールド・レスリング・アソシエーションあるいはワールドワイド・レスリング・アソシエイツ）はルー・テーズ系譜のスピンオフとして誕生し、1961年6月から68年1月まで6年7カ月間だけ活動したロサンゼルスの団体だが、その団体ロゴのデザインは有名なNWAのロゴの〝N〟のところを〝W〟にすり替えただけの模造で、よくいえばオマージュ、悪くいえばまがいモノ、パチもんのたぐいだった。

また、現在でもアメリカにはＮＷＡを名乗り、いわゆるハーリー・レイス・モデルのチャンピオンベルトのレプリカを〝看板タイトル〟にしている団体があるし、全米各地にはＮＷＡ加盟カンパニーを称するインディペンデント団体が数多く存在する。

〝世界最高峰ＮＷＡ〟というコンセプトは、日本においては60年代後半から70年代前半あたり――つまり現在40代から50代のマニア層が少年ファンだったころ――から活字メディアとテレビのプロレス中継の〝音声〟が多元的に流布した情報である。

じっさいにＮＷＡ世界ヘビー級王者が最初に日本のオーディエンスのまえに登場したのは１９５７年（昭和32年）10月、ルー・テーズが初来日し、力道山を相手に東京・後楽園球場と大阪・扇町プールで2度の同王座防衛戦をおこなったときだったが、このとき日本のメディアは〝ＮＷＡ〟という組織の名称はまったく使わず、テーズに対しては〝世界選手権者〟、タイトルマッチには〝世界選手権争奪戦〟という表記だけが用いられた。

テーズ以降のＮＷＡ世界王者ではジン・キニスキーが１９６７年（昭和42年）8月と１９６８年（昭和43年）12月に黒革のＮＷＡベルトを腰に巻いて日本にやって来たが、いずれの来日でもＮＷＡ世界王座の防衛戦はおこなわず、世界チャンピオンではなくチャレンジャーの立場でジャイアント馬場が保持するインターナショナル王座に挑戦した。

やや蛇足になるが、ＷＷＷＦ（現在のＷＷＥ）世界ヘビー級王者時代のブルーノ・サンマルチノも67年3月と68年8月に現役の世界チャンピオンとして来日したが、サンマルチノもまた日本のリングでは同王座防衛戦をおこなわず、いずれの来日でも馬場のインターナショナル王座に挑戦した。

キニスキーとの合計3回、サンマルチノとの合計3回のタイトルマッチは、インターナショナル王座がインターナショナル王座という名称の〝世界選手権〟であること、馬場がアメリカの世界のチャンピオンたちと同格の存在であることを証明し、ブラウン管のなかを動く〝東洋の巨人〟は高度経済成長をとげた日本のイメージそのものだった。

日本プロレス協会が正式にNWA加盟団体になったのは67年9月で、そのときは芳の里淳三社長（当時）と遠藤幸吉取締役（当時）がNWAメンバー——会員は個人資格——に加盟申請し、これを承認された。

NWA世界王座が〝NWA認定の世界王座〟としてはっきりと認識されたのは、ドリー・ファンクJrが現役の世界チャンピオンとして初来日した1969年（昭和44年）12月以降からだ。同年2月11日、フロリダ州タンパでキニスキーを下しNWA世界王座を獲得したドリーは、28歳の若きチャンピオンとして日本のリングに初登場し、馬場とアントニオ猪木のふたりを相手に同王座防衛戦をおこなった。

当時まだ26歳でオレンジ色のショートタイツをはいていた猪木とドリーのNWA世界選手権60分3本勝負は、ノー・フォールのまま時間切れのドローに終わった（69年12月2日＝大阪府立体育会館）。その翌日におこなわれた馬場とドリーのタイトルマッチは1－1のイーブンのまま、これもまた時間切れ引き分けという結果に終わった（同12月3日＝東京都体育館）。

馬場も猪木も勝てないNWA世界チャンピオン、日本がまだまだ挑戦する立場にあるNWA世界王座はプロレスファンのイマジネーションをくすぐった。〝世界最高峰NWA〟が金科玉条のごとく語られるようになったのはこのころからだった。

刷り込まれた〝ＮＷＡ幻想〟

１９６９年（昭和44年）はいわゆる〝ＮＷＡ幻想〟を理解するうえでひじょうに重要な年である。この年の8月22日から24日までの3日間、ミズーリ州セントルイスのチェイス・パーク・プラザ・ホテルで開催された年次総会において芳の里日本プロレス社長（当時）がＮＷＡ第2副会長に選出された。発足から3年めの国際プロレスも同年、ＮＷＡへの加盟を申請し、同団体の吉原功社長がこの総会に出席したが、国際プロレスの申請は却下された。芳の里・日本プロレス社長の役員就任と国際プロレスの加盟申請却下という同じ場所で同時に起きたふたつの政治的なできごとがＮＷＡという組織の敷居の高さのようなもの、あるいは閉鎖性を初めて日本のプロレスファンに伝え、その不思議なヒエラルキー感が日本における〝ＮＷＡ幻想〟のプロローグとなった。

70年代のアメリカのプロレス界はＮＷＡ（ナショナル・レスリング・アライアンス＝セントルイス）、ＡＷＡ（アメリカン・レスリング・アソシエーション＝ミネアポリス）、ＷＷＷＦ（ワールドワイド・レスリング・フェデレーション＝ニューヨーク）のメジャー3団体並列の時代。北部ミネソタを本拠地とするＡＷＡとニューヨークを中心に東部エリア一帯を活動テリトリーとしていたＷＷＷＦは、日本のプロレス団体とほぼ同じような形態でそれぞれの団体の〝一座〟が各地をツアーする興行会社だった。

組織上は非営利団体ということになっていたＮＷＡは、基本的には全米のプロモーターの〝組合〟あるいは〝連合〟で、アメリカじゅうに点在するローカル団体がひとつの世界王座を公認し、各地域ごとのプロモーターが運営する興行会社はそれぞれに独立採算制をとっていた。この世界王座の公認制、〝組合〟への加盟制度も日本における〝NWA幻想〟に拍車をかけた。

NWAの本拠地セントルイスのキール・オーデトリアム月例定期戦の会場販売用プログラムには〝世界ヘビー級王座の系譜〟としてジョージ・ハッケンシュミット（1904年）、フランク・ゴッチ（1908年）からジョー・ステッカー（1915年）、エド〝ストラングラー〟ルイス（1921年）、ジム・ロンドス（1930年）、ルー・テーズ（1937年）といった20世紀前半の世界チャンピオンたちの名が列記され、この年表がひじょうに巧妙にNWAと〝のりづけ〟されていた。

NWAは第二次大戦後の1948年7月、アイオワ州ウォータールーで発足した組織だから、20世紀のプロレスの〝始祖〟であるジョージ・ハッケンシュミットとフランク・ゴッチが争った統一世界王座とはまったく無関係だし、ステッカー、ルイス、ロンドスらが保持した20年代、30年代の世界王座ももちろんNWA世界王座ではない。

これはリビジョニズム revisionism（歴史修正主義）といわれる論法で、事後的な史実の修正にあたるといっていい。NWA――というよりも厳密にいえばNWAの頭脳であったサム・マソニック――は、NWAの正当性・正統性を担保するデータとしてゴッチ、ハックからステッカー、ルイスらの系譜をNWAとつなぎ合わせたのだった。

日本のプロレス・マスコミは、セントルイスのプログラムに掲載されていたこの〝世界王座の系譜〟を和訳し、ひじょうに長いあいだこれをプロレス世界史の年表として用いた。

じっさいのプロレス世界史はもっともっと複雑で、ゴッチとハックの世界統一戦から約半世紀もさかのぼる1860年代にはすでにアメリカ国内でプロレスのタイトルマッチがおこなわれていたし、1870年代には〝プロレスの父〟ウィリアム・マルドゥーンがニューヨークで世界グレコローマン王者として活躍した。また、ヨーロッパ版の世界王者だったハッケンシュミットについても、その王座獲得までの経緯についてはまだまだ不明な点が多く残されている。

しかし、これらの史実はここ10数年のネット社会の多様な情報ソースのなかから明らかになってきた新事実で、昭和のプロレスファンが盲信した〝NWA幻想〟はいまでも根強く生きつづけている。

幻想を高めた馬場と猪木の確執

〝世界最高峰NWA〟という物語は日本の、とくに昭和のプロレス史のなかの長編ドラマである。もちろん、アメリカのレスリング・ビジネス——プロレスを提供する側と提供される側の双方——にも〝NWA幻想〟そのものは存在するが、それはひじょうに少数派のマニアックなテーマでしかない。日本における〝世界最高峰NWA〟なるコンセプトは、究極的にはジャイアント馬場とアントニオ猪木の暗闘のストーリーだった。

〝NWA幻想〟の信ぴょう性のようなものを裏づけるエピソードのひとつにNWAへの加盟申請という政治ドラマがあった。1972年（昭和47年）9月、全日本プロレスを設立した馬場は、その旗揚げシリーズの段階でアメリカ各地のNWAテリトリーから超一流選手を招へいし、翌1973年（昭和48年）にNWAに正式加盟した。いっぽう、猪木＝新日本プロレスは73年と1974年（昭和49年）にNWAに加盟を申請したが、2年連続でこれを却下され、1975年（昭和50年）8月のNWA年次総会において〝条件つき〟でこれを承認された。

新日本プロレスはNWA加盟以前からNWA北米タッグ王座を〝看板タイトル〟のひとつとして保有していた。同王座の出自については不明な点が多いが、チャンピオンベルトの中央のプレート部分には〝NWA〟の3文字がはっきりと刻印されていたから、同タイトル(当時の王者チームはジョニー・パワーズ&パット・パターソン)がロサンゼルスに出現した73年8月の時点では猪木がNWAとの関係構築を強く意識していたことはまちがいない。

全日本プロレスがNWA加盟にさいして同団体が管理するPWF世界ヘビー級王座から〝世界〟の2文字を消去したのとまったく同じように、新日本プロレスもNWA加盟後、猪木が保持していたNWF世界ヘビー級王座から〝世界〟を削除した。アメリカのNWAが日本のプロレス界の〝上部〟に位置する組織であったかどうかについてはいささかの議論の余地を残すところではあるが、チャンピオンシップそのものの権威としてはNWA世界ヘビー級王座がPWFヘビー級王座、NWFヘビー級王座よりもワンランク上のサムシングという位置づけがなされたことは明らかだった。

また、日本のプロレス・マスコミは70年代半ばからはNWA内部の派閥に注目し、全日本プロレス=馬場と太いパイプをつなぐNWAの総本山セントルイス(サム・マソニック派)、アマリロ(ファンク一家)、カンザス(ボブ・ガイゲル派)、ノースカロライナ(ジム・クロケットJr派)、ダラス(フリッツ・フォン・エリック派)、フランク・タニー(カナダ・トロント)、プエルトリコ(カルロス・コロン派)などを〝主流派〟、新日本プロレス=猪木と提携関係にあったロサンゼルス(マイク・ラベール派)、フロリダ(エディ・グラハム派)などを〝反主流派〟に分類。アメリカとカナダのNWA加盟テリトリーを――日本の視点で――馬場派と猪木派に色分けした。
日本のプロレスファンがじっさいに目撃する現実としては、全日本プロレス＝馬場はNWA世界王者が定期的に遠征してくる団体で、新日本プロレス＝猪木は、加盟団体であるにもかかわらず、なぜかNWA世界王者がやって来ない団体だった。アメリカのプロレス界とのつながりだけを論じるならば、全日本プロレス＝馬場はいわば〝与党〟で、新日本プロレス＝猪木は〝野党〟のような立場にあり、NWAというひとつの〝土俵〟の上では全日本プロレス＝馬場の優位は動かなかった。

〝世界最高峰〟という呪縛

全日本プロレスのリングにNWA世界王者が初めて来日したのは1974年（昭和49年）1月で、最後の来日は1989年（平成元年）3月。この16年間にジャック・ブリスコ、テリー・ファンク、ハーリー・レイス、ケリー・フォン・エリック、リック・フレアー、リッキー・スティムボートの6人の世界チャンピオンたちが日本国内で合計52回の同王座防衛戦をおこなった。

その間、馬場はブリスコ（74年12月2日＝鹿児島）、レイス（79年10月31日＝名古屋、80年9月4日＝佐賀）を下しNWA世界王座を通算3回獲得。日本人レスラーとしてただひとり（当時）NWA世界王座の系譜にその名を刻んだ。〝NWA世界王者の殺人的スケジュール〟〝NWA世界王者が眠るホテルは飛行機のシート〟〝自動車のエンジンが火を噴くまでフリーウェイを走りつづけた〟といった都市伝説あるいは一種のおとぎばなしがまことしやかに語られたのはこの時代で、日本テレビのプロレス中継番組では実況担当だった倉持隆夫アナウンサーと山田隆・解説者（東京スポーツ＝当時）が「世界最高峰ＮＷＡ！　世界でいちばん強い男はＮＷＡ世界王者！」というフレーズをリピートしつづけた。日本における〝ＮＷＡ幻想〟の根の深さはこのテレビの音声による刷り込み――情報の流布――がひじょうに大きかった。

かつてアメリカのレスリング・シーンに一大勢力を築いたＮＷＡという組織は〝世界最高峰〟であったかもしれないし、〝世界最高峰〟ではなかったかもしれない。いちばん重要なことは、マスメディアが長い時間をかけて醸造したそのナラティブを日本のプロレスファンがどう受け止め、どう解釈し、なにを信じ、なにを信じなかったかである。

〝世界最高峰ＮＷＡ〟は馬場と猪木の物語であると同時に、日本のプロレスファンにメディア・リテラシー、プロレス・リテラシーという大きな課題を突きつけていた。

ときのＮＷＡ世界王者リッキー・スティムボートがタイガーマスク（三沢光晴）を相手に同王座防衛戦をおこなってから1カ月後、全日本プロレスのリングではジャンボ鶴田とスタン・ハンセンによってインターナショナル・ヘビー級王座、ＰＷＦヘビー級王座、ＵＮヘビー級王座の3本のチャンピオンベルトが三冠ヘビー級王座として統一された（89年4月18日＝東京・大田区体育館）。

それはほかならぬ馬場自身による〝世界最高峰ＮＷＡ〟〝ＮＷＡ幻想〟という古い呪縛からの解放宣言だった。じつは、日本のプロレスと日本のプロレスファンを縛りつづけてきたＮＷＡからだれよりも先に自由になったのは馬場だったのである。

アントニオ猪木と猪木チルドレンの〝断絶〟の歴史

新日本プロレスの歴史は、アントニオ猪木とアントニオ猪木チルドレンの〝断絶〟の歴史である。猪木が新日本プロレスを設立したのは1972年（昭和47年）1月28日。誕生日を約1カ月後に控えた猪木は、まだ28歳という若さだった。

72年はグアム島で横井庄一・元日本兵が発見され、連合赤軍による浅間山荘事件が起き、札幌冬季オリンピックが開催され、第一次・田中角栄内閣が発足した年。そんな〝70年代カルチャー〟のプロローグとともに新日本プロレスは産声をあげた。

40余年の新日本プロレス史を〝昭和編〟と〝平成編〟に分類すると、〝昭和編〟は団体発足の72年から1988年（昭和63年）までの17年間、〝平成編〟は1989年（平成元年）からの現在進行形。さらに〝昭和編〟と〝平成編〟をそれぞれパート1とパート2に区分けするならば、〝昭和編〟のパート1が72年から1980年（昭和55年）までの9年間で、パート2は1981年（昭和56年）から1988年（昭和63年）までの8年間、〝平成編〟のパート1は89年から猪木自身が現役を退く1998年（平成10年）までの10年間で、パート2が1999年（平成11年）から現在まで。各パートごとにそれぞれの時代を代表するさまざまな猪木チルドレンが登場してくる。

新日本プロレスの発足メンバーは猪木、山本小鉄、木戸修、藤波辰爾（当時は辰巳）の4選手で、メキシコ遠征中だった柴田勝久（柴田勝頼の父）、魁勝司（北沢幹之）の2選手が帰国。引退していた豊登が期間限定――テレビ放映がはじまるまでという期間が限定できない期間――の助っ人としてこれに加わった。猪木が新団体の旗揚げシリーズを開催してから4カ月後の72年7月、猪木の〝宿命のライバル〟であるジャイアント馬場が日本プロレスを退団。同年9月、全日本プロレスを設立した。新日本プロレスと全日本プロレスのメジャー2団体による〝全国区テリトリー〟のビジネスモデルはこの時代に確立された。

猪木チルドレンの系譜では、1973年(昭和48年)12月に元ミュンヘン五輪レスリング代表選手の吉田光雄(長州力)が新日本プロレスに入団し、1976年(昭和51年)にはのちに初代タイガーマスクに変身する佐山聡がデビュー。ヨーロッパ、メキシコ、アメリカを長期サーキット中だった藤波が1978年(昭和53年)1月、ニューヨークのマディソン・スクウェア・ガーデンでカルロス・エストラーダを下しWWWFジュニアヘビー級王座(当時)を獲得。同年8月には前田日明がデビューした。

猪木はプロボクシング世界ヘビー級王者モハメド・アリとの〝格闘技世界一決定戦〟(76年6月26日)からはじまった一連の異種格闘技戦を経て、80年12月、〝世界統一機構IWGP構想〟を発表し、新日本プロレスが管理・運営していたNWFヘビー級王座、北米ヘビー級王座、北米タッグ王座、アジア・ヘビー級王座の各タイトルを封印した。

ここまでが新日本プロレス史〝昭和編〟のパート1。70年代前半から80年代にかけて猪木のライバルとして活躍したタイガー・ジェット・シン、スタン・ハンセン、ハルク・ホーガンといった外国人選手たちも、広い意味では猪木チルドレンといっていい。

大量離脱事件とUターン現象

〝昭和編〟パート2にあたる1981年から88年までの8年間は、猪木と猪木チルドレンを主役とした〝事件史〟だった。構想からシリーズ開催までに3年の時間を費やした『第1回IWGP決勝リーグ』は、ホーガンが猪木を破り優勝。猪木の〝舌出し失神事件〟がテレビのニュース番組、新聞（一般紙）で大きく報道された。

お茶の間の人気者として大ブームを巻き起こした初代タイガーマスクは、81年4月のデビューからわずか2年4カ月後に突然、引退を表明（1983年＝昭和58年8月）。それから2週間後には新日本社内で〝まぼろしのクーデター事件〟が発生し、猪木が社長、坂口が副社長を辞任した。しかし、クーデターの真相は闇から闇へと葬られた。

翌1984年（昭和59年）4月、こんどは新団体UWF（ユニバーサル・レスリング・フェデレーション）が誕生し、前田、ラッシャー木村、剛竜馬、グラン浜田、フリーのマッハ隼人らが参加。猪木の移籍、フジテレビが番組制作といったウワサが流れたが、いずれも実現しなかった。旗揚げシリーズ終了後には新日本プロレス主導による不可解な〝吸収合併〟が発表されたが、前田をリーダーとする新団体サイドはこれを拒否。藤原喜明、高田延彦が正式にUWFへ移籍し、佐山、山崎一夫の〝タイガー・ジム〟コンビもこれにつづいた。猪木チルドレンによる猪木への決別宣言だった。

藤波に対する〝かませ犬〟発言（1982年＝昭和57年12月）をきっかけに国産ヒール路線を歩みはじめた長州は、新ユニット〝維新軍〟を結成後、84年（昭和59年）9月、新日本プロレスとは別法人の新日本プロレス興業と契約。翌10月、新日本プロレス興業はジャパン・プロレスと名称を変更し、長州、アニマル浜口、キラー・カーン、谷津嘉章、小林邦昭、寺西勇ら13選手が新日本プロレスを退団。同年12月から全日本プロレスに活動の場を移した。長州グループによる〝大量離脱事件〟もまた猪木チルドレンが猪木に突きつけた絶縁状だった。

前田グループ、長州グループが脱退した84年、〝空洞〟となった新日本プロレスのリングで武藤敬司、蝶野正洋、橋本真也がデビューを果たした。のちに〝闘魂三銃士〟と呼ばれる3選手は、猪木チルドレンとしては藤波、長州、藤原らの〝70年代グループ〟、佐山、前田ら〝80年代グループ〟のあとに出現した〝冬の時代〟のルーキーということになる。

〝大量離脱事件〟から1年後、前田をはじめとするUWF勢が〝業務提携〟という形で新日本プロレスにUターンし、1987年（昭和62年）5月には長州グループも古巣に復帰。〝正規軍〟〝UWF軍〟〝長州軍〟の3グループがひとつのリングに集結した呉越同舟体制がはじまるが、87年11月19日、後楽園ホールでおこなわれた長州軍対UWF軍の6人タッグマッチで前田による〝長州顔面蹴撃事件〟が起きた。

前田と長州の確執は、世代の異なる猪木チルドレンと猪木チルドレンの近親憎悪ととらえることができる。翌1988年（昭和63年）2月1日付で新日本プロレスから解雇通告を受けた前田は、同年4月、第2次UWFを設立した。ここまでが新日本プロレス史〝昭和編〟のパート2。猪木対前田のシングルマッチがついに実現しなかったことで、〝活動家〟〝格闘言論人〟前田に対する幻想はいやがうえにも膨張し、これと反比例するように猪木への〝信仰〟は失墜していった。

メジャーとインディー多団体時代

新日本プロレス史〝平成編〟は〝猪木不在〟という巨大なプロローグからはじまる。1989年（平成元年）から98年（平成10年）までの〝平成編〟パート1は、新日本プロレスが〝アントニオ猪木〟の残像と闘った10年間である。89年7月、猪木は参議院選挙に当選し、初の〝国会議員レスラー〟に変身した。政界進出にともない、猪木は新日本プロレスの代表取締役社長を辞任。坂口征二副社長が新社長に就任し、現役グループからは長州が現場監督に着任した。〝現場監督〟という耳慣れない役職の存在は、それまでの新日本プロレス〝昭和編〟の製作総指揮・監督・主演がほかならぬ猪木であったという事実を図らずもファン、マスコミに知らしめる結果となった。

平成元年から90年代前半にかけての数年間は、日本のプロレス・シーンが多団体時代を迎えた大きな変革期だった。前田が88年4月に設立した〝第2次〟UWFは社会現象ともいえるムーブメントを巻き起こすことに成功したが、1991年（平成3年）1月に突然、解散宣言し、UWFインターナショナル（高田グループ）、プロフェッショナル・レスリング藤原組（藤原派）、リングス（前田派）の3派に分裂。さらに2年後の1993年（平成5年）9月には藤原組を脱退した船木誠勝、鈴木みのる、ケン・シャムロックらがパンクラスを設立した。パンクラスの誕生から2カ月後、アメリカではMMA（ミックスト・マーシャルアーツ）という新ジャンルのパイオニアとなるUFC（アルティメット・ファイティング・チャンピオンシップ）がその産声を上げ、〝パンクラス〟シャムロック対〝グレイシー柔術〟ホイス・グレイシーの他流試合がUFC初期のドル箱カードとなった。

89年10月にはかつてジャイアント馬場の秘蔵っ子だった大仁田厚がFMW（フロンティア・マーシャルアーツ・レスリング）を旗揚げした。1990年（平成2年）5月、全日本プロレスを退団した天龍源一郎をエースとしてSWS（スーパー・ワールド・スポーツ＝メガネスーパー）が発足し、新日本プロレスからはジョージ高野、佐野直喜（のちの佐野巧真）、一時引退していたドン荒川、大矢健一（のちの大矢剛功（おおやひさかつ））らが参画したが、同団体はわずか2年後の1992年（平成4年）6月に消滅。その後、SWSのスピンオフとしてWAR（レッスル・アンド・ロマンス―レッスル・アソシエーション・R―ダブリュ・エー・アール）、NOW（ネットワーク・オブ・レスリング）、PCW（プロレスリング・クルセーダーズ）といった分派が誕生した。

新日本プロレス、全日本プロレスの老舗2団体の遺伝子を持たない新団体としては、90年に〝和製ルチャリブレ団体〟ユニバーサル・レスリング連盟が旗揚げし、単身メキシコで活動していた浅井嘉浩（のちのウルティモ・ドラゴン）がエースとして参加、モンキーマジック・ワキタ（のちのスペル・デルフィン）、クーリー・SZ（しょうじ）（のちの邪道）、ブルドッグ・KT（けーてぃー）（のちの外道）、巌鉄魁（がんてつさきがけ）（のちのディック東郷）らルーキーがデビューした。また、92年にはそのユニバーサルから独立したザ・グレート・サスケが日本初のローカル団体として東北6県を活動エリアとする、みちのくプロレスを設立。FMWの〝デスマッチ路線〟を踏襲するインディペンデント団体では1993年（平成5年）にミスター・ポーゴを中心にW★ING、1994年（平成6年）にはさらにそのW★INGから派生したIWAジャパン（プロデューサーはビクター・キニョネス）が生まれた。

インディペンデント団体、あるいはインディー団体という単語を最初に〝活字〟にしたプロレスラー（プロデューサー）は大仁田だった。もともとアメリカではインディペンデント、インディーという形容詞は全米各地に点在する弱小団体の総称として使われていたが、〝インディーズ〟〝インディー系〟が日本語のプロレス用語として定着してくると、こんどはインディー団体の対極に位置するサムシングとして〝メジャー団体〟の定義が論じられるというパラドックスが生じた。

視点を変えてみれば、日本のプロレス市場が多団体時代を迎えたことでファンもマスコミもメジャー団体とインディー団体の〝すみ分け〟を意識するようになったともいえる。日本におけるメジャー団体とは、いうまでもなく猪木の新日本プロレスと馬場の全日本プロレスの老舗2団体である。Uインター、藤原組、リングス――前田は「ウチはU系じゃない。そういうとらえ方をしてほしくない」と発言。団体設立当初からリングスの総合格闘技化を示唆した――のU系3団体はインディーでもメジャーでもない独自のポジションを確立した。

猪木不在という現実は、新日本プロレスのリング上の新陳代謝を促した。現場監督＝エグゼクティブ・プロデューサーの長州は〝複数スター制〟を導入し、武藤敬司、蝶野正洋、橋本真也の〝闘魂三銃士〟、長州のまな弟子の馳浩、佐々木健介の2選手がメインイベンター・クラスに昇格。馳と健介は、長州をフィルターとした隔世遺伝により猪木DNAを受け継いだ新・猪木チルドレンだった。91年からはメジャー新日本の象徴的イベントといわれる〝夏の本場所〟G1クライマックスがスタートした。

90年には金本浩二、91年には天山広吉、小島聡、西村修、92年には永田裕志、中西学、ケンドー・カシン（石澤常光）のアマレス三銃士、大谷晋二郎、高岩竜一といった次世代のキーパーソンズがデビューした。この世代のレスラーに共通していることは、いずれも昭和40年代生まれの〝猪木を知らないヤングライオン〟という点だった。

いっぽう、猪木は旧ソ連遠征（89年12月）、イラク・バグダッド〝人質救済ツアー〟（90年12月）、北朝鮮公演（95年＝平成7年4月）と国会議員でなければできない数かずのプロレス外交をプロデュース。現役選手としては年間数試合ずつのゲスト出場をつづけながら新日本プロレスに対しては遠隔操作シフトを敷いた。

新日本プロレスにとっても、おそらく猪木自身にとっても大きな計算ちがいだったのは、初当選から6年後の95年7月の参議院選に猪木が落選してしまったことだろう。この選挙にはこれが2度めの出馬となる猪木（スポーツ平和党）のほか、馳（自民党）、高田（さわやか新党）らも出馬。猪木と高田は落選し、馳だけが石川県選挙区で25万5718票を獲得して当選した。〝国会議員レスラー〟という肩書を失った猪木は、プロデューサーあるいはアドバイザーといったどこかあいまいポジションで新日本プロレスとかかわるようになり、みずからは〝浪人〟という立場を選択した。このころから猪木は「オレの知らない選手がたくさんいる」といったコメントを口にするようになった。

この参議院選から3カ月後、新日本プロレス対Uインターの〝全面戦争〟がスタートし、武藤対高田のシングルマッチをメインイベントにラインナップした東京ドーム大会（95年10月9日）が6万7000人の大観衆を動員したが、猪木は長州監督がプロデュースしたこの〝超大作〟になぜか興味を示さなかった。〝アントニオ猪木〟と〝新日本プロレス〟の分離が加速していったのはちょうどこの時期だった。

〝柔道世界一〟小川直也のプロレス転向（1997年＝平成9年4月）も、猪木と新日本プロレスの分離をまぎれもない現実のものとした大きな要因のひとつだった。小川は猪木の〝最後のまな弟子〟というポジションを一種のキャラクター設定として受け入れようとしたが、猪木は小川をプロレスラーとしてではなくあくまでもプロ格闘家として育てることにこだわった。

この年の10月、高田対ヒクソン・グレイシーの〝世紀の一戦〟が東京ドームで開催され、それまで〝最強〟と称されていた高田が完敗。プロ格闘技団体PRIDE（第1回大会を主催したのはのちにPRIDEを運営するDSEとは別組織のKRS）の誕生は、観客にプロレスとプロレスでないもののちがいをはっきりと認識させた。

猪木は1998年（平成10年）4月、東京ドームで引退試合をおこない38年間の現役生活にひとまず終止符を打ち、これと同時進行で格闘技団体UFO（ユニバーサル・ファイティング・オーガニゼーション）の設立を発表し、みずからはアメリカへ移住という形で引退後の新生活を〝演出〟した。

ここまでが新日本プロレス史〝平成編〟パート1である。リングに上がらなくなった猪木の〝心のアリバイ〟がプロレスよりもプロ格闘技＝MMAに変遷していったのもこのころからだった。

〝呉越同舟〟〝離合集散〟〝細胞分裂〟

1999年（平成11年）1月、東京ドームでおこなわれた橋本対小川のシングルマッチが収拾不能の無効試合となった。小川を遠隔コントロールし、橋本に〝禁断のシュート〟を仕掛けさせたのはほかでもない猪木だった。異常事態を察し飛び出してきた長州・現場監督、橋本、小川という3世代の猪木チルドレンがリング上でにらみ合い、奇妙な〝正三角形〟を形づくった。しかし、事件のキーパーソンである猪木は、このときすでに東京ドームから姿を消していた。

日本のプロレス・シーンは、猪木の〝生涯のライバル〟である馬場の死去（99年1月31日）によって大きな地殻変動を起こした。前田（99年2月）、ジャンボ鶴田（99年3月）というふたりの馬場・猪木のまな弟子世代が引退し、同年5月に三沢光晴が、同年6月に藤波がそれぞれ全日本プロレス、新日本プロレスの新社長に就任した。

翌2000年（平成12年）5月、鶴田が入院先のフィリピン・マニラの病院で臓器移植の手術中に急死した。その翌月の同年6月、三沢グループが全日本プロレスを退団し、新団体プロレスリング・ノアを設立した。

新日本プロレス史の系譜においては猪木チルドレンのひとりとカテゴライズされる船木は、ヒクソンとの一戦に敗れ現役引退を表明（00年5月26日＝東京ドーム）。前代未聞のセメント・マッチの当事者となった橋本は00年10月、新日本プロレスを解雇され、翌2001年（平成13年）年3月に新団体ZERO－ONEを設立。〝最後の猪木チルドレン〟といわれた小川も猪木のもとを去り、橋本と合流した。結果的に猪木の手のひらでもてあそばれた格好の橋本と小川が――ふたりのあいだにふたりにしかわからない友情が芽生えたのか、あるいは猪木を共通の敵ととらえたのか――猪木のいないところで握手を交わしたのは意外な展開だった。

いっぽう、新日本プロレスの創業者でありながら新日本プロレスとは一蓮托生ではない猪木は、00年から2003年（平成15年）まで4年連続で大みそかの格闘技イベント〝INOKI－BOM－BA－YE〟をプロデュースし〝格闘技界の重鎮〟としてのカラーを強めていったが、このイベントは制作サイドにコンプライアンスの問題が生じたため2004年(平成16年)に活動休止。民放ネットワーク局3社(日本テレビ、TBS、フジテレビ)が競合した大みそかの格闘技イベントは外国人選手の契約をめぐるトラブル=法廷闘争に発展した。

2002年(平成14年)1月には武藤、小島、カシンの主力グループ3選手が新日本プロレスから全日本プロレスに移籍。三沢グループが大量離脱したあとの〝馬場不在〟の全日本プロレスに活動の場を求めた。武藤の新日本プロレスから全日本プロレスへの移籍-全日本プロレス社長就任も猪木チルドレンによる猪木との断絶だった。

2003年3月、長州も新日本プロレスを退団し、永島勝司・前取締役とともにWJプロレス(ワールド・ジャパン・プロレス)を立ち上げ、マサ斎藤、健介、越中詩郎、鈴木健想(現KENSO)ら長州派閥、長州の宿命のライバルである天龍、フリーの谷津、元WARの石井智宏、リングアナウンサーとして元JWP女子プロレス代表の山本雅俊が新団体に参画。長州は「(プロレス界の)どまんなかを走る」と発言したが、この団体は翌04年(平成16年)6月、興行成績の不振で旗揚げからわずか1年で消滅した。

新日本プロレスは04年、〝門外漢〟草間政一を新社長に迎え入れた。しかし、草間体制はわずか1年のワンポイント・リリーフで終結し、2005年(平成17年)6月に猪木の娘婿のサイモン猪木取締役が新社長に就任。同年11月、ゲームメーカーのユークスが発行株式の51パーセントを取得して新日本プロレスを子会社化した。株式の売却にゴーサインを出したのはもちろん猪木だった。長州は2006年(平成18年)、現場監督としてサイモン猪木体制の新日本プロレスに復帰したが、その後、契約満了で再びフリーとなった。

団体発足以来、34年間にわたり生え抜きメンバーとして新日本プロレスを支えてきた藤波は2006年6月、「他人の手に渡った新日本」を退団。西村、吉江豊、田中秀和リングアナウンサーらとともに無我ワールド・プロレスリングを設立。ヒロ斉藤、後藤達俊らベテラン勢も〝藤波派〟に移籍した。猪木が持ち株を売却し、藤波が去っていった新日本プロレスにはライオンのイメージをかたどった〝キング・オブ・スポーツ〟のロゴが残った。

新日本プロレス史の〝平成編〟パート2は、猪木DNAの細胞分裂の時代である。猪木チルドレンは全日本プロレス（武藤派）、ZERO・1MAX－ZERO1（大谷派）、藤波の無我ワールドプロレスリング－ドラディション、初代タイガーマスクのレジェンド・プロレスへと分裂、細分化。猪木自身も2007年（平成19年）6月、新団体IGF（イノキ・ゲノム・フェデレーション）を設立した。

新日本プロレスは2012年（平成24年）2月、ユークスからブシロード・グループ・パブリッシング（木谷高明社長）への株式売却で新体制となり、全日本プロレスも2013年（平成25年）2月、新スポンサーのスピード・パートナーズ（白石伸生社長）への身売りで株式会社全日本プロレスリングシステムズに〝模様替え〟。その後、武藤、船木、カズ・ハヤシ、近藤修司、KAI、真田聖也ら所属13選手が全日本プロレスを退団し、同年6月、新団体W－1（レッスル・ワン）を設立した。

いっぽう、王道・全日本プロレスの流れを汲むプロレスリング・ノアは、12年12月に丸藤正道グループと秋山準グループの2派に事実上分裂。秋山、金丸義信、潮崎豪、鈴木鼓太郎、青木篤志の5選手は13年1月から全日本プロレスに合流。武藤グループ退団後、2014年（平成26年）7月、新体制・

全日本プロレス（オールジャパン・プロレスリング株式会社）がスタートし、秋山が新社長に就任した。秋山がリングの内側・外側のリーダーとなったことで、全日本プロレスは馬場ＤＮＡのプロレスに回帰した。

かつて2大メジャー団体といわれた〝猪木の新日本プロレス〟と〝馬場の全日本プロレス〟は、時代とともに姿と形を変えた。

完全に世代交代した新日本プロレスの主役の座は棚橋弘至（２０１６年3月、ＷＷＥに移籍）、中邑真輔、オカダ・カズチカ、真壁刀義、後藤洋央紀、内藤哲也ら〝アントニオ猪木〟を知らない70年代、80年代生まれの新しいスーパースターにバトンタッチされた。現役引退後、「オレに（議員）バッジがあったらなあ」と語っていた猪木は、２０１３年7月、日本維新の会から参議院選（比例代表）に出馬し、35万６６０６票を獲得し当選。18年ぶりに政界に復帰したのだった。

UWFというメディア・イベント

それは『UWF』というタイトルの長編ドラマだった。〝シーズン1〟がスタートしたのは1984年（昭和59年）4月で、熱狂的、あるいは狂信的なファンを置き去りにするように〝シーズン7〟が唐突なエンディングを迎えたのが1991年（平成3年）1月。いまから四半世紀まえに解散した伝説のプロレス団体である。

プロレスとはプロレスを提供する側、プロレスを観る側、プロレスを情報化するメディアの3者によって構成されている多元的なジャンルだ。力道山がモノクロのテレビの画面のなかを動きまわっていた時代も、カラーテレビがこの国の高度経済成長をブラウン管に映し出していた馬場・猪木の時代も、プロレスとメディアはおたがいがおたがいを補完する関係にあった。また、やる側と観る側のダイレクトなつながりにおいては、リング上でおこなわれているプロレスそのものがメディアになる。

新日本プロレスと全日本プロレスの2大メジャー団体がそれぞれテレビ朝日、日本テレビと系列会社的な関係にあった80年代に〝第3団体〟として出現したUWFは、テレビではなく、活字メディアと特別な関係を構築したプロレス団体だったといえる。

UWFは、そもそもその誕生の理由と団体発足までの経緯を理解することがひじょうにむずかしい団体だった。まず、84年3月のシリーズ興行を〝無断〟で欠場した新日本プロレス所属の前田日明が、なんの予告もなくいきなりニューヨークのマディソン・スクウェア・ガーデン月例定期戦（3月25日）

に出場し、ピエール・ラファイエルという無名のレスラーを下して新設ＷＷＦインターナショナル王座を獲得した。

それから1週間後、東京・新宿の京王プラザホテルで新団体ユニバーサル・プロレスリング（第1次ＵＷＦ）の設立発表記者会見が開かれ、前田、ラッシャー木村、剛竜馬らが参加を表明した。

埼玉・大宮スケートセンターでおこなわれた旗揚げ興行（同4月11日）には日本人選手は前田、木村、剛のほかに高田延彦、グラン浜田、マッハ隼人ら、外国人サイドはダッチ・マンテル、ボブ・スウィータン、ペロ・アグアヨらが出場。シリーズ最終戦の4・17蔵前国技館大会のメインイベントには、前田対藤原喜明のシングルマッチがラインナップされた。

前田の突然のアメリカ遠征－ＭＳＧ定期戦での王座獲得、京王プラザホテルでの記者会見、旗揚げ戦から蔵前でのシリーズ最終戦までの一連の流れは、新間寿ＵＷＦ最高顧問（前年8月、新日本プロレスを退社）による綿密な〝仕掛け〟だった。

ＵＷＦはこの旗揚げシリーズ終了後、母体・新日本プロレスと1団体2リーグ制の連立体制を発足させ、アントニオ猪木、ハルク・ホーガン、アンドレ・ザ・ジャイアントらは新団体に移籍、テレビとの関係については新日本プロレスは従来どおりテレビ朝日、ＵＷＦはフジテレビが新たにゴールデンタイムでの中継番組放映開始を予定していたとされる。前年8月の〝まぼろしのクーデター事件〟で事実上、新日本プロレスを追放された新間プロデューサーは、このＵＷＦ構想によって指導的立場への復帰をもくろんでいた。

ところが、日比谷の帝国ホテルで開かれた新日本プロレスとＵＷＦの合同記者会見（同5月8日）

は〝不発〟に終わり、報道陣から説明責任を問われることが予想されたアントニオ猪木・新日本プロレス社長はホテルに姿を見せながら会見を欠席。それから2週間後、京王プラザホテルで単独会見を開いた新間プロデューサーは「猪木に渡した（UWFへの）移籍金の未回収」を理由にUWF最高顧問の役職を辞任し、プロレス界からの引退を発表した。ここまでが長編ドラマ『UWF』のちょっとややこしいプロローグだった。

より格闘技的なUWFスタイルの誕生

UWFという団体は、その存在自体がひとつのメディア・イベントだったととらえることができる。メディア・イベントとは、①マスメディアによって企画・演出されるイベント、②マスメディアによって報道されるイベント、③メディアによってイベント化されたできごとなどを指す。

このうち②と③は、読者や視聴者らは――じっさいには参加していなくても――メディアによる情報を通じてあたかも自分たちもそれに参加しているかのような感覚を持ち、イベントの主体とのあいだに想像上の共同体を形成する。ここでは読者や視聴者にあたるのはプロレスファンで、イベントの主体はUWFだ。メディア・イベントとしてのUWFはつねに活字メディアによってリポート、サポートされ、プロレスファンはメディアの情報を通じてみずからとUWFとのあいだに想像上の共同体を形成した。メディアによる報道なしにはUWFはその存在も主張も人びとに認知されえなかった団体だったといっていい。

長編ドラマ『UWF』の本編は、前田と浦田昇UWF社長による〝団体存続宣言〟（同6月1日＝東京・九段のホテル・グランドパレスでの会見）からスタートする。藤原と高田の〝師弟コンビ〟が新日本プロレスからの移籍を発表した（6月27日＝同）。『タイガー・ジム』所属のザ・タイガー（当時＝佐山聡）と山崎一夫が参戦表明の記者会見を開いた（6月28日＝同）。〝馬場プロレス〟でも〝猪木プロレス〟でもない第3団体UWFは、この時点からスポーツ新聞とプロレス専門誌（紙）の活字メディアを媒体としたオリジナルの物語＝ナラティブを発信していった。

UWFを理解するうえでこの〝物語〟という概念はひじょうに有効だろう。社会学では〝物語〟とは「できごとをある枠組みのなかで分節し、接合し、位置づけ、意味を与え、人びとの（相互）行為を方向づけるもの」で「現実の経験を意味づける基本的な方法」とされる。長編ドラマ『UWF』におけるメディアの役割は、物語られるべき〝ナラティブ〟を物語ることだった。

『UWF』〝シーズン1〟のクライマックスは同年7月23日、24日の2日間にわたり後楽園ホールで開催された「UWF無限大記念日」であったことはいうまでもない。ここで前田、佐山、藤原らはそれまでのプロレスとはまったく異なるスタイルのプロレスを初めて観客に提示してみせた。

ロープに飛ばない。

場外乱闘がない。

関節技とキックとスープレックスを用いた、より格闘技的な闘い。

いわゆるUWFスタイルの基本形はこのときにつくられたものだが、そこで使われる見慣れない関節技や選手のこまかい動きなどは視覚的にはわかりにくいものばかりであったため、活字メディアによる〝解説〟が必要だった。また試合そのもののルールに関してはこの段階では3カウントのフォール、5秒以内の反則カウントなどがまだ残されていた。
どうして対戦相手をロープに飛ばすのか。ロープに飛ばされた選手はどうして（飛ばした相手のいる方向に）まっすぐに戻ってくるのか。どうして場外乱闘があるのか。どうしてレフェリーは反則を見逃すのか。これらはプロレスファンの多くが、プロレスファンであるにもかかわらず、ずっと心のなかに抱いていた素朴な疑問の数かずだった。UWFはプロレスを提供する側からこれらの論点、あるいは問題点と初めて正面から向き合った。

プロレスマスコミは〝ロープワーク〟〝場外乱闘〟〝反則攻撃〟といったプロレス的にはおなじみのテーマをもとに、UWFのリングの上で起きているひとつひとつのできごとを意味のあるなにかとして〝選択〟――または〝隠ぺい〟――し、〝再配置〟し、それに解説のボキャブラリーを加えてプロレスファンにフィードバックしていった。

カール・ゴッチのUWF最高顧問就任も〝シーズン1〟の大きなエピソードだった。〝プロレスの神様〟ゴッチが猪木あるいは新日本プロレスではなくてUWFを選択したことが古くからのプロレスファンを興奮させ、この事実はプロレスというジャンルにおけるUWFの正当性・正統性を――観客の潜在意識に訴えかけるメッセージとして――新しい〝定説〟にした。

第1次UWFの終えんと新生UWF

創立2年めの〝シーズン2〟には〝シーズン1〟のストーリーに『格闘技ロード公式リーグ戦』『パンクラチオン・ロード』『第1回UWF公式リーグ戦』といった新しいコンセプトが加えられたが、

ＵＷＦのリングでプロレスのソフトウエアが変化・変容していくプロセスのなかで前田と佐山――〝シーズン２〟からスーパータイガーに改名――の〝なぞのシュート・マッチ〟（１９８５年＝昭和60年９月２日、大阪臨海スポーツセンター）が起きた。前田が考えるところのＵＷＦと佐山が考えるところのＵＷＦに微妙なズレが生じていた。

興行会社としてのＵＷＦはこの年の９・11後楽園ホール大会を最後に活動を停止し、佐山は東京スポーツ紙上（同10月11日付）で「シューティングとＵＷＦの方向性のちがい」を理由にＵＷＦ脱退を表明した。佐山はみずからが考案したシューティング（のちの修斗）とＵＷＦが根本的にはまったく異なるものであることを主張したが、結果的に『ＵＷＦ』の〝物語〟のなかでは佐山はそのポジションを失った。第１次ＵＷＦはこうして１年５カ月という短い歴史にピリオドを打ったのだった。

『ＵＷＦ』の〝シーズン３〟と〝シーズン４〟はＵＷＦが新日本プロレスと業務提携を結んでいた１９８６年（昭和61年）から１９８７年（昭和62年）までの〝物語〟だ。古巣・新日本プロレスのリングに上がったことでＵＷＦのドラマそのものは一時停止モードに入ることになるが、「アントニオ猪木だったらなにをやっても許されるんか」というコメントに代表される前田の〝プロレス言論人〟としてのステータスが確立されたのもじつはこの２年間だった。

長州力に対する〝顔面蹴撃事件〟（87年11月19日＝後楽園ホール）が原因で新日本プロレスを無期限出場停止－解雇処分となった前田は、１９８８年（昭和63年）４月、第２次ＵＷＦを旗揚げし、高田、山崎、中野龍雄（のちの巽耀）、安生洋二、宮戸成夫（のちの優光）の５選手がこれに合流した。

第２次ＵＷＦは長編ドラマ『ＵＷＦ』の〝シーズン５〟（88年）、〝シーズン６〟（１９８９年＝平成元年）、〝シーズン7〟（1990年＝平成2年）の3年間にあたる。〝シーズン5〟からはオリジナル・キャストの藤原が1年遅れで合流。佐山は第2次UWFのストーリーにはからんでこないが、佐山よりもひと世代若く、のちにパンクラスを設立することになる船木誠勝と鈴木みのるというふたりの新しい登場人物が現れた。

第2次UWFのリングに上がった外国人選手は、クリス・ドールマンをボスとするオランダの格闘家集団、ヘビー級のキックボクサー、フロリダの「マレンコ道場」でUWFスタイルに対応するための〝改造手術〟を受けたアメリカ人レスラーらで、88年12月と89年5月に2回だけ〝U体験〟した元WWFヘビー級王者ボブ・バックランド以外、いわゆるアメリカン・スタイルのプロレスラーはひとりもいなかった。

月イチの興行をベースにその活動をスタートした第2次UWFは、旗揚げ2年めの89年1月には日本武道館、同年5月に大阪球場、同年8月に横浜アリーナ、同年11月に東京ドームと大都市のメガ・アリーナに進出した。90年も日本武道館2大会、大阪府立2大会、横浜アリーナ、名古屋・愛知県体育館、大阪城ホールと大会場での興行を展開。88年5月から90年12月の2年7カ月間に全31興行を開催し、そのほとんどすべてを超満員札止めにした。それは一過性のブームではなく、ありとあらゆるメディア——とメディアによって動員されたオーディエンス——を巻き込んだ社会現象だった。

解散と分裂のUWF史

しかし、第2次UWFは前田による突然の〝解散宣言〟によって1991年（平成3年）1月に空中分解。リングス（前田派）、ＵＷＦインターナショナル（高田派）、プロフェッショナル・レスリング藤原組の3派に分裂した。ＵＷＦの実体は消滅したが、『ＵＷＦ』の〝物語〟そのものは団体解散から四半世紀が経過した現在でもさまざまな形でつづいている。

いまから30年もまえにのちの総合格闘技の原型となるシューティング（修斗）を考案した佐山は、初代タイガーマスクとしてのアイデンティティーでプロレスのリングに戻ってきた。前田はリングスにプロレスではないサムシング＝総合格闘技化を求めたが、みずからはリングを降り、リングスも２００２年（平成14年）2月に活動休止となった。

Ｕインターのリングでは高山善廣、桜庭和志ら次世代のキーパーソンがデビューしたが、同団体は１９９６年（平成８年）12月に解散し、Ｕインターの後発団体キングダムも１９９８年（平成10年）３月に崩壊。藤原組からは１９９３年（平成５年）３月にパンクラス、96年（平成８年）４月に格闘探偵団バトラーツというスピンオフ団体が誕生した。

ＵＷＦ系譜で存続しているのはパンクラスだけだが、現在のパンクラスはプロレス団体ではなくＭＭＡ団体とカテゴライズされ、発足メンバーの船木、鈴木はそれぞれ純粋なプロレスラーとして、純粋なプロレスのリングで活動している。

１９９７年（平成9年）のヒクソン・グレイシーとの闘いからプロ格闘家の道を歩みはじめた高田は、第2次ＵＷＦ－Ｕインター－リングスを渡り歩いた田村潔司との一戦（02年11月24日＝東京ドーム）を最後に引退。タレントに転向した高田は、なぜか〝元プロレスラー〟ではなく〝元格闘家〟という肩書のほうを大切にしている。

〝日本〟と〝日本人〟は世界にどう伝えられているか

〝アメージング・ピープル、グレート・カントリー Amazing People, Great Coutry（びっくりするくらいすばらしい人びと、偉大な国）〟なんていわれちゃうと――自分もそのなかのひとりだなんて思ったりしたらそれはとんでもないうぬぼれだけれど――なんだかうれしくなってしまう。東日本大震災が発生した3月11日の午後2時46分から〝世界〟が〝日本〟と〝日本人〟に注目している。

ツイッターやフェイスブック、SNS（ソーシャル・ネットワーキング・サービス）のたぐいが地球レベルではいったいどのくらい影響力のあるメディアになりうるのか、あるいはなりえないのかについてはまだまだ議論の余地を残すところではあるけれど、どうやら情報伝達のスピードとその拡散量はきわめてリアルなものととらえてよさそうだ。

〝フォロー〟と〝フォロワー〟が無限大のあみだのように連なるツイッターでは、マスメディアのフィルターを通さずに〝あの人〟や〝この人〟のつぶやきをリアルタイムで読むことができる。ためになる情報やコメントを発見したときはすぐにリツイートして、それを自分に近いところにいる人びと＝フォロアーとシェアすることができるし、あまり見慣れないアイコン（とコメント）が画面に現れたら、アイコンをクリックしてその人物を新たにフォローしはじめることもできる。

もともと一日に何度もつぶやく〝Xパック〟ショーン・ウォルトマンとクリス・ジェリコは、おそらくCNNの映像を観ながら、大地震と津波の発生から1時間後に〝日本の親愛なる友人、知人たち〟

に向けてお見舞いのメッセージをツイートしはじめた。

ブレット・ハートとザ・ロックも〝ジャパニーズ・ピープル〟へのお見舞いとお悔みのメッセージをカルガリーとロサンゼルスから発信した。ハルク・ホーガンはみずからのアカウントと息子のニック・ホーガンのアカウントを使い、80年代からの親友である日本人男性〝クレイジー・サトー〟の所在を突きとめ、その安否を確認した。ミック・フォーリーは「わたしの人生のなかの大きな一部分」として、ジョシュ・バーネットは「いまわれわれになにができるか。わたし自身やわたしのキャリアより重要なこと」として〝日本〟を論じた。

海を越え、国を越え伝わる情報と気持ち

大地震・津波のニュースは――〝世界〟のマスメディアでは――その発生から数日後、福島第一原子力発電所の損傷と放射性物質漏れの可能性に関する報道にシフトチェンジされた。CNNが24時間態勢で最新情報を報道しているからだろう。フェイスブックにデブ・シェイという女性から「日本の状況は日を追って悪化しているようです。日本のみなさんのことが心配です。わたしの友人たちは大丈夫でしょうか」というメッセージを添えた〝友だちリクエスト〟が届いた。写真をよくみてみたら、3児の母になったデビー・マレンコだった。
パソコンがあまり得意ではない、かつてトーキョー・ガイジンだったスーパーレザー（マイク・カーシュナー）は、ティーナ夫人による代筆で「わたしたちにできることがあったらいってください。避難場所を探している人がいたら、わたしたちの家にステイしてください」と日本の友人、知人に〝避

難所〟をオファーした。アメリカ人にとって、ニュークリア（nuclear　原子力）とレディエーション（radiation　放射能）はディザスター（disaster　災害）と同義語なのである。

拡散された情報が誤報を生む場合もある。『レスリング・オブザーバー』誌のウェブ速報版がこの災害における日本のプロレス界の対応を報じた直後（日本時間で3月17日午後）、Xパックとジェリコがほぼ同時にツイッターに「元WWEスーパースターの新崎人生（白使）が地震で家とレストランを失い、車上で生活しているらしい」とつぶやいた。レストランとは、人生が仙台で経営している〝徳島ラーメン〟のことだ。ふたりのツイートに対するリアクションのスレッドがすぐに2ちゃんねるにアップされた。

『日刊スポーツ』紙に報じられた「ケンドー・カシンの安否確認できず」のニュースもすぐにアメリカじゅうをかけめぐった。情報はリアルタイムで拡散され、ネット空間を媒体とした人と人のコミュニケーションはバーチャルとリアルの境界線を超えた。

リツイートのリツイートのリツイートだったため、それがだれのつぶやきだったのかはわからなくなってしまったが、「なにもできないことを思い知るのも、できることのひとつ」というコトバが画面に躍っていた。ぼくたちは無力のようで無力ではないのだ。（2011年3月）

アメリカ英語の〝天龍〟の発音はリスペクトをこめて〝テンルー〟

天龍源一郎が、プロレスラーとしての39年間の現役生活、相撲時代から数えるとじつに51年間におよぶ格闘人生についにピリオドを打った。

〝天龍〟の英語の発音はテンルー。アメリカ英語には天龍源一郎の〝龍（ＲＹＵ）〟という音がない。天龍はテンルーで、源一郎はゲニチロー。アメリカ人レスラーの多くは、リスペクトの気持ちをこめて天龍をグレート・テンルーと呼ぶ。

いまではあまり語られることのないエピソードだが、天龍はルーキー時代に4回にわたる長期のアメリカ遠征を経験している。プロレスラーとしてデビューしてから最初の5年間のうちの約3年間を日本とアメリカを往復しながら過ごした。ちょっと意外な感じではあるが、天龍のアメリカ生活は、師匠のジャイアント馬場やライバルだったジャンボ鶴田のそれよりもはるかに長かった。

デビュー戦は日本のリングではなくて、ドリーとテリーのザ・ファンクスからレスリングの手ほどきを受けたテキアス州アマリロでのテッド・デビアス――のちにＷＷＥで〝ミリオンダラー・マン〟として一世を風びした――とのシングルマッチだった（１９７６年＝昭和51年11月13日）。同年12月、プロレスのリングでの異例の断髪式のため一時帰国。12月7日、東京・日大講堂――このアリーナのルーツは戦前の旧両国国技館――で大銀杏の断髪式をおこない、12月21日、本格的なアメリカ武者修行のため再渡米した。

このときのアメリカ・ツアーは76年12月から翌1977年（昭和52年）6月までの約半年間。〝凱旋帰国〟しての日本国内でのデビュー戦ではジャイアント馬場とタッグを組み、マリオ・ミラノ&メヒコ・グランデとタッグマッチで対戦（77年6月11日＝東京・世田谷区体育館）。帰国直前にアメリカで馬場、鶴田と合流し、テスト・マッチとして数試合を消化してからの正式なデビューだった。

天龍の国内デビュー後、同年7月には元幕下の福ノ島（キング・ハク＝新日本プロレスのタマ・トンガの父）、10月には元幕内の大ノ海（石川敬士）がプロレス転向を表明した。いまになってみれば、石川とハクのプロレス転向は〝天龍効果〟だったといえるかもしれない。

キャリア1年のルーキーだった天龍は、この年の12月、ロッキー羽田（故人）とのコンビで『世界最強タッグ』の前身の『世界オープン・タッグ選手権』に出場したが、公式リーグ戦・8戦0勝7敗1引き分け（高千穂明久&マイティ井上とドロー）という成績で最下位に終わった。

いまでこそ〝天龍チョップ〟といえば、ものすごい音を立てて相手の胸板をえぐるド迫力の逆水平チョップだが、この時代に天龍が得意にしていた〝天龍チョップ〟は相撲スタイルの突っ張りだった。この突っ張り、突っ張りの連発はどこかユーモラスであまり迫力がなく、観客から失笑を買うこともあった。

通算3回めの長期アメリカ遠征は、1978年（昭和53年）8月から1979年（昭和54年）10月までの1年2カ月間。NWAジョージア、サンフランシスコのビッグ・タイム・レスリング（ロイ・シャイアー派）、NWAフロリダを転戦した。サンフランシスコでは、フリーの立場でアメリカに来ていた石川と約3カ月間、タッグを組んだ。

4回目のアメリカ遠征は、1980年（昭和55年）2月から1981年（昭和56年）5月までの1年3カ月間。このときはNWAフロリダ、NWAジョージア、当時はミッド・アトランティック・エリアと呼ばれていたNWAクロケット・プロモーション（南北カロライナ州、バージニア州、ウエストバージニア州）といった南部マーケットを長期ツアー。ジョージアではマスクマンにも変身。81年2月、日系レスラーのミスター・フジとのコンビでNWAミッド・アトランティック・タッグ王座を獲得した。

最初の2回のアメリカ遠征はプロレスを学ぶための〝基礎編〟で、3回めは〝修行編〟。4回めの長期遠征は、すでにメインイベンターのポジションでの本格的なツアー活動だった。通算3年間にわたるアメリカ生活は、元幕内力士の天龍を身も心も――英語に不自由しない国際派の――プロレスラーに変身させた。

〝プロレス開眼〟したある試合

全日本プロレスに在籍していた14年間については、ここにそのすべてを列記することはできない。4度にわたる長期のアメリカ遠征を終えて81年5月に帰国した天龍は、その夏、ある試合をきっかけに〝プロレス開眼〟。ジャンボ鶴田と肩を並べる全日本のメインイベンターの座を不動のものとした。

そのある試合とは、あの〝人間風車〟ビル・ロビンソンといちどだけコンビを結成し、馬場&鶴田の保持するインターナショナル・タッグ王座に挑戦した一戦だった（81年7月30日＝東京・後楽園ホール）。このタイトルマッチの挑戦者チームには当初、ロビンソンと〝喧嘩番長〟ディック・スレーターに決定していたが、スレーターが交通事故の後遺症でシリーズ途中で帰国したため、急きょ天龍がスレーターの代打に起用されたものだった。

この試合で天龍は延髄斬り、卍固めといった全日本プロレスのリングにはあまりなじまないと思われていた〝猪木技〟を解禁して大暴れ。それまでのどちらかといえばおとなしいイメージを打ち消すような、どこかふっきれたようなノビノビとした動きをみせ、後楽園ホールの観客を驚かせた。

3本勝負で争われたタイトルマッチは、ロビンソンが十八番ワンハンド・バックブリーカーで馬場からフォールを奪い1本先取。1本めと2本めのインターバルのあいだに、気むずかしいロビンソンが無邪気にはしゃぎながら「ワン・モア・トゥ・ゴー(あと1本だ)」と天龍に声をかけていたのがひじょうに印象的だった。

天龍とロビンソンはこの日、おそろいの——それは単なる偶然だったのかもしれないが——パープルのショートタイツを身につけていた。即席コンビといえば、もちろん即席コンビではあったが、ふたりのコンビネーション・プレーにはまったくといっていいほど違和感がなかった。国際プロレスではIWA世界ヘビー級王座、全日本プロレスではPWFヘビー級王座、UNヘビー級王座を獲得した経験を持つロビンソン(当時42歳)にとっては、じつはこの試合が日本のリングにおける最後のタイトルマッチだった。

天龍はルーキー時代からブルーやパープルのショートタイツを愛用していたが、メインイベンター昇格と同時にタイツもシューズもそのイメージカラーをブラック&イエローに統一した。鶴田とのコンビは鶴龍コンビ、阿修羅・原とのコンビは龍原砲。キーワードは〝天龍革命〟〝天龍同盟〟。〝ミスター・プロレス〟と呼ばれる以前のニックネームは〝風雲昇り龍〟。三冠ヘビー級王座通算3回獲得、世界タッグ王座通算5回獲得。『世界最強タッグ』3回優勝（1984年、1986年＝パートナーはジャンボ鶴田、1989年＝パートナーはスタン・ハンセン）という実績が全日本プロレスでの14年間の大河ドラマのすべてを物語っている。

〝ミスター・プロレス〟として

1990年（平成2年）5月、40歳で全日本プロレスを退団し、新団体SWS（スーパー・ワールド・スポーツ）に移籍。現役レスラーと団体プロデューサーのふたつの顔を持つようになった。SWSは同年10月、WWEとの業務提携を発表し、1991年（平成3年）3月と12月に2回、両団体の合同興行として東京ドーム大会をプロデュース。ハルク・ホーガンとのシングルマッチも実現した（1991年12月12日）。

しかし、メガネスーパーの資本力をバックに〝新メジャー団体〟としてうぶ声をあげたSWSは、発足からわずか2年1カ月後、親会社の撤退＝活動休止という形でその短い歴史にピリオドを打ち、天龍は1992年（平成4年）7月、新団体WARを設立した。SWSの消滅でWWEとの業務提携もそのままフェードアウトするものと思われたが、WWEサイドはあくまでもテンル一個人との関係を尊重した。

これもまた、いまとなってはあまり語られることのないエピソードだが、天龍は1993年（平成5年）、WWEのPPVイベント〝ロイヤルランブル93〟（1月24日＝カリフォルニア州サクラメント、アーコ・アリーナ）に単身出場。エントリーナンバーは9番で、試合開始のゴングから14分経過の時点でリングに上がり、27分29秒、アンダーテイカーにオーバー・ザ・トップロープで場外に落とされた。約13分間の出演シーンのなかで、天龍はリック・フレアー、テッド・デビアス、ジェリー・ローラー、バーサーカーらの胸板に〝天龍チョップ〟をぶちかました。

90年代前半、というよりも平成のプロレス界は〝多団体時代〟を迎えていた。1989年（平成元年）10月、大仁田厚がFMWを旗揚げし、90年にはSWSが発足。1991年（平成3年）1月には〝第2次〟UWFが解散し、プロフェショナル・レスリング藤原組（藤原喜明派＝同年2月発足）、UWFインターナショナル（高田延彦派＝同年2月発足）、リングス（前田日明派＝同年3月発足）の3団体が誕生。SWSも92年6月の活動休止後、WAR、NOW、PWCの3派に分裂した。

WWEは、天龍を〝細分化〟した日本市場のキーパーソンととらえた。連続ドラマの登場人物ではない天龍の〝ロイヤルランブル93〟への出場はやや唐突な印象を与えたが、PPVのロケーションとなったサクラメントでは天龍、ビンス・マクマホン、パット・パターソン、ゴリラ・モンスーンらが出席してのトップ会談が実現した。

〝ロイヤルランブル93〟開催から2日後（1月26日）、WWEはTVテーピングがおこなわれた同州フレズノで記者会見を開き、天龍＝WARとの業務提携をアナウンスした。ビンスは、アントニオ猪木でもジャイアント馬場でもないジャパニーズ・プロモーターとのビジネスを求め、テンルーの大相撲出身という特異なバックグラウンドに興味を持った。

日本国内では、1993年（平成5年）3月に東北6県を活動エリアとする国内初のローカル団体、みちのくプロレスが誕生。4月には〝伝説〟となった全日本女子プロレスの創立25周年記念興行として『夢のオールスター戦』横浜アリーナ大会が開催された。4月18日、〝プロレスの父〟力道山の宿敵だった〝柔道の鬼〟木村政彦が死去（享年75）。5月に――のちにプロレスからMMAに派生していく土台となった――パンクラスが発足し、アメリカでは同年11月、〝第1次〟UFCが出現した。

天龍がそういったプロレス界の新しい潮流のなかで〝ミスター・プロレス〟としての道を歩みはじめたのもこの年だった。長州力とは2回対戦（新日本プロレスの1・4東京ドーム、4・6両国国技館）して1勝1敗。藤波辰爾との2度のシングルマッチ（新日本の9・26大阪城ホール、WARの12・15両国国技館）も1勝1敗。橋本真也（WARの6・17日本武道館）、蝶野正洋（WARの9・12幕張）とのシングルマッチは、いずれも天龍がフォール勝ちを収めた。

翌1994年（平成6年）の新日本1・4東京ドーム大会ではアントニオ猪木との初対決が実現し、天龍は十八番パワーボムで猪木を完全フォール。同年5月5日にはFMWの川崎球場大会で大仁田厚との〝有刺鉄線金網電流爆破デスマッチ〟がおこなわれ、天龍が大仁田を下した。この試合も〝決まり手〟はパワーボムだった。いずれもいまから20年もまえのできごとだが、オールドファン――たとえばぼくのような――にとっては、まるできのうのことのようでもある。

天龍源一郎 Time Table

▶1950年（昭和25年）2月2日、福井県勝山市北郷町生まれ。本名・嶋田源一郎。1963年（昭和38年）12月、13歳で二所ノ関部屋に入門し、中学2年生のときに東京の墨田区立両国中学に転校。1964年（昭和39年）1月、14歳の誕生日の1カ月前に初土俵。1970年（昭和45年）9月場所で幕下優勝。1971年（昭和46年）9月場所で新十両に昇進し、関取となったときに四股名を島田から天龍に改めた。

▶1973年（昭和48年）1月場所で新入幕。当時の相撲専門誌には「大横綱・大鵬を慕って二所ノ関部屋に入り、名伯楽の親方（元大関・佐賀ノ花）に育てられ、大関・大麒麟の胸を借りて強くなった」とある。幕内在籍は16場所で、最高位は東前頭筆頭。

▶1975年（昭和50年）秋場所終了後、部屋騒動の“押尾川事件”に巻き込まれた。天龍は元大麒麟の押尾川親方と行動をともにしたが、二所ノ関部屋からの離脱を希望した16力士のうちの6力士が二所ノ関部屋に差し戻され、天龍もそのなかのひとりだった。これが天龍にプロレス転向を決意させた直接の原因だったといわれている。

▶1976年（昭和51年）秋場所、東前頭十三枚目で8勝7敗で勝ち越しの成績を残し、九州場所の番付編成会議がおこなわれる日の朝、二所ノ関親方（元関脇・金剛）が天龍の廃業届を提出し、天龍の相撲生活が終わった。天龍と当時の十代目・二所ノ関親方はひとつしかトシが離れていない同年代の相撲取りと相撲取りの間柄で、いわゆる力士と親方の関係ではなかった。

▶天龍はこの年の10月5日、正式に全日本プロレス入団を発表した。昭和30年代から40年代にかけて活躍した豊登以来、22年ぶりの現役幕内力士のプロレス転向と騒がれ、年齢もまだ26歳と若かったこともあり、大新聞もこのニュースを取り上げ大きな話題になった。
“部屋騒動”の登場人物だった元大麒麟も元金剛もすでに故人。馬場も鶴田も、いちどだけタッグを組んだビル・ロビンソンも、龍原砲の阿修羅・原ももういない。あれから39年間、天龍はリングという“土俵”の上で現役として闘いつづけてきた。ニックネームは“ミスター・プロレス”だから、大相撲でいうならばまちがいなく“大横綱”なのである——。（2015年11月）

第2章

プロレスの神がみ

〝20世紀の鉄人〟ルー・テーズ

ルー・テーズは20世紀の〝生けるプロレス史〟である。16歳でデビューし、74歳で生涯最後の試合をおこなうまで58年間にわたりリングに上がりつづけ、この世を去るまでプロレスとプロレスラーの歴史の語り部でありつづけた。

「1700万マイル（Seventeen Million Miles）の旅をして、現役生活50年間で6000試合を闘いました」

童話の書き出しみたいな、イマジネーションのふくらむ短いイントロダクションのあと――時間が止まった。テーズは静かな笑みをたたえていた。それは〝鉄人〟が日本の友人、知人、そしてテーズを尊敬するプロレスファンといっしょに過ごした最後の濃密なひとときだった。2003年（平成15年）3月、テーズは宮戸優光UWFスネークピット・ジャパン代表の結婚式に出席するため、久しぶりに日本にやって来た。

アメリカのプロレス史研究家のマジョリティー＝多数派は、テーズの現役時代を1932年から1983年までの50年間ととらえている。しかし、80年代以降もエキシビションという形で何度か試合をおこなっているため、引退の正確な〝日付〟があいまいになっている。

80歳を過ぎても背筋がピンとはっていて、いつも〝気をつけ〟の姿勢になっている。ひょっとした

ルー・テーズ

ら、とくに痛いところがなければまたリングに上がって試合をするかもしれない。グッドシェイプで長生きしてきたおかげで、少年時代から現在進行形までのプロレス史だけでなく、20世紀の地球上で起こったことのほとんどをリアルタイムで目撃してきた。

アメリカのプロレス史は〝世界ヘビー級王座〟をめぐる大河ドラマである。テーズは21歳（１９３７年）から62歳（１９７８年）までありとあらゆる世界王座――記録に残っているだけでも20団体以上――のチャンピオンベルトをその腰に巻いた。しかし、テーズが世界最強のレスラーであったかどうかはいまとなってはだれにもわからない。

テーズは、とにかく負けないレスラーだった。データがきっちりと残されている試合結果では、戦前の１９３０年代からＮＷＡが誕生する戦後の１９４８年までの10数年間では、シングルマッチでテーズに勝っているのはエベレット・マーシャル、スティーブ・ケイシー、イーボン・ロベア、ブロンコ・ナゴースキー、〝ワイルド〟ビル・ロンソンの5選手しかいない。

ＮＷＡ世界王者として現役生活のピークにあったと思われる１９５０年代からジン・キニスキーにそのＮＷＡ世界王座を明け渡した１９６６年1月までの約15年間では、テーズはレオ・ノメリーニ、〝ホイッパー〟ビリー・ワトソン、エドワード・カーペンティア、ディック・ハットン、ダラ・シン、力道山、キニスキーの7選手にしか黒星を喫していない。

最後のＮＷＡ世界王座転落から1カ月後の66年（昭和41年）2月23日、東京体育館でジャイアント馬場のインターナショナル王座に挑戦したときのテーズは満49歳（2－1のスコアで馬場が王座防衛）。それからさらに9年後の１９７５年（昭和50年）10月9日、蔵前国技館でアントニオ猪木のＮＷＦ世界ヘビー級王座に挑戦したときのテーズは満59歳になっていた（猪木がフォール勝ちで王座防衛）。馬場も猪木も、いわゆる全盛期のテーズに勝ったわけではなかった。

テーズ自身がそのつもりでなくても、テーズのいるところに〝世界王座〟が生まれ、テーズが歩いたあとに〝世界王座〟の分裂－統合－再分裂が起きた。1930年代から1970年代までの半世紀のあいだにアメリカ、カナダ、日本、メキシコなどのリングを彩ったほとんどすべての〝世界王座〟の誕生と消滅のプロセスにテーズはなんらかの形でかかわっている。

世界最大のプロレス企業WWEも、そのルーツをたどっていくとやっぱりテーズにぶつかる。1963年1月24日（カナダ・トロント）、当時46歳だったテーズは〝ネイチャーボーイ〟バディ・ロジャースを破り、通算4度めのNWA世界王座への返り咲きを果たした。ところが、東海岸エリアのプロモーター、ビンス・マクマホン・シニア一派がこの王座移動を不服としてNWAを脱退。ロジャースを初代世界王者に認定し、同年4月、新団体WWWF（ワールドワイド・レスリング・フェデレーション）を設立した。

ビンス・マクマホン・シニアは、いうまでもなくビンス・マクマホンの父親で、WWWFは現在のWWEの前身。つまり、テーズとロジャースによる世界王座の〝分裂現象〟が起こらなかったら、WWEは存在すらしていなかったかもしれない。

21歳で〝史上最年少〟の世界ヘビー級王者に

テーズの本名は、アロイシアス・マーティン・ルー・テーズ（幼名ラヨス・ティザ）。1916年4

月24日、ミシガン州バナーの山小屋で生まれ、2歳のときにミズーリ州セントルイスに移り住んだ。公式プロフィルには〝セントルイス出身〟と記載されている。父親はハンガリー人で、母親はドイツ人。父サンドレア・マーティン・テーズは第一次世界大戦の数年まえにアメリカに移住し、セントルイスでクツ職人として働いていた。テーズ（Thesz）の発音は正しくは〝セェズ〟だが、日本では昭和30年代からテーズというカタカナ表記で統一されている。

テーズが父マーティンに連れられて初めてプロレスの試合を観にいったのは、テーズが11歳のときだったとされる。少年時代からエド〝ストラングラー〟ルイスの大ファンだったテーズは、ルイスがジョー・ステッカーを下して統一世界ヘビー級王座を獲得した試合をセントルイス・コロシアムで観戦したという（1928年2月20日）。

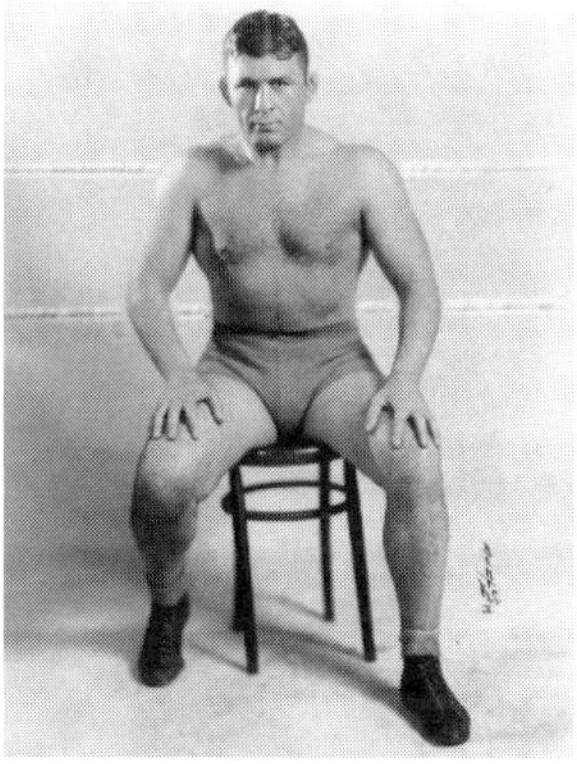

プロレスラーとしてのデビューは1932年。16歳のときにイースト・セントルイスの教会でおこなわれた試合に出場した。テーズにレスリングを教えたのは〝鬼コーチ〟ジョージ・トラゴスとその兄弟子のピート・サワーで、ダブル・リストロックに代表されるサブミッショ

ジョージ・トラゴス。鉄人ルー・テーズの師匠である

レイ・スティール（本名ピート・サワー）。彼もまたテーズの師匠だ

若き日（1940年代）のテーズ

ンのテクニックはアド・サンテル（本名アドルフ・アーンスト）から学んだ。

トラゴスはギリシャ人の元オリンピック選手で、サワーはレイ・スティールのリングネームでのちに全米レスリング協会（旧ＮＷＡ）認定世界ヘビー級王者となるプロレスラー。サンテルは１９２１年（大正10年）に来日して講道館柔道に挑戦し、靖国神社で柔道家・庄司彦男と闘った元世界ライトヘビー級王者である。テーズ自身は30年代後半のルーキー時代、トラゴス、サワー、サンテルらと過ごした時間を「現役生活でいちばん楽しい思い出」と語る。

テーズはこのころ、あこがれだったエド・ルイスと運命的な出逢いを果たす。ある日、セントルイスのジムにルイスが現れ、トレーニング中だったテーズとスパーリングをすることになった。

〝伝説〟によれば、17歳のテーズが43歳のルイスをグレコローマン・バックドロップで投げ、ルイスが「未来のチャンピオンを発見した」と大喜びしたということになっている。しかし、じっさいは数分間のスパーリングではルイスがテーズをもてあそんだらしい。ルイスはそれから15年後、テーズのビジネス・マネジャーをつとめることになる。〝伝説〟の発案者はセントルイスのプロモーター、トム・パックスという人物だった。

テーズはエベレット・マーシャルを下し、21歳で〝史上最年少〟の世界ヘビー級王者となる（１９３７

年12月29日＝セントルイス）。テーズのエアプレン・スピンで王者マーシャルがトップロープごしに場外に転落し、セカンドロープとサードロープのあいだに足がはさまれてそのままカウントアウト負けを喫した。身長6フィート2インチ（約188センチ）体重225ポンド（約103キロ）という体格は、この時代のルーキーとしてはかなり大型だったが、その天性のスピードとなめらかな動き、スーパースターとしてのムードは観客の目を奪うものだったという。

テーズが手に入れた世界王座はMWA（ミッドウエスト・レスリング・アソシエーション）が認定するややマイナーなタイトルだったが、翌1938年1月、ボストンAWA（ポール・バウザー派）がこの試合結果を〝採用〟し、テーズを同団体の世界王者に認定した。テーズはそれから1年後にもういちどマーシャルを破り、このときは全米レスリング協会認定（旧NWA＝ナショナル・レスリング・アソシエーション）の世界王座を獲得した（1939年2月23日＝セントルイス）。〝大恐慌の30年代〟の〝世界王座〟の勢力分布図は混乱をきわめた。

半世紀にわたり世界のプロレス界に君臨した王者テーズ

〝鉄人〟〝20世紀最大のレスラー〟という定番のニックネームは、テーズがプロレスラーとして歩んだ足跡をストレートに表している。

〝大恐慌の30年代〟から第二次世界大戦中はテーズの青春時代にあたり、戦後の40年代から50年代はテーズのアスリートとしての身体能力がそのピークにあったと思われる30代から40代前半までとリンクし、60年代から70年代はテレビの画面がモノクロからカラーに変わって、日本は高度経済成長に突入した時代。じつに半世紀にわたり、テーズは世界のプロレス界のどまんなかに立っていた。

のちに日本のプロレス史にもリンクしてくるNWA(ナショナル・レスリング・アライアンス)は、第二次世界大戦後の1948年7月、アイオワ州ウォータールーでそのうぶ声をあげた。NWAの発起人はP・L〝ピンキー〟ジョージ(アイオワ州デモイン)、アル・ハフト(オハイオ州コロンバス)、オーヴィル・ブラウン(カンザス州カンザスシティー)、マックス・クレイトン(ネブラスカ州オマハ)、トニー・ステッカー(ミネソタ州ミネアポリス)、そしてサム・マソニック(ミズーリ州セントルイス)の6人。いずれも中西部の大物プロモーターたちだった。

1938年から1949年までの11年間、ニューヨークのマディソン・スクウェア・ガーデンのプロレス興行は人気不振を理由に〝休止状態〟だったため、東部のレスラーとプロモーターは中西部から西部に活動の場を求めた。アメリカのほぼまんなかに位置するセントルイスは、大陸横断鉄道に乗って東から西へ、西から東へと移動する〝プロレス一座〟の中継地点となった。

新NWAはカンザスのMWA世界王者オーヴィル・ブラウンを初代NWA世界王者に認定し、全米レスリング協会(旧NWA)世界王者テーズとブラウンの王座統一戦を計画するが、ブラウンが交通事故で重傷を負い引退したため、そのままテーズが〝ふたつのNWA〟の統一王者に認定された(1949年11月27日)。

旧NWAと新NWAの系譜がつながっているようにみえるのはそのためで、これまで日本のプロレス・マスコミはこのふたつのNWAの〝系図〟をかなり強引に同一線上でつないできた。〝世界最高峰〟として日本のプロレスファンがひじょうに長いあいだ妄信してきた——あるいは現在でもその信仰がつづいている――NWAは、明らかに戦後に誕生した組織だった。いっぽう、NBA（ナショナル・ボクシング・アソシエーション＝全米ボクシング協会）のレスリング部門として1929年にニューヨークで発足した州体育協会管理下の旧NWAは、1940年代以降、プロレス興行とのかかわりを放棄し、旧NWA世界王座の管理・運営は事実上、セントルイスのトム・パックスがテイクオーバーした。

テーズは1949年11月に初代NWA世界ヘビー級王者となってから1957年11月まで8年間、〝世界最高峰〟NWA世界王者としてアメリカ、カナダをサーキットしながら王座防衛活動をつづけた（1956年3月に〝ホイッパー〟ビリー・ワトソンに敗れ王座を失うが、同年11月に王座奪回）。年齢でいうと33歳から41歳までの8年間だから、このあたりが現役選手としてのテーズの全盛期ということになるのだろう。

テーズがチャンピオンでいるあいだはNWAも全米のプロモーターに対して強い指導力を発揮したが、テーズが世界王座を手放したとたん、その組織自体がガタガタになった。テーズがエドワード・カーペンティアに敗れた一戦（1957年6月24日＝シカゴ）をきっかけにNWAは分裂現象を起こす。

シカゴでおこなわれたカーペンティア戦で、テーズは腰（文献によっては〝肩〟）の負傷のため3本勝負の3本めを棄権した。リング上ではたしかにチャンピオンベルトがカーペンティアに手渡され、カーペンティアは新チャンピオンとして王座防衛ツアーを開始するが、NWA本部は「ピンフォール、ギブアップによる裁定でないため王座移動は無効」と発表し、テーズを世界王者に認定しつづけた。

しかし、カーペンティアのホームリングであるカナダ・モントリオール（エディ・クイン）はあくまでもカーペンティアを世界王者と認定し、結果的にNWAを脱退する。その後、カーペンティアは〝テーズを破った真の世界チャンピオン〟として全米をサーキットし、AAC（アトランティック・アスレチック・コミッション＝ボストン）、WWA（ワールドワイド・レスリング・アソシエイツ＝ロサンゼルス）、AWA（アメリカン・レスリング・アソシエーション＝オハマ）といったスピンオフの新団体が次つぎに誕生していく。カーペンティアは〝テーズ系譜〟の世界王座をのれん分けしながらアメリカとカナダの人気マーケットを渡り歩いた。分裂した世界王座の〝統一戦〟、新設世界王座の〝初代王者決定戦〟〝王座争奪トーナメント〟はどこの土地でもビッグ・ビジネスになった。

テーズ自身は、シカゴでのカーペンティア戦から5カ月後――日本で力道山とタイトルマッチをおこなってから1カ月後――、ディック・ハットンに敗れてNWA世界王座を失った（1957年11月14日＝カナダ・トロント）。NWAの〝年表〟ではこちらが正式な王座移動とされる。アマレス出身のハットンはレスリングの実力は超一流でも観客動員力のない地味なチャンピオンだったから、NWAの内部分裂にはさらに拍車がかかった。

テーズと〝世界ヘビー級王座〟はほとんど同義語だったが、テーズとNWAは一蓮托生というわけではなかった。テーズは組織で実権を握ることを望まず、あくまでも一レスラーでありつづけた。

世界各地に残されたテーズの遺伝子

テーズはNWA世界王座をハットンに明け渡したあと、ワールド・インターナショナル王者、インターナショナル王者としてイングランド、スペイン、フランス、ベルギーのヨーロッパ・マーケットをツアー。このワールド・インターナショナル王座、インターナショナル王座はアメリカのNWAが認定したタイトルではなかったが、テーズ自身が勝手に名乗ったものではなく、ヨーロッパ・マーケット——プロモーターも、オーディエンスも——がテーズに対して求めたイメージだった。

その後、テーズはシンガポールやオーストラリアでも〝世界王座〟の防衛戦をおこない、50代でインドに遠征して〝伝説のレスラー〟ダラ・シンとの歴史的一戦を実現させた。

1967年にはカナダ・トロントの新団体TWWA（トランス・ワールド・レスリング アソシエーション）の初代世界王者に認定され、旗揚げしたばかりのTBSプロレス（国際プロレス）のリングに上がり、1975年にはニューヨークの新団体IWA、1977年にはメキシコUWAの設立にもかかわった。

テーズはエベレット・マーシャルからジャック・ブリスコまですべての世界チャンピオンと闘い、日本では力道山、ジャイアント馬場、アントニオ猪木とタイトルマッチをおこなった。80年代にはジャンボ鶴田にバックドロップとテーズ・プレス（フライング・ボディーシザース・ドロップ）を伝授し、鶴田はそのバックドロップでニック・ボックウィンクルを下し日本人として初めてAWA世界ヘビー級王者となった。セントルイス育ちのテーズとニックの父ウォーレン・ボックウィンクルは1930年代からの親友で、テーズは赤ん坊だったニックのおしめをとり替え、おとなになったニックのデビュー戦の相手をつとめた。

現役選手としての最後の試合は、新日本プロレスのリングで5分間のエキシビション・マッチとしておこなわれた蝶野正洋とのシングルマッチだった（1990年＝平成2年12月26日＝浜松）。テーズはアメリカ武者修行時代の蝶野にSTF＝ステップオーバー・トーホールド・ウィズ・フェースロックを教え、この技は蝶野のシグナチャー・ムーブになった。蝶野が現在でもSTFをフィニッシュホールドとして愛用していることをテーズに伝えると、〝鉄人〟は「それはほんとうかい I'll be damned」と驚いてから、ちょっとだけうれしそうな顔をした。

テーズは90年代にはUWFインターナショナルの最高顧問となり、いにしえの〝テーズ・ベルト〟はプロレスリング世界へビー級王座という名称で高田延彦の腰に巻かれた。そして、21世紀になってもテーズは〝歴史年表〟の当事者として、時代から時代へ、世代から世代へとつながる普遍的なプロレスの哲学を語りつづけた。

「プロレスリングの〝定義〟はいちども変わっていません」

「テーズさん、あなたにとってレスリングとは？」

そんな遠大なテーマをいきなりこの場所で語ってもらうには、あまりにも時間がなさすぎる。東京・高円寺のUWFスネークピット・ジャパンに集まってきたプロ・アマ混合の約80人のマニア、プロレス史研究家たちは、考えつくだけのありとあらゆる〝歴史的証言〟をそこにいるテーズ自身の口から引き出すことにちょっと欲ばりになっていた。

「わたしは小学校の教育しか受けていない。オール・マイ・ライフ、わたしはレスリングだけをつづけてきました。まず、エンジョイすることです。毎日、なにかを学ぶこと。ゲット・ベター。キープ・ラーニング。そのくり返しです」

テーズは、こんなにやさしい単語だけで〝鉄人ルー・テーズにとってレスリングとは〟を語ってしまった。質問に答えたというよりは、それはテーズからみんなへのグリーティングのことばだった。

「バックドロップはアド・サンテルから習ったのですか？　それとも沖識名ですか？」

〝議題〟は必殺技バックドロップのルーツに移った。プロレス史研究の分野では、テーズのバックドロップのルーツを、プロレスラーであり柔道家でもあったアド・サンテルだとする学説と日系レスラーの沖識名とする学説のふたつがあって、いまだに結論が出ていない。

「先生はたくさんいました。わたしのコーチであり、のちにマネジャーになってもらったエド〝ストラングラー〟ルイス。アド・サンテルからもアドバイスしてもらったことはあります。そうですね、バックドロップがなんとかそれらしくサマになってきたのは40歳を過ぎてからでしょうね」

テーズは、みずからのバックドロップを好んで〝グレコローマン・バックドロップ〟と呼ぶ。テーズ自身は「40歳を過ぎてやっとサマになってきた」と答えたが、プロレス史実的にはテーズは20代前半からバックドロップを使っていたことになっている。必殺技バックドロップのルーツは解明されなかった。

「アントニオ・ロッカをどう思われますか？　ブルーノ・サンマルチノをどう評価されますか？」

テーズ対ロッカのシングルマッチは、1950年代にニューヨーク、セントルイスなどで何度かおこなわれた〝世紀の一戦〟だが、テーズはどうやらロッカとの試合をそれほど特別なものとはとらえていないようだった。意外な感じではあるが、NWA世界王者時代のテーズは1952年1月から1955年10月までニューヨークのマディソン・スクウェア・ガーデン定期戦に――なぜかタイトルマッチは組まれず、どちらかといえばロッカの前座のポジションで——レギュラー出場していた。

〝人間発電所〟サンマルチノとの〝世紀の一戦〟は、ニューヨーク（ビンス・マクマホン・シニア&トゥーツ・モント派）とセントルイス（サム・マソニック派）の緊張関係から実現しなかった。ロッカは50年代の、サンマルチノは60年代のニューヨーク・マットの主役で、プロレス史に興味を持つファンからすればテーズとロッカ、テーズとサンマルチノの接触は歴史的な事件ということになるのかもしれないが、おそらくテーズにとってはロッカもサンマルチノも〝万華鏡〟のなかの一瞬の光景でしかないのかもしれない。

テーズとロッカは、〝世紀の一戦〟から約20年後、いっしょに日本のリングに上がった。テーズと猪木が闘った最後のシングルマッチ（1975年10月9日）をロッカは特別レフェリーとして裁いた。〝ニューヨークの帝王〟〝アルゼンチンの太陽〟の最初で最後の来日だった。ロッカはそれから2年後の1977年3月、49歳でニューヨークの病院で死去。テーズよりも12歳も若かった。

「ロッカは食べものの好き嫌いが多い、子どもっぽい性格でした。ブルーノはレスラーというよりもウエートリフターです。力くらべをしたら、とてもかないません」

テーズは、プロレスラーのタイプを分類するときに〝レスラー〟〝ワーカー〟〝パフォーマー〟という3つの表現を用いる。

「ウィルバー・スナイダーをどう思われますか？　ディック・ハットンは？　ジム・ロンドスは？」

テーズとウィルバー・スナイダーのシカゴでのシングルマッチ・シリーズは、いわゆる〝テーズ・マジック〟のひとつで、30分時間切れドロー（1955年1月15日）、再戦の90分時間切れドロー（同

テーズの世界タイトル史Ⅰ

▶MWA世界ヘビー級王座＝中西部版（1937年12月29日、ミズーリ州セントルイスでエベレット・マーシャルを下し獲得）

▶AWA世界ヘビー級王座＝北東部版（1937年12月29日のセントルイスでのE・マーシャル戦での勝利をボストンAWAが認定し、1938年1月25日、新チャンピオンとなる。同年2月11日、マサチューセッツ州ボストンでスティーブ・ケイシーに敗れ王座転落）

▶旧NWAナショナル・レスリング・アソシエーション世界ヘビー級王座（1939年2月23日、セントルイスでE・マーシャルを下し王座獲得。同年6月23日、テキサス州ヒューストンでブロンコ・ナゴースキーに敗れ王座転落。1947年4月25日、セントルイスで“ホイッパー”ビリー・ワトソンを下し王座獲得。同年11月21日、セントルイスで“ワイルド”ビル・ロンソンに敗れ王座転落。1948年7月20日、インディアナ州インディアナポリスでW・B・ロンソンを下し王座奪回。通算3回保持。1949年11月27日、旧NWA＝アソシエーションと新NWA＝アライアンスが統合。初代NWA世界王者に認定される）

▶AWA世界ヘビー級王座＝東カナダ版（1940年6月12日、ケベック州モントリオールでリオ・ヌーマを下し王座獲得。同年10月23日、モントリオールでイーボン・ロベアに敗れ王座転落。1941年7月16日、モントリオールでY・ロベアを下し王座獲得。同年9月17日、モントリオールでY・ロベアに敗れ王座転落。1947年2月20日、モントリオールでボビー・マナゴフを下し王座獲得。同年11月26日、モントリオールでY・ロベアに敗れ王座転落。通算3回保持）

▶NWAナショナル・レスリング・アライアンス世界ヘビー級王座（1949年11月25日、セントルイスで予定されていた旧NWAアソシエーション世界王者テーズ対新NWAアライアンス世界王者オーヴィル・ブラウンの王座統一戦を、O・ブラウンが交通事故による負傷＝引退で棄権。11月27日、テーズが初代NWA“統一”世界王者に認定される。1956年3月16日、オンタリオ州トロントで“ホイッパー”ビリー・ワトソンに敗れ王座転落。同年11月9日、セントルイスでW・B・ワトソンを下し王座奪回。1957年6月14日、イリノイ州シカゴでエドワード・カーペンティアに敗れ王座転落。同年7月24日、モントリオールでE・カーペンティアを下し王座奪回——当時、シカゴ、モントリオール、セントルイスの3地区は王座移動を認めたが、その後、このカーペンティアとの2試合はNWA公式記録から抹消された——。1957年11月14日、トロントでディック・ハットンに敗れ王座転落。1963年1月24日、トロントでバディ・ロジャースを下し王座獲得。1966年1月7日、セントルイスでジン・キニスキーに敗れ王座転落。通算4回保持）

年3月25日）の2試合で、〝無名の新人〟だったスナイダーは次期世界王者候補のポジションに急浮上。わずか3カ月のあいだにプロレス専門誌の表紙を飾るほどの超一流レスラーの仲間入りを果たしてしまった。

「スナイダーはすばらしいフットボール選手でしたが、レスリングをまじめに学ぼうとしなかった。ハットンはアマチュア・レスリングが強かった。ジムは友人ですが、わたしよりずっと先輩です。ビフォア・マイ・タイム」

「ジャイアント馬場さんは？」「グッド・パフォーマー」

「UFCをどう思いますか？」「レスリングとは異なる競技です」

「WWFをどう評価されますか？」「団体名はワールド・レスリング・フェデレーションですからレスリングを提供しなければなりません。プロレスリングの定義はいちども変わっていません」

満85歳のテーズは、時空を超えた難解な質問の数かずに辛抱強く耳を傾け、そのひとつひとつにていねいにコメントを加えていった。さすがの〝鉄人〟も最後はややお疲れの様子だった。

90分の予定だったトークショーは、いつのまにか3時間を超す討論会になっていた。時計の針は午後10時をまわっていた。テーズは「みなさん、よく勉強していらっしゃる」といって目を細めた。

フロリダ州ウインターヘブンの自宅に帰ったテーズは、心臓にトリプル・バイパスと動脈バルブを通す手術を受けるためにオーランドの病院に入院。4月9日、予定どおり手術はおこなわれ、術後の経過も良好であることが伝えられたが、19日後の4月28日、不整脈と肺炎を併発して帰らぬ人となった。4日まえに86歳の誕生日を迎えたばかりだった。（2002年4月）

テーズの世界タイトル史Ⅱ

▶世界ヘビー級王座＝カリフォルニア版（1952年5月21日、カリフォルニア州ハリウッドのギルモア・フィールドで世界ヘビー級王者バロン・ミシェル・リオーニを下し、同世界王座とNWA世界王座を統一。観衆2万5256人、興行収益10万3277ドルは当時の新記録）

▶世界ヘビー級王座＝カリフォルニア&テキサス版（1955年3月22日、サンフランシスコでレオ・ノメリーニに敗れるが、反則裁定のためNWAは王座移動を認めず。カリフォルニア、テキサスの2地区はL・ノメリーニを新チャンピオンに認定。同年7月15日、セントルイスでノメリーニを下し、同世界王座とNWA世界王座を統一）

▶NWAワールド・インターナショナル王座（1957年12月、ワールド・チャンピオンおよびインターナショナル・チャンピオンとしてヨーロッパをツアー。1958年8月27日、カリフォルニア州ロサンゼルスで力道山に敗れ王座転落）

▶世界ヘビー級王座＝ジョージア版（1963年6月7日、ジョージア州アトランタで世界ヘビー級王者ターザン・タイラーを下し、同世界王座とNWA世界王座を統一）

▶AWA世界ヘビー級王座＝オハイオ版（1964年9月7日、オハイオ州コロンバスでカール・ゴッチを下し、同世界王座とNWA世界王座を統一）

▶WWA世界ヘビー級王座（1966年10月14日、ロサンゼルスでキラー・バディ・オースチンを下し王座獲得。同年10月28日、ロサンゼルスでマーク・ルーインに敗れ王座転落）

▶TWWA世界ヘビー級王座（1967年、団体発足と同時に初代チャンピオンに認定される。1968年1月24日、東京でダニー・ホッジに敗れ王座転落）

▶UWA世界ヘビー級王座（1977年8月15日、初代チャンピオンに認定される。1978年8月27日、メキシコ・メキシコシティでカネックに敗れ王座転落）

〝神様〟カール・ゴッチ

カール・ゴッチが歩んだ道のりをひも解いていく作業は〝神様のプロフィル〟をつづることと等しい。

本名はチャールズ・イスタスで、カールというファーストネームはチャールズの愛称。1924年、ドイツ人の父親とハンガリー人の母親のあいだに生まれたゴッチは、幼少時代をベルギーのアントワープで過ごし、9歳のときにドイツのハンブルクへ移住した。レスリングをはじめたのは10歳のときで、片道1時間ずつの距離を歩いて道場に通ったという。家が貧しかったため12歳で学校をやめた。

第二次世界大戦がはじまったのはゴッチが15歳のときで、ドイツの全面降伏によって戦争が終結したのはゴッチが21歳のとき。10代の終わりの数年間をハンブルクのナチ強制収容所で過ごし、17歳のころ、強制労働で鉄道の線路を組み立てる工場で働いていたときに機械に手をはさまれて左手の小指を失った。

若き日のカール・ゴッチ

終戦後、アマチュア・レスリングで1945年から1950年まで6年連続でベルギー選手権に優勝（フリースタイルとグレコローマンの両種目）。24歳のときにベルギー代表としてロンドン・オリンピック（1948年）に出場してフリースタイル、グレコローマンともにライトヘビー級（87キロ級＝192ポンド級）のトーナメントにエントリー。フリースタイルは10位、グレコは8位という成績を収めた。

オリンピック出場時はまだ本名のチャールズ・イスタスを名乗っていて、オリンピックの公式記録アーカイブのなかに現在でもその名を発見することができる。プロレス、というよりもレスリングのプロに転向したのはオリンピック出場から2年後の1950年ごろとされるが、この時代のヨーロッパ・マットの写真、資料などはあまり残っていない。

ゴッチがそのトレードマークとなる関節技を学んだのは1951年から58年あたりまでの約8年間といわれている。ドイツ、フランスのトーナメント大会に出場後、イングランドのウィガンにある〝蛇の穴＝スネークピット〟ビリー・ライレー・ジムでランカシャー式のキャッチ・アズ・キャッチ・キャンを習得した。英語をおぼえたのもこの時代だった。

〝蛇の穴〟の道場ではゴッチとのちの〝人間風車〟ビル・ロビンソンのスパーリングがおこなわれた。ゴッチが29歳で、ロビンソンは15歳の少年だったというから1953年ごろのエピソードなのだろう。ふたりはそれから18年後、日本のリングで再会することになる。ゴッチとロビンソンは年の離れた兄弟、あるいは親せきのような関係だった。

1年のうちの7、8カ月をウィガンで過ごし、あとの3カ月間をパリのトーナメント大会のスケジュールにあてていたゴッチが〝新大陸〟アメリカをめざしたのは1959年。はじめにカナダのプロモーター、エディ・クインの誘いでモントリオールに渡り、翌1960年、オハイオのプロモーター、アル・ハフトのブッキングで生まれて初めてアメリカの土を踏んだ。

あまり知られていないエピソードだが、終戦時に若いアメリカ兵に命を救われた経験を持つゴッチの夢は〝アメリカ人〟になることだった。

ゴッチは1960年3月、オハイオ州コロンバスでアメリカでのデビュー戦をおこない、同年秋、のちに友人となる〝ビッグ〟ビル・ミラーを下してオハイオ・ステート王座を獲得。翌1961年（昭和36年）、カール・クラウザーのリングネームで初来日し、日本プロレスの『第3回ワールド大リーグ戦』に出場した。

ゴッチの初来日はどちらかといえば偶然の産物で、ワールド・リーグ戦出場が予定されていたキャロル・クラウザーという選手の来日が直前でキャンセルとなったため、よく似たリングネームのゴッチが急きょブッキングされたものだった。

たったいちどだけ実現したゴッチ対力道山のシングルマッチ60分3本勝負は、1－1のあと両者ノックアウトの引き分けという結果に終わった（61年5月26日＝福岡体育館）。このとき、アントニオ猪木はまだデビュー2年めの18歳の若手で、力道山の付き人だった。

ゴッチがカール・クラウザーからカール・ゴッチに改名したのは1962年1月。ゴッチがホームリングにしていたオハイオのプロモーター、A・ハフトのアイディアで〝20世紀最初の世界王者〟でアメリカン・プロレスのパイオニアであるフランク・ゴッチのラストネームをアダプトした。元プロレスラーのハフト自身も現役時代、ヤング・ゴッチという由緒ある〝名跡〟を名乗っていたことがあった。

ゴッチはアメリカでは売れないレスラーだった、とする定説があるが、これは正しい分析ではない。ゴッチの現役時代の武勇伝でもっとも有名なものはコロンバスでの〝ロジャース襲撃事件〟（62年8

月31日＝オハイオ州コロンバス、フェアグラウンド・コロシアム）だろう。ゴッチとビル・ミラーがときのＮＷＡ世界ヘビー級王者バディ・ロジャースをドレッシングルームに監禁して暴行を加え、ロジャースは右手（一説によれば右手の指）を骨折。同日の試合出場をキャンセルしたとされる事件だが、その詳細に関しては諸説がある。

メインイベントに予定されていたロジャース対ジョニー・バレンドのタイトルマッチはジャイアント馬場対バレンドのシングルマッチに変更されたが、ロジャースの突然の欠場に怒った観客の多くがチケット代の払い戻しを求め、同夜の８０００ドルの興行収益のうち２５００ドルが払い戻されたという。ロジャースはゴッチとミラーを傷害罪で刑事告訴したが、その後、訴えを取り下げた。

ゴッチはこの事件から2週間後、同所でドン・レオ・ジョナサンを下しオハイオ版のＡＷＡ世界ヘビー級王座を獲得（62年9月14日）。同王座を約2年間にわたり保持した。ゴッチがチャンピオンベルトを腰に巻き、丸いスツールに座ってポーズをとっているパブリシティー写真はこの時代のものだ。ゴッチはルー・テーズの存在を強く意識し、テーズの有名なパブリシティー写真とまったく同じポーズでカメラにおさまった。

ＮＷＡ世界ヘビー級王者テーズ対ＡＷＡ世界王者ゴッチのダブル・タイトルマッチは１９６３年９月から１９６４年9月にかけて数回おこなわれ、そのほとんどの試合は60分フルタイムのドローという結果に終わり、オハイオにおけるタイトルマッチ・シリーズの最終戦でテーズがゴッチを退けて２本のチャンピオンベルトを統一。オハイオ版ＡＷＡ世界王座が封印された（64年9月7日＝オハイオ州コロンバス）。

オハイオのアル・ハフト派は同年、ＮＷＡに加盟してＮＷＡ世界王座を〝統一世界ヘビー級王座〟に認定。それまでＡＷＡ世界王座だったベルトは新設ＵＳヘビー級王座となり、ゴッチが初代チャンピオンに認定されるというそれらしいオチがついた。

ゴッチとテーズのタイトルマッチはセントルイス、デトロイト、フロリダでも実現し、デトロイトの試合ではゴッチがテーズのバックドロップをブロックして両者が重なり合うようにしてキャンバスに落下し、テーズがろっ骨を5本骨折したというエピソードも残っている（64年5月2日＝ミシガン州デトロイト）。

〝神様〟ゴッチと〝鉄人〟テーズの根本的なちがいは、テーズはアメリカじゅうのどこの都市でもつねに1万人クラスの観客を動員できるスーパースターで、ゴッチはドイツなまりの英語をしゃべる観客動員力のない実力派レスラーということだった。ちょうどアナログ・レコードのＡ面とＢ面のような関係と考えればわかりやすいかもしれない。

猪木に伝授された〝まんじ固め〟

ゴッチの2度めの来日は１９６６年（昭和41年）7月の日本プロレスの『第1次サマー・シリーズ』で、このシリーズではゴッチが王者・馬場に挑戦するインターナショナル選手権がおこなわれる予定だったが、タイトルマッチの1週間まえにゴッチが試合でヒザを負傷して緊急入院。タイトルマッチそのものがキャンセルされた。ゴッチと馬場のシングルマッチはその後、ついにいちども実現しなかった。

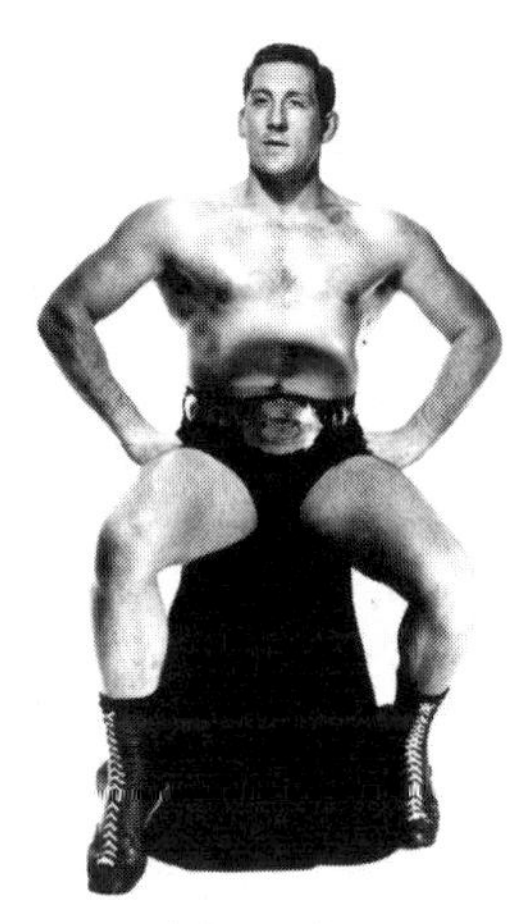

ゴッチの1960年代のパブリシティ写真

　3度めの来日となった1967年（昭和42年）11月の『ウィンター・シリーズ』以後、ゴッチは日本プロレスの要請で〝ゴッチ教室〟を開講。1969年（昭和44年）5月まで東京に在住し、同団体の専属コーチをつとめた。戸口正徳（のちのキム・ドク、タイガー戸口、タイガー・チャン・リー）、轡田友継（のちのサムソン・クツワダ）、安達勝治（のちのミスター・ヒト）、新人時代の木戸修らがゴッチのコーチを受け、元柔道日本一の坂口征二がプロレスに転向し、日本プロレスに入団したときは坂口のアメリカ武者修行にも同行した。

　東京プロレス崩壊後、1967年（昭和42年）4月に古巣・日本プロレスに復帰した猪木は、この時代にゴッチからランカシャー・スタイルのキャッチ・アズ・キャッチ・キャンをコーチされ、ジャーマン・スープレックス・ホールドとまんじ固めを伝授された。ゴッチと若き日の猪木が道場のリングでのスパーリングでともに汗を流し、〝原爆固め〟の練習をしたというエピソードはひじょうに劇画的だ。当時のゴッチのニックネームは〝神様〟ではなく〝無冠の帝王〟。猪木のニックネームも〝燃える闘魂〟ではなくてまだ〝若獅子〟だった。

　45歳になったゴッチは日本プロレスとの契約満了後、ハワイに移住。しかし、ハワイのプロモーターだったエド・フランシスとはソリが合わず、セミリタイアしてホノルルの清掃局で働きはじめたが、

2年後の1971年(昭和46年)に国際プロレスの『第3回IWAワールド・シリーズ』にブッキングされ通算4回めの来日を果たした。

国際プロレスのリングで実現したゴッチ対ロビンソン、ゴッチ対モンスター・ロシモフ(のちのアンドレ・ザ・ジャイアント)のシングルマッチはいまでも昭和の名勝負としてマニアのあいだで語り継がれている。ウィガンの〝スネークピット〟でのスパーリングから18年ぶりに日本で再会したゴッチとロビンソンは同シリーズ中、シングルマッチで5回対戦。5試合とも時間切れのドローに終わった。これらの試合のフルレングスの映像は、残念ながら存在しない。

47歳で現役復帰を決意したゴッチは同年夏、ハワイ時代のサーキット仲間だったレネ・グレイとともにニューヨークに転戦。ビンス・マクマホン・シニアと契約してWWWF(現在のWWE)の東部サーキットに合流した。ゴッチ&グレイはルーク・グラハム&ターザン・タイラーを下しWWWF世界タッグ王座を獲得(71年12月6日=ニューヨーク州ニューヨーク、マディソン・スクウェア・ガーデン)。同王座の初代王者チームはこのグラハム&タイラーで、ゴッチ&グレイは第2代王者チームにあたる。アメリカのメジャー団体ではこれといった実績を残していないといわれてきたゴッチは、じつはWWEの公式記録にその名を刻んでいた。WWWF世界タッグ王座は現在のWWE世界タッグ王座のルーツであることはいうまでもない。

伝説の〝世界ヘビー級王者〟タイトルマッチ

〝会社乗っ取り〟を計画したことを理由に1971年(昭和46年)12月、日本プロレスを除名された猪木がゴッチとコンタクトを図り、新団体への協力を求めたのは1972年（昭和47年）1月。このとき、猪木はニューヨークのホテルでゴッチに――一説によれば――4万ドルの契約金をキャッシュで手渡したとされる。当時の米ドルと日本円の換算レートは1ドル＝約300円。猪木はゴッチのネームバリューに対して約1200万円の支度金を用意したのだった。

ゴッチ&グレイは72年2月1日、ペンシルベニア州フィラデルフィアで開催されたTVテーピングでバロン・マイケル・シクルナ&キング・カーティス・イアウケアに敗れあっさりWWWF世界タッグ王座から転落。ゴッチはガーデン定期戦での同王座獲得からわずか2カ月後にWWWFとの契約をみずから打ち切り、それから1カ月後には新日本プロレスの旗揚げシリーズにやって来たから、ずいぶんあわただしいネゴシエーションだった。もし、猪木がこのタイミングでゴッチのまえに現れていなかったとしたら、ゴッチはもっと長期間にわたりニューヨークのリングで活躍していたかもしれない。

新日本プロレスでのゴッチのポジションはトップ外国人選手、シリーズ興行に参加する外国人レスラーのブッキング窓口、そして新人選手育成のための強化コーチ。来日中は東京・世田谷の道場で若手選手たちにケイコをつけた。猪木が提唱する理想のプロレスとして〝ストロングスタイル〟という単語がひんぱんに使われるようになったのはこのころだった。3年まえに〝ゴッチ教室〟を体験した猪木は、ゴッチの力をどうしても必要としていた。

ゴッチが〝神様〟というニックネームでより広い層のファンに親しまれるようになったのは新日本プロレス発足から70年代半ばまでの数年間だった。猪木とゴッチはシングルマッチで合計5回対戦し、戦績はゴッチの3勝2敗。新日本プロレス発足以後、猪木が同じ対戦相手から2度、フォール負けを喫しているケースはゴッチ以外にはない。

〝伝説の一戦〟として語り継がれている旗揚げ興行でのシングルマッチは、リバース・スープレックスの応酬からゴッチがフォール勝ち（72年3月6日＝東京・大田区体育館）。2度めと3度めの対戦では〝世界ヘビー級王者〟ゴッチが猪木を挑戦者に迎え同王座防衛戦をおこない、タイトルマッチ初戦は猪木がカウントアウト勝ちで王座奪取に成功（72年10月4日＝東京・蔵前国技館）、再戦ではゴッチが猪木の執ようなキーロック攻撃をロールアップしてのフォール勝ちで同王座を奪回した（72年10月10日＝大阪・大阪府立体育会館）。このタイトルマッチ2試合の特別レフェリーは〝鉄人〟ルー・テーズがつとめた。

ゴッチの腰に巻かれた古めかしいチャンピオンベルトは20世紀のアメリカン・プロレスの始祖フランク・ゴッチゆかりの最古の世界王座と紹介されたが、このストーリーはどうやら――それほど悪意のない――フィクションというか一種のファンタジーだった。しかし、このベルトが〝新日本プロデュース〟であったとしても、そういった設定がこの試合のクオリティーや歴史的意味合いを否定するものかといえば、もちろんそうではない。

1973年（昭和48年）にはこの闘いのタッグ版といえる猪木&坂口対テーズ&ゴッチのタッグマッチが『世界最強タッグ戦』として実現（73年10月14日＝東京・蔵前国技館）。3本勝負の1本めはテーズがバックドロップから坂口をフォールし、2本めは坂口がアトミックドロップからテーズをフォール。決勝の3本めは猪木がジャパニーズ・レッグロール・クラッチ・ホールドでゴッチから3カウントを奪った。『世界最強タッグ』というと全日本プロレスで毎年暮れにおこなわれる歴史と伝統のタッグ・リーグ戦があまりにも有名だが、この名称を最初に使ったのはじつは新日本プロレスだった。

翌1974年（昭和49年）には再びゴッチと猪木のシングルマッチが〝実力世界一決定戦2番勝負〟としておこなわれ、旗揚げ戦でのシングルマッチから数えて第4戦めは猪木がフォール勝ち（74年8月1日＝大阪・大阪府立体育会館）、第5戦はゴッチがフォール勝ち（74年8月8日＝東京・日大講堂）で1勝1敗。この2試合もまたテーズが特別レフェリーをつとめた。来日中に50歳の誕生日を迎えたゴッチにとっては、この日大講堂での試合が新日本プロレスでの最後のメインイベントとなった。

猪木は前年12月、ジョニー・パワーズを下してNWF世界ヘビー級王座を獲得（73年12月10日＝東京・東京体育館）。74年3月にはストロング小林、同年10月には大木金太郎とのこの時代としてはひじょうにめずらしかった〝大物日本人対決〟（大木は韓国籍だが）を実現させた。〝実力世界一決定戦〟と題されたゴッチとの最後のシングルマッチ2連戦は、世界最高峰NWA－全日本プロレス－ジャイアント馬場という当時の日本とアメリカにおけるレスリング・ビジネスの保守路線に対するアンチテーゼになっていた。ゴッチが現役選手として新日本プロレスのリングに上がったのは72年から74年までの4回の来日だけで、その後はコーチ、ビッグマッチのセコンド、タイトルマッチなどの立会人として日本に来ることが多かった。

猪木とゴッチのコネクションは師弟関係のようにみえてじっさいは師弟関係ではなく、宿命のライバルかといえばそれもちがっていた。猪木がゴッチに求めたのは〝神様〟としての権威であり、ほかのレスラーとの比較を許さない〝神様〟の神秘性だった。

〝神様〟なるニックネームは文字どおり人間より上のサムシングを指していたが、ゴッチ自身はみずからを〝ゴッド・オブ・レスリング God of Wrestling〟として論じたことはいちどもなかった。それは日本のプロレス、日本のプロレスファン、日本のメディアによる共同幻想としてのゴッチのイメージだった。

フロリダ州オデッサのゴッチ家のガレージ道場では若手時代の藤波辰爾、藤原喜明、遠征先のメキシコから〝脱走〟してきた――タイガーマスクに変身する以前の――佐山聡、新日本プロレス時代の前田日明、前田のトレーニング・パートナーとして同行した高田延彦らが〝神様〟から直接の指導を受けた。

日本の観客のまえでおこなった最後の試合で、事実上の引退マッチは1982年（昭和57年）の元旦に東京・後楽園ホールでおこなわれた藤原とのエキシビション・マッチだった（ゴッチがジャーマン・スープレックス・ホールドで勝利）。それから1週間後のシリーズ開幕戦にも〝まな弟子〟木戸修を相手にエキシビションをおこない（82年1月8日＝後楽園ホール）、このときもジャーマンでフォール勝ちを収めた。57歳のゴッチのみごとなスープレックスに80年代のファンは衝撃をおぼえた。藤原との試合の映像はユーチューブにアップされている。

前田、藤原、高田らゴッチ・チルドレンが第1次UWFに集結すると、ゴッチは同団体の最高顧問に就任。藤原対スーパータイガー（佐山）のシングルマッチ（84年9月7日＝後楽園ホール）の立会人として来日し、世田谷のUWF道場で若手を指導した。

第1次Uが倒産し古巣・新日本プロレスと業務提携を結んだあとは、ゴッチは前田対ドン・ナカヤ・

ニールセンの異種格闘技戦（1986年＝昭和61年10月9日＝東京・両国国技館）のセコンドとして来日。それからさらに2年後、新生UWFの旗揚げ戦にも元気な姿をみせた。

UWFはプロレスの改革をめざし、従来のプロレスよりも格闘技色の強いレスリング・スタイルを模索した。プロレスの改革＝純粋なスポーツ化というコンセプトそのものは新日本プロレス設立時に猪木が提唱したストロング・スタイルと共通するものだったが、80年代以降の猪木はなぜか〝神様〟と距離を置くようになった。

そのUWFの分裂騒動、前田のリングス、高田グループのUWFインターナショナル、藤原グループのプロフェッショナル・レスリング藤原組の3派への細胞分裂は〝神様〟を苦悩させたが、ゴッチは個人的に親しい藤原との協力関係を継続した。

その後、藤原組から独立した船木誠勝、鈴木みのる、ケン・シャムロックらが新団体設立の相談のためフロリダを訪れると、ゴッチは古代格闘技パンクラチオンの派生語であるパンクラスというネーミングを新団体にプレゼントした。新団体パンクラスの設立記者会見（1993年＝平成5年5月16日）では〝神様〟が同団体の相談役に就任したことが発表された。

ゴッチ自身は「わたしはもうトシだから日本へは行けない」と口にしていたが、日本の知人から定期的に送られてくるプロレスと大相撲のビデオ、とくにU系各団体の映像はいつもたんねんにチェックしていた。

パンクラスが生まれた1993年（平成5年）はアメリカでプロ格闘技UFC（アルティメット・ファイティング・チャンピオンシップ）が誕生した年でもあった。第1次UWFから新生UWF、新生

UWFから3派分裂後のパンクラス誕生への歴史的な流れは、アメリカと日本における90年代後半からのプロ格闘技（総合格闘技）の台頭とちゃんとつながっている。アメリカのプロ格闘技はUFCの誕生から約10年の歳月をへてMMA（ミックスド・マーシャルアーツ）と総称されるようになった。

ゴッチにとっては、ウィガンの〝蛇の穴〟でのロビンソンとのスパーリングも、アメリカで実現したテーズとのタイトルマッチも、日本における猪木との関係も、フロリダでの藤原や前田とのスパーリングもすべて一期一会のオール・イン・レスリング all in wrestling、つまりMMAという単語が存在する以前のMMAだった。

〝Practice what you preach〟――教えを説くならば、まずみずからがそれを実践しなさい。

〝The truth could only hurt fools, but I found out the world is full of fools〟――真実は愚か者だけを傷つける。しかし、この世は愚か者だらけだった。

〝When you are young, you should. When you are old, you must〟――若いころはトレーニングはシュッド（should すべき）だが、トシをとったらマストmust（しなければならない）だ。

〝Everyone knows the price, but nobody knows the value〟――値段を知っていても、その価値を理解していることにはならない。

ゴッチは毎朝、太陽がのぼると起床し、約2時間のコンディショニング・トレーニングをおこなっていた。朝食。昼食。夕食。食事は1日3回、きっちりと食べた。きっとそれが体調を維持する秘訣だったのだろう。夕食はいつも午後4時ごろにすませ、あとでおなかが空くとバナナを1本だけ食べ

フロリダの自宅にて（1995年ごろ）

た。そして、夜は外が暗くなるとベッドに入った。だれもそれをみているわけではないのに、もうリングに上がってレスリングの試合をするわけではないのに、毎日毎日このルーティンをくり返した。

「いつまでつづけるのですか」とたずねられると、ゴッチは「わたしはたくさん食べ、たくさん飲むから」といって笑い、それから「わたしは神ではない。ウォーターフロントから来たブルーカラーのキッド」とつづけた。ウォーターフロントとは、ゴッチが想いを馳せる生まれ故郷アントワープのことだった。

〝人間風車〟ビル・ロビンソン

72歳のロビンソン先生からのグリーティング

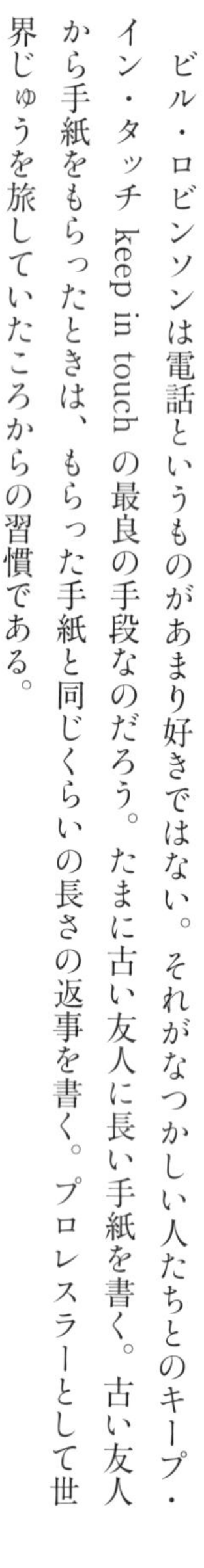

「日本はいかがですか。ニュースを観て、毎日、日本の友人たちのことを考えています」

ビル・ロビンソンは電話というものがあまり好きではない。それがなつかしい人たちとのキープ・イン・タッチ keep in touch の最良の手段なのだろう。たまに古い友人に長い手紙を書く。古い友人から手紙をもらったときは、もらった手紙と同じくらいの長さの返事を書く。プロレスラーとして世界じゅうを旅していたころからの習慣である。

72歳という年齢のわりにはパソコンが好きで、メールもインターネットもちゃんと使いこなせる。東京・高円寺の『UWFスネークピット・ジャパン』で約10年間、ヘッドコーチをしていたロビンソンは、いまはアーカンソー州リトルロックに住んでいる。

リトルロックには息子のスペンサーさんとその家族が住んでいて、日本的な表現を用いれば、ロビンソンはスペンサーさんの家から〝スープの冷めない距離〟にアパートメントを借りてひとり暮らしをしている。あえて同居しないのはおたがいの生活を尊重するためなのだという。スペンサーさんは父親が一生を捧げたレスリング、というよりもレスリング・ビジネスに近づこうとしなかった。

ビル・ロビンソン

ロビンソンのメールアドレスには毎日のように20代前半の若者たちから〝弟子入り志願〟のメールが送られてくる。アメリカ人もいれば、イギリス人やドイツ人もいるし、なかにはブロークン・イングリッシュだらけの難解なプロフィルを送りつけてくるブラジル人もいる。90年代生まれの彼らは、プロレスではなくて、ほぼ例外なくＵＦＣに代表されるＭＭＡ（ミックスト・マーシャルアーツ＝総合格闘技）の道を志している。

どうやら、ロビンソンはいつのまにか知る人ぞ知る〝ＭＭＡの家元〟ということになっていた。それはロビンソンが〝グレイシー一家を倒した男〟桜庭和志をコーチし、元ＵＦＣヘビー級王者ジョシュ・バーネットにキャッチ・アズ・キャッチ・キャンの手ほどきをしたからにほかならない。もちろん、それは事実ではあるけれど、ロビンソン自身は自分が桜庭とバーネットにＭＭＡを教えたとは思っていないし、そもそもＭＭＡにもブラジリアン柔術にも興味がない。

「レスリングこそは世界でいちばん偉大なスポーツである」がロビンソンの持論だ。

「レスリングとは、学び方を学ぶことである Learn how to learn. That's Wrestling」

「くり返し、くり返し、学ぶことだ。学び終えるということはない Do it again, do it again. You will never stop learning」

「レスリングとは肉体のチェス・ゲームである Wrestling is a physical chess」

「上品でお高くとまったものではない、昔ながらのキャッチ・アズ・キャッチ・キャンだ No fancy stuff, just a good old catch as catch can」

ロビンソンがパソコンのキーボードに向かって右手と左手の人さし指一本ずつでつづるメールは、

ひとつひとつのセンテンスがまるで〝格言〟のような響きを持っている。〝神様〟カール・ゴッチも、かつてこんなふうにレスリングの心得をよく手紙にしたためていた。ゴッチとロビンソンはイングランド・ウィガンの伝説のレスリング道場〝ヘビの穴〟＝ビリー・ライレー・ジムでは兄弟子・弟弟子の関係にあった。

「柔術が〝キムラ〟と読んでいるあの技は、レスリングのいちばん基本的なホールド、ダブル・リストロック Double Wristlock なのです」

〝ダブル・リストロック〟のところで語気が強くなったのが文面からみてとれた。

「パワー（力の強さ）は大きな財産です。だが、それだけがすべてではない Power is an asset, but not the whole game」

「体の大きい選手も、ちいさい選手も、同じ足首を持っている Big guys, small guys, everybody's ankle is the same」

「体型、体のサイズ、体の形状は人それぞれに異なる。学び方もちがう Shape, size, or form, everybody is different」

「わたしはキャッチ・レスリングの最後の生き残り I am the last of the old catch as catch can」

東日本大震災のこと。津波のこと。原発事故のこと。日本にいるたくさんの友人・知人たちを心配して長い手紙を書きはじめたロビンソンは、人と人とのつながり、人間のひとりひとりの個性とそれぞれが持って生まれた才能などに思いをめぐらせているうちに、やっぱりレスリングを語っていた。

メールの最後の一行にはいつもこう記されている。

〝ビリー・A・ロビンソン　プロフェッショナル・レスラー〟（2011年5月）

故郷イングランドでCACCを布教するロビンソン

ビル・ロビンソンから転送されてきたメールの件名には〝Fwセミナーのリポートです〟と記されていた。ロビンソンにメールを送信したもともとの差出人は、イングランドでロビンソンのキャッチ・アズ・キャッチ・キャン（以下CACC）公開セミナーを企画したアンディ・クリッテンデンという人物で、リポートを書いたのはヤミナーを受講したクリス・ウィルソンというアマチュアの格闘家だった。

ロビンソンは73歳の誕生日（9月18日）を故郷イングランドで迎えた。ロビンソンのいちばん新しい〝弟子〟による報告書はこんなセンテンスからはじまっている。

「CACC、ランカシャー・キャッチはほんとうのサブミッション・レスリングのハートビート（鼓動・心臓部）である。CACCは現代のコンバット・スポーツ界においてそのルネッサンス＝復興を迎えている」

セミナーに参加した若者たちにとって、ロビンソンは〝元プロレスラー〟ではなくて、〝グレイシー・キラー〟桜庭和志と〝UFCのスーパースター〟ジョシュ・バーネットをコーチしたCACCのグランドマスター grand master である。グランドマスターの語源は〝チェスの名人〟で、ロビンソン自身も「キャッチ・レスリングとは肉体のチェスである Catch is a physical chess」という英国的ないいまわしを好んで用いる。

ロビンソン式トレーニング、というよりもそのルーツにあたるイングランド・ウィガンの〝スネーク・ピット＝蛇の穴〟式トレーニングには、①練習にやりすぎはない You never train too hard と、②ビリーはいつも正しい Billy is always right というふたつのひじょうに厳格なルールが存在したという。

もっと一生懸命に、もっと学び、より深く理解し、対戦相手よりももっと（闘いのための）準備をしておくこと。ここでいうビリーとはロビンソンのことではなくて、ロビンソンの師匠ビリー・ライレーを指している。

ロビンソンのトレーニング・メソッドは「学ぶなら、正しく学ぶ If we're going to do it, we're going to do it right」が基本で「（どんなシンプルな動きであっても）何度でも反復練習をくり返し、それができるようになったら次のステップへ進む Get it right, and only then move on」。

「ピボット pivot（旋回軸、運動の中軸、――を軸に回転すること、体の向きを変えること）がもっとも重要だということを学びました」

若い格闘家は報告書にこうつづった。

「ボディー・アラインメント body alignment（体の軸の整列、一直線にすること）を学ぶことによって力の入れ方、体重移動の方法を正しく理解できるようになった」

「レスリングはチェーンの動き chaining だということを学んだ。〝鎖のつながり〟によってリストロックがオーバフックにつながり、オーバーフックがテイクダウンに、テイクダウンがネック・クランクにつながる。立った状態でのダブル・リストロックからテイクダウン、テイクダウンから腕のサブミッション（関節技）までがひとつのムーブになっていた」

「ロビンソン先生はグループごとのスパーリングを指導しながら参加者のひとりひとりに『力をかける方向は？　体重をかける方向はどっちだ？』と声をかけていた」

「体じゅうが痛く、しかし、エナジーがみなぎり、悟りを開いたような気持ちでセミナーを終えました。ロビンソン先生から学ぶべきことのうちのほんの一部しか学んでいない、ということだけがわかりました」

ウィガンには伝説のレスリング道場〝スネーク・ピット＝蛇の穴〟はもう存在しないし、CACCの〝発祥の地〟とされるイングランドにもCACCを教えている道場はほとんどない。アメリカやヨーロッパでCACCを学ぼうとしている若者たちは、CACCをプロレスとリンクするなにかではなくMMA（ミックスト・マーシャル・アーツ＝総合格闘技）の〝親せき〟にあたるサムシングというふうにとらえている。

「ノー・フォース・アンド・パワー。無理な力をかける必要はない。ピボットを使いなさい」

「（対戦相手には）6つのドアを用意しなさい。その6つのドアのうち5つを閉め、相手が6つめのドアを開けるまで待っていればいい。6つめのドアが開いたら、そこで相手を仕留めなさい」

ロビンソンはほんの近況報告のつもりでこのメールを転送してくれたのだろう。メールの最後の行はいつものように「敬愛をこめて、ビリー・A・ロビンソン　プロフェッショナル・レスラー」というグリーティングでしめくくられていた。ロビンソンは、やっぱりプロフェッショナル・レスラーなのである。（2011年10月）

ロビンソンの自伝『フィジカル・チェス　PHYSICAL CHESS』

ビル・ロビンソンの自伝『フィジカル・チェス』がアメリカで出版された。正式なタイトルは〝フィジカル・チェス／マイ・ライフ・イン・キャッチ・アズ・キャッチ・キャン・レスリング Physical Chess / My Life in Catch-As-Catch-Can Wrestling〟で、クレジットは〝ビリー・ロビンソン・ウィズ・ジェーク・シャノン Billy Robinson With Jake Shannon〟の共著。企画から出版までに4年以上を費やした労作である。

〝フィジカル・チェス〟とは〝身体のチェス〟〝肉体のチェス〟を意味し、サブタイトルの〝マイ・ライフ――〟は〝わがキャッチ・アズ・キャッチ・キャン人生〟。ロビンソンとの共同作業でこの本を執筆したジェーク・シャノンはウェブマガジン〝サイエンティフィック・レスリング〟の編集・発行人で、アメリカの〝MMA畑〟の論客だ。

ロビンソン――ブリティッシュ・プロフェッショナル・レスラーでありキャッチ・レスリング・インストラクター――はいわゆるプロレスラーとしてではなく、第二次世界大戦後のイングランドでキャッチ・アズ・キャッチ・キャンを学び、プロレスラーとして世界じゅうをツアーし、引退後は数多くのMMAファイターを育てた〝キャッチ・アズ・キャッチ・キャンの巨人 A catch-as-catch-can giant〟として描かれている。

タイトルの〝フィジカル・チェス〟はロビンソンがよく口にする「レスリングとは身体を使ったチェスである」という〝格言〟を概念化したもので、キャッチ・アズ・キャッチ・キャンの基本コンセプトを表している。

本文は第1章ビギニングス、第2章ウィガン・デイズ、第3章レスリング・ザ・ワールド・オーバー、第4章ザ・ビジネス、第5章リバース・イン・ジャパン、第6章フィジカル・チェスの全6章立て。巻頭にはJ・シャノンによる〝序文 Foreword〟、巻末にはロビンソンとシャノンによる〝感謝のことばThank You〟が記されている。

ロビンソンの自伝はこの作品が2作めで、前作『人間風車ビル・ロビンソン自伝――高円寺のレスリング・マスター――』はいまから8年まえに日本で出版され、同書は宮戸優光UWFスネーク・ピット・ジャパン代表が〝ゴーストライター〟をつとめた。

第1章ビギニングス、第2章ウィガン・デイズで語られているロビンソンの少年時代、ビリー・ライレー・ジム〝スネークピット〟での修行時代のエピソードは日本語版の内容とかなり重複しているところがあり、日本のプロレスファン――とくに40代以上のマニア層――にとってはすでにおなじみのストーリーが多く、それほど新鮮味はない。

この本はどうやらプロレスファンではなく、アメリカとヨーロッパのMMAファン（とMMAファイター）をターゲットとした一種の〝自己啓発本〟で、ロビンソンはイングランド・ランカシャー地方の伝統的なレスリングであるキャッチ・アズ・キャッチ・キャンを現代に伝承する〝最後のモヒカン〟という立場になっている。

ロビンソンは本書の第2章でイングランドに伝わるキャッチ・アズ・キャッチ・キャン以外のレスリング・スタイル、コーニッシュ・デボンジャーやカンバーランド・ウェストモーランについても言及しているが、共著のJ・シャノンはこれらのレスリングを――プロレスの源流としてではなく――あくまでも現在のMMAのルーツにあたるサムシングととらえている。

ロビンソンの現役時代の〝武勇伝〟としては、〝ザ・ロック〟ドゥエイン・ジョンソンの祖父ピーター・メイビアとの〝1968年の決闘〟、ジャック・ブリスコとの〝オーストラリアの空白の一夜〟、ゴッチとの〝愛憎関係〟などが描かれているが、いずれもロビンソンが自身の記憶を頼りにそれを語り、J・シャノンが口述筆記で原稿をおこすというスタイルになっているため、事件の日時や場所がきっちりと明記されていないのがこの自伝の弱点といえば弱点になっている。

ロビンソンは第6章・最終章で「キャッチ・アズ・キャッチ・キャンこそは世界でいちばん偉大なスポーツである」と前置きしたうえで「〝知識のスポーツ knowledge sport〟であるレスリングは、われわれに〝謙虚な気持ち humility〟と〝鍛練・規律 disipline〟と〝他者への尊敬 to respect others〟を教えてくれる」と語っている。

〝身体のチェス〟とは「いいことばかりでも、悪いことばかりでもない It's not all ups and it's not all downs」のである。(2012年7月)

プロレス教養講座〝ビル・ロビンソン基礎編〟

ビル・ロビンソンが約4年ぶりに東京・高円寺のUWFスネークピット・ジャパンに帰ってくる。9月7日から同17日までの10日間の滞在中、高円寺の道場でプロ・アマを対象としたキャッチ・アズ・キャッチ・キャン・レスリングの集中セミナーを開講するほか、プロレス史の学術的研究と討論を目

IWA世界王座（国際プロレス）のベルト姿

的とした公開シンポジウムをおこなう。

〝人間風車〟ロビンソンといっても、いまどきのプロレスファンにはあまりピンとこないかもしれない。1938年9月18日、イングランドのマンチェスター生まれ。15歳のときにウィガンのビリー・ライレー・ジム〝スネークピット＝蛇の穴〟に入門。19歳でプロレスラーとしてデビューした。

ルーキー時代はイギリス国内をはじめスペイン、フランス、ドイツ、ベルギー、ポルトガルなどヨーロッパ各国のトーナメント大会に出場し、60年代前半はインド、ネパール、レバノン、リビア、エジプトといった東アジア、中東の国ぐにでプロレスではないプロレスを体験した。シグナチャー・ムーブである〝人間風車〟ダブルアーム・スープレックスは、ドイツ遠征中にミュンヘン在住の元オリンピック選手、ブービー・アールという人物から伝授された。

1968年（昭和43年）4月、国際プロレスの『日欧チャンピオン・シリーズ』に初来日し、同年11月、『第1回IWAワールド・シリーズ』トーナメントに優勝してIWA世界ヘビー級王座（初代）を獲得。そのまま〝日本組の外国人選手〟、日本人選手の強化コーチとして翌1969年（昭和44年）4月まで約半年間、東京に滞在した。

当時、国際プロレスのテレビ中継番組は毎週水曜夜7時のゴールデンタイムにTBS系で全国ネット放送されていたため、〝正統派のガイジン〟ロビンソンはあっというまにお茶の間の人気者になった。

ロビンソンの肩書は大英帝国ヘビー級王者、欧州ヘビー級王者、ＩＷＡ世界王者の三冠王だった。

ロビンソンはその後、スチュー・ハートのブッキングでカナダ・カルガリーに遠征してＮＷＡ世界ヘビー級王者ドリー・ファンクJrに挑戦。１９７０年（昭和45年）にロード・ブレアースの仲介でハワイに拠点を移すが、翌１９７１年（昭和46年）にバーン・ガニアのＡＷＡと契約してアメリカ本土に移住した。

日本におけるロビンソンの〝伝説の一戦〟は、１－１のタイスコアから60分タイムアップの時間切れ引き分けに終わった――結果的にたったいちどしか実現しなかった――アントニオ猪木とのＮＷＦヘビー級選手権だった（１９７５年＝昭和50年12月11日、東京・蔵前国技館）。新日本プロレスとの関係はなぜか1シリーズで終わり、ロビンソンはそれから半年後に全日本プロレスに電撃移籍し、１９８５年（昭和60年）に引退するまで全日本プロレスのリングに上がりつづけた。

アメリカ時代のロビンソン（1970年代前半）

ロビンソンは典型的な〝負けないレスラー〟だったが、ジャイアント馬場との初対決（１９７６年＝昭和51年7月24日、蔵前国技館）ではめずらしくフォール負け――３本勝負のうちの２本――を許した。全日本プロレスのリングではジャンボ鶴田を下しUN王座（1977年＝昭和51年3月5日、秋田）、キラー・トーア・カマタを退けPWFヘビー級王座（1978年＝昭和53年6月12日、一宮）を獲得。天龍源一郎とのコンビで馬場＆鶴田が保持するインターナショナル・タッグ王座に挑戦したこともあった（1981年＝昭和56年7月30日、東京・後楽園ホール）。ロビンソンが三冠ヘビー級王座のルーツであるPWF王座、UN王座の系譜にその名を連ねているという事実はちょっと不思議な感じがする。

アメリカのグリーンカード（永住権）を取得したロビンソンは引退後、ラスベガスのホテルでセキュリティーの仕事についていたが、1992年（平成4年）にルー・テーズの紹介でUWFインターナショナルの専任コーチとなり、東京・世田谷のUWF道場で田村潔司、桜庭和志、高山善廣ら若手選手の育成にかかわった。

ロビンソンの〝レスリングの旅〟にはまだつづきがあった。1999年（平成11年）3月、UインターT所属のプロレスラーだった宮戸優光がレスリング道場〝UWFスネークピット・ジャパン〟をオープンし、ロビンソンに同ジムのヘッドコーチ就任を要請した。60歳になったロビンソンは、スーツケースひとつで日本にやって来て、30年まえにそうしたように東京でまたアパート暮らしをはじめた。

アメリカで出版された自伝本〝フィジカル・チェス〟は、ロビンソンを元プロレスラーとしてよりもどちらかといえばMMAのパイオニアとして描いている。宮戸とその仲間たちは74歳の誕生日を迎えるロビンソンからもういちどランカシャー・スタイルのレスリング、キャッチ・アズ・キャッチ・キャンを学ぼうとしている。（2012年8月）

〝蛇の穴〟ビリー・ライレー・ジムのビリー・ライレーとは

〝蛇の穴〟ビリー・ライレー・ジムの名称はプロレスファンにはよく知られているが、その創設者であるビリー・ライレーについてはそれほど多くを知られていない。ウィキペディアの英語版では、ビリー・ライレー Billy Riley はキャッチ・レスリングのプラクティショナー（専門家）、ティーチャー（指導者）として紹介されていて、ウィキペディア日本語版にはビリー・ライレー・ジムという項があるが、ライレー自身に関する記述はほとんどなく、記事の内容もいわゆる伝聞がほとんどだ。

ジグゾーパズルのかけらのように散らばった情報をかき集めていくと、ビリー・ライレー――ビリーは愛称――の本名はウィリアム・ヘラルド・ライレーで、1896年、イングランドのランカシャー地方のウィガン出身。少年時代にビリー・シャーノックという人物からレスリングをコーチされ、14歳（1910年）の若さでプロレスラーとしてデビューしたとされる。

アメリカで出版されている『レジェンズ・オブ・プロレスリング』（ティム・ホーンベイカー著）という資料集によれば、ライレーは1909年から1968年までの59年間、現役として活動。1923年、27歳のときにアメリカに遠征し、翌年、イギリスに帰国後、世界ミドル級王者を名乗り、同王座を18年間保持したとされる。

イギリスのプロレス史、プロレスラー人物史を研究対象としている〝レスリング・ヘリテージ Wrestling Heritage〟というウェブサイトによれば、ライレーは1920年代にブリティッシュ・ミドル級王者として活躍したほか、1919年から1923年までの5年間、世界ミドル級王座を保持。

宿命のライバルだったワイノー・キトーネン Waino Ketonen というフィンランドのレスラーに敗れ、同王座を失ったのだという（1923年）。

『レジェンズ・オブ――』は〝世界ミドル級王座、18年間保持〟という情報の出典がウィガンの地方紙『ウィガン・オブザーバー Wigan Observer』に掲載されたライレーの死亡記事であることを明らかにしているが、これ以上（以外）の情報は紹介していない。現役生活のスパンについては、〝レスリング・ヘリテージ〟には「1946年、46歳で引退」と記載されている。

〝蛇の穴〟創設の時期についてはいずれの資料も〝50年代〟というややあいまいな表現になっていて、〝スネークピット〟という単語のつづりについても〝Snakepit〟または〝Snake Pit〟と〝スネーク〟と〝ピット〟がワンワードになっているものとそうでないものとがなんとなく混在している。

ビリー・ジョイス

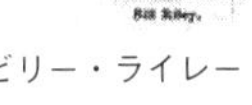
ビリー・ライレー

1938年生まれのビル・ロビンソンが15歳（1953年）で〝蛇の穴〟の門をたたいたとき、ライレーはすでに57歳。ライレーの一番弟子で道場の師範代としてロビンソンにキャッチ・アズ・キャッチ・キャンを手ほどきしたビリー・ジョイス Billy Joyce（本名ボブ・ロビンソン＝1916年生まれ）

はこのとき37歳だった。

〝神様〟カール・ゴッチは、1948年のロンドン・オリンピックに出場後、50年代前半にロビンソンの伯父アウフ・ロビンソンの招きでウィガンにやって来てサブミッション（関節技）の技術を身につけた。〝蛇の穴〟の道場でロビンソンとゴッチの伝説のスパーリングがおこなわれたとき、ロビンソンはまだ15歳で、ゴッチは29歳だった。

ライレー自身が現役選手だった1910年代から1940年代半ばあたりまでのイギリス（またはヨーロッパ）のプロレス興行がどういう形態のものであったかは、それを指し示す文献があまりないのが現状だ。

「ウィガンの炭鉱に手を突っ込めばレスラーかラグビー・プレイヤーを掘りだせる」

〝炭鉱の町〟ウィガンにはこんなことわざがある。ランカシャー地方に古くから伝わるフォーク・レスリングであるキャッチ・アズ・キャッチ・キャンは、ライレーが生きた時代よりもはるかまえから存在し、ライレーのあとにも存在するはずだった。ライレーはイギリスのレスリング・ビジネスがそれを必要としなくなったあとも、ウィガンの〝蛇の穴〟で頑固にキャッチ・アズ・キャッチ・キャンを教えつづけた。

ロビンソンの先輩にあたるビリー・ジョイス、ジョー・ロビンソン（B・ジョイスの兄）、ジャック・デンプシー（アメリカのプロボクサーとは別人）らはやがて〝蛇の穴〟から巣立ち、ゴッチとロビンソンもまたウィガンの道場から世界へ旅立っていった。〝蛇の穴〟にとどまったライレーは1977年、81歳でこの世を去った。（2012年9月）

ロビンソン先生が高円寺の〝蛇の穴〟に帰ってきた

ビル・ロビンソンは大きなスーツケース2個をカートに載せ、右手に持った歩行用の杖で巨体を支えながら成田空港・北ウイングの到着ロビーに現れた。現在の住まいであるアーカンソー州リトルロックからジョージア州アトランタ、アトランタから東京までのフライトタイムは合計16時間。ぼくはまず〝90度のお辞儀〟で深ぶかと頭を下げ、それから握手をしてもらおうと右手を差し出すと、いきなりその親指の付け根をつかまれて内側にぐいっとひねられた。ロビンソンは「ガッチャGotcha（引っかかった、スキあり）」といってやさしくほほ笑んだ。宮戸優光は「あー、よかった。先生、元気そうで」とうれしそうにつぶやき、満面の笑みを浮かべた。ロビンソンと宮戸はやや荒っぽいハグで再会を喜んだ。

「3日まえに財布をなくして大変だった」

9月第1週になっても午後の日差しは強く、むし暑い。ロビンソンはハンドタオルで顔の汗をぬぐいながら、すぐに警察に連絡したこと、銀行へ行ってキャッシュカードとクレジットカードを無効にしてきたこと、運転免許証の再発行の手続きをしたことをブリティッシュ・アクセントのイングリッシュでまくし立てた。財布はショッピングモールのインフォメーション・デスクに届けられていたが、なかに入っていたはずの現金500ドルはなくなっていた。

「わたしはそのショッピングモールにはいちども行ったことはない。きっと、財布を盗んだ人間がそこに捨てたのだろう」

ロビンソンはまた汗をぬぐった。

「先生はウィガンに行かれていたんですよね。〝スネークピット〟があった場所はどうなっていましたか？」

「セミナーを開かれているんですよね」

「ヒザのぐあいはいかがですか？」

宮戸は、聞きたいことは山ほどあるといった顔つきでありとあらゆる質問をロビンソンにぶつけた。

ことし、アメリカで自伝本『フィジカル・チェス Physical Chess』を出版したばかりのロビンソンのもとにはアメリカ国内だけでなくヨーロッパや中南米からも講演やセミナーのオファーが殺到しているという。自伝本のなかのロビンソンは、元プロレスラーというよりもキャッチ・アズ・キャッチ・キャンのマスターとして描かれている。

2012年9月、日本にて

ロビンソンは10日間の滞在中、東京・高円寺のUWFスネークピット・ジャパンでキャッチ・アズ・キャッチ・キャンの集中セミナーをおこなうほか、〝プロレス近代史・現代史〟をテーマとした公開シンポジウムを開講する。

「イノウエはどうしてる？ アキラは？」

ロビンソンがまな弟子たちの名をあげると、宮戸は「井上学はこのあいだ、すごい試合をやりました。定アキラはもうデビューして、試合をやっています。あいつももう18歳ですよ」と興奮気味に話した。井上学（元パンクラス・バンタム級王者）と定アキラ（ＩＧＦ）はロビンソンといちばん長い時間を過ごした道場生たちである。ロビンソンは「アキラが18歳……。光陰矢のごとし『Time flies』と驚いたような顔をした。

「先生は歌川（暁文）をおぼえていますか？　あいつもシュート・ボクシングのスーパーフェザー級王者ですよ。10年やってきて、48戦めでやっとチャンピオンです」

「オーエ（大江慎）の家族は元気か？」

ロビンソンはＪＲ高円寺駅のすぐそばの行きつけの居酒屋の名前を思い出そうとしたが、宮戸は「あんまり飲んじゃダメですよ」と日本語で先生をたしなめた。

「みんな、ケイコしてますから、ちょっと顔を出しましょうよ、サプライズで」といって宮戸は――ホテルにチェックインさせるまえに――長旅を終えたばかりのロビンソンをまず高円寺の道場に連れていった。

窓という窓を全開にしても、汗で濡れたＴシャツとフロアいっぱいに敷かれたブルーのウレタン・マットの独特の香りが漂う道場には大江コーチ、井上、歌川らがいて、それぞれがそれぞれのポジションで練習に汗を流していた。

ロビンソンは井上と練習生がスパーリングをしているところに歩み寄ると「そこで右足をフックしろ。（相手に）手首をつかませるな。そのまま左にまわれ」といきなり技術指導をはじめた。井上はロビンソンの号令に「イエス・サー」と答えながら、アドバイスのひとつひとつに耳を傾けた。

「いまのやつ、もう1回、やってみろ。あ、ちょっと待て、オレも着替えてくるから」
そういうと、宮戸はすぐに練習着に着替えてスパーリングに加わった。ロビンソンもいつのまにかTシャツ1枚になっていた。（2012年9月）

ロビンソン先生の最後のグリーティングは〝グッド・トゥナイト！〟

「ロビンソン先生、亡くなられたらしいです」と電話の向こう側でつぶやいた宮戸優光の声はまだ半信半疑といったトーンだった。朝の7時まえから電話が鳴りだすときはたいていの場合はあまりいい知らせではない。

「アメリカのほうではきのうの夜中からネットでそういう情報が流れているらしいんですけど、確かめる方法ってありますかね。ジェーク・シャノンらしいんです……」

ジェーク・シャノンとはビル・ロビンソンとの共著でロビンソンの自伝『フィジカル・チェス／マイ・ライフ・イン・キャッチ・アズ・キャッチ・キャン・レスリング』を執筆した人物で、ウェブ・マガジン〝サイエンティフィック・レスリング〟の発行人。近年はアメリカ各地やヨーロッパでロビンソンを講師に招いての合宿スタイルの〝レスリング・セミナー〟をプロデュースしている。

シャノン自身は〝プロレス畑〟というよりは明らかに〝MMA畑〟のビジネスマンで、シャノンにとってロビンソンは〝グレイシーを倒した男〟桜庭和志と〝元UFC王者〟ジョシュ・バーネットのふたりをコーチしたMMAのパイオニアである。

シャノンがみずからのウェブサイトにアップした〝お知らせ〟を抜粋すると以下のような内容だっ

た。

「数日間、ロビンソンと連絡が取れないため、ロビンソンが住んでいるアパートメント・コンプレックスの管理者に連絡をとり、部屋を訪ねてもらった。数時間後、もういちど電話を入れると、電話口に出た警察官からロビンソンの死去を知らされた」

シャノンが在住するユタ州ソルトレークシティーはマウンテン時間帯ゾーンで、ロビンソンが住んでいたアーカンソー州リトルロックはセントラル時間帯ゾーン。シャノンがソルトレークシティーからロビンソンの訃報をネット上に配信したのは3月3日（現地時間）の午後だった。日本時間では翌4日の未明にさしかかっていた。

日本国内の関係者、ファンがロビンソン死去のニュースをネット上で拡散しはじめたのは4日午前からだったが、一般紙が訃報を報じたのは翌5日付の朝刊。朝日新聞は「新日本プロレスが4日、発表」、日経新聞は「東京都内の格闘技道場が明らかにした」とその情報源を載せていた。

宮戸は数週間まえからロビンソンとひんぱんに連絡をとり、3月下旬に計画していたいくつかのイベントの打ち合わせをつづけていた。できあがりつつあった旅程では、ロビンソンは3月24日にリトルロックを出発して翌25日に来日。東京に1週間滞在して、31日に帰国の予定だった。

3月26日の午後は東京・高円寺のUWFスネークピット・ジャパンの道場で記者会見を開き、CACC（キャッチ・アズ・キャッチ・キャン）協会の設立とロビンソンの最高顧問就任を発表。その夜は都内のホテルで同ジムの創立15周年記念パーティーをおこなう予定になっていた。

27日、28日はジム会員、プロ選手を対象とした集中セミナーとマスコミの取材日。30日にはロビンソンと藤原喜明の対談形式のトーク・ショーも開催する予定だった。

「ぼくの英語ですからはなしがなかなか伝わらなくて、1日になんどもなんども電話をかけてしまうときがあって」と話す宮戸は、どうやら「先生に迷惑ばかりかけた」ということをいおうとしているようだった。

日本時間で午後から夕方にかけてリトルロックに電話をすると、向こうは真夜中だ。ロビンソンは笑いながらこう答えたという。

「ノット・トゥナイト Not Tonight!」

直訳すれば〝今夜はダメ！〟だけど、それはきっと〝今夜はもうやめておこう〟〝またあした電話をくれ〟〝またこんどにしよう〟あるいは〝キミからの連絡を待っている〟という意味だった。

ネット上に〝悲しいお知らせ〟が流れる前日、宮戸は刷り上がってきたばかりのパーティーの招待状を白い封筒におさめ、切手を貼って宛名書きをする作業をはじめていた。ところが、もろもろの事情からパーティーの日時を26日から27日に変更せざるをえなくなった。招待状には〝主賓〟としてロビンソンの名が印刷されていた。

それは単なる偶然かもしれないし〝虫の知らせ〟というやつだったのかもしれない。

「いまになってみれば、あれは先生からのメッセージだったような気がするんです。『その招待状は出せませんよ』という」

ロビンソンは〝ノット・トゥナイト！〟というグリーティングのことばを残し、あえて〝グッバイ〟とはいわずに天国へ旅立ってしまったのだった。God Bless Him.（２０１4年3月）

世代を超えて愛されたみんなの人間風車

ビル・ロビンソンがアーカンソー州リトルロックの自宅で亡くなった。「ロビンソンが亡くなったらしい」という情報がネット上に流れはじめたのは3月4日木明(日本時間)。ロビンソンの自伝『フィジカル・チェス』をロビンソンと共同執筆したジェーク・シャノンが3日午後(現地時間)、〝悲しいお知らせ〟としてロビンソンの訃報をウェブサイトにアップしたのが最初だった。

死去した日時については当初、3日と発表されていたが、その後、3月5日付でフェースブックに開設されたばかりの〝ビル・ロビンソン・メモリアル・ページ〟が、ロビンソンの長男スペンサー・ロビンソンさんのコメントをもとにこれを「2月27日」に訂正した。死亡が確認された時点ですでに数日が経過していた。

1938年9月18日、イングランド・マンチェスター生まれ。本名ウィリアム・A・ロビンソン。ビルまたはビリーはウィリアムの愛称だった。

曾祖父ハリー・ロビンソンはボクシングの元ブリティッシュ・ブラスナックル王者。伯父アウフ・ロビンソンはボクシングの元ヨーロッパ・ヘビー級王者でのちにプロレスに転向。父ウィリアム・ジェームス・ロビンソンはライトヘビー級のボクサーで、格闘技一家に育ったロビンソン自身も少年時代はボクシングを志したが、11歳のときに右目の眼球を負傷して視力を失いボクサーになる夢を断念。

1958年6月、19歳でプロレスラーとしてデビューした。

高円寺には〝ロビンソン先生〟の都市伝説がある。ロビンソンがJR高円寺駅前を散歩する姿、ドーナツ屋さんでコーヒーを飲みながら新聞を読んでいる日常のワンシーン、居酒屋でお酒を飲んでいる場面などがたびたび目撃された。道ばたで知らない人から「あっ、ビル・ロビンソンだ！」と声をかけられると、ロビンソンはいつもにっこり笑って手を振っていた。

〝人間風車〟はロビンソンの代名詞だったダブルアーム・スープレックスの和訳。必殺技がそのままニックネームになった。世代を超えて昭和と平成の日本人から愛されたスーパースターだったが、何年も日本に住んでもあまり日本語を話せないのが玉にきずだった。（2014年3月）

〝驚異の天才アスリート〟ダニー・ホッジ

アメリカでいちばんメジャーなスポーツ雑誌『スポーツ・イラストレーテッド（Sports Illustrated）』の表紙を飾ったプロレスラーはハルク・ホーガンだけということになっているけれど、じつはホーガンよりもまえに同マガジンのカバーになったプロレスラーがいる。ダニー・ホッジである。

ホッジは天才アスリートだった。アマチュア・レスリングでオリンピックに2回出場し、プロボクサーとしてゴールデン・グラブ賞を獲得し、その後、超一流のプロレスラーへと華麗なる転身をとげた。昭和のプロレス・マスコミは〝鉄人〟ルー・テーズ、〝神様〟カール・ゴッチ、〝人間風車〟ビル・ロビンソン、そして、このホッジを〝四強〟と評した。一時、〝鳥人〟というニックネームがつけられていた。

1932年5月13日、オクラホマ州ノーブル・カウンティー出身。本名ダン・アレン・ホッジ。アマチュア・レスリング代表選手として初めてオリンピックに出場したのは19歳のときだった。1952年のヘルシンキ大会ではフリースタイルの174ポンド級で試合をし、メダルは獲れなかったが（5位入賞）、ハイスクールを卒業したばかりのオクラホマの少年にとって、それは夢のような

ダニー・ホッジ

旅だった。ホッジは18歳の誕生日を迎えるまえに海軍に入隊し、ハイスクールを卒業するときにリザーブ＝州予備兵となった。オリンピックの前年の1951年、朝鮮戦争への出征に合意するための誓約書が届いた。あと数カ月、タイミングがずれていたら戦争へ行くところだった。

ヘルシンキではコリアの選手団と友だちになった。みんないい人たちばかりで、戦争のイメージが壊れたという。オリンピックの選手村ではどこの国のアスリートたちともすぐに仲よくなった。みんな、自分の国を代表してオリンピックに来ているという誇りがあって、おたがいをリスペクトする気持ちも大きかった。ホッジはコリアの選手と胸のバッジを交換した。

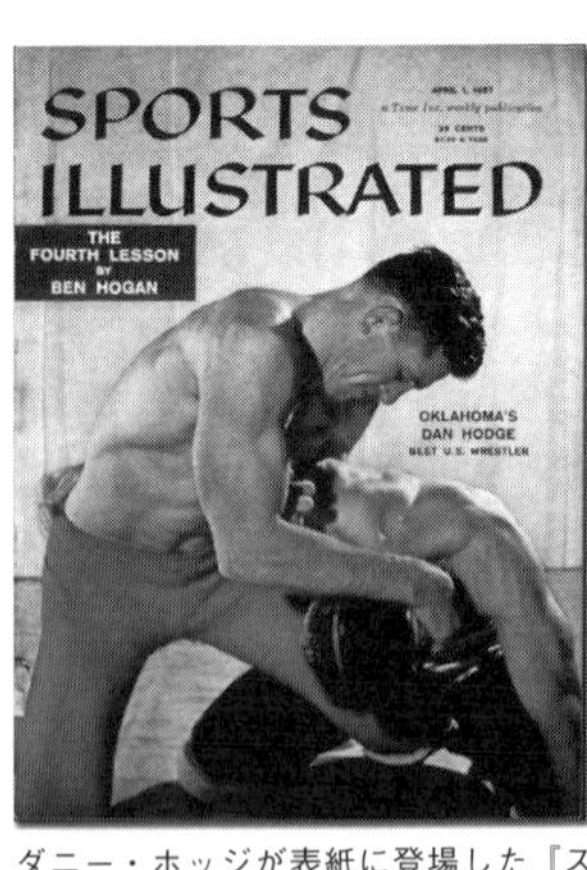

ダニー・ホッジが表紙に登場した『スポーツ・イラストレーテッド』（1957年）

それから4年後、1956年のメルボルン大会にも出場した。当初、メルボルンではフリースタイルとグレコローマンの2種目で試合をすることになっていたが、メルボルンに着いてから予定が変わり、フリースタイルのトーナメントのみに出場し、決勝戦でブルガリアのニコラ・スタンチェフという選手と闘い、8－1のスコアで敗れ金メダルを逃した。ローリング・フォールという形で、おたがいが組み合っている状態ではなかったが、ソビエトの審判がフォールをコールし、オーストラリアの審判がこれにクレームをつけたため、きわどい判定が問題となった。ホッジは「結果は結果」と考え、沈黙を貫いた。

いろいろな国のアスリートと出逢え、それぞれの国の文化や習慣について語り合い、おたがいに

「4年後にまた会おう」と約束して別れたけれど、ほんとうに彼らとまた会うチャンスがあるのかと考えると、それはあまり現実的ではなかった。選手たちは心のどこかでそれを知っていて、いっしょに過ごすことのできた短い貴重な時間を大切にした。それぞれのスポーツのそれぞれの国のベストの選手たちがひとつの場所に集まり、みんながベストを尽くすイベント。それがオリンピックである。ホッジはそのときのフィーリングをはっきりとおぼえているという。

オクラホマ大レスリング部時代の戦績は無敗。公式記録によれば46戦全勝で、そのうち36試合がピンフォールによる完勝。大学3年のシーズンには10日間のスパンでNCAA選手権とAAU全米選手権のフリースタイルとグレコローマンの2種目で優勝した。1955年から1957年まではNCAA選手権(177ポンド級)で3年連続優勝。

ボクシングへの転向後、プロレスラーに

アマチュア・レスリングのあとはひょんなことからボクシングに転向した。ホッジはこのときの経緯を「大学時代からボクシング部に誘われていた」と説明する。もともと手の力が強かったため、素手でリンゴを握りつぶしたり、プライヤー(ペンチ)を片手で曲げたりする〝かくし芸〟でクラスメートを楽しませていたのだという。大学を卒業したあと、ホッジは学校の教師になるかレスリングのコーチになるかで悩んだが、結果的に父親のウィリアム・E・ホッジさんの知人が経営するカンザス州ウィチタの石油会社に就職した。このとき、会社の仲間から「その腕の力だったらボクシングをやったほうがいい」と勧められ、仕事のあとにジムに通って本格的にボクシングを習った。

「やってみるとボクシングもおもしろくて」、そのうち週に2、3回、試合をするようになり、ウィチタの地方大会で優勝し、シカゴのトーナメントで優勝し、ニューヨークのマディソン・スクウェア・ガーデンで全米選手権に出ることになった。「(ワイシャツの)上から3つめのボタンのあたりを打てば、相手は必ず倒れた」という。気がついたらゴールデン・グラブ・トーナメントに優勝していた。アマチュア時代の戦績は26戦26勝(26KO)だった。

アマチュア・レスリングのオリンピック代表選手がプロボクサーに転向したことが話題になり、『スポーツ・イラストレーテッド』誌(1957年4月1日号)の表紙に取り上げられた。プロボクサーとしての戦績は10戦8勝2敗。ところが、どういうわけかファイトマネーはほとんどもらえず、ホッジはプロモーターに「私はオクラホマに帰る」と告げ、あっさりとボクシングをやめた。

故郷に帰ってきたホッジは、オクラホマ州タルサのプロモーター、リロイ・マクガークとコンタクトをとり「プロレスをやりたい」と伝えた。1959年の夏のことだ。

〝盲目のプロモーター〟リロイ・マクガークがオーナー・プロモーターをつとめていた団体はNWA加盟テリトリーのトライ・ステート・レスリングという興行会社で、活動エリアはオクラホマ、ルイジアナ、アーカンソーの深南部3州とミシシッピ、テキサスの一部。50年代後半はニューヨーク、シカゴ、ロサンゼルスの大テリトリーがヘビー級部門の試合をおもにプロモートしていたのに対し、トライ・ステート地区はジュニアヘビー級部門をおもにフィーチャーしていた。これはマクガーク自身が現役時代、NWA世界ジュニアヘビー級王者として活躍したためだ。オクラホマはレスリングの盛んな土地で、ホッジのファースト・ラブはボクシングではなく、やっぱりレスリングだった。

プロレスラーとしてのデビューは1959年10月9日。しかし、デビューから2カ月後にアンジェロ・サボルディーとの試合でケガをして、それから3カ月間、ベッドの上で動けない状態になった。いまになってみると、これがレスリング・ビジネスのイニシエーション＝通過儀礼だった。それから5カ月後、オクラホマシティーのストックヤード・コロシアムでそのサボルディーを破りNWA世界ジュニアヘビー級王座を獲得した（1960年7月22日）。リング・アナウンサーはホッジを〝第13代チャンピオン〟とアナウンスした。デビューからわずか9カ月での世界王座獲得だった。

〝NWAジュニア〟のチャンピオンベルトはそれから15年間、ホッジの代名詞となった——1960年から1976年までの16年間にヒロ・マツダ、スプートニック・モンロー、ロジャー・カービー、ケン・マンテルらが短期間王者となるがいずれもホッジが王座を奪回した——。

ホッジのほかに世界ジュニアヘビー級のチャンピオ

ダニー・ホッジが獲得した数々のタイトル

ダニー・ホッジが獲得した数々のタイトル
オクラホマ州選手権優勝（1951年）
AAU全米選手権4回優勝
AAU最優秀選手賞（1956年）
NCAA選手権3年連続優勝（1955年〜1957年）
NCAA最優秀選手賞（2回）
ヘルシンキ五輪（1952年＝5位）
メルボルン五輪（1956年＝銀メダル）
ゴールデン・グラブ賞（1958年）
NWA世界ジュニアヘビー級王者（通算8回）
全米レスリング殿堂メンバー
オクラホマ州スポーツ殿堂メンバー

ンシップを15年間、保持したレスラーは、ホッジのボスであり友人でもあるマクガークだけだった。マクガークは5歳のときに小児白血病で右目の眼球を摘出する手術を受け、現役時代にはアーカンソー州リトルロックで交通事故にあい左目の視力を失った。この事故が原因でマクガークはレスラー生活に終止符を打ったが、レスリングへの情熱を失うことはなく、〝盲目のプロモーター〟としてディープ・サウスに一大テリトリーを築いた。ミズーリ州セントルイスのサム・マソニックがNWA会長だった時代、マクガークはNWA内で大きな発言力を持っていた。

ホッジ自身も16年間の現役生活ではずいぶんたくさんのケガをした。裂傷。やけど。手、ろっ骨の骨折。コーナーポストとリングを支える金具にはさまれて右足を140針縫ったことがあった。それから1カ月後に復帰したときは、こんどはドリー・ファンクJrとのタイトルマッチで右足のビッグ・トー（親指）を骨折した。交通事故も何度か経験した。

リングに上がってきた観客に誤ってナイフで腹部を刺されたこともあった。もちろん、それはアクシデントだった。ホッジの対戦相手はハーリー・レイスとダンディー・ジャック・ドノバンで、ヒール組のふたりの反則攻撃で、ホッジは額から大流血した。興奮した観客がナイフを持ってリングにかけ上がってきた。レイスがさっとよけたため、ホッジがそのナイフで腹を切られた。運が悪かった。

ファンとの交流を大切にしたスター

リングサイドのファンとのコミュニケーションを大切にしていたというホッジは、現役生活を通じてずっとベビーフェースとして闘いつづけた。ヒールに興味がなかったわけではないが、ホッジは「私にはそれは向いていないということだったのだろう」とふり返る。

1984年にWWF（現WWE）が全米にエキスパンション＝テリトリー拡大するまでは、アメリカのレスリング・ビジネスはさまざまな規模のローカル団体が全米各地に共存する形態だった。WWE、あるいはWCWやECWのようなツアー団体は70年代には存在しなかった。マッガークの団体はオクラホマ、ルイジアナ、アーカンソーの3州をカバーしていたためトライ・ステート・レスリングと名づけられたが、ミシシッピとテキサスの州境でもハウスショーをプロモートしていた。移動の足はいつも自動車だった。

レスラーたちはロング・ドライブも仕事の一部と考えていた。夏のオフ・シーズンになるとセントルイスのサム・マソニック派のサーキットが休みになるため、セントルイスではトライ・ステート・レスリングのテレビ番組が放送されていた。セントルイス向けのTVテーピングがタルサで収録され、夏のあいだはオクラホマのクルーがセントルイスまでドライブしていって試合をすることもあった。

ホッジの現役時代もプロレスとテレビは切っても切れない関係にあった。オクラホマではマクガーク派のTVショーは土曜の朝と夜に2回放送され、同じ番組がリトルロックでは土曜の午後2時、モンロー（ルイジアナ州）では夜10時半というふうにいろいろな時間帯でテレビに映っていた。シュリーブポートのTVスタジオでおこなわれる試合がルイジアナ州内の20都市で生中継されていた時代もあった。サーキットは毎週同じスケジュールでくり返され、モンローに住むプロレスファンにとっては毎週火曜の夜のシビックセンター大会が〝レスリングの夜〟だった。

現在のWWEのプロレスとローカル団体時代のプロレスとのいちばん大きなちがいは「レスラーと

ファン（の距離）が近かったことではないかと思う」とホッジは語る。試合と試合のあいまにはレスラーがアリーナの後ろのほうでファンと気軽に会話を交わしたり、いっしょに写真を撮ったり、サインの求めに応じたりして、ホッジはマクガークのカンパニーのそんな雰囲気が好きだったという。

ヒロ・マツダ、ドクターX（ディック・バイヤーとジム・オズボーンが交代でマスクをかぶり同一人物を演じていた）、ジャッキー＆ドン・ファーゴ、ボブ・スウィータンなど実力派のレスラーが顔をそろえ、あのブルーザー・ブロディやスタン・ハンセンがフットボール上がりのルーキーだったころはオクラホマのハウスショーで第1試合のリングに上がっていた。

「プロレスの試合にはたしかに嚙みつき、目つぶし、髪をひっぱる場面などがあるかもしれないが、基本的にプロレスラーは優秀なアスリートたちです。ショービジネスだ、カーニバルだといわれても私自身はなんとも思わない。アスリートの能力は正直なものです。太ったレスラー、トシをとったレスラーもなかにはいるかもしれないが、プロレスラーとしてのライフスタイルを何年もつづけることができるのはコンディションのいいアスリートだけです。ルックスでは判断できません。昔はいまよりも試合時間が長かった。メインイベンターは1週間に何度も60分ずつ闘ったものです」

ホッジはチャンピオン時代、宿命のライバルだったヒロ・マツダと1週間ぶっつづけで90分フルタイムのタイトルマッチをこなしたことがある。男女ミックスト・マッチで女子プロレスラーのビアン・バションと闘ったこともあるし、ミゼットとのミックスト・タッグでスカイ・ロー・ローと試合をしたこともある。レスリング・ベア（熊）やアリゲーターと闘ったこともあるし、レスラー対ボクサーのミックスト・マッチをやったこともある。「リロイ（・マクガーク）にはいろいろな試合をやらされました」といってホッジは静かにほほ笑む。

それがどんな試合形式であっても、どんなレスラーであっても、対戦相手には「きっちりとレスリングをさせた」というのがホッジのレスリング哲学である。

「観客は1週間ずっと働き、家事をこなし、シャワーを浴びて、お財布をポケットに入れ、私たちの試合を楽しみにしてアリーナに来てくれるわけですからね。いい試合を心がけるのは当然です」

いちばんよく闘った相手は、スプートニック・モンローだった。ミリオン・タイムス（100万回）とはいかないまでも、数え切れないくらい試合をした。それは「レスリングで会話ができる」という感覚だったという。ホッジがヘッドロックからテイクダウンをとる。モンローがそのまま寝ていたら、ホッジがいつまでもそのままの状態でグラウンドに座っていることはなかった。モンローがホールドから抜け出す努力をしなければ、ホッジはヘッドロックを外して次の技をどんどん仕掛けていった。モンローがいつまでも寝ていたら、ホッジは上からストンピングで蹴りまくった。体の動きと体の動きで会話ができる関係だった。

ホッジのNWA世界ジュニアヘビー級王座はトライ・ステートだけでなくアメリカ全土、メキシコ、日本でも認定されていたため、ホッジはホッジのレスリングをいろいろな土地の観客に披露することができた。

「日本の観客がプロレスに関する知識レベル、歴史的な認識レベルがひじょうに高かったことにひじょうに感銘を受けました。尊敬するルー・テーズといっしょに旅ができたことがいちばんの思い出ですね」と現役時代の通算6回の来日についてホッジはふり返る。国際プロレス（1967年＝昭和42

年1月、1968年＝昭和43年1月)、日本プロレス(1969年＝昭和44年1月と同年11月、1971年＝昭和46年5月)、全日本プロレス(1974年＝昭和49年7月)の3団体のリングに上がった。

不幸な事故と引退

通算8度めのNWA世界ジュニアヘビー級王座を獲得した直後、交通事故で首を骨折し、ホッジは引退を余儀なくされた(1976年3月15日)。

それは寒い夜だった。ヒーターの温度を上げて自動車を運転していたホッジは、いつのまにか居眠りをしてしまった。橋に激突して、車が逆さにひっくり返った。エンジンがかかったままの車のルーフが地面を滑って、川辺のコンクリートの壁の上を斜めに落ちていった。車のなかで逆さまの状態になったまま、首の骨が折れ、奥歯が全部折れたのをはっきりと感じた。ホッジはハンドルを握ったまま、とにかく車がどこかにぶつかって止まってくれるのを待った。

午前3時くらいだった。車は橋から落ち、転がりながら川に落ちていった。車のなかに水が入り込んできて、ホッジはずぶ濡れになりながら考えた。「こいつはひでえ死に方だ」。フロントガラスの一部が破損していたので、あまり大きなスペースではなかったが、ホッジはそこから外に出て、自分の手で首を支えながら川の岸まで必死に泳いだ。

医者からは「生きていられただけラッキーだった」といわれた。さいわい、大きな障害は残らなかったが、ホッジはレスリングをあきらめた。こうして、プロレスラーとしての現役生活——27歳から43歳までの17年間——は終わった。

「レスリングは私のファースト・ラブでした」とホッジは語る。

アマチュア・レスリングもプロフェッショナル・レスリングも同じようにエンジョイしたから、心残りはなかった。プロレスの仕事でいちばんやっかいだったのは、長期間にわたってロードに出て、家を空けることだった。プロに転向してからの10年間は旅も楽しかったが「40歳を過ぎてから移動がひじょうに苦痛になったことはたしかです」。とくに飛行機での長時間の移動がどうしても好きになれなかった。

60年代後半から70年代にかけては、地元オクラホマでの試合とロング・サーキットのかけ持ちだったが、交通事故がなかったらもっと長くリングに上がっていただろう。

「きっと、ずっとレスリングをつづけていたでしょうね。テリー・ファンクがいまでもがんばっていますよね。彼は60歳くらいですか。彼のようにできたらよかったと思いますよ。レスリングとボクシングのいちばん大きなちがいは、選手の体にかかる負担の差です。ボクシングは頭部とボディーに集中的にダメージを負いますから、脳や神経や内臓、器官に障害が生じる可能性が高い。レスリングはバンプをとる競技で、骨や筋肉をケガすることはありますが、選手個人のコンディショニング管理によってはほかのスポーツよりも比較的長くつづけることができる。これがレスリングのいちばんすばらしいところでしょうね」

ホッジは現在でも「プロもアマもレスリングというレスリングはすべて観ている」。WWEの名物アナウンサーのジム・ロスはオクラホマ出身で、ホッジの友人だという。現役選手ではアトランタ・オリンピックの金メダリストからプロレスに転向した、ホッジ自身とよく似た経歴のカート・アングルに興味を持っているという。

ホッジには孫が9人いて、みんなアマチュア・レスリングをやっている。〝驚異の天才アスリート〟と呼ばれた男は、これからもずっとレスリングにかかわりつづけていくのである。

宮戸優光UWFスネークピット・ジャパン代表は「ホッジさんを呼ぶ。もう、ホッジさんしかいない。元気なうちに日本に来てもらって、みんなでホッジさんのおはなしを聞く機会をつくる」と鼻の穴をふくらませた。

「もう。ホッジさんしかいない」のすぐまえには「ビル・ロビンソン先生が天国へ行ってしまったから」あるいは「テーズさん、ゴッチさん、ロビンソン先生はもういないから」という無言のセンテンスが隠されているようだった。〝みんな〟とは宮戸自身を含めた東京・高円寺の〝蛇の穴〟でキャッチ・アズ・キャッチ・キャンを学んでいるみんな。テーズ、ゴッチ、ロビンソン、ホッジの〝四強〟にあこがれた昭和世代のプロレスファンのみんなを指している。

ホッジはテーズよりも16歳、ゴッチよりも8歳若く、ロビンソンよりも6歳年上。いまから9年まえ、ホッジがセミナーのために来日したときは、道場生たちの目のまえでホッジ（当時73歳）とロビンソン（当時66歳）の数分間のスパーリングが実現した。

ホッジは5月26日に来日し、28日はUWFスネークピット・ジャパンの創立15周年記念パーティーに出席。29日はマスコミ各社の取材。30日夜はプロ・アマ合同のキャッチ・レスリング・セミナー、31日午後にトークショーをそれぞれ道場で開催する。

〝蛇の穴〟15周年記念パーティーはもともと3月におこなう予定だったが、ロビンソンの死去で延期になっていた。予定どおりロビンソンが来日していたら、ロビンソンを最高顧問とするCACC（キャッチ・アズ・キャッチ・キャン）協会とプロ興行部門の設立を正式に発表するはずだった。

宮戸がオクラホマのホッジの自宅に恐る恐る電話をかけてみたら、ホッジは久しぶりの〝海外遠征〟のオファーをふたつ返事で快諾してくれた。宮戸が「ホッジさんが来てくれることになりました」とアントニオ猪木に報告すると、猪木は「オレも会いたいな。時間つくってもらえないかな」とかつてのライバルの来訪に興味を示した。

82歳になったホッジはみんなが目撃しているまえでリンゴを握りつぶしてくれるかもしれないし、やっぱりそれはお願いできないかもしれない。〝生ける伝説〟は〝生ける伝説〟のまま高円寺にやって来る――。（2014年5月）

ホッジさんが高円寺にやって来たヤァ!ヤァ!ヤァ!

ダニー・ホッジの〝伝説の右手〟は大きくて、分厚くて、硬くて、でも、握手をするとやさしく、しっとりと包み込むようなぬくもりがあった。右の耳は上のほうがごついカリフラワー状になっていて、左の耳は――ホッジ自身の説明によれば――耳孔の周囲の皮下が広い範囲で石のように硬くなっていた。あまりネクタイは好きではないらしく、ホッジは「チョーク……」と苦しそうな声を出しながら自分で自分の首を絞めるゼスチャーをしておどけた。

久しぶりの長旅だったのだろう。ドロリス夫人が「オクラホマシティーからダラス、ダラスからトーキョーまでノンストップ」といいかけると、ホッジがカタコトの日本語で「イターイ」と腰に手をあてるしぐさをして、それからふたりでほぼ同時に「ロング・フライト」と口をそろえた。ドロリス夫人によれば、ホッジは昨年とことし、2回にわたりヒザの内視鏡手術を受けたというが、日常生活にとくに問題はなく、通常の歩行には杖は必要としない。

「UWFスネークピット・ジャパン15周年記念の会~ビル・ロビンソンゆかりの人々と共に~」は宮戸優光UWFスネークピット・ジャパン代表の〝執念の集い〟だった。ホッジは「カリフラワー状の耳をした仲間たちに会うために、日本の友人・知人たちとレスリングについて語り合うために」オクラホマから東京・高円寺まで飛んできた。

ホッジはアントニオ猪木との再会を楽しみにしていた。日本プロレス史に残るホッジと猪木の遭遇は、1969年（昭和44年）1月から2月にかけておこなわれたインターナショナル・タッグ王座をめぐる一連の闘いだろう。

猪木とジャイアント馬場のインター・タッグ王者チームがホッジとウィルバー・スナイダーの強豪コンビを挑戦者チームに迎えた同王座防衛戦は、初戦が60分時間切れドロー（1月3日＝東京・蔵前国技館）。第2戦はホッジ&スナイダーが王座奪取（1月8日＝広島）。第3戦で〝BIコンビ〟――馬場と猪木の頭文字をとってそう呼ばれていた――が王座奪回に成功し（2月4日＝札幌）、第4戦で〝BIコンビ〟が王座初防衛に成功した（2月11日＝秋田）。まだ25歳だった猪木はオレンジ色のタイツをはいていて、このホッジ&スナイダーとの闘いで新必殺技〝まんじ固め〟を初公開したのだった。

東京・高円寺にやってきたダニー・ホッジ（2014年）

宮戸が「当日、ギリギリになるまで（出席してもらえるかどうか）わかりません」と語っていたスケジュール調整がむずかしいセレブリティーであり国会議員である〝アントニオ猪木〟は、午後7時の開宴時間よりもやや遅れてパーティー会場に姿をみせた。猪木は「東京と大阪で維新の会が分裂した。ざまーみろだ。きょうはいきなり来たからスピーチの用意はしていません」と時事ネタで前置きをしてから「元気ですかーっ！」という定番の高音量のグリーティングで乾杯の音頭をとった。

猪木はジャパニーズ・アクセントのない、きれいなアメリカン・イングリッシュを話す。乾杯の音頭のあと、ホッジ夫妻が座っているテーブルにやって来た猪木は、だれにも邪魔されたくなさそうにしてホッジと短い会話を交わした。

「いまでもオクラホマにお住まいですか」

「ええ、オクラホマシティーの北70マイル、ペリーという町に住んでいます」

「日本にはいつまで？　滞在中のスケジュールを教えてください。またお会いしたい」

気がつくと、猪木のまわりには〝アントニオ猪木〟と記念撮影をしてもらおうとするギャラリーの長い列ができていた。ホッジが無言で「どうぞ」というシグナルを送ると、猪木さんはすまなそうに席を立って〝アントニオ猪木〟に戻った。

壇上には宮戸、安生洋二、垣原賢人、髙山善廣、桜庭和志ら元UWFインターナショナルのメンバーが集結していた。宮戸はあらかじめ用意してきたリンゴをおもむろにポケットから取り出し、中締めのセレモニーとしてホッジをステージに呼びこんだ。

ホッジの十八番といえばやっぱり伝説の〝リンゴ潰し〟である。ステージに上がったホッジは、ニコニコしながら右手に持ったいかにも硬くて酸っぱそうなリンゴをいっきに握り潰した。それは握り潰すというよりも、リンゴを芯までこなごなに破裂させ、手のひらからジュースがしたたり落ちるという〝破壊〟だった。すぐそばで一部始終を目撃していた高山が「おーっ」と少年のような歓喜の声をあげた。

ホッジが「83歳にしては元気です」といってほほ笑むと、ドロリス夫人は「82歳。82歳になったばかりよ」と夫の記憶ちがいを冷静に、やんわりと訂正した。

輝かしいキャリアと穏やかな晩年

「わたしは12歳で、ダンは15歳。わたしの3つ上の兄とダンがレスリング・クラブのチームメートで、おたがいの家もすぐ近くでした」

ホッジと出逢った日のことを思い出しながら、ドロリス夫人は「デートしたのはもっとずっとあと。わたしが15歳くらいになってから」とつけ加えた。

ホッジとドロリス夫人が生まれ育ち、いまも生活するオクラホマ州ノーブル郡ペリー――オクラホマシティーの北60マイル、タルサの西90マイル――は人口約5000人のスモールタウンだ。ホッジ夫妻が子どものころは、町じゅうの人びとがみんな知り合いの、いまよりももっともっとちいさなファーム・コミュニティーだった。

ホッジはハイスクールを卒業と同時に海軍に志願し、1951年夏、イリノイ州グレートレークスの海軍駐屯地に配属された。17歳だったドロリスさんは〝恋人〟を駐屯地のグレートレークスまで追いかけていって、そこでホッジと結婚した。朝鮮戦争への出征に合意する誓約書が届き、ちょっとタイミングがずれていたら戦地に向かっていたかもしれなかったが、同年、AAU全米選手権に優勝し、翌1952年のヘルシンキ・オリンピック出場が決まったことでアジアの最前線に送り込まれずにすんだ。

ホッジはドロリス夫人と初めて会った日のことを「ブラウンの瞳をしたかわいらしい子がそこに立っていた」と記憶している。ホッジはメルボルン・オリンピック（1956年）に出場後、ボクシングに転向。プロボクサーとして約1年間活動したあと、地元オクラホマでプロレスラーとしてデビューした。

現役生活は1959年から1976年まで、年齢でいうと27歳から43歳までの約17年間。通算7度めのNWA世界ジュニアヘビー級王座を獲得した直後、交通事故で首を骨折して引退を余儀なくされた。寒い3月の深夜だった。ヒーターの温度を上げて車を運転しているうちに居眠りをしてしまい、橋に激突して車ごと川に転落した。ホッジは破損したフロントガラスのちいさなスペースから車外に脱出し、川岸まで必死に泳いだ。そのとき、ホッジの耳には「(手で)首を支えなさい Hold your neck」という〝天の声〟がはっきりと聞こえたという。

ホッジとドロリス夫人のあいだには長男ダン Jrさん、長女リンダさん、次男マイケルさんの3人の子どもたちがいて、その3人にはそれぞれ配偶者と子どもたち——ホッジ夫婦にとっては孫たち——がいて、その孫たちのうちの何人かはすでに結婚して子どもたちがいる。年齢をおぼえておくことはできないけれど、孫は6人、ひ孫は女の子4人と男の子がひとり、全部で5人いる。

ダン Jrさんはハイスクールでレスリングをやったし、そのふたりの息子たちも少年時代、レスリングを学んだ。リンダさんの息子もレスリングをやっていたし、いまは11歳のひ孫が中学のレスリング・チームに入っている。オクラホマはアマチュア・レスリングが盛んな土地だが、なぜかだれも「プロレスをやりたい」とはいわなかった。

毎年、サンクスギビングデーの七面鳥のディナーを食べるのはダン Jrの家で、クリスマスはグレート・グランパとグレート・グランマの家で過ごすのがホッジ家のしきたりである。リビングルームに家族が集まると総勢30人以上のビッグ・ファミリーになる。

「オクラホマはカウボーイとインディアンの町。アメリカ合衆国のまんなか。テキサスはわたしたちのビロー（下＝南という意味）」

ドロリス夫人は「フロリダに6週間、オレゴンに6週間、日本に8週間といったツアーはありましたが、それ以外はいつもオクラホマにいてくれました」とホッジさんの17年間の現役生活をふり返った。ホッジはどちらかといえば〝遠征嫌い〟のディープ・サウスのチャンピオンだった。

「オクラホマ、アーカンソー、テキサス、ルイジアナ、ミズーリの5州ですね。わたしたちの時代はどこへ行くにもドライブでした」

もし、43歳のときに交通事故が原因でリングを降りていなかったとしたら「いまでもレスリングをやっていたかもしれませんね He might still be doing it」といってドロリス夫人は静かにほほ笑む。

62年間の結婚生活でケンカをしたことは「ほとんどありません」。「意見のちがいがあるときは、別の部屋で本を読むか、庭で土いじりをします」というドロリス夫人は、82歳のホッジさんにとっては〝マミー〟であり〝ボス〟なのである。（2014年5月）

第３章

伝説の男たち

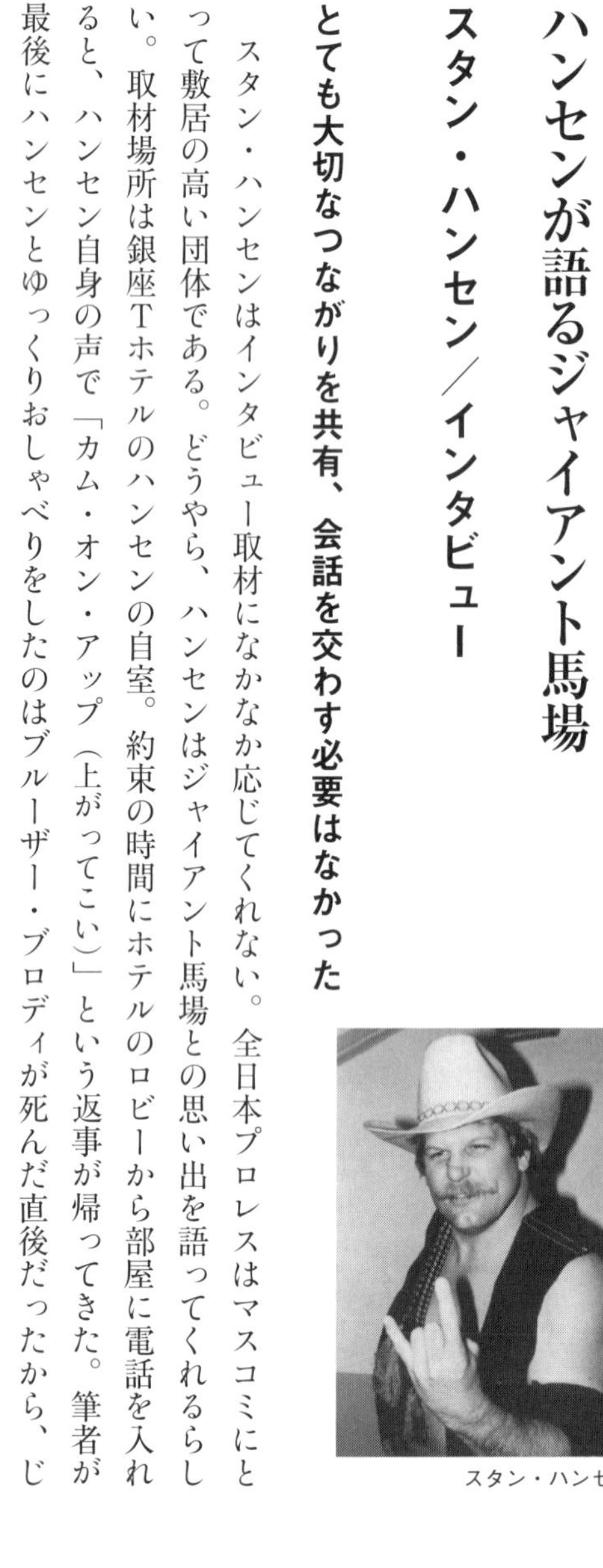

ハンセンが語るジャイアント馬場

スタン・ハンセン／インタビュー

とても大切なつながりを共有、会話を交わす必要はなかった

スタン・ハンセンはインタビュー取材になかなか応じてくれない。全日本プロレスはマスコミにとって敷居の高い団体である。どうやら、ハンセンはジャイアント馬場との思い出を語ってくれるらしい。取材場所は銀座Tホテルのハンセンの自室。約束の時間にホテルのロビーから部屋に電話を入れると、ハンセン自身の声で「カム・オン・アップ（上がってこい）」という返事が帰ってきた。筆者が最後にハンセンとゆっくりおしゃべりをしたのはブルーザー・ブロディが死んだ直後だったから、じつに11年ぶりのインタビューということになる。

——きょうはジャイアント馬場さんについておはなしを聞きたいと思います。

ハンセン　それを〝3分以内で答えなさい〟といわれても、あまりにもたくさんのメモリーがあり過ぎてかんたんには語りつくせない。わたし自身もずっとそのことを考えている。時間をかけて、ゆっくりとね。

——そうでしょうね。

スタン・ハンセン

ハンセン　ミスター・ババとわたしの関係、というかつながりにはいろいろな面があった。パーソナルな関係。ビジネスとしての関係。そして、もっともっとたくさんのこと。長時間の会話を交わす必要はなかった。ババのほうからなにかを伝えなければならないときは彼がわたしにそれを伝え、わたしのほうからなにかを伝えなければならないときはわたしが彼にそれを伝えた。トラスト（信頼、信用）といえば、そういうことになるのだろう。心地よい関係とでもいったらいいのかな。そういう関係、そういう友人を失ってしまったことがいちばん残念だね。それを書いてどうしようというわけではないが、ここ何日間か、このコンピュータのなかにババとの思い出を少しずつ綴っているんだ。

――このノートパソコンですね。

ハンセン　わたしにとってババは〝ボス〟ではなかった。まあ、これはわたしのフィーリングなのだろうけれど、モア・ザン・ボス More than a boss といったらいいのかな。彼はベリー・ベリー・プライベート・マン Very very private man だった。そして、彼とわたしはとても大切なつながりを共有していた。

ハンセンは1975年（昭和50年）10月、全日本プロレスの『ジャイアント・シリーズ』に初来日した。同シリーズの外国人メンバーはアブドーラ・ザ・ブッチャー、オックス・ベイカー、ラリー・ズビスコ、ボビー・ジャガーズら。キャリア2年（1973年＝昭和48年1月デビュー）のハンセンのポジションは〝前座の若手ガイジン〟だった。

それから2年後の1977年（昭和52年）1月、ハンセンは新日本プロレスの『新春黄金シリーズ』に再来日。その後、1980年（昭和55年）2月にアントニオ猪木を破りNWFヘビー級王座を奪取し、1981年（昭和56年）

4月には〝IWGP構想〟へ向けて猪木との〝NWF封印マッチ〟をおこない最強外国人レスラーの座を不動のものとした。

80年代前半は新日本プロレスと全日本プロレスの〝仁義なき企業戦争〟の時代。新日本プロレスがブッチャー、ディック・マードック、タイガー戸口（キム・ドク）らをいっきに引き抜けば、全日本プロレスも猪木の宿命のライバルだったタイガー・ジェット・シンとそのタッグパートナーの上田馬之助を引き抜き返した。ハンセンは81年12月、ブルーザー・ブロディ&ジミー・スヌーカのセコンドとして全日本プロレスの『世界最強タッグ』優勝決定戦に〝乱入〟し、翌1982年（昭和57年）1月、全日本プロレスへ電撃移籍した。

――初来日が75年ですから、もう23年まえ。全日本をホームリングにするようになってからもうまる17年ですね。

ハンセン　〝選択の自由〟がそこにあって、わたしはオールジャパン（全日本プロレス）のリングを選択した。当時、わたしはシングル・ペアレント single parent だった。子どもたちはもうとっくにおとなになってしまったが、あのころは彼らの母親の代わりにわたしが家じゅうの仕事、そうじ、洗たくから食糧品の買い出し、料理、なにからなにまでやらねばならなかった。アメリカと日本を往復しながら、シリーズとシリーズのあいだは家に帰ってミスター・マムの役を演じた。ちょうど、『クレイマー・クレイマー』なんて映画がはやった時代だった。

――選択の自由があった、ということですね。新日本プロレスに残ることもできたし、たとえば、それを望めば80年代前半に全米マーケット進出計画に着手したWWEに合流することもできた。

ハンセン　まあ、オプションとしてはそんな選択もあった。しかし、ＷＷＥでは年間２５０試合から３００試合というスケジュールをこなさなければならない。わたしは〝シリーズ〟という単位で日本とアメリカを行ったり来たりするこれまでの生活のリズムを大切にしたかった。１年のうち６カ月間、日本のリングに上がり、あとの半年間は家で過ごす。スロー・アンド・ステディ Slow and steady。カンフォタブル Comfortable（快適）。ＷＷＥに行かなかった理由はそれだね。

――カンフォタブルというのがとってもいいですね。

ハンセン　全日本プロレスではプロモーターとのケンカというか、かけ引きをする必要がまったくなかった。契約書にサインし、ギャランティー（報酬額）が決まっていて、必ず約束どおりにそれがもらえる。だから、安心してリングに上がれる。それがいちばんさ。

――気持ちよく働ける環境ですか。

ハンセン　そして、ミスター・ババは、わたしが〝わたし自身〟になるチャンスを与えてくれた。ビー・マイセルフ Be myself。ドゥー・マイ・ベスト Do my best。ヒューマン・ネイチャー Human nature ってわかるか？

――人間の本能ですよね。

ハンセン　そうだ。ネイチャー（自然）だ。ブドーカン（日本武道館）のフルハウスの観客のまえだったら、だれだって〝いい試合〟はできるんだ。まあ、並のレスラーだったらだれだってね。ところが、名も知らないような町のちいさなアリーナでたった５００人のお客さんのまえで同じように闘うことができるかといえば、たいていの場合、答えはノーさ。それがヒューマン・ネイチャーってもんだ。

――やはり、そういうものですか。

ハンセン　ブドーカンでも500人のお客さんのまえでも、わたしはつねに全力ファイトを心がけてきた。ビッグショーで〝いい試合〟をするのはあたりまえのことだ。そんなのはイージー・ワークEasy workさ。どんな仕事だってそうだろうが、環境が整っているところでそれなりの結果を出すのはそんなにむずかしいことではない。しかし、ブドーカンの観客もスモールタウンのお客さんも、チケット代を払った分だけは試合を楽しむ権利があるわけだ。わたしはこの国で23年間、ずっと同じファイトスタイルを貫き通してきたつもりだ。いつでもどこでもね。全日本プロレスのリングでそれができたことをわたしは誇りに思う。

――やはり、全日本プロレスこそが自分のホームリングなのだという意識ですね。

ハンセン　カンパニーのためというか、きのうよりもきょう、きょうよりもあした、全日本プロレスのリングをベターな場所にするためにね。わたしがそこにいることでベターになるように。わたしがいることで悪くならないように。フットボールでいうならば、わたしはチームからチャンスを与えられ、ボールをつかんで走ったということかな。もちろん、チャンスをもらった選手はわたしだけではない。でも、わたしはボールを持ったまま走りつづけた。まあ、自慢ばなしになってしまうかもしれんが。

――そんなことはありません。

ハンセン　そういう意味では、わたしはニュージャパン（新日本プロレス）にも感謝している。わたしにビー・マイセルフ（わたし自身）になるチャンスを与えてくれ、わたしはボールをつかんで必死に走った。

——そして、新日本プロレスから全日本プロレスへの電撃移籍。馬場さんとの再会ですね。

ハンセン　ババとわたしはグレート・コミュニケーションを共有していた。わたしたちはおたがいにそうすることが必要なときにだけ会話を交わした、だが、いっしょに行動することはほとんどなかった。彼のほうでわたしに気をつかってなにかをするということはなかったし、わたしが彼の様子をうかがうこともなかった。

——ちょうどいい距離、ちょうどいい関係がそこにあった。

ハンセン　ババはわたしのプライバシー privacy をリスペクト respect（尊重）し、わたしも彼のプライバシーを尊重した。必要なときだけ必要な会話を交わし、あとはわたしのことは放っておいてもかまわないと思っていたんじゃないかな（笑）。

——信頼関係ですね。

ハンセン　そして、わたしは〝スタン・ハンセン〟を変えないように、変わらないようにがんばってきた。ファイトスタイルというよりもアテテュード attitude（姿勢）の部分でね。

——肉体的にはどうなんですか。やはり、全盛期と比較してしまうと多少はスローダウンしてきたというか。

ハンセン　ユーはどう思うんだ？

——スタン・ハンセンはスタン・ハンセン、という気がします。30代のハンセンがいて、40代になったハンセンがいて、日本の観客はずっとハンセンを目撃しつづけてきたわけです。ちょうど、馬場さんやジャンボ鶴田が観客のまえでトシをとっていったように。

“ファンク道場”の同期生、ジャンボ鶴田

ハンセン　ちょっとだけ、ジャンボのことを話してもいいかい。

——ええ、もちろん。アマリロ時代の同期生でしたよね。

ハンセン　ジャンボに対しては特別なフィーリングを持っているんでね。プロレスラーとしてデビューしたのもほとんど同じ時期だったし、年齢も同じくらいだしね。ジャンボは、もっとも理想的な形で自分が置かれたシチュエーションをハンドリングしたと思う。物事がうまくいっているときに理想を追求するのはそれほどむずかしくはない。しかし、自分が苦しい状況に置かれているときに理想を追い求めるのはかんたんなことではない。彼は病気（ウィルス性肝炎）になってリングを降りた。あれほどすばらしいレスラーがレスリングができなくなってしまったんだ。これ以上の失望はないだろ。

——はい。

ハンセン　彼はこのドアから出ていって、新しいドアをノックしたんだ。ジャンボは新しい生活で新しいハッピネス、新しいエキサイトメントを発見するだろう。彼はわたしたちの世代のプロレスラーのお手本になった。

——やはり、ひとつのお手本になっているんですね。

ハンセン　わたしは自分がこのビジネスから引退したあとの具体的なイメージのようなものをわたし

のなかに持っている。わたしはわたし自身のレスリング・キャリアをふり返るところに立たされている。もちろん、いい思い出ばかりさ。でも、すべてのことが大きく変わりはじめているという感覚はたしかにあるね。ミスター・ババがいなくなって、ジャンボも引退。わたしもそろそろ自分のことを考える時機なのかな、とね。

——えっ、どういうことですか。

ハンセン　引退するとはいってないよ（笑）。ただ、こういうことがあるといろいろなことを考えさせられるね。ババがパスト・アウェイpassed away（逝去）し、ジャンボが引退した。こういうときだからこそ、わたしはいま、わたし自身のこれからについてあれこれ考える時間をつくろうとしている。ザ・デストロイヤーを知っているよね？

——ええ、もちろん。

ハンセン　彼はアマチュア・レスリングが好きでね、プロレスをやめたあとはまっすぐに大学へ戻り、レスリングの仕事についた。コーチとしてね。彼はレスラーになる以前から学校の先生だったわけだから、その選択は自然なものだったのだろう。わたしにもまだティーンエイジの息子たちがいる。

——彼らはいまおいくつですか？

ハンセン　シェイバーが11歳で、シェーンが8歳。学校ではありとあらゆるスポーツをやっていて、才能もある。まるで親バカだな、これじゃあ。

——そんなことはありません。

ハンセン　バスケットボールを教えてくれ、ベースボールがうまくなりたい、フットボールをコーチしてくれってね、息子たちにせがまれる。だから、家にいるときは彼らとできるだけたくさんの時間を過ごす。わたし自身のエナジーもほとんどそっちのほうに向かっているし、いまはそういう時間がいちばん大切なんじゃないかと思うね。

――なるほど。

ハンセン　ちょっと寄り道をしてしまったかな。もうちょっとジャンボのはなしをつづけようじゃないか。彼には成功してほしいし、応援している。ジャンボは日本の、というよりも世界のレスリング史にその名を残す名レスラーさ。人生の大きな柱だったレスリングにみずからの手でピリオドを打ち、新しい道を選択した彼をリスペクトしている。彼はまったく別のライフを一からやり直そうとしている。それも、高いレベルでね。それを選択しなければならなかった理由が必ずしもポジティブなものではなかったにもかかわらず、彼はそこからベストのオプションを発見してきた。

――ポジティブな引退、ですか。

ハンセン　わたしも〝正しい選択〟をしてリングを降りたい、近い将来ね。

――近い将来、ですか？

ハンセン　それほど遠くない将来といったほうがいいかな。いいことを教えてやろうか。

――なんでしょう？

ハンセン　レスリング・ビジネスではグッド・ガイ、つまりベビーフェースと呼ばれている連中はたいてい〝バッド・ガイ〟で、その反対にバッド・ガイ、つまりヒールと呼ばれている男たちは〝グッド・ガイ〟なのさ。わたしの経験ではね。ベビーフェースは主人公じゃないと気がすまない人間の集まりなんだが、わたしのようなバッド・ガイはマイペースというか他人の邪魔をして自分のポジションを上げようなんて考えない。リング以外の場所でスポットライトを浴びようとは思わないしね。

オナー＝名誉とクラス＝品格、契約書が存在しない信頼関係

――これからの全日本プロレスはどうなっていくと思いますか。率直な意見を聞かせてください。

ハンセン　アイ・ホープI hope、ちがうな、アイ・プレイI pray（祈る）といったほうがいいだろう。ミサワ（三沢光晴）、というよりもいまいるすべてのヤングボーイズにミスター・ババが築きあげた歴史と伝統、この全日本プロレスのリングを正しく継承してほしい。日本の社会のシステムが変わってきていることもわたしは知っている。大企業の〝終身雇用〟なんてもうなくなっただろ。

……はなしがずいぶんよこ道にそれてしまったようだ。ミスター・ババのことを話しているうちにわたしのライフ・ストーリーになって、それからオールジャパンのはなしになって……。きょうはババについて語るために時間をつくって、こうして集まったわけさ。つまりだ（といって考え込む）、ひとつだけ、こう書いてくれ。

――はい。

ハンセン　プロレスラーとしても、プロモーターとしても、ひとりの人間としても、彼を形容するのにぴったりなことばは〝オナーhonor（名誉、信用、敬意、信義）〟だ。口でいうのはかんたんだが、ほんとうのオナーを身につけている人はひじょうに少ない。ババの人柄はオナーそのものだった。ビジネスのうえでオナーを守ろうとするだけでなく、彼自身のたしなみとして、人としてのオナーを大

切にしていた。

――何年かまえの全日本プロレスのスローガンは〝信頼〟でした。

ハンセン　信じてもらえないかもしれないが、全日本プロレスとわたしのあいだには文面による契約書はないんだ。

――そうなんですか？

ハンセン　わたしが全日本プロレスのリングに上がるようになったときに、何年契約だったかな、たしか2年契約だったと思うが、コントラクトにサインしたことはある。でも、そのあとはずっとノー・コントラクト。契約書はなし。パスポートといっしょに持ってくるのは往復の航空チケットとビザの書類だけだよ。

――15年以上も〝未契約〟でリングに上がっていたのですか。

ハンセン　ババはわたしが必ずやって来るものと信じて、そのつもりでスケジュールを組み、わたしもそのスケジュールどおりに全日本プロレスのリングに上がってきた。彼がわたしを信頼し、わたしも彼を信頼した。

――まさに信頼関係ですね。

ハンセン　ほかのなによりも、そのくり返しがババとわたしの揺るぎない関係を築いた。きょうファイトマネーがいくらもらいたいだとか、どういう試合をプロモートしてビジネスにしようかだとか、そういうことでは人と人のつながりは生まれない。わたし自身は、プロレスラーとしてババのようなプロモーターと出逢い、彼のもとでファイトできたことを誇りに思う。争いごとをはじめる人間はいくらでもいるが、ほんとうのピース・メーカー peace maker はこの世に何人も存在しない。ババはまぎれもなくそのひとりだった。〝クラス Class（品格）〟と〝ステディネス Steadiness（堅実さ、着実さ）〟をモットーにね。

――ステディネスというのはいいですね。継続は力なり、と同じですね。

2世代にわたって愛されつづけるスーパースター

ハンセン　〝ババを観て育った〟というフレーズがあるらしいね。

――ぼくらの世代もそうですよ。

ハンセン　おもしろいはなしがあるんだ。いくつくらいなのかな、18歳くらいの青年がわたしのところに近づいてきて「子どものころからファンでした」と。まあ、そんなにめずらしいことではない。

――ええ、まあ。

ハンセン　そのあと、赤ちゃんを抱いた若い母親が近づいてきて「わたしの母が昔からあなたのファンです」と話しかけてきた。いくらなんでもそれはないだろうと思ったら、その女性は「ちいさいころ、母に連れられて試合を観にきた」と。そうか、20年まえのことなのか。わたしはわたしのレスリングを〝2世代〟に観てもらったんだと、そのとき初めて実感した。

――ビジュアル的にはずっと同じですからね。口ヒゲもテンガロンハットもカウボーイブーツもラリアットも。

ハンセン　ファイトスタイルもずっと変わっていないと思うがね。しっかりと認識しておいてほしいことがある。〝オールジャパン・スタイル〟への適応はひじょうにむずかしいということだ。これができるのはほんのひと握りのプロレスラーだけなんだ。ゴングが鳴ってから試合が終わるまでいちども動きが止まらないレスリングといったらいいのかな。このスタイルで闘える選手は何人もいない、長いシリーズを通してね。

――ひじょうに消耗度の高い〝全日本スタイル〟ですね。

ハンセン　とくにアメリカ人レスラーには理解しにくいスタイルかもしれないね。スタン、なぜそんなに動きっぱなしなんだ、もっとスローダウンしたっていいだろう、とね。しかし、わたしにはこれ以外のスタイルはできなかった。

――あの入場テーマ曲が鳴りはじめると、やっぱり体が勝手に動きだしてしまうものなんですか。

ハンセン　〝ヒヒーン〟と馬の鳴き声が聞こえるとわたしの出番なんだ。ところが、観客席に向かって走りだすとそのあとのメロディーがちっとも聞こえなくてね。また、〝ヒヒーン〟を聞き逃してしまうと、バックステージのドアを開けてアリーナに飛び出していくタイミングを失ってしまうのさ(笑)。

――そうだったんですか。

ハンセン　お恥ずかしいはなしだが、全日本プロレスのリングに上がるようになってから何年かは、自分で自分の音楽がわかっていなかった(笑)。

――ご自分の昔の試合はビデオで観たりするのですか。

ハンセン　日本の友人で、わたしの日本での試合のほとんどを何本かのビデオに編集してライブラリーをつくってくれた人がいてね、家族はみんな喜んで観ているけど、わたしは自分の過去の試合をもういちど観るのはあまり好きではない。ビデオを観るたびにどうしても気に入らないところが目につくしね。

――やっぱり、そういうものですか。

ハンセン　お客さんが喜んでくれた試合でも、マガジンがいい試合だったと書いた試合でも、自分で自分の姿をみたら気に入らないとこだらけさ。それも観るたびに新しい欠点を発見してしまう。ビデオなんてだいたいそういうものなんだ。それはわかっているんだ。だから、わたしは50歳になるまで自分の試合のビデオは観ないことに決めたんだ。

――満50歳になるまで、ですか？

ハンセン　ところが、そんなことをいっていたらあと半年でほんとうに50歳だよ（爆笑）。あとどれくらいリングに上がれるか、わたし自身もわからない。体だって若いころのように動かないしね。

――視力のほうはどうなんですか。

ハンセン　目か？　目はいつも悪いよ。

――参考までに、眼鏡をかけていない状態だと、リングの上はどういう景色になっているんですか。

ハンセン　タッグマッチなんかでコーナーに立っていると、対角線コーナーにいる相手チームの選手の姿がぼんやりと確認できる程度。あの距離ではアイ・コンタクトはできない。

――リングのなかではどうなんですか？

ハンセン　相手の体のフレームというかサイズははっきりとわかるが、顔の表情まではよくみえない。

――そういう視界でウェスタン・ラリアットをバーンッとぶち込むのですね。

ハンセン まあ、そういうことになるな（笑）。だから、一撃必殺なのかもしれないね（笑）。

――ラリアットといえば、一般的にもっとも広く認知されているプロレスの技です。

ハンセン まるでオールドタイマーのインタビューだな。ハーリー・レイスでもリック・フレアーでもいいが、彼らのはなしは決まって「オレはこんなこともした、オレはあんなこともした」だろ。わたしはあのマネだけはすまいと心に誓っていたんだが、気がついたらこんなことをしゃべっている。ダメだな。しかし、わたしが話しているのはリアル・ストーリーだよ。

――スタン・ハンセンは日本でもっとも成功したガイジン・レスラーだと思いますか。

ハンセン なんてひどい質問なんだ。NO。ノー、ノー、ノー。それに自分で自分をジャッジすることはできない。

――この国でいちばん有名なガイジンのひとりです、まちがいなく。

ハンセン 自分自身のなかにコンフィデンスconfidence（自信）を持たなければならない。それは大切なことさ。日本のファンはきっとわたしのことをずっとおぼえていてくれるだろう。しかし、わたしはわたしがイチバンだとは思わない。わたしのまえにはザ・デストロイヤーというスーパースターがいただろ。そのまえはフレッド・ブラッシーがガイジン・スターだった。アブドーラ・ザ・ブッチャー。タイガー・ジェット・シン。ドリー&テリー・ファンク。それはそれはたくさんいたよ、スーパースターたちが。だれがより偉大なスーパースターだったかは歴史が語ってくれることだろう。

ガイジンだけではなくて日本人のスーパースターたち、リキドーザン（力道山）、ババ、イノーキ（アントニオ猪木）、ジャンボ、すべてのスーパースターは時間の経過とともにその功績を再評価されていくものなんだと考えたい。歴史年表のなかのあるピリオドにおいて、わたしはメインイベンターとして日本のリングに上がっていた。それだけさ。

いま全日本プロレスのリングにいるヤングボーイズ、彼らには彼らの時間が待っている。若さとか体力とか、そういうものはたしかに大切な要素ではあるが、それが必ずしもトップ・タレントのクオリティーを形づくるものではないということさ。そのレスラーのほんとうのキャラクターは経験と時間によって培われるものだということ。

——馬場さんのいない全日本プロレスへのメッセージのようです。

ハンセン　ミスター・ババがパスト・アウェイし、ジャンボも引退。ここ2週間ほど、わたしはわたし自身がこれまで歩んできた道をゆっくりとふり返っている。いろいろな人びとのカム・アンド・ゴー、さまざまなものごとのカム・アンド・ゴーをわたしはここで目撃してきた。しかし、わたしがそれを最後まで目撃しつづけることはない。わたしもまたカム・アンド・ゴー。去りゆく日はやって来る。まるで〝引退インタビュー〟だな（笑）。

——次回の来日は5・5東京ドームですね。

ハンセン　トーキョー・ドームの試合には必ず参加する。ミスター・ババのためのイベントだからな。

——ことしは『99チャンピオン・カーニバル』には出場しませんね。

ハンセン　ドームのあとのことはまだわからない。秋ごろになると思うね。これはわたし個人の希望だが、これからは選んで試合をしていきたい。そして、わたしにそれができるのであるならば、わたしは全日本プロレスの力になりたい。ババの存在とは、ババと彼のまわりにあるすべてのものを指していた。とてつもなく大きいすべてのものをね。

――これからの全日本プロレスはどうなっていくと思いますか。

ハンセン ライフ・ゴーズ・オン Life goes on。ビジネス・ゴーズ・オン。ババがいなくなっても、みんなが全日本プロレスを守っていかなければならない。オールジャパン・ゴーズ・オン。それがエヴォルーション evolution（発展、進化、進歩）さ。

――エヴォルーションですか。

ハンセン レスリング・ビジネスのエヴォルーション。日本という国のエヴォルーション。わたしはこの20数年間、大きな変化の時代をそのまんなかで目撃させてもらい、チャンスをもらい、時代とともに歩んできたつもりだ。必死になって闘ってきたおかげで、ずいぶんいろいろなものをみせてもらったよ。わたしは日本での体験をいつか一冊の本にまとめようと思っている。

――その本には馬場さんがたくさん出てくるんでしょうね。

ハンセン ミスター・ババはミスター・ババらしく、最後の最後まで誇り高く生きたのだろう。オール・ザ・ウェイ・ティル・ジ・エンド All the way 'til the end。ただ、みんなにグッバイをいうタイミングがあまりにも唐突だった。それがほんとうに残念さ。（取材／1999年3月）

ハンセンが語るジャンボ鶴田

スタン・ハンセン／インタビュー

品格を持った人物のアクセプタンスの力

ハンセンとジャンボ鶴田の出逢いは1973年（昭和48年）春。鶴田はアマチュア・レスリングのオリンピック代表選手（ミュンヘン大会＝72年）からプロレスに転向したばかりの新人で、ハンセンもまたプロフットボールからプロレスに転向したてのルーキーだった。若かりしころに〝ファンク王国〟と呼ばれたテキサス州アマリロをいっしょにサーキットし、80年代、90年代と全日本プロレスのリングで数かずの名勝負を演じたハンセンに〝永遠のライバル〟鶴田との思い出を語ってもらった。

――鶴田さんの訃報を知ったのはいつでしたか。

ハンセン　アメリカの時間で火曜（5月16日）の朝だった。NHKの夜のニュースでそれを知った日本の知人から電話があった。たいへんショックだった。

――ウワサとかレスラー仲間たちからの電話とかではなく、すでにテレビのニュースでそれが報道されていたのですね。

ハンセン　たいへんショックを受け、深い悲しみをおぼえた。それから、わたしなりに考えた。彼は病気でレスリングを引退し、学者としてオレゴンへ移り住んだ。わたしは彼の病気のことを知っていたし、当然、彼自身もアメリカ国内で治療の方法を探したはずだろうと。臓器移植に関してはアメリカは先進国だし、一般的な認識というか一般的な理解のレベルも高い。だから、ドナー登録者の数、臓器提供を希望する人たちの数も多い。ドナーの数が足りないとさえいわれている。

――たしか、アメリカでは運転免許証とドナー登録証がセットになっているんですよね。

ハンセン そう、ほとんどの州でね。だから、すべての人がドナー登録について〝イエス〟か〝ノー〟かをはっきりさせる機会が与えられているし、それに対する答えを持たなければならない。臓器提供そのものが社会的に広く認知されている。

――日本ではドナー登録制度がスタートしてまだ3年くらいです。

ハンセン だから、なおさらショックを受けた。いったいなぜ、彼はマニラへ向かったのかと。フィリピンの医療がどのくらいのレベルにあるのかをわたしは知らないが、国の経済力としてはやはりサード・ワールド（発展途上国）といっていいだろう。ああ、状況はそこまで絶望的なものだったのか、彼の病気はそこまで末期的なものだったのかと。

――鶴田さんの病状については、これまで明らかにされていない部分が多かったです。

ハンセン 彼が置かれていたその絶望的な状況をわたし自身の立場に置き換えてみたらどうなるだろう。わたしはこう考えた。プロフェッショナル・レスラーとして働き、それで生計を立て、家族を養う。これが人生だ。その時機がやって来たら引退する。あるいは、リングに上がりつづける。これも人生だな。

——はい。

ハンセン　生きていくことがいちばん大切なのさ。いくらマネーを稼いだとしても、それはそれだけのことなのだ。あの世へは持っていけない。だから、マネー自体にはなんの意味もない。とにかく、生きることだ、家族のために、どんなことをしてでも。全財産を使ってでも、生きつづけることだ。彼にはまだちいさな子どもたちがいた。彼らのためにも生きつづけることだ。それを考えると、ジャンボがどれだけのプレッシャーのなかでもがき苦しんだかは想像するにあまりある。彼とわたしが親友だったかというと、やはりリングのなかでずっと闘ってきた相手だから、大の仲よしだったという表現は使えない。しかし、彼は大切な友人だった。彼とわたしは、プロレスラーとしてデビューしたころからおたがいにおたがいを尊敬していた。

——20数年間にわたって、ですね。

ハンセン　いまでも尊敬している、彼のアクセプタンス acceptance（受け入れること）の力を。彼は病気になってしまった現実を受け入れ、もうリングに上がれない現実、ほかの選手たちよりも先に引退しなければならなかった現実を受け入れ、新しい生活をはじめ、自分の体の絶望的な状況を受け入れた。そして、悲しみを自分のなかにしまい込み、それを多くの人びとに知らせることなく、静かに闘いつづけた。なんて高いクラス＝品格をもった人物なのだろう。

——静かな闘病生活でした。

ハンセン　彼がオレゴンから日本へ戻ってきたことさえ、あまり多くの人には知らされていなかった。そんなことが活字になることを彼は望まなかった。また、友人・知人に心配をかけることを彼は望まなかった。それは彼の人間としてのクラス=品格の高さなのだ。もしわたしが彼と同じ立場だったら、わたしが彼のようにふるまえたかどうか。わたしにはそんな自信はないよ。ミスター・ババが亡くなったあと、なぜ彼はそんなに引退を急ぐのか、わたしには理解できなかった。いまになって考えてみると、まあ、これはわたしの想像なんだが、彼は彼の残された時間を彼自身がいちばんいいと考える方法でハンドリングしたんだな。

――鶴田さんの引退宣言は、馬場さんが死去したすぐあとでしたね。

ハンセン 家族を連れてオレゴン州ポートランドへ引っ越して、それからの毎日をすばらしい日々にしようとしたのだろう。毎日がワンダフル・デーでありますように。こんなことをするのがハッピー。あんなことをするのがハッピー。生きていることがハッピー。太陽の光がまぶしくて、バラの香りがうるわしい。子どもたちといっしょに散歩にいこう。でも、残された時間は限られていた。

――〝強い人間〟です。

ハンセン 奥さんも強い人なのだろう。ジャンボをテイクケアして、子どもたちをテイクケアして、この状況そのものをテイクケアして。奥さんにもそうとうのプレッシャーがかかっていたと思う。そういう意味では、ジャンボはそういう人といっしょにいられて幸運だったといえるかもしれない。

――鶴田さんと初めて出逢ったのはいつでしたか。アマリロ時代ですか？

ハンセン 73年の春か夏だったと記憶している。わたしのデビューが73年1月1日で、それからすぐにフロリダのサーキットに出て、ドリー・ファンク・シニアが亡くなって（73年6月3日、テキサス州アマリロの自宅で心臓発作で死去）、またわたしがアマリロに戻ってきたときにジャンボと初めて会った。よくいっしょにジムへ通ったよ。彼は体は細かったし、あまりそんなふうにはみえなかったが、ベンチプレスではわたしよりも重いウエートをかんたんに持ちあげていたよ。びっくりしたね。だから、それはよくおぼえている。彼はオリンピック（72年＝ミュンヘン）に出たすぐあとで、グッド・シェープだった。

——ナチュラル・パワーですね。

ハンセン　彼はまだジャンボではなくて、トミー・ツルタだったけどね。

——年齢も同じくらいでしたね。

ハンセン　わたしのほうが一歳下だった。ジャンボがオリンピック・レスラーだったということで、アマリロのショーでアマチュア・スタイルのエキシビションがおこなわれたことがあったんだが、そのときリング上で彼のスープレックス技の〝実験台〟になったのがわたしだった。〝投げられ役〟だよ（笑）。

——鶴田さんのデビュー当時の売りものは4種類のスープレックスでした。

ハンセン　当時（70年代前半）はああいうスープレックスをプロのリングで使う選手はまだめずらしかったから、ボランティアとしてよくわたしが観客のまえで投げられた。いちばん恐ろしかったのはベリー・トゥー・ベリー（フロント・スープレックス）だった。

——再会を果たしたのは全日本プロレスのリングでした。

ハンセン　１９７５年（昭和50年）の秋、わたしが初めてオールジャパンのリングに上がったときのことだ。もう、25年もまえのことか。

――そして、10年、20年、25年と闘いつづけた。

ハンセン もしも、まあ〝ｉｆ〟という選択肢はないんだが、もしも、ジャンボが病気にならなければ、ミスター・ババが健在だったら、オールジャパンはどういう道をたどっていったのだろうか。そんなことをふと考えるときがあるよ、わたしはこのリングでいろいろなものをみてきたからね。たくさんのレスラーがこのリングを通過し、また去っていった。ガイジンだけじゃなくて、日本人選手も含めてね。……フューネラル（葬式）はいつだったんだ？

――ご遺族の希望で、昨日、密葬という形でおこなわれました。

ハンセン そうか、もう終わってしまったんだな。家族がそれを望んだのなら、きっとそれがベストなのだろう。そういえば、〝10カウント〟のゴングは鳴らさないのか？

――6月9日の日本武道館大会で予定されています。

ハンセン 〝10カウント〟のゴングというと、わたしはブロディ（ブルーザー・ブロディ）が死んだときのことを思い出してしまうんだ。そうか、ブドーカンのリングか。ブロディ、ミスター・ババ、そして、ジャンボ。みんな、アンエクスペクテッド unexpected（予期せぬ形）で去っていってしまった。なんだか、わたしだけが残されてしまったような気がする。

――……。

ソー・メニー・イヤーズ、ソー・メニー・マッチス

ハンセン わたしはリングの上では死にたくない。ミスター・ババはリングの上で死んだのさ。彼はだれよりもレスリングを愛し、最後の最後までリングに上がりつづけることを望んだ。わたしにとっても、やっぱりレスリングはすばらしい選択だった。必死で闘ってきたんだ。しかし、人生にはレスリングよりほかにもっともっと大切なことがあるんじゃないか。そんなことばかり考えているんだ、ここのところ、ずっとね。おっと、ジャンボとはあまり関係のないはなしになってしまったな。

——かまいません、つづけてください。

ハンセン ジャンボがそうだったように、わたしにも息子たちがいる。ジャンボの子どもたちと同じ年ごろのね。だから、彼が亡くなったことを知ったとき、なによりも先に彼の子どもたちのことが頭に浮かんだ。

——ハンセン選手の息子さんたちはいまおいくつになったのですか。

ハンセン シェイバーは12歳で、サムが9歳。ほんの数日まえにジャンボの訃報を知って、わたしにとって、わたしの家族にとってプライオリティー（優先順位）とはなにかをじっくり考えた。いまわたしはなにをすべきなのかと。オールジャパンはわたしを大切にしてくれたし、オールジャパンがわたしを必要とするあいだは、わたしもこのリングに上がりつづけたい。さあ、もっとジャンボのことを語ろうじゃないか。

——はい。

ハンセン 彼とわたしには〝2セット〟のメモリーがある。ひとつはグリーンボーイ時代の思い出。もうひとつは、ライバルとしての思い出だな。いまになって思い出すのは、わたしたちふたりがまだ若かったころ、アマリロで過ごした時間のことばかりだがね。不思議と試合のことはあまり思い出さない。

――〝2セット〟のメモリーというのはいいですね。

ハンセン　ジャンボはプライベート・パーソンだった。ひとりでいる時間、リングを離れての時間をとても大切にしていた。レスラー仲間とわいわいやるのはあまり好きじゃなかったんじゃないかな。わたし自身もそうだから、彼のそういうところは理解できる。いつも仲間たちと群れている必要はない。ツアー中も試合のあとで食事に出ることはあっても、外に遊びにいったり、お酒を飲みにいったりすることはなく、食事がすんだらすぐにホテルに帰ってきて、あとは自分の部屋にいたほうがいい。まあ、トシをとったせいかもしれんがね。

――日本で鶴田さんと〝接触〟することはありましたか。

ハンセン　あれは2、3年まえじゃないかな。こんなことがあった。ジャンボがリングに上がって試合をすることがめずらしくなってからのはなしなんだが、たしかナガサキ（長崎）だったと思う。彼はもうツアーに同行しなくなっていたが、それでもたまにひょっこり現れた。試合が終わって、食事をするところを探そうと思って、わたしはひとりで外に出た。しばらく歩いて、中華料理店をみつけた。店に入ると、まあ店のなかには客は5、6人しかいなかったんだが、そこにジャンボがいて、彼もひとりでそこで食事をしていたんだ。

――なんか、ロード・ムービーのワンシーンみたいですね。

ハンセン　わたしは彼が座っている場所からちょっと離れたところのテーブルに座り、メニューを読み、食事を注文した。わたしたちはなにもことばを交わさなかった。食事を終えた彼が先に席を立ち、レジのところでお金を払いながら、こっちを向いてちょっとだけ手を振り、それから店を出ていった。それは彼の〝選択〟であり、同時にまたわたしの〝選択〟でもあった。わたしは彼を理解し、彼もわたしのことを理解していた。彼はホテルの自分の部屋に帰って家族に電話をかけるんだろうし、わたしもそうだしね。夜中までどこかのバーでビールを飲みたいなんて思わない。これはわたしとジャンボが同じくらいの年齢だということとも関係しているかもしれないね。

――鶴田さんは自分の時間、プライベートな時間を重んじた。ハンセン選手もまたご自分の時間、プライベートな時間を重んじている。だから、おたがいをよく理解できた。

ハンセン　わたしはリアリスト realist（現実主義者）だ。ジャンボが病気になって最初にリングを離れたのはいつだった？

――1992年（平成4年）1月です。

ハンセン　それから約1年後にカムバックしてきたんだな。リングの上であまり激しい動きをしないように、体をいたわりながら、周囲を気づかいながら闘っていたのがはっきりとわかった。だが、どうしてそこまでしてリングに上がるのか。なにが彼をそうさせるのか。なぜ？　わたしはリアリストだから……。おっと、またわたしのことを話してしまった。そういえば、ジャンボといっしょに記念撮影した写真がどこかにあったなあ。

――いっしょに撮った写真ですか？

ハンセン　そう、わたしがまだニュージャパン（新日本プロレス）のリングに上がっていたころ、彼がわざわざ京王プラザホテルまで訪ねてきてくれてね、そこで並んでいっしょに写真を撮った。これはわたしがニュージャパンからオールジャパンに移籍したこととはまったく関係なく、ほんのプライベートな時間としてね。アマリロ時代は、彼がわたしの家に来て、いっしょに食事をしたことも何度かあったよ。それから、わたしはアマリロからフロリダのサーキットに戻り、何カ月かたってまたアマリロに戻ってきたときは、彼はもう日本に帰ったあとだった。

あんなことがあった、こんなことがあったというアイテムははっきりと記憶しているんだが、それがどういう順番だったかはよく思い出せないんだ。試合のこともそうなんだ。どっちのタイトルマッチが先で、どっちのタイトルマッチがあとだったかがあまりはっきりしないね。ソー・メニー・イヤーズ、ソー・メニー・マッチス So many years, so many matches。どちらかといえば、勝った試合より負けた試合、いい試合よりも自分自身に納得がいかなかった試合のほうがよくおぼえているね。

――インターナショナル王座、ＰＷＦ王座、ＵＮ王座の３本のチャンピオンベルトが統一されて初めて〝三冠〟になったのも、やっぱりハンセン選手と鶴田さんのタイトルマッチでした。

ハンセン　それは何年だったかな？

――１９８９年（平成元年）４月です。

ハンセン　わたしは〝ジャンボ鶴田〟という偉大なプロレスラーと試合ができたことを誇りに思っている。そして、ミサワ（三沢光晴）、カワダ（川田利明）、コバシ（小橋建太）といったその次の世代のレスラーたちがスターになる過程をいっしょに体験できた。体験できたというか、わたしがそこにいたことを誇りに思っている。ひょっとしたら、わたしがそこにいることが彼らのプロレスラーとしてのキャラクター・デベロプメント character development（人格形成）のヘルプになったのではないかとも考えている。それはわたしのプロレスラーとしてのプライドだ。彼らはわたしと闘うことで、わたしと闘いながらメインイベンターになっていった。

――〝プロレスラーとしての人格形成〟というのはすばらしい表現ですね。

ハンセン　こうやって1年に何度も何度もアメリカと日本を往復することが習慣になっているだろ。長い長い時間が経過し、いろいろなことが起きた。こうしてまたツアー（シリーズ興行）がはじまる。わたしはわたし自身にこう問いかける。ミスター・ババはほんとうに死んでしまったのか。それとも、このツアーを休んでいるだけじゃないのかと。

――そういう感覚ですか、やはり。

ハンセン　もちろん、ミスター・ババがもうここにいないことはちゃんとわかっているさ。だけど、アリーナのなか、ドレッシングルーム、そこにもあそこにもミスター・ババがいるような感じなのさ。そういうフィーリングは失ってはいけないと思うね。

――親しい人の死、ですか。

ハンセン　ジャンボがもういないということも信じにくいね。だれでもいつかはここを去っていかなければならないんだが。いずれ〝肉体〟は墓場へ行かなければならない。人間の時間は限られたものなんだ。（取材／2000年5月）

ハンセンが語るスタン・ハンセン

スタン・ハンセン／インタビュー

スーパースターが引退を決意した理由

日本のプロレスファンにもっとも愛されたガイジン・レスラーは、だれがなんといおうとスタン・ハンセンである。初来日は1975年（昭和50年）9月だから、四半世紀にわたりこの国のレスリング・シーンの〝主役〟をつとめてきたことになる。ハンセンは「もう二度とリングに上がることはない」と口をへの字に曲げる。満51歳になったハンセンは、いまやっとみずからの〝時間〟について語りはじめた。27年間の現役生活はほんの一瞬のできごとのようだったという——。

——ご家族そろっての来日はたいへんめずらしいですよね。

ハンセン　長男のジョンは何回か来ているんだが、長女のペイジと下のふたり、シェイバーとサミュエルは日本をよく知らない。彼らにこの国をよくみてもらいたかったし、わたしがいままでどんな仕事をしてきて、〝スタン・ハンセン〟とはなんであったかを教えておこうと思ってね。まあ、これがほんとうに最後のチャンスだから。

——引退試合をおこなわず、セレモニーだけでリングを降りることになってしまいましたが。

ハンセン　引退するつもりなんてなかったんだ。昨年の11月まではね。体がどうも思うように動かなくなって、ついにその瞬間がきたのではないかと考えるようになった。

――昨年あたりから引退についてあれこれお考えになっていましたよね。

ハンセン　その時機が迫ってきていることはわかっていた。ここ2年ほど、ヒザのぐあいが悪くてね。

――両ヒザですよね。

ハンセン　それでも、ほんのちょっとまえまではリングに上がってしまえば〝スタン・ハンセン〟としての仕事ができた。わたしのなかのスタンダード＝一定の水準を満たすレスリングがね。ところが、思ったように体が動かせなくなるとそのスタンダードに手が届かなくなった。そうなったら、わたしはもうリングに上がることはできない。病院でフィジカル・チェックを受け、両ヒザの手術を受けることになった。悪いのはヒザだけかと思ったら、背骨のよこにシスト（腫瘍）ができていて、それも手術で除去してもらった。ちいさなデキものといっても脊柱のなかにできた腫瘍だから、このまま放っておくともっと悪い病気になる可能性だってある。その時点でわたしはすでに引退を決意していた。

――手術がおこなわれたのは？

ハンセン　昨年の11月。引退については、名古屋でテンルー（天龍源一郎）と闘った試合（10月21日＝三冠王座決定トーナメント準決勝）のあと、はっきりとわかったんだ。わたしにはもうできない、とね。

――馬場さんの死、同期の鶴田さんが亡くなったことが引退の気持ちを強くさせたのでは？

ハンセン　わたしの順番がすぐそこまできていたことはわかっていたさ。しかし、だからこそ、2001年をわたしのレスリング生活のファイナル・イヤーと考え、もうひとがんばりしてみようかという選択肢がなかったわけではない。しかし、ここ10週間で状況が変わったんだ。手術を受け、両ヒザにメタルとプラスティックのプレートを埋め込んだ。それから背骨の手術をした。レスリングはやめなさい、と神様が忠告しているんだから、そうするしかない。いまはヒザのぐあいはひじょうにいい。ドクターも驚くくらい回復が早くて「またリングに上がるなんていわないでしょうね」と心配している。しかし、試合をやってこのヒザを壊してしまうと、こんどは治療する方法がない。車イスに乗るようにはなりたくないからね。

――今後、数カ月間はリハビリですか。

ハンセン リハビリはずっとつづけている。あんまり回復が早いので、ドクターがリハビリのメニューをつくるのが間に合わないくらいだ(笑)。ヒザの関節症は老人にとくに多い病気なので、病院のほうでも老人向けのリハビリ・プログラムしか用意していなくてね。ドクターからはなにも心配はないといわれている。持病のヒザがよくなったことには感謝しないと。二度とリングに上がらないことが条件だがね。

――二度とリングには上がらない?

ハンセン ネバー。わたしがリングに上がることはもうない。

――27年にわたる現役生活のうちの25年間を日本のリングで過ごしました。

ハンセン わたしは日本のリングを選択したんだ。3週間のツアーがあって、3週間のオフがある。アメリカへ帰ったらレスリングのことを考えず、ただ家にいること。アメリカ国内ではいっさい試合はしない。そういうライフスタイルを与えてくれたミスター・ババに感謝したい。

――80年代後半から90年代にかけては年間8シリーズにフル出場していましたね。

ハンセン　ミサワ（三沢光晴）、カワダ（川田利明）、コバシ（小橋建太）、わたしよりも10歳以上も若いレスラーたちと闘ってきた。彼らは20代後半から30代前半で、わたしはもう40代に手が届いていた。われながらよくやったと思う。

――初来日は1975年（昭和50年）9月でした。

ハンセン　デビューから2年半。わたしはまだ26歳だった。

――髪の色はブロンドでした。

ハンセン　あれは染めていたんだ。ブロンドヘアのバッド・ガイ（爆笑）。口ひげはもともとブロンドなんだがね。

――ブロンドの髪以外は、その口ひげもアゴのラインも、それからテンガロン・ハットもずっと変わっていません。

ハンセン　コスチュームもずっと同じだろ、黒のタイツも。ブロンドの髪はテリー・ファンクとハーリー・レイスの影響だったんだと思う。当時はヒールはみんな金髪だったから。髪を染めるのをやめたのは78年ごろだったかな。

中学校教師からプロレスラーへ

――引退セレモニーのスピーチでは日本と日本のファン、全日本プロレス、馬場さん、馬場元子社長、ジャンボ鶴田さんをはじめとする数かずの日本人レスラーたち、親友でありタッグ・パートナーだったブルーザー・ブロディ、そして師匠テリー・ファンクへの感謝の意を表していましたが。
ハンセン　わたしの正直な気持ちをストレートにことばにしたつもりだ。
――テリー・ファンクへの感謝の気持ちとは？
ハンセン　テリー・ファンクがわたしをレスリングの世界に導いた。彼がわたしをプロレスに引っぱり込んでくれたのさ。ウエスト・テキサス大学（テキサス州アマリロ）に在学中、わたしは何人もの友人から「ユーはテリー・ファンクによく似ているなあ」といわれた。テリーもウエスト・テキサス大フットボール部出身だから、よくそのことが仲間内で話題になった。フットボールをやっている連中にプロレスファンは多いしな。
――テリーとの運命の出逢いがあった。
ハンセン　ある日、フットボール部のチームメートたちといっしょにわたしはアマリロの体育館に試合を観にいった。リングサイド席はたったの3ドルで、わたしたちはそれをさらに半額にしてもらい、1ドル50セントでアリーナに入れてもらった。いつも10人くらいの仲間といっしょに試合を観にいったもんさ。試合がはじまる3時間もまえからバーに陣どって、ビールをたらふく飲んで、試合になるとリングサイド席に座ってテリーを応援した。彼は大学の先輩というだけでなく、名門フットボール部の先輩。わたしはまだただの学生だった。
――テリーからプロレス入りを勧められたのですか。
ハンセン　まあ、そういうことだな。だが、そのころのわたしはプロフットボールの選手になることだけを考えていた。大学を卒業後、わたしはフットボール（ボルティモア・コルツとサンディエゴ・チャージャーズ）の道にすすみ、それから2年後、中学校の教師になった。

――プロレス入りまでややブランクがあったわけですね。

ハンセン　わたしの父親が町でドリー・ファンク・シニアとばったり会った。そこで「スタンはどうしている？」というはなしになった。わたしは運動選手だから、やはりプロのアスリートになりたいという気持ちが強かった。ドリー・シニアはわたしにレスリングをやらせたかったのだろう。

――そして、テリーと再会を果たした？

ハンセン　ファンク親子はあまり弟子をとらないタイプのプロモーターだった。わたし、テッド・デビアス、ちょっと先輩ではダスティ・ローデス、ボビー・ダンカンがいたな。新人の指導には熱心ではなかったが、彼らがスカウトして育てた選手はみんな一流になったと思うね。ブロディもウエスト・テキサス大在学中にレスリングに興味を持ったんだが、結果的にはフリッツ（フリッツ・フォン・エリック＝テキサス州ダラス）のテリトリーでデビューした。

――師匠であるテリー・ファンクとついにいちどもタッグを組まなかったのはなぜでしょう。

ハンセン　ずっと、タッグを組むこともなかったし、試合をすることもなかった。彼と闘うようになったのは、わたしがオールジャパンのリングに上がるようになってからのことさ。わたしは彼をリスペクト respect（尊敬）し、彼もわたしをリスペクトしている。彼は彼自身がレスリングの手ほどきをしたステューデントのひとりとしてわたしを誇りに思っていてくれるだろうし、わたしも偉大なるティーチャーとして彼を誇りにしている。

――どうして〝味方〟ではなく〝敵〟という立場をとりつづけたのですか。

ハンセン　それは彼もわたしもプロレスラーだからだ。ドリー&テリーよりもハンセン&ブロディのほうがちょっとだけ若くて、彼らは彼らで守らなければならないポジションがあった。上にいる世代と下から上を狙う世代のぶつかり合い。そこにはアスリートとしてのきわめてシリアスな競争意識があった。いつまで〝そこ〟にいるんだ、もうどいてくれ、という気持ちがあったからね。

——そういうものですか。

ハンセン　それから10年くらいたって、90年代のなかばにテリーと会話するチャンスがあった。彼はそのとき「お前もトシ食ったなー」といった。そうなんだ、わたしもトシなんだ。

——それだけの時間が経過してしまったということなんでしょうね。

ハンセン　オールジャパンとニュージャパン（新日本プロレス）が協力し合う時代になったんだ。ミスター・サカグチ（坂口征二）がセレモニーに来てくれたのはうれしかったね。

——新日本プロレスも思い出のリングですね。

ハンセン　ニュージャパンはわたしに大きなチャンスを与えてくれた最初のレスリング・カンパニーだった。わたしはそれほど期待されていなかったと思うんだ、ガイジンのスターとしては。チャンスを与えられたわたしはがむしゃらに闘った。アントニオ・イノーキと闘い、アンドレ・ザ・ジャイアントと闘った。

——若い世代のファンは、ハンセン選手とアントニオ猪木のかつての死闘を知らないと思います。

ハンセン　ミスター・イノキとはロサンゼルスから成田に向かう飛行機で何度かいっしょになって、ゆっくりとおしゃべりをする機会があった。彼はオールド・スクールの最後のプロモーターなんだ。

元気で、忙しそうで安心した。

――引退セレモニーでは黒のテンガロン・ハット、ジャケット、ウエスタン・シャツといういでたちでしたね。やっぱり、ネクタイは締めていなかった。

ハンセン　わたしにとってはあれが最高にドレスアップした姿ですよ。もちろん、なにを着ていけばいいんだろうと真剣に悩んで、ああいうスタイルになった。〝スタン・ハンセン〟らしくね。

――来日回数が通算131回というのはご存じでしたか。

ハンセン　自分では数えたことはないが、100回めの来日のときにオフィス（全日本プロレス）がお祝いをしてくれたので、それから意識するようになった。10年有効のパスポートを2、3回、更新したのと、ビザのスタンプ、出入国のスタンプを押すスペースがなくなってパスポートのページを増やしたことが何度かあった。

――リング上でのスピーチでは「全日本プロレスが自分を必要とするときは必ず帰ってくる」といったくだりがありましたが。

ハンセン　オールジャパンのリングに帰ってきて試合をしようというのではなくて、わたしになにかできることがあればぜひお役に立ちたいという意味でね。

――引退後というか、これからの具体的なプランは？

ハンセン　これは記者会見でもしゃべったことだが、下の息子たちが通っているハイスクールでフットボール、バスケットボール、ベースボールのコーチをすること、教壇に戻って地理の先生になることなどを考えている。これが基本的なプラン。しかし、レスリングのない暮らしがどういうものなのか、いまはまだ想像できない。ひょっとしたら、わたしはレスリングなしでは生きていけない人間なのかもしれない。わたしはプロレスラーとしてデビューしたとき、3つのゴールを設定した。

――3つの目標ですね。

ハンセン わたしはこういう目標を立てた。まず、3年以内にメインイベンターになれなかったら学校の先生に戻ろうと。

――その目標がどうなりました？

ハンセン デビューしてから3年でわたしはWWF（現在のWWE）のリングに立っていた。だから、ふたつめのゴールを設定した。30歳の誕生日までにたくさんマネーを稼いで、さっさと引退して、地元に帰り、ハイスクールのフットボール部のコーチにでもなろうと思った。しかし、あっというまに30歳の誕生日が来てしまい、31歳のときにわたしはニュージャパンのリングに上がっていた。グッド・マネーを稼げるようになっていたし、わたし自身、プロレスラーとしてプライムタイムを迎えようとしていた。時間がものすごいスピードで動きはじめた。わたしはふたつめの目標を忘れ、体力のつづく限りリングの上で闘いつづけるという3つめのゴールを設定した。

――そして、気がついたら25年間も日本のリングで闘いつづけていた。

ハンセン こんなに長くレスリングをつづけることになるとは思っていなかった。体力的にピークを過ぎてもリングに上がるレスラーたち、死ぬまでリングに上がろうという男たちをわたしは非難するつもりはない。ただ、わたしはファンのみなさんに強かった〝スタン・ハンセン〟をおぼえていてほしい。わたしのなかのスタンダード、……フィジカル・スタンダードのことはもう話したよね。

――アスリートとしての〝一定の水準〟ですね。

ハンセン　そうだ。そのフィジカル・スタンダードを満たすレベルのレスリングができなくなったら、わたしはリングへは上がれない。ミスター・ババがそうであったように、わたしも年に数試合ならばわたし自身が納得できるレスリングを観客のまえでやってみせることができるかもしれない。ひょっとしたら、いまでもカワダを相手にすごいシングルマッチが闘えるかもしれない。しかし、ツアー（シリーズ）に参加して毎晩のようにそういう試合をすることはもうできない。わたしのなかのスタンダードを満たすレスリングはできない。だから、むずかしい決断ではなかったよ。

――それが引退の理由なんですね。

ハンセン　10年くらいまえにもユーには同じことを話したと思うよ。日本のレスリングとアメリカのレスリングはまったくちがうものなんだ。消耗度の差とでもいえばいいのかな。アメリカ人のレスラーが日本に来て、さあ試合をやってみろといわれても、これはだれにでもできることではないんだ。

引退後のハンセン

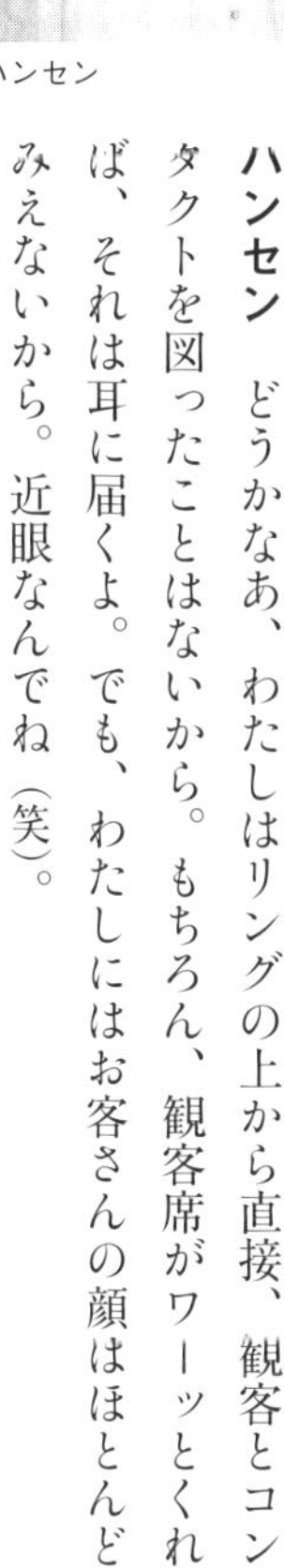

――観客の意識のちがいはありますか。

ハンセン　どうかなあ、わたしはリングの上から直接、観客とコンタクトを図ったことはないから。もちろん、観客席がワーッとくれば、それは耳に届くよ。でも、わたしにはお客さんの顔はほとんどみえないから。近眼なんでね（笑）。

――やっぱり、それも関係ありますか。

ハンセン　眼鏡をとると、ユーの顔はぼんやりみえるが、表情はわからない。わたしの場合、この近眼が役に立ったんだと思うね。あまりよくみえると観客の反応ばかり気になってしまうだろ。リングの上では半径2メートル以内の視界で相手と闘うことだけを考えればいい。観客の顔はみえない。そのほうが集中力が高まる。

――アメリカと日本のちがいという点で、ほかにはなにかありますか。

ハンセン 日本の観客はコンペティション competition（競争・競技）を楽しもうとしているんだ。たとえば、わたしとコバシがシングルマッチで闘ったとしよう。観客はさっきまでコバシの応援ばかりしていたのに、ある瞬間にはわたしを応援する側にまわる。声援がシーソー・ゲームになる。試合そのものをエンジョイしているんだ。

――日本のリングではベビーフェース、ヒールの区別がそれほどはっきりしていません。

ハンセン それはミスター・ババとオールジャパンがつくった伝統ではないかと思うね。オールジャパンは大きな海を航海する船なんだ。ミスター・ババがいて、ジャンボがいた。わたしはババと闘い、ジャンボと闘った。ミサワ、カワダ、コバシら新しい世代のレスラーたちが現れた。ジャンボとミサワが闘い、ジャンボが敗れた。そして、そこにわたしが立っていた。わたしはミサワ、カワダ、コバシらと闘った。結果的に彼らと闘いつづけることがわたしにとって大きな仕事になった。そして、彼らはわたしに勝った。

――まさにコンペティションですね。

ハンセン 彼らがわたしと闘わずにオールジャパンのメインイベンターになったとしたら、観客はだれも彼らの実力を信じなかっただろう。テリー・ファンクとわたしの関係と同じで、おたがいのポジションを逆転させるようなコンペティションがあってこそ闘いにモチベーションが生まれる。イージー・サクセスはレスラーにも観客にもよくない結果をもたらす。

——最後に、引退セレモニーでご自分のための〝10カウント〟のゴングを聞いたとき、どんなお気持ちでしたか。

ハンセン　じつは〝10カウント〟のことはすっかり忘れていたんだ。わたしがこれまでに体験した〝10カウント〟はミスター・ババ、ジャンボ、ブロディ、それからオークマ（大熊元司）、モンキー（ハル薗田）といつもだれかの死を思い起こさせるものだった。だから、わたしのための〝10カウント〟といわれてもあまりピンとこなかった。

——日本のファンへのメッセージを。

ハンセン　わたしはプロレスラーとしても、人間としても、すばらしい人生を神様から与えられた。日本のファンのみなさまに感謝します。そして、レスリングだけでなく、なにかわたしにできることがあればこの国でみなさんのお役に立てるようなことがしたいと考えています。また日本に帰ってきます。有名人としてではなく、みなさんの友人として。

（取材／2001年1月）

ブルーザー・ブロディは〝NOといえる〟団塊世代の芸術家

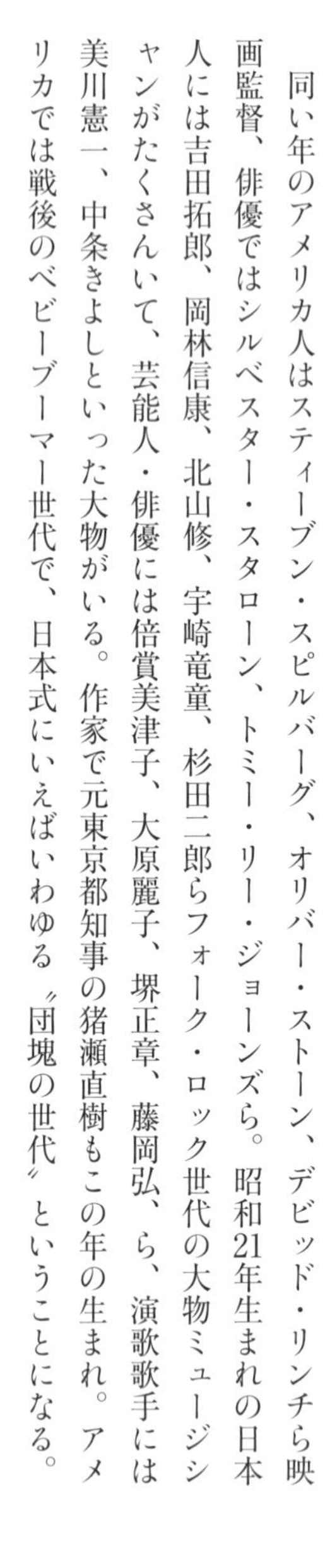

あくまでも〝IF〟のおはなしではあるけれど、もしもブルーザー・ブロディが生きていたらいまごろ70歳になっていた。本名はフランク・ドナルド・グディッシュ。1946年6月18日、ペンシルベニア州ピッツバーグ生まれで、ミシガン州デトロイト育ち。日本でのニックネームは〝超獣〟で、完全無欠の必殺技は――リング上の対角線を走りこんでの――助走つきのキングコング・ニードロップ。アメリカでは、土地によってブルーザー・ブロディ、キングコング・ブロディというふたつのリングネームを使い分けていた。

ブルーザ・ブロディ

同い年のアメリカ人はスティーブン・スピルバーグ、オリバー・ストーン、デビッド・リンチら映画監督、俳優ではシルベスター・スタローン、トミー・リー・ジョーンズら。昭和21年生まれの日本人には吉田拓郎、岡林信康、北山修、宇崎竜童、杉田二郎らフォーク・ロック世代の大物ミュージシャンがたくさんいて、芸能人・俳優には倍賞美津子、大原麗子、堺正章、藤岡弘、ら、演歌歌手には美川憲一、中条きよしといった大物がいる。作家で元東京都知事の猪瀬直樹もこの年の生まれ。アメリカでは戦後のベビーブーマー世代で、日本式にいえばいわゆる〝団塊の世代〟ということになる。

ブロディはホームタウンのミシガン州デトロイト郊外ウォーレンのハイスクールを卒業後、フットボール奨学金でアイオワ州立大に進学したが、単位不足で奨学金をはく奪され、ドリー&テリーのザ・ファンクス、ダスティ・ローデスらが在籍したウエスト・テキサス州立大に転学した。同大中退後、1968年にワシントン・レッドスキンズ(NFL)と契約したが、ヒザのケガで2シーズンで解雇され、その後はエドモントン・エスキモーズ(CFL)、サンアントニオ・トロス(独立リーグ)に在籍。サンアントニオのジムでトレーニング仲間だったアイバン・プトスキー(ジョー・ベナーツキー)からプロレス転向を打診されたという。

ブロディが現役選手として活動したのは1973年から1988年までの約16年間。プロフットボールを経験したため、プロレスラーとしてのデビューは27歳とかなり遅かった。デビュー当時のリングネームはフランク〝ザ・ハンマー〟グディッシュで、ルーキーとしてオクラホマ-ルイジアナのNWAトライステート地区(リロイ・マクガーク派)をサーキット中にウエスト・テキサス州立大フットボール部時代のチームメートだったスタン・ハンセンと再会してタッグチームを結成。約1年間、同地区認定USタッグ王座として活躍した。ハンセンは1949年生まれだから、年齢ではブロディのほうが3歳上だった。

ハンセンとのコンビをいったん解散後、ブロディはNWAダラス(フリッツ・フォン・エリック派)、NWAフロリダ(エディ・グラハム派)に転戦。フロリダで〝殺人鬼〟キラー・コワルスキーと出逢い、コワルスキーの紹介でニューヨークにブッキングされ、WWE(当時はWWWF)でビンス・マクマホン・シニアからブルーザー・フランク・ブロディという新リングネームを与えられた。ブロディのキャラクターをプロデュースしたのがビンス・マクマホンの父マクマホン・シニアだったという事実はひじょうに不思議な感じがする。

ブロディに変身したブロディは、ニューヨークのマディソン・スクウェア・ガーデン定期戦のメインイベントでブルーノ・サンマルチノが保持するWWEヘビー級王座に2カ月連続で挑戦（1976年9月4日、同10月4日）。そのまま翌1977年1月まで東海岸エリアをサーキットしたが、マッチメーカーのゴリラ・モンスーンと衝突してWWEを解雇された。マクマホン・グループの〝ブラックリスト〟に載ったブロディは、アメリカ国内でのブッキングを妨害されたため、その後、オーストラリア－ニュージーランドのリングに活動の場を求めた。

オーストラリア－ニュージーランドの南半球エリアに滞在中、ブロディは〝心の師〟となるキング・カーティス・イアウケアと遭遇し、将来の妻であり最愛の息子ジェフリーの母親となるバーバラさんと出逢った。ブロディのトレードマークとなるソバージュのロングヘアと伸ばし放題のヒゲ、動物のような〝ハフ、ハフ、ハフ〟という雄叫び、リング上を歩きまわる独特のリズム、手の甲をなめるしぐさ、トランス状態のような眼光とそのコントロールはイアウケアから伝授されたものだった。

これもまた〝ＩＦ〟の仮定になってしまうが、ブロディがこのとき南半球に足を運んでいなかったとしたら、ブロディはブロディとしての〝自我〟にめざめていなかったかもしれないし、その後、アメリカではなく日本をホームリングに選択することもなかったかもしれない。

「わたしはメインイベント以外の試合はしない」

ブロディは16年間の現役生活のなかのピークにあたる約10年間を日本のリングで過ごした。初来日は1979年（昭和54年）1月。キャリア6年、32歳だったブロディはメントアmentor（助言者）のイアウケア、ブロディの数少ない理解者のひとりといわれた〝鉄の爪〟フリッツ・フォン・エリックとともに全日本プロレスの『新春ジャイアント・シリーズ』に参加した。

全日本プロレスの常連外国人選手として活躍した〝第1期〟は79年1月から1985年（昭和60年）3月までの6年2カ月間。同月、新日本プロレスに電撃移籍するが、その年の12月、『85IWGPタッグ・リーグ戦』最終戦をボイコットし帰国。翌1986年（昭和61年）8月、いったん新日本と和解したが、同年11月の『86ジャパン・カップ争奪タッグ・リーグ戦』出場を一方的にキャンセルして同団体と絶縁。それから1年後の1987年（昭和62年）11月、『87世界最強タッグ』開幕戦から古巣・全日本にUターンした。

全日本プロレスから新日本プロレスへの移籍の理由は「わたしはメインイベント以外のポジションでは試合はしない」というもので、新装オープンしたばかりの両国国技館での初めてのビッグマッチ（85年3月9日）のメインで、このときが初来日のロード・ウォリアーズがジャンボ鶴田&大龍源一郎が保持するインターナショナル・タッグ王座に挑戦し、ブロディの試合が〝前座〟にレイアウトされたことが直接の原因といわれた。

ブロディの実力――というよりもその商品価値――は、ブロディから3カウントのフォール勝ちをスコアした日本人レスラーがジャイアント馬場とジャンボ鶴田のふたりだけだったというその特異な〝戦績〟が証明している。

馬場はシングルマッチで2度、ブロディにフォール勝ちしている。最初はブロディの2度めの来日時で、ブロディが馬場のPWFヘビー級王座に挑戦した60分3本勝負（80年1月22日＝長野）。1－1のタイスコアのあと、馬場がブロディをフォールして王座防衛。2度めは『第9回チャンピオン・カーニバル』決勝戦（81年4月23日＝大阪）で、このときは馬場がめずらしいフライング・ボディーシザース・ドロップ（空中胴締め落とし＝テーズ・プレス）にトライし、43歳の馬場さんが34歳のブロディから速攻のフォールを奪った。

アントニオ猪木とのシングルマッチは85年4月から86年9月にかけて合計7回おこなわれたが、戦績は2勝2敗3引き分け。いちども完全決着はつかなかった。わかりやすくいえば、〝80年代の猪木〟でさえブロディからフォール勝ちをスコアすることはできなかったということである。

プロレスというジャンルの成り立ちのようなものが比較的、オープンに議論されるようになったいまだからこそ、ブロディの〝戦績〟は再評価され、考察されるべきだろう。結論からいえば、ブロディはプロモーター、プロデューサーに対してつねに〝NO〟という答えを用意し、それをリング上で実践できるプロレスラーだった。

アメリカ国内ではフリーエージェントとしてホームタウンのテキサス州サンアントニオをはじめ、ダラスのWCCW（ワールドクラス・チャンピオンシップ・レスリング）、セントルイスとカンザスシティのNWAセントラルステーツ地区、NWAフロリダ、AWAなどで活動したブロディは、どこのテリトリーでもつねにメインイベンターとしてリングに上がり、ほとんど絶対といっていいくらい〝フォール負け〟を許さなかった。

全日本プロレス復帰後の１９８８年（昭和63年）３月、『88チャンピオン・カーニバル』全23戦に参加したブロディは、鶴田を下しインターナショナル王座を獲得（３月27日＝日本武道館）。同シリーズ中、谷津嘉章（４月４日＝名古屋）、天龍（４月15日＝大阪）を相手に王座防衛戦をおこなったあと、鶴田に敗れ——完ぺきな３カウントのフォールを許し——同王座を明け渡した（４月19日＝仙台）。馬場がこのとき「（ブロディは）多少、使いやすくなった」とコメントしていたのがひじょうに印象的だった。

最後の来日から３カ月後の同年７月、ブロディはプエルトリコに遠征中、レスラー仲間のホセ・ゴンザレスにナイフで腹部と胸を刺され、帰らぬ人となった。試合会場のシャワールームでプロレスラーがプロレスラーを殺害するというたいへんショッキングな事件だった。

犯人のゴンザレスは殺人未遂と銃刀法違反の疑いで逮捕されたが、同年11月の裁判で正当防衛を主張し、これが認められて無罪となった。事件現場にいたアメリカ人レスラーはほぼ全員、プエルトリコから出国し、証人として裁判に出廷することはなかった。事件の真相は闇に葬り去られたのだった。

ブロディが生きていたとしたらすでに70歳だが、いったいどのくらいの年齢まで現役生活をつづけていたかは想像しにくい。全日本プロレスのリングでハンセンとのシングルマッチが実現していたかもしれないし、ハンセンのように三沢光晴、小橋建太らと三冠ヘビー級王座を争っていたかもしれない。ブルーザー・ブロディのイメージはあくまでも〝42歳〟で止まったままなのである。

兄ドリーと弟テリーの〝ザ・ファンクス〟

〝旅がらすレスラー〟だったドリー・ファンク・シニアがテキサス州アマリロに旅装をといたのは1947年。長男ドリー・ファンクJrは6歳で、次男テリー・ファンクはまだ3歳だった。

ドリー・シニアは1919年、インディアナ州ハモンド生まれ。ハイスクール時代はアマチュア・レスリングで活躍し、インディアナ州選手権に3年連続優勝。インディアナ州立大学時代はAAU全米選手権に優勝し、1939年にプロレスラーとしてデビューしたが、第二次世界大戦中は海軍に入隊した。

兄ドリー（左）と弟テリーのザ・ファンクス

アマリロを安住の地に選んだドリー・シニアは、パートナーのカール・サーポリスとの共同出資でそれまでテキサス北西部のプロモーターだったキャル・ファーリーから興行権を買い取り、現役生活との兼業でアマリロとその周辺エリアのプロモーターとなった。

アマリロ・スポーツ・アリーナは週にいちど、町じゅうの人びとが集う社交場で、1年に52回の定期戦のうち30回くらいはドリー・シニアとフランキー・ヒル・マードックが闘っていた。ドリーが初めて親のかたきのマードックの息子リチャードとしゃべったのはドリーが9歳のときで、リチャードは4歳なのにもうおなかが出て、太っていた。リチャードはディックという愛称で呼ばれ、荒っぽい父親によく小突きまわされていた。のちのディック・マードックである。

ドリーはアマリロのウエストテキサス州立大フットボール部でオフェンシブ・ガードとして活躍後、父親のコーチを受け、1963年にプロレス入り。ジン・キニスキーを破ってNWA世界ヘビー級王者となり（1969年2月11日＝フロリダ州タンパ）、4年3カ月間にわたりアメリカのほぼ全土、カナダ、メキシコ、日本、オーストラリア、ニュージーランドを休みなくツアーした。

テリーも兄ドリーと同じようにウエストテキサス州立大フットボール部で活躍後、1965年に21歳でデビュー。キャリア10年、31歳のときに兄ドリーのライバルだったジャック・ブリスコを下してNWA世界ヘビー級王座を手にした（1975年12月10日＝フロリダ州マイアミ）。

ウエストテキサス州立大は〝プロレス予備校〟のような場所だった。だれとだれがだれの先輩で、だれとだれがだれの後輩かといわれても、はっきりと答えられる人はたぶんいない。とにかくたくさんのボーイスがウエストテキサス大でフットボールを追いかけ、それからプロレスラーになった。

ダスティ・ローデスは鼻がつまったようなしゃべり方をみんなにマネされて、大きな体に似合わず、よく傷ついていた。ブルーザー・ブロディは大学の中庭に植わっていたなにかの記念の大切な樹木をノコギリで切って退学になった。スタン・ハンセンは昔から牛乳ビンの底みたいな眼鏡をかけていた。ボビー・ダンカンとティト・サンタナとマニー・フェルナンデスの3人はフットボール奨学金をもらってウエストテキサス州立大にやってきた。ドリーとテリーはこのグループよりも学年ではちょっとだけ先輩だった。

70年代前半、サンアントニオからアマリロにやって来たタリー・ブランチャードは気どったクォーターバックで、のちに〝ミリオンダラー・マン〟に変身するテッド・デビアスは10代のころからファンク家にホームステイしていて、ブラックジャック・マリガンの息子バリー・ウィンダムはろくに授業に出席したことがなかった。

ディック・マードックもこれまでの〝公式プロフィル〟ではウエストテキサス州立大出身ということになっていたけれど、じっさいには大学なんて通ったことはなかった。ただ、プロレスラーの友だちがたくさんそこにいて、フットボールは観るのもやるのも大好きだから、ウエストテキサス州立大のホームカミングのお祭りでフットボールのアラムナイ・ゲーム（OB戦）があると、卒業生でもないのに毎年のように勝手に試合に出場していたらしい。

ドリーがNWA世界ヘビー級王者としてアメリカじゅうをサーキットしはじめたころ、ドリー・シニアは地元アマリロのリングでテッドの父マイク・デビアスと毎週のようにテキサス・デスマッチ（3カウントのフォールのあと10カウント以内に立ち上がれば試合続行。どちらかが完全KOされるまで試合がつづくルール）で闘っていた。27本めまで勝負がつかず、木曜の夜にはじまった試合が金曜の明け方までつづいたことがあった。

ドリー・シニアは1973年6月3日、自宅のバーベキュー・パーティーで仲間レスラーたちとお金をかけてフロント・ヘッドロックのかけっこをして、そのあと心臓発作を起こし、54歳の若さで天国へ行ってしまった。長男ドリーが弟分のハーリー・レイスに敗れNWA世界王座を失ってからわずか10日後のできごとだった。ドリー・シニアはテリーが世界チャンピオンになるところを見届けることができなかった。テリーは悩みごとがあると、いつも「父だったらこうする」と考えて、問題を解決するのだという。

アマリロのローカル・テリトリーは1979年までつづいた。テリーが店をたたもうとしたらマードックとマリガンが「オレたちに売ってくれ」というので、テリーはドリーと相談してから幼なじみとその相棒に団体を売った。マードックとマリガンはM&Mカンパニーという新会社をつくって、それからたった2年でそれをつぶした。

60代後半になったテリーはいまでも愛妻ヴィッキーさんといっしょにアマリロに住んでいるけれど、家の裏庭が地平線の向こうまでつづく〝ダブルクロス牧場〟はとっくに手放してしまった。生涯現役だからこれからもマイペースで試合はつづけるだろう。ドリーはフロリダ州オカーラでプロレス学校を開いている。マードックはもういないけれど、「ベッドの上で逝けただけめっけもんだった」と友人たちは話す。たくさんのスーパースターを輩出したウエストテキサス州立大はウエストテキサスA&Mと名を変えた。

〝生ける伝説〟テリー・ファンクのワン・モア・ナイト

〝FUNK-U〟。Tシャツの胸には巨大な大文字の〝U〟がレイアウトされていて、〝U〟の字のカーブのなかにはテリー・ファンクの顔のイラストが描かれている。デザインをみれば、それが大学のロゴがプリントされた定番のアスリートTシャツのパロディであることはすぐにわかる。もちろん、ファンク・ユニバーシティなんて大学は存在しない。

バージョンによっていくつかのパターンがあって、〝ファンク大〟のロゴのすぐ下にある〝ハードコア・ステューデンツ Hardcore Students（ハードコアの探究者たち）〟や〝スクール・オブ・ハードノックス School of Hardknocks（苦しみの学び舎）〟といったコピーはこの大学の教育モットーということになる。Tシャツはあくまでも遊び感覚だけれど、〝FUNK–U〟のコンセプトそのものはきわめてシリアスで哲学的だ。〝ファンク大〟とはECW（エクストリーム・チャンピオンシップ・レスリング）のことで、〝テリー教授〟はその学長である。

ECWは1993年から2000年までの約8年間活動した団体で、自給自足型のインディペンデントとカテゴライズするにはあまりにも大きくなり過ぎ、メジャーと呼ぶにはハードウエアとインフラが追いつかなかった突然変異のプロレス集団だった。

ポール・Eことポール・ヘイメンがフィラデルフィアのつぶれかかったインディー団体〝イースタン・チャンピオンシップ・レスリング〟のプロデューサーになったのは1993年6月。ヘイメンは〝イースタン〟を〝エクストリーム（極端な、極限の、過激な、最先端の、急進的な）〟に変え、これが団体の正式名称になった。

ハードコア・スタイルというとデスマッチ路線をイメージしがちだが、じっさいはそうではない。オールドファッションなアメリカン・スタイルならオールドファッションなアメリカン・スタイルを、ジャパニーズ・スタイルならジャパニーズ・スタイルを、ルチャリブレならルチャリブレのなんたるかをとことん追求し、実践すること。自分たちが観たいプロレスを自分たちの手でプロデュースすること。それがハードコアである。ヘイメンはその理想を実現するために〝生ける伝説〟テリーに協力を求めた。

すっかり髪が薄くなったテリーはそのころ、日本ではＦＭＷのリングで大仁田厚と〝電流爆破マッチ〟で対戦し、アメリカのインディー・シーンではサブゥーと毎週のように顔を合わせていた。テリー対サブゥーのシングルマッチは70年代の終わりから80年代前半にかけてのドリー＆テリーのザ・ファンクス対ザ・シーク＆アブドーラ・ザ・ブッチャーの伝説のタッグマッチ、あるいはテリー対ブッチャー、テリー対シークのシングルマッチのリメイクのような試合だったが、ひとつだけ異なっていた点は、こんどはテリーがよれよれの古豪になっていたことだった。

〝シーク役〟のサブゥーは、テリーがそれまでいちども目にしたことのないような芸術的な動きをみせるレスラーで、そのオリジナルの空中殺法の〝個人メドレー〟を目のあたりにしてテリーのなかに眠っていた開拓者の魂が覚醒した。そして、〝生ける伝説〟は50歳になってから生まれて初めてムーンサルトを使うようになった。

テリーとＥＣＷ、テリーとヘイメンのディープな関係についてはドキュメンタリー映画『ビヨンド・ザ・マット』（１９９９年）に克明に描かれている。サウス・フィラデルフィアの場末のビンゴ・ホールは〝聖地〟ＥＣＷアリーナに姿を変え、よれよれのテリーはＥＣＷアリーナの〝花咲爺さん〟として、インディー・シーンのカルト大物だったサブゥーやカクタス・ジャック（ミック・フォーリー）、サンドマン、レイヴェン、タズらにスーパースターのエッセンスを注入していった。

ＥＣＷの〝ハードコア革命〟は、同団体にとって初めてのＰＰＶ〝ベアリー・リーガル〟（１９９７年4月13日）でひとつのクライマックスを迎えた。当時52歳だったテリーはサンドマン、スティービー・リチャーズとの〝3ウェイ・ダンス〟、レイヴェンとのタイトルマッチの2試合を闘い抜き、ＥＣＷ

世界ヘビー級王座のチャンピオンベルトを腰に巻いた。テリーは額から鮮血をしたたらせ、笑いながら泣き、泣きながら笑った。

テリーはボーイズのお父さんのような存在で、いつもドレッシングルームのいちばん奥のほうにイスを置き、独りで壁に向かって座っていた。〝生ける伝説〟はヴィッキー夫人に「ワン・モア・ナイト、ワン・モア・マッチ（あとひと晩だけ、あと1試合だけ）」と弁解しながら、映画『ビヨンド・ザ・マット』から20年近くが経過したいまでもやっぱり現役生活をつづけている——。

ザ・ファンクスの〝30年後のスピニング・トーホールド〟

ドリー・ファンクJrは1941年生まれの72歳。テリー・ファンクは44年生まれの69歳。それがアメリカ人——とくにアメリカ人のなかでもとりわけアメリカンなテキサス人——にあてはまるかどうかはさだかではないが、あえて日本的な表現を用いるならば、ふたりともいわゆる〝戦中派〟である。

兄ドリーがNWA世界ヘビー級王者として初来日したのは1969年（昭和44年）11月で、弟のテリーが初めて日本にやって来たのは1970年（昭和45年）7月。ドリーにとっては3度めの来日、テリーにとっては2度めの来日となった1971年（昭和46年）、30歳のドリーと27歳のテリーのファンク・ブラザース（当時）は、ジャイアント馬場&アントニオ猪木の〝BIコンビ〟を下しインターナショナル・タッグ王座を獲得した（71年12月7日＝札幌中嶋体育センター）。

猪木（当時28歳）が「会社乗っ取りを計画した」として日本プロレスを除名処分——翌1972年（昭和47年）1月、新日本プロレス設立を発表——となったのはこのタイトルマッチから6日後の12月13

日だったから、ドリーとテリーはこの国のプロレス界の再編の現場に立ち会っていたことになる。

兄ドリーは沈着冷静でもの静かな紳士で、弟テリーは激情型のやんちゃ坊主タイプ。ドリーは20代のころから頭のてっぺんのほうがやや薄く、ドリー自身はそういわれることをあまり好まないようだけれど、スヌーピーの飼い主のチャーリー・ブラウンのようなイメージで、テリーはナチュラル・ウエーブのかかったブラウンの髪をふささふさせていた。

ドリーは移動中もプライベート・タイムもスーツとドレスシャツとネクタイを着用し、いつもカウボーイハットをかぶっていた。テリーはそんなドリーとは対照的に、ふだん着はウエスタンシャツとジーンズとカウボーイブーツで、カウボーイハットをかぶっているときもあればベースボール・キャップをかぶっているときもあった。顔はあまり似ていないけれど、いっしょにいるとやっぱり仲のいい兄弟にみえた。何度めかの来日からファンク・ブラザースではなくて〝ザ・ファンクス〟が兄弟コンビの正式名称になった。ふたりは、おそらく日本でいちばん有名なアメリカ人の兄弟だろう。

初来日から40数年が経過した2013年にザ・ファンクスが日本のリングで試合をすることになろうとは、ドリーもテリーも、またふたりの全盛期をよく知る日本のプロレスファン――昭和の少年少女ファン、中年ファン――も、夢にも思わなかったにちがいない。

ドリーはシルバーグレーのシルクのドレスシャツにシルクのネクタイ、アイボリーのカウボーイハットといういでたちで5年7カ月ぶりに日本に戻ってきた。前回の来日が〝引退ツアー〟だったから、厳密にいえば今回は〝復帰戦〟ということになる。

テリーは80年代前半の全日本プロレスのブラック＆イエローのオフィシャル・ジャージーの上下、

インナーにはテリー自身の顔のイラストが描かれたTシャツを着て、試合用の黒革のリングシューズをはいて記者会見にのぞんだ。リングシューズをはいてきたことについては、テリー自身は「これがいちばん歩きやすいから」と説明したが、ほんとうはスニーカーをスーツケースに入れてくるのを忘れたかららしい。

ドリーもテリーもあまりそういうことは意識していないかもしれないけれど、ふたりとも日本のプロレスファンが思い描くところの〝ドリー・ファンクJr〟と〝テリー・ファンク〟のイメージのまま——かなり使い古されたフレーズではあるが——〝第2の故郷〟である日本に帰って来てくれた。

どこでどうやってそういう情報を入手したのか、宿泊先の飯田橋のEホテルのロビーには〝ファンクス信者〟のオールドファンが集まっていた。これもまた30数年まえの定番の光景だった。70年代後半から80年代前半に10代から20代前半だったファンは、いまは40代から50代に手が届いている。

20年ほどまえから独学で日本語を勉強しているというドリーは、顔見知りの関係者、ファンのひとりひとりに「ゲンキデスカ」「マコトニアリガトウゴザイマス」と声をかけていた。テリーは昔からあまり日本語をおぼえようとしなかったけれど、テリー・ファンのなかにはテリーと会話が交わせるようになりたくて英語を勉強した人がたくさんいた。ジェントルマンのドリーらしい友人・知人との接し方、気どらないテリーのファンとのコミュニケーションも、かつてのイメージのとおりだった。

ドリー・ファンクJr&テリー・ファンクのザ・ファンクス対渕正信&西村修のタッグマッチは、30年まえのテリーの〝引退試合〟のリメイクのような試合だった。場所は〝１９８３年版〟が蔵前国技館で、〝２０１３年版〟が両国国技館。やっぱり、ファンクスには全日本プロレスのリングがいちばんしっくりくる。

ドリーのエルボー・スマッシュは3発つづけて打つのが基本。テリーのボクシング・パンチは右のジャブを3発、4発放ち、それから大きなモーションで左のフックをお見舞いするところまでがひとつのシークエンス＝連続した動きになっている。

相手をロープに振ってのふたりがかりのカウンター式ダブル・フォアアーム・スマッシュは、右利きのドリーと左利きのテリーがくるっとポジションを入れ替えて、左側に立ったドリーが右前腕部、右側に立ったテリーが左前腕部をパーフェクトなタイミングで同時に突き上げる。スタン・ハンセンと天龍源一郎がタッグを組んでいたころ、数少ない合体攻撃のひとつとしてこれと同じコンビネーションを使うさい、おたがいに〝ファンクス！〟と声をかけ合い、アイ・コンタクトをし、タイミングを合わせながらダブル・フォアアームを打っていた。考えてみれば、ハンセンや天龍のようなレジェンドもファンクス・チルドレンなのだ。

ドリーが西村に、テリーが渕にリングのまんなかでスピニング・トーホールドを決めた。西村は30代になってからドリーの教えを受け、キャリア40年の大ベテランの渕は新弟子時代にファンクスからレスリングの基礎を学んだ。ドリーは日本語で「たぶん」と語っていたダブルアーム・スープレックスで西村を宙に舞わせた。ドリーが社交ダンスのようなリズムで西村をバック・スライド（逆さ押さえ込み）に丸め込んだところで試合終了のゴングが鳴った。まるで夢をみているような20分間だった。

ジャイアント馬場は「プロレスフーに引退はない」という格言を残したが、それはファンクスのことを指していたのかもしれない。日本語で引退というと、現役生活に終止符を打つこと、〝その地位から退くことを意味するが、英語のリタイヤretireには引退する、退職するという意味以外に（試合の途中で）棄権する、（野球で打者を）アウトにする、チェンジにする、就寝するといった用法もある。

リタイヤに対してはカム・アウト・オブ・リタイヤメントcome out of retirementという表現もあって、リタイヤに絶対性はない。ドリーもテリーもリングに上がるたびに「きょうこそ最後かも」と考えるという。

ファンクスは、ファンがそれを望み、ドリーとテリーがふたりとも元気でいるあいだはプロレスをつづけるのだろう。ひょっとしたら試合をするのはこれが最後になるかもしれないけれど、たくさんの友人たちがいる日本にはまた帰ってくるし、ドリー・ファンクJrは〝ドリー・ファンクJr〟、テリー・ファンクは〝テリー・ファンク〟でありつづける。

「それがオレたちWe are what we are」

まな弟子たちとの試合では、ペースメーカーの兄ドリーも、ポイントゲッターの弟テリーも、ちょっと興奮しすぎて口のなかを切った。やっぱりプロレスラーはいくつになってもプロレスラーだから、血をみたらよけいにエキサイトしてきて、自分たちでもびっくりするくらい体が動いたという。

ドリーもテリーもおたがいの性格やレスリング・スタイルを「ずいぶんちがうConsiderably different」と分析するけれど、日本という国と日本の人びとについてはまったく同じフィーリング、特別なエモーションを抱いている。

「社会が求めることがプロレスのなかにあるWhat society wants, what wrestling is」

テリーは愛する故郷テキサスと〝第2の故郷〟ジャパンを比較しながら、コトバを選んでゆっくりと話しはじめた。

「ジャパンはすばらしい国だ。どうしてかわかるか？　ジャパンは大きな国ではない。周りを海にかこまれたちいさな国だ。アメリカのような大陸ではない。世界をみてみろ。混乱している。ファッキン・メス。この国にはコムラドリー comradery がある」

コムラドリーとは、好意的な親交関係と友だち同士の善意の精神、共同作業をするグループにおける友情と仲間意識。テリーは日本というそれほど大きくない国と日本の人びとにそれを強く感じるのだという。

「ジャパニーズ・ピープルにはジャパニーズ・ピープルのアイデンティティーがある。アメリカ人にはアメリカ人のアイデンティティーなんてない。ユナイテッド・ステーツといっても、そこにいる人間はバラバラだ。ジャパニーズ・ピープルにはユニティ unityを感じるんだ。それがジャパニーズ・ピープルのいちばん大きな財産 asset だ」

ユニティとは調和、統一性、目的・行動などの一貫性、結束性。芸術作品における諸要素の効果的配置。まとまりとその効果といったニュアンスもある。

「だから大地震があっても、津波が来ても、放射能が漏れてもこの国は大丈夫なんだ。オバマ大統領がいくら考えてもわからないことを、ジャパニーズ・ピープル、ジャパニーズ・レスリング・ファンは知っているんだ」

テリーのブラウンの瞳がやさしく輝いた。（取材／２０１３年11月）

人生はワンダフル What a wonderful thing

テリー・ファンク／インタビュー

40年以上にわたりファンに愛されつづける70歳の現役レスラー

――テキサス州アマリロから日本に来るまでに2日ほどかかったそうですね。

テリー　午前4時に起きて、5時まえに家を出て、6時の飛行機でまずアマリロからダラスまで飛ぶはずだったんだが、悪天候で空港がクローズになってフライトがキャンセルになった。ダラス行きの便が飛ばなかったせいでダラス－成田のフライトにも乗れなかった。アマリロ空港で12時間くらい待たされ、けっきょくその日はいったん家に帰ったんだ。

――当初は試合の2日まえに来日の予定で、それが前日になり、最終的には試合当日の午後にやっと日本に着きました。

テリー　クリスマス・プレゼントのように感じましたね。

――日本のファンへのクリスマス・プレゼントですか？

テリー　そうじゃない。日本のファンがわたしとヴィッキーにクリスマス・プレゼントをくれたんだ。こうやってまた日本に来られて、日本のファンのみなさん、古くからの親しい友人たちと再会できた。

テリー・ファンク

すばらしいクリスマスです。

――最後に試合をしたのはいつですか？

テリー　6カ月、いや8カ月くらいまえかな、ヨーロッパで1試合だけやった。

――ツアー活動はつづけているのですね。

テリー　試合をやりたいのかといわれれば、そうでもない。しかし、もうリングに上がりたくないのかといわれれば、それもちがう。もうそろそろやめよう、といつも思っている。でも、やめない。

――1970年（昭和45年）の初来日をおぼえていますか？　NWA世界ヘビー級王者だったお兄さんのドリー・ファンクJrにとっては2回めの来日で、あなたは26歳、髪は明るいブロンドでした。

テリー　ジャイアント馬場とアントニオ猪木がまだ同じリングに立っていた。馬場はスーパースターで、猪木もスーパースターだった。ジャパン・プロレスリング……ニッポン・プロレスリングはクレイジーなカンパニーだった。スーツを着たスポンサーがたくさんいて、毎晩のようにディナーに招待された。70年だね？

――はい、70年7月です。

テリー　わたしがデビューしたのが67年だから、キャリア3年の新人だった。

――テリーさんのデビューは65年です。

テリー　あ、そうかい、65年かい？　キミのほうがくわしいな（笑）。

――キャリア50年です。

テリー　50年かあ。思ったよりも長いね。わたしの父（ドリー・ファンク・シニア）は54歳までしか生きられなかった。父が死んだとき、わたしはまだ若かったから、父はすばらしい人生、長い人生を送ったのだと思っていた。しかし、こうして自分が70歳になってみると、父はそのあとのワンダフル・タイムを経験できなかったんだと思うね。54歳で死ぬなんて若すぎる、54歳から70歳までにわたし自身が体験したすばらしいできごとを考えるとね。

――30代のテリー・ファンクがいて、40代のテリー・ファンクがいた。50代のテリー・ファンクがいて、60代のテリー・ファンクがいた。日本のファンは時代ごとのテリー・ファンクを目撃しました。

テリー　人生のリアル・プライムタイムはいまだと思うんです。わたしにとって、わたしの家族にとって、ほんとうのプライムタイム、ベストタイムはね。1年じゅうロードに出ていた時代とはちがい、いまのわたしとヴィッキーはたくさんの時間をいっしょに過ごしている。年齢というコンセプトに関しては社会も変化したと思う。その昔、エルダリー（年配、初老）と考えられていた年齢がいまではそうではない。いまは50代なんて若者だよ。いろいろ便利なものも発明されたからね。〝白髪染め〟なんて最高の発明だ（笑）。

全日本プロレスとファンク一家

テリー　試合（テリー&ミル・マスカラス&船木誠勝対藤原喜明&カズ・ハヤシ&NOSAWA論外）はどうだった？

――すごくいい試合だったと思います。

テリー　ストレンジ（不思議）なコンビネーションだったけど、いい試合ができたと思う。わたしとマスカラスがタッグを組んだ。フナキという選手とタッグを組んだのも初めてだった。

——船木誠勝をご存じでしたか？

テリー　写真はみたことがあった。

——船木はいまから20年もまえにパンクラスという団体をつくった。ＭＭＡという単語がまだなかった時代のＭＭＡ団体です。船木選手はいちど引退したのですが、５年まえにプロレスラーとして現役に復帰した。少年時代にテリーさんやマスカラスの試合をテレビで観て、プロレスラーになることを決意したそうです。

テリー　それは知らなかった。すばらしいストーリー。リアル・ストーリーだ。

——対戦チーム側の藤原はルーキー時代、猪木さんの付き人でした。

テリー　それも知らなかった。馬場と猪木、オールジャパンとニュージャパンは決して接触することのない遠い世界だった。オールジャパンのリングに上がっていたわたしたちは、ニュージャパンをジ・アザー・サイド（向こう側）と呼んでいた。猪木は遠い存在だった。しかし、ひとつだけおぼえていることがある。ドリーと猪木が闘ったのは２回かな？

——はい、１９６９年（昭和44年）12月と70年８月の２回だけです。どちらのタイトルマッチも60分時間切れのドローでした。

テリー　わたしはドリーのセコンドについていた。試合中になにかおかしなことが起きたら、わたしがリングに上がっていって猪木の頭を蹴っ飛ばすつもりだった。あってはいけないことだが、試合をする者同士のトラスト（信頼）の問題だ。

――馬場さんが1972年（昭和47年）に全日本プロレスを設立すると、アマリロのテリトリーと業務提携してファンク一家が外国人選手の窓口になりました。

テリー　ニッポン・プロレスリングをやめたあと、馬場がコマ（マシオ駒）とオークマ（大熊元司）に会いにアマリロまで来たんだ。彼らはそれまでアマリロをサーキットしていたんだが、馬場に誘われて新団体に移籍することになった。

――全日本プロレス創立時、駒、大熊の両選手は〝助さん〟〝格さん〟みたいな感じで馬場さんのすぐよこに立っていました。やや蛇足になりますが、マシオ駒というちょっと変わったリングネームの由来は？

テリー　彼がアマリロに来たとき、キミのファーストネームはなんだと聞いたら、彼は「マシオだ」と答えたんだと思う。

――本名は駒秀雄（こまひでお）です。

テリー　英語の発音が悪くて、マシオに聞こえたんだろうね。しかし、マシオはひじょうにスマートな男でね。彼がいなかったら、オールジャパンとアマリロの親密な関係は成立していなかった。マシオはファンク・ファミリーの恩人です。

――駒選手は1976年（昭和51年）3月、現役のまま35歳の若さでこの世を去りました。いうなれば〝消えたスター〟です。

テリー　マシオがジャンボ（鶴田）をアマリロに連れてきて、アントン・ヘーシンクが来て、それからしばらくしてコジカ（グレート小鹿＝アマリロでのリングネームはカンフー・リー）も来た。わたしも若かった。なぜあのとき日本語を勉強しておかなかったのか、いまごろ後悔しているよ。

心から願えば、人はなんでもできる

――テリーさんからごらんになった現在の日本のレスリング・ビジネスは？

テリー　ジャパニース・レスリング・ビジネスは過去10年間、ひじょうにむずかしい時間を過ごした。タフタイムだった。だが、レスリングは生き残った。社会が変わり、人びとのコミュニケーション・ツールが変わった。インターネットがレスリングを滅ぼすと考えたレスラー、プロモーターも多かったが、結果的にはインターネットがビジネスを救ったんだ。

ひと昔まえ、いやもっとまえかな、レスリング・カンパニーを経営するためにはテレビ（とテレビ番組を制作する予算）がどうしても必要だったが、いまではインターネットを使って興行の宣伝ができるし、動画配信ストリーミングで試合そのものを放送できるようになった。

――ネットがプロレスを変えたと？

テリー　ジャパンという国はフォロワーではなく、リーダーです。ジャパンはレスリング・ビジネスにおける新しいアイディアをつねに提供しつづけてきた。ナショナルTV（全国ネット）でプロレス番組を放映するというアイディア。ひとつの土地に同じ顔ぶれのレスラーが定住するテリトリー制ではなくて、数週間ごとのツアー（シリーズ興行）でメンバーの入れ替えをするというアイディア。アメリカのレスリング・ビジネスがお手本にするべき斬新なアイディアの数かずです。

The Winds are changing（風向きは変わりつつある）。ここ5年ほど、ひじょうに苦しい状況のなかでがんばりつづけてきたレスラーたちのおかげでしょう。アメリカでは若い人たちはあまりテレビを観ません。雑誌、新聞も読みません。パソコンの画面のなかにすべてがあります。ジャパンもそうなりつつありますか？

――そうだと思います。若い人たちだけでなく、電車のなかでスポーツ新聞を読んでいるビジネスマンの姿も見かけなくなりましたね。

テリー　日本のファンはアメリカのファンよりもアドバンスト（進歩した、先をいっている状態）。すばらしい国。世界のベスト・レスラーが集う場所です。

――これからのテリー・ファンクは？

テリー　試合をするためにはトレーニングをしなければなりません。今回、日本に来るためにもコンディションを整えてきました。わたしの両ヒザはメタル・プレートでできています。左ヒジにも人工関節が埋め込んである。心臓にもステント（導管・脈管・血管などに装着するちいさな金属片の医療機器）が通っている。胃と腸を18インチも切った。医者は「もうレスリングはできませんよ」といったけど、そんなのブル・シット bull shit（うそっぱち）だ。心からやりたいと願えばなんだってできますよ、人間は。

――また、日本で試合をしてください！

テリー　レスリングも大切ですが、もっと大切なのはトゥ・リブ（生きること）。人生はすばらしい。What a great thing! What a wonderful thing!（２０１４年12月）

〝白覆面の魔王〟ザ・デストロイヤーの昭和ガイジン論

日本のテレビ史に〝記録〟としてその名がはっきりと刻まれているプロレスラーは力道山、豊登、ザ・デストロイヤーの3人だけだ。テレビ番組の視聴率データ「全局高世帯視聴率番組50」（ビデオリサーチ）によれば、視聴率調査が開始された1962年（昭和37年）12月3日から2016年（平成28年）までの54年間に日本国内で放送されたテレビ番組の視聴率トップ50の4位と34位にプロレス中継がランクインしている。

視聴率歴代4位にランクされているのは1963年（昭和38年）5月24日に放送されたデストロイヤー対力道山のWWA世界ヘビー級選手権試合で、いわゆる〝金曜夜8時〟のゴールデンタイムの生中継が平均視聴率64パーセント（日本テレビ）という数字をはじき出した。34位にランクインしている豊登－デストロイヤー戦はそれから2年後の1965年（昭和40年）2月26日に放送されたWWA世界戦。〝金曜夜8時〟の定位置で生中継された同タイトルマッチは51・2パーセント（日本テレビ）の平均視聴率をあげた。

力道山対デストロイヤー、豊登対デストロイヤーはいずれもいまから50年以上まえの試合だが、番組初回放映時の視聴率＝記録が現在進行形のデータとしていまでもそのまま残されているという事実は驚きに値する。また、当時人気の高かったプロレス中継のなかでも視聴率トップ50に入っている2

ザ・デストロイヤー

番組がいずれもデストロイヤーがらみの試合であった点はひじょうに興味ぶかい。

昭和38年は〝力道山プロレス〟の最終章にあたる。この年の5月17日、力道山はキラー・コワルスキーを下し『第5回ワールド大リーグ戦』に優勝し、同リーグ戦5連覇を達成した。それから1週間後、力道山はデストロイヤーが保持するWWE世界王座に挑戦（同5月24日＝東京体育館）。そして、6月5日、東京・赤坂のホテル・オークラで田中敬子さんと結婚披露宴をおこなった。力道山の大長編ドラマはかけ足でエピローグに向かっていた。

デストロイヤーはこの年の11月に再来日し、12月2日（東京）と同4日（大阪）の2回、力道山が保持するインターナショナル王座に挑戦。シリーズ興行は同7日の浜松大会で終了したが、翌日の8日、帰京した力道山は赤坂のクラブで暴漢に刺された。

〝白覆面の魔王〟デストロイヤーの正体はニューヨーク州バッファロー出身のリチャード・ジョン・バイヤーで、通称はディック・バイヤー。日本ではラストネーム Beyer のスペルをそのままカタカナ読みにしてベイヤーと表記される場合もあるが、アメリカ式の発音はバイヤーだ。生年月日に関しては〝1930年7月11日〟と〝1931年7月11日〟のふたつの説がある。

シラキュース大在学中はフットボール、アマチュア・レスリング、ベースボールで活躍。フットボールではオレンジ・ボウル（1952年）に出場し、レスリングでもAAU全米選手権3位（1952年）、同2位（1953年）の成績を収めた。元世界王者エド・ダン・ジョージ、ディック・ハットンらのコーチを受け、1954年にプロレスラーとしてデビューしたが、1960年まではシラキュース大フットボール部のコーチをつとめていたため、プロレスはあくまでもオフシーズンの副業だった。

素顔の正統派だったディック・バイヤーがマスクマンに変身したのは1962年4月。それまでホームリングとしていたハワイからロサンゼルスに転戦してきたデストロイヤーは、プロモーターのジュールス・ストロンボーから「マスクをかぶってくれないか」と打診されたという。

デストロイヤー誕生のプロセスにはふたつの説がある。ひとつはバイヤーがカリフォルニア州のアスレティック・コミッションが発行するスポーツ・ライセンスを取得していなかったため、正体を隠してリングに上がる必要があったというもの。もうひとつは、素顔のバイヤーは身長が低く、年齢のわりに頭が薄く、前歯も折れていたため、ストロンボーが〝正体不明のマスクマン〟への転向をすすめたというものだ。

純白のマスクで顔を隠し、ジ・インテリジェント・センセーショナル・デストロイヤー The Intelligent Sensational Destroyer に変身したデストロイヤーは、それから3カ月後に〝銀髪鬼〟フレッド・ブラッシーを倒してWWA世界ヘビー級王者となった（62年7月27日＝サンディエゴ）。

テレビ時代の申し子、デストロイヤー

デストロイヤーというプロレスラーの偉大さをよりよく理解するためのキーワードは親和・親和性だろう。親和とは親しんで相互に仲よくむつみ合うこと、親しみ結びつくこと。親和性は親しみ結びつきやすい性質、ある生体組織が特定の色素と結びつく傾向。デストロイヤーは〝正体不明のマスクマン〟というコンセプトを用いて〝プロレスとテレビ、プロレスとマスク、テレビとマスクの親和性を証明したプロレスラーだった。

〝正体不明のマスクマン〟に変身してから7カ月後、デストロイヤーはゴージャス・ジョージと〝ヘアーVSマスク〟の象徴的な一戦を経験した。〝豪華なジョージ〟はテレビというメディアが生んだ最初のスーパースターで、第二次世界大戦後の1940年代後半から50年代にかけてTVブームとともに一世を風びした〝時代の子〟である。

デストロイヤーが〝白覆面〟、ジョージがトレードマークの〝金髪〟を賭けて対戦したシングルマッチは、31歳のデストロイヤーが47歳のジョージを下し、敗れたジョージはリング上でご自慢のブロンドのカーリーヘアをばっさりと切られて丸坊主にされた(62年11月7日＝ロサンゼルス)。テレビの〝主人公〟が交代したシーンだった。

力道山のライバルであったフレッド・ブラッシーからWWA世界ヘビー級王座を奪ったデストロイヤーが〝覆面の世界チャンピオン〟として初来日したのは翌1963年(昭和38年)5月。この年、デストロイヤーは11月にも再来日し、力道山とのシングルマッチは合計3回おこなわれ、対戦成績は力道山の1勝2引き分けという微妙な結果に終わった。

力道山が勝利を収めた2度めの対戦――デストロイヤーが力道山のインターナショナル王座に挑戦したタイトルマッチ――は3本勝負の3本めが場外カウントアウトという判定で、力道山が2－1のスコアで王座防衛に成功したが、結果的にデストロイヤーは〝日本のヒーロー〟力道山から3カウントのピンフォールもギブアップも奪われることなく試合を終えた。デストロイヤーよりも先に来日したゼブラ・キッド、ミスター・アトミックといったマスクマンたちは力道山によってリング上でマスクをはがされたが、デストロイヤーはそれを許さなかった。

デストロイヤーの足4の字固めに力道山が悶絶し、技をかけているデストロイヤーもマスクの下からのおびただしい流血でトレードマークの白覆面がドス黒く変色しているワンシーンは、昭和のテレビ史に残る衝撃の名場面としていまも語り継がれている。プロレスというジャンルにだけ存在する素顔を隠すためのマスク、足4の字固めの〝4〟の図形――プロレスの古典的な必殺技のひとつで、英語名はフィギュア・フォー・レッグロック figure four leglock ――、その足4の字固めをリングの上空から望遠レンズでとらえた映像、そのすべてがテレビという新しいメディアにマッチ＝親和していた。

永遠の〝正体不明のマスクマン〟

日本のプロレス史の重要な登場人物となったデストロイヤーは、力道山の生前と死後の日本プロレスとジャイアント馬場の全日本プロレスでの活躍し、タレント活動を通して日本のテレビの画面のなかで〝ザ・デストロイヤー物語〟という30年におよぶ大長編ドラマを演じた。

全日本プロレスの旗揚げ『ジャイアント・シリーズ第2弾』（1972年12月）に通算10回めの来日を果たしたデストロイヤーは、馬場との世界ヘビー級王座争奪戦（のちのPWFヘビー級王座）に敗れ日本陣営に加入。翌1973年（昭和48年）3月から正式に全日本プロレス所属となり、アメリカから家族を呼び、1979年（昭和54年）6月の帰国まで――年齢にすると42歳から49歳まで――約7年間、東京に在住した。

力道山との闘いは昭和30年代のモノクロの映像で、馬場との友情ストーリーは高度経済成長をとげた70年代のカラー映像のドキュメンタリー。アブドーラ・ザ・ブッチャーやミル・マスカラスとの因縁マッチは、日本がプロレス先進国となったことのひとつの証だった。

日本テレビのバラエティー番組『金曜10時!うわさのチャンネル!!』(73年10月〜)にレギュラー出演したデストロイヤーは、〝アコのゴッド姉ちゃん〟のコーナーで毎週、和田アキ子、せんだみつお、あのねのね、湯原昌幸ら70年代の売れっ子タレントとコントを演じ、お茶の間の人気者となった。

完ぺきな日本語を話す外国人タレントはいまではそれほどめずらしくなくなったが、カタコトの日本語をあやつる外国人のスポーツ・セレブリティーの存在は当時はまだめずらしく、プロレスラーによるお笑いというコンセプトも衝撃的だった。

マスクの下でゆっくりとトシをとっていったデストロイヤーは63歳までのんびりとプロレスをつづけ、平成の全日本プロレスのリングでちょっと遅めの引退試合をおこない、約40年間の現役生活に区切りをつけた(1993年=平成5年7月28日、日本武道館)。

リングをおりたデストロイヤーは、あるときはアメリカの少年アマレス・チームを引率し、またあるときはテレビ番組のゲスト出演者として気ままに日本に帰ってくるようになった。

東京・麻布の〝麻布十番祭り〟では毎年のように〝デストロイヤー屋さん〟の露店を開き、おもちゃの白覆面、Tシャツや人形やポートレートを商品として並べ、デストロイヤー本人が流ちょうな日本語でお客さんの相手をしている。もちろん、デストロイヤーはいつもおなじみの白覆面をかぶっている。それは〝正体不明のマスクマン〟の掟であり、日本を愛したディック・バイヤーの永遠のアイデンティティーなのである。

〝呪術師〟アブドーラ・ザ・ブッチャー

アブドーラ・ザ・ブッチャーが初めて日本にやって来たのは1970年（昭和45年）8月。いまから40年以上まえのことだ。この国のプロレス界は日本プロレスと国際プロレスの2団体時代で、ジャイアント馬場の全日本プロレスもアントニオ猪木の新日本プロレスもまだこの世に存在しなかった。

ブッチャーはマスクマンのミスター・アトミック、ジャッキー・ファーゴ、プリンス・ピューリンら外国人7選手とともに日本プロレスの『サマー・ビッグ・シリーズ』に出場した。番付のうえでは外国人組のエースという扱いにはなっていたが、シリーズ興行が開幕した時点では、かつて力道山と大流血戦を演じ、このときが通算5度めの来日だった〝赤マスク〟のアトミックのほうが一般的な知名度では上だった。

それまでもリングネームに〝ザ〟という冠詞がつく外国人選手は何人かいたが、ブッチャーのように名前のまんなかに〝ザ〟がつくガイジンはひじょうに珍しく、まず最初にその新鮮な響きがファン（というよりもテレビ視聴者）の心をとらえた。

ブッチャーを英和辞典でひいてみると〝肉屋〟〝屠殺者〟〝畜殺者〟〝虐殺者〟〝殺リク者〟などと出ていて、アブドーラ・ザ・ブッチャーをそのまま和訳すると〝ザ・屠殺者アブドーラ〟になる。共同

アブドーラ・ザ・ブッチャー

通信社が発行している『記者ハンドブック新聞用字用語集』によれば、現在はこれらの単語は不快用語あるいは避けたい表現にカテゴライズされていて、〝屠殺〟は〝食肉処理（場）〟〝食肉解体（場）〟、業務上の食肉処理でないものは「処分」「密殺」「薬殺」など文脈によって言い換え、書き換えをすることになっている。

金曜夜8時のゴールデンタイムの〝プロレス中継〟に登場したブッチャーは、真っ白なすてててこを身につけ、リングシューズははかずに素足のままリングに上がっていた。もちろん、ブッチャー自身はそれが純日本的な男性の下着の一種であることを意識してはいなかっただろうけれど、もし、リングコスチュームがニッポンの夏をイメージさせるすててこでなかったとしたら、ブッチャーの〝映像〟が日本人の五感をあそこまで揺さぶることはなかったかもしれない。テレビの画面のなかのブッチャーは、無表情のまま、とにかくひたすら頭突きをぶちかましていた。

70年は第3次・佐藤栄作内閣が発足し、大阪で万国博覧会が開かれ、日本の総人口が1億464万9017人になった年。日航機〝よど号〟ハイジャック事件が起き、東京都の消費者物価が世界一となり、ちり紙交換のトラックが登場し、新しい公害〝光化学スモッグ〟が発生した。プロ野球が八百長事件〝黒い霧〟に包まれたのもこの年だった。

流行語はしらけ（動詞＝しらける）、無気力・無責任・無関心の三無主義、鼻血ブー（谷岡ヤスジのナンセンス・ギャグ漫画）、歩行者天国、モーレツ社員など。カップヌードルが発売され、三島由紀夫が割腹自殺をとげ、『少年マガジン』に連載中だった劇画「あしたのジョー」の劇中で主人公ジョーのライバルだった力石徹が死亡し、劇作家・寺山修司らが中心となってほんとうの告別式が開かれた。

日本はまだまだ高度経済成長の道を歩みつづけ、32歳の馬場さんと27歳の猪木さんはひとつのリングを共有していた。世相をみればまさに激動の時代で、プロレス界は馬場と猪木が〝BI砲〟としてタッグを組んで活躍した最後のチャプター。ブッチャーはそういう時代に、これといった前宣伝もなく、日本プロレスの〝夏の陣〟に初来日してあっというまにお茶の間の――悪役ではあるけれど――人気者になった。

テレビのなかから聞こえてくる実況アナウンサーのコメントは、ブッチャーを「スーダン出身、黒い呪術師」と伝えていた。スーダン共和国は北アフリカの国だから、ブッチャーがアフリカ系であることはまちがいなかったが、解説者の〝先生〟は「この人はイスラム系で……」なんて発言していた。頭をツルツルに剃り上げ、すててこのようなものをはいて闘うブッチャーの姿は、ボボ・ブラジルに代表されるようなそれまでの黒人レスラーのイメージとはかなり異なっていた。

70年の〝夏休み〟の記憶のなかのワンシーンだったブッチャーは、翌1971年（昭和46年）3月、『第13回ワールド・リーグ戦』に2度めの来日を果たした。週刊プロレスの前身である月刊『プロレス&ボクシング』誌の巻頭カラーグラビアにはブッチャーとザ・デストロイヤーとキラー・カール・コックスの強豪ガイジン3選手が〝口論〟するシーンが載っていた。ブッチャーはすでに日本のプロレス史の重要な登場人物になりかけていた。

だれでも知ってるブッチャー

アブドーラ・ザ・ブッチャーは、だれがなんといおうと日本でいちばん有名なガイジンのひとりである。ためしにグーグルで検索してみると、関連アイテム数は〝ブッチャー〟だと約60万件（0・42秒）で、〝アブドーラ・ザ・ブッチャー〟だと約9万1300件（0・35秒）で、どちらもいちばん上にはウィキペディアの〝アブドーラ・ザ・ブッチャー〟のプロフィルが出てくる。ブッチャーのいちばんすごいところは、初めてこの国にやって来た1970年から現在までの40年間、ほとんど変わらないビジュアルのまま日本のオーディエンスのまえに立ちつづけていることだろう。

私事で恐縮だが、ぼくの高校時代の数学の先生は因数分解かなにかの解き方を「頭で頭を割るんです……」と言ってから「つまり、ブッチャーです」と補足した。そのギャグにクラス全体が笑ったかどうかはおぼえていないけれど、そういう場所でプロレスラーの名を耳にして、ぼくはなんともいえないときめきを感じた。

ブッチャーよりもまえにもリングネームに〝ブッチャー〟がつく外国人レスラーは何人かいたが、ブッチャーといえば一般的には頭突きとすててこのブッチャーのことだった。70年代のアフリカン・アメリカンのステレオタイプはテレビ番組『ソウル・トレイン』に出てくるような長めのアフロヘアのブラック・ピープルだったから、頭をツルツルに剃りあげ、お相撲さんのような体つきをしたブッチャーはいわゆる黒人というイメージではなかった。

ブッチャーはジャイアント馬場の宿命のライバルであり、全日本プロレスのガイジン組の主役だった。馬場対ブッチャーの定番カードからブッチャー対ザ・デストロイヤー、ブッチャー対ジャンボ鶴田、ブッチャー対大木金太郎、ブッチャー対ハーリー・レイス、ブッチャー対ミル・マスカラスといった数かずの因縁ドラマが派生していった。

70年代後半のブッチャーの名勝負といえば、ザ・シークとの師弟コンビでドリーとテリーのザ・ファンクスと対戦した『世界オープン・タッグ選手権』（1977年＝昭和52年12月15日、東京・蔵前国技館）での一戦があまりにも有名だが、テレビのなかのブッチャーはいつも額から血を流していて、いまだったら〝残酷〟とみなされそうなシーンの数かずがゴールデンタイムに全国のお茶の間に届けられた。

リング・コスチュームのすててこは純白からチャコール系の黒、グレー、赤とマイナーチェンジをくり返し、1975年（昭和50年）あたりからすててこの下につま先のとがったリングシューズを着用するようになった。頭突き、凶器攻撃からエルボードロップという必勝フルコースに空手の演武のようなリズミカル（でコミカル）な動きが加わると、観客とテレビ視聴者の多くはブッチャーをヒールの香りを残すベビーフェースととらえるようになっていった。

清涼飲料水やカップめんのCMに登場し、映画やテレビドラマにもゲスト出演するようになったブッチャーは、1981年（昭和56年）に全日本プロレスから新日本プロレスへ移籍した。それは馬場的プロレス観からアントニオ猪木的プロレス観への〝変遷〟といわれたが、ブッチャーが日本テレビからテレビ朝日に移ったとたん、猪木の宿命のライバルでそれまで新日本プロレスの常連だったタイガー・ジェット・シンが全日本プロレス＝日本テレビに電撃移籍した。全日本と新日本の闘いというよりも、どうやらそれは4チャンネルと10チャンネルのパワー・バランスのおはなしだった。

ブッチャーは固有名詞であり、日本の有名人であるとともに、プロレスのひとつの〝流派〟にもなっている。ブッチャーのタッグパートナーをつとめたキラー・トーア・カマタはプロレスの型そのものはブッチャーのそれを踏襲していたし、アブドーラ・タンバ、グレート・マーシャルボーグといった明らかなコピー版も出現した。日本ではアブドーラ小林が〝ブッチャー道〟を継承している。

東京プロレス。WAR。大日本プロレス。IWAジャパン。W-1やハッスル、ドラゴンゲートのリングにも上がった。ブッチャーはぼくたちを十分に楽しませてくれたのだから、こんどはぼくたちがブッチャーのためになにかをしてあげる番なのである。


（2010年7月）

ブッチャーの目にいまの日本はどう映っているのだろう

アブドーラ・ザ・ブッチャーがアブドーラ・ザ・ブッチャーでありつづけることができたのは、ブッチャー自身がブッチャーとはどうあるべきかをずっと考えつづけてきたからだろう。ブッチャーはいま69歳――年齢には諸説があるが――だから、40年まえに初めて日本にやって来たときはまだ29歳だった。ブッチャーは70年代、80年代、90年代、そして21世紀の日本を目撃してきた。

ブッチャーの30代と高度経済成長時代の日本がリンクしていた。ブッチャーの40代とドル高・円安－バブル経済－バブル崩壊までの日本がパラレルになっていた。ブッチャーの50代と不景気の日本がかさなっていて、ブッチャーの60代と情報化社会・知識基盤社会の日本が同時進行してきた。

ブッチャーは1981年（昭和56年）4月、ホームリングだった全日本プロレスを脱退し、新日本プロレスに移籍した。ジャイアント馬場のプロレスからアントニオ猪木のプロレスへ、日本テレビからテレビ朝日への〝異動〟は大事件だった。新宿の京王プラザホテルに潜伏していたブッチャーは「これは運命なんだ」と発言していたが、それから1年くらいすると「ニュージャパンはうそつきだ」とコメントを変えた。ブッチャーと馬場のシングルマッチは定番カードだったけれど、なぜか猪木とのシングルマッチはなかなか実現しなかった。

ブッチャーは81年は年間4シリーズ、1982年（昭和57年）は年間3シリーズ、新日本プロレスのシリーズ興行にフル出場した。長州力が藤波辰爾に〝かませ犬〟発言をぶつけて革命戦士としての道を歩みはじめた日（82年10月8日＝東京・後楽園ホール）、ブッチャーは猪木、藤波、長州の3人と同じリングに立っていて、これからはじまる新しい大河ドラマのプロローグを反対側のコーナーからながめていた。

長州とその仲間たち、〝一番〟のハルク・ホーガン、初代タイガーマスクらが新日本プロレス・オリジナルのヒット商品になると、ブッチャーはなんとなく新日本のリングからフェードアウトしていった。それはブッチャーの選択というよりは新日本サイドの営業方針だった。ブッチャーと猪木さんの遅すぎたシングルマッチは1985年（昭和60年）1月、かなり唐突な感じでおこなわれ、41歳の猪木さんが44歳のブッチャーをフォールした。

〝アブドーラ・ザ・ブッチャー〟にはプロレスのすべてがつまっている。アブドーラもブッチャーもいわゆるリングネームだし、スーダン生まれというプロフィルもフィクションだけれど、アブドーラ・ザ・ブッチャーはほんとうの実在の人物であり、半世紀におよぶキャリアはプロレス史の史実である。日本のプロレスファン、とくにいま40代から上の昭和のテレビっ子世代は子どものころからずっとブッチャーを観つづけてきた。

プロレスラーはアスリートであり、パフォーマーであり、エンターテイナーである。このうちのどれが欠けていてもプロレスラーとはいえない。現在進行形のトップレベルのアスリートであることは〝プロレスラー〟を構成する大切な要素のひとつではあるが、アスリートとしての能力・技量とプロレスラーとしての実力とは必ずしもイコールの関係にはない。ブッチャーはいわゆるアスリートとしてレスリングをつづけているわけではなくて、あくまでも〝アブドーラ・ザ・ブッチャー〟をリングに立たせ、ブッチャーのなんたるかを観客に問いかけているのである。

かつて馬場は「プロレスラーに引退はない」と語っていたけれど、きっとそれはいまのブッチャーのようなプロレスラーのことを指していたのだろう。40代のブッチャーは40代のブッチャーを、50代のブッチャーは50代のブッチャーを、60代のブッチャーは60代のブッチャーを観客とシェアしてきた。体力的な衰えと逆行するように、ブッチャーがトシをとればとるほど〝アブドーラ・ザ・ブッチャー〟はキャラクター化し、記号化していった。

ブッチャーは、携帯電話もメールもインターネットもなかった時代の日本をよく知っている。80年代のブッチャーは80年代を、90年代のブッチャーは90年代をみつめながら、それぞれの時代のブッチャーを生きてきた。時代がブッチャーを求めたこともあったし、ブッチャーが時代にほんろうされたこともあった。もちろん、これからもブッチャーはブッチャーでありつづける。

ぼくはブッチャーにどうしてもたずねてみたい。いまの日本と日本人、いまのこの国のプロレスが〝アブドーラ・ザ・ブッチャー〟の目にどう映っているのかを――。（2010年7月）

ブッチャーさんとゆっくりおしゃべりしました

「しかし、わたしはまだこうしてここにいる But, I'm still here」

アブドーラ・ザ・ブッチャーのコメントはじつにシンプルで、考えようによってはたいへん哲学的だった。それは、いまのこの国のプロレスがブッチャーの目にはどんなふうに映っているのか、というぼくの質問に対するブッチャーからの返答だった。

「このあいだね、後楽園ホールでカーテンのこっち側から客席のほうをみてね、……日本のプロレス、なんでこんなんなっちゃったんだーって、話してたんですよ」

鈴木みのるがブッチャーの発言をフォローした。鈴木のおでこのすぐ上の前頭部のあたりにはブッチャーの額の傷をモチーフにしたタテの剃り込みが3本入っていた。鈴木は「だれも気がつかねえんだもん」とつまらなそうな顔をしたけれど、ブッチャーは「グッド・アイディア」といってほほ笑んだ。

ブッチャーの〝来日40周年記念興行〟のメインイベントは、ブッチャー&鈴木みのる対藤原喜明&NOSAWA論外という〝作品〟だった。ブッチャーと鈴木はいちおうタッグチームと呼んでいい定番コンビだが、藤原組長とNOSAWAにはこれといった接点はない。藤原組長は、こんなことをやったらおもしろいかもしれない、こんなこともできそうだと1週間くらいまえからこの試合のことばかり考えていたのだという。

ブッチャーが自慢げにみせてくれたゴールドのベルト・バックルには南北戦争時代を思わせる古風

なデザインのライフルが描かれていた。ブッチャーはそのライフルを指さして「わたしはワイフに撃たれて死ぬだろう。そういう運命なんだ」と語ってくれたことがある。1981年（昭和56年）にブッチャーが全日本プロレスから新日本プロレスに電撃移籍したころのおはなしだから、いまから30年くらいまえのことだ。そのことをブッチャーに話してみたら、ブッチャーは「あのベルトは海に捨てた。運命が変わったから」と答えてから「純金でつくったベルトだったら、ちょっと惜しかったけれどな」とつけ加えた。

ベルトのバックルに描かれたライフルにまつわるエピソードはほんとうのことかもしれないし、まったくのフィクションかもしれない。ブッチャーはそういう神秘性を大切にする。

「彼（ブッチャー）が新日本にいたのは4年くらいでしょ。だからそんなに交流はなかった」

藤原組長はブッチャーとの接点を否定したが、ブッチャーは新日本プロレスの前座レスラーだったころの藤原を「バッドニューズの友だち。フジワラはシュート。バッドニューズもシュート」とふり返った。バッドニューズとは、柔道の元オリンピック代表選手（1976年のモントリオール大会＝銅メダル）から新日本道場での修行をへてプロレスに転向し、80年代の新日本の常連外国人選手として活躍したバッドニューズ・アレンのことだ。藤原とアレンはスパーリング仲間だった。

「ある日、バッドニューズが興奮した様子で『これからおもしろいものが観られる』とわたしに伝えにきた」ブッチャーは目を輝かせた。

「バックステージのドアのすき間からリングをみると、フジワラとイギリス人レスラーのレス・ソントンのシングルマッチがはじまっていた。わたしとバッドニューズは『フジワラ、シメろ、シュートしろ』と大声で応援した」

ブッチャーはビル・ロビンソンに代表されるような、お高くとまったイングランドのレスラーが大嫌いで、ときのNWA世界ジュニアヘビー級王者レス・ソントンもいわゆる典型的なブリティッシュ気質のホワイト・ボーイだった。念のため、藤原組長に確認してみたら「あ、なんかそういうこと、あったかも」と懐かしそうな顔をした。

藤原組長が3年まえにガンで胃の半分を切除したことを知ったブッチャーは「わたしも25年まえに出血性の胃潰瘍で胃を半分以上、切除した」と語りながら、いまもおなかに残る大きな手術のあとをみせてくれた。それが病気のおはなしであっても他人には負けたくないというのがプロレスラーの性なのだろう。

「わたしが知るところ、馬場のボディーは87年の時点ですでにガンに征服されていた」

ジャイアント馬場はみずからの体が病魔に侵されていることを知りながら「心のパワーで病気の進行を食い止めていた」とブッチャーは考える。

ブッチャーはそんなふうにして40年間、日本のプロレスのなかにいた。ブッチャーはこれからもブッチャーでありつづける。

「そして、だれもいなくなった。しかし、わたしはまだここにいる But, I'm still here」（2010年7月）

〝インドの狂虎〟タイガー・ジェット・シン

タイガー・ジェット・シンは伝説の大悪役レスラーである。ニックネームは〝インドの狂虎〟。１９７０年代のアントニオ猪木の宿命のライバルで、観客席からの〝乱入〟という古典的な演出で日本のリングに登場した最初の外国人レスラーだった。

ダークスーツにネクタイ、頭にはターバンといういでたちの正体不明のインド人（と思われる人物）がリングサイド席に座っていて、金曜夜8時の『ワールドプロレスリング』の生中継がはじまるとその男がいきなりリングに侵入してきてアントニオ猪木との対戦をアピールした（１９７３年＝昭和48年5月14日＝川崎）。ゴールデンタイムのテレビ番組の映像としてはひじょうにセンセーショナルな、しかし、プロレスの長編ドラマとしてはきわめてオーソドックスなプロローグだった。ジェット・シンの正しい発音はジート Jeet だが、日本ではジェットというカタカナ表記が定着した。

そのプロフィルについてはデータとフィクションがうまくブレンドされていて、どのあたりが現実でどのへんからがファンタジーなのかがわかりにくい。本名はどうやらヤヒッド・シン・ハンズ（アメリカ英語の発音ではファーストネームはジャギッド）で、１９４４年生まれ。自称〝インドのパンジャブ出身〟で、少年時代に家族とともにカナダ・オンタリオ州トロントに移住してきたとされているが、トロント生まれ説もある。

タイガー・ジェット・シン

パンジャブはインド北西部からパキスタン北部にまたがるインダス川上流の地域で、古代文明発祥の地ともいわれ、現在はインドとパキスタンに分割されている。旧インド帝国がイギリスから部分独立して自治領となったのが第二次世界大戦後の１９４７年で、インド共和国として完全独立したのが１９５０年。〝公式プロフィル〟どおり戦時中の44年、パンジャブの生まれだとすると、シンは幼少のころに大きな歴史のうねりを体験したことになる。

デビューは１９６５年。〝鬼コーチ〟フレッド・アトキンスにレスリングの手ほどきを受け、21歳で地元トロントで初マットを踏んだ。力道山の友人でもあったアトキンスは、ジャイアント馬場のアメリカ武者修行時代のコーチ兼ロード・マネジャーをつとめた人物で、シンと馬場はいわば〝兄弟弟子〟の関係になる。日本をホームリングにするまではシンは〝無名〟だったとする説もこれまではあったが、トロントの古い資料をひも解いてみるとそうではなかったことがわかってきた。

シンがトロントのマディソン・スクウェア・ガーデンといわれるメープル・リーフ・ガーデン定期戦にデビューしたのは65年秋で、同年、師匠アトキンスとのコンビで〝ホイッパー〟ビリー・ワトソン＆ブルドッグ・ブラワーを下してトロント地区認定インターナショナル・タッグ王座を獲得した。デビューから2年後の１９６７年には同ガーデン定期戦でＮＷＡ世界へビー級王者ジン・キニスキー、ＷＷＷＦ世界へビー級王者ブルーノ・サンマルチノに連続挑戦。ＵＳへビー級王座をめぐる〝アラビアの怪人〟ザ・シークとの因縁のシングルマッチがトロントの名物カードとなり、１９７１年から１９７４年までの約4年間で合計18回、収容人員1万８０００人のメープル・リーフ・ガーデンを超満員札止めにしたという記録が残っている。

トロントではあくまでもシンがベビーフェースで、シークがヒールというレイアウトになっていたが、シン自身はこのベビーフェースとしてのポジションが日本のマスコミやファンに知られることを極端に嫌った。日本で〝大悪役〟に変身したシンは、アリーナのなかだけでなく移動中も滞在先のホテルでもつねに24時間シフトで〝狂虎〟を演じつづけ、プロレスファン（とくに目を輝かせた少年ファン）が視界に入ってくると容赦なく危害を加えた。矛盾や妥協をいっさい許さないこういったイメージづくりは、じつはシークから学んだライフスタイルだった。

猪木と紡いだ数かずの衝撃〝事件〟

リング外の〝事件〟では１９７３年（昭和48年）11月、女優で妻（当時）の倍賞美津子さんとショッピングをしていた猪木を新宿の伊勢丹デパートのまえで襲撃し、一般人から通報を受け、警察が出動したエピソードがあまりにも有名だ。いまだったらこういう乱闘シーンは映像に残されるはずだが、テレビカメラが回っていない場所でのハプニングというところがかえってプロレスファンのイマジネーションをくすぐった。

この時代に『ワールドプロレスリング』の番組制作にかかわっていたあるテレビ朝日関係者は、この〝伊勢丹デパート事件〟を「（プロレス的な演出であったのか、突発的な事件であったのか）いまだにわからない」と語る。

猪木との因縁ドラマは、猪木がシンの右腕を骨折させた〝腕折り事件〟（１９７４年＝昭和49年6月26日＝大阪）でひとつのクライマックスを迎えたが、翌１９７５年（昭和50年）にはシンが猪木を下しNWFヘビー級王座を奪取して雪辱(3月13日＝広島)。〝金曜夜8時〟のプロレス中継での猪木のフォール負けはひじょうにショッキングだった。

新日本プロレス、全日本プロレス、国際プロレスの3団体合同でいちどだけ開催された『夢のオールスター戦』(1979年＝昭和54年8月26日、日本武道館)では、シンはアブドーラ・ザ・ブッチャーと〝夢のコンビ〟を結成し、ジャイアント馬場&猪木の〝BIコンビ〟と対戦(猪木がシンをフォール)。73年の初来日から9年間で合計23シリーズに出場。終わりそうで終わらない猪木とのライバル・ストーリーは、ブッチャーが新日本に移籍してきて、これと入れ替わりにシンがタッグ・パートナーの上田馬之助とともに全日本に電撃移籍した1981年(昭和56年)7月までつづいた。

シンは地元トロントでは〝日本で億万長者になった男〟として知られ、800万平方フィート(約24万坪)の敷地面積、資産評価額960万ドルといわれる〝シン宮殿〟はカナダのテレビ、新聞、雑誌などでたびたび紹介されている。

トロント国際空港からタクシーに乗り、ドライバーに「タイガーのパレスまで」と告げれば、あとはなにもしなくてもトロント郊外ミルトンのシンの自宅まで連れていってくれる。そして、シンはこういって高らかに笑う――。

「いちばん大切なものはお金でもなければ宝石でもない。信仰だ！」

神と富、虚と実　タイガー・ジェット・シンという生き方

タイガー・ジェット・シン／インタビュー

タイガー・ジェット・シンは〝固有名詞〟である。アントニオ猪木の大河ドラマ的ライバルであり、新日本プロレス史のもっとも重要な登場人物のひとりである。プロレスラーとしてのタイプは典型的な反則ファイター。小道具はターバンとサーベル。日本でいちばん有名なインド人といっていいかもしれない。

初来日は1973年（昭和48年）5月。新日本プロレスのリングに突然、スーツ姿のまま乱入した。〝なぞのインド人レスラー〟が猪木の首を狙ってひそかに日本に上陸していた、という設定だった。頭に原色のターバンを巻いた〝なぞのインド人レスラー〟の正体はタイガー・ジェット・シンと判明し、シンはその翌週からTVマッチに登場した。NET（現在のテレビ朝日）が新日本プロレスのテレビ中継の放映を開始したのは、この事件のちょうど1カ月前だった。

〝金曜夜8時〟のプロレスの時間になると、猪木とシンは毎週のように闘っていた。シンのサーベル攻撃で猪木が額から大流血する場面が定番シーンになった。衝撃の初来日から半年後の11月5日、倍賞美津子夫人（当時）といっしょにショッピングをしていた猪木を新宿の伊勢丹デパート前で襲った。この伝説の〝新宿乱闘事件〟がシンをいっきに全国区レベルの有名人に変身させた。

公式プロフィルによれば、インド・パンジャブ出身。イスラム教徒。フレッド・アトキンスのコー

チを受け、1965年、カナダ・オンタリオ州トロントでデビュー。これも公式プロフィルによれば、本名はダン・シンJrだが、資料によってはヤヒッド・シン・ハンズという名が記載されているものもある。生年月日については〝1942年〟〝1944年〟〝1945年〟の3つの説があり、はっきりしない。そのエスニック・バックグラウンドについても〝インド人〟と〝パキスタン人〟のふたつの説がある。

――フレッド・アトキンスにレスリングの手ほどきを受け、1965年にプロレスラーとしてデビューした。アトキンスはあの力道山の友人で、ジャイアント馬場のアメリカ武者修行時代のマネジャー兼コーチだった人物です。あなたとアトキンスの関係について。

シン アトキンスのコーチを受けたのは1968年だ。アトキンスの自宅があったクリスタル・ビーチでコーチを受けた。たいへん厳格なコーチだった。あまりにもトレーニングが厳しかったため、わたしは3回、脱走し、3回、生還した。彼の教えはこうだった。お前はチャンピオンになれる。お前は敗北者にもなれる。どちらを選ぶのだ？　オレのいうことをよく聞けと。

――デビューはトロントですか？

シン トロントのメープル・リーフ・ガーデンだ。ジョニー・バレンタインを下してUSヘビー級王者になった。これがわたしのレスリング・ライフの出発点だ。

シン自身が回想するように、68年10月、シンはトロントでJ・バレンタインを下し、同地区認定

USヘビー級王座を獲得している（『レスリング・タイトル・ヒストリー』ロイヤル・ダンカン&ゲーリー・ウィル共著による）。ただし、この試合がほんとうにシンのデビュー戦であったかどうかはわからない。シンが主張するようにこの試合がデビュー戦であるとすると、シンは〝45年生まれ説〟では23歳、〝44年生まれ説〟だと24歳、〝42年生まれ説〟を用いるとすると26歳でプロレスラーとしてデビューしたことになる。カナダ・トロント地区（フランク・タニー）をサーキット後、シンは68年から1970年にかけて約3年間、南半球エリア（オーストラリア&ニュージーランド）の長期ツアーを数回にわたり体験している。

――60年代の終わりから70年ごろにかけて数回、長期のオーストラリア遠征、ニュージーランド遠征に参加していますね。

シン　プロモーターはジム・バーネット。1回のツアーは約6カ月間だった。最初のツアーは70年だったと記憶している。キング・カーティス・イアウケア、マーク・ルーイン、マリオ・ミラノらがいっしょだった。オーストラリア人は人種差別野郎どもだった。インド人はいらない、チョコレート色の肌をした人間はいらないといわれ、わたしはネイティブ・アメリカンの衣装を着せられた。わかるか？　アメリカン・インディアンのコスチュームだぞ。たいへんな屈辱を味わわされた。

――人種差別野郎どもですか？

シン　オーストラリアへ行ってからたった1週間で、わたしはあの国でもっとも嫌われた外国人になった。シドニーでも、メルボルンでも、わたしが出た試合はどこでもソールドアウトになった。わたしは3年間、メインイベンターとしてオーストラリア、ニュージーランドをサーキットした。

――1973年まで3年間ですか？　新日本プロレスのリングに〝乱入〟する直前までオーストラリア、ニュージーランドをツアーしていたということですか。

シン　ジム・バーネットが香港ツアーを計画していた。バーネットのビジネス・パートナーだったスティーブ・リッカードがわたしに「日本でビッグ・ビジネスがある」というプランを持ちかけてきた。わたしはいったんトロントへ帰り、その返事を待った。

――そのビッグ・ビジネスが新日本プロレスのことだったんですね。

シン　そうだ。わたしはニュージャパンと専属契約を交わした。ディールを知りたいか？

――ディール（契約内容）ですか。

シン　ギャランティーは週2500ドル。1シリーズが終わるごとに1ウィーク分のボーナス。カナダと日本の往復の飛行機がファーストクラス。ホテルもファーストクラス。

73年（昭和48年）当時のドルと円の換算でいうと、1ドルは約300円（2500ドルは約75万円）。新日本プロレスが1シリーズあたり4週間から6週間の地方巡業をおこなっていた時代だから、シンはいまから30年前の物価で1シリーズごとに1万ドル（約300万円）から2万ドル（約600万円）のファイトマネーをキャッシュで手にしていたことになる。シンと新日本の〝蜜月〟は、それから8年後の1981年（昭和56年）7月までつづいた。

ブッチャーとのタッグの依頼を「ファック・ユー」といって断った

――81年7月、あなたは新日本プロレスからライバル団体の全日本プロレスへ電撃移籍を果たした。そのときの経緯をなるべくくわしく話していただけませんか。

シン　わたしは当時、ハイエスト・ペイド・レスラーだった。

――つまり、ファイトマネーがいちばん高いレスラーだったということですね。

シン　そのとおりだ。ニュージャパンはわたしにこういうはなしを持ってきた。アブドーラ・ザ・ブッチャーと新しいタッグチームを結成してはどうかと。

――なるほど。

シン　わたしはすぐに答えた、あのサナバビッチは大嫌いだと。頼むからあんな野郎とタッグを組ませないでくれと。ニュージャパンはわたしの意見に賛成してくれた。よし、わかった。このはなしはなかったと。

――それで、どうなったのですか？

シン　わたしはトロントの自宅に帰っていた。テリー・ファンクから電話が入った。ニュージャパンがブッチャーと契約したと伝えてきた。ニュージャパンのエグゼクティブがロサンゼルスまで来て、そこでニュージャパンとブッチャーは契約書にサインを交わしたというんだ。わたしは自分の耳を疑った。ニュージャパンはわたしにウソをついた。裏切りだ。わたしはたいへんショックを受けた。だから、すぐにニュージャパンのオフィスに電話を入れた。

――あなたのほうから電話をしたんですね。

シン　そうだ。わたしは電話口でこう伝えた。わたしは説明や釈明は望んでいない。ただ、YESかNOかだけを答えてくれと。ブッチャーと契約したのか？　答えは〝YES〟だった。わたしは「ファック・ユー」といって電話を切った。それでニュージャパンとわたしの関係は完全に終わった。

――そして、全日本プロレスへの移籍を決心した。

シン　ジャイアント馬場がわたしに5年契約を提示してきた。ミスター・ババ、ミセス・ババ、そしてNTV（日本テレビ）のエグゼクティブ・プロデューサーの3人がわざわざトロントまで飛んできてくれた。わたしはわたし自身のシチュエーションをミスター・ババに伝えた。ミスター・ババは〝ゴールドのハート〟を持ったプロモーターだった。わたしはマネーで動く人間ではない。ミスター・ババはわたしを理解しようとした。わたしが彼をリスペクトし、彼もわたしをリスペクトしてくれた。わたしはマネーには操られないが、愛には動かされてしまう。だから、わたしはそれから10年間、オールジャパンのためにベストを尽くしたんだ。

――全日本プロレスへの初登場も、新日本プロレスのときとまったく同じ〝乱入〟でしたね。

シン　オールジャパンと契約を交わし、オールジャパンのレスラーとして初めて成田空港に降りた日、到着ゲートのすぐ外側でニュージャパンのスタッフ数人がわたしを待ち伏せしていた。わたしは彼らを無視し、ヨシ（百田義浩＝故人）の自動車に乗り込んだ。その夜、彼らはわたしの泊まっていたホテルの部屋まで押しかけてきて、ドアをドン、ドンとノックした。わたしはドアを開けなかった。彼らは最後の最後までわたしを傷つけようとした。

81年は新日本プロレスと全日本プロレスの2大メジャー団体のあいだで外国人選手の大がかりな〝引き抜き事件〟が発生した年だった。新日本が全日本からブッチャーを引き抜くと、全日本は新日本からシンと上田馬之助を引き抜いた。ディック・マードック、タイガー戸口（キム・ドク）ら常連組の新日本移籍が明らかになると、全日本は猪木のライバルで〝ドル箱ガイジン〟だったスタン・ハンセンを獲得した。

そのプロフィルにはいくつかのミステリアスな部分が残されたままではあるが、シンは〝42年生まれ説〟なら74歳、〝45年生まれ説〟なら71歳という年齢に達している。プロレスのキャリアは〝65年デビュー説〟なら51年、〝68年デビュー説〟なら48年。いずれにしても、いわゆる高齢に手が届きつつある大ベテランであることに変わりはない。

初来日以来、日本のレスリング・シーンのキーパーソンのひとりでありつづけたシンは、70年代を新日本プロレス、80年代を全日本プロレスのリングで過ごし、1991年（平成3年）9月には『アントニオ猪木30周年メモリアル・フェスティバル』横浜アリーナ大会でかつてのライバル、猪木との初タッグで古巣・新日本に復帰した。その後はFMW、NOW、平成維震軍（新日本）、冴夢来プロレス、IWAジャパンなど大小団体のリングに上がってきた。

シン自身はいまでも猪木を〝最大のライバル〟と評し、馬場を〝ゴールドのハートを持ったプロモーター〟と形容する。シンのなかでは〝アントニオ猪木〟と共有した時間と〝ジャイアント馬場〟と過ごした10年間とがまったく異なるチャプターとしてきっちり分類されている。しかし、シンがほんとうに語りたいのは猪木、馬場との思い出ではなくて、〝神と自分の関係〟についてだった。

神はすべてを〝一冊〟の本に書いたが、リング上ではわたしがキングだ

――トロント空港からタクシーに乗って「タイガー・ジェット・シンのパレスまで」と告げると、住所をいわなくてもあなたの家まで連れていってくれるそうですね。

シン あたりまえじゃないか。トロントのタクシー・ドライバーなら、だれでもわたしの自宅の場所を知っている。

――日本のマガジンでもこれまで何度か紹介されたお屋敷ですね。

シン 200エーカー（約24万坪）の敷地に2万平方メートル（約6000坪）のマンションが立っている。家のすぐ裏にはビーチとテニスコートがあって、あの向こうにはまた30エーカー（約3万7000坪）の森がある。まあ、広くはないが心地いいスペースだな。

――日本で稼いだファイトマネーのほとんどを不動産と金融の投資にあてたというのはほんとうですか？

シン ホテルのフランチャイズ・チェーンを経営している。不動産には7000万ドル（2002年当時約91億円）から8000万ドル（同約104億円）は投資した。世界じゅうに家を持っている。だが、わたしはオーディナリー・ヒューマン・ビーイング（ふつうの人間）だよ。

――ふつうの人間、ですか。

シン わたしは人間が好きなのだ。アイ・ラブ・ヒューマン・ビーイング。

——もうちょっと、わかりやすく、お願いできますか。

シン　わたしは、ゴッド・フィーリング・マンだ。神の存在をすぐ近くに感じるのだ。神に対して隠しごとをすることはできない。神はなんでもごらんになっている。

——なるほど。

シン　わたしたちが生まれたとき、神はわたしたちがここでなすべきことを〝一冊の本〟にお書きになった。だれもその本がどこにあるのかを知らない。わたしたちはそれをみつけにいかなければならない。

——運命論者、ですか？

シン　人間にはたくさんの役割がある。わたしは父であり、夫であり、ひとりのヒューマン・ビーイングだ。

——プロレスラーとしてのご自分は？

シン　リングの上でわたしがどんなおこないをしてきたか、ということか？レスリングはビジネスだ。リングの上ではあくまでもわたしがキングなのだから、わたしはわたしのやりたいようになる。ただし、グローリー（栄光）にだまされてはいかん。神のもとでは栄光など無意味だからだ。

——なんとなく、わかるような、わからないような。

シン　ユーは神に祈らないのか？　わたしは朝、昼、晩と1日に3回ずつ祈りを捧げている。ピース・オブ・マインド（心の平安）だ。毎日の暮らしがハッピーなら、それだけ神に近づけるのだ。ユーもお祈りをしろ。心からだぞ。プレイ！

――それはイスラム教の神のことですか。

シン　わたしはこの地球のパッセンジャー、ただの〝乗客〟なのだ。ガーディナー（植木屋、庭師）といってもいい。大地に種を植え、水を与え、花を咲かせるのがわたしの仕事なのだ。神のために働くのだ。

――物質的な〝富〟と神との関係がいまひとつ理解できません。

シン　リーブ・エブリシング・ヒア。すべてはここに置いていかなければならないんだ。天国へはなにも持っていけない。

――それはよくわかります。

シン　わたしはすべてを手に入れた。しかし、わたしはしっかりと大地に足をつけて生きている。ダウン・トゥ・アースだ。

――不動産と金融で築いたあなたの巨額の財産も、神のまえではまったく意味のないものなのですね。

シン　わたしがこうして健康でハッピーでいられるのは神のおかげだ。毎日、2時間ずつワークアウトし、汗を流し、シンプルな食事をし、神に祈ること。ハッピネスは金では買えない。わたしはいまとても幸せで、18歳の少年のような気持ちなのだ。

シンがブランドもののセカンドバッグのなかから取り出したビジネスカードには、WWEと国連のふたつのロゴがプリントされていた。国連のロゴのすぐ下にはNGO（非政府機関）、WWEのロゴの下にはインターナショナル・アンバサダー（国際大使）と記されている。国連のメンバーになったのは4年前のことだという。

シン　ビンス・マクマホンがわたしにアプローチをかけてきた。わたしはレスリング・ビジネスから引退する準備をすすめていた。だが、ビンスはわたしの力を必要としていた。

――それはいったいいつごろのことでしたか。

シン　わたしの息子がプロレスラーになろうと決心したすぐあとだ。

――タイガー・アリ・シンですね。

シン　リングネームの由来を教えてやろう。モハメド・アリには息子がいない。だから、アリはわたしの息子ミックを自分の息子のようにかわいがってくれた。

――あのモハメド・アリ、ですか？

シン　よおく聞け。〝アリ〟はモスリムで〝タイガー〟という意味なんだ。〝シン〟はインド語で〝タイガー〟。タイガー・アリ・シンとは〝タイガー〟を3つの言語で表現した名なのだ。

――ビンス・マクマホンからのアプローチについてくわしく教えてください。

シン　ユーは知らないだろうが、ビンスは絶対に知り合いの家を訪ねたりしない男だ。そのビンスがわざわざ飛行機に乗って、わたしに会いにトロントまでやって来た。

――それはどうしてですか？

シン　モスリム（イスラム教、回教）の力だ。世界の52カ国はモスリムだ。地球上の4分の1の人間はモスリムなんだ。世界じゅうに15億人のモスリムがいるんだ。ビンスは頭のいい男さ。わたしの力を借りることで、世界を征服しようとしている。いまから20年後の未来をにらんでいるのだ。WWEは、そして世界は、いずれタイガー・アリ・シンを崇拝することになるだろう。（取材／2002年4月）

〝帝王〟バーン・ガニア一代記

バーン・ガニアは世界チャンピオンとして、そして、メジャー団体のオーナーとして、20世紀のプロレス史にもっとも大きな足跡と功績を残した〝プロレス人〟のひとりだった。

1926年2月26日、ミネソタ州ロビンズデール出身。ハイスクール時代からエリート・アスリートで、秋シーズンはフットボール、冬シーズンはレスリングで活躍し、1943年、フットボールではオール・ステート・チーム選出、レスリングではミネソタ州選手権優勝（ヘビー級）。ミネソタ大学でもフットボール（ポジションはタイト・エンドとディフェンシブ・エンド）とレスリングの両スポーツで活躍した。

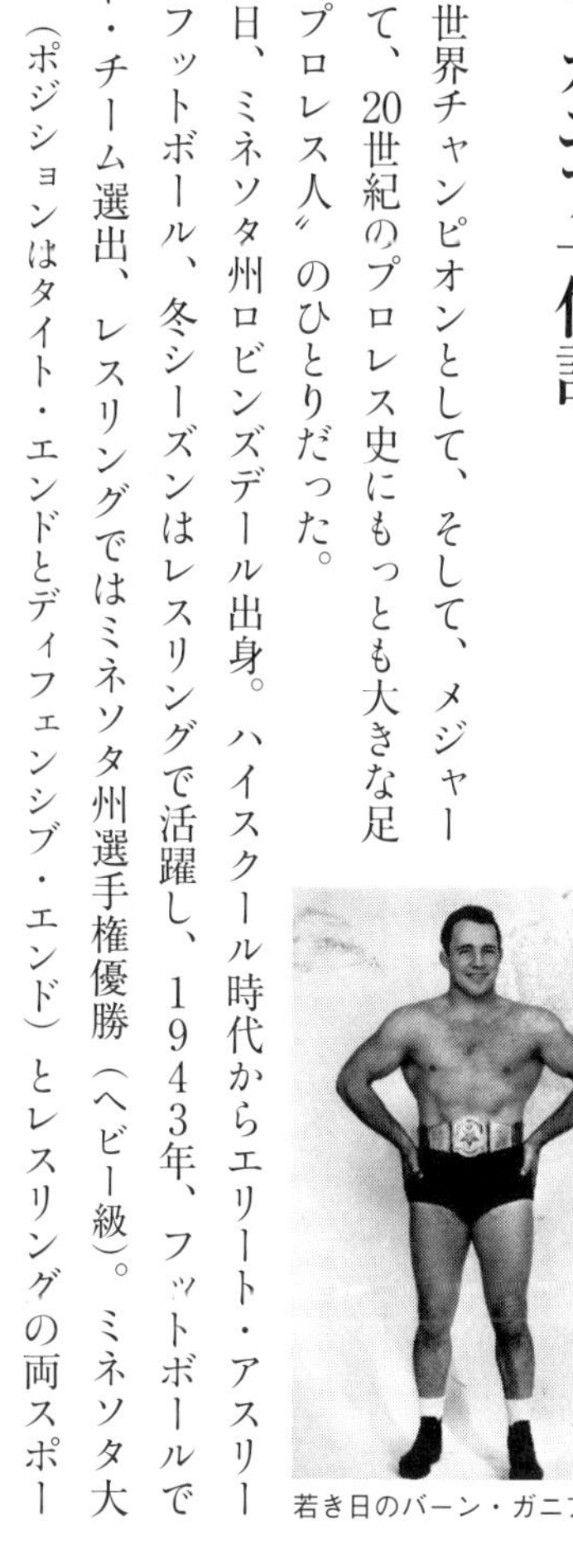

若き日のバーン・ガニア

ミネソタ大在学中の1945年、1946年の2年間は軍隊に在籍。復学後の1947年、NCAA選手権3位（191ポンド級＝準決勝でディック・ハットンに敗退）。1948年、オリンピック選考大会準優勝（191・5ポンド級＝ヘンリー・ウィッテンバーグに敗退）。1948年、1949年は2年連続でNCAA選手権優勝（191ポンド級）。1949年、AAU全米選手権優勝（191ポンド級）。

ミネソタ大在学中の1947年、シカゴ・ベアーズからNFLドラフト16位指名、1949年にはグリーンベイ・パッカーズの春季キャンプ招待選手（プロレスラーとしてデビュー後の1951年にもサンフランシスコ・49ナーズが春季キャンプ招待選手に選出）となり、パッカーズではじっさいにプレ・シーズンのゲームに出場したこともあったが、プロフットボール選手にはならなかった。

1948年当時、アメリカのカレッジ・レスリングではフリースタイルの大会だけがおこなわれ、グレコローマンはまだ正式競技にはなっていなかったため、アメリカは同年のロンドン・オリンピックではオリンピック選考大会の各階級2位の選手（ガニアは191・5ポンド級準優勝）をグレコローマンのトーナメントに出場させようとしたが、IOC＝オリンピック委員会はこの案を却下。

あまり知られていないエピソードではあるが、ガニアはオリンピック代表選手としてロンドンまで行き、開会式にも参加しながら、じっさいには試合をせずに帰国した。いっぽう、ガニアを破りオリンピック選考大会に優勝したヘンリー・ウィッテンバーグは、ロンドン・オリンピックでは金メダル（フリースタイル＝ライトヘビー級）を獲得。ウィッテンバーグは「オリンピックで闘ったどの国のどの選手よりもガニアのほうが強かった」とコメントしたとされている。

アマチュア時代の最後の大一番は、このオリンピックの翌年、1949年にディック・ハットン――のちに〝鉄人〟ルー・テーズを下してNWA世界ヘビー級王者となる――と対戦したNCAA選手権決勝戦だった（1949年3月26日＝コロラド州フォート・コリンズ）。ガニアは時間切れ延長戦オーバータイムの末、判定でハットンを下して優勝。カレッジ・レスリング界のトップスターで、宿命のライバルといわれたガニアとハットンの試合がおこなわれたのはこのときが最後で、それぞれがプロレスラーになってからは、なぜかこのカードはいちども実現しなかった。

この試合から5週間後、ガニアはプロ転向を宣言。ガニアをプロレスへと導いたのはミネアポリス・

ボクシング・アンド・レスリング・クラブのトニー・ステッカー（ジョー・ステッカーの実兄）で、ステッカーはスポーツ・メディアが注目したガニアのデビュー戦の特別レフェリーとして元プロボクシング世界ヘビー級王者ジャック・デンプシーを起用。ガニアはベテランのエイブ・ケイシーからフォール勝ちを奪い、記念すべきプロ・デビューを飾った（1949年5月3日＝ミネソタ州ミネアポリス）。

年間10万ドルを稼ぐスーパースター

〝超大型ルーキー〟ガニアはその後、北部ミネソタを離れ、南部エリアをツアー。同年、サニー・マイヤースを下しNWAテキサス・ヘビー級王座（1949年12月16日＝テキサス州ヒューストン）、翌年、場所をオクラホマに移し、再びS・マイヤースを破りNWA世界ジュニアヘビー級王座（1950年11月13日＝オクラホマ州タルサ）を獲得。翌1951年には旧NWA世界ジュニアヘビー級王者ビリー・ゴーツを下し、新旧NWA2派の世界ジュニアヘビー級王座を統一した（1951年4月21日＝ウィスコンシン州ミルウォーキー）。

1950年代前半のアメリカのレスリング・ビジネス――テレビの全米中継――の中心はシカゴで、ドゥモン・ネットワークTV（1946年8月開局～1956年8月消滅）が放映していたプロレス番組〝レスリング・フロム・マリゴールド・ガーデン〟は、戦後のテレビブームのなかで大人気を呼び、これと同時に全米各地のプロレス興行も戦後の第1次ピークを迎えた。

ガニアはデビューから1年後の1950年には年間10万ドルのファイトマネーを稼いでいたとされ、ニューヨーク・ヤンキースのジョー・ディマジオがプロ野球選手として初の年俸10万ドル契約で話題を呼んだのもこの時代だから、ガニアがこの時点ですでに人気（観客動員力）と実力を兼ね備えたスーパースターであったことがわかる。

ＮＷＡ世界ジュニアヘビー級王者ガニアとＮＷＡ世界ヘビー級王者ルー・テーズは、典型的なベビーフェースの〝2階級〟の世界チャンピオンとしてドゥモン・ネットワークのプロレス番組にレギュラー出演。１９５１年から１９５３年にかけてはテーズ対ガニアの〝ヘビー級VSジュニアヘビー級〟のＮＷＡチャンピオン同士のタイトルマッチが全米の主要マーケットでおこなわれ、この試合もまたドル箱カード――試合結果はほとんどの場合、60分時間切れドロー――となった。

しかし、テーズのスケジュールを管理していたセントルイスのサム・マソニックＮＷＡ会長がテーズをシカゴのＡＢＣ系ローカル・チャンネルのプロレス番組に出演させたことから、ドゥモン・ネットワークとテーズ－マソニック派閥は決裂。

〝レスリング・フロム・マリゴールド・ガーデン〟をプロデュースしていたシカゴのプロモーター、フレッド・コーラー（この時点ではＮＷＡ加盟プロモーター）は番組から〝ＮＷＡカラー〟を削除し、１９５３年9月、ガニアを初代ユナイテッド・ステーツＴＶヘビー級王者（ＵＳヘビー級王者）に認定。同番組の新しい主人公に抜てきした。シカゴ派の事実上の看板スターとなったことで、結果的にガニア自身はその後のＮＷＡ世界ヘビー級王者候補のリストから外れることになる。

ガニアはこのＵＳヘビー級王座を１９５８年まで5年間保持（１９５６年4月7日＝シカゴでウィルバー・スナイダーに敗れ王座転落、１９５８年4月11日＝シカゴでディック・ザ・ブルーザーから王座奪回、１９５８年11月15日＝ネブラスカ州オマハでＷ・スナイダーに敗れ王座転落）。その間、テーズ対エドワード・カーペンティアの〝まぼろしの王座移動事件〟（1957年6月14日＝シカゴ）をきっかけにNWAが内部分裂を起こし、モントリオール、ボストン、ジョージア、テキサス、ロサンゼルスなどに別派の世界ヘビー級王座が誕生した。

ガニアもカーペンティアを下し（1958年8月9日＝ネブラスカ州オハマ）、ビッグタイム・レスリング（オハマ＝ジョー・デューゼック派）とフレッド・コーラー・エンタープライズ（シカゴ）の2団体がガニアを新たに〝世界ヘビー級王者〟に認定。ビッグ・タイム・レスリングの世界王座は、プロレス史研究家のあいだでは〝オマハ版AWA〟と呼ばれているもので、この世界王座は1963年9月まで存続したが、ガニア政権時代にミネアポリスAWAに統合された。

1959年、先代プロモーターのトニー・ステッカーの死後、ガニアは33歳の若さで地元ミネソタの興行会社ミネアポリス・ボクシング・アンド・レスリング・クラブを買収し、翌1960年4月、新団体AWA（アメリカン・レスリング・アソシエーション）を設立した。

このAWAという団体名はガニアのオリジナルではなく、1920年代から1950年代前半のボストンAWA（ポール・バウザー派）、1930年代から1960年代前半までのオハイオAWA（アル・ハフト派）、1930年代から1960年代のモントリオールAWAなど、それまでも諸派が同一の団体名を名乗ったことがあったが、日本のレスリング・シーンとの関係、プロレス現代史における重要性という点ではガニアが製作総指揮・監督・主演だったこのAWAがいちばんメジャーな団体ということになる。

1960年5月、AWAはNWAに対し「NWA世界ヘビー級王者パット・オコーナーは90日以内にガニアの挑戦を受けなければならない。90日以内にNWAから正式な回答がない場合は、ガニアを世界ヘビー級王者と認定する」とテレビ番組内でアナウンス。この〝90日リミット〟が切れる同年8月16日をもってAWAがガニアを初代世界ヘビー級王者に認定。ガニアは以後、メディアとプロレスファンに対してはあくまでも選手としてのアイデンティティーだけを公開し、AWAの〝団体の顔〟はガニアのパートナーのウォーリー・カルボがつとめた。

団体発足当初の活動エリアはミネアポリス-セントポールのツインシティー（ミネソタ）、ノースダコタ、サウス・ダコタ、オマハ（ネブラスカ）、ミルウォーキー（ウィスコンシン）、アイオワ、カナダ・ウィニペグといった北部エリアがメインだったが、60年代後半にはシカゴ、デンバー（コロラド州）へと拡大。1968年、西海岸ロサンゼルスに進出を図り、AWAの〝侵略〟に対し、ロサンゼルスWWA（マイク・ラベール派）がNWAに援軍を求め、WWAがNWAに加盟＝事実上吸収されるという勢力分布図の変動が起きた。このWWAの消滅により、1970年代のNWA-AWA-WWWFの3大メジャー団体時代がスタートした。

ガニアのパブリシティ写真（1950年代）

AWAと全米各地のNWAテリトリーとのいちばん大きなちがいは、NWAテリトリーが基本的にはいずれもローカルベースの組織であったのに対し、AWAは〝一座〟のツアー団体であった点だ。1960年代後半から1970年代にかけてのAWAはガニア、クラッシャー・リソワスキー、ワフー・マクダニエル、ビル・ロビンソン、〝スーパースター〟ビリー・グラハム、バロン・

フォン・ラシク、レッド・バスチェン、イワン・コロフ、ラリー・ヘニング、バション兄弟（マッドドッグ・バション＆〝ブッチャー〟ポール・バション）、ブラックジャック・ランザ、若手時代のテキサス・アウトローズ（ダスティ・ローデス＆ディック・マードック）、ニック・ボックウィンクル、レイ・スティーブンスといった強力なメンバーを所属選手として抱え、年間を通じて広域なエリアでツアー活動を展開した。

また、１９７０年代前半のＡＷＡの〝ガニア道場〟ではリック・フレアー、グレッグ・ガニアとジム・ブランゼルのハイフライヤーズ、元オリンピック選手のケン・パテラ（重量挙げ）とクリス・テイラー（レスリング）、イランからのレスリング留学生だったアイアン・シーク（カズロー・バジーリ＝コシロ・バジリというカタカナ表記が用いられることもある）、リッキー・スティムボート、サージャント・スローター、〝プレイボーイ〟バディ・ローズらがＡＷＡのキャンプでＢ・ロビンソンのコーチを受けてプロレスラーになった。

ガニアは、ガニア自身がかつてそうであったように、プロレスラー志望の若者たちにアスリートとしての高いクレデンシャル（資格、実績、それを証明する記録など）を求めた。ロビンソン師範は〝ガニア道場〟に集められたアスリートたちに、ダブル・リストロックをはじめとするキャッチ・アズ・キャッチ・キャンのレスリング・ホールドの握り方と絞め方をきっちり教えた。それがＡＷＡの選手育成メソッドだった。

ガニアはＡＷＡが発足した１９６０年から１９８１年まで21年間のあいだにＡＷＡ世界ヘビー級王座を通算10回保持。ジン・キニスキー、ミスターＭ（ビル・ミラー）、Ｃ・リソワスキー、フリッツ・

フォン・エリック、M・バション、ドクターX（ディック・バイヤー）といった実力派のライバルたちに一時的に王座を明け渡したことはあったが、いずれも王座を奪回した。

1968年から1975年まで、年齢でいえば42歳から49歳までの7年間はいちども敗れることなく王座をキープ（1975年11月8日＝セントポールでニック・ボックウィンクルに敗れ王座転落）。それから5年後、54歳でN・ボックウィンクルを破り王座を奪回し（1980年7月18日＝シカゴ）、翌年、55歳で世界チャンピオンのまま現役生活にピリオドを打った（1981年5月10日＝セントポール）。

〝帝王〟バーン・ガニアのフェイバリット技は、アマチュア・レスリングにはないスリーパーホールドと空中で体をねじりながらの連発式ドロップキック。いわゆるベビーフェースだが、気性が激しく、エキサイトしたときのパンチ攻撃も大きなセールスポイントで、それがどんなシチュエーションでのどんな試合であっても、ミネソタのプロレスファンからはとことん愛された。

バーン・ガニア――本名ラバーン・クラレンス・ガニア――は2015年4月27日、家族に見守られながらセントポールのリハビリ・センターで静かに息を引きとった。89歳だった。

ミネアポリス伝説
ロード・ウォリアーズと仲間たち

いつのまにこんなに時間がたってしまったのだろう。ジョーとマイクというふたりの無名の若者がアニマルとホークに変身し、20世紀を代表する伝説のタッグチーム、ザ・ロード・ウォリアーズが誕生したのはいまから30年以上もまえのことだ。

アニマルとホークはミネソタ州ミネアポリスの〝エディ・シャーキー道場〟でレスリングを学んだといわれているが、じっさいは〝エディ・シャーキー道場〟というプロレスラー養成所は存在しない。

ホーク＝マイク・ヘグストランドは、ミネアポリスのヘンリー・ハイスクールを卒業したあと、地元のバーでバウンサー（用心棒）のアルバイトをしながら、ジェシー・ベンチュラが経営していた〝ベンチュラズ・ジム〟で体を鍛えていた。

ベンチュラは元AWA世界タッグ王者（パートナーはアドリアン・アドニス）で、引退後はWWEのテレビ番組でカラー・コメンテーターとして活躍し、その後は映画俳優、ラジオのディスクジョッキーに転向。1990年代に政界に進出し、ブルックリンパーク市長をへて1998年から1期4年間、ミネソタ州知事をつとめた。

ザ・ロード・ウォリアーズ

ホークは〝ベンチュラズ・ジム〟でベンチュラからレスリング・ビジネスのなんたるかを教えてもらうつもりだったが、当時まだ現役だったベンチュラは「お前じゃ無理だ」とホークの〝弟子入り〟を断った。そこでホークは、ベンチュラの師匠――ベンチュラ自身はその事実をずっと隠していたが――にあたるエディ・シャーキーを訪ね、「ぼくをレスラーにしてください」と直談判した。

1960年代にAWAで中堅レスラーとしてそれなりに活躍したシャーキーは、ほんとうは名コーチでもなんでもなかったけれど、街なかのジムやバーで体の大きい若者をみつけると「2000ドルの授業料を払えばプロレスを教えてやる」と声をかけていた。ベンチュラもじつはシャーキーのあやしいコーチ――ラケットボール・コートの板の間のフロアに体操用のマットを敷いただけのトレーニング場――を受けてプロレスラーになったひとりだった。

週に3回、約6カ月間のトレーニング・セッションを終えたホークは、シャーキーのブッキングでカナダ・バンクーバーのインディー団体に送り込まれた。リングネームはクラッシャー・フォン・ヘイグ。時代遅れの〝ナチスの亡霊〟キャラクターだった。

ホークの練習仲間だったアニマル＝ジョー・ローリナイティスは、ジョー・ローレンのリングネームでノースカロライナにブッキングされたが、日払いのファイトマネーでは食っていけず、すぐにミネアポリスに戻ってきた。ホークとめぐり逢わなかったら、アニマルは大学に戻ってフットボールをやるつもりだった。

偶然から生まれた世紀のタッグチーム

ロード・ウォリアーズの誕生は、ほとんど偶然の産物といってよかった。その日、ジョージアのプロモーター&ブッカーのオレイ・アンダーソンは、体が大きくて将来性のある、まだメジャー団体のリングを経験していない、ギャラの安いルーキーをスカウトするためにミネアポリスに来ていた。オレイは現役時代は〝兄〟ジーン・アンダーソンとのコンビ、ミネソタ・レッキング・クルーとして活躍したタッグマッチの名手だった。シャーキーのケイコ場にはボディービルダー系のルーキーたちがとぐろを巻いていた。

コーチのシャーキーは当初、ホークと彼の同期のリック・ロード（のちの〝ラビッシング〟リック・ルード）にタッグを組ませるつもりだったが、オレイは「じゃあ、そこのふたり」といってホークとアニマルを指さした。もうひとりの同期、バリー・バーソウは〝にせロシア人〟クラッシャー・クルシチェフに変身した。

ホークとアニマルは、新しいボスになるオレイに飛行機代を払ってもらい、アトランタのTVスタジオに連れていかれ、いきなり試合をやらされた（1983年6月）。ブッカーのオレイから「キミたちの動きをみてみたいから自由にやってくれ」といわれたので、ふたりはとにかく好き勝手に――結果的に水を得た魚のように――暴れまくった。どうやら、オレイはみずから発掘したミネ

シャーキー道場の広告用ポスター

アポリスのルーキーたちの〝ぶっつけ本番〟の舞台度胸を気に入ったようだった。

ウォリアーズのビジュアルはちょっとずつ進化していった。はじめは革キャップ、サングラス、革ベスト、革パンツをすべて黒で統一したハーレー系バイカーのキャラクターで、そのあとは映画『マッドマックス』の近未来バイオレンスをイメージしたスパイク・プロテクターのコスチュームをつくった。トレードマークの顔のペインティングは、ルイジアナのプロモーター、ビル・ワットからの「目の下を黒く塗ったほうがいい」というアドバイスから生まれた。理由はホークの顔が「やさしすぎる」からだった。ホークは26歳、アニマルはまだ23歳だった。

ウォリアーズの成功は、ミネアポリスの〝プロレスラーの卵たち〟に勇気と希望を与えた。ホークのバーの用心棒時代の仲間だったケビン・ワーコーズ（ネイルズ）は、バーン・ガニアに〝発見〟されてAWAのリングでデビューした。アニマルのハイスクール時代の親友スティーブ・シンプソン（ニキタ・コロフ）も1年後にノースカロライナでデビュー。その後、トム・ジンク、ジョン・ノード（ザ・バーザーカー）、ディーン・ピーターース（ブレディ・ブーン）、テリー・シピンスキー（ウォーロード）、ジェリー・リン、女子プロレスラーではデブラ・ミッシェリ（メドゥーサ）らが〝エディ・シャーキー道場〟から巣立っていった。

プロレスシーンを動かしたミネアポリスのウォリアーズ・コネクション

アームレスリング世界王者でホークとは幼なじみのスコット・ノートンは、プロレスの道を選択しようかどうかさんざん迷ったが、活動休止寸前だったAWAでデビューしたあと、ブラッド・レイガンズの〝レイガンズ道場〟でジャパニーズ・スタイルに対応するための集中講義を受け、マサ斎藤によって新日本プロレスにブッキングされた。

〝エディ・シャーキー道場〟がどちらかといえばレスリング・ビジネスの裏街道だとしたら、レイガンズ先生――元オリンピック選手（モントリオール大会＝1976年）、元NCAAディビジョンⅡ選手権優勝（1975年）、オリンピック・コーチ（ロサンゼルス大＝1984年）――の〝レイガンズ道場〟はエリートを対象としたレスリング・セミナーがおこなわれる場所。レオン・ホワイト（ベイダー）、トニー・ホーム、ジョン・レイフィールド（JBL）、ドン・フライ、ブロック・レスナーらがここでレイガンズ先生からプロレスの基礎を学んだ。

〝レイガンズ道場〟出身のレスラーのなかでいちばんデキが悪かったのはナスティ・ボーイズ（ブライアン・ノッブス＆ジェリー・サッグス）のふたりだったが、「すぐにやめると思ったら最後まで残ってしまった」（レイガンズ）。

ブラッド・レイガンズ

〝レイガンズ道場〟には試合用のちゃんとしたリングがあるから、レイガンズ先生の弟子ではないレスラーたちが「リングを使っていいですか？」と夜中にいきなり現れて、1時間くらい汗を流していくこともある。〝ミスター・パーフェクト〟カート・ヘニング――ヘニングが元気だったころ――は気まぐれで、いつもレイガンズ先生の都合の悪い時間をわざわざ狙ったようにしてやって来るから、道場の裏口の足ふき用のマットの下にキーを置いておくようになった。ショーン・ウォルトマン（Xパック）も〝新技〟をひらめくとリングを使って実験をしに来た。〝シャーキー道場〟出身も〝レイガンズ道場〟出身も、ボーイズはみんなおたがいをリスペクトして、仲よくリングを使った。

アニマルとホークは〝エディ・シャーキー道場〟の出世頭で、同世代の仲間たち、後輩たちとのフレンドシップを大切にした。ベンチュラがミネソタ州知事になったときは、みんなが大喜びした。レイガンズ先生は自分がプロレスラーとしてスターになるよりも選手育成をライフークと考えた。

ミネアポリスのウォリアーズ・コネクションは、1980年代から1990年代、そして21世紀のアメリカと日本のプロレス・シーンに多大な影響を残したのだった。

映画『アメリカン・グラフィティ』のラストシーンみたいなウェブサイト

まるで映画『アメリカン・グラフィティ』のラストシーンみたいにウォレット・サイズのハイスクールの卒業写真が何枚か並んでいる。トム・ジンクのオフィシャル・ウェブサイトのなかのパーソナルな1ページである。高校3年生のときの写真だから、みんなオトナと子どものちょうど中間みたいな顔をしている。といっても『アメリカン・グラフィティ』という映画を知らないと、このストーリーはうまく伝わらないかもしれない。

『アメリカン・グラフィティ』の舞台は1962年の夏、カリフォルニアのとある地方都市。高校を卒業したばかりの仲よしグループの若者たちが――ある者は遠くの大学へ進学し、またある者は将来の予定は未定――ホームタウンでいっしょに過ごす最後の夜を描いた、いわゆる青春ムービーだ。全編を通してこの時代のロックンロールの名曲が流れている。

物語の設定は1962年だけれど、映画がつくられたのは1973年。製作はフランシス・フォード・コッポラで、監督はまだ無名の新人だったジョージ・ルーカス。この映画はアカデミー賞5部門にノミネートされた名作だが、ルーカスはそれから4年後に『スター・ウォーズ』の第1作(いまの数え方だとエピソード3)で世界じゅうにその名を知られるようになった。

そのウェブサイトの表紙には6枚のポートレートがきれいにレイアウトされていて、7枚めのカート・ヘニングのスペースだけが〝工事中〟になっている。ページには〝ザ・パワー・プラント・ロビンズデール・ハイスクール〟というタイトルがつけられている。

パワープラントといえば発電所のことだけれど、ここでは〝プロレスラー製造工場〟といったニュアンスなのだろう。ロビンズデールはミネソタ州ミネアポリス郊外の中都市で、ロビンズデール・ハイスクールはこのページに登場する7人の男たちが通った地元の公立高校である。

トム・ジンク(1976)。

リック・ロード(1976)。

ディーン・ピーターース(1976)。

カート・ヘニング(1976)。

ジョン・ノード(1977)。

スコット・シンプソン(1977)。

バリー・ダーソウ(1978)。

それぞれの写真の下にはハイスクールの卒業年度が記されている。ジンクやヘニングのように本名のままプロレスラーとして活躍した者もいるし、リングネームを名乗ったり、架空の人物に変身した者もある。

リック・ロードは〝ラビッシング〟リック・ルード、ディーン・ピータースはブレディ・ブーン（マスクマンに変身していた時代もあった）、スコット・シンプソンはニキタ・コロフにそれぞれ改名した。バリー・ダーソウは〝にせロシア人〟クラッシャー・クルシチェフ、デモリッションの片割れスマッシュ、リーポマン、ブラックトップ・ボーリーと何度も改名、変身をくり返した。

語りつがれるロビンズデールの伝説

ハイスクールの卒業写真とそれから何年かあとにプロレスラーになったときのイメージがなかなか一致しない。ポートレートを左クリックすると、それぞれの人物のハイスクール時代の写真が出てくる。ジンクがサッカーボールを蹴っている写真の下には「ぼくは体がちいさかったため、フットボールではなくサッカーをやった」なんてキャプションがある。バリー・ダーソウの顔写真をクリックするとアイスホッケー・チームの集合写真、ジョン・ノードの顔写真をクリックするとフットボール・チームの集合写真が出てくる。

ジンクよりも1学年下のスコット・シンプソンの顔写真をクリックすると、あまり知られていないニキタ・コロフの個人史がつづられたページが出てくる。親友のジョー・ローリナイティス（アニマル・ウォリアー）の勧めでプロレスを職業として選択したこと、妻マンディさんが悪性リンパ腫で

1989年に死去したこと、それから3年後にプロレスをやめてキリスト教の牧師に転身したことなどがくわしく書かれている。

『アメリカン・グラフィティ』のラストシーンでは、ビーチボーイズの〝オール・サマー・ロング〟が流れるなか、カリフォルニアの青い空をバックに「ガールフレンドと結婚、離婚」「ベトナム戦争に徴兵され、行方不明」「交通事故で死亡」「作家となりカナダに在住」といったぐあいに登場人物たちの〝その後〟がモノクロのポートレートとともにかんたんに紹介される。ロビンズデール高校を卒業した7人の男たちにもそれぞれの〝その後〟がある。

7人のうち3人は、もうこの世にいない。ブレディ・ブーン、マスクマンのファイヤーキャット、バトルキャットとして活躍し、引退後はWCWでレフェリーに転向したディーン・ピータースは1998年12月、フロリダ州タンパで交通事故でこの世を去った。享年40。リック・ルードは1999年4月、ジョージア州アトランタの自宅で心臓発作で急死。享年40。カート・ヘニングは2003年2月、ツアー中にタンパのホテルで帰らぬ人となった。享年44。

1958年11月生まれで現在57歳のジンクスは、引退試合をおこなわずにリングを降りた。現役時代はAWA、WWE、WCWで活躍し、1990年代はもっぱら全日本プロレスの常連だった。ロビンズデールの伝説のストーリーを次の世代に伝えていくこと、語りつづけることが生き残ったボーイズのさだめなのである。

第４章

プロレス世界史

第1節　プロレスの源流

プロレスはいつごろプロレスになったのかという素朴な疑問

プロレスはいったいいつごろプロレスになったのだろう。ここでいうプロレスとは、レスラーとレスラーが観客のまえで試合をおこなうプロフェッショナル・レスリングを指す。現在のプロレスの原形となるキャッチ・アズ・キャッチ・キャンとカラー・アンド・エルボーというふたつのレスリングの型がヨーロッパからアメリカに伝わったのは１７３０年ごろといわれている。

タマゴが先かニワトリが先かの問答ではないけれど、プロレスとアマチュア・レスリングのどちらが先かというと、じつはプロレスのほうがその歴史は古い。アマレスの統一ルール、階級（体重制）などが整備されたのは19世紀の終わりだが、〝賞金マッチ〟スタイルのプロレスの試合の記録は18世紀半ばの文献にすでに登場している。アメリカよりも先にフランスでは１８２０年代にすでに巡業レスリングの興行がおこなわれていたとされ、１８５０年代には〝八百長疑惑〟が社会問題となり、レスリング、ボクシング、サバット（フランス式キックボクシング）の興行がパリで全面禁止となり、レスラーとボクサーはギリシャ、ベルギー、アメリカなどに〝避難〟したという文献が残っている。

アメリカのプロレスファンがひじょうに大切にしている〝神話〟にはアメリカ合衆国第16代大統領

のエイブラハム・リンカーンがプロレスラーだったというストーリーがある。それがプロレスとカテゴライズできるサムシングであったかどうかはいささかの議論の余地を残すところではあるが、いちばん信ぴょう性が高いとされているリンカーンのプロレス体験は、１８３１年にイリノイ州ニューセーラムの〝デントン・オファッツ・ジェネラル・ストア〟という雑貨屋前の広場でジャック・アームストロングという人物と闘ったとされる試合だ。

リンカーンはこの時代に定期的にレスリングの賞金マッチに出場していたようで、イリノイ州ビアーズタウンの地方紙（１８３２年4月11日付）に「ロレンゾ・ダウ・トーマスがエイブラハム・リンカーンに２－０のストレート勝ち」という記事が掲載された。大統領に就任する約30年まえのエピソードである。この新聞記事のスクラップは、リンカーンがプロレスラーであったことを証明する貴重な資料として、アイオワ州ウォータールーの〝国際レスリング学院&博物館〟に保管されている。

１８６６年、アメリカ最古のタイトルマッチ開催

１８４０年代から50年代にかけては〝プロレスの始祖〟となる４人の男たち、ジョン・マクマホン（１８４１年、バーモント州生まれ＝現在のマクマホン・ファミリーとの血縁関係はない）、カーネル・ジェームス・ハイラム・マクラフリン（１８４４年、ニューヨーク州生まれ）、ヘンリー・モーザス〝ＨＭ〟ドゥーファー（１８４３年、バーモント州生まれ）、ウィリアム・マルドゥーン（１８５２年、ニューヨーク州生まれ）がこの世に生を受けた。

〝公式記録〟として残されている最古のタイトルマッチは、南北戦争終結後の１８６６年5月、ニュ

ージャージー州ニューアークでおこなわれたカーネル・マクラフリン対ルイス・エインズワースのアメリカン・カラー・アンド・エルボー選手権で、勝者マクラフリンが初代チャンピオンに認定された。マクラフリンとエインズワースは翌67年1月にも同所でタイトルマッチの再戦をおこなった。

それから3年後にはプロレス史上初のチャンピオンベルトといわれる〝ダイヤモンド・チャンピオンシップ・ベルト〟争奪トーナメント（カラー・アンド・エルボー・ルール）が開催され、トーナメント決勝戦でバーニー・スミスを下したマクラフリンにチャンピオンベルトが贈呈された（1870年3月10日＝ミシガン州デトロイト）。

アメリカでプロレスがプロレスとして完成したのは、おそらく1850年代半ばから1870年代の終わりごろまでの20数年間だろう。1878年にはカーネル・マクラフリンとジョン・マクマホンが全米各地を転戦しながら世界カラー・アンド・エルボー王座のタイトルマッチ・シリーズをおこない、その試合結果からは両者のあいだでこのタイトルが何度か〝キャッチボール〟された可能性がみてとれる。

それから2年後、1880年3月にボストンでおこなわれたジョン・マクマホン対H・M・ドゥーファーの同タイトルマッチは、おたがいにノー・フォールのまま6時間時間切れドローに終わった。マクマホンとドゥーファーの死闘はその後、全米各地でおこなわれ、観客を熱狂させるプロレスとしても、また観客がお金を賭けて試合を観戦するギャンブルとしても〝定番カード〟になった。

アメリカの研究家のあいだでは、この時代のプロレス――プロレスがプロレスとしての道を歩みはじめたころ――を知るための新聞記事の発掘作業がつづけられている。

〝最古のチャンピオン〟カーネル・マクラフリン

プロレス史における〝最古のチャンピオン〟はカーネル・マクラフリンというレスラーである。カーネル Colonel は〝大佐〟のことだから、マクラフリン大佐とおぼえておいてもいいかもしれない。

カーネル・ジェームス・ハイラム・マクラフリン Colonel James Hiram McLaughlin は1844年6月8日、ニューヨーク州ワニーダ郡のオリスキャニーという町で生まれた。父親はスコットランドから、母親はアイルランドからの移民だったとされる。

カーネル・J・H・マクラフリン（アレン&ジンターズ・タバコ・カードより）

文献に残されているマクラフリンのいちばん古い試合の記録は、マクラフリンが15歳のときにニューヨークのビンガムトンという町でハイラム・マキーと闘った〝100ドル争奪〟の賞金マッチだ。

1861年から1865年までの5年間は、産業社会への移行をめざす北部と奴隷制大農園を経済基盤とする南部とが対立し、アメリカ合衆国がまっぷたつに分かれ、北軍＝ユニオンと南軍＝コンフェデレートが激しい内戦をくり返した南北戦争の時代だ。

マクラフリンは1860年、16歳でニューヨーク第26歩兵連隊に入隊し、ここでカラー・アンド・エルボーのレスリングを学んだ。6年間の在役中、プライベート（二等兵）からキャプテン（大尉）、メジャー（大尉）、カーネル（大佐）とそのランク＝階級を上げていったが、のちにリングネームとして愛用するカーネルというランクは、マクラフリンにとってはこの時代に勝ちとったアイデンティテイーのようなものだった。

南北戦争終結後の最初の試合は1866年5月14日、ニュージャージー州ニューワークのドライビング・パークという場所（あるいは町）でおこなわれたルイス・エインズワースとの一戦で、マクラフリンはこの試合で1000ドルの賞金とジ・アメリカン・カラー・アンド・エルボー王座を獲得した。このアメリカン・カラー・アンド・エルボー王座がプロレス史における最古のタイトルである。

プロレスのリングにチャンピオンベルトが初めて登場するのはそれからさらに4年後の1870年3月。マクラフリンはミシガン州デトロイトで開催された〝ダイヤモンド・チャンピオンシップ・ベルト〟トーナメントに出場し、E・P・ハリントン、バーニー・スミス（カナダのグレート・ウエスタン鉄道職員）の2選手を下してチャンピオンベルトをその腰に巻いたが、対戦相手のひとり、バーニー・スミスが数日後に急死した。原因はマクラフリンとの試合中に頭部を強打したためだった。

1870年から1875年あたりまでのマクラフリンの足どりにはいくつかの〝穴ぼこ〟が空いている。1873年11月、シカゴでアメリカン・カラー・アンド・エルボー王者マクラフリン対カナディアン&パシフィック・コースト・カラー・アンド・エルボー王者ジョン・マクマホンのダブル・タイトルマッチ（3本勝負）&賞金1000ドル争奪戦がおこなわれ、マクマホンが2－1のスコアでマクラフリンを下したという記録が残されている。試合は2時間30分を超すマラソン・マッチだった。

バラバラになったままのパズルのかけらをつなぎ合わせていくと、どうやらマクラフリンは1874年あたりからミシガンのデトロイト・アンド・ランシング・レイルロードという鉄道会社で運転士として働いていたようだが、1875年2月14日にはサンフランシスコでパシフィック・コースト王者マイケル〝コーデュロイ〟ウィーレン（サンフランシスコ在住の警察官）と対戦し、当時としては破格の1万5000ドルの賞金を手にしたという新聞記事がある。

マクラフリンは同年、カラー・アンド・エルボーではなく、キャッチ・アズ・キャッチ・キャン・ルールで数試合をおこなったとされるが、対戦相手のダッチ・ホーガンという選手が試合中に死亡。チャールズ・マイアーという選手はマクラフリンの投げ技で首（ケイ椎）を損傷し、下半身不随となったという。

カラー・アンド・エルボーはアメリカン・プロレスの原型といっていいスタイルのレスリングで、キャッチ・アズ・キャッチ・キャンはどちらかといえば〝なんでもあり〟の闘いに近いスタイルだった。マクラフリン自身はカラー・アンド・エルボーを「より文化的」ととらえていたようだ。いずれのスタイルもイングランドから新大陸アメリカに持ち込まれた。

レスリングにプロとアマの区別がなかった時代

マクラフリンがアメリカのプロレス史におけるもっとも重要な登場人物のひとりである理由は、カラー・アンド・エルボーと呼ばれるレスリング・スタイルの様式とフォームを後世に伝えたことにほかならない。

カラー・アンド・エルボーの基本的なポジショニングは、向かい合ったふたりの選手がおたがいに自分の左手を相手の首の後ろ（カラー）にまわしてしっかりとホールドし、右腕は上から相手の左ヒジ（エルボー）のすぐよこにねじ込むというものだ。

左手を前方に出すこのカラー・アンド・エルボーあるいはカラー・アンド・エルボー・タイアップの〝差し手〟は全世界共通のスタイル（メキシコのルチャリブレだけが右手が前になる〝逆手〟で例外）として現代のプロレスにそのままの形で残されている。日本ではカラー・アンド・エルボーよりもロックアップという表現のほうがよく用いられる。

ジョン・マクマホン

興行スポーツとしてのプロレスリングのルーツは南北戦争からさらに10年ほどさかのぼる1850年代といわれ、1844年生まれのマクラフリンは10代から〝賞金マッチ〟に出場していた。〝賞金マッチ〟は通常、サイド・ベットと呼ばれる選手サイドが支払う賭け金と同席者（立会人および観客）が支払う賭け金とを合算した金額を争う試合で、試合ごとにこまかいハンデと付帯ルール、オッズが設定されるギャンブルだった。

アマチュア・レスリングのルールは近代オリンピック——アマチュア・スポーツはヨーロッパのブルジョアの概念——がはじまった1896年前後に制定されたもので、あまり知られていないことだが、レスリング史の年表上ではアマチュア・レスリングよりもプロフェッショナル・レスリングのほうがその歴史ははるかに古い。マクラフリンはレスリングにプロとアマの区別がなかった時代のチャンピオンだった。

マクラフリンにはジョン・マクマホン、ジェームス・オーエンズ、そしてヘンリー・モーゼス・ドゥーファーという3人の宿命のライバルがいた。マクマホン、オーエンズ、ドゥーファーはいずれも

19世紀の〝レスリングの聖地〟といわれたバーモント州生まれで、カラー・アンド・エルボーだけでなくスクウェア・ホールド、ボディー・アンド・サイド・ホールド、キャッチ・アズ・キャッチ・キャンといったスタイル＝様式の異なるいくつかのレスリングを習得していた。

マクラフリンは1873年にマクマホン、1875年にオーエンズを破り〝世界王座〟を獲得後、〝127戦全勝〟の世界王者で天才レスラーと呼ばれたH・M・ドゥーファーとのタイトルマッチに駒を進めた。マクマホン、オーエンズらが保持したとされる世界王座の〝出自〟については不明だが、プロレスにおけるチャンピオンベルトとはそもそもそういうものだったようだ。1883年、マクラフリンは全米各地での〝賞金マッチ〟のスケジュールを優先するため、それまで勤務していたミシガン・セントラル鉄道を退職した。

マクラフリン対ドゥーファーの〝世紀の一戦〟は、新聞記事にその記録が残されているものだけでも1884年に合計4試合おこなわれた。マクラフリンは当時、40歳の元鉄道職員で、1843年生まれのドゥーファーは41歳の材木業者。身長はともに6フィートで、体重はマクラフリンが265ポンド、ドゥーファーが195ポンドだった。マクラフリンがわりと巨漢だったのはちょっと意外な感じがする。

アメリカン・カラー・アンド・エルボー王座をめぐる〝タイトルマッチ・シリーズ〟はデトロイト（1月29日）、シカゴ（5月3日）、ボストン（6月6日と7月30日）で開催され、試合結果は2勝2敗。4戦めでドゥーファーがマクラフリンを下して同王座奪取に成功したが、同年10月、ドゥーファーがもうひとりのライバルであるJ・マクマホンに敗れ同王座を明け渡した。マクラフリンとドゥーファーは1試合ごとに2500ドルの〝賞金〟を稼ぎ、その後も数年間、両者は全米各地で闘いつづけた。興行スポーツとしての〝巡業〟のはじまりだった。

これまでの研究ではマクラフリンと〝プロレスの父〟ウィリアム・マルドゥーンはいちども対戦していないとされていたが、最近のリサーチでは1884年11月と12月にセントルイスでこのカードが実現していたことがわかった。1試合めがマクラフリンにとって有利なカラー・アンド・エルボー・ルールで、再戦はマルドゥーンが得意なグレコローマン・ルール。対戦成績は予想どおりといえば予想どおり1勝1敗だった。

両者は2年後の1886年にも〝再戦シリーズ〟で全米をツアーしたが、1880年代後半になると華麗な投げ技を主体としたグレコローマンがよりポピュラーな様式となった。

〝最古のチャンピオン〟マクラフリンは、アレン&ジンターズというたばこ会社が1887年に発行した――たばこのパッケージに付録として封入――トレーディングカード・セットにマルドゥーン、シーバウド・バウアー、ソラキチ・マツダ、エドウィン・ビビーら当時のニューヨーク・マットのスーパースターらとともに登場した。プロレスはすでに大衆スポーツで、プロレスラーはスポーツ・セレブリティーだった。

カラー・アンド・エルボーの家元 H・M・ドゥーファー

カーネル・J・H・マクラフリンと並ぶカラー・アンド・エルボーのもうひとりの〝家元〟は、ヘンリー・モーゼス・ドゥーファーである。

H・M・ドゥーファーは1843年6月5日、バーモント州北部のリッチフォードというちいさな町で生まれた。ニューイングランド地方のなかでも、とくにバーモント州はイギリスからの移民が持ち込んだフォーク・レスリング folk wrestling の盛んな土地で、南北戦争時代の1860年代から1880年代にかけて活躍したジョン・マクマホン、ジェームス・オーエンズ、ジョージ・ウィリアム・フラッグといった名レスラーたちを輩出したことで知られている。様式の異なるさまざまなレスリングもまた新大陸アメリカに伝えられたフォークロア folklore のひとつだった。

ヘンリー・モーゼス・ドゥーファー

ドゥーファー家のノア、ジョン、デビッド、そしてヘンリー・モーゼスの4人兄弟は、少年時代に父エリファレット・ドゥーファーからレスリングを教えられた。

1856年3月、エリファレット・ドゥーファーは地元リッチフォードのお祭りで4人の息子たちを相手にレスリングのエキシビションをおこなったが、当時13歳だった末っ子のヘンリー・モーゼスだけが父親の投げ技をきっちり防御し、絞め技にもかからず、グラップリングではいちども下のポジションにならなかったという。

父エリファレットは息子たちにカラー・アンド・エルボー、スクウェア・ホールド、ボディー・アンド・サイド・ホールド、キャッチ・アズ・キャッチ・キャンといったいくつかの異なるスタイルのフォーク・レスリングを学ばせたが、なかでも頑丈な襟（カラー）と袖がついたカシミアのジャケットを着用してのカラー・アンド・エルボーがドゥーファー家の〝お家芸〟だった。

ドゥーファー家の人びとはリッチフォードで材木業を営んでいたが、H・M・ドゥーファーは1863年、20歳のときにマサチューセッツ州中部の山間の町マールボロに引っ越し、のちにここで注文仕立て専門の服飾店を開いた。1870年代にカラー・アンド・エルボーの試合用の――日本の柔道着によく似たデザインの――〝道着〟として使われるようになるカシミアのジャケットはこの店で〝商品開発〟された。

ドゥーファー、ジェームス・オーエンズ、ジョン・マクマホンらはプロレスという職業がまだ存在しなかった時代のプロレスのパイオニアだった。ドゥーファー対オーエンズ、ドゥーファー対マクマホンの〝タイトルマッチ〟は1870年代後半から1880年代前半にかけて何度となくおこなわれた。記録に残されているいちばん古いものでは、ドゥーファー対オーエンズの初対決は5時間の死闘の末、時間切れドロー（1877年2月28日＝マサチューセッツ州ウースター）。2年後に実現した再戦ではドゥーファーがオーエンズを破り、アメリカン・カラー・アンド・エルボー王座を獲得した（1879年6月11日＝マサチューセッツ州ボストン）。いったいだれがその王座を認定し、選手権試合または興行を運営していたのかという素朴な疑問は残るものの、すでにこの時代にチャンピオンシップ＝選手権あるいはタイトル＝王座というコンセプトは存在した。

ドゥーファー対マクマホンの初めてのシングルマッチは、両者ともいちどもフォールをスコアすることができないまま午後8時30分から日付をまたいで午前2時25分まで闘いつづけ、レフェリーのジョン・エニスが時間切れ引き分けをコールした（1880年3月16日＝ボストン）。2度めの対戦ではマクマホンがドゥーファーを下してアメリカン・カラー・アンド・エルボー王座を奪取し（1880年12月16日＝ボストン）、それから3年後の3度めの対決ではこんどはドゥーファーがマクマホンを退け同王座を奪回した（1883年12月13日＝ボストン）。

1884年に合計4回おこなわれたH・M・ドゥーファー対カーネル・マクラフリンのタイトルマッチ・シリーズは19世紀バージョンの〝活字プロレス〟だった。ドゥーファー、マクマホン、オーエンズ、そしてマクラフリンらは『ニューヨーク・クリッパー』という大衆新聞紙上でつねに〝討論〟をくり返し、それぞれの発言がアメリカじゅうで〝床屋談義〟を巻き起こした。

ドゥーファーはニューイングランド（北東部）の〝127戦無敗〟のチャンピオンで、ミシガン州デトロイトを本拠地とするマクラフリンはミッドウエスト（中西部）のチャンピオン。ふたりのチャンピオンの初顔合わせ（1884年1月29日＝ミシガン州デトロイト）が実現した翌朝、『タイムス』『ポスト』『トリビューン』といった大新聞もこぞって紙面で〝活字プロレス〟を展開した。

デトロイトのオペラ・ハウスをいっぱいにした観客はビジネスマン、弁護士、銀行マンといった新しいホワイトカラー層だった。プロレスは、19世紀の終わりには新しいエンターテインメントとしての道を歩みはじめていた。

〝プロレスの父〟ウィリアム・マルドゥーン

ウィリアム・マルドゥーンは〝プロレスの父〟として知られているアメリカ合衆国で最初の職業レスラーであり、19世紀末のプロフェッショナル・レスリング創成期のスーパースターである。〝プロレスの父〟というニックネームには、興行スポーツとしてのプロレスの発祥、メディア・イベントとしてのプロレスの生成に深くかかわった歴史的な存在というニュアンスがこめられている。

ホームタウンはニューヨーク州オラガニー郡キャニーダというちいさな町。マルドゥーンの家族は１８３０年代にアイルランドから新大陸アメリカに移住してきたとされるが、そのプロフィルについては諸説がある。〝諸説〟というよりは、ファクトとフィクションがほどよくブレンドされているといったほうがより正確かもしれない。古い文献ではマルドゥーンの生年月日は〝１８４５年５月25日〟ということになっていたが、近年の研究では、じっさいは１８５２年５月25日であったことが判明している。

20世紀半ばまで〝オフィシャル〟とされていたほうのプロフィルでは、マルドゥーンは16歳のときに北部連邦軍の兵士――文献によっては少年鼓笛隊――として南北戦争に出征し、兵役中にレスリングを学んだことになっていた。〝１８４５年生まれ〟というデータをこのプロフィルに組み合わせると、南北戦争があった１８６１年から１８６５年まではマルドゥーンが16歳から20歳だった５年間だから、

ウィリアム・マルドゥーン

ストーリーとしてはそれほど不自然ではない。しかし、南北戦争を戦った兵士の公式名簿にはマルドゥーンの名は記載されていない。

1852年生まれで計算すると、南北戦争があったときマルドゥーンはまだ9歳から13歳くらいの少年だから、若き日のマルドゥーンが〝勇敢な戦士〟だったというストーリーは成立しにくい。少年鼓笛隊だったというストーリーのほうがややリアリティーはあるが、これを証明する資料も見つかっていない。少年時代に北軍の兵士からレスリングを習ったことはおそらく事実だろうとされている。

1870年代の戦争にまつわるもうひとつのストーリーとしては、1870年から1871年にかけて、マルドゥーンが18歳のときに普仏戦争（フランスとプロイセン＝ドイツの戦争）に従軍し、フランス軍の兵士として戦ったというエピソードがある。若き日のマルドゥーンが軍隊で身につけたレスリングは、フレンチ・レスリング――のちにヨーロッパからアメリカに〝輸出〟されたグレコローマン・スタイル――だった。

ヨーロッパから帰国後、マルドゥーンは警察官となり、1876年に24歳でニューヨーク市警に入庁。警察署内にポリス・アスレティック・アソシエーション（警察体育連盟）というレスリング・クラブを設立し、マルドゥーン自身は警察官と兼業でプロレスラーとしての活動をスタートした。

プロレスがプロレスとしてのフォームを形づくる以前、1850年代にはすでにアメリカの各地でサーカスやカーニバル・ショーの出しもののひとつとしてレスリングの〝賞金マッチ〟がおこなわれていた。ニューヨーク・ニューヨークでは、1854年ごろからイースト・ハウストンとクロスビー・ストリートの交差点にあった〝ハリー・ヒルズ・バラエティー・シアター〟（のちに〝ハリー・ヒルズ・

サロン・アンド・ダンスホール〟に改称）でプロフェッショナル・レスリングの試合が定期開催されていた。これがアメリカにおける興行スポーツとしてのプロレスのルーツのひとつとされている。

〝プロレスの父〟マルドゥーンのプロレスラーとしての足跡を検証していくためには、マルドゥーンの宿命のライバルとなる〝プロフェッサー〟ウィリアム・ミラー、〝プロフェッサー〟シーバウド・バウワーというプロフェッサーを名乗るふたりのプロレスラーについてまずふれておかなければならない。

ウィリアム・ミラーは1846年12月、イングランドのチェシャー地方出身で、幼少のころに家族とともにオーストラリアへ移住。少年時代からレスリング、ボクシング、フェンシング＝剣術、陸上競技などで活躍。1874年秋ごろ、27歳のときにプロレスラーとしてアメリカ西海岸のサンフランシスコにやって来たとされる。カリフォルニアの活字メディアは、ミラーに〝オーストラリアのヘラクレス〟（オーストラリアン・ハーキュリース）というニックネームを与えた。

シーバウド・バウワーは1847年、フランスのアルザス地方出身。ニックネームは〝フランスのミロ〟（フレンチ・マイロ）。そのプロフィルについては残念ながら不明な点がひじょうに多く、プロレスラーとしてのデビューは1860年代半ばごろと推測され、1873年にパリに出現したプロレス史上最古のマスクマン（リングネームはマスクド・レスラー）の正体がこのバウワーだったといわれているが、これを証明する資料は発見されていない。バウワーはフランス、イングランド、ドイ

プロフェッサー・ウィリアム・ミラー

ツをツアー後、1874年5月、サンフランシスコに〝遠征〟してきた。

〝オーストラリアのヘラクレス〟ミラー対〝フランスのミロ〟バウワーのシングルマッチは〝世紀の一戦〟としてプロデュースされ、第1戦はバウワーの試合中の負傷で引き分け（1874年11月14日＝サンフランシスコ、プラッツ・ホール）。3本勝負で争われた同所での再戦は、2－1のスコアでバウワーが勝利を収めパシフィック・コースト王座を獲得（同年12月4日＝サンフランシスコ）。完全決着戦として時間無制限5本勝負でおこなわれた3度目の対戦では、2－2のタイスコアから決勝の5本目に入ると、レフェリーが「彼らはワーキング・トゥゲザー（共同作業をしている）」とコールして突然、試合を中止。〝八百長疑惑〟を理由に没収試合となった（1875年5月28日＝サンフランシスコ・パレス・アンフィシアター）。

サンフランシスコから〝追放〟されたウィリアム・ミラーとシーバウド・バウワーは、それぞれ西海岸エリアから中西部、東海岸エリアへと移動。ニューヨークにたどり着いたミラーは、〝フランス王者〟アンドレ・クリスタルとの2連戦（1875年10月12日、同11月9日）に勝利してアメリカン・グレコローマン王座を獲得。その後、ミラーとバウワーは、地方新聞などにその試合結果が報じられたものだけでもメアリーランド州ボルティモア（1876年6月17日＝3時間時間切れドロー）、オハイオ州シンシナティ（1876年8月29日＝バウワーの勝利）などで世界グレコローマン王座をかけ対戦。〝定番カード〟でのツアー活動を継続した。

1876年、〝職業レスラー〟として正式にデビューしたマルドゥーンは、翌1877年2月6日、前出のアンドレ・クリスタル（フランス）を下し、ヨーロピアン・グレコローマン王座を獲得。同年（日時不明)、ジェームス・オーエンズを破りアメリカン・カラー・アンド・エルボー王座も獲得し、このタイトルマッチ2試合での勝利をもってプロフェッショナル・レスリング・チャンピオンの称号を手にすることになる。

ただし、このときにA・クリスタルが保持していたとされるヨーロピアン・グレコローマン王座(文献によってはアメリカン・グレコローマン王座)がどのような経緯でウィリアム・ミラーからクリスタルに移動したのか、あるいは移動しなかったかは不明で、J・オーエンズが名乗っていたアメリカン・カラー・アンド・エルボー王座についてもそのルーツはわかっていない。これらのチャンピオンシップは、いまでいうところの団体あるいは協会が認定していたタイトルではなく、いずれもその時点でのチャンピオンが〝自認〟していたものと思われる。プロレスの試合にキャンバス・マットが初めて使われたのもこの時代だった。

マルドゥーンは1877年6月(日時不明)、ニューヨークでウィリアム・ミラーと初対戦して敗退。しかし、そのグレコローマン・スタイルのレスリングのスキルに感銘を受けた(とされる)マルドゥーンは、ミラーを警察体育連盟の専属コーチに任命した。マルドゥーンとミラーの人間関係については諸説があり、プロレス興行の運営とファイトマネーの配分をめぐり両者がニューヨークの路上で乱闘を演じたという新聞記事があるほか、ふたりが〝犬猿の仲〟だったとする説と〝じっこんの間柄〟だったとする説の正反対のふたつのセオリーが存在していた。どうやら、マルドゥーンがレスリング・ビジネスの

シーバウド・バウワー

なんたるかを実践的に学んだのは〝プロフェッサー〟ウィリアム・ミラーと過ごした数年間だった。

それから3年後の1880年1月18日、マルドゥーンは、もうひとりのキーパーソンである〝プロフェッサー〟シーバウド・バウワーとニューヨークのギルモアズ・ガーデン（マディソン・スクウェア・ガーデンの前身）で対戦。マルドゥーンがバウワーを下してアメリカン・グレコローマン王座を獲得した。この試合は4000人の観客を動員し、勝者マルドゥーンが公称7ドル（じっさいには700ドル）、敗者バイワーが公称3ドル（じっさいには300ドル）のファイトマネー＝興行収益からの分配を手にしたとされる。

それから2カ月後、マルドゥーンとプロフェッサー・ミラーの再戦も実現し、この試合は7時間を超えるマラソン・マッチの末、時間切れのドローに終わった（1880年3月23日＝ニューヨーク）。

〝時代の子〟となったマルドゥーンの名をアメリカじゅうに知らしめた大一番は、なんといってもクラレンス〝カンザス・デーモン〟ウィストラー――ミラーの弟子――との8時間を超える死闘だった（1881年1月26日＝ニューヨーク）。

この試合はグレコローマン・ルールではなく〝なんでもあり〟のキャッチ・アズ・キャッチ・キャン・ルールでおこなわれ、マルドゥーンはウィストラーがみずからの髪に染み込ませていたアンモニア液と長く伸ばした爪による目つぶし攻撃で眼球を負傷し、ウィストラーも右耳の半分が削げ落ちる重傷を負ったとされる。試合は両者痛み分けのドローに終わったが、『ニューヨーク・ヘラルド』紙はこの一戦を〝拷問マラソン〟と報道。結果的に、プロレスがスポーツ・ビジネスへと変化をとげるひとつのきっかけとなった。

1881年から1883年にかけては、マルドゥーンとプロフェッサー・バウワーのタイトルマッチが〝定番カード〟となって全米ツアーをまわったという記録も残されている。どうやら、レスリング・ビジネスがレスリング・ビジネスとしてのひとつのシステムを構築したのがこの時代だった。

マルドゥーンがニューヨーク市警に勤務していたのは約6年間で、警官としての公務とプロレスラーとしてのスケジュールの両立がむずかしくなり、1882年に警察を退職。アメリカン・ミックスト・スタイル王者エドウィン・ビビー（イギリス）とのタイトルマッチ（1881年3月3日＝ニューヨーク）では、試合開始予定時間の午後3時から午後7時まで4時間以上もビビーをリング上で待たせたというおもしろいエピソードがある。

まるで宮本武蔵のように遅れて決闘にやって来たマルドゥーンは、ほんの数分でビビーから2フォールを奪い、あっさりと試合を終わらせたということになっているが、このあたりのストーリーはフィクションとノンフィクションの判別がむずかしい一種のファンタジーといっていいかもしれない。

マルドゥーンと〝カンザスの鬼〟ウィストラーは、〝拷問マラソン〟から2年後の1883年（日時不明）、サンフランシスコで再戦。3本勝負の3本めにウィストラーが鎖骨骨折で試合続行不能となったが、レフェリーは1－1のドロー裁定をコール。ニューヨークに帰ったマルドゥーンはその後、タイムリミット制＝制限時間の導入を提案。これが現在のプロレス・ルールにそのまま残されている。

ウィストラーは1885年9月、オーストラリアのメルボルンで開催された初めてのプロレス興行――対戦相手はプロフェッサー・ミラー――に出場し、試合後におこなわれたパーティーの席上でシャンパンのグラスを食べるという命知らずのデモンストレーションにトライし、体内出血で急死したとされる。〝カンザスの鬼〟は、ヒールというコンセプトがまだ存在しなかった時代のヒールだった。

テレビもラジオもなかった時代にマルドゥーンを全米にその名を知られるスーパースターたらしめていたのは活字メディアの〝魔法〟だった。マルドゥーンがヨーロピアン王者A・クリスタルと闘った1877年、マルドゥーンの友人でビジネス・パートナーのリチャード・K・フォックスという人物が経営不振だった『ナショナル・ポリス・ガゼット』新聞社を買収した。マルドゥーン自身も後年、同新聞の共同オーナーとなった。

『ナショナル・ポリス・ガゼット』を日本語に訳すと〝全米警察官報〟となるが、じっさいは警察とはなんの関係もないタブロイド紙で、ビジネスマンのフォックスはこの新聞（らしきもの）を大胆な発想で大衆娯楽紙につくり変えた。売りもののトップ記事は殺人事件、芸能人のゴシップ、スポーツの3ジャンルだった。いまでいうところのちょうど〝出会い系〟のような〝お見合い欄〟や〝売ります、買います〟のコーナーも人気を集めた。

『ガゼット』紙は1880年代には発行部数40万部を突破。アメリカじゅうの理髪店、バー、サロン、ドラッグストアがこれを定期購読し〝バーバーズ・バイブル（理髪店のバイブル）〟として親しまれ、類似紙、ライバル紙がいくつも出現した。

マルドゥーンとそのライバルたちのストーリーは連続小説として男性読者層に愛読され、プロレスの話題は〝床屋談義〟としていたるところに広まった。時代のヒーローとしての道を歩みはじめたマルドゥーンには〝アイアン・デューク〟（鉄の君主）、〝ザ・ソリッド・マン〟（がっしりした、頑丈な、中身の濃い男）といった活字的な称号が与えられた。

その15年間の現役生活でマルドゥーンは、E・ビビー、ダンキャン・C・ロス（トルコ生まれのスコットランド人）、〝スコットランド王者〟ドナルド・ディニー、トム・キャノン――ランカシャー・スタイルのキャッチ・アズ・キャッチ・キャンをイングランドからアメリカに持ち込んだ最初のひとりとされる――といった大英帝国のスター群、〝ドイツ王者〟カール・エイブス、〝スペイン王者〟プロフェッサー・カルロス・マルティノといったヨーロッパの強豪をチャレンジャーに迎え、これらをことごとく撃破して〝世界王座〟を防衛しつづけた。マルドゥーンの物語は、アメリカの物語だった。

マルドゥーン自身は1887年にツアー生活からセミリタイヤし、ニューヨーク州パーチェスにトレーニング・センター〝マルドゥーン・ハイジェニック・インスティテュート（マルドゥーン衛生学院）〟を開校。同年、マサチューセッツ州ウースターでプロボクサーのジョン・L・サリバンと〝異種格闘技戦〟をおこない、サリバンをボディースラムで場外に投げ落として反則負けを喫した（日時不詳）。

試合後、観客が暴動騒ぎを起こし、レスラー対ボクサーの対決に〝八百長疑惑〟がささやかれた。35歳のマルドゥーンと29歳のサリバンの〝決闘〟のモチベーションとその信ぴょう性についてはさまざまな議論が巻き起こった。ふたりは私生活では兄弟のような関係だったという。

サリバンはボクシングがまだ〝賞金マッチ〟だった時代のチャンピオンで、1880年代前半はサーカスに同行し全米をツアー。1888年、フランスでチャーリー・ミッチェルを下し、世界ヘビー級王座を獲得し、翌1889年、ミシシッピ州リッチバーグでおこなわれたベア・ナックル・ファイト（素手で殴り合うルール）では75ラウンド（80ラウンド制）の死闘の末、ジェイク・キルレインにノックアウト勝ちした。このとき、サリバンのトレーナーをつとめたのがマルドゥーンだった。

マルドゥーンは〝初代〟アメリカン・グレコローマン王座を保持したまま、1891年、39歳で正式に引退を表明。まな弟子のアーネスト・ローバーにチャンピオンシップを譲渡した。リングを下りたあとはレスリング、ボクシングのコーチ業に専念し、キッド・マッコイ、ジャック・デンプシーら高名なボクサーを指導。トレーニング器具メディスン・ボールを開発したことでフィットネス分野にもその名を残した。

引退後はどちらかといえばプロレスよりも――ショービジネス化したプロレスに興味を失ってしまったといわれている――プロボクシングの制度化に力を注ぎ、ベア・ナックル・ファイトからグローブを着用してのボクシングのスポーツ化とその発展に当事者として深くかかわった。

19世紀末から20世紀にかけてのプロボクシング興行は、何度かの法改正によりその存続を危ぶまれたことがあった。1859年にニューヨーク州で違法となったベアナックルによる〝賞金マッチ〟は、1896年のホートン法施行でいったん合法化されたが、1900年のルイス法施行で再び禁止令が出された。しかし、1920年のウォーカー法制定――体重別ウエート制の導入――により解禁となり、マルドゥーンは翌1921年、69歳でニューヨーク州体育協会コミッショナーに就任。〝ボクシングとばく〟の禁止とギャンブラーの試合会場への出入り禁止、プロボクサーの衛生・健康管理、安全面・医療面での近代化を推し進めた。

〝プロレスの父〟であり〝プロボクシングの父〟でもあったマルドゥーンは1933年、ガンで死去。享年81。その死から63年後、国際ボクシング殿堂（1996年）からその功績を認められ、プロレスではなくプロボクシングで殿堂入りを果たした。

20世紀最初の統一世界王者フランク・ゴッチ

〝20世紀のアメリカン・ヒーロー〟フランク・アルビン・ゴッチは1877年4月27日、アイオワ州ハンボルトで生まれた。父フレドリック・ルードルフ、母エミリアはともにドイツからの移民で、ハンボルトで農家を営んでいた。その生年月日については〝1876年説〟と〝1878年説〟があり、これまで学説が分かれていたが、近年の研究では〝1877年説〟が正確なデータ――墓石に彫られている生年月日――として結論づけられている。

19世紀後半のパイオニア、ウィリアム・マルドゥーンをニューヨークのプロレスの始祖とすると、ゴッチはバーンストーミング（地方巡業、ドサまわり）からアメリカを代表するスポーツ・セレブリティーの道を歩んだアメリカン・ドリームの体現者。マルドゥーンはフレンチ・レスリングの流れをくむグレコローマン・スタイルをアメリカのプロレス・シーンに導入したが、ゴッチはイングランドから伝えられたキャッチ・アズ・キャッチ・キャンを学び、これを20世紀初頭のレスリング・ビジネスに定着させた。

記録に残されているプロレスラーとしてのデビュー戦は1899年4月2日。地元ハンボルトでマーシャル・グリーンというレスラーを相手に3本勝負をおこない、ゴッチがたてつづけに3回のフォール勝ちを収めたとされる。

フランク・ゴッチ

ファーマー・マーティン・バーンズ

ダン・マクレオード

それから2カ月後の同年6月16日、アイオワ州を巡業中だったアメリカン王者ダン・マクレオードが挑戦者を募集し、新人のゴッチがこれに名乗りを上げて両者が対戦。2時間を超すマラソン・マッチの末、マクレオードがゴッチからフォールを奪った。

ゴッチの実力に目をつけたマクレオードは「金の卵を発見した」と友人のマーティン〝ファーマー〟バーンズに報告し、バーンズがアイオワ州にやって来て〝15分フルタイム闘えば挑戦者の勝ち＝賞金25ドル〟というハンディキャップ・ルールで挑戦者を募集。ゴッチがバーンズに挑戦し、11分のファイトタイムで百戦錬磨のバーンズがゴッチをフォールした（1899年12月18日＝アイオワ州フォートダッジ）。

試合終了後、バーンズは観客に向かい「アイオワのみなさん、ここにいるゴッチくんは未来の世界チャンピオン」とアナウンスし、22歳のゴッチがバーンズに弟子入りを志願したとされる。バーンズはゴッチにキャッチ・アズ・キャッチ・キャン・スタイルのレスリングをコーチし、ここから師弟コンビのバーンストーミングの旅がはじまる。

〝農民〟バーンズはレスリングの実力者、優秀なコーチであると同時にありとあらゆる巧みなレトリックで〝賞金マッチ〟を演出するセルフ・プロデューサーだった。

ゴッチはルーキー時代、バーンズの導きで1901年の夏から秋にかけて約半年間のアフスカ、カナダ・クロンダイク地方へのツアーを経験した。ツアーといってもプロレスラーとしての遠征ではなく、素性を隠しての〝賞金稼ぎ〟の旅と表現したほうがより的確かもしれない。バーンズはゴッチに〝フランク・ケネディ〟なる偽名を与え、アラスカの鉱山の町に送り込んだ。

名もない鉱山労働者になりすましたゴッチは、酒場の〝賞金マッチ〟に飛び入り参加しては連戦連勝をつづけた。めっぽう稼ぎはいいけれどほかにやることがない町の男たちは毎晩のように酒場にやって来て、目のまえでくり広げられる〝賞金マッチ〟に大金を賭けた。プロレスラーとしての正体がバレるとオッズが上がってしまうため、ゴッチはあくまでも〝フランク・ケネディ〟を名乗りつづけた。

〝フランク・ケネディ〟なる若者の評判を聞きつけた地元のプロモーターがクロンダイク王者〝カラード・ストラングラー〟サイラス・アーチャーと〝ケネディ〟のタイトルマッチを企画し、ゴッチはアーチャーを破りクロンダイク王座を獲得した（1901年8月26日＝アラスカ州ドーソンシティー）。しかし、それから3日後におこなわれたオーリー・マーシュとのシングルマッチでは〝ケネディ〟がなぜか完敗を喫した。

この試合の模様をイラスト入りの記事でリポートした『クロンダイク・セミ・ウィークリー・ナゲット』紙は、このゴッチとマーシュの試合を「フェイク（いんちき）ではないか」と論評。〝ケネディ〟に賭け金が集中するなか、オッズの低いマーシュが〝大穴〟の勝利を収めたことで疑惑が広がった。O・マーシュ（本名ジョー・キャロル）は、

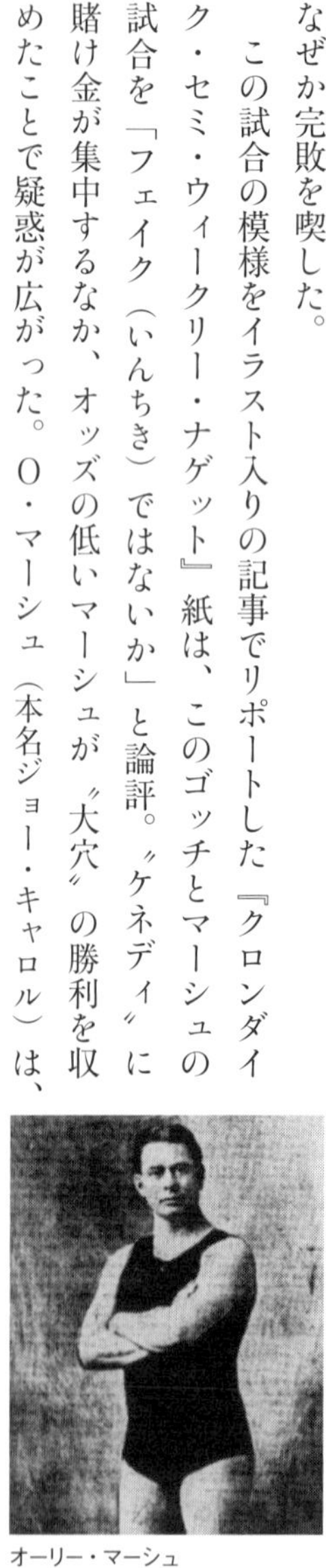
オーリー・マーシュ

じつはバーンズの仲間だった。ゴッチは半年間のアラスカ滞在で3万ドルの賞金を荒稼ぎしたといわれる。

アラスカ時代の武勇伝はゴッチの輝かしいプロフィルから長いあいだ抹消されていたが、ここ20年ほどのあいだにアメリカのプロレス史研究家のリサーチがすすみ、当時の新聞記事、文献などが発見された。翌1902年から1903年にかけて、ゴッチはバーンズ／マーシュ派のレスリング一座とともに西海岸エリアから中西部をツアー。ゴッチがメインイベンターとしての実力を身につけると、師匠バーンズは現役を退き、ゴッチのマネジメントを専業とするようになった。

ゴッチが〝表街道〟のスーパースターとしての道を歩みはじめるのは、アメリカン・キャッチ・アズ・キャッチ・キャン・ヘビー級王者トム・ジェンキンスとの一連の闘いからだった。ジェンキンスはプロレスを引退後、37年間にわたりウエストポイント（ニューヨーク州南東部にあるアメリカ陸軍士官学校）で体育教官をつとめた人物である。

トム・ジェンキンス

1904年1月28日（1月23日説もある）、ワシントン州ビリンガムでおこなわれたタイトルマッチでゴッチはジェンキンスを2－0のスコアで下し、アメリカン王座を奪取。3本勝負の1本めはゴッチのフォール勝ちで、2本めはジェンキンスの負傷によりレフェリーストップ。1月24日付の『ワシントン・ポスト－インテリジェンサー』紙は、この試合を〝アングロサクソン民族の最強決定戦〟とあおった。ファイトマネーは勝者2000ドルに副賞賞金1000ドルというものだった。

ゴッチとジェンキンスはアメリカン王座をかけてワシントン、オハイオ、ニューヨーク、ミズーリ、

ゴッチ（上）対ハッケンシュミット（1908年）

アイオワなどで合計8回対戦（ゴッチが5勝3敗）。セオドア・ルーズベルト大統領もこの〝名勝負集〟を観戦したといわれる。

ゴッチにアメリカン王座を明け渡したジェンキンスは無冠のままイギリス遠征に出発し、ロンドンでヨーロッパの世界ヘビー級王者ジョージ・ハッケンシュミットと対戦した（1904年7月2日＝場所不詳）。

この試合はグレコローマンとキャッチ・アズ・キャッチ・キャンの複合ルールでおこなわれ、ハッケンシュミットが2－0のストレート勝ちを収めて王座を防衛したが、ジェンキンス・サイドとハッケンシュミット・サイドのファイトマネーの分配が発覚したためアメリカのニュース・メディアはこの試合に〝八

ゴッチ（左）とハッケンシュミット（1908年）

百長疑惑〟を投げかけた。ハッケンシュミットが保持していた世界王座は、やがて海を渡ってアメリカにやって来る。

〝20世紀のプロレスの幕開け〟となるゴッチ対ハッケンシュミットの世紀の一戦は、ジェンキンス対ハッケンシュミットの〝疑惑のタイトルマッチ〟から4年後の1908年4月3日、シカゴのデクスター・パーク・パビリオンで実現し、2時間3分の耐久戦の末、ノー・フォールのまま――ゴッチのトーホールドにハッケンシュミットがギブアップの意思表示をしたため1本目終了のコール。両選手がいったんドレッシングルームに戻ってインターバルを取り、その時点でハッケンシュミットが試合

継続を拒否――ハッケンシュミットの試合放棄によりゴッチが勝利を収め統一世界ヘビー級王座を獲得した。

この試合は4万人を超す大観衆を集めたといわれているが、これは〝おとぎばなし〟のたぐいで、じっさいの観客数は8000人ほどだったとされる。

統一世界ヘビー級王者となったゴッチは、〝ヨーロッパ最強の男〟スタニスラウス・ズビスコを挑戦者に指名し王座防衛戦をおこない、2－0のストレート勝ちでタイトル防衛に成功。1本めはわずか6秒、2本めも27分という比較的短いファイトタイムだった（1910年6月1日＝シカゴ）。

ズビスコにとってはこの試合がプロ戦績945戦で初めての敗北とされ、勝者ゴッチ（当時33歳）は試合後、引退を示唆するコメントを残し、同年10月、ヘンリー・オードマンにアメリカン王座を〝譲渡〟して引退を表明した。ゴッチはその後、引退とカムバックを何度となくくり返すことになる。ゴッチ自身が引退を望んだとしても、動きはじめたレスリング・ビジネスの巨大なうねりがそれを許さなかった。

〝世紀の一戦〟から3年後の1911年9月4日、シカゴで実現したゴッチ対ハッケンシュミットの再戦は、ゴッチが2－0のストレート勝ちで統一世界ヘビー級王座を防衛。この試合はオープンしたばかりのコミスキー・パークに2万8000人（文献によっては3万3000人とするものもある）の観客を動員した。

興行収益は8万7000ドル（入場料は1ドルから10ドル）。ゴッチは2万1000ドル、ハッケンシュミットは1万1000ドルのファイトマネーを手にした。興行収益も観客動員数も、そして、両選手が手にしたファイトマネーの額も、それまでのプロフェッショナル・レスリングのすべての記録を塗り替えるものであったことはいうまでもない。プロレスはいよいよビッグ・ビジネスへと変貌をとげた。

ゴッチ対ハッケンシュミットの〝世紀の一戦〟パート2に関してはさまざまな〝伝説〟が残っている。まず、ハッケンシュミットは足（文献によってはヒザ）に大きなケガを抱えたまま試合に出場したという説がある。この試合に向けてのトレーニング・キャンプ中、ハッケンシュミットはベンジャミン・ローラーとのスパーリング中で負傷。B・ローラーは、ゴッチとはきわめて親密な関係にあるレスラーで、ゴッチに勝たせるために、B・ローラーがわざと練習中にハッケンシュミットのヒザを壊した、とする説がある。

アイオワの新聞社が撮影したこの試合の写真には、ハッケンシュミット側のセコンド陣のひとりとしてB・ローラーの姿がはっきりと写っている。もちろん、この怪説の真偽のほどはさだかではない。ゴッチ陣営の〝刺客〟としてハッケンシュミットのトレーニング・キャンプに潜入し、ハッケンシュミットの足を負傷させたのはB・ローラーではなく、アドルフ・アーンスト（アド・サンテル）だったとする説もある。

ゴッチは1914年1月、『ニューヨーク・タイムズ』紙に引退と統一世界ヘビー級王座の返上を

ゴッチ対ハッケンシュミット再戦（1911年）

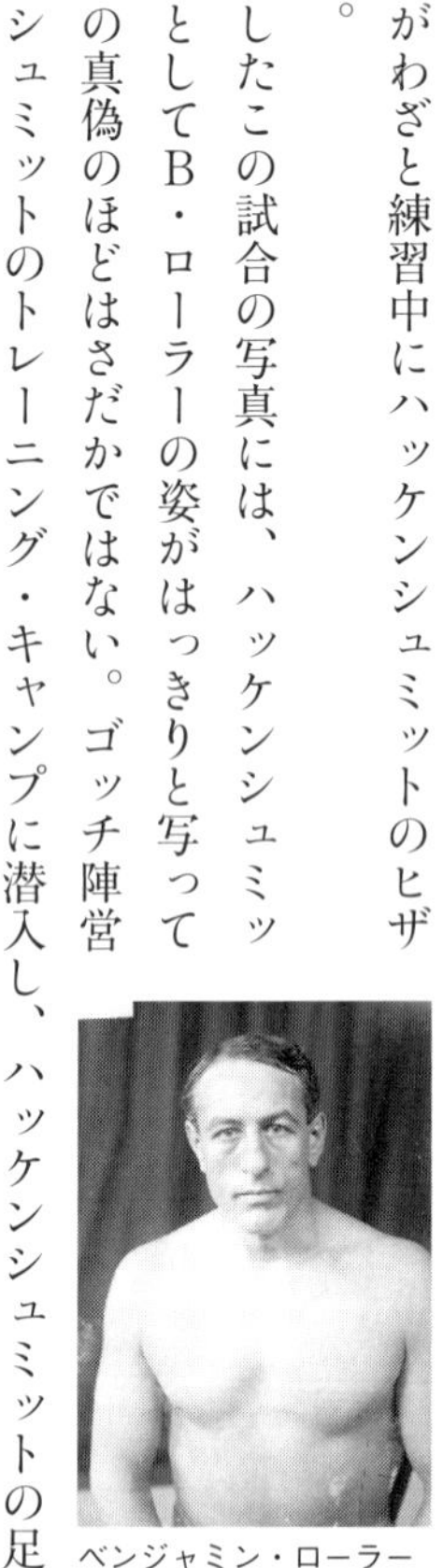
ベンジャミン・ローラー

正式に発表し、フレッド・ビール対アメリカス（ガス・ショーインライン）の〝王座決定戦〟を提案。しかし、翌1915年にチャーリー・カトラーが『シカゴ・トリュビューン』紙に「ゴッチからの王座の継承」をアナウンスし、世界ヘビー級王座は分裂の道をたどる。

1915年7月4日、ネブラスカ州オマハで22歳のジョー・ステッカーがC・カトラーを2－0のストレート勝ちで破り統一世界ヘビー級王座を獲得し、プロレス界に新しいヒーローが誕生する。ゴッチはこの試合をリングサイドから観戦し、新チャンピオンを祝福した。カンザスシティーのプロモーター、W・D・スカウビルはゴッチ対ステッカーの〝世紀の一戦〟を企画し、いったんはゴッチ自身もタイトルマッチを承諾したとされるが、けっきょくこの試合は実現しなかった。

引退したゴッチはセルズ・フロート・サーカス団と契約し、1915年から1916年にかけてのんびりとバーンストーミングの旅をつづけた。カーニバル・ショーでのボビー・マナゴフ・シニアとのエキシビション・マッチで足を負傷したゴッチは、体調不良を訴えてアイオワに帰った。

翌1917年、雪国アイオワの厳しい冬を避けてアーカンソーのリゾート地に向かう途中、シカゴのホテルで倒れ、そのまま市内の病院に入院。退院後、アイオワ州ハンボルトの自宅に戻ったが同12月16日、帰らぬ人となった。

死因は腎不全が原因の尿毒症と発表されたが、関係者のあいだでは性感染症説がささやかれた。ゴッチはグラディス夫人、4歳の長男フレドリック、兄フレッド、姉チャーリー、母エミリアの5人に見守られながら静かに息をひきとった。これまでの定説だった〝1878年生まれ〟だと享年39で、当時の新聞記事にある〝1876年生まれ〟では享年41。正確なデートとされる1877年生まれで計算すると、40歳でその短い生涯をとじたことになる。

〝アメリカン・ヒーロー〟ゴッチは故郷ハンボルトの地方銀行、路面電車会社、電力会社、ゴッチ&ソウル自動車販売会社の社長・役員をつとめ、近郊のハミルトン郡に1500エーカーの農場を持っていたほか、ノースダコタ州、サウスダコタ州、ワシントン州シアトル、カナダに広大な土地を所有してした。家族に遺した貯蓄は40万ドル(現在の通貨価値に換算すると700万ドル以上といわれる)。コングリゲーショナル教会で開かれたメモリアル・サービスには2500人のファンがつめかけ、アイオワ州知事のW・L・ハーディングが追悼のことばを送った。

ゴッチの死後も〝ゴッチ伝説〟は生きつづけている。1934年――その死から17年後――ハーレーダビッドソン社のオートバイの広告ポスターにゴッチの名が使われた。〝プロレスの神様〟として知られるカール・ゴッチ(本名カール・イスタス)のリングネームは、フランク・ゴッチへのトリビュートであることはいうまでもない。

アイオワ州ハンボルトの少年レスリングの大会には現在でも〝フランク・ゴッチ・レスリング・トーナメント〟という名称が使われ、同市郊外にはゴッチの肖像画が描かれた大きな石の記念碑が置かれた〝フランク・ゴッチ・パーク〟という大きな公園がある。2011年、ハンボルト市内の新しいストリートのひとつに〝フランク・ゴッチ通り〟の名がつけられ、2012年――その死からじつに95年後――、ゴッチ自身がかつてトレーニング場として愛用していたというビックネル公園の敷地内に高さ11フィート(約3・3メートル)のゴッチのブロンズ像が建てられた。

〝ロシアのライオン〟ジョージ・ハッケンシュミット

〝ロシアのライオン〟ジョージ・ハッケンシュミット（本名ジョージ・カール・ジュリアス・ハッケンシュミット）は1878年8月2日、帝政ロシアのタルトゥ（エストニア南東部）に生まれた。グレゴリアン・カレンダーと呼ばれるロシア旧暦では誕生日が〝7月20日〟になる。

少年時代は器械体操と重量挙げに打ち込み、14歳で地方大会に優勝。のちにハッケンシュミットのトレードマークとなるナチュラルな筋肉質の体は、スウェーデン系ロシア人の祖父からの遺伝とされる。義務教育にあたるグラマー・スクールを17歳で卒業後、首都タリンでエンジニア実習生として働きはじめたハッケンシュミットはこの時代にボディービルにめざめた。

10代ですでに胸囲44インチ（約111センチ）の肉体を誇っていたハッケンシュミットは、18歳のときに〝クラブ・フェスティバル〟という競技大会に出場し、ワン・アーム・リフトで269ポンド（約122キロ）のウエートを右肩ごしに持ち上げ、高名なパワーリフターのユージーン・サンドーがつくったこの種目の255ポンド（約115キロ）の記録を更新したという。

プロレスとの遭遇はロシア人プロレスラー、ジョージ・ルーリッチとの〝決闘〟だった。タリンに巡業にやって来た〝レスラー一座〟が「だれの挑戦でも受ける」と対戦相手を募集し、18歳のハッケ

ジョージ・ハッケンシュミット

ンシュミットがこれに名乗りをあげた。19世紀のロシアにもカーニバルのバーンストーミング（地方巡業）という大衆文化が存在していた。レスリングに興味を持ったハッケンシュミットはフリッツ・コニエツコ、ラディスラウス・ピトラシンスキーといったプロレスラーと〝賞金マッチ〟で対戦し、皇帝直属の医師でレスリングの達人でもあった〝ドクター〟フォン・クラエフスキーから本格的なグレコローマン・スタイルのレスリングの指導を受けたとされる。

チャールズ・B・コクラン

1898年、ハッケンシュミットはヨーロピアン・グレコローマン・トーナメント（現代の定義においてはアマチュアの大会）に優勝し、同年、ウエートリフティング選手権にも優勝。翌年、モスクワで開かれた〝40日トーナメント〟にはプロとして出場し、ここでも優勝。1901年にはワールド・グレコローマン・レスリング・チャンピオンシップに優勝した。

しかし、若くて美男子で肉体美のハッケンシュミットの名をヨーロッパじゅうに広めたのはレスリングの試合ではなく、馬を両肩に乗せて歩いたり、600ポンド（約270キロ）の大きな岩をデッドリフトで持ち上げたりといった〝曲芸〟のたぐいだったようだ。

ハッケンシュミットは24歳でロシアを離れ、1902年にイングランドに活動の場を求めた。20世紀初頭のヨーロッパのプロレスの人気マーケットはロンドン。ハッケンシュミットのたぐいまれなスター性に目をつけたチャールズ・B・コクランというプロモーターがハッケンシュミットとマネジメント契約を結んだ。

〝ラシアン・ライオン＝ロシアのライオン〟というニックネームをもらったハッケンシュミットは、イングランドでのデビューからわずか1年で〝恐怖のギリシャ人〟アントニオ・ピエーリ、〝恐怖のトルコ人〟カラ・アーメッド、G・ルーリッチ（ロシア）、ポール・ポンズ（フランス）、クラレンス・ウィーバー（オーストラリア）といった〝世界の強豪〟をひとりずつ倒していった。この時代のイングランドのプロレス興行は、スポーツとオペラ、サーカス的な演出と音楽が一体化した前衛芸術のような空間だった。ヨーロッパの観客は、非現実的で荒唐無稽なキャラクターをプロレスラーに求めた。

ハッケンシュミットのホームリング、カンタベリー・ミュージック・ホールのリングに薄暗い照明があたり、プログラムには載っていない大男が観客席からいきなり〝乱入〟してくる。極彩色のタキシードを着た猛獣使いのようなマネジャーが現れ、オペラのような口調で「ここに現れしは〝テリブル・ターク＝恐怖のトルコ人〟アーメッド・マドラーリ。トルコ皇帝サルタンの使者。ハッケンシュミットよ、われわれの挑戦を受けよ」と声をからす。

ハッケンシュミットとマドラーリの対戦が決定し、リングアナウンサーが「試合会場はロンドン・オペラ・ハウス」と発表する。マドラーリがサルタンの使者であったかどうかはさだかではないが、当時のヨーロッパには〝テリブル・ターク〟を名乗るレスラーが何人かいて、トルコの大男たちは決まって「マルセイユの波止場で貨物の積み下ろしをしていた力自慢」を自称した。

ハッケンシュミットとマドラーリの一戦は、勝者1000ポンド、敗者500ポンドの〝賞金マッチ〟。それはレスリングというよりはいまでいうところの総合格闘技のような、またサーカスの〝フリーク・ショー＝見世物〟のような奇妙な闘いだった。

試合開始からわずか44秒でハッケンシュミットがマドラーリを頭上高く持ち上げ、そのまま場外にたたき落とした。〝恐怖のトルコ人〟はろっ骨と腕を骨折し失神（1904年1月4日）。ハッケンシュミットは、大歓声をあげる観客に向かいポージングをくり返した。〝ロシアのライオン〟はおどろおどろしい世界のアイドルを演じていた。ハッケンシュミットはこの試合で〝世界グレコローマン王者〟に認定された。

ハッケンシュミットの名声はやがてアメリカに伝わり、アメリカン・チャンピオン対ヨーロピアン・チャンピオンの〝世紀の一戦〟が企画された。ロンドンにやって来たのは〝家元〟フランク・ゴッチのライバル、アメリカン・キャッチ・アズ・キャッチ・キャン王者トム・ジェンキンスだった。アメリカにもヨーロッパにもまだ〝統一世界ヘビー級王座〟というコンセプトは存在しなかった。

ハッケンシュミットとジェンキンスの〝アメリカ対ヨーロッパ〟の対決はヨーロッパ式のグレコローマン・ルールでおこなわれ、ハッケンシュミットが2－0のストレート勝ちでジェンキンスを下した（1904年7月2日＝ロイヤル・アルバート・ホール）。ジェンキンスは「キャッチ・アズ・キャッチ・キャン・ルールで闘えば負けない」とコメントし、アメリカに帰った。

それから1年後に〝アメリカ対ヨーロッパ〟の最強決定戦・第2ラウンドがプロデュースされた。舞台はニューヨークのマディソン・スクウェア・ガーデン。こんどはハッケンシュミットがアメリカにやって来た。プロレス興行はビッグ・ビジネスとしてのシステムと環境を整えつつあった。

アメリカにおける史上初の統一世界ヘビー級王座決定戦は、じつはハッケンシュミット対ゴッチの歴史的一戦ではなくて、ハッケンシュミット対ジェンキンスの再戦というカードだった。ゴッチはこの試合の2カ月まえにガーデンでライバルのジェンキンスに敗れアメリカン・ヘビー級王座を失っていた（1905年3月15日）。

ハッケンシュミットとジェンキンスの試合はアメリカ式のキャッチ・アズ・キャッチ・キャン・ルールの3本勝負でおこなわれたが、1本めは31分15秒、2本めは22分4秒というファイトタイムでハッケンシュミットが2－0のストレート勝ちを収め、初代統一世界ヘビー級王者に認定された。

この試合をリングサイドから観戦していたフランク・ゴッチはハッケンシュミットに挑戦を申し入れたが、ハッケンシュミットは「わたしはあなたに勝ったジェンキンスに勝った。だから闘う必要はない」とこれを拒否。新聞各紙のコンセンサスも「ゴッチはジェンキンスを倒してからハッケンシュミットに挑戦するべき」といったものだった。

アメリカン・ヘビー級王座をめぐるゴッチとジェンキンスの闘いは、この1年まえの〝アングロサクソン民族の最強決定戦〟までさかのぼる。3本勝負のキャッチ・アズ・キャッチ・キャン・ルールでおこなわれた試合は、1本めはゴッチのフォール勝ち（53分）、2本めはジェンキンスが出血多量によりレフェリーが試合をストップ。2－0のスコアでゴッチが勝利を収め、アメリカン王座を獲得した（1904年1月28日＝ワシントン州ベリングハム）。

この試合の模様を報じた『ワシントン・ポスト‐インテリジェンサー』紙はこんな記事を掲載している。

「試合開始から20分間はスタンディングの闘いがつづいた。両選手は頭突き、ひじ打ち、ヒザ蹴り、キックを多用」

「ゴッチがジェンキンスの顔をこぶしで殴り、ジェンキンスは親指でゴッチに目つぶしを仕掛けた。グラウンドのポジションではゴッチが有利だった」

「ジェンキンスのヘッドシザースでゴッチが口から出血。ゴッチのハーフネルソンからのスラムでジェンキンスがアゴを負傷。裂傷部分から骨がみえた」

20世紀初頭のプロレスとは、こういう闘いだったのだろう。ハッケンシュミット－ジェンキンス戦から2週間後、ゴッチとジェンキンスは再びガーデンのリングで顔を合わせ、ジェンキンスが2－1のスコアでゴッチを下しアメリカン王座を防衛した（1905年5月19日）。

それから1年後、カンザスシティーでおこなわれた試合ではこんどはゴッチがジェンキンスを破りアメリカン王座を奪回（1906年5月23日）。ゴッチ対ハッケンシュミットの〝世紀の一戦〟がようやく実現するのはさらに2年後のことだった。ゴッチ――ゴッチとファーマー・バーンズ派閥――はち密な計算でハッケンシュミットを追いつめていった。

後年のジョージ・ハッケンシュミット

ハッケンシュミットとゴッチは1908年4月と1911年9月に2回対戦し、どちらもゴッチの圧勝に終わった。ゴッチは引退まで統一世界ヘビー級王座を保持し、アメリカのプロレス界の〝王位〟に君臨した。

ハッケンシュミットはゴッチとの2度めの対戦を最後に33歳の若さで引退を表明し、イギリスに戻った。1930年代から40年代にかけては『フィットネス・アンド・ユアセルフ』（1937年）、『コンシャスネス・アンド・キャラクター（意識と人格）』（1937年）、『ザ・ウェイ・トゥ・リブ（生き方）』（1947年）といった哲学書を出版。ベストセラーとなった『ザ・ウェイ・トゥ・リブ』は21刷まで増刷をかさねた。

70代まで学者として哲学の研究をつづけ「フィジオロジー（生理学）とサイコロジー（心理学）とフィロソフィー（哲学）は人間の体のなかでひとつになっている」とする〝オール・イン・システム〟という学説をとなえた。

アメリカでのプロレス体験はあまりハッピーな思い出ではないようで、ゴッチ戦の〝真相〟をマスメディアから質問されてもかたくなに沈黙を守った。ハッケンシュミットは共産圏となったソ連には帰らず、ロンドンで〝オール・イン・システム〟の研究をつづけ、1968年2月19日、90歳でこの世を去った。

〝世紀の一戦〟ゴッチ対ハッケンシュミット

フランク・ゴッチ対ジョージ・ハッケンシュミットの〝世紀の一戦〟は、まる3年という長い準備期間をへて実現した歴史的プロジェクトだった。

厳密には、史上初の統一世界ヘビー級王座決定戦は1905年に〝世界グレコローマン王者〟ハッケンシュミットと〝アメリカン王者〟トム・ジェンキンスのあいだで争われた。しかし、アメリカのプロレス史においてはそれから3年後におこなわれたゴッチとハッケンシュミットの初対決のほうがはるかに重要な意味を持つため、ハッケンシュミットがジェンキンスに完勝して初代チャンピオンの座についたという史実がやや置き去りにされている。

ゴッチは3年がかりでハッケンシュミットを追いつめ、統一世界ヘビー級王座をアメリカの地にもたらした。ゴッチが勝ち、ハッケンシュミットが敗れたことで20世紀のプロレスのひのき舞台はヨーロッパからアメリカに移った。

ゴッチ－ハッケンシュミット戦をプロモートしたのは、この試合の〝賞金総額1万ドル〟を入札したミルウォーキー在住のエンターテインメント・プロモーター、ウィリアム・W・ウィティッグという人物だった。

AP通信のニューズワイヤー（1980年2月17日付）は「W・ウィティッグによれば、ゴッチ－

ゴッチ対ハッケンシュミット再戦のポスター（1911年）

ハッケンシュミット戦の日時・場所は4月3日、イリノイ州シカゴ。賞金の分配は勝者6000ドル、敗者4000ドル。ハッケンシュミットは3月上旬にアメリカに到着しニューヨーク（3月16日）、フィラデルフィア（3月19日）、ボストン（3月21日）の3都市でエキシビション・マッチをおこなったあと3月第4週にシカゴに移動」という記事を配信した。

テレビもラジオもなかった時代のニュースは、新聞によってゆっくりと潮が満ちていくようにアメリカじゅうに広まっていった。ヨーロッパのチャンピオンとアメリカのチャンピオンによるレスリング・マッチは、まさに〝世界最強の男〟を決める闘いだった。

試合会場のデクスター・パーク・パビリオンはシカゴ郊外のストックヤード（家畜市場）で、タテ100フィート（約30メートル）、ヨコ240フィート（約73メートル）の仮設アリーナには1万席を設営。立見席（自由席）は2000人分のスペースが用意された。プロレス史に残る歴史的な一戦の舞台が〝家畜市場〟だったというのは、その時代性を象徴するひじょうにおもしろいエピソードといっていいかもしれない。

この日、ラインナップされたカードは全6試合。エミール・ステッガミューラー対ヘンリー・オードマンの〝10分ハンディキャップ・マッチ〟は時間切れ引き分け。〝アメリカス〟ガス・ショーインラインはL・ローデンバック、ディック・ソーレンソンはテッド・トーンマン、ヤング・ビレッターはアーネスト・リンバーグにそれぞれフォール勝ち。トミー・ルーニーはヤング・ジェンキンスを破ったという記録が残っている。前座の5試合はひじょうに短いファイトタイムで試合が終わった。

2時間の死闘の末の意外な結末

アメリカのプロスポーツ界の大物たちが〝世紀の一戦〟の目撃者となった。〝プロレスの父〟ウィリアム・マルドゥーンはニューヨークから、プロボクシングの世界ヘビー級王者ジェームス・J・ジェフリーズはロサンゼルスから、プロボクシングの元世界王者でマルドゥーンの親友ジョン・L・サリバンはボストンから、それぞれ大陸横断鉄道に乗ってシカゴにやって来た。

ゴッチのセコンドは師匠マーティン〝ファーマー〟バーンズとジャック・カーキークのふたりで、ハッケンシュミットのセコンドは前座に出場したガス・ショーインラインがついた。試合ルールはアメリカ式のキャッチ・アズ・キャッチ・キャンの3本勝負で、特別ルールによりストラングル・ホールド（チョークスリーパー）が反則技として除外された。レフェリーは地方新聞『シカゴ・アメリカン』紙のスポーツ・エディター、エド・スミスがつとめた。この試合は映像には収められていないため、詳細については当時の新聞記事、関係者の証言などをパズルのように組み合わせていくしかない。

ゴッチは31歳でハッケンシュミットは30歳だったから、ふたりともレスラーとしての全盛期にこの試合をおこなったと考えていい。身長はふたりとも6フィート（約183センチ）。体重はゴッチが200ポンド（約90キロ）でハッケンシュミットが230ポンド（約104キロ）。芸術品のような全身の筋肉の分だけハッケンシュミットのほうが体重が重たかった。

試合は2時間3分、ノー・フォールのままハッケンシュミットの試合放棄という意外な形で終わった。3本勝負の試合では1本が終了するごとに選手とセコンドがドレッシングルームに戻りインターミッションをとるのが当時の慣習だったが、ハッケンシュミットが2本めの出場を拒否しドレッシングルームから出てこなかったため、レフェリーのE・スミスがやむをえずゴッチの勝利をコールしたとされる。

試合内容についてはさまざまな議論を呼んだ。ハッケンシュミットは新聞の取材に対し「ゴッチはわたしの顔面をかきむしり、頭突きを使い、ヒザでボディーを蹴り上げた。こぶしで顔を殴られたときに視界がふさがった」とゴッチの戦術に疑問を投げかけ、さらに「ゴッチは体にオイルを塗っていたのではないか。グリップがまるでつかめなかった」とコメントした。

この試合をリングサイドから観戦し『クローバーリーフ』紙、『ミネアポリス・セントポール・デイリー・ニュース』紙、『オマハ・デイリー』紙にリポート記事を書いたスポーツ・ライターのジョージ・A・バートンはハッケンシュミットの発言にこう反論した。

「退屈な試合だった。ふたりのレスラーはおたがいにテイクダウンをとることができず、123分間、ほとんど立ったままで闘った。ようやくバックにまわったゴッチがハッケンシュミットを勢いよくキャンバスにたたきつけた。ゴッチがフォールの体勢に入るまえにハッケンシュミットはレフェリーに向かって『試合を止めてくれ』と頼んだ」

「ハッケンシュミットがなかなかドレッシングルームから出てこないため、プロモーターのW・ウィティッグがハッケンシュミットを説得に向かった。ハッケンシュミットは『わたしと2時間も闘い、わたしを投げたゴッチの勝ちだ』とウィティッグに伝えた」

「試合まえ、ハッケンシュミットは記者団にこう話した。『試合は15分程度で終わるだろう。2－0

のストレート・フォールでわたしが勝つだろう』。ハッケンシュミットは明らかにゴッチの実力を過小評価していた」

G・A・バートンによる〝回想文〟を掲載したのはプロレス専門雑誌『リング・レスリング』誌の1968年12月号。〝世紀の一戦〟からじつに60年というとてつもなく長い時間が経過していた。

バートンは新聞のスポーツ記者をつとめたあと、1920年代から1930年代前半までプロレス興行のプロモーターとして活動。その後は『ミネアポリス・トリビューン』紙のスポーツ・エディターに就任し、1968年当時はミネソタ州のプロボクシング・コミッショナーだった。バートンの〝反論〟はあくまでもひとつの情報であって〝結論〟ではない。

ゴッチはハッケンシュミットを下したあと、ブルガリア王者ユーソフ・マーモント（1909年4月14日＝シカゴ）、〝もうひとりのヨーロッパ最強の男〟スタニスラウス・ズビスコ（1910年6月1日＝シカゴ）ら外国人選手との王座防衛戦をかさね、統一世界王者としての地位を不動のものとしていった。

ゴッチ対ハッケンシュミット〝第2ラウンド〟

20世紀初頭、プロレスリングとプロボクシングはまったく〝同格〟のスポーツと考えられていた。1908年12月、オーストラリアのシドニーでジャック・ジョンソンがトミー・バーンズを破りアフリカ系アメリカン（黒人）として初めてプロボクシングの世界ヘビー級王座を獲得した。これはひとつの事件だった。

ジャック・ジョンソンは人種差別を受け、1909年にはアメリカで最初の公民権擁護団体として全米黒人地位向上協会NAACPが発足。翌1910年、無敗のまま引退した元世界王者ジェームス・J・ジェフリーズがカムバックし、〝ホワイト・ホープ（白人の希望）〟としてジョンソンに挑戦したがKO負けを喫した。アメリカ国内ではボクシングはアフリカン・アメリカン、レスリングはアングロサクソンというういびつな、あるいは差別的な〝分離〟の発想が根づきつつあった。

ゴッチ対ハッケンシュミットの〝第2ラウンド〟はそうした社会背景のなかで実現した（1911年9月4日）。プロモーターはのちにニューヨークで一時代を築くことになるジャック・カーリー。ファイトマネーは勝敗にかかわらずゴッチが2万1000ドルで、ハッケンシュミットが9000ドル。プロレス興行はいよいよビッグ・ビジネスへと変貌をとげた。

〝世紀の一戦〟の再戦はシカゴのホワイト・ソックス・パーク（のちのコミスキー・パーク）に2万5000人の大観衆を動員し、興行収益は8万7000ドルという記録的な数字をはじき出した。巨大なビデオ・スクリーンのなかった時代に、これだけの観客が野球場のスタンドからプロレスの試合を観戦した。

試合は3年まえと同じくキャッチ・アズ・キャッチ・キャン・ルールの3本勝負でおこなわれ、ゴッチが2－0のストレートでハッケンシュミットを下した。試合を決めたのは2本ともゴッチの専売特許とされるステップオーバー・トーホールドで、ファイトタイムは30分弱。ゴッチの完勝だった。

この試合もまたリング外でのさまざまな動きが指摘され、怪情報が乱れ飛び、物議をかもした。タイトルマッチに向けてのトレーニング中、ハッケンシュミットが右ヒザを負傷し、プロモーターに試合の延期を申し入れたが、主催者サイドはこれを受け入れずタイトルマッチは予定どおりおこなわれた。これがひとつめの怪情報。ふたつめの怪情報は、右ヒザを負傷したハッケンシュミットがゴッチ陣営に「3本勝負の1本だけ譲ってほしい」〝妥協案〟を提案し、ゴッチ陣営もいったんはこれを了承したが、じっさいの試合ではゴッチが約束を守らずにハッケンシュミットになにもさせずに試合を終わらせてしまったというもの。

3つめの怪情報は、ゴッチ陣営がハッケンシュミットのトレーニング・セッションに〝刺客〟を送り込み、スパーリング中に故意にハッケンシュミットのヒザを負傷させたというもの。〝刺客〟はアド・サンテルだったとする説とベンジャミン・ローラーだったとする説とふたつのセオリーがあるが、現在でもその真相は解明されていない。

ひとつだけはっきりしていることは、ゴッチとハッケンシュミットの〝世紀の一戦〟は2回おこなわれ、そのどちらもゴッチの完勝に終わったという事実である。ゴッチはグラウンドでのトーホールドでハッケンシュミットからタップアウトを奪った。グレコローマン・スタイル出身のハッケンシュミットはウエスト（腰）から上を使ったレスリングはケタはずれに強かったとされるが、下半身（ヒザ、脚）への攻撃にはなすすべがなかった。

ゴッチもハッケンシュミットもその後、この試合について多くを語らなかった。20世紀のプロレスの幕開けとなったゴッチとハッケンシュミットの2度にわたる壮絶な闘いは多くのナゾを残し、その〝伝説〟は〝伝説〟として、100年以上が経過した現代まで語り継がれていくことになるのである。

第2節　プロフェッショナル・レスリング第一期黄金時代

狂乱の20年代〝ローリング・トゥウェンティース〟

第一次世界大戦終結後、〝狂乱の20年代〟と呼ばれる好景気のなかでアメリカではプロスポーツが大ブームを迎えた。メジャーリーグ・ベースボールでは1920年はベーブ・ルースがボストン・レッドソックスからニューヨーク・ヤンキースへ金銭トレードされ、ジョージ・シスラーが〝シーズン最多247安打〟の記録をつくった年。1923年には〝ベーブ・ルースが建てた家〟ヤンキー・スタジアムが完成し、1927年にはそのベーブ・ルースが当時の記録となるシーズン60本塁打を放った。

プロ・フットボールでは1920年にAPFA（アメリカン・プロフェッショナル・フットボール・アソシエーション）が発足し、2年後の1922年に現在のNFLのルーツとなる旧NFL（ナショナル・フットボール・リーグ）が正式にスタートを切った。

エド“ストラングラー”ルイスのチャンピオンベルト

〝ローリング・トゥウェンティース＝狂乱の20年代〟のプロレス界の主役は、〝胴絞めの鬼〟ジョー・ステッカーと〝絞め殺し〟エド〝ストラングラー〟ルイスのふたりだった。ステッカーとルイスは現役時代に19回対戦し、対戦成績はルイスの9勝6敗4引き分け（ステッカーにとっては6勝9敗4引き分け）という記録が残っている。

1915年から1919年のあいだにおこなわれた最初の6試合はステッカーが3勝1敗2引き分けでリードしていたが、1920年から1930年までの11年間におこなれた13試合はルイスが8勝3敗2引き分けと大きく勝ち越している。この数字が〝絞め殺し〟ルイスと〝胴絞めの鬼〟ステッカーが歩んだそれぞれの道、現代につながるレスリング・ビジネスの進化・発展・完成のプロセスを解読する重要なカギになっている。

第一次大戦終結の翌年にあたる1920年、ルイスとステッカーは統一世界ヘビー級王座をかけ、ニューヨークで2回のタイトルマッチをおこなっている。大プロモーター、ジャック・カーリーの手腕でプロレス興行の中心地が中西部から大都会ニューヨークへと移動したのもこのころだった。

ニューヨークでの2度のタイトルマッチの初戦は、3時間4分のマラソン・マッチの末、ボディーシザースからのピンフォールでステッカーが王座防衛に成功した（1920年4月16日＝ニューヨーク米陸軍71部隊アーモリー）。8カ月後に同所でおこなわれた再戦では、1時間41分のファイトタイムでルイスがローリング・ヘッドロックからのピンフォールでステッカーからフォールを奪い、統一世界王座を獲得した（1920年12月13日＝同）。

ルイスは通算8度めの対戦で、ようやくステッカーから王座を奪った。〝下馬評〟では4月の第1戦が〝ルイス有利〟で12月の第2戦は〝ステッカー有利〟とされたが、2試合ともがギャンブラーのオッズを裏切る結果となった。

翌1921年、〝ヨーロッパ最強の男〟〝大黒柱〟スタニスラウス・ズビスコが好景気のアメリカに舞い戻ってくる。ズビスコはこの11年まえに〝プロ戦績945戦全勝〟というふれ込みでフランク・ゴッチに挑戦して敗れた（1910年6月1日＝イリノイ州シカゴ）ポーランド出身のレスラー。1878年生まれというプロフィルが正確だとすると、このときすでに43歳だったことになる。

ズビスコはアメリカでの再デビュー戦で〝第1コンテンダー〟ステッカーを下し（1921年3月4日＝ニューヨーク）、つづいてルイスを破り統一世界王座を獲得（1921年5月6日＝ニューヨーク）。ルイスはわずか5カ月で王座から転落した。ここからルイス、ステッカー、ズビスコによる〝3強鼎立時代〟がはじまる。

この年、ベースボール記者としてひじょうに有名なスポーツ・ジャーナリスト、アル・スピンクがニューヨークの新聞紙上でプロレスを告発。「ニューヨークのプロモーター、ジャック・カーリーと手下のレスラーたち、ルイス、アール・キャドック、ステッカー、ズビスコらが市場を不当に独占している。トラスト＝談合カルテルであり、独占禁止法違反だ」と論評し、アマチュア出身の選手たちが世界王座に挑戦できない矛盾を糾弾した。

スタニスラウス・ズビスコ

ニューヨーク州体育協会も同年、プロレス興行の実態にメスを入れ、体育協会が制定する公式ルールを提案。ヘッドロック、トーホールド、ボディーシザースといった関節技の禁止を提案したが、その後、これは廃案となった。体育協会コミッショナーはほかでもない、69歳になった〝プロレスの父〟ウィリアム・マルドゥーンだった。

ステッカー陣営と〝ヨーロッパ最強の男〟が仕組んだ〝密約〟

ルイスは翌1922年、ズビスコから統一世界王座を奪い返し(1922年3月3日=カンザス州ウィチタ)、ルイスとそのビジネス・マネジャーのビリー・サンドー、トゥーツ・モントの3人は〝ゴールド・ダスト・トリオ〟なる派閥を結成し、全米のプロモーターににらみをきかせる存在となった。この時点では〝大黒柱〟ズビスコはルイス陣営傘下のレスラーだった。

ルイスは当時31歳だったから、プロレスラーとしても全盛期にあったことはまちがいない。ルイスは新聞のスポーツ面、雑誌、ラジオ番組などに毎日のように登場し、〝狂乱の20年代〟という時代背景のなかでアメリカを代表するスポーツ・セレブリティーとしての道を歩みはじめた。ちょうど80年代のWWEブーム、ハルク・ホーガン・ブームのような社会現象といえばわかりやすいかもしれない。

ステッカーのマネジメント(ステッカーの兄トニー・ステッカーとその一派)はルイスに再三、リターンマッチを申し入れたが、サンドーは「ステッカーがズビスコ、トゥーツ・モント、ジョン・ペセックと試合をして勝ったら挑戦を認める」と回答。ルイスはモント、ペセックといった実力者たちをつねに〝ポリスマン〟として帯同していた。

ルイスの統一世界王座獲得から3年後、前代未聞の〝ダブルクロス(裏切り)事件〟が発生する。ルイス陣営は新しいスターづくりのためにカレッジ・フットボール出身のルーキー、ウェイン〝ビッグ〟マンをルイスのチャレンジャーに抜てきした。ルイスは計画どおりにマンに敗れ、統一世界王座をいったんマンの腰に預けた（1925年1月9日＝ミズーリ州カンザスシティー）。

それから3カ月後、新チャンピオンのマンとズビスコのタイトルマッチがおこなわれ、売り出し中のマンが実力者のズビスコを倒して王座防衛を果たすはずだったが、ズビスコは新人のマンにまったくレスリングをさせず、無言のまま何度もピンフォールを奪いつづけた。

ルイス陣営のレフェリーはやむなくキャンバスを3回たたいて試合をストップ（1925年4月15日＝ペンシルベニア州フィラデルフィア）。観客はズビスコのフォール勝ちを目撃し、翌日のAP通信も〝統一世界王座移動〟のニュースを全米の新聞に配信した。ズビスコの王座奪取は既成事実となった。

じつは、ズビスコはニューヨークのJ・カーリー、ステッカーのビジネス・マネジャーのトニー・ステッカーらと事前に〝密約〟を交わし、ルイス&サンドー陣営を裏切ったのだった。ズビスコはマンから奪った統一世界王座のチャンピオンベルトを5万ドルでカーリーに売却し、1カ月後におこなわれたステッカーとのタイトルマッチに敗れて統一世界王座を明け渡し、ダブルクロスのシナリオは完結したのだった（1925年5月30日＝ミズーリ州セントルイス）。

〝永遠のライバル〟たちのその後

ルイスと闘うことなく3度めの統一世界王座に返り咲いたステッカーは、1928年まで約3年間にわたりチャンピオンと

ルイス（右）対ステッカーの世界戦

して全米をサーキットすることになる。〝狂乱の20年代〟にはアメリカじゅうに新しい体育館、球場が建設され、各地に〝テリトリー（縄張り）〟と呼ばれるローカルのプロレス団体が誕生した。

それまでプロボクシングに近いシステムだったプロレス興行は、団体が所属選手を抱えながら年間を通じてそれぞれの地域でハウスショーをプロモートするという運営形態に変化していった。プロレスラーの数が増え、興行数が増加してくると、ベビーフェース＝正統派とヒール＝悪役というコンセプトが定着した。観客はもはや〝2時間の死闘〟を求めなくなっていた。

ステッカーは統一世界王座を保持したままの引退を希望し、故郷ネブラスカで農園の経営をはじめたが、〝狂乱の20年代〟から一転してアメリカ経済を襲う〝大恐慌〟は、すでにプロレスに対する情熱を失いかけていたステッカーをリングに引き戻してしまう。

全米のプロモーターたちは観客動員が下降線をたどりはじめたプロレス興行の〝最後の切り札〟としてルイス対ステッカーの世界タイトルマッチを企画し、セントルイスのプロモーター、トム・パックスがこの試合のプロモート権を入札。〝経済効果〟を期待するセントルイス市長、ミズーリ州議会、同州裁判所判事らもこの試合の誘致に動いた。

〝世紀の一戦〟はセントルイスのザ・コロシアムに7500人の観客を動員。入場料は25ドルに値上げされ、中西部の中都市セントルイスとしては記録的な6万5000ドルという興行収益をはじき出した（1928年2月20日）。

3本勝負でおこなわれたタイトルマッチは2－1のスコアでルイスが王座奪回に成功したが、なぜかルイスはいちどもヘッドロックを使わず、ステッカーもボディースザースを使わなかった。3本めのフォールではステッカーの足がサードロープに乗っていたとされる。ステッカーは〝完敗シーン〟を避けた。少年だったアロイシアス・マーティン・ルー・テーズ――のちの〝鉄人〟ルー・テーズ――がこの試合をライブで観戦した。

ルイス対ステッカーの統一世界戦はその後、ロサンゼルス（1929年5月1日、同年9月4日）、オクラホマ州タルサ（同年5月28日）、カンザスシティー（同年11月19日）、シアトル（1930年6月16日）でも〝ロードショー公開〟され、各地に1万人クラスの大観衆を集めた。

ルイスとステッカーは〝永遠のライバル〟であり、〝狂乱の20年代〟を謳歌し、また時代に運命を狂わされたスーパースターだった。〝古豪〟ズビスコはアメリカに永住を決意したが、1933年に2万6000ドルの借金を抱え自己破産を申請した。3人のスーパースターは、生涯にわたりプロレスとプロレスしつづけたのである。

〝胴絞めの鬼〟ジョー・ステッカー

ジョー・ステッカーは数奇な運命にもてあそばれた悲劇の〝天才レスラー〟だった。ステッカーとその宿命のライバルであるエド〝ストラングラー〟ルイスは1915年から30年までの15年間に19回対戦し、戦績はステッカーの6勝9敗4引き分け。このなんでもないデータのなかに、じつはプロレスの進化と完成のプロセスが隠されている。

ステッカーは1893年4月4日、ネブラスカ州ダッジの農家に男3人、女5人の8人兄弟の末っ子として生まれた。両親はボヘミア（チェコ）からの移民。長男アーネストは10代でアナポリス（米海軍士官学校）に入学し、次男トニーと三男ジョーが幼少のころから家業のトウモロコシ畑を手伝った。

少年時代のステッカーはスポーツ万能で、学校ではレスリングと水泳の練習に明け暮れた。16歳のときにカーニバル・ショーが町にやって来て、ここでステッカーは有名なプロレスラーの〝ドクター〟ベンジャミン・ローラーとのレスリング・マッチに飛び入り参加し、ローラーの体に両脚を巻きつけて絞めつけた。ローラーはステッカー少年の腕をダブル・リストロックにとらえ「その足を放さないと腕を折るぞ」と脅かした。ここで試合は終わった。

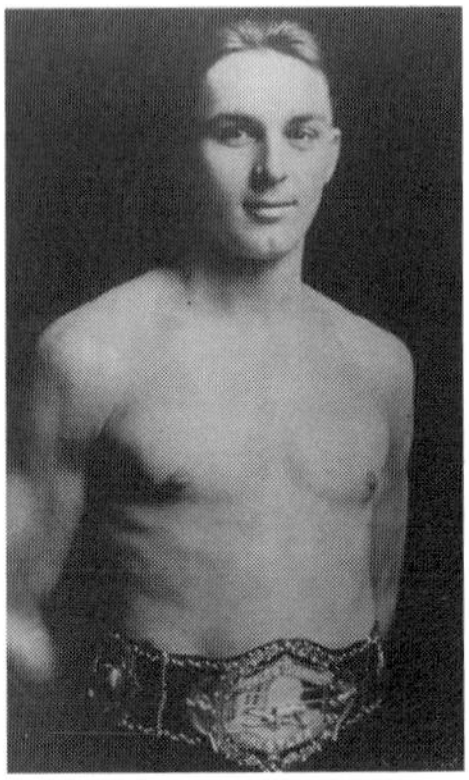

ジョー・ステッカー

農家育ちのステッカーは、ハイスクールを卒業するころには身長6フィート1インチ（約185センチ）、体重220ポンド（約99キロ）という立派な体つきをしていた。脚力がひじょうに強く、小麦粉の入った100ポンドの麻袋を両脚にはさんで破裂させるという芸当を披露し、よく友だちを喜ばせたという。〝胴絞めの鬼〟というニックネームの由来となるボディーシザースは、すでに少年時代に開発されていた。

ステッカーは兄トニーのすすめで、18歳でプロレスラーとしての道を歩みはじめる。ビル・ホキーフというレスラーと闘ったデビュー戦で、ステッカーは26ドルの賞金を獲得したとされる。

ある日、〝ファーマー〟バーンズのバーンストーミング（地方巡業）の一座がネブラスカにやって来た。バーンズは、20世紀最初の統一世界ヘビー級王者フランク・ゴッチの師匠にあたる人物で、レスリング・ギャンブルの胴元だった。バーンズは〝無名のレスラー〟をカーニバルのリングに上げて「この男がだれの挑戦でも受ける」と対戦者を募り、観客として興行を観にきていたステッカーが挑戦者として名乗りをあげてこのバーンズ門下生と闘った。

時間無制限でおこなわれた試合は、ステッカーがボディーシザースをかけたまま45分が経過。バーンズ門下の大男がステッカーの大腿部に噛みついて反則負けをとられた。〝無名のレスラー〟を演じた男は、じつはヨーロッパからやって来たベテランのユシフ・フセインだった。

バーンズはギャンブルの〝オッズ操作〟には失敗したが、そのかわりにステッカーという〝金の卵〟を発見した。このあたりのいきさつは、F・ゴッチのサクセスストーリーとひじょうによく似ている。その後、ステッカーは〝驚異のルーキー〟としてジェス・ウェステタガード、マーリン・プレスティーナ、アド・サンテルといった当時の超一流レスラーたちを次つぎと倒していった。

〝アメリカン・ヒーロー〟ゴッチの引退－復帰－引退でその人気が下降線をたどっていたレスリング・

ビジネスは、新しいスーパースターの出現を待ち望んでいた。ステッカー自身がそれを望もうと望むまいと、運命の歯車はゆっくりとまわりはじめていた。

1915年7月4日、合衆国独立記念日にステッカーはゴッチの直弟子で〝ざん定世界ヘビー級王者〟のチャーリー・カトラーを2－0のストレート・フォールで下し、22歳で統一世界ヘビー級王座を手にする。ファイトタイムは合計28分4秒。両者の実力差は明らかだった。この試合は1万5000人の大観衆を動員したとされる（開催地についてはイリノイ州シカゴ、ネブラスカ州オマハと文献によって異なるが最近のリサーチではネブラスカで統一されている）。

この試合をリングサイド席から観戦したゴッチは、新チャンピオンのステッカーを祝福した。カンザスシティーのプロモーター、W・D・スカウビルを中心とする興行グループがゴッチとステッカーの世界タイトルマッチを企画し、ゴッチに2万5000ドルのファイトマネーを提示。ゴッチもいちどは現役復帰を決意するが、この〝世紀の一戦〟はついに実現しなかった。

統一世界王座の分裂とステッカーの王座奪回

統一世界ヘビー級王座獲得から3カ月後、ステッカーは生涯のライバルとなるエド〝ストラングラー〟ルイスと初遭遇する（1915年10月20日＝インディアナ州イバンズビル）。3本勝負でおこなわれたタイトルマッチはノー・フォールのまま2時間3分経過後、リング下に転落したルイスが頭部を強打。カウントアウトによるステッカーの王座防衛というあっけない幕切れに観客が暴動を起こした。

翌日、この試合を観戦したイバンズビル市長が「タイトルマッチで不正があった」と告発し、興行収益2756ドルを没収。地元新聞も「八百長試合」と報じたが、真相は解明されなかった。

ステッカーとルイスの再戦は翌1916年、ステッカーの地元ネブラスカでのおこなわれた（1916年7月4日＝ネブラスカ州オマハ）。この試合は4時間51分33秒というマラソン・マッチとなったが、〝こう着状態〟に不満を爆発させた1万8000人の観客がリングにものを投げ入れたためノーコンテスト＝試合不成立となり、翌日の記者会見で〝引き分け〟という裁定が発表された。

その後、統一世界王座は思わぬ形で〝分裂現象〟を起こす。1916年12月12日（マリチューセッツ州スプリングフィールド）、ステッカーがフィンランド人レスラー、ジョン・F・オーリンとのタイトルマッチで肩を負傷し、試合を途中棄権。レフェリーは2時間40分経過の時点で試合をストップし、オーリンの判定勝ちをコールした。

オーリンはストックホルム・オリンピック（1912年＝グレコローマン・スーパーヘビー級）で銀メダルを獲得後、アメリカに渡った人物で、プロレスラーというよりはアマチュア・レスリングの選手だった。ステッカーから判定勝ちを収めたオーリンは、それから半年後の1917年5月2日、ルイス派閥によりシカゴにブッキングされ、ここでオーリンを下したルイスが〝世界ヘビー級王者〟を名乗りはじめる。これが〝オーリン系譜〟と呼ばれる別派の世界王座である。

いっぽう、統一世界王者ステッカーはアール・キャドックに敗れ、2年間にわたり保持した統一世界王座から転落（1917年4月9日＝ネブラスカ州オマハ）。ステッカーはこの試合でデビュー以来、初めてのピンフォール負けを喫し、3本勝負の3本めを棄権した。第一次世界大戦がはじまるとステッカーは海軍、キャドックは陸軍に入隊し、統一世界王座は一時〝凍結〟される。

ステッカーとルイスは１９１８年から１９１９年にかけてさらに4回対戦し、ステッカーが２勝１敗１引き分けという戦績でリード。統一世界王者キャドックへの次期挑戦者を決めるためのステッカー、ルイス、ヴラデック・ズビスコ（スタニスラウス・ズビスコの実弟）による〝３ウェイ・トーナメント〟ではステッカーが２連勝して挑戦権を獲得した。

第一次大戦終結後、統一世界王者キャドックがアメリカに帰還してステッカーとキャドックの〝世紀の一戦〟がニューヨークのマディソン・スクウェア・ガーデンで実現。２時間５分の耐久マッチの末、ステッカーがボディーシザースとダブル・リストロックの複合技でキャドックの両肩をキャンバスにつけてピンフォールを奪い、統一世界王座を奪回した（１９２０年1月30日）。

この試合を収録した16ミリ・フィルムは、現存する最古のタイトルマッチの映像として広く知られている。キャドックとの２度にわたるタイトルマッチがステッカーの現役生活のハイライトだった。

引退、復帰、野球転向、再復帰…

ステッカーはこの年の12月にルイスに敗れて統一世界王座を失い引退を表明するが、翌１９２１年4月にニューヨークの大プロモーター、ジャック・カーリーの要請で現役復帰。いっぽう、ライバルのルイスはマネジャーのビリー・サンドー、トゥーツ・モントとともに〝ゴールド・ダスト・トリオ〟なる派閥を結成し、プロモーターとしてアメリカのプロレス界全体を動かしはじめる。

ステッカーはその後、野球選手への転向を試み、一塁手としてソルトレークシティーのマイナーリーグ・クラブに1シーズン在籍後、メジャーリーグのフィラデルフィア・ナショナルズのキャンプに参加。しかし、１９２５年には再びプロレス界に舞い戻ってくる。

統一世界王座はルイス－スタニスラウス・ズビスコ－ルイス－ウェイン〝ビッグ〟マン－ズビスコとめまぐるしく移動をくり返し、ステッカーはズビスコを下して3度めの王座返り咲きを果たすが（１９２５年5月30日＝ミズーリ州セントルイス）、ステッカー自身は、どうやらこの時点ですでにプロレスに対する情熱を失いかけていた。

ビジネス・マネジャーをつとめる兄トニーのガイダンスで統一世界王座の防衛活動を約３年間つづけたステッカーは、〝引退試合〟としてルイスとの最後のタイトルマッチに合意する。

全米のプロモーターが誘致・入札をくり広げた〝ドル箱カード〟はセントルイスのプロモーター、トム・パックスが興行権を獲得。試合はルイスが２－１のスコアでステッカーを下し王座奪取に成功した（１９２８年2月28日）。３本めのフォールが決まった瞬間、ステッカーの右足はサードロープに乗っていた。敗者の〝無言の抵抗〟だった。

ステッカーはこの試合を最後にリングを去り、故郷ネブラスカに戻り農場を開いたが、大恐慌のあおりで経営は破綻。翌１９２９年、再びプロレスのリングに戻り41歳（１９３４年）まで現役生活をつづけた。ルイスとの〝ドル箱カード〟は30年代までえんえんとくり返された。

引退後、ステッカーはミネアポリスで兄トニーの興行会社を手伝ったが、１９３６年に統合失調症となり、１９７４年3月29日、ミネソタ州セントクラウドのベテランズ病院で80歳で死去するまでの38年間を施設内で過ごした。レスリングに人生を捧げ、プロレスの進化と完成のプロセスにその運命をほんろうされた〝天才レスラー〟だった。

〝絞め殺し〟エド〝ストラングラー〟ルイス

エド〝ストラングラー〟ルイスはプロレス近代史のパイオニアといっていい大レスラーであり、大プロモーターだった。1900年代から1940年代まで現役選手として活躍し、ルイス自身のコメントによれば「6200試合以上を闘い、33回しか負けなかった」。ブリタニカ百科事典に登場したただひとりのプロレスラーとしても知られる。

エド・ルイスはリングネームで、本名はロバート・ハーマン・ジュリアス・フリードリック。1890年6月30日、ウィスコンシン州ニクーサというちいさな町で生まれた。

ラストネームのフリードリックのスペルは19世紀の終わりごろ Friedrich から Friedrichs、Friedricks と変化していったとされるが、プロレスラーになってからは本名はほとんど名乗らなかった。インタビュー好きだったルイスは『ポートランド・オレゴニアン』紙（1966年）には「14歳でデビュー。相手相手はフレッド・ビール。首を絞められた」と語り、『ロサンゼルス・タイム』紙（1956年）の取材には「13歳でデビューした」とコメントした。正確なプロフィールは不明な部分が多い。

1966年8月7日、オクラホマ州マスコギーのベテランズ総合病院で死去したときの年齢は76歳（AP通信が全米に配信した死亡記事による）だった。これまで1891年、1889年と諸説があった

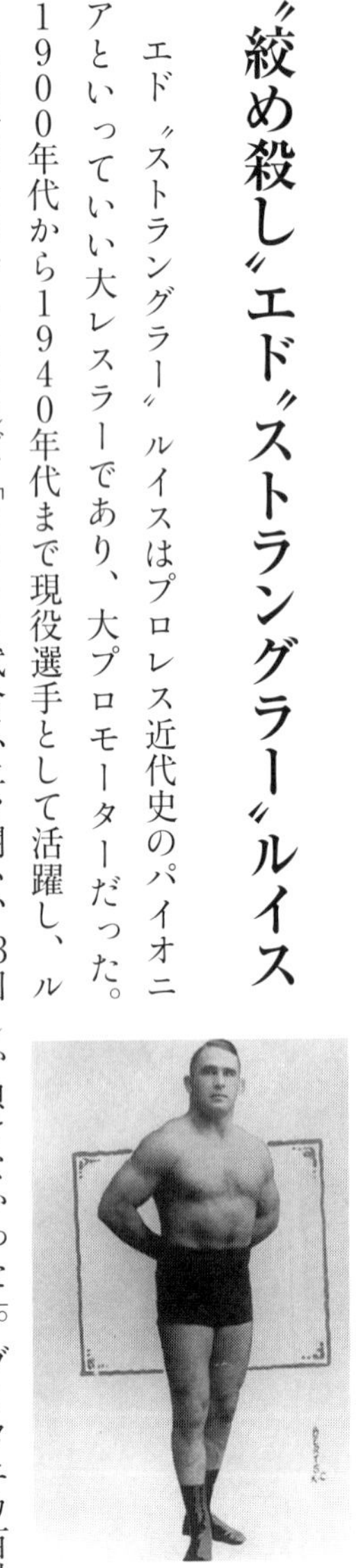
エド“ストラングラー”ルイス

誕生年については、最近の研究では〝1890年生まれ〟で統一されている。活字として残されているライフストーリーは現実とファンタジーのあいまいなブレンドになっていて、そのあたりがいかにも〝伝説のレスラー〟らしい。

新聞記事に記録されているルイスのもっとも古い試合はスタニスラウス・ズビスコとの〝ハンディキャップ・ルール・マッチ〟（1910年2月10日）で、カーニバル・ショーに帯同しアイオワ州を約2年間、巡業後、1913年にケンタッキー州ルイビルのプロレス興行に出場している。ルイスのバックグラウンドは、どうやらカーニバルのバーンストーミング（地方巡業）だった。

22歳だったソリードリックがエド〝ストラングラー〟ルイスというリングネームを使うようになったのはこのルイビル時代で、ルイスは『シカゴ・トリビューン』紙のスポーツ記者から〝ストラングラー〟のニックネームをもらったということになっている。モチーフは1890年代にキャッチ・アズ・キャッチ・キャン王者として活躍した初代〝絞め殺し〟イバン〝ストラングラー〟ルイスだった。

22歳（あるいは23歳）のルイスが二代目〝ストラングラー〟に変身した1913年は、フランク・ゴッチが何度めかの引退を表明して（のちにカムバック）故郷のアイオワ州ハンボルトに自動車ディーラーを開業した年で、ゴッチのライバルだったヘンリー・オードマン、ジェス・ウェスタガード、〝ドクター〟ベンジャミン・ローラーらが「ゴッチからの世界王座継承」を主張していた。

ルイスはまずベンジャミン・ローラーを破りタイトル・コンテンダーとしての足がかりをつくり（1913年9月18日＝ルイビル）、翌1914年に元プロレスラーのビリー・サンドー（本名ウィルヘルム・ボーマン）と出逢いマネジメント契約を交わす。サンドーは19世紀の高名なボディービルダー、ユージーン・サンドーからリングネームをちゃっかり拝借していたが、先代との血縁関係はない。ルイスとサンドーはどことなく〝似た者同士〟だった。

ルイスが生涯のライバルとなるジョー・ステッカーとの初対決を実現させたのは、サンドーとの契約からちょうど1年後（1915年10月20日）。インディアナ州イバンズビルでおこなわれた統一世界ヘビー級タイトルマッチは、2時間3分の〝こう着状態〟のまま、ルイスが場外に転落して頭部を負傷。レフェリーが試合をストップし、ステッカーの判定勝ちに終わった。

〝絞め殺し〟ルイスの十八番はヘッドロックで、〝胴絞めの鬼〟ステッカーのトレードマークはボディーシザースだった。ルイスはステッカーのボディーシザースをディフェンスし、ステッカーもルイスのヘッドロックをブロックしつづけた。勝つことよりも、負けないことが大切な試合だった。

期待はずれの試合内容に観客は怒り、イバンズビル市長とイバンズビル警察署長は「不正があった」として興行収益の没収を宣言したが、じつはこの試合でいちばんトクをしたのは〝無名のチャレンジャー〟ルイスだった。

ルイスはチャーリー・カトラー——フランク・ゴッチの後継者のひとりといわれていた——のスパーリング・パートナーをつとめたことがあり、3カ月まえにおこなわれたステッカーとカトラーの統一世界選手権を観戦し、ステッカーの動きをしっかりと研究していた。いっぽうのステッカーは、ルイスのことをなにも知らなかった。試合後、サンドーは「ステッカーと2時間も闘ったレスラーはいままでひとりもいなかった。ルイスの実力をみたか。タイトルマッチは引き分けだ」と記者団にほえまくった。

ルイスvsステッカー、因縁のタイトルマッチ

ルイスは1915年11月、ニューヨークのマンハッタン・オペラ・ハウスで開催された〝インターナショナル・トーナメント〟（プロモーターはサム・ラックマン）に出場。グレコローマン部門、キャッチ・アズ・キャッチ・キャン部門の2部制でおこなわれたトーナメントは翌1916年1月下旬までつづいたが、ルイスとマネジャーのサンドーは大会終了まえにニューヨークの新聞紙上で「ルイスが世界キャッチ・アズ・キャッチ・キャン王座を獲得した」と発表。このコメントが物議をかもした。

ルイスの主張は「フランク・ゴッチが世界王者のまま引退し、王座はヘンリー・オードマンが継承。オードマンはチャーリー・カトラーに敗れ、そのカトラーはベンジャミン・ローラーに負けた。わたしはトーナメント戦でローラーに勝ったので、わたしこそゴッチの世界王座の正統な継承者」というひじょうにややこしいものだった。

ルイスの談話と前後して『ブルックリン・デイリー・イーグル』紙（1915年12月28日付）は、このトーナメント戦について「プロフェッショナル・レスリングは闘いではなく劇場。エキシビションとしてはおもしろいがコンテスト＝試合として関心の持てるものではない」という批評記事を掲載した。プロレスはこの時代にすでにスポーツとエンターテインメントの〝ふたつの顔〟を併せ持っていた。

ルイスとステッカーの2度めのタイトルマッチは、ステッカーの地元ネブラスカに1万8000人の大観衆を集めておこなわれた（1916年7月4日＝ネブラスカ州オマハ）。午後4時にはじまった試

合は4時間52分のマラソン・マッチとなり、太陽が沈んだあとは自動車のライトをリングにあてて試合が続行されたが、それでも〝こう着状態〟がつづいたため、怒った観客が暴動を起こしレフェリーが試合をストップしてノーコンテストを宣言した。

この試合でいちばんトクをしたのは、またしてもルイスだった。前年の初対決では「ステッカーと2時間も闘った」とのコメントが、こんどは「ステッカーは4時間もかかってわたしを倒すことができなかった」に変わった。サンドーの「ルイスは試合後、酒場でダンスを踊っていた。ステッカーは病院に直行した」なるコメントがAP通信のニューズワイヤーを通じて全米の新聞に掲載された。

マスメディアが取り上げなかったもうひとつの事実は、タイトルマッチがドローに終わったことで、ギャンブラーたちの〝賭け金〟をステッカー、ルイス両陣営のマネジメントがそっくりそのまま折半したことだった。フランク・ゴッチの遺産である統一世界王座をめぐる闘いは〝絞め殺し〟ルイスと〝胴絞めの鬼〟ステッカー、そしてアール・キャドックの3人の〝世界チャンピオン〟を主役としたビッグ・ビジネスへと姿を変えていった。

ステッカーが元オリンピック選手のジョン・F・オーリンに敗れると（ステッカーの負傷による棄権のためタイトル移動はなし）、ルイスはそのオーリンを倒してスピンオフの〝世界王者〟を名乗った。

E・キャドックがステッカーから統一世界王座を奪うと、ルイスはキャドックとの王座統一戦を実現させ〝疑惑の判定負け〟で完全決着をつけず、みずからのオーリン系譜の世界王座だけはしっかりとキープした（1918年6月21日＝アイオワ州デモイン）。ルイス&サンドーのモチベーションはとにかく〝世紀の一戦〟をプロデュースしつづけることだった。ステッカーはこのころ〝最初〟の神経症を患ったといわれている。

米スポーツ界のヒーローとして

ステッカーは41歳でリングに別れを告げてプロレス界といったん縁を切ったが、ルイスは30年代後半まで世界チャンピオンとして活躍。エド・ダン・ジョージ、ヘンリー・ディグレーン、ジム・ロンドスといった新世代のスーパースターたちと対戦した。多くのプロスポーツ選手たちが戦地にかり出された第二次世界大戦中もリングに上がりつづけ、50代なかばまで現役生活を継続した。

1920年代から戦後の1940年代後半を通じてエド〝ストラングラー〟ルイスの名は、アメリカのプロスポーツ界でベースボールのベーブ・ルース、テニスのビル・ティスデン、ゴルノのボビー・ジョーンズ、プロボクシングのジャック・デンプシーらと並び称された。

全盛期のタイトルマッチ1試合のファイトマネー最高額は10万ドルを超え、プロレスで稼ぎだした富は500万ドルとも1000万ドルともいわれたが、ミルウォーキーで経営していた農園、サンフランシスコにオープンしたレストランなどはいつのまにかルイスのものではなくなっていた。

戦後の1949年から1955年まではNWA世界ヘビー級王者ルー・テーズのマネジャーをつとめた。トラコーマが原因で失明し、最晩年は南部オクラホマで敬けんなクリスチャンとして静かな生活を送ったが、マスメディアはそんなルイスを最後まで追いかけつづけた。

ルイス自身は親しい友人に「光を失って、ほんとうの光に出逢った。このすばらしい経験が生きることの価値をわたしに教えてくれた」と語っていたという。1966年8月、死去。享年76。

アール・キャドック
映像に残されている最古のタイトルマッチ

映像に残されている、おそらく世界最古のプロレスの試合は、1920年1月30日にニューヨークのマディソン・スクウェア・ガーデンでおこなわれたアール・キャドック対ジョー・ステッカーの統一世界ヘビー級選手権である。

この試合のフィルムが発掘された90年代後半からミレニアムにかけてはVHSテープ、CD－Rなどにコンバートされた約40分間のモノクロ映像がアメリカと日本の一部マニアのあいだでひっそりと流通していたが、現在はその再編集版がユーチューブなどの動画サイトにアップされていて、だれでもかんたんにアクセスできる。

それが当時のスタンダードであったかどうかはさだかではないが、フィルムに収められている試合映像は、リングサイドからではなくアリーナ後方あるいは2階席からのズームレンズによる撮影で、1台のカメラが左右のパーンだけでリング上の選手たちの動きを追いかけている。

ティーンズといわれた1910年代から〝狂乱の20年代〟にかけてのアメリカンのプロレス・シーンは〝絞め殺し〟エド〝ストラングラー〟ルイス、〝胴絞めの鬼〟ジョー・ステッカー、〝大黒柱〟スラニスラウス・ズビスコの3強時代。この3人のチャンピオンたちと比較すると、プロレス近代史の登場人物としてはアール・キャドックの名はややなじみが薄い。

アール・キャドック

ただし、このニューヨークでのタイトルマッチに関してはどうやらキャドックが絶対的な主役で、ステッカーはどちらかといえば〝引き立て役〟――試合はステッカーが勝ち、統一世界ヘビー級王座を奪回するが――のような立場だった。キャドックは、第一次世界大戦の最前線だったフランスから帰還してきたアメリカン・ヒーローとしてガーデンのリングに立っていた。この日の興行収益は8万ドルで、ステッカーは2万5000ドル、キャドックは1万5000ドルのファイトマネーを手にしたとされる。

キャドックは1888年、サウスダコタ州ヒューロン生まれ。両親はボヘミア系ユダヤ人、ドイツ系ユダヤ人の血をひく移民二世で、幼少のころに肺結核を患ったキャドックは母親の故郷シカゴで少年時代を過ごし、14歳のときに父ジョンさんが亡くなると、伯父アイザックさんが営むアイオワ州アニータの農家にあずけられたという。

1907年、シカゴのヘブライ学院大在学中にアマチュア・レスリングで頭角を現し、大学卒業後の1914年、1915年に2年連続でAAU全米選手権（ライトヘビー級）に優勝。1915年6月8日、元アメリカン王者ジェス・ウェスタガードとの一戦でプロ転向を果たした。

翌1916年1月、ラツ腕プロモーターのジーン・メラディーとマネジメント契約を交わしたキャドックは、同年5月、メラディーのブッキングでセルズ・フロート・サーカスの巡業に参加。ここでフランク・ゴッチ、ファーマー・バーンズら〝伝説の男たち〟のコーチを受けた。

統一世界ヘビー級王者ステッカー対キャドックのタイトルマッチの第1ラウンドが実現したのは1917年4月9日（ネブラスカ州オマハ）。時間無制限3本勝負でおこなわれたタイトルマッチはステッカーが1本めを先取し（1時間22分）、2本めをキャドックが取ったあと（1時間40分）、ステッカーが3本めを棄権したためレフェリーがキャドックの勝利＝王座移動をコールした。

キャドックの得意技はヘッドシザースで、ステッカーの必殺技はニックネームにもなっているボディーシザースだったが、いずれもギブアップを奪うための関節技ではなくて、絞め技の体勢から相手のヒジや手首をホールドして、その両肩をキャンバスにつけてピンフォールを奪いにいくためのコンビネーション技だった。

第一次世界大戦中、キャドックは陸軍、ステッカーとエド〝ストラングラー〟ルイスはそれぞれ海軍と陸軍に志願したが、1918年8月、統一世界王者キャドックだけがフランスの最前線に出征した。キャドックが所属していた第88部隊はフランスで〝ホスゲン〟と呼ばれる毒ガスを浴びた。キャドックが戦争に行っているあいだにアメリカ国内では統一世界王座が分裂し、ステッカー、ルイス、ヴラデック・ズビスコらが別派、分派の世界王者を名乗っていた。

フィルムに残されたキャドック対ステッカーの〝世紀の一戦〟はガーデンに1万2000人の観衆を動員し（興行収益は約8万ドル）、時間無制限1本勝負で争われたタイトルマッチは2時間5分、ステッカーがボディーシザースからのフォールでキャドックを下し、統一世界王座奪回に成功した。

キャドックはその後もプロレスをつづけ、2年後の1922年6月に引退するまでルイス、アド・サンテル、スタニスラウスとヴラデックのズビスコ兄弟、ジム・ロンドスらとも対戦。戦争の時代を生きた身長5フィート11インチ（180センチ）、体重182ポンド（約82キロ）のベビーフェースは、現役生活7年、34歳の若さでリングを降りた。

〝黄金のギリシャ人〟ジム・ロンドスの時代

ジム・ロンドスは〝大恐慌〟〝禁酒法〟〝ニューディール政策〟の1930年代をかけ抜けたスーパースターだった。

ニックネームは〝ザ・ゴールデン・グリーク〟、〝ザ・グリーク・アドニス〟。アドニスはギリシャ神話の登場人物で、女神アフロディテに愛された美少年の名。ゴールデン・グリークは日本では〝黄金のギリシャ人〟と訳された。

〝公式プロフィル〟上はギリシャのアルゴス生まれだが、カリフォルニア州サンフランシスコ出身という説もある。生年月日についても諸説があり、AP通信（1975年8月20日付）が配信したロンドスの死亡記事には「正確な年齢は不明。80歳くらいだった」というあいまいな表現が使われていた。現在でもウィキペディアには〝1897年〟と記載されているが、ロンドスの墓石には〝1894－1975〟と記されているため、〝1894年1月2日生まれ〟が正確なデータといわれている。

本名はクリストファー・セオフィーラスあるいはクリストトス・セオフィーロウ。ロンドス自身は「ギリシャ語で〝神の友人〟を意味する」と語っていたという。

ジム・ロンドス

プロレスラーになるまえのプロフィルについては、〝ギリシャ生まれ説〟では「13歳のときに貨物船に乗ってアメリカに渡り、カーニバルの一座でアクロバットとキャッチ・アズ・キャッチ・キャンのレスリングを学んだ」で、〝サンフランシスコ生まれ説〟では「13歳のときにニューヨーク行きの大陸横断列車にもぐり込み、港湾労働、電気作業員、建築業、食料品店の配達員などを経てボードビルの一座に入団し、レスリングとアクロバットを身につけた」となっている。いずれのストーリーもファクトとファンタジーがごちゃ混ぜになっていることはほぼまちがいない。

身長5フィート8インチ（約172センチ）、体重200ポンド（約90キロ）と体格的にはそれほど恵まれなかったが、文字どおりギリシャ彫刻のような全身の筋肉と彫りの深い端正な顔だち、グリーンの瞳が神からのギフトだった。アメリカのプロレス史研究家の多くはロンドスを「プロレスにおける最初の男性セックス・シンボル」としている。

レスリング・スタイルはキャッチ・アズ・キャッチ・キャンをベースにトーホールド、ジャパニーズ・アームロック（現在のキムラ＝腕がらみ）、ニーロック（ヒザ十字固め）といったグラウンドでの関節技を得意にしていたというが、大観衆のまえで試合をするようになってから――つまりスーパースターになってから――はエアプレン・スピン、ボディースラムのコンビネーションからのピンフォールとスリーパーホールド（技のフォームは現在のドラゴン・スリーパーと同じ）をフィニッシュ技として愛用していた。アームロックとスリーパーホールドについては、無名時代にシアトルで日本人柔道家のタロー三宅から学んだとする説もある。

プロレスラーとしてデビューした時期についてもこれまで〝1915年〟と〝1917年〟のふたつの説があったが、最近の調査では1912年に18歳でデビューし、1946年に52歳で引退するまで通算34年間、現役選手として活躍していたことがわかってきた。

1910年代はフランク・ゴッチの〝統一世界王座〟の時代で、1920年代はジョー・ステッカー、エド〝ストラングラー〟ルイス、スタニスラウス・ズビスコの〝3強時代〟。どうやら、1930年代がロンドスの全盛期で、1916年生まれのルー・テーズが21歳で初めて世界チャンピオンとなったのが1937年。第二次世界大戦をはさんで1940年代後半にはゴージャス・ジョージが出現し、プロレスはテレビの時代に入っていく。

ウエストコーストをホームリングとしていた無名のルーキー時代、ロンドスは〝レスリング・プラスター〟クリス・セオフィーラスというリングネームを名乗り、プラスター（左官業）の作業着、セメントだらけのズボンと作業シューズをコスチューム代わりに、いわゆるブルーカラーの労働者キャラクターを演じていた。ロンドスというリングネームは、オレゴン州ポートランドをサーキット中に地方新聞『オレゴニアン』紙のスポーツ記者、ラスコー・ファウセットという人物からプレゼントされたのだという。語源はオレゴンの〝ロンドン霧〟だった。

第一次世界大戦後の1920年代は〝ローリング・トゥエンティーズ＝狂乱の20年代〟と呼ばれる戦争バブルの好景気の時代。ロンドスはこの時代に〝ストラングラー〟ルイスの世界王座に7回挑戦し、7戦全敗したという記録が残っている。ロンドスとルイスは現役時代に合計13回（15回とする説もある）対戦し、ルイスが7連勝したあとロンドスが6連勝（8連勝とする説もある）した。年齢では4つ――ルイスは1890年生まれ――しか離れていなかったが、それぞれの全盛期に数年のズレがあったということなのだろう。

大恐慌時代のレスリング・ビジネス

1929年10月、ウォールストリートの株価が大暴落した〝暗黒の木曜日〟から世界はいっきに〝グレート・ディプレッション＝大恐慌〟の時代に突入していく。アメリカのプロレスは〝狂乱の20年代〟にひとつのピークを迎え〝大恐慌〟とともにその人気はすっかり衰えた、とするのがこれまでのプロレス近代史の定説だったが、どうやらこれは誤りだった。結論からいえば、プロレスは世界じゅうがひっくり返るほどの不景気－経済破綻の影響をそれほど受けず、1930年から1937年にかけてはアメリカ各地で観客動員記録と興行収益記録が次つぎと塗り替えられていった。

この時代のアメリカのレスリング・ビジネスは、ジャック・カーリー、トゥーツ・モント、レイ・ファビアーニ、ジャック・フェファー、ルーディー・ミラーといった大物プロモーターたちの〝トラスト（企業合同）〟がおたがいの利益を守りながら密室の談合をくり返していた時代。ロンドスは専属マネジャーだったエド・ホワイトのブッキングでジャック・カーリーと契約し、活動拠点をニューヨークに移した。

ロンドスの名が〝世界ヘビー級王座〟の系譜に登場するのは1929年。ニューヨークにNBA（ナショナル・ボクシング・アソシエーション＝全米ボクシング協会）のプロレス部門として全米レスリング協会NWA（旧NWA＝ナショナル・レスリング・アソシエーション National Wrestling Association）が発足し、その初代世界王座決定戦としてロンドスとディック・シーカットが対戦。この試合に勝ったシーカットが世界ヘビー級王者に認定された（1929年8月23日＝ペンシルベニア州フィラデルフィア)。ニューヨーク州とペンシルベニア州のステート・アスレティック・コミッション(州体育協会)もシーカットを世界王者と認定し、すでに存在していた〝ルイス派〟の世界王座を無効とした。

翌1930年、ロンドスは89分の死闘の末、シーカットを下し、この旧NWA&ニューヨーク州体育協会版&ペンシルベニア州体育協会版の統一世界王座を獲得した(1930年6月6日=フィラデルフィア)。

1930年代のニューヨークでは、いまでいうところのプロレス団体あるいは興行会社が乱立し、マンハッタンのなかだけでもマディソン・スクウェア・ガーデン、ニューヨーク・コロシアム、ブロードウェイ・アリーナ、セント・ニコラス・アリーナ、ミラー・フィールドの5アリーナのうちの数カ所で毎週末、興行がおこなわれ、それぞれ5000人から1万人クラスの観客を動員していた。地下鉄やバスでマンハッタンからすぐに足を運べるところでは、ブルックリンのリッジウッドグローブ、ロングアイランドのヘムステッド・アリーナとジャマイカ・アリーナも毎週、ハウスショーを開催。プロレスは不景気に強い庶民のエンターテインメントだったのだろう。

ロンドスは体育協会認定——資料によってはニューヨーク版とも表記される——世界王者としてニューヨークに定着し、1930年から1932年までの2年間、マディソン・スクウェア・ガーデンの看板スターとして全盛期を迎えた。〝暗黒の木曜日〟から約2年間でアメリカ国内では2294の銀行が倒産したが、そんな暗い社会背景のなかでもロンドスはガーデン定期戦に毎月1万人超の観客を動員しつづけた。

ロンドス対ジノ・ギャルバルディーの世界タイトルマッチはガーデンに2万人の大観衆を動員し、

アメリカのインドア観客動員新記録を樹立（1930年11月17日）。それから2カ月後、ロンドス対ジム・マクミリンの世界タイトルマッチがガーデンに2万2200人を動員（興行収益は5万9496ドル）し、前年の記録を更新（1931年1月26日）。ヤンキー・スタジアムでおこなわれたレイ・スティールとのタイトルマッチ（1931年6月29日）は4万人の大観衆（興行収益は6万3000ドル）を集め、ロンドスの人気はいよいよ神がかり的なものとなっていった。

しかし、翌年の1932年、ロンドスのマネジャーのエド・ホワイトとニューヨークの大プロモーター、トゥーツ・モントのあいだに契約トラブルが発生し、モント一派は世界王者に〝絞め殺し〟ルイスを擁立。すでに40代に手が届いていたベテランのルイスがガーデン定期戦の主役の座に復帰し、ロンドスは〝トラスト〟の政治的圧力でニューヨークを追われることになる。

つねに1万人以上の観客動員を誇った真のスターレスラー

チャンピオンベルトを持ったままニューヨークをあとにしたロンドスはチャーリー&ウィリー・ジョンソンと新たなマネジメント契約を交わし、世界ヘビー級王者として全米サーキットを継続。フィラデルフィア、シカゴ、セントルイス、ロサンゼルス、カナダ・トロントのプロモーターもロンドスを〝真の世界チャンピオン〟と認定し、またしても世界ヘビー級王座に分裂現象が起きる。

いっぽう、ロンドスのアメリカにおける成功と名声は〝故郷〟ギリシャに伝わり、ロンドスは祖国の英雄としてギリシャに凱旋。アテネのオリンピック・スタジムでおこなわれた〝ロシア・チャンピオン〟コーラ・クワリアーニとの世界タイトルマッチは11万人——4万5000人説、6万人説、8

万人説もあり数字が都市伝説化している――の大観衆を集めた（1933年9月20日）。タワリアーニはそれから10年後、アントニオ・ロッカを〝発掘〟した人物である。

ロンドスはアメリカのレスリング・ビジネスの政治面にほんろうされたスーパースターだった。1934年1月、ニューヨーク州体育協会が〝トラスト〟を告発。世界ヘビー級王座の管理・運営をめぐるプロモーター間の〝お手盛商法〟の暗部にメスを入れた。体育協会はプロレスの試合が〝コンテスト〟であるか〝エキシビション〟であるかを厳しく追及し、同年1月9日、ロンドスはジャック・カーリー、ジャック・フェファー、トゥーツ・モント、ルーディ・ミラー、トム・パックスら有力プロモーターたちとともにニューヨーク州裁判所の公聴会に招集された。

〝コンテスト〟とはいうまでもなく純粋な〝競技〟で、〝エキシビション〟は競技ではなく〝展示〟〝公開〟を意味する。つまり、プロレスは〝スポーツ〟なのか〝ショー〟なのかという議論である。『ニューヨーク・タイムス』紙は「談合？　それとも講和条約？」と公聴会の一部始終を報道し、ニューヨーク州体育協会は「英語への〝翻訳〟が必要」とプロモーターたちの証言を批判した。

結果的にプロモーター・サイドが主導したロンドスからルイスへの〝主役交代〟は失敗に終わり、ガーデンの観客動員はいっきに落ち込んだ。ニューヨークの観客は〝中年の肥満体チャンピオン〟ルイスに完全にそっぽを向いたのだった。

そして〝追放劇〟から2年後の1934年6月、ロンドスは〝トラスト〟によりニューヨークに引き戻され、ジム・ブラウニングを下して再びニューヨーク版の世界王座に返り咲くことになる（1934年6月25日＝ニューヨーク州ロングアイランド、マディソン・スクウェア・ガーデン・ボウル）。

ロンドスの復帰戦は2万5000人の観客を動員した。〝トラスト〟にとってはお客さんを集めることが〝正義〟だった。

同年9月、シカゴのリグレー・フィールドで実現したロンドスとルイスとのタイトルマッチは3万5256人の大観衆を動員し、興行収益9万6302ドルを記録。ロンドスは8度めの対決でついに〝永遠の世界チャンピオン〟ルイスを倒した（1934年9月20日）。

ロンドスはその後、NFLのスーパースターからプロレスに転向したブロンコ・ナゴースキーを下し別派の世界ヘビー級王座（ミネアポリスのトニー・ステッカー派が認定）も獲得し、ニューヨーク版とミネアポリス版の統一世界王者となった（1938年11月18日＝フィラデルフィア）。このバージョンのチャンピオンベルトを引退するまで保持した。

ナゴースキーとの〝統一世界戦〟のニュース映像は、ダイジェスト版ではあるが、ユーチューブにアップされている。ロンドスが44歳のときの試合だから全盛期のファイトとはいえないかもしれないが、全米各地のアリーナにつねに平均1万人以上のオーディエンスを集める観客動員力を持っていた〝黄金のギリシャ人〟の映像はたいへん貴重だ。

ユーチューブにはこの試合のほかにも数試合、30年代のロンドスのモノクロ映像がアップされている。フィニッシュ・シーンは、ボディースラムの連発からラテラル・プレス（体固め）というパターンが多い。映像から確認できるロンドスのレスリングはひじょうにクラシカルなアメリカン・スタイルのキャッチ・アズ・キャッチ・キャンで、パンチ、キックといった打撃技はまったくといっていいほど使っていないのがわかる。やはり、レスリングの基本はあくまでもグラップリングである。

ボランティア活動に注力した引退後の人生

レスリング・ビジネスの政治面を嫌ったロンドスは、現役生活の最後の数年間をのんびりと海外のリングで過ごした。フランス、イタリア、南半球のオーストラリア、ニュージーランドをまわり、最後はアフリカの旧イギリス領ローデシア（ザンビアとジンバブエとして独立）にプロレスの種をまいた。

〝黄金のギリシャ人〟ロンドスは、世界チャンピオンを名乗りつづけたまま1946年、52歳でリングを降りた。引退後はカリフォルニア州サンディエゴでアボカド農園を経営しながら地域のボランティア活動、戦争孤児の援助活動などに力を注ぎ、ニクソン大統領から表彰されたこともあった。

『ロサンゼルス・タイムス』紙（1969年1月27日付）に掲載されたインタビュー記事のなかで75歳のロンドスはこんなことを語っている。

「わたしの父は、ギリシャ人のわたしがプロとしてレスリングをすることに反対だった。それはまちがっていると考えた。しかし、アテネでの試合のあと、父はやっとわたしを許してくれた」

「若いころ、わたしは貧乏だったため、教育を受けることができなかった。だから、わたしは勉強がしたい。キケロ（古代ローマの政治家・哲学者）はこう論じた。人間と動物のちがいはなにか。それは話すこと、考えること、みずからを表現することだと」

ロンドスのお気に入りの格言は、ロンドスと同じギリシャ人の哲学者ソクラテスの〝Be right, and fear no man, alive or dead（正しくあれ、生きる者も死す者もなんびとも恐るるなかれ）〟ということばだった。

〝消されたチャンピオン〟エベレット・マーシャル

アメリカのプロレス史の比較的、重要な登場人物のひとりであるにもかかわらず、その実像がまったくといっていいほど知られていないプロレスラーがたまにいる。元世界ヘビー級王者エベレット・マーシャルもそんなひとりである。

〝20世紀の鉄人〟ルー・テーズのプロフィルのなかに「1937年、21歳の若さでエベレット・マーシャルを破り、初めて世界チャンピオンに……」というセンテンスが必ず出てくる。テーズの偉大さを語るうえでは欠かせないエピソードではあるが、テーズに世界王座を明け渡した前王者マーシャルに関してはこれまであまり紹介されたことがない。

マーシャル（本名エベレット・オルドハム・マーシャル）は1905年、コロラド州ラジャンタの酪農農家に生まれた。ハイスクール時代はフットボール（オフェンシブ・ラインマン）とアマチュア・レスリングで活躍し、レスリング奨学金を取得してアイオワ大学とデンバー大学にそれぞれ1年ずつ在籍した。身長5フィート10インチ（約178センチ）、体重220ポンド（約99・7キロ）という体格は、当時のプロレスラーとしてはとくに大きくもちいさくもなく、いわゆるスタンダード・サイズといっていいだろう。プロレスラーとして活躍したのは1928年から1940年あたりまでで、マーシャルにとっては23歳から35歳までの約13年間。現役生活はそれほど長くなかったが、数回にわたり世界

エベレット・マーシャル

ヘビー級王座を保持した。

マーシャルは世界王座の〝分裂時代〟を生きたチャンピオンだった。〝ローリング・トゥエンティース＝狂乱の20年代〟の後半から〝大恐慌の30年代〟にかけてのアメリカのレスリング・ビジネスは、〝ゴールド・ダスト・トリオ〟と呼ばれたエド〝ストラングラー〟ルイス、トゥーツ・モント、ビリー・サンドーの3人組が牛耳っていた。ルイスはいうまでもなく1920年代を代表するスーパースターだったが、20年代後半からはマネジャーのサンドー、ビジネス・パートナーであり〝用心棒〟でもあったモントとともにプロモーター＆マッチメーカーとして〝世界王座〟をコントロールしていた。〝ゴールド・ダスト・トリオ〟によって発掘された25歳のルーキー、マーシャルは1930年5月、ロサンゼルスのリグレー・フィールドでガス・ソーネンバーグが保持する世界ヘビー級王座（ボストンAWA＝ポール・バウザー派）に挑戦した。

〝黄金のギリシャ人〟ジム・ロンドスとマーシャルの定番のタイトルマッチがセントルイス、シカゴ、フィラデルフィアの各都市で1万5000人クラスの大観衆を動員し、ニューヨークのマディソン・スクウェア・ガーデンでも〝特別公演〟がおこなわれた。

マーシャルがMWA（ミッドウエスト・レスリング・アソシエーション）世界ヘビー級王者に認定されたのは1935年7月。これとほぼ時を同じくしてロンドスが保持していた統一世界王座（旧NWA＝全米レスリング協会とニューヨーク州体育協会の2団体が認定）が分裂すると、マーシャルは翌1936年6月、オハイオ州コロンバスでアリ・ババを下し、ロンドス派の流れを汲むところの世界ヘビー級王座も獲得した。

〝鉄人〟テーズに敗れた男

マーシャルとテーズのタイトルマッチは、プロレス近代史のなかでひじょうに大きな意味を持つ試合であることはいうまでもない。テーズがマーシャルをエアプレーンスピンの体勢で肩にかついだまま、両者が同時にトップロープごしに場外に転落。テーズが先にリングに戻り、カウントアウト勝ちで王座奪取に成功した（１９３７年12月29日、ミズーリ州セントルイス）。

マーシャルとマーシャルのセコンドのＢ・サンドーはテーズのオーバー・ザ・トップロープ（反則負け）と王座移動の無効を主張したが、これは認められなかった。マーシャルはその後、ボストンＡＷＡ、モントリオールＡＷＡ、旧ＮＷＡ＝全米レスリング協会の各派から〝統一世界王者〟に認定されたが、有力プロモーターの利権争いによる世界王座のたび重なる分裂騒動は、プロレスのショービジネス化に拍車をかけた。

運命の初対決から1年3カ月後におこなわれた再戦で、マーシャルはまたしてもテーズに敗れ、こんどは旧ＮＷＡ世界王座を失った（１９３９年2月23日、セントルイス）。

こうして、マーシャルは若き日の〝鉄人〟テーズに敗れ世界ヘビー級王座を明け渡した男としてプロレス史にその名を刻んだのだった。〝世界最高峰〟といわれた戦後のＮＷＡ（ナショナル・レスリング・アライアンス）が発足する9年まえのできごとである。

翌１９４０年、35歳で引退したマーシャルは故郷コロラドに帰り、67歳でこの世を去るまでカンタループ（マスクメロン）をつくりつづけたという。

〝20世紀のおとぎばなし〟フレンチ・エンジェルの悲しみ

プロレス界における〝現代のおとぎばなし〟というと〝大巨人〟〝世界の8番めの不思議〟と呼ばれたアンドレ・ザ・ジャイアントの存在が有名だが、アンドレの出現よりも30年以上もまえにフレンチ・エンジェル（フランスの天使）と呼ばれたもうひとりの怪物レスラーがいたことはあまり知られていない。

フレンチ・エンジェルの本名はモリース・ティレー。そのプロフィルについては諸説があるが、1903年10月23日、ロシアのウラル山脈生まれとするデータが信ぴょう性が高い。両親ともにフランス人で、父親はシベリア鉄道の建設にかかわったエンジニア、母親はモスクワの小学校でフランス語を教える教師だったとされる。モリースがまだ少年のころに父親は死去し、1917年にロシア革命が起きると、モリースと母親はフランスのランスに移住したという。

モリースが体の異変に気がついたのは17歳のときで、このときすでに頭部と両手、両足の肥大化がはじまっていた。成長期における成長ホルモン、生殖腺刺激ホルモンなどの過剰分泌が原因で発症するアクロメガリー（巨人症・先端巨大症）というひじょうにめずらしい病気だった。

10代の終わりから20代にかけてのモリースの足どりについては不明な点が多い。フランス海軍に入隊し、5年間、潜水艦に乗っていたという説がある。海軍除隊後、大学で法律を勉強、弁護士をめざしていたという説もあるし、ラグビー選手として活躍していた、パリで俳優として舞台に立っていた

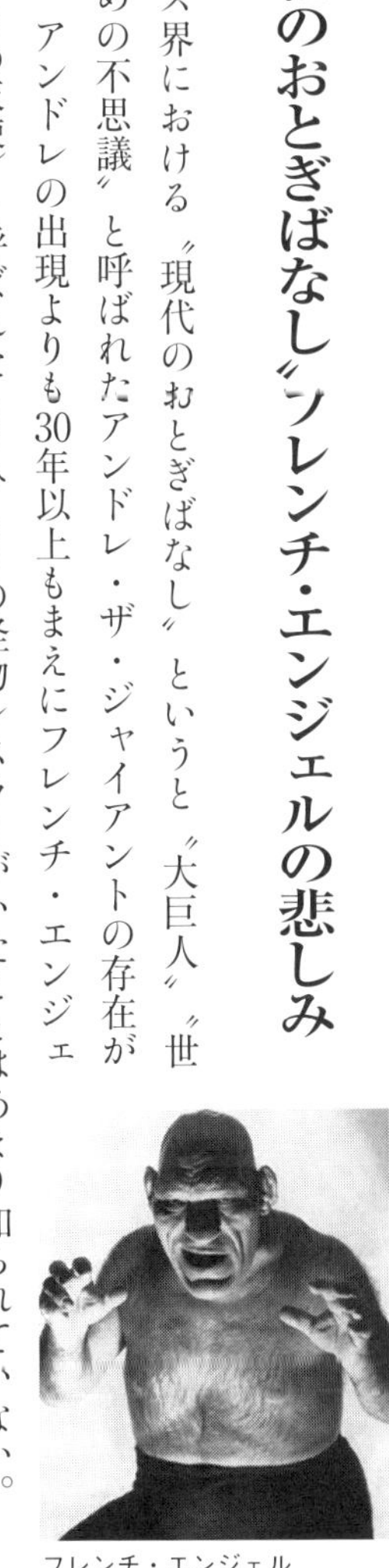
フレンチ・エンジェル

とする説もある。

33歳になったモリースは、1937年2月、シンガポールでリトアニア系アメリカ人のプロレスラーで生涯の親友となるカール・パジェロと運命的な出逢いを果たす。すっかり意気投合したふたりはその後、生活の場をパリに移し、モリースは翌1938年、イギリスでプロレスラーとしてデビューした。ヨーロッパでのリングネームはジ・エンジェルで、プロモーターはモリースに〝世界でいちばん醜い男 The Ugliest Man in the World〟というニックネームをつけた。第二次世界大戦がはじまるとモリースとパジェロは戦火を逃れ、1939年にアメリカに移住。ボストンの大プロモーター、ポール・バウザーと契約を交わした。

現実ばなれした異様なルックスでスターに

戦争の時代のレスリング・ビジネスはフリーク＝怪物の出現を待っていたのだろう。ザ・フレンチ・エンジェルの新リングネームで1940年1月、ボストン・ガーデンのリングに登場したモリースは一夜にしてスーパースターに変身してしまった。

プロモーターのバウザーは「ハーバード大の科学者によれば、フレンチ・エンジェルはネアンデルタール人の生き残り」と宣伝し、エンジェルの試合シーンをフィルムに収めた数分間の映像がニュース・クリップとして全米の映画館で上映されると〝フランスの天使〟の名はあっというまにアメリカじゅうに広まった。

エンジェルはニューヨーク・ニューヨーク、バッファロー、フィラデルフィア、カナダのトロントとモントリオール、セントルイス、シカゴとプロレス人気の高い土地をツアーし、ガス・ソーネンバーグ、ダーノ・オマホニー、〝ワイルド〟ビル・ロンソン、エド・ダン・ジョージといった当時の超一流どころをことごとく一蹴した。

スティーブ・ケイシーを下しボストン版AWA世界ヘビー級王座、イーボン・ロベアを破りモントリオール版AWA世界ヘビー級王座を獲得し、すでに50代に手が届いていた元世界王者エド〝ストラングラー〟ルイスにはシングルマッチで5連勝という記録を残した。エンジェルはどこへ行ってもつねに1万人クラスの大観衆を動員した。

身長は5フィート8インチ(約172センチ)とそれほど高くなかったが、体重は280ポンド(約127キロ)で、頭と手足が異様に大きく、現実ばなれした怪物のようなルックスがアイデンティティーだった。アンドレの商品価値はその体の大きさだったが、エンジェルのそれは異様な容姿だった。アスリートとしての資質を疑問視されることもあったが、〝フランスの天使〟はいいレスラーであることは求められなかった。

エンジェルがプロレスラーとして活動したのは戦前の1938年から戦後の1953年まで、35歳から49歳までの約15年間。現役選手としての最後の試合は、〝天使〟としての物語がはじまった場所、シンガポールでおこなわれたバート・アザラーティとのシングルマッチだった(1953年2月14日)。

素顔のモリースは、親友でありビジネス・マネジャーでもあったカール・パジェロが肺ガンで死去すると、それからわずか13時間後に突然の心臓発作でこの世を去った(1954年9月4日)。享年50。深い悲しみのなかでの〝涙死〟といわれた――。

第3節　第二次世界大戦後のレスリング・ビジネス

サム・マソニックと〝NWAの総本山〟セントルイス

ミズーリ州セントルイスのキール・オーデトリアムは、かつて〝NWAの総本山〟と呼ばれていた。セントルイスの大ボスは、サム・マソニックという新聞記者出身の老プロモーターだった。

マソニックのプロフィルとそのディテールには諸説があり、ひじょうに――プロレスラーではないけれど――プロレス的だ。これまではウクライナ生まれのユダヤ系ウクライナ人で幼少のころに両親とともにアメリカに移住してきたとするストーリーが定説だった。しかし、近年の研究では1905年8月22日、マソニックの両親がミズーリ州セントルイスからウクライナに帰郷中、現地でマソニックが誕生したことがわかってきた。

〝NWAの父〟サム・マソニック

マソニックの父ソウル・マソニックは1872年、母レベッカ〝ベラ〟は1883年、いずれもウクライナ生まれ。アメリカ移住の時期についてはこれまで〝1911年〟と〝1912年〟のふたつの説があったが、これもまた最近のリサーチで1898年であったことが判明した。マソニックはソウル＆レベッカ夫妻の長男として生まれ、幼名はジャシュアだったが、小学生のころからサミュエル（通称サム）というファーストネームを使うようになったのだという。

セントルイス・セントラル・ハイスクールを1924年に卒業したあと――卒業式をサボり、ダウンタウンのオデオン・シアターにヴラデック・ズビスコの試合を観にいったという伝説がある――セントルイス市内の郵便局に就職し、ここに約3年間在籍したあと、1926年から『セントルイス・タイムス』紙の運動部でセントルイス・カージナルスの野球記事、プロレス、ボクシング、グレイハウンド・レース（ドッグ・レース）などのスポーツ・コラムを担当した。マソニックが執筆した記事で現在でも保存されているいちばん古いスクラップは1926年9月のものだから、マソニックは21歳の若さで新聞記者として活躍していたことになる。

1932年に『セントルイス・タイムス』紙が『セントルイス・スター』紙と合併したときに新聞記者をやめ、プロレスの取材を通じて親しくなったセントルイスの大プロモーター、トム・パックス（トム・パックス・スポーツ・エンタープライズ）のもとでパブリシスト（広報）・経理として働くようになった。そして、それから9年後の1941年、元世界ヘビー級王者ジム・ロンドスの勧めでパックス派から独立し、翌1942年5月、プロモーターとしての第一歩を踏みだした。

ときは戦争の時代だった。マソニックは37歳の誕生日を3カ月後に控えた1942年5月、AAFアメリカ陸軍航空軍（空軍の前身）に入隊し、サンフランシスコ郊外エンジェル・アイランドのフォート・マクドウェル基地、ニューヨークのキャンプ・シャンクス、ジョージア州オーガスタのダニエル・フィールド基地、オクラホマシティーのティンカー・フィールド基地などに合計40カ月間、駐屯。

ヨーロッパやアジアの最前線に出征することはなかったが、ＡＡＦの「38歳以上の兵士を退役させる」という決定によって１９４５年９月、名誉除隊となった。マソニックはこのとき満40歳になっていた。

１９４８年、〝巨大カルテル〟ＮＷＡ設立

ＮＷＡとはナショナル・レスリング・アライアンス＝全米レスリング同盟の略称で、マソニックを発起人とする中西部の５人の大物プロモーターが１９４８年７月、アイオワ州ウォータールーで開いた会合において組織の草案をつくられ、その初代会長にはアイオワのプロモーター、ピンキー・ジョージが選出された。

ディック・ハットン

パット・オコーナー

ＮＷＡは１９４８年から１９８３年まで存続した〝巨大カルテル〟で、全米の有力プロモーターがおたがいの活動地域の利益を保護するために組織されたＮＰＯ＝非営利団体だったが、同業者（プロモーター）の新規市場参入の監視と排除、おたがいの地理的領域への〝不可侵条約〟と自由競争の制限、商品（選手のファイトマネー）の価格操作などを目的とした〝談合の場〟としての機能も持っていた。

ＮＷＡ発足から約８年間、世界ヘビー級王座を保持したのはルー・テーズで、テーズのあとは元オリンピック代表選手のディック・ハットン、マソニックが擁立したパット・オコーナー、バディ・ロジャースらが黒革のＮＷＡベルトをその腰に巻いた。マソニックとロジャースはどちら

かといえば腐れ縁で、全米のあらゆるところで観客動員力を持ち、コントロールできないロジャースは、プロモーターたちにとっては使いづらいタレントだった。

マソニックは1942年から40年間、セントルイスのプロモーターとして活躍。マソニックは所属選手を抱えてのいわゆるプロレス団体を持たず、セントルイスの興行だけを手がけた。隔週金曜にキール・オーデトリアムで開催される定期戦には全米のNWA加盟団体からメインイベンター・クラスの選手たちが集まった。マソニックは興行収益からのパーセンテージ分配で選手たちにファイトマネーを支払った。

興行の宣伝媒体は地元セントルイスのテレビ局KPLRが1958年から放送を開始したプロレス番組〝レスリング・アット・ザ・チェイス〟で、チェイス・ホテルのバンケットルームでおこなわれる番組収録ではスーツ姿の男性客、ドレス姿の女性客がディナーテーブルに座って試合を観戦した。

セントルイスではプロレスは長い歴史のある由緒正しい〝スポーツ娯楽〟とされていた。スポーツ・エンターテインメントという概念にはいろいろな定義と解釈があるということなのかもしれない。マソニックがプロモートする興行では場外乱闘も流血戦もご法度だった。

バディ・ロジャース

NWAは〝談合のトラスト〟ではあったが、生き馬の目を抜くようなビジネスを日常茶飯事にくり返す興行プロモーターたちの集合体が40年以上もひとつの組織を継続的に運営することができたのは、マソニックの人徳とリーダーシップがあったからだといわれている。
1975年にマソニックがNWA会長を勇退すると、NWAはボブ・

ルー・テーズ

ガイゲル（カンザス）、ジャック・アドキッセン（フリッツ・フォン・エリック＝ダラス）、エディ・グラハム（フロリダ）、ジム・クロケットJr（ノースカロライナ）ら、マソニックよりもひと世代、ふた世代若いプロモーターたちの主導権争いの場と化した。

マソニックは1981年1月1日のセントルイス・ジ・アリーナでの興行を最後に引退。77歳でプロモーター生活に終止符を打った。セントルイスの興行会社はガイゲル、オコーナー、ハーリー・レイス、バーン・ガニアの4者による合議制となったが、それから2年後の1983年、WWEオーナーのビンス・マクマホンが長寿番組〝レスリング・アット・ザ・チェイス〟を番組ごと買い上げてNWAの聖地セントルイスをあっというまに征服した。

マソニックが設立したセントルイス・レスリング・クラブが機能を停止したことでNWAという組織そのものが形骸化し、1983年以降はNWA世界ヘビー級王座の管理・運営そのものもリック・フレアーと専属契約を結んだJ・クロケットJrの手に移ったのだった。

〝世紀のショーマン〟ゴージャス・ジョージ

ゴージャス・ジョージは、テレビという新しいメディアが生んだ〝時代の子〟だった。第二次世界大戦後の1940年代後半から本格的にスタートした〝テレビ時代〟の最初のスーパースターとして、モノクロの画面のなかを優雅に歩きまわる〝豪華なジョージ〟がアメリカじゅうを熱狂させた。

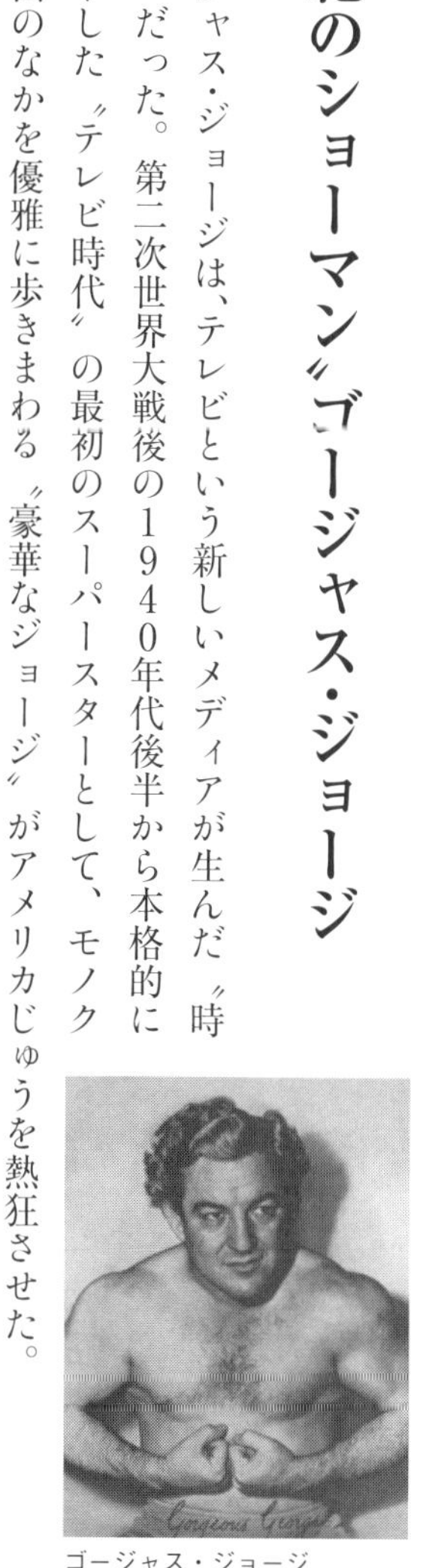
ゴージャス・ジョージ

日本では1953年（昭和28年）にNHKが本放送を開始し、民放は日本テレビが同年8月に開局。翌1954年（昭和29年）、力道山&木村政彦対シャープ兄弟の世界タッグ選手権がテレビ中継され、日本じゅうにプロレス・ブームが巻き起こったが、アメリカでもこれより5年ほど早くテレビによる爆発的なプロレス・ブームが起きていた。アメリカでも日本でも、テレビを一般家庭に普及させたキラー・コンテンツはプロレスだった。

1948年にはニューヨークのCBS、シカゴのABC、ロサンゼルスのWNBTといったネットワーク局制作のプロレス番組が大ヒットし、全米各地に開局しつつあったローカル・テレビ局もプロレス番組づくりに飛びついた。テレビをつければ毎晩のようにどこかのチャンネルで〝レスリング・ショー〟がオンエアされていた。

テレビ局にとって、すでに舞台（リングと観客席）の整っていたプロレスの〝中継〟は映画や連続ドラマと比較すると制作コストのひじょうに安い番組だった。テレビとの合体がプロレスにおける〝スポーツ〟と〝エンターテインメント〟というふたつのアイデンティティーの互換性を決定づけた。

ジョージが出演するプロレス番組が放送される夜はアメリカじゅうのレストラン、バー、コミュニティー・ホールが〝ゴージャス・ジョージ・テレビジョン・トゥナイト！〟と看板を出し、店のカウンターにモノクロの大型テレビを置いて〝上映会〟を開き、酒場ではドリンク代が値上げされた。〝豪華なジョージ〟は、いわゆるハリウッド・テイストのショーマンだった。ちょうどハルク・ホーガンとリック・フレアーをミックスしてもっと大時代的にしたようなキャラクターといえばわかりやすいかもしれない。

髪の色は大きなウエーブのかかったバターカップ・イエローと呼ばれる黄色っぽいブロンドで、リングコスチュームは80年代にフレアーのトレードマークになる金と銀のシークインス（こまかい金属片）がちりばめられたロング・ローブ。入場テーマ曲にはこれも80年代にランディ・サベージによってアダプトされるエドワード・エルガーの名曲〝ポンプ・アンド・サーカムスタンス＝威風堂々〟を愛用した。

ピンスポット照明を浴びながらゆっくりと花道を歩いてくるジョージのすぐ後ろにはイブニングドレスを着たブロンドの女性マネジャーと黒のタキシード姿のバトラー（執事）が立っていて、ジョージがリング下までやって来ると女性マネジャーがエプロンにちいさなカーペットを敷き、ジョージはそのカーペットの上でリングシューズの底をきれいに拭いて、それから髪につけてきた金色のボビー・ピンをもったいぶりながら1本ずつ観客席に投げ込むというのが定番の入場シーンだった。

試合まえには執事が香水入りの消毒スプレーでリング上をすみずみまで洗浄した。ご自慢の香水には〝シャネルの10番〟(5番の2倍の効きめ)という架空のブランド名がつけられていた。タイトルマッチになると赤いバラ1ダース、クチナシや蘭の花のブーケなどをリングサイド席の観客にプレゼントするというセレモニーがおこなわれた。

タイツとリングシューズの色は白、薄いパープル、ピンクなどを好んだといわれているが、モノクロのテレビの画面ではそれらはすべて白っぽい色に化けた。得意技は大きなモーションをつけての左サイドからのヘッドロック・アンド・テイクダウンと前方回転式のローリング・トーホールド。身長5フィート9インチ(約175センチ)、体重210ポンド(約95キロ)という体格は、当時のプロレスラーとしても小柄な部類に入った。

ニックネームは〝トースト・オブ・ザ・コーストToast of the Coast〟(海岸エリアの人気者)と〝センセーション・オブ・ザ・ネーションSensation of the Nation〟(国民的センセーション)。トーストとコースト、センセーションとネーションがアメリカ英語特有のライミング=韻になったダジャレ感覚のキャッチフレーズで、ニックネームのすぐにあとにくる大文字の〝G〟を2回くり返しながら発音するゴージャス・ジョージなるリングネーム(というよりもキャッチフレーズ)もまたアメリカ人の耳に心地よい、ひじょうにテレビ的でハリウッド的なリズムになっていた。

『リーダーズ・ダイジェスト』誌が命名したメディア的なニックネームは、そのものずばり〝ミスター・テレビジョン〟だった。

〝豪華なジョージ〟誕生のプロセス

ジョージ・レイモンド・ワグナーは1915年3月24日、ネブラスカ州ボイド郡ビュートというちいさな町で生まれた。ジョージが幼少のころ、ワグナー家はアリゾナ州フェニックス、アイオワ州ウォータールー、同州スーシティーと転居をくり返し、ジョージが7歳のときにテキサス州ヒューストンに腰を落ちつけた。

ジョージは少年時代、YMCAでレスリングを学び、14歳のときにカーニバル・ショーのプロレス興行に飛び入り参加し、17歳でハイスクールを中退してヒューストンのプロモーター、モリス・シーゲルのもとでプロレスラーとなった。プロレスの道を選んだのは貧しい家計を助けるためだった。

ジャーニーマン・レスラー（旅がらすレスラー）になったジョージは、1939年、オレゴン州のローカル団体をサーキット中、映画館のクラークとして働いていたベッツィー・ハンソンと結婚。ベッツィー夫人のアイディアでベルベット地のロイヤル・ブルーのロングガウンを身につけるようになった。現役時代のリングコスチュームは、すべてベッツィー夫人の手縫いによるものだった。

〝豪華なジョージ〟誕生のプロセスについては諸説がある。シークインス入りのローブ、ダブレット（丈の短い上着）は、1930年代後半にイングランドの貴族のキャラクターを演じていたロード・パトリック・ランズダウニーというオハイオのレスラーからそのアイディアを拝借したという説があり、ブーケを観客席に投げ込むセレモニーはジョージの新人時代のツアー仲間だったディジー・デービスの考案によるものともいわれている。

30代になってからバターカップ・イエローに脱色した髪はもともとはダークな栗色で、〝ウィング・ウエーブ〟と呼ばれる大きなカールのヨーロピアン・スタイルのパーマはセミロングの金髪に変身したあとの進化バージョンだった。ウエーブのかかった髪を女性用のボビー・ピンでまとめるという発想は、髪を長く伸ばしてからの応用編ということになるのだろう。

ゴージャス・ジョージというリングネームについては、ベッツィー夫人と結婚後の1941年、オレゴンの試合会場でリングサイド席に座っていた女性客がジョージをみつめて「まあ、なんてゴージャス」とつぶやいたのがはじまりとされるが、このあたりからジョージにまつわるエピソードは現実と非現実の境界線があいまいになっていく。

全盛期の“豪華なジョージ”のローブ、コスチューム

映画のポスター

ジョージをメインイベンターに起用した最初のプロモーターは、ロサンゼルスのジョニー・ドイルという人物だった。ジョージがテレビの人気者になると、ハリウッド・リージョン・スタジアム定期戦にボブ・ホープ、バート・ランカスター、『アイ・ラブ・ルーシー』のルシール・ボールといったハリウッドの大物俳優たちが姿をみせるようになった。

ボブ・ホープは「われわれは酒場のワンシーンを撮影するのにまる1日かかるが、ジョージはどんな場面でもワンテイクで演じてしまう。それも毎晩のように。ハリウッドは彼に学ぶべきだ」とジョージのエンターテイナーとしての才能とスキルをほめたたえ、ジョージもまたセレブリティーたちとのプライベートな交友関係を大切にした。

プロレスラーとしてのスキルについては後年、〝鉄人〟ルー・テーズが「みなさんが思っているよりはまともなレスラー」とその実力に一定の評価を下した。

多くのスターに影響を与えたキャラクターと世界観

〝豪華なジョージ〟の全盛期は第一次テレビ・ブームがピークにあった１９４８年から１９５３年あたりまで、年齢でいうとジョージが33歳から38歳までのわずか6年ほどということになる。

西海岸エリアでの名声はジョージを全米ツアーへと導き、１９４９年1月にはシカゴのインターナショナル・アンフィシアターで1万３９４３人の観客動員新記録を樹立した（対戦相手はラルフ・ギャルバルディー）。それから1カ月後の同年2月、ニューヨークのマディソン・スクウェア・ガーデンで１９３８年以来、11年ぶりにプロレス興行が再開され、その第1回大会の〝主役〟としてジョージは東海岸まで足をのばした。ハリウッドからブロードウェイへの進出だった。

ところが、〝ゴージャス・ジョージ一座〟の興行は収容人員2万人のガーデンに予想を大きく下回る４１９７人の観客しか動員できず、このニューヨーク進出は失敗。翌日の『ニューヨーク・タイムス』紙はジョージを「ゴージャス・ジョージってだれ？」「トースト・オブ・ザ・コースト（西海岸の人気者）は、リースト・イン・ジ・イースト（東海岸では最低）」と酷評。関係者は「テレビとライブは別モノ。バーでお酒を飲みながら楽しむＴＶショーとリングサイド席7ドル50セントのチケット代とはまったく異なる価値」と分析した。西海岸と東海岸の大衆文化のちがい、観客のニーズのちがいだけが浮き彫りになった。

テレビをアメリカの一般家庭に普及させた原動力のひとつだった〝プロレス中継〟は、1950年代なかばまでにそのほとんどが姿を消し、テレビによって一世を風びしたジョージもあっというまに〝過去の人〟になった。

テレビによるプロレス・ブームが去ったあともジョージは〝豪華なジョージ〟を演じつづけ、裸一貫で稼いだ200万ドルといわれる資産をもとにカリフォルニアとオレゴンに広大な土地を購入してターキー牧場の経営をはじめ、ロサンゼルス近郊のヴァンナイズとサンフェルナンド・バレイには会員制の高級レストラン〝ゴージャス・ジョージ・リングサイド〟をオープン。ジョージ自身もハリウッドのどまんなかに豪邸を構えた。

しかし、40代になるとアルコール依存症になり、2度の結婚と2度の離婚で財産をすべて失った。プロレスラーとしては1963年まで現役生活をつづけたが、最後のビッグショーとなったザ・デストロイヤーとの〝ヘアVSマスク〟の対決に敗れリング上で丸坊主にされたジョージは、永遠に観客のまえから姿を消した（1962年11月7日＝オリンピック・オーデトリアム）。

そして、1963年のクリスマス・イブの夜、〝無名〟になったジョージはハリウッドの安アパートメントで心臓発作を起こし、2日後にロサン

Villain Shorn in Unexpected Ending to Saga of Wrestling's Goldie Locks

GG's Locks Are Shorn As Whipper Triumphs

THE GLOBE & MAIL, March 13, 1959

髪切りマッチを報じる新聞記事（1959年＝カナダ）

ゼルスの病院で帰らぬ人となった。48歳の若さだった。

〝豪華なジョージ〟のキャラクターとその世界観、テレビの画面を通じての独特な話術はモハメド・アリ、ボブ・ディラン、ジェームス・ブラウン、ピアニストのリベラッチらに大きな影響を与えたといわれる。マーベル・コミックの『Xファクター』という作品にはゴージャス・ジョージ・ブレアーという突然変異のモンスター・キャラクターが描かれている。スコットランドのシンガー、エドウィン・コリンズは〝ゴージャス・ジョージ〟(1994年)というタイトルのアルバムをプロデュースした。ジョージ・スマザース(アメリカ)、ジョージ・ギャラウェイ(イギリス)といった政治家のニックネームもゴージャス・ジョージだった。ロンドンにはそのものずばり、ゴージャス・ジョージを名乗るバンドも存在する。

1960年代以降、アメリカのレスリング・シーンには何人もの〝豪華なジョージ〟のニセモノが出現した。90年代後半、WCWでランディ・サベージの女性マネジャーとして活躍したゴージャス・ジョージ(ステファニー・ベラーズ)は、サベージと破局後、人気ロックバンドのミスフィッツのギタリスト、ドイル・ウルフギャング・フォン・フランケンシュタインと結婚したが、こちらの〝豪華なジョージ〟はオリジナルのゴージャス・ジョージのことをまったく知らなかった。

〝テレビ時代〟のスーパースターだったゴージャス・ジョージがまだ生きていたら、すでに100歳を超えている。その悲劇的な死から47年後のWWE殿堂入り(2010年)を本人は喜んでいるかもしれないし、あまり喜んでいないかもしれない——。

女子プロレスの〝始祖〟ミルドレッド・バーク

ミルドレッド・バークという崇高なスーパースターがいなかったら、その後の女子プロレスもディーバも存在していなかったかもしれない。

バーク（本名ミルドレッド・ブリス）は1915年8月5日、カンザス州カフィービルというスモールタウンに生まれた。貧しい家の6人兄弟の末っ子だったバークは15歳で学校をやめ、家を出て、故郷から遠く離れたニューメキシコ州ギャロップのズーニ　インディアン居留区でレストランのウェートレスとして働きはじめた。

17歳で結婚してカリフォルニアに移り住み、離婚し、おなかの赤ちゃんといっしょに母親の住んでいたミズーリ州カンザスシティーにひっそりと身を寄せた。バークの母親はカンザスシティーのはずれのトゥルースト通りで〝マムズ・カフェ〟といういちいさな食堂を営んでいた。

ある日、バークは母親に連れられてカンザスシティーのミッドウェイ・アリーナにプロレスを観にいった。バークはそこで目にしたものにいっぺんで魅了された。それは運命というよりも、本能的ななにかだったのだろう。

1932年のむし暑い夏の日の午後だった。〝マムズ・カフェ〟に耳がカリフラワー状に腫れあがり、前歯のかけた人相の悪い男が入ってきた。男の名はビリー・ウルフ。ミドル級のプロレスラーで、自称プロモーターだった。バークは、このウルフこそ狭いカフェの外側のもっと広くてすばらしい世界

ミルドレッド・バーク

のドアを開けてくれる〝使者〟なのだということがすぐにわかった。アメリカはグレート・ディプレッション＝大恐慌の時代に足を踏み入れていた。

男の子のベイビー、ジョーを産んだバークは、ウルフに「わたしをプロレスラーにしてください」と頼み込んだ。ウルフは「ミリー、お前さんにはムリだ」と鼻で笑った。ウルフは、19歳でシングル・マザーになったミルドレッドをミリーと呼んでいた。ミリーは身長5フィート2インチ（約157センチ）、体重138ポンド（約62キロ）のどこにでもいそうな体格の女性だった。

バークはそれでもあきらめずにウルフに「レスリングを教えて」と懇願しつづけ、チャーミングなミリーに押し切られた（ふりをした）ウルフは「いちどだけ」という約束でバークを倉庫を改造したダウンタウンのジムに連れていった。バークは水着に着替え、リングに上がった。スパーリングの相手はバークよりも30センチも背が高い男のレスラーだった。ウルフはその男に2ドルの〝袖の下〟を与え、ミリーをこてんぱんにするように命じていた。

男はバークをボディースラムでキャンバスにたたきつけた。バークが立ち上がってきたので、男はもういちどバークをエアプレン・スピンの体勢で肩の上に乗せた。バークは男の背後に着地し、バックをとって男を後ろ向きにひきずり倒し、あっというまにピンフォールをとった。驚いたウルフは「もういちどやってみろ」と叫んだ。何度やっても同じことだった。バークはどうやら天性の才能に恵まれていた。

ウルフは「これは金になる」と考え、その場でバークに「テキサスに連れていってやる」と約束した。バークがレスリングの天才だとしたら、ウルフは生来の詐欺師だった。バークは〝マムズ・カフエ〟のウェートレスの仕事をやめ、生まれたばかりのジョーを抱いてウルフの運転するオンボロのフォードに乗り込んだ。テキサスの約束の地はバークが夢にまで見たプロレスのアリーナではなくて、カーニバル・ショーの〝見世物小屋〟だった。

「25ドル、25ドル、10分以内にかわいいレディーを倒したら賞金25ドル！」

ラジオがお金持ちの家のリビングルームの〝高級家具〟で、労働者階級の週給が約5ドルだった時代の25ドルは大金だった。バークはカーニバルのテントで力自慢の男性の飛び入り客と闘いつづけた。試合に勝てばウルフの懐が暖まり、負けると〝胴元〟のウルフはバークに暴行を加えた。カーニバルが次の町に移動すると、いびつな３人家族はまた荷物をまとめて車を走らせた。

雑誌の表紙を飾ったバーク

ビリー・ウルフ

バークは、中西部のいくつかの新聞社に手書きの広告文を郵送した。

「わたしはプロレスラーのミルドレッド・バークです。身長差30センチまでの男性と試合をします。わたしに勝ったら25ドルの賞金をさしあげます」

バーク対〝飛び入り男性客〟の賞金マッチは場末のカーニバルのテントから各地のアリーナに場所を移し、ファイトマネーは25ドルから２５０ドル、５００ドルから１０００ドルへとハネ上がっていった。バークの必殺技はアリゲーター・クラッチと呼ばれるクルック・ヘッドシザースだった。

ウルフと出逢ってから６年後の１９３８年、バークは年収５万ドルを稼ぐ〝世界チャンピオン〟に変身していた。当時のメジャーリーグ野球選手の平均年俸が６０００ドル程度だから、バークの商品価値はとにかくケタはずれだった。

度重なる夫の謀略、不倫、離婚……

バークの名声が全米にとどろくようになるとあちこちに〝ニセモノ〟が出現した。もともと、バークはシロウト男性との賞金マッチではなく純粋な女子プロレスの普及を望んでいた。第二次世界大戦がはじまると〝男子プロレス〟の停滞と逆行するように女子プロレスの市場は拡大し、バークは後進の育成に着手した。ウルフはオハイオ州コロンバスに女子レスラー専門のブッキング・オフィスをかまえた。

バークが単身でアメリカじゅうをツアーしているあいだ、ウルフはバークが育てた新人レスラーたちと不倫をくり返した。ウルフは〝ミルドレッド・バーク〟ではなくて〝女子プロレス〟がブームなのだと考え、バークを失脚させるためにさまざまな陰謀をたくらんだ。バークの〝死亡説〟が流れた。バークの愛車ビューイックがハイウェイで突然、炎上したこともあった。

ウルフはバークに「ネル・スチュワートに負けろ」と命令した。スチュワートはバークが発掘した選手で、ウルフのお気に入りの美人レスラーだった。バークがこのシナリオを拒否すると、ウルフはギャングに金を払いバークを路上で襲わせた。それでもバークはチャンピオンベルトを渡さなかった。

バークにはひとつだけ弱点があった。それはウルフの息子でバークの運転手をしていたG・ビル・ウルフとひそかに恋愛関係にあったことだ。バークとウルフは20歳もトシが離れた夫婦で、G・ビルは〝義理の母〟バークよりも5歳年下のボーイフレンドだった。

ウルフはバークの腰からチャンピオンベルトをひっぺがし、次代のスター候補ジューン・バイヤースを新チャンピオンに仕立て上げるためのプロットを練った。元NCAA選手権者ラフィー・シルバースタインを雇い、バイヤースにバークのヒザを負傷させるための練習を約1年がかりでつづけさせた。

バーク対バイヤースの〝運命のタイトルマッチ〟は1954年8月20日、ジョージア州アトランタでおこなわれた。60分3本勝負の1本目でバークはヒザを脱臼した。1本目と2本目のインターバルのあいだにバークは傷ついた右ヒザを無理やり関節に押し込み、残りの47分間をなんとか闘いぬいた。タイトルマッチは1－0のスコアのままタイムアップとなった。ウルフは王座移動を主張したが、バークはチャンピオンベルトを持ったままリングを下りた。

バークとウルフが顔を合わせたのはこの日が最後だった。ふたりは離婚し、ウルフはネル・スチュワートと再婚。それからしばらくしてG・ビル・ウルフはジューン・バイヤースと結婚した。自由の身になったバークは、翌1955年、40歳の誕生日をまえにネバダ州リノでみずからの手で引退試合をプロモートした。

日本女子プロレスの生みの親

やや蛇足になるが、バークは1954年（昭和29年）11月、メイ・ヤング、

ジューン・バイヤース

ネル・スチュワート

グロリア・パラチニー、ルース・ポーキャリー、ミルドレッド・アンダーソン、リタ・マティーニースの5選手を帯同して来日。蔵前国技館での3日間連続の進駐軍慰安興行（11月19日、20日、21日）を皮切りに全国を巡業し、このとき猪狩定子、法城寺宏衣ら日本人選手がデビューした。日本に女子プロレスの種をまいたのは〝始祖〟バークだった。

バークは23年間のキャリアで〝飛び入り男性客〟を相手に約150試合、女子プロレスラーとの純粋な女子プロレスを約6000試合おこなった。引退後はロサンゼルスにレスリング・スクールを開き、新団体WWWAを設立。1970年、まな弟子のマリー・バグノーンを初代チャンピオンとして日本に送り込み、バグノーンを破った京愛子が世界王座を獲得した。これが全日本女子プロレスの〝赤いベルト〟のルーツである。

アメリカではバークの引退から1年後の1956年、メアリーランド州ボルティモアでジュディー・グレイブルとの王座決定戦を制したファビュラス・ムーラが〝初代〟世界チャンピオンとなった。バークとウルフの奇妙な関係と同じように、ムーラにはバディ・リーという男性マネジャーがついていた。ムーラは、現役時代のバークにあこがれてプロレスの道を志したが、ふたりの〝女帝〟はついにいちどもリングの上で顔を合わせることはなかった。

女子プロレスの〝始祖〟ミルドレッド・バークは1989年2月18日、カリフォルニア州ノースリッジで脳こうそくが原因で死去。73歳だった。

プロレスとTVが恋をしたドゥモン・ネットワーク

プロレスとテレビはいつも恋をしていた。あるときはテレビがプロレスを強く求め、またあるときはプロレスがテレビの力を必要とした。恋はいくどもいくどもくり返された。

プロレスは戦後、テレビによって時代を代表する人気スポーツとなり、テレビもプロレス・ブームとともにアメリカの一般家庭に普及していった。アメリカよりも5年ほど遅れて、日本でも街頭テレビと力道山の出現でこれとまったく同じ社会現象が起きた。

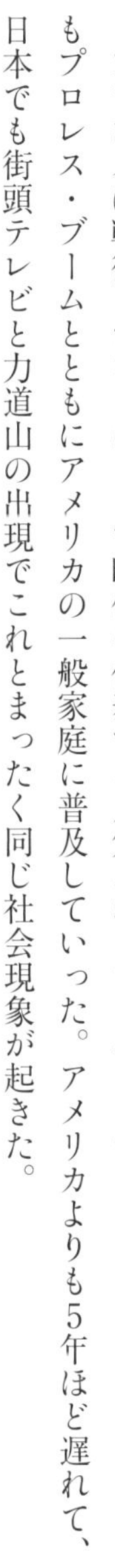

テレビが生んだ最初の国民的スーパースターは、〝豪華なジョージ〟ことゴージャス・ジョージだった。ハリウッドのリージョン・スタジアムから全米生中継されるプロレス番組は〝ゴージャス・ジョージ・アワー〟と呼ばれ、テレビの画面のなかを動きまわるジョージは〝ミスター・テレビジョン〟というニックネームで親しまれた。

ジョージはいわゆるヒールだったが、テレビのまえの視聴者はそういう視点を持たず、ジョージの〝芝居〟に一喜一憂した。プロレスのリングでベビーフェースとヒールのキャラクター設定がきっちりとできあがったのはテレビの影響が大きかった。プロレス番組は90分から2時間ワクの放送時間のなかで3本勝負の試合が2、3試合おこなわれるというのが基本的なフォーマットだった。試合の流れはゆっくりしていて、テレビを観るほうものんびりと画面をながめた。

ドゥモン・ネットワークTVのロゴ

ドゥモン・ネットワークは1946年から1956年まで、ほんの10年間だけアメリカじゅうのリビングルームにモノクロの映像を届けたおとぎばなしのようなネットワーク局だった。

W2XWVというまるで暗号のような局名でニューヨークから全米に試験電波が発信されたのは第二次世界大戦中の1942年。それから2年後、WABDとして民放ライセンスを取得し、戦後の1946年にドゥモン・テレビジョン・ネットワークとして正式に開局した。のちに3大ネットワークなるNBCよりやや遅れ、CBSとABCよりはひと足早いデビューで、初代オーナーはアレン・B・ドゥモンという投資家だった。

ドゥモン・ネットワークは開局とほぼ同時にジュローム・アリーナ、ジャマイカ・アリーナ、サニーサイド・ガーデン、コロンビア・パーク・アリーナといったニューヨーク周辺のアリーナからライブのプロレス中継番組をオンエアした。アリーナにカメラを持ち込むだけで番組がつくれるプロレスは、コンテンツ不足に悩むテレビ局にとってはありがたいスポーツで、プロレスとテレビは相思相愛の関係だった。

テーズと世界王座をめぐるテレビ局の闘い

1948年にシカゴにWGN（チャンネル9）が開局すると、プロレスとテレビの恋はいっそう燃え上がった。翌1949年、ドゥモン－WGNは週3回のプロレス番組の放送をスタートした。ロケーションはシカゴの3カ所のアリーナで、いずれもプライムタイムでの全米生中継。なかでもいちばん人気があったプログラムは毎週土曜夜の〝レスリング・フロム・マリゴールド・ガーデン〟（以下〝マリゴールド・ガーデン〟）だった。

番組プロデューサーはシカゴのプロモーター、フレッド・コーラー。1950年代後半から1960年代にかけては〝ネイチャーボーイ〟バディ・ロジャースのビジネス・マネジャーとして暗躍することになるキレ者である。コーラー自身も元プロレスラーで、〝マリゴールド・ガーデン〟では実況アナウンサーのデニス・ジョーンズのよこでカラー・コメンテーターをつとめた。

人気番組〝マリゴールド・ガーデン〟が放送する試合はカリフォルニアの〝豪華なジョージ〟のそれとはちょっとちがい、ショーマンシップをおさえめにしたオールドファッションなレスリング・マッチだった。リングサイド席の観客は、男性客はスーツにネクタイ姿、女性客はコートに帽子というでたちがほとんどで、子どもは入場できなかった。ハリウッドとシカゴの文化のちがいといえば、そういうことにもなるのだろう。

あとから開局したABCもシカゴを舞台にプロレス番組制作に参入した。コーラー派のオポジション＝対抗勢力としてABCのプロレス番組をプロデュースしていたのはレナード・シュワルツという人物で、シュワルツはシカゴのダウンタウンにあった2800人収容の小アリーナ、レインボー・ホールを買い上げてここを本拠地に定期戦を開催した。ABCのプロレス番組に選手をリースしたのはニューヨークのトゥーツ・モント、オハイオのアル・ハフト、そしてジム・ロンドスの3人のプロモーターだった。

シュワルツはNWA世界ヘビー級王者ルー・テーズを番組に登場させようとしたが、セントルイスのサム・マソニックNWA会長は「テーズはテレビでは試合をしない」とこれを拒否した。テーズがブッキングできないとわかると、シュワルツは元オリンピック選手のロイ・ダン、元NCAA選手権優勝者のラルフ〝ラフィー〟シルバースタインらアマチュア・レスリング出身の実力者たちを番組に登場させ「彼らこそは真のチャンピオン」と宣伝し「だれの挑戦でも受ける」とアナウンスした。

〝交渉人〟マソニックは、ABCのプロレス番組にテーズをブッキングすることを交換条件にシュワルツに「真のチャンピオン」のキャンペーンをやめさせた。テーズがライバル局のABCの画面に登場すると、こんどはドゥモン・ネットワークとコーラーが怒った。ドゥモン・ネットワークはバーン・ガニアを新設USヘビー級チャンピオンに認定し、〝マリゴールド・ガーデン〟の主役に抜てきした。27歳の元オリンピック選手のガニアは、テーズよりも若くてカッコいいチャンピオンだった。

人気番組〝マリゴールド・ガーデン〟の登場人物はガニア、パット・オコーナー、ウィルバー・スナイダー、〝クラッシャー〟レジー・リソワスキー、リッキー・スター、ハンス・シュミットといった当時の超一流メンバー。〝マリゴールド・ガーデン〟がもっと長くつづいていたら、その後、ガニアはAWAを設立していなかったかもしれない。

プロモーターのコーラーはシカゴだけでなくニューヨークにも顔がきいたから、各地のNWA加盟プロモーターは「コーラーはそのうち全米ツアーをはじめるのではないか」と疑心暗鬼になった。この時代にコーラーが〝マリゴールド・ガーデン〟の全米ツアーを実現させていたとしたら、マクマホ

US王者時代のバーン・ガニア

ン・ファミリーのWWWF－WWF－WWEは存在していなかったかもしれない。テレビを媒体とした50年代のアメリカのプロレス・ブームはわれわれにいくつかの〝ｉｆ〟を提示している。

ドゥモン・ネットワークとABCのネットワーク2局による〝シカゴ2団体時代〟は1949年から1955年まで約6年間つづいたが、ABCはなんのまえぶれもなくプロレス番組の放送を中止した。プロレス・ブームはもう終わった、というのがネットワーク局の判断だった。ABCのプロレス番組が消えてなくなると、番組プロデューサーだったシュワルツもプロレス界からフェードアウトした。

〝マリゴールド・ガーデン〟がシカゴでただひとつのプロレスの〝本家〟になったとたん、こんどはドゥモン・ネットワークが経営破たんで倒産した。こうしてプロレスは全米ネットワークのチャンネルから完全に姿を消した。プロレスはテレビという浮気な生きものに熱を上げ、しまいにはフラれてしまったのだった。

〝マリゴールド・ガーデン〟が認定していたUSヘビー級王座は、最後に同王座を保持していたアンジェロ・ポッフォがチャンピオンベルトを新天地デトロイトへ持ち込み、やがて〝シーク王国〟の財宝としてシーク自身が引退する1998年まで約40年間、〝アラビアの怪人〟ザ・シークの代名詞となる。

ドゥモン・ネットワークが消滅したあと、プロレス番組は全米各地のローカル局の制作予算の低いテレビ番組に姿を変えた。3大ネットワークのひとつ、NBCがWWEのプライムタイム特番〝サタデーナイト・メインイベント〟を全米生中継するのはそれから30年後の1985年のことだった。

〝無冠の帝王〟アントニオ・ロッカ

アントニオ・ロッカは、WWEのルーツであるWWWFが誕生する10年まえ、ハルク・ホーガンが出現する30年以上もまえのニューヨークのスーパースターである。正式なリングネームはアントニーノ〝アルゼンチーナ〟ロッカ Antonino〝Argentina〟Rocca だが、日本におけるカタカナ表記は古くからアントニオで統一されている。〝歴史のエラー〟ということになるのかもしれない。

ロッカは1949年から1962年までの約13年間、マディソン・スクウェア・ガーデンのヒーローとして一世を風びした。ロッカとゴージャス・ジョージのどちらがより一般的知名度の高いセレブリティーだったかといえば、〝ハリウッド文化圏〟の西海岸ではジョージ、東海岸ではロッカというのがフェアな分析ということになるだろう。

〝ゴージャス・ジョージ一座〟のガーデン公演（1949年2月22日）は失敗に終わったが、それから10カ月後にロッカを主役に抜てきして再開されたガーデン定期戦は1万7854人の大観衆を動員（同年12月12日）。この日から〝ロッカ時代〟が幕を開ける。ニューヨーカーはジョージのハリウッド的ショーマンシップを否定し、ロッカのアスリートとしてのたぐいまれな才能とその神秘性を選択したのだった。

身長5フィート10インチ（約178センチ）、体重220ポンド（約99キロ）という体格は、現在のク

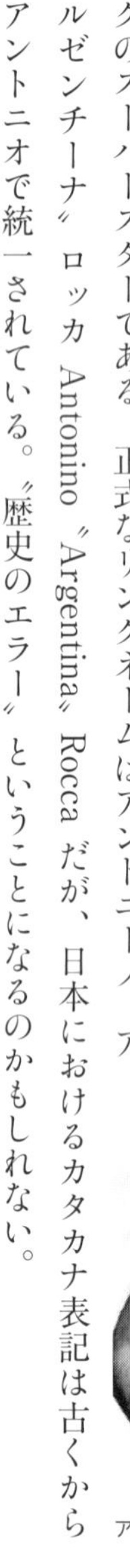

アントニオ・ロッカ

ルーザー級とだいたい同じサイズととらえていいが、リングの上ではひじょうに大きくみえるレスラーだった。ロッカは垂直跳びからのドロップキック、フライング・ヘッドシザース、相手の両肩に飛び乗っての前方回転エビ固めといった空中殺法をプロレスのリングで最初に使ったレスラーとされる。ドロップキックやフライング・ヘッドシザースがじっさいにロッカの発明であったかどうかはいささかの議論の余地を残すところではあるが、テレビの画面のなかで〝華麗な空中殺法〟を披露した最初のスターがロッカだったことはほぼまちがいない。

派手なガウンやアクセサリーはいっさい身につけず、コスチュームらしいコスチュームは無地のショートタイツだけで、リングシューズもはかず素足でリングに上がった。このシンプルないでたちが〝裸足の移民〟というニューヨーク的なサクセスストーリーのメタファーになっていた。〝人種のるつぼ〟ニューヨークでは、英語が母国語ではないことはハンディキャップにはならなかった。

アルゼンチンで発見された〝金のなる木〟

ロッカの本名はアントニーノ・バイアセットン。1927年4月13日、イタリアのトレビソ生まれで(1925年説、1928年説もある)、幼少のころに家族とともにアルゼンチンの首都ブエノスアイレスに移り住んだ。少年時代はサッカーに熱中したが、10代でサーカスのアクロバット・チームに入団したとされる。そのプロフィルについてはいくつかの〝空白〟があり、ニューヨークでスーパースターになってからのパブリシティー資料にはフィクション的なストーリーが混じっているため、じっさいのところは不明な部分が多い。

あのスタニスラウス・ズビスコにスカウトされアルゼンチンでデビューしたのは１９４１年とされるが、このデータが正確だとするとロッカは14歳でプロレスラーになったことになる。１９４０年代後半から１９５０年代前半にかけて、南米でプロレスがブームだったことは事実である。

ロッカがアメリカに渡ったのは１９４８年で、フロリダを経由してテキサス州ヒューストンのモリス・シーゲル派と契約した。プロモーターのM・シーゲルに「〝金の卵〟を発見した。このアルゼンチン人の青年に業務ビザの書類をそろえてほしい」と助言したのはカール・サーポリスとのちにヒューストンの大プロモーターとして一時代を築くポール・ボーシュのふたりだったとされる。

無名の新人としてヒューストンで再デビューしたロッカはたちまち人気者になった。翌１９４９年、ヒューストンのローカル・テレビ局がプロレス中継〝テキサス・ラスリン〟の放送を開始し、ロッカは番組の主役として売り出した。当時の新聞記事には、28歳のバディ・ロジャースと21歳のロッカがヒューストンでノース・アメリカン王座を争ったという記録が残っている。

それから数カ月後、セントルイスに巡業にやって来たロッカをコーラ・クワリアーニが〝発掘〟し、ニューヨークの大プロモーターのトゥーツ・モントに「〝金のなる木〟をみつけた」と報告。モントとクワリアーニのふたりがロッカをヒューストンからニューヨークに引き抜いた。

当時すでに〝談合カルテル〟としての機能を持っていたNWA（本部はミズーリ州セントルイス）はロッカを〝ブラックリスト〟に載せ、各地のNWA加盟プロモーターに「ロッカを使うな」という警告を出したが、モントはNWAの閉鎖的な体質を「いなかのプロモーターのたわごと」と鼻で笑った。ロッカはクワリアーニのブッキングでドゥモン・ネットワークTVの全米中継番組〝レスリング・フロム・マリゴールド・ガーデン〟（シカゴ）に登場し、ここでアメリカじゅうにその名を知られるスーパースターに変身する。

人気番組〝レスリング・フロム・マリゴールド・ガーデン〟のプロデューサーでシカゴのプロモーターだったフレッド・コーラーはNWAに加盟していたため、ロッカの起用はNWA内部の政治的問題となった。しかし、コーラーもまたセントルイスの談合を無視し、ロッカを番組の主役にキャスティングした。〝ヒット商品〟となったロッカは、シカゴのコーラーとニューヨークのモントという大都会のプロモーターの〝共有財産〟となった。ロッカがコーラーと交わした専属契約は年俸8万ドルと毎回の興行収益からの出来高払いの合算というもので、まだ22歳だったロッカの年収は15万ドル以上とうわさされた。〝56試合連続安打〟で知られるニューヨーク・ヤンキース（当時）のジョー・ディマジオの年俸が10万ドルの時代だから、ロッカがいかに〝金のなる木〟だったかがわかる。

ニューヨーカー好みのエスニック・ヒーロー

ロッカはニューヨーク進出から5年間、マディソン・スクウェア・ガーデン定期戦とニューヨーク・エリアの興行をソールドアウトにしつづけた。それほど観客動員力のあったロッカが、なぜ世界チャンピオンになれなかったかはアメリカのプロレス史の大きなミステリーのひとつとされている。1950年代のNWA世界ヘビー級王者はいうまでもなくルー・テーズで、じっさいテーズは50年代前半までは何度もガーデンのリングに登場し、ロッカとのシングルマッチも実現している。ニューヨークではロッカが絶対的なベビーフェースで、正統派のテーズはガーデンのリングでは控えめなヒールを演じた。ニューヨークの観客はテーズにそれほど関心を示さず、テーズもまたニューヨークを嫌った。この時代はニューヨーク州アスレティック・コミッション（体育協会）がガーデンの興行に介入し、プロレスの試合が〝コンテスト〟であるか〝エキシビション〟であるかという論議がくり返された。かんたんにいえば、プロレスが純粋なスポーツであるならば、その試合は〝官〟の管理下にあり、純粋なスポーツではないサムシングだとすると〝民営〟のビジネスとなる。体育協会はテーズのNWA世界王座を〝エキシビション〟の一部とカテゴライズし、ガーデンのリングでは〝世界タイトルマッチ〟といううたい文句はいっさい使われなかった。

いまとなっては信じられないようなエピソードではあるが、ニューヨーク州体育協会がガーデンの興行でタッグマッチを〝解禁〟したのは1953年で、マスクマンの出場を認めたのはさらに20年後の1970年代に入ってからだった。ニューヨークにおけるプロレスと体育協会のせめぎ合いは、1990年代までつづくことになる。プロレスのビジネスが州政府にとって大きな税収の対象であることはいまも昔も変わっていない。

それが〝コンテスト〟であっても〝エキシビション〟であっても、ロッカはつねに1万人超の観客をガーデンに動員し、そこにチャンピオンベルトという〝小道具〟があってもなくても、ニューヨークの観客はロッカを〝ピープルズ・チャンピオン〟として崇めた。

ワシントンDCのプロモーターだったビンス・マクマホン・シニアが1956年11月、ビジネス・パートナーだったトゥーツ・モントからガーデンのプロモート権をテイクオーバーし、WWWF誕生へのパズルのかけらが整っていくのもこの時期だった。

〝ロッカ時代〟は〝シングルマッチの章〟と〝タッグマッチの章〟のふたつのピリオドからなっていた。１９５０年から１９５６年までが前者で、１９５７年から１９６２年までが後者にあたる。ロッカのタッグパートナーにはプエルトリコ出身のルーキー、ミグエル・ペレスが起用された。

ロッカ&ペレスは、ニューヨーカー好みのタッグチームだった。古典的ミュージカル〝ウエストサイド・ストーリー〟にも描かれているように、１９５０年代はプエルトリコからの移民がニューヨーク・ニューヨークに巨大なコミュニティーをつくった時代で、スペイン語を話すロッカとプエルトリカンのペレスはエスニック・ヒーローという新しいポジションを確立した。１９５７年3月のチーム結成から約5年間で、ガーデン定期戦31公演のメインイベントをつとめた。タッグチームとしての最後の試合はジャイアント馬場&グレート東郷との対戦だった（１９６２年8月24日）。

１９５０年代から１９６０年代にかけてスーパースターの座をほしいままにしたロッカは、ペレスとのコンビ解散後、あっけなくレスリング・ビジネスの表舞台から姿を消した。ビジネス・マネジャーだったコーラ・クワリアーニとの裁判が新聞紙上をにぎわせ、ニューヨークで新団体設立を試みたこともあった。

現役時代はついに日本のリングにその雄姿をみせることのなかったロッカは、全盛期から20年後の１９７５年（昭和50年）、ようやく来日し、アントニオ猪木対テーズのＮＷＦヘビー級選手権の特別レフェリーをつとめた。その後、カムバックをめざしていたが１９７７年3月、心臓発作で急死した。１９２５年4月生まれだとすると51歳、１９２７年4月生まれだとすると49歳。多くのナゾを残したままこの世を去った〝伝説のレスフー〟だった。

〝ネイチャー・ボーイ〟バディ・ロジャースの世界

初代WWE世界ヘビー級チャンピオンは〝ネイチャー・ボーイ〟バディ・ロジャースである。現在のWWEのルーツにあたるWWWF（ワールドワイド・レスリング・フェデレーション）が正式に発足したのは1963年4月。ブラジルのリオデジャネイロで開催された王座決定トーナメント決勝戦で、アントニオ・ロッカを下したバディ・ロジャースが新設世界王座の初代王者に認定された、ということになっている。これがWWEオフィシャル・ヒストリーに〝公式記録〟として記載されている歴代チャンピオンの系譜の1行めだ。

バディ・ロジャース

ロジャースとロッカの一戦は、古いプロレス用語で〝ファントムphantom〟とカテゴライズされる架空のタイトルマッチ、架空のストーリーで、じっさいには1963年4月にブラジルでこのような試合はおこなわれていない。つまり、WWWF－WWF－WWEは新団体としてスタートを切ったときにすでにその歴史の初期設定にある一定のフィクションをからめていたことになる。

江戸時代前期、1600年代――慶長から慶安の時代――に活躍したとされる大相撲の初代横綱・明石志賀之助（あかししがのすけ）（生没年不詳）がどうやら架空の人物であったこと、しかし、歴代横綱の系譜には現在でもその明石志賀之助の名が残されていることとちょうど同じようなファンタジーと考えればわかりやすいかもしれない。ちなみに初代横綱には身長8尺3寸（約251・5センチ）という〝巨人伝説〟

のおまけがついている。

ロジャースは1921年2月20日、ニュージャージー州キャムデン出身。本名はハーマン・ガスタフ・ロード・ジュニアだったが、のちにリーガルネーム（法律上の氏名）をバディ・ロジャースに改名した。少年時代からYMCAでアマチュア・レスリングを学んだロジャースは、17歳のときにデール・ブラザース・サーカスに入団したとされる。

プロレスラーとしてのデビュー年については〝1939年〟と〝1941年〟のふたつの説があるが、どちらのデータが正確だとしても、ロジャースはWWEが発足した時点ですでにキャリア20数年、42歳の大ベテランだった。世代的には〝鉄人〟ルー・テーズよりも5歳年下、〝神様〟カール・ゴッチよりも3歳年上にあたる。

本名ハーマン・ロードのままリングに上がっていた時代の〝出世試合〟は、第二次世界大戦中の1941年にフィラデルフィアでエド〝ストラングラー〟ルイスを破った試合といわれている。ロジャースは20歳のルーキーで、1890年生まれの〝絞め殺し〟ルイスは51歳の元世界王者だった。残念ながらこの試合の映像、スチール写真は残っていない。

バディ・ロジャースというまるで映画俳優のようなリングネームは1930年代後半から1940年代にかけてアメリカで流行した〝三文SF小説〟の登場人物からアダプトしたもので、〝ネイチャー・ボーイ〟というニックネームもこの時代のポピュラーソングのタイトルだった。いずれも〝奇才プロモーター〟〝希代のペテン師〟と呼ばれた悪名高きジャック・フェファーがプロデュースした。

宿命のライバルは、やはりテーズということになるのだろう。ロジャースとテーズの最初の接触は

1945年、ロジャースがテキサス州ヒューストン（モリス・シーゲル派）をサーキットしていた時代で、戦時中、ヒューストン陸軍基地に駐屯していたテーズは、〝特例〟として週末だけリングに上がっていた。両者はテキサス・ヘビー級王座をかけて何度も対戦し、チャンピオンベルトがキャッチボールされたこともあった。

ロジャースとテーズの2度めの接触は終戦から3年後の1948年。ミズーリ州セントルイスのレスリング・シーンがテーズ派（トム・パックスから興行権を買収）とサム・マソニック派の2団体に分裂した時代。マソニック派は観客動員力のあるロジャースをセントルイスにブッキングしてテーズ派の興行にぶつけた。この年の7月、マソニックが発起人となりNWA（ナショナル・レスリング・アライアンス）が設立され、翌1949年、マソニック派とテーズ派が合併して〝世界最高峰〟NWAの土台が構築された。

ロジャースは1940年代後半から1950年代にかけてはロサンゼルス版・世界王者（1948年＝ジャック・フェファー派）、ボストンAWA世界王座（1952年＝ポール・バウザー派）、オハイオAWA世界王座（1952年＝アル・ハフト派）、シカゴAWA世界王座（1952年＝レイ・ファビアーニ派）と〝テーズ系譜〟とはリンクしない世界王座を保持し、王座防衛活動をつづけた。

20代後半から30代のほとんどを〝テーズ系譜〟とはリンクしない諸派の世界ヘビー級王者として過ごしたロジャースが、ようやく〝世界最高峰〟と崇められるところのNWA史にその名を連ねるのは1960年代に入ってからのことだ。

1949年から1957年までの8年間（途中、1956年3月に〝ホイッパー〟ビリー・ワトソンに敗れ王座を失ったが、同年11月、王座奪回）にわたりＮＷＡ世界ヘビー級王座をキープしたテーズが１９５７年11月、ディック・ハットンに同王座を明け渡した。１９５９年１月、パット・オコーナーがハットンを下しＮＷＡ世界王座を獲得。１９６１年６月、〝世紀の一戦〟としてオコーナー対ロジャースのタイトルマッチがプロデュースされた。

オコーナー対ロジャースのＮＷＡ世界戦は、シカゴのコミスキー・パークに当時の観客動員新記録となった３万８６２２人の大観衆を集め、興行収益17万５０００ドル（１ドル＝３６０円換算で６３００万円）という数字もそれまでのプロスポーツ興行のゲート収入記録を大きく塗り替えた。

60分３本勝負のタイトルマッチ・ルールでおこなわれた試合は２－１のスコアでロジャースが完勝した。１本めはオコーナーがロジャースをアイリッシュホイップでコーナーに振り、コーナーを背にしたロジャースが突進してくるオコーナーの顔面にカウンターのダブル・ブーツをお見舞いして速攻のフォール勝ち。２本めはオコーナーがオコーナー・ロールと呼ばれる後方回転エビ固めで３カウントを奪い１－１のイーブン。３本めはドロップキックを失敗して後頭部からキャンバスに落下したオコーナーをロジャースがカバーし、タナボタ式のフォールをスコアして王座奪取に成功した。

この歴史的なタイトルマッチの映像（モノクロ）にはふたつのバージョンがあり、数年まえからユーチューブにアップされているほうの映像には３本勝負がそのまま収録されているが、画面の左下コーナーにＷＷＥのロゴが映っている映像では１本めと２本めが編集され、なぜか３本めのフィニッシュ・シーンだけが収録されている。

現実のなかにフィクションが混入されたナラティブでは――この試合がおこなわれた時点で

1924年8月生まれのオコーナーは36歳、1921年2月生まれのロジャースは40歳——オフィシャル・プログラムに記載されていた年齢はふたりとも〝33歳〟になっていた。キャリア22年、40歳のロジャースはすでに〝年齢不詳〟のスーパースターだった。

ロジャースがチャンピオンになったことでタイトルマッチのプロモート権は事実上、シカゴの大プロモーター、フレッド・コーラーの手に移り、ニューヨークのビンス・マクマホン・シニア（現在のビンス・マクマホンの父）がロジャースのスケジュールをハンドリングするビジネス・マネジャーとなった。NWA世界王座をコントロールできなくなったセントルイスのサム・マソニックをはじめとするNWA主流派グループは、シカゴ－ニューヨークのラインからチャンピオンベルトを奪い返すための〝政策〟を練った。

全盛期のロジャースがいったいどんなレスラーだったのかを知るにはユーチューブにアップされている古い映像を検証してみるのがいちばん手っとり早い。ウィキペディアのデータでは身長6フィート2インチ（約188センチ）、体重227ポンド（約103キロ）だが、じっさいの身長はどうやら5フィート11インチ（約180センチ）くらいだった。

いわゆる空中殺法の名手というわけではなかったが、助走つきのドロップキック、ベリーロール式のフライング・ヘッドシザースといった立体的な技を好んで用い、フィニッシュホールドにはオリジナルのフィギュア4グレープバイン（足4の字固め）、近代的な大技といっていいパイルドライバー、アトミックドロップなどを愛用した。ロジャース・ストラートstrutと呼ばれた気どった歩き方、相手レスラーに攻め込まれたときに〝オー・ノー〟と哀願しながらキャンバスをのたうちまわり、はいつくばる〝屈辱のシーン〟が十八番だった。

日本人レスラーでただひとりロジャースと対戦経験があるジャイアント馬場は、1960年代前半のロジャースを「いちばんカッコよかったチャンピオン」と評価した。馬場は1961年（昭和36年）7月から1963年（昭和38年）3月までの1年8カ月間にわたる初めての長期のアメリカ遠征中、通算7回、ロジャースのNWA世界王座に挑戦した。

NWAの内部分裂とWWWFの誕生

ロジャースは〝世界最高峰〟NWAを内部分裂させたNWA世界ヘビー級チャンピオンだった。内部分裂とは、全米各地のNWA加盟プロモーターが――NWAという組織が設立されたそもそもの目的のひとつであったはずの――公認の世界王者を〝共有〟することができない状況を指していた。

ロジャースがオコーナーを下しNWA世界王座を獲得してから2カ月後、1961年8月24日から同27日までの3日間、カナダ・トロントで開催されたNWA年次総会においてロジャースのボスであるシカゴの大プロモーター、フレッド・コーラーがNWA会長に選出された。NWA発起人のひとりで1950年から前年度（1960年）まで11期にわたり会長職にあったサム・マソニックのポジションはエグゼクティブ・セクレタリー（事務局長）&トレジャー（会計監査）に棚上げされた。

コーラーは1950年代後半から1960年代前半にかけてその興行テリトリーをシカゴからインディアナ州インディアナポリス、コロラド州デンバー、ニューメキシコ州アルバカーキまで拡大し、ラスベガス、サンフランシスコ、ロサンゼルスといった西海岸エリアの大都市への進出も計画。地元シカゴではワシントンDCのキャピトル・レスリング（ビンス・マクマホン・シニア代表）が制作するテレビ番組〝チャンピオンシップ・レスリング〟の録画編集版を放映していた。番組の主役はもちろんロジャースだった。

ロジャースは、コーラー＝マクマホン＝トゥーツ・モント（ペンシルベニア州ピッツバーグ）の3者のマネジメントでシカゴ、ニューヨーク、ワシントンDC、フィラデルフィア、オハイオ、コネティカット、ボルティモアなど中西部から東海岸エリアを〝世界王者〟としてツアー。NWA世界王者がやって来なくなったテキサス、ジョージア、フロリダの南部エリア、西カナダなどのマーケットはジン・キニスキー、キラー・コワルスキーらを〝暫定世界王者〟としてブッキングするようになった。

マソニックをはじめとするNWA主流派は、ロジャースのニューヨーク・コネクションを失脚させるため、この時点ですでにセミリタイヤしていた46歳のルー・テーズを〝刺客〟として担ぎ出し、ロジャース派からNWA世界王座を奪い返す作戦に出た。

ロジャース対テーズのNWA世界戦が実現したのは1963年1月24日。ロケーションには〝中立エリア〟のカナダ・トロントが選ばれた。リング上で向かい合った瞬間、テーズはロジャースに向かい「イージー・ウェイ・オア・ハード・ウェイ？ Easy way or hard way？（カンタンな方法でいくか、それとも困難な方法でいくか？）」とささやいたとされる。

なんらかの問題が生じた場合の〝保険〟としてマソニックによって通常の3本勝負から1本勝負に変更されたタイトルマッチは、それがイージー・ウェイであったかハード・ウェイであったかはさだかではないが、テーズがフォール勝ちを収め、5年2カ月ぶりにNWA世界王座に返り咲いた。

しかし、マクマホン・シニアをリーダーとする東海岸グループはこの王座移動を不服とし、それから3カ月後にニューヨークに新団体WWWF（現在のWWEのルーツ）が誕生した。マクマホン・シニアが「リオデジャネイロで開催された王座決定トーナメントでロジャースがアントニオ・ロッカを下し新設世界王座を獲得した」というファントム（フィクション）をあえて〝活字化〟した背景には「WWWFはNWAから派生（独立）した後発団体ではない」というロジックがあった。

初代WWWF世界王者としてマディソン・スクウェア・ガーデンのリングに登場したロジャースは、キャリア3年7カ月、27歳の新鋭ブルーノ・サンマルチノに〝48秒〟で敗れ、そこに至るまでの経緯を考えると奇妙なくらいあっさりと王座から転落した（1963年5月17日）。ビッグ・サプライズだった。

この試合を最後にロジャースは持病の〝心臓病〟を理由にレスリング・ビジネスの表舞台から姿を消し、ガーデン定期戦の新しい主役となったサンマルチノは、イワン・コロフに敗れるまで（1971年1月18日）、7年8カ月間にわたる長期政権を樹立。その後、70年代後半にも王座に返り咲き、通算11年4カ月間にわたりWWE世界王座をキープした。

〝ロジャースの物語〟からはじまるWWE史は、そのロジャースをニューヨークから消去した時点で〝サンマルチノの物語〟が本編となり、やがてハルク・ホーガン、〝ヒットマン〟ブレット・ハート、ショーン・マイケルズ、〝ストーン・コールド〟スティーブ・オースチン、ザ・ロック、トリプルH、ジョン・シーナらを主人公とした終わることのない大河ドラマへとつながっていくのである。

オハイオAWAの不思議ヒストリー

NWA世界ヘビー級チャンピオンになる10年まえの〝ネイチャー・ボーイ〟バディ・ロジャースのホームリングで、〝無冠のチャンピオン〟といわれたカール・ゴッチとアントニオ・ロッカが世界ヘビー級王座を手にした土地。かつてオハイオ州に存在したAWA（アメリカン・レスリング・アソシエーション）という団体についてはあまり知られていない。

1920年代から1960年代半ばまで40数年間にわたりオハイオを本拠地に活動した大プロモーターは、アル・ハフトという人物だ。ハフト自身もプロレスラー出身で、あの〝家元〟フランク・ゴッチにあこがれて現役時代はヤング・ゴッチなるリングネームを名乗っていた。このハフトに関しても残念ながら資料がひじょうに少ない。

1886年生まれのハフトがオハイオ州でプロモーターとしての活動をはじめたのは1919年ごろとされる。1917年、31歳のときにソーア・オースンというレスラーを破り世界ミドル級王座を獲得後（オハイオ州コロンバス）、33歳でプロモーターに転向した。1920年代はオハイオ州立大でレスリング部のコーチをしていたというデータもある。第一世界大戦後の1920年代後半から1930年代にかけては〝ネブラスカの虎〟ジョン・ペセックのマネジャーをつとめた。

ジョン・ペセックは1894年、ネブラスカ州バッファロー郡タビーナ生まれで、両親はボヘミア

バディ・ロジャースが表紙に登場のオハイオAWAのプログラム

からの移民だったといわれている。あまりにも強すぎてレスリング・ビジネスの裏街道を歩かされた悲劇のレスラーで、1914年、ネブラスカのローカル興行でヴラデック・ズビスコを破り、その存在を知られるようになった。

このペセックは、マーリン・プレスティーナを下しMWA世界ヘビー級王座を獲得（1931年3月26日＝オハイオ州コロンバス）。1936年、1000ドルのタイトルマッチ保証金を支払い、全米レスリング協会（旧NWA）の王座決定トーナメントにエントリーしたが、対戦相手が現れず、そのまま世界王者に認定されたという知る人ぞ知る実力者だ。その後はエド〝ストラングラー〟ルイスのポリスマン（用心棒）としてルイスの全米ツアーに同行した。

MWA（ミッドウエスト・レスリング・アソシエーション＝オハイオ版）という〝屋号〟は1931年から1942年ごろまで使われていたようで、ジョン・ペセック、エベレット・マーシャル、レイ・スティール、オーヴィル・ブラウン、リー・ウィッコフらがこの団体認定の世界ヘビー級王座を保持した。1942年には、エド〝ストラングラー〟ルイスがO・ブラウンを下し、52歳のときにこのオハイオ版の世界王座を手に入れたという記録が残っている（1942年12月3日＝オハイオ州コロンバス）。

B・ロジャース、カール・ゴッチを輩出したオハイオAWA

途中に数年間の空白の期間をはさんで、オハイオにAWA（アメリカン・レスリング・アソシエーション）という新団体が出現したのは第

アル・ハフト

二次世界大戦後の1946年。1930年代のボストンAWA（ポール・バウザー派）の流れを汲むローカル・グループだった。プロモーターのハルトは、1948年7月、アイオワ州ウォータールーで開かれた新NWA設立準備の会議に出席し、のちに〝世界最高峰〟として知られるようになるNWAの発起メンバーにもその名を連ねた。

オハイオAWAの初代世界ヘビー級王者はボストンAWA世界ヘビー級王者フランク・セクストンで、このセクストンを下したドン・イーグルが実質的にはオハイオAWAの最初のスターだった（1950年5月23日＝オハイオ州クリーブランド）。1950年から1952年までの3年間はボストンAWAとオハイオAWAの王座系譜がかさなっているが、オハイオをホームリングとするビル・ミラーがイーグルから同王座を奪取した試合からオハイオAWAが独立団体としての道を歩みはじめた（1952年5月1日＝ペンシルベニア州ピッツバーグ）。

ビル・ミラーはオハイオ州立大時代、ビッグ10トーナメントに優勝したアマチュア・レスリングの強豪で、前年1951年にデビューしたばかりの大型ルーキー。のちにマスクマンのミスターXとして『第3回ワールド・リーグ戦』（1961年＝昭和36年）に出場し、同リーグ戦決勝戦で力道山と対戦した。

1952年から1953年にかけてはバディ・ロジャースがオハイオAWA世界王座を通算3回保持し、ロジャース対アントニオ・ロッカのシングルマッチがオハイオの〝ドル箱カード〟となった。ハフトはこの時代、ロジャースのビジネス・マネジャーとしても手腕をふるい、オハイオAWAのメンバーをニューヨークにブッキングした。

1962年8月31日、オハイオ州コロンバスのジェット・スタジアムで〝ロジャース襲撃〟という不思議な事件が発生した。ビル・ミラーとカール・ゴッチがドレッシングルームでロジャースを襲い、ロジャースが右手首を骨折した。事件の詳細については諸説があり、いまとなっては真相はわからない。

ゴッチとロジャースがなんらかの理由で口論をし、ロジャースがドレッシングルームから出ていこうとしたところ、そばにいたミラーがドアを勢いよく閉め、ロジャースの手がドアにはさまれた、とするのがアメリカのプロレス史研究家のコンセンサスである。ロジャースはゴッチとミラーを刑事告訴したが、その後、訴状を取り下げた。

ゴッチはこの事件から1カ月後、ドン・レオ・ジョナサンを破りオハイオAWA世界ヘビー級王者となった。この前年の1961年、カナダ・モントリオール経由でアメリカに移住してきたゴッチに〝カール・ゴッチ〟というリングネームをプレゼントしたのはプロモーターのハフトだった。若き日のゴッチは、〝家元〟フランク・ゴッチによく似ていたという。

ゴッチはそれから2年後の1964年9月、コロンバスでときのNWA世界ヘビー級王者ルー・テーズと王座統一戦をおこない、ゴッチが敗れてオハイオAWA世界王者は封印された。ハフト（当時78歳）もまたオハイオAWA消滅後、レスリング・ビジネスの表舞台から姿を消したのだった。

ヒューストンはポール・ボーシュの〝治外法権エリア〟

毎週土曜夜の〝ヒューストン・レスリング〟(KHTVチャンネル39=テキサス州ヒューストン)は1949年から1988年まで約40年もつづいた長寿番組である。番組ホストはポール・ボーシュ。テキサス州ヒューストンでは、レスリングとポール・ボーシュは同義語だった。

1912年、ニューヨークのブロンクス生まれのボーシュは、戦前の1932年に19歳でプロレスラーとしてデビューした。第二次世界大戦中は陸軍に志願。戦後は再びプロレスに戻り、ルー・テーズ、ガス・ソーネンバーグ、〝ワイルド〟ビル・ロンソン、ゴージャス・ジョージといった時代を代表するスーパースターたちと対戦したが、テキサスをサーキット中の1947年に交通事故で重傷を負い引退。翌1948年からヒューストンのKLEEラジオでプロレス中継の実況アナウンスを担当するようになった。テレビが一般家庭に普及する以前、ちょっと信じられないようなはなしではあるけれど、プロレス中継はラジオ番組だった。

1949年、KLEEがテレビ局KHTVを開局すると、ボーシュが司会をしていたプロレス中継もモノクロのテレビ番組〝ヒューストン・レスリング〟に模様替えした。それから39年間、ボーシュはヒューストンの〝プロレスの声〟として番組ホストをつとめた。

ポール・ボーシュ

ヒューストンの大プロモーター、モリス・シーゲルが1966年に死去すると、ボーシュはシーゲルの遺族からヒューストンの興行権を買いとってプロモーター兼業となり、毎月2回のサム・ヒューストン・コロシアム定期戦を開催するようになった。ボーシュは団体を持たず、あくまでも〝ヒューストン・レスリング〟の番組ホストという立場で定期戦のプロモートだけを手がけた。

ヒューストンの〝ヒューストン・レスリング〟（法人名はザ・ベスト・オブ・テキサス・レスリング・インコーポレーテッド）はボーシュの〝治外法権エリア〟だった。ボーシュ自身はヒューストン以外の土地で興行をプロモートすることはなかったし、テキサス州周辺の有力プロモーターたちもボーシュの立場をリスペクトしてヒューストンを〝侵略〟しようとはしなかった。

1987年、WWEとの〝合体〟で終えん

サム・ヒューストン・コロシアム定期戦に登場するのは、ボーシュがみずからブッキングしたレスラーたちだった。フリッツ・フォン・エリックのサウスウエスト・スポーツ（のちのワールドクラス）の選手たちがダラスから移動してきた。ジョー・ブランチャードのサウスウエスト・チャンピオンシップ・レスリングの選手たちもサンアントニオからヒューストンにやって来た。バーン・ガニアやニック・ボックウィンクルは北部ミ

ヒューストンの会場売りプログラム（1965年7月）

ヒューストン・レスリング（ザ・ベスト・オブ・テキサス・レスリング社）の団体ロゴ

ネソタのAWAからヒューストンまで南下してきた。

ジャック・ブリスコがハーリー・レイスを下しNWA世界ヘビー級王座を獲得した歴史的なタイトルマッチの舞台となったのもヒューストンだった（1973年7月20日）。

80年代からはビル・ワットのMSWA－UWF（ルイジアナ－ミシシッピ－オクラホマ）が〝ヒューストン・レスリング〟のおもな登場人物となった。番組の放送時間は毎週土曜の夜10時から12時までの2時間。日曜の朝10時からは前夜と同じ番組が再放送された。

1987年4月、ワット派UWFがNWAクロケット・プロに買収されると、ビンス・マクマホンがボーシュにコンタクトを図ってきた。74歳だったボーシュは熟考の末、WWEとのパートナーシップを選択した。それはヒューストンの重要文化財〝ヒューストン・レスリング〟の最終回を意味していた。

ボーシュは同年8月28日のサム・ヒューストン・コロシアム定期戦を最後にレスリング・ビジネスからの引退を決意した。この日のパンフレットの中ページには、〝パパ・ブッシュ〟ことジョージ・ブッシュ副大統領（当時）が古くからの友人ボーシュに宛てたこんな電報が転載されていた。

「試合に行けなくて残念です。ポールはアメリカのスポーツ界に大きな功績を残しました。彼のリーダーシップがプロレスを国民的スポーツに育てたのです。彼との友情は私の宝です。彼を失うプロレス界の将来を憂慮します」

第４節　地方分権テリトリー時代

ＷＷＡは西海岸カルチャーの伏魔殿

ＷＷＡ（ワールド・レスリング・アソシエーション）はひじょうに不思議な団体だった。１９６０年代のアメリカのプロレス・シーンはＮＷＡ、ＷＷＷＦ、ＡＷＡ、ＷＷＡの４大メジャー団体の時代だったということになっている。ＷＷＡ世界ヘビー級王座の系譜は１９６０年にはじまり、１９６８年のＮＷＡへの加盟によってその９年間の短い歴史に幕を下ろしている。

団体ロゴはＮＷＡのそれと酷似した、あるいはわざと混同するようにデザインされたひじょうにまぎらわしいものだった。注意ぶかく観察してみると、シンボルマークの上下には〝ワールドワイド・レスリング・アソシエイツ〟なるネーミングが記されている。

ロサンゼルスWWAの団体ロゴ

正式な団体名はワールド・レスリング・アソシエーションで、当時ロサンゼルスで放映されていたテレビ番組でもこの名称が使われていたが、ロゴマークだけはなぜか〝ワールドワイド・レスリング・アソシエイツ〟だった。団体サイドがメディア向けに配布していたプレス・リリースには〝メンバー・オブ・ワールドワイド・レスリング・アソシエイツ〟、直訳すると〝世界広域レスリング協会会員〟

なる不可解な表現が用いられていた。

ロサンゼルスにおける〝世界ヘビー級王座〟の歴史は戦前の1930年代までさかのぼる。レイ・ファビアーニ、ジョニー・ドイル、ジャック・フェファーといった複数のプロモーターが独自の世界王座を認定し、ジム・ロンドス、ビンセント・ロペス、エンリキ・トーレス、1940年代以降はバロン・ミチェル・リオーニ、バディ・ロジャースらがチャンピオンとして西海岸エリアをツアーした。大都会のレスリング・ビジネスには〝ワールド・チャンピオン〟が必要だった。

WWA世界ヘビー級王座のルーツは、1957年6月14日、シカゴでおこなわれたルー・テーズ対エドワード・カーペンティアのNWA世界ヘビー級選手権試合。このタイトルマッチで、チャンピオンのテーズは負傷のため3本勝負の3本目を棄権した。リング上ではいったんカーペンティアにチャンピオンベルトが渡されたが、その後、NWA本部は「2フォールによる裁定でないため王座移動は無効」を発表し、テーズの王座防衛を〝公式記録〟とした。

しかし、カーペンティアは新チャンピオンとして全米サーキットを開始し、カーペンティアの本拠地カナダ・モントリールのエディ・クイン派はサム・マソニック会長との衝突からNWAを脱退。オマハ（ジョー・デューゼック派）、ボストン（エイブ・フォード派）ら各地の有力プロモーターもカーペンティア支持にまわり、〝巨大トラスト〟NWAは内部分裂した。

ロサンゼルスのジュールス・ストロンボー&キャル・イートン派も〝シカゴ事件〟から3年後の1960年12月、カーペンティアを世界ヘビー級チャンピオンに認定。〝テーズ・ベルト〟を腰に巻いたカーペンティアをロサンゼルスにブッキングした。

これもまたひじょうにわかりにくい状況ではあるが、この時点でストロンボー派の新団体はＮＡＷＡ（ノース・アメリカン・レスリング・アライアンス）というＮＷＡとよく似たまぎらわしい名称を名乗り、すでに独自に世界王座を新設し、カリフォルニアだけでなくコロラドやニューメキシコでもツアー活動をおこなっていた。

１９６２年6月、ロサンゼルスでフレッド・ブラッシーが〝テーズ系譜〟の世界王者カーペンティアを下して新チャンピオンとなり、ここから新団体ＷＷＡの系譜がはじまる。ストロンボーはこのタイトルが「アメリカとカナダの２００団体が認定する世界王座」であることを主張した。かんたんにいえば〝いった者勝ち〟の発想だった。

20世紀の大ヒール〝銀髪鬼〟ブラッシー

ＷＷＥの最大の功績は、大ヒール〝銀髪鬼〟フレッド・ブラッシーを生んだことかもしれない。ブラッシーは１９３５年、17歳でデビューし、第二次世界大戦中は海軍に入隊してカリフォルニア州ポート・ヒューン基地に駐屯。戦後は南部エリアをサーキットしたがパッとせず、１９６１年にロサンゼルスに転戦後、ブラウンの髪をブロンドに染め、売れない正統派から悪役に変身した。

ブラッシーは白、水色、ピンクといった薄い色のタイツを好んだ。モノクロのテレビの画面では血だらけの銀髪と白タイツのコントラストがよく

エドワード・カーペンティア

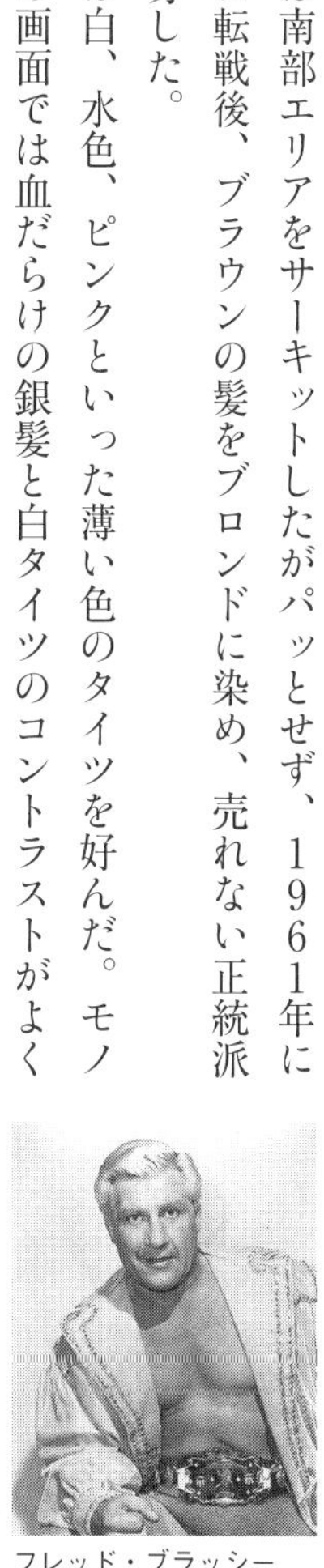
フレッド・ブラッシー

映えた。マイクをつかんでのおしゃべりも絶品だった。ブラッシーは40代でプロレスラーとしての全盛期を迎えた。

1962年（昭和37年）3月、ロサンゼルスで力道山がブラッシーを倒してWWA世界王座を獲得しチャンピオンベルトを日本に持ち帰った。翌4月、ブラッシーが来日して東京体育館でリターンマッチに挑んだが、力道山はこの試合にも勝って王座を防衛。それから3カ月後の同年7月、こんどは再び場所をロサンゼルスに移して力道山対ブラッシーの3度めのタイトルマッチがおこなわれた。

オリンピック・オーデトリアムで販売された〝25セント〟のパンフレットの表紙をみると、この試合は「WWA世界王者・力道山対NAWA世界王者・ブラッシーのダブル・タイトルマッチ」とうたいった文句になっていた。いつのまにか、WWAとNAWAの2本のチャンピオンベルトが同時進行で存在していたということなのだろう。そのあたりのディテール——というよりも矛盾——はアメリカでも日本でもメディアに指摘されることはなく、このタイトルマッチは日本のテレビで放送され、額から流血した力道山が〝出血多量により試合続行不可能〟という裁定でベルトを失った。つじつまが合うような、合わないような不可解な結末だった。

WWA世界王座はその後、ブラッシーからデストロイヤー（1962年7月27日）、ブラッシー（1963年5月10日）と移動をくり返したが、はっきりと記録に残されている王座移動から1週間後、ベルトを失ったはずのデストロイヤーがWWA世界王者として初来日。同年（昭和38年）5月24日、東京体育館で力道山の挑戦を受けて王座防衛戦をおこなった。この試合のテレビ中継は64パーセントの視聴率をはじき出し、現在でも日本のテレビ番組の歴代高視聴率の4位にランクされている。

WWAのミステリアスな謀略ドラマはその後もつづいた。力道山の死後、1964年（昭和39年）12月に豊登が東京でデストロイヤーを下しWWA世界王者となり、新しいデザインに変わったチャンピオンベルトが豊登の腰に巻かれた。翌1965年（昭和40年）2月と5月に豊登は東京と大阪で前王者デストロイヤーの挑戦を受けて2度の王座防衛に成功した。

力道山対ブラッシー（1962年）のポスター

豊登

ボボ・ブラジル

ところが、ロサンゼルスでは日本にあるはずのWWA世界王座がデストロイヤーからペドロ・モラレス（1965年3月12日）、モラレスからルーク・グラハム（同7月23日）へと移動。同年9月に豊登がロサンゼルスへ遠征してグラハムと〝王座統一戦〟をおこない、いちどは2本のチャンピオンベルトの統一に成功したが（同9月8日）、9月20日の再戦では2－1のスコア（3本めは豊登の反則負け）で敗れた。

WWAは反則裁定ではタイトルは移動しないことをいったんは認めたが、豊登が帰国後、WWAサイドはなにごともなかったかのようにグラハムをチャンピオンに認定した。同年12月、WWAは日本にチャンピオンベルトを郵送したとされるが、その後、日本でWWA世界王座の防衛戦がおこなわれることはなかった。

WWAは1968年10月、NWA加盟という形でその短い歴史にピリオドを打った。独立団体としての最後の世界チャンピオンは〝黒い魔神〟ボボ・ブラジルだった。

ガニア・ランドAWA

AWA（アメリカン・レスリング・アソシエーション）は、〝帝王〟バーン・ガニアの王国だった。そのプロトタイプとされる〝オマハAWA〟（ジョー・デューゼック派）がネブラスカ州オハマに誕生したのは1958年で、ミネソタ州ミネアポリスに正式にAWAが発足したのがその2年後の1960年。

ガニアはリングの上では典型的なベビーフェースの世界チャンピオンとして、バックステージではオーナー社長、プロモーターとして約30年間にわたりAWAの帝王の座に君臨した。AWAとNWAのいちばん大きなちがいは、NWAが全米各地のローカル団体の〝加盟店〟システムであったのに対し、AWAはあくまでもガニアの〝個人商店〟〝一座〟のままその店舗を拡大していった点だろう。

大河ドラマとしてのAWAは、NWAとの対立構造を初期モードに設定していた。AWAはセントルイスのNWA本部とNWA世界ヘビー級王者パット・オコーナーに対して「90日以内に〝第1挑戦者〟ガニアと対戦する義務がある」という公開文書を送りつけ、NWAがこれを黙殺すると1960年8月16日付でガニアを初代AWA世界ヘビー級王者に認定した。ひじょうにリアリティーのある政治的シナリオだった。

60年代のガニアの宿命のライバルはマッドドッグ・バションとクラッシャー・リソワスキー。バションはガニアと同じようにロンドン・オリンピック代表選手からプロレスに転向したアマレス出身の

“AWAの帝王”バーン・ガニア

選手だったが、ＡＷＡのリングではクレイジー・ファイターを演じた。〝粉砕者〟クラッシャーはストーンコールドが出現する40年まえのストーンコールドのようなキャラクターだった。ふたりとも大悪役として一時代を築いたあと、40代からヒール・テイストのままベビーフェースに変身した。

ミネソタAWAの団体ロゴ

マッドドッグ・バション

ミスターM

ＡＷＡは――ニューヨークのＷＷＷＦではブルーノ・サンマルチノとそのライバルたちの闘いが〝大河ドラマ〟になっていたように――ガニアとそのライバルたちの闘いを描く長編ドラマだった。

マスクマンのミスターＭに変身した〝ドクター〟ビル・ミラー、ＮＷＡ世界ヘビー級王者になる以前のジン・キニスキー、ダラスに王国を築く以前の〝鉄の爪〟フリッツ・フォン・エリックらが強力なライバルとしてガニアのまえに立ちはだかった。〝白覆面の魔王〟ザ・デストロイヤーも、黒のマスクと黒のロングタイツのドクターＸという別キャラクターとしてガニアのライバルを演じた。

所属メンバーは30選手前後とそれほど大所帯ではなかったが、固定メンバーによる完全パッケージ化したツアー活動はちょうど日本の全日本プロレス、新日本プロレスのシリーズ興行のような形態で、１９８４年以降にＷＷＥが導入する全米ツアー方式を最初に取り入れた団体だった。

〝一座〟のツアー興行だから、ガニア、バション、クラッシャーをはじめ、ラリー・ヘニング、レッド・バスチェン、ニック・ボックウィンクル、レイ・スティーブンス、ワフー・マクダニエル、バロン・フォン・ラシク、ブラックジャック・ランザ、若手時代のテキサス・アウトローズ（ダスティ・ローデス&ディック・マードック）、〝スーパースター〟ビリー・グラハムなど主力メンバーはいわゆる〝AWAカラー〟のスター。〝粉砕者〟クラッシャーと〝生傷男〟ディック・ザ・ブルーザーが年に数回だけコンビを結成するのももっぱらAWAのリングだった。

1970年代前半は国際プロレスと業務提携し、ストロング小林とグレート草津がAWAを長期ツアー。AWA所属メンバーも代わるがわる国際プロレスのリングに登場した。

広大な興行テリトリーを誇ったメジャー団体

AWAは1960年代の終わりから1970年代にかけてその興行エリアを本拠地ミネアポリスからノースダコタ、サウスダコタ、シカゴ、ミルウォーキー、ウィニペグ（カナダ・マニトバ州）、デンバー、ラスベガスと拡大し、1980年代に入ると西海岸のサンフランシスコにも支局をかまえた。

ガニアは1960年の団体発足から引退までAWA世界王座を通算10回保持し、1981年に現役のチャンピオンのまま55歳の誕生日にリングを下りた。ガニアの後継者の最有力候補はロビンソンといわれていたが、1970年代後半から1980年代後半までAWA世界王者として長期政権を築い

ディック・ザ・ブルーザー（左）&クラッシャー・リソワスキー

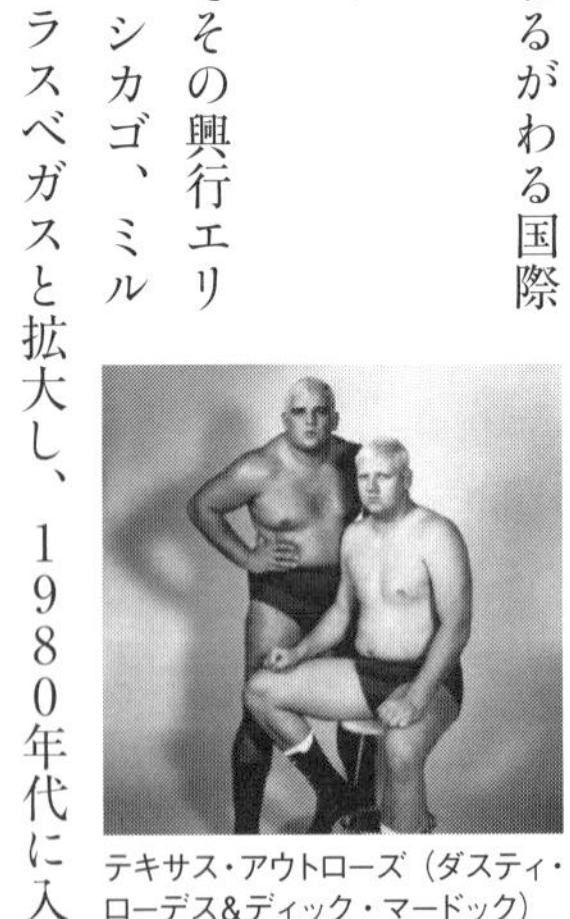
テキサス・アウトローズ（ダスティ・ローデス&ディック・マードック）

たのはニック・ボックウィンクルだった。

ガニアの引退後、AWAの主力メンバーはいっきに若返った。1984年には東京でニックを下し、日本人レスラーとして初めてAWA世界ヘビー級王者となったジャンボ鶴田がAWA圏を2度にわたり長期ツアー。ハルク・ホーガン、ジェシー・ベンチュラ、アドリアン・アドニスらがメインイベンターのポジションにつき、ロード・ウォリアーズ（アニマル&ホーク）、リック・マーテル、カート・ヘニングといったガニアとは親子ほどトシの離れた新しいスーパースターが出現した。

ビンス・マクマホンの全米マーケット進出計画〝1984〟でもっとも大きなダメージをこうむったのはAWAだった。ホーガン、ベンチュラ、アドニス、デビッド・シュルツ、ケン・パテラ、悪党マネジャーのボビー・ヒーナン、大ベテランのバション、クラッシャー、名物アナウンサーのジーン・オークランドまでがWWEにごっそり引き抜かれた。

WWEはホーガンを主役に全米ツアーを開始し、AWAのテリトリーだったミネアポリス、シカゴ、ミルウォーキー、デンバーなどの主要都市を侵略した。AWAもブルーザー・ブロディ、スタン・ハンセン、アブドーラ・ザ・ブッチャーら〝外様〟を投入して応戦の構えをみせたがWWEの組織力・企画力にはかなわなかった。

ウォリアーズはNWAクロケット・プロに移籍し、ポスト・ニック世代のAWA世界王者となったマーテルもWWEに移籍。地元ミネソタのホープ、ヘニングもWWEで〝ミスター・パーフェクト〟に変身した。1980年代の終わりにはAWAのリングは空っぽになった。ガニアの引退からちょうど10年後の1991年、老舗AWAはその30余年の歴史に幕を下ろしたのだった。

〝20世紀の大巨人〟アンドレ・ザ・ジャイアント

アンドレ・ザ・ジャイアントは、20世紀を代表するスーパースターのなかのスーパースターであったとともにWWE史の重要な登場人物のひとりでもあった。

1946年5月19日、フランスの山岳地帯グルノーブルの生まれ。本名はアンドレ・ルネ・ロシモフ。先天性のアクロメガリー（巨人症、先端・肢端巨大症、末端肥大症）という成長ホルモン過分泌の病気のため、運動量と食事の摂取量に関係なく体が肥大化しつづけた。

12歳のときにすでに身長190センチ、体重90キロとなり、17歳で身長2メートル、体重136キロの巨体に成長。18歳の誕生日を待たずに農業を営んでいた実家を離れ〝花の都〟パリに移り住んだ。

プロレスラーとしてデビューしたのは1964年。プロレス入りの経緯については諸説あるが、イギリス人レスラーのロード・アルフレッド・ヘイズにスカウトされ、のちに専属マネジャーとなるフランク・バロアが若き日のアンドレにレスリングの手ほどきをしたというのが〝定説〟になっている。パリ時代のリングネームはモンスター・ロシモフで、場所によってはモンスター・エッフェル・タワー、ザ・ブッチャー・ロシモフの名でリングに上がっていたこともあるようだ。

アンドレ・ザ・ジャイアント

初来日は1970年1月。ロシモフ名で国際プロレスの『新春チャレンジ・シリーズ』に出場。翌1971年の『第3回IWAワールド・シリーズ』ではカール・ゴッチ、ビル・ロビンソンと同点決勝総当たり戦を行い、僅差のポイントでリーグ戦優勝を果たした。

パリからフランス語圏のカナダ・モントリオールに移住したのはその前年の1970年。モントリオールのグランプリ・プロモーション（エミール・ドゥプリー代表）と契約し、ジーン・フェレに改名した。アンドレをモントリオールに導いたのは1960年代に一世を風びした名レスラー、〝マットの魔術師〟エドワード・カーペンティアとされる。

モントリオールに伝わる〝おとぎばなし〟では「カーペンティアがフランスのハイウェイをドライブ中、道に飛び出してきたジーン・フェレを発見。カナダに連れ帰った」ということになっている。まるで〝雪男〟のストーリーだが、F・バロアがパリでアンドレとカーペンティアを引き合わせたことはどうやら事実のようだ。

これと同じような例では、AWAオーナーだったバーン・ガニアも「日本ツアー中に、私がスカウトした」とアンドレの〝発見者〟を自称していた。ガニアとアンドレは、1970年1月の国際プロレスのシリーズに同時参加。ガニアは、23歳だったアンドレにプロボクサー転向を勧めたが、アンドレはボクシングに興味を示さなかった。

アンドレがモントリオールのローカル団体をホームリングとしていたのは1970年から1972年までの約3年間で、1972年12月にビンス・マクマホンの父ビンス・マクマホン・シニアがF・バロアと接触し、アンドレと専属契約を結んだ。アンドレ・ザ・ジャイアントという新リングネームを考案したのはマクマホン・シニアだった。

アンドレはそれから3カ月後、マディソン・スクウェア・ガーデンに初登場し、バディ・ウォルフを秒殺。ニューヨーク・デビューを果たした（1973年3月26日）。

アンドレにはある〝弱点〟があり、マクマホン・シニアはそれをかなり早い段階で見抜いていた。それはアンドレがあるひとつのリング＝土地に長期滞在するとその商品価値、観客動員力が落ちるというビジネスとしての現実だった。〝大巨人〟はあくまでもゲストとしてそこにいることが理想だった。

マクマホン・シニアは、〝レンタル契約〟という形でアンドレをアメリカ全土、カナダ、日本、メキシコ、南半球（オーストラリア、ニュージーランド）にブッキングした。アンドレのポジションは、1年を通じて世界をまわる長期ツアー型のスーパースターであり、超党派の〝親善大使〟だった。

強くてあたりまえの〝無冠のチャンピオン〟から悪役へ転身

アンドレの公式プロフィル上の身長と体重は7フィート4インチ（約224センチ）、425ポンド（約192キロ）という数字に〝統一〟された。これもまた一種のおとぎばなしの手法で、じっさいの身長は6フィート11インチ（約210センチ）くらいだったとされる。体重のほうは年齢とともに445ポンド（約202キロ）、500ポンド（約227キロ）、520ポンド（約235キロ）と増加しつづけた。

ニックネームは〝世界の七不思議〟ならぬ〝世界の8番めの不思議 The Eighth Wonder of the World〟。これが20世紀によみがえった〝巨人伝説〟のプロローグだった。

1970年代前半のアメリカ・マット界は全米のNWA加盟団体、AWA、WWWF（現在のWWE）が地理的なバランスを保ちながら共存していた地方分権のテリトリー時代。各エリアでの滞在期間は

1週間から2週間。〝世界の8番めの不思議〟アンドレがゲスト出場する試合は、どこへ行っても〝史上最大のイベント〟となり、試合形式は1対2、1対3のハンディキャップ・マッチやバトルロイヤルが定番アイテムだった。

マクマホン・シニアはアンドレをあくまでも非日常的なアトラクションとして隔離し、WWWFへビー級王者ペドロ・モラレス（当時）あるいは〝人間発電所〟ブルーノ・サンマルチノとのシングルマッチといった〝夢のカード〟をタブー視した。長期的なビジネスを考えた場合、アンドレは半永久的に〝無冠のチャンピオン〟でいることが望ましかった。

〝大巨人〟アンドレが大きくて強いのはあたりまえのことだから、全米各地のプロモーターたちもアンドレのいちばん効果的な活用術に知恵をしぼった。それがハンディキャップ・マッチであり、オーバー・ザ・トップロープ方式のバトルロイヤルだった。

1974年以降、アンドレは年に3、4回のペースで新日本プロレスのリングに登場するようになった。アメリカでは絶対的なベビーフェースのアンドレが、日本のリングではヒールを演じた。アントニオ猪木という〝国民的ベビーフェース〟とのライバル関係がアンドレを悪役キャラクターに変身させた。

〝ギネスブック〟の1974年版には「年俸世界記録40万ドルのプロレスラー」としてアンドレの名が掲載された。いまから40年以上まえの40万ドル（1ドル＝300円換算で約1億2000万円）は、大リーグやプロ・フットボールの選手でさえ手にすることのできない天文学的な数字だった。

アンドレの〝世界の旅〟は約10年間つづいた。『スポーツ・イラストレーテッド』誌（1981年12

月21日号）がアンドレの半生を特集記事として掲載し、その映画化が計画されたこともあった。

アンドレの〝親善大使〟的なポジションにストップをかけたのは、ほかならぬビンス・マクマホンだった。１９８４年に活動エリアをそれまでの東海岸エリアからいっきに全米に拡大したＷＷＥにとって、アンドレとハルク・ホーガンはそのプレミア・ツアーの目玉商品だった。ビンスは、全米のＮＷＡ加盟団体、ＡＷＡ、カナダ・マットとの〝絶縁〟と同時にアンドレのブッキング権を完全に独占した。この時点ですでにキャリア20年のベテランになっていたアンドレは、現役生活の最後のチャプターをＷＷＥの長編ドラマの登場人物として過ごすことになった。

アンドレがまさかの悪役転向を果たし、〝レッスルマニア３〟でホーガンとの〝世紀の一戦〟が実現するのはそれから３年後のことだった（１９８７年３月29日＝ミシガン州ポンティアック、シルバードーム）。ホーガンがアンドレの超巨体をボディースラムで投げ、十八番レッグドロップからフォール勝ちをスコアした場面――アンドレが３カウントのピンフォールを奪われた歴史的瞬間――は、20世紀のプロレス史を代表する歴史的ワンシーンとなった。９万３１７３人の大観衆がこの試合をライブで体感した。しかし、このとき40代にさしかかっていたアンドレの肉体はすでに限界に近づいていた。

１９９３年１月27日、父親ボリス・ロシモフさんの葬儀に参列するためフランスに帰国中、心臓発作で急死。享年46。その突然の死は、ＡＰ通信のニュースワイヤーで世界じゅうに配信されたほか、アメリカ国内では３大ネットワークをはじめ、ＣＮＮ、ＥＳＰＮなど大手ケーブルＴＶが特集番組を放映した。

〝シーク王国〟デトロイト

2009年10月、デトロイトのコボ・アリーナが〝爆破〟された。総工費3億ドルをかけた国際会議場とアリーナの複合施設コボ・センターの改築工事で、新たに敷地面積16万6000平方フィート（約4万8700平方メートル＝約1万4800坪）の大ホールが建設されるためで、コボ・アリーナの49年の歴史に幕が下ろされることになった。

ミシガン州デトロイトのダウンタウン、ジェファーソン通りに旧国際会議場としてコボ・ホールが建てられたのは1960年。会議場に隣接する収容人員1万2200人の体育館、コボ・アリーナも同時にオープンした。コボという名称は第二次世界大戦後、1950年から1957年までデトロイト市長をつとめたアルバート・E・コボ氏からアダプトしたものだった。

コボ・アリーナという名称になんともいえないノスタルジーを感じるのは、おそらく40代後半から上の世代の中年のプロレスファンだけだろう。WWEが現在のような全米ツアーをスタートさせる20年以上まえ、デトロイトのコボ・アリーナは〝ビッグ・タイム・レスリング〟の本拠地だった。

ビッグ・タイム・レスリングはミシガン、インディアナ、オハイオの五大湖地区、カナダ・オンタリオに興行テリトリーを持つ団体で、別名〝シーク王国〟と呼ばれていた。オーナー社長は〝アラビアの怪人〟ザ・シークだったが、シークは英語をまったく話せないアラブ人という設定だったため、

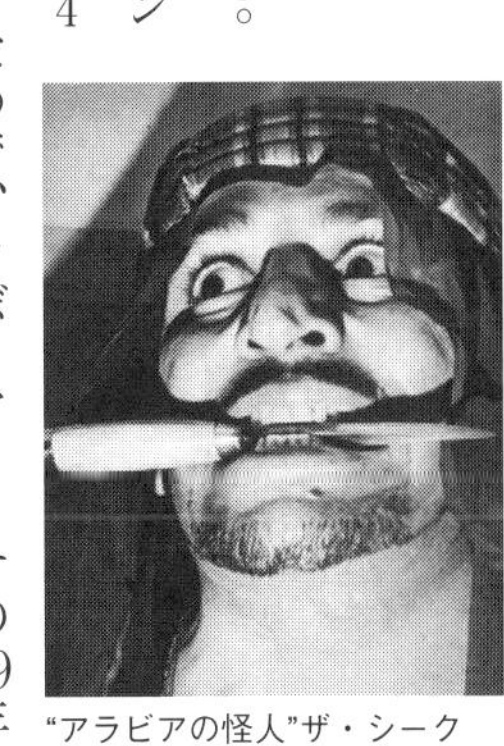
“アラビアの怪人”ザ・シーク

製作総指揮・監督・主演としてのアイデンティティーが公表されたことはいちどもなく、シーク夫人であるジョイスさんの父親フランシス・フリーザーが〝カムフラージュ社長〟を演じていた。

シーク（本名エド・ファーハット）は1926年、ミシガン州ランシング生まれだが、プロフィル上の出身地はあくまでも〝地中海〟だった。シークの両親はほんとうにシリアからの移民で、12兄弟の11番めのシークはアメリカで生まれた。1950年にデビューし、1998年に日本（FMW）で引退式をおこなうまで48年間、現役として活躍した。

プロレスラーとしての全盛期はおそらく1960年代から1970年代前半あたりまでだから、いまどきのキッズのお父さんの世代がチビッ子だったころのスーパースターということになる。昭和40年代には少年漫画誌の巻頭グラビアなどにもよく写真入りで取り上げられ、小学4年生くらいの男子をターゲットとした記事には「〝アラビアの怪人〟シークはリング上で火を吐き、煙幕とともに姿を消す。デトロイトの人びとを恐怖のどん底におとしいれた」なんて書かれていた。

初来日は1972年8月で、日本プロレス末期のリングで坂口征二とUNヘビー級王座を争ったが、テレビに映ったシークは雑誌に載っていた写真よりもトシをとっていた。日本でいちばん有名なシークの試合は、1977年12月に開催された全日本プロレスの『オープン・タッグ』でのドリー&テリーのザ・ファンクスとの一戦（シークのパートナーはアブドーラ・ザ・ブッチャー）だろう。

つねに1万人以上を動員した〝シーク一座〟

デトロイトで隔週の土曜の夜に開催されるビッグショーは、コボ・アリーナにつねに1万人クラスの大観衆を動員していた。日本武道館サイズのアリーナで毎月2回ずつ定期戦がおこなわれ、つねに1万人以上の観客を集めるようなシチュエーションと考えればわかりやすいだろう。

基本的にメインイベントはヒールの王者シークにベビーフェースのチャレンジャーが挑むUSヘビー級選手権で、試合はだいたいいつもシークの反則負けに終わるけれどタイトルマッチ・ルールによりシークが王座防衛に成功。シークと〝黒い魔神〟ボボ・ブラジルは、こういうシンプルな因縁ドラマを30年もくり返した。

コボ・アリーナはKISS、ドアーズ、ボブ・シーガー、ジャーニー、YES、マドンナといったロックミュージックのビッグアクトがライブアルバムを収録した場所としても知られている。KISSはアリーナの爆破解体をまえに伝説のアルバム〝KISSアライブ〟とまったく同じラインナップのコンサートを同アリーナで再現した。シークは生前、「コボでわたしが試合をした日、となりのビルではローリングストーンズがコンサートをやっていたが、わたしのほうが人気があった」と語っていたが、あのコメントはあながち妄想ではなかった。

ビッグ・タイム・レスリングは、シークの体力的な衰えとともに1981年に活動停止。シークはその後もフリーエージェントとしてプロレスをつづけ、甥のサブゥーを一人前のレスラーに育てた。サブゥーとサブゥーの親友でシークの〝最後の弟子〟にあたるロブ・ヴァン・ダムは、師匠シークの「群れるな」という教えを守りつづけている。サブゥーは現在でも自由気ままにインディー・シーンを放浪し、いっぽう、ヴァン・ダムもフリーの立場で各地のインディー団体のリングに上がりながら、もうひとつの夢であったアクション映画俳優の道を歩んでいる。

〝生傷男〟ディック・ザ・ブルーザーの城

〝生傷男〟ディック・ザ・ブルーザーは、ウソのようなほんとうの武勇伝をたくさん残した伝説のアスリートであり、インディアナポリスの一国一城の主だった。

1929年、インディアナ州インディアナポリス生まれ。本名ウィリアム・フリードリック・アフリス。いつも顔じゅう傷だらけにしていたためホームタウンではハイスクール時代からブルーザーと呼ばれていた。ケンカ好きの暴れ者として有名で、ブルーザーの姿をみつけるとレストランやドラッグストアがドアにカギをかけてしまうという伝説があった。

ジャファーソン高校フットボール部ではオフェンシブ・タックルとして活躍。暴力事件が原因で4つの大学を転々としたが、パードゥー大在学中には全米ビッグ10選手として表彰され、1951年にNFLグリーンベイ・パッカーズに入団。フットボールのオフシーズンにプロレスをはじめ、1955年から本格的にプロレスに転向した。デビューした年にいきなりルー・テーズのNWA世界ヘビー級王座に挑戦した。

1957年、ニューヨークのマディソン・スクウェア・ガーデンで有名な暴動事件を起こした。ブルーザーは〝ドクター〟ジェリー・グラハムとのコンビでアントニオ・ロッカ&エドワード・カーペンティアとタッグマッチで対戦したが、場外乱闘に興奮した観客が建物に火を放つなどし、警察官を

ディック・ザ・ブルーザー

含む数十人の負傷者を出した（1957年11月19日）。この事件が原因でガーデン定期戦は1970年代前半まで〝14歳以下は入場お断り〟のR指定になった。

翌日、ニューヨークの新聞各紙はこのニュースを一面で取り上げ、AP、UPIもこの事件をニュース・ワイヤーで全米に配信した。

ブルーザー、グラハム、ロッカ、カーペンティアの4選手はニューヨーク市裁判所の公聴会に出頭し、2600ドルの罰金刑を受け、ニューヨーク州体育協会は11月30日に予定されていたガーデン興行の中止を発表した。ブルーザーは同州体育協会から追放処分をいいわたされたが、ブルーザー自身にとってはこういう事件は勲章であり、このうえない〝広告〟だった。

生まれ故郷のインディアナポリスに築いた王国

1964年にウィルバー・スナイダーとの共同出資でジム・バーネットからインディアナポリスの興行権を買いとって新団体を設立。同年、ロサンゼルスでWWA世界ヘビー級王者となり、このチャンピオンベルトをインディアナポリスに持ち帰り、テーズ・ベルトの流れを汲む〝正統〟な世界王座としてインディアナポリス版WWA（ワールド・レスリング・アソシエーション）の新しい系譜をつくった。この団体は1987年まで23年間、存続した。

オハイオ州シンシナティの興行権をめぐりザ・シークと対立し、1971年から1974年の4年間は〝シーク王国〟デトロイトに侵攻。隔週日曜にはシーク派がコボ・ホール、ブルーザー派がオリンピア（のちのジョー・ルイス・アリーナ）で興行をぶつけ合った。シーク派ビッグ・タイム・レスリングがNWA加盟団体で、ブルーザー派WWAが反NWAのアウトロー団体だった。

1960年代から1970年代にかけては〝粉砕者〟クラッシャー・リソワスキーとの名コンビでタッグチームとしても一時代を築いた。ブルーザーとクラッシャーはともに身長5フィート11インチ（約180センチ）、体重260ポンド（約118キロ）で、トレードマークはおそろいの短く刈り込んだブロンドのクルーカットと四角い冷蔵庫のようなボディーだった。血縁関係はなかったがイトコ同士ということになっていた。

試合はもちろん殴る、蹴るのいわゆるラフファイト一辺倒で、フィニッシュ技はトップロープからのアトミック・ボムス・アウェー（フットスタンプ）。試合後はビールのボトルをラッパ飲みし、くしゃくしゃになった葉巻を口にくわえ、TVカメラに向かってドスのきいた声で吠えまくった。

ブルーザー&クラッシャーは1962年のコンビ結成から13年間でAWA世界タッグ王座を通算5回保持。日本でも馬場&猪木のBIコンビを下しインターナショナル・タッグ王者になった（1969年8月11日＝札幌）。名コンビといわれたが、タッグを組んで試合をするのはじつは年に数回だった。

ブルーザーは53歳まで現役で活躍し、20歳も年下のリック・フレアーとも闘った。NWA加盟プロモーターではなかったが、NWAの総本山セントルイスのキール・オーデトリアム定期戦にもレギュラー出場し、ミズーリ・ヘビー級王者として活躍した時期もあった。独立団体WWAのオーナー社長兼看板スターのブルーザーが、不思議なことにサム・マソニックNWA会長とだけは懇意だった。

1991年11月10日、トレーニング中にノドの動脈破裂と心臓発作の合併症で死去。62歳だった。

NWAセントラルステーツ地区

セントラルステーツはNWAの〝中枢〟に位置する中西部のテリトリーだった。活動エリアはカンザス、ミズーリの2州、アイオワ州南部、イリノイ州南西部。総本山セントルイスのおひざ元といっていい地域だから、会場売りのプログラムの表紙にはNWAのロゴが誇らしげにプリントされていた。

1930年代にはすでに〝世界ヘビー級王座〟が存在し、第二次世界大戦中の1940年代にはNWAの前身であるMWA（ミッドウエスト・レスリング・アソシエーション）が誕生。NWA発足後はこのエリア一帯がセントラルステーツと総称されるようになる。

この地区認定の主要タイトルは、NWAセントラルステーツ・ヘビー級王座、NWAセントラルステーツ・タッグ王座、セントラルステーツTV王座。NWA〝タカ派〟とされるエリアのプロモーターはジョージ・シンプソン、ガスト・キャラスからボブ・ガイゲル－ハーリー・レイスまで3世代。

大都市よりもスモールタウンでの興行が中心で、週に4日間から6日間のスケジュールでスポットショーが組まれ、〝教会の日〟にあたる日曜がオフになっていたところがいかにも昔ながらの地方巡業の香りを感じさせた。月曜はカンザス州ウィチタ、火曜はカンザス州トピーカ、水曜はオフ、木曜はカンザス州カンザスシティー、金曜はミズーリ州セントルイスかセントジョセフ、土曜はイリノイ州南部、日曜がオフというのがルーティンの日程だった。

NWAの団体ロゴ

カンザス州のグレートベンド、インディペンデンス、ダッジシティー、エルドラド。ミズーリ州ハンニバル、ブーンビル、モーベリー、サリバン。イリノイ州クインシー、ホワイトホール、ディケーター、セーラム。あまりピンとこない地名が多い。どんな町にもプロレスを待っている人たちがいる。

70年代のNWAを支えたスーパースター、ハーリー・レイス

セントラルステーツが生んだ最大のスーパースターは、NWA世界ヘビー級王座を通算8回獲得した〝ミスターNWA〟H・レイスだろう。1943年、ミズーリ州クイットマン出身のレイスは15歳でハイスクールをやめ、〝伝説のレスラー〟スタニスラウス・ズビスコの農場で働きながらレスリングを学び、16歳の誕生日の数週間まえにプロレスラーとしてデビューした。

30歳で初めて黒革のNWAベルトをその腰に巻いて、40歳でワールド・チャンピオンとしてのサーキット生活にピリオドを打った。スーツケースひとつで世界じゅうを旅してまわったレイスは、やっぱり最後はセントラルステーツに帰ってきた。レイスがNWA世界王者として活躍した1970年代から1980年代前半は〝巨大カルテル〟NWAがアメリカのレスリング・ビジネスをコントロールした最後の時代だった。

レイスは1986年にNWAをやめて現役生活の最後の1ページをWWEのリングで過ごした。レイスにとっては〝実家〟といってもいいNWAセントラルステーツも88年に活動を停止。カーナビなどという便利なものがなかった時代、ワールドアトラスの地図とにらめっこしながら何時間も車を走らせて目的をめざすオールドファッションな中距離サーキットもその役割を終えたのだった。

ヒッピーとベルボトムの時代のNWA

1970年代のアメリカはベトナム戦争と反戦運動、第一次石油ショックとニクソン大統領の〝ウォーターゲート事件〟、ヒッピーとウーマンリブとベルボトムの時代だった。1975年4月、サイゴンが陥落し、ベトナム戦争が終結。1976年11月、カーター大統領政権が誕生した。

NWA（ナショナル・レスリング・アライアンス）は、ドリー・ファンクJrとドリーと同世代のスーパースターたちの出現で新しい時代を迎えた。NWA世界ヘビー級王座はドリー、ハーリー・レイス、ジャック・ブリスコ、テリー・ファンク、レイス（2度め）、ダスティ・ローデス、レイス（3度め）と移動。

1974年12月、1979年8月と1980年9月の合計3度、日本のリングでジャイアント馬場がブリスコ、レイスを下してそれぞれ1週間ずつ〝レイス・モデル〟のチャンピオンベルトを腰に巻いた。

日本プロレスの芳の里代表、遠藤幸吉取締役が正式にNWAに加盟したのは1967年（昭和42年）。1969年（昭和44年）12月、ときのNWA世界王者ドリーが初来日し、アントニオ猪木（12月20日＝大阪府立体育会館）、ジャイアント馬場（12月21日＝東京体育館）の連続挑戦を受け、いずれも60分フルタイムのドローで同王座防衛に成功した。

馬場も猪木も勝てなかったドリーの実力もさることながら、NWAという組織が日本のプロレス界よりも上に位置するサムシングであるという認識が生まれたのがこのときだった。

日本のプロレスファンのあいだで〝NWA幻想〟が巨大化したのは1970年代からで、ジャイアント馬場の全日本プロレスが団体発足とほぼ同時にNWAに加盟し、アントニオ猪木の新日本プロレスが加盟申請を却下される――1973年、1974年のNWA年次総会では申請却下、1975年の総会で条件つきで加盟――というリング外での政治ドラマ、NWA内部には馬場を支持する〝主流派〟と猪木を支持する〝反主流派〟が存在するといった派閥の構造がマニアのイマジネーションをくすぐった。

ブリスコ、レイス、ドリーの〝3人のNWA世界チャンピオン〟が揃い踏みした全日本プロレスの『新春NWAシリーズ』(1974年=昭和49年1月)が日本におけるNWAのブランド性を絶対的なものにした。同年8月、猪木&坂口征二がロサンゼルスでカール・フォン・ショッツ&クルト・フォン・ヘスから奪取した北米タッグ王座のチャンピオンベルトには〝NWA〟の3文字が刻まれていた。

いまとなっては信じられないようなことだが、全日本プロレスと新日本プロレスがそれぞれのリングでNWAブランドとの親和性を競い合っていた。馬場・全日本プロレスよりも猪木・

ハーリー・レイス

ドリー・ファンクJr

新日本プロレスよりもはるか上に位置するアメリカのプロレス組織。それが〝世界最高峰NWA〟だった。新日本プロレスはNWA加盟から1年後の1976年8月、NWAサイドからの要請により猪木が保持していたNWF世界ヘビー級王座から〝世界〟を削除した。この政治的措置がまた〝NWA幻想〟をいやがうえにも膨張させた。

プロレス専門誌、スポーツ新聞などのプロレス・マスコミもこの〝世界最高峰NWA〟という一種のプロパガンダを長い時間をかけて培養し、〝活字プロレス〟として流布しつづけた。そして、1970年代に少年ファンだった世代のプロレスファンのほとんどがこれを盲信した。

1970年代のNWA世界王座の〝移動ポイント〟を調べてみると、NWAという組織の実像のようなものがぼんやりと浮かび上がってくる。

ドリーがジン・キニスキーから王座を奪ったのはフロリダ州タンパ（1969年2月11日）で、ドリーがレイスに敗れたのはミズーリ州カンザスシティー（1973年5月24日）。ブリスコは〝中立エリア〟のテキサス州ヒューストンでレイスを下し（1973年7月20日）、フロリダ州マイアミ（1975年12月10日）でテリーに敗れた。

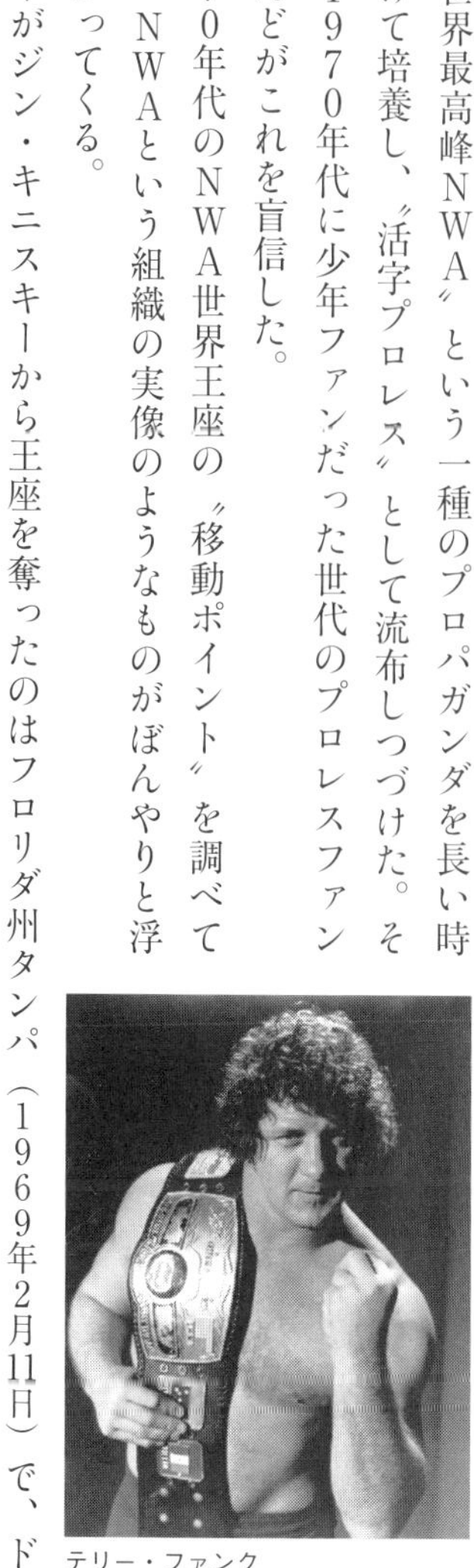

テリー・ファンク

ジャック・ブリスコ

そして、レイスがカナダ・トロントでテリーを下し（1977年2月6日）、ダスティ・ローデスがタンパでレイスから王座を奪ったが（1979年8月21日）、わずか5日後（同8月26日）に同州オーランドでベルトを失った。

1969年から1979年までの10年間のアメリカ国内での7回の王座移動のうち4回までが、本拠地セントルイスではなく、フロリダのリングで起きている。NWAフロリダ地区は、1970年代後半、セントルイスのサム・マソニックからNWA会長の座を引き継いだエディ・グラハムの地盤だった。

世界タイトルマッチは〝記録〟のため映像に収められたが、テレビではほとんど放映されなかった。1970年代のアメリカのプロレスは各地のローカル局、UWF局の電波のなかに生息する〝時代性のない映像〟だった。NWA世界王者が全米あるいは世界じゅうをサーキットしていたのかというとそうではなくて、じっさいはNWAのロゴを共有する中西部エリアから南部のローカル団体を1年を通して〝ゲスト出演〟として巡業していた。

昭和50年代の日本のプロレスファンが愛したのは、NWAそのものではなくて、どうやら〝NWA幻想〟という情報だった。

NWAジョージアと〝アトランタの乱〟

歴史とは〝ｉｆ〟の連続なのだろう。ひとつの〝ｉｆ〟を解読すると、その次の〝ｉｆ〟がぼんやりとみえてくる。

〝テレビ王〟テッド・ターナーがジョージア州アトランタにローカルUHF局WTCGを開局したのは1971年のことだった。これがいちばん最初の〝ｉｆ〟ということになる。ターナーがWTCGというテレビ局を開局していなかったとしたら、その後のアメリカのプロレス史はまったくちがったものになっていたかもしれない。

NWA加盟団体〝ジョージア・チャンピオンシップ・レスリング〟の看板スターはレイ・ガンケルというレスラーだった。ガンケルはインディアナの名門パードゥ大学レスリング部主将をつとめたエリート・アスリートで、1947年のNCAA選手権では準決勝でバーン・ガニアに勝ち、決勝でディック・ハットンに敗退。翌年、ガニアらよりもひと足早くプロレスに転向した。

ガンケルはNWAジョージアのメインイベンターであると同時に団体プロデューサーとしてカード編成を担当。パートナーのバディ・フーラーとともにバックステージをまとめる立場にあった。興行面はポール・ジョーンズ、フレッド・ワードというふたりの老プロモーターが担当していた。

ガンケルはターナーと契約交渉をおこない、1971年12月、WTCGでテレビ番組〝ジョージア・チャンピオンシップ・レスリング〟の放映がスタートした。開局まもないちいさなUHF局のオーナ

レイ・ガンケル

ー、ターナーにとってプロレスはありがたいローカル番組だった。

1972年8月1日、ジョージア州オーガスタでの試合後、ガンケルが心臓発作で急死した。47歳だった。ガンケルが保有していた〝ジョージア――〟の株はガンケル夫人のアン・ガンケルが相続した。35歳の元ファッションモデルのガンケルはある日、興行会社の大株主になった。

ガンケルの存在をおもしろく思わなかったプロモーターのポール・ジョーンズ、共同オーナーのレスター・ウェルチらはありとあらゆる方法でガンケルの締め出しを画策した。プロレスは典型的な〝男社会〟だった。それから3カ月後、11月第3週のサンクスギビング・デーの朝、P・ジョーンズは新聞をみてガク然とした。そこにはASWA（オール・サウス・レスリング・アライアンス）という新団体のオープニング興行の広告が掲載されていた。

ガンケルは〝ジョージア――〟所属の25選手、マッチメーカーのトム・レネストー、レフェリー、リングアナウンサー、ジョージア州各地のタウン・プロモーター数名を帯同して新団体を設立。すでにWTCGとテレビ番組放映の契約も交わし、年内のハウスショーの日程も組まれていた。

その夜、アトランタのオーグルソープ・ジムでASWAのオープニング興行がおこなわれた。締め出されたのはP・ジョーンズのほうだった。ASWAのロゴマークは、NWAのそれとよく似たデザインになっていた。

〝ジョージア――〟とNWAはアトランタで緊急会議を招集した。座長はおとなりのNWAフロリダのエディ・グラハムだった。ホテルの一室でおこなわれた会議にはスピーカ・フォンが並べられ、セントルイスのサム・マソニックNWA会長、ダラスのフリッツ・フォン・エリック、ロサンゼルスのマイク・ラベール、オクラホマのリロイ・マクガーク、そしてニューヨークのビンス・マクマホン・シニアが電話で参加した。それが〝談合〟であることを知っていたマソニック会長は、ミーティングにかかわったNWAメンバーに「ここで話したことはメモに残さないように」とクギを刺した。

〝ジョージア――〟に残留したのはボブ・アームストロングとジム・ウィルソンの2選手とレフェリーがひとりだけだった。このあたりのエピソードは、J・ウィルソンの自伝『チョーク・ホールド』にくわしく描かれている。

NWA体制グループはジャック・ブリスコ対ヒロ・マツダのシングルマッチをフロリダからアトランタに送り込み、ASWAのハウスショーにぶつけた。ガンケルを追放することにいちばん熱心だったのはグラハムだった。オクラホマのマクガークは、ビル・ワットをプロデューサー補佐としてNWAジョージアに派遣した。レスリング・ウォーがはじまった
NWAはターナーとWTCGに契約不履行の訴えを起こした。ターナーは公平な解決策としてNWAジョージアとASWAの両団体に毎週1時間ずつの番組放映時間を与えた。

土曜の夜6時からの1時間番組がガンケル派ASWA、7時から8時間までの1時間番組がNWA。対立関係にあるふたつのプロレス団体の所属選手が毎週土曜の朝、WTCGのTVスタジオに集まり、それぞれ別べつに1時間ずつの番組収録をおこなった。

WTCGが1980年代にスーパーステーションTBS（ケーブルTV）に模様替えしてからもNWAクロケット・プロ―WCW〝ワールドチャンピオンシップ・レスリング〟TVショーが毎週土曜夜6時からの2時間番組だったのは、この時代の〝ねじれ〟のなごりだった。

アトランタのシビック・オーデトリアムでは週3回のライブカードが開催された。毎週火曜の夜がASWAで、木曜と金曜がNWAジョージア。故レイ・ガンケルのファンはガンケル派ASWAをサポートしたし、NWAがビッグカードを開催するとNWAの興行にも足を運んだ。

1973年、アトランタに新しいアリーナ、ジ・オムニがオープンした。ASWAとNWAは先を争うようにオムニでビッグショーを開催した。1974年に入るとNWAの切り札としてNWA世界ヘビー級王者ブリスコが隔週ペースでアトランタに遠征してくるようになった。これといった観客動員力のあるスーパースターのいないASWAのビジネスは急激に落ち込んだ。

NWAジョージアのマッチメーカーに就任したばかりのジム・バーネットがガンケルとコンタクトを図った。ターナーからのリクエストだった。ターナー自身もガンケルと接触し「問題を解決してください」とアドバイスした。ガンケルはバーネットではなく、ターナーの申し出に応じて1974年11月、ASWAの解散に合意した。ガンケルがNWAに提示した条件は、ASWA所属選手とスタッフ全員をNWA派（ジョージア・チャンピオンシップ・レスリング）と新たに契約させる、というものだった。こうして2年におよぶ〝ジョージアの乱〟は終結した。

NWAは故ガンケルが契約したWTCGのテレビ番組〝ジョージア・チャンピオンシップ・レスリング〟（のちに〝ワールド・チャンピオンシップ・レスリング〟に改題）の放映を継続し、やがてこの番組が1988年に発足する新団体WCW（ワールド・チャンピオンシップ・レスリング）の母体となった。のちの〝テレビ王〟テッド・ターナーは、テレビ局オーナーというメディア側の立場から30年間にわたりプロレス史に大きな影響を与えつづけた。

NWAフロリダとエディ・グラハム政権

エディ・グラハムがオーナー社長として手腕を発揮したCWF（チャンピオンシップ・レスリング・フロム・フロリダ）は〝巨大カルテル〟NWAのタカ派のなかのタカ派だった。

グラハム（本名エドワード・ガセット）は、1950年代後半から1960年代前半にかけてニューヨークで〝ドクター〟ジェリー・グラハムとのコンビでゴールデン・グラハムス（ほんとうの兄弟ではなくてレスリング・ブラザー）として一世を風びしたあと、シングルプレーヤーとしてフロリダに転戦。先代プロモーター、クラレンス〝カウボーイ〟ラットレールから興行権を買いとり、NWAフロリダのボスの座についた。

グラハムが現役選手とプロモーターの兼業をつづけたのは1970年代前半までで、1970年代後半にはセミリタイアし、プロモーターとしての仕事に力を注いだ。フロリダのリングではたびたびNWA世界ヘビー級王座の〝移動〟が起きた。

1969年2月、タンパでドリー・ファンクJrがジン・キニスキーを倒した。1975年12月、マイアミでテリー・ファンクがジャック・ブリスコからベルトを奪った。グラハムの〝子飼い〟だったブリスコは、NWA世界王者時代も年間スケジュールの3分の1くらいをフロリダのサーキットにあてていた。1979年8月、タンパとオーランドでハーリー・レイスとダスティ・ローデスのベルト

エディ・グラハム

の〝キャッチボール〟が起きた。

　NWAフロリダは年間52週間、週6日間のスケジュールがびっしりと組まれていた人気テリトリーだった。グラハムはいわゆる〝NWAシステム〟をフル稼働させたプロモーターで、NWAジョージア、NWAクロケット・プロ（ノースカロライナ）、NWAサウスイースタンといった周辺エリアとの連携を活かして半年から1年サイクルのローテーションで主力メンバーを〝流通〟させた。そして、タカ派としてオポジション＝対抗勢力には容赦ない攻撃を加えた。

　いまになってみると、グラハムがNWA会長をつとめた1976年から1978年までの3年間あたりがNWAフロリダ－CWFの興行団体としての最盛期だった。1978年1月にはマイアミのオレンジ・ボウルでレイス対〝スーパースター〟ビリー・グラハムのNWA世界王座とWWWF王座のダブル・タイトルマッチが実現した。

　グラハムはフロリダのスーパースター、ローデスを次期NWA世界王者候補に擁立したとされるが、1980年代前半からNWA世界王者として長期政権を築いたのはNWAクロケット・プロ所属のリック・フレアーだった。ローデスとフレアーの確執は1980年代後半から1990年代のNWA／WCWでもくり返された。

　CWF役員ヒロ・マツダのラインからNWAフロリダは新日本プロ

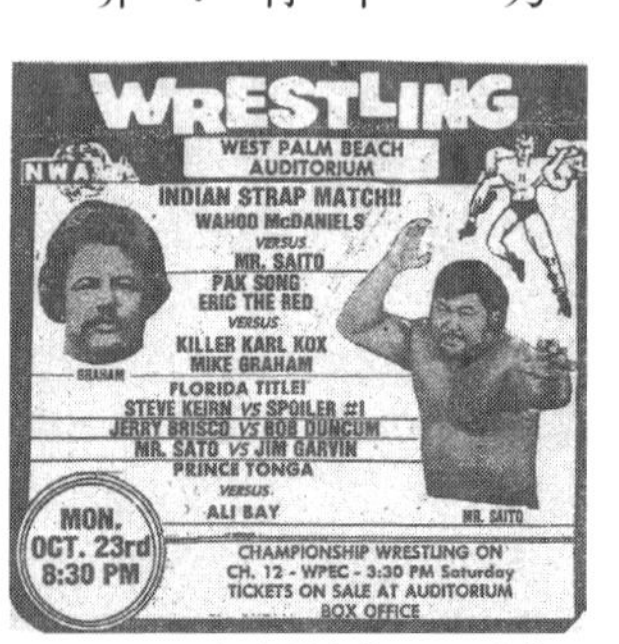

NWAフロリダの新聞広告。マサ斎藤の顔もみえる（1978年）

デューク・ケオムカ

レスと提携。全日本プロレスがNWAセントルイス－セントラルステーツとの強いコネクションをキープしていたため、日本市場との関係をめぐりNWA内部で意見の衝突が起きたこともあった。フロリダは日本人レスラーがたびたび長期サーキットをおこなったエリアで、マサ斎藤、ミスター・サト（のちのグレート・カブキ）、キラー・カーン、ケンドー・ナガサキ、武者修行時代の武藤敬司らが活躍した。

グラハムは1985年1月、フロリダ州ビーチパークの自宅でなぞのピストル自殺——一説によると新聞に報道されることを避けるためにスーパーボウルが開催される日曜日をその日に選んだとされる——をとげた。

興行会社CWFはマツダ、デューク・ケオムカ、ローデス、グラハムの息子マイクがテイクオーバーしたが、1987年に活動休止となりNWAクロケット・プロに吸収された。

ディープサウスのNWA保守派

バディ・フーラーは、プロレスラーとプロモーターの二足のわらじで1950年代から1980年代までジョージア、テネシー、アラバマ、ガルフコーストのディープサウス・エリアの勢力分布図をコントロールした〝陰の大ボス〟だった。

フーラー（本名エドワード・ウェルチ＝1925年生まれとされる）は南部のレスリング・ファミリー、ウェルチ／フーラー一家の大黒柱的な存在で、ファミリーの二代目。父親ロイ・ウェルチもレスラー出身のプロモーター。ロイの3人の弟たち、ジャック・ウェルチ、ハーブ・ウェルチ、レスター・ウェルチもレスラーあがりのプロモーター。ウェルチ一家は戦前の1930年代から南部のカーニバル・ショーの〝露店レスラー〟として活躍し、プロレスの近代化とともに興行の舞台をテントからアリーナに移転させたパイオニア世代で、タッグマッチの〝型〟を構築した兄弟としても知られている。

フーラーは現役時代、父ロイと3人の叔父たちとの血縁関係をカムフラージュするためにあえてウェルチ姓を捨ててバディ・フーラーに改名した。1940年代後半から1970年代前半まで現役選手として活躍したが、60年代以降は現役をつづけながらプロモーターとしてその手腕を発揮した。フーラーのふたりの息子たち、ロン・フーラーとロバート・フーラー（〝テネシー・スタッド〟カーネル・ロブ・パーカー）も70年代にプロレスラーとしてデビューした。

バディ・フーラー

フーラーとロイのウェルチ／フーラー親子とその親せき、叔父のジャック、ハーブ、レスターとその息子たち、娘婿たち、イトコまでを含めると、レスリング・ビジネスにたずさわっている親せきは50人以上いて、ファミリーの正確な家系図をつくることはまず不可能とさえいわれている。

フーラーはフロリダ、ジョージア、テネシー、アラバマ、テキサスのNWA加盟団体の株を保有した〝役員プロモーター〟だった。60年代前半にはテキサス州ダラスでフリッツ・フォン・エリックの独立と新会社サウスウエスト・スポーツ（のちのワールドクラス・チャンピオンシップ・レスリング）の設立を助け、それまでNWAプロモーターだったエド・マクレモアをダラスから追い出した。

1970年代にはテネシーのジェリー・ジャレットのニック・グーラス派からの独立をサポートした。フーラーはNWA年次総会で〝票まとめ〟のできる実力者だった。各地のNWA加盟団体の関係は一蓮托生ではなく、つねにどこかで〝縄ばり争い〟が起きていた。

フーラーは1980年代、ロンとロバートのふたりの息子たちとともにフロリダ州ペンサコーラに腰を落ちつけた。アメリカの地図をみればわかるように、ガルフコースト（メキシコ湾岸）と呼ばれるペンサコーラはフロリダ州の西のはずれで、北はジョージアとアラバマの2州と隣接している。ペンサコーラ、アラバマ、南ジョージアの興行テリトリーを息子たちにまかせたフーラーは、セミリタイアして〝相談役〟にまわった。80年代以降、アラバマはボブ・アームストロングの〝縄ばり〟となり、ボブの息子たち、ブラッド・アームストロング、スティーブ・アームストロングらがデビューした。

かつて南部マットを牛耳ったフーラー／ウェルチ一家は、NWA消滅とともにからプロレス界の表舞台から姿を消した。〝陰の大ボス〟フーラーは1996年1月、心臓発作で死去。70歳だった。

サンフランシスコのカウ・パレス伝説

カリフォルニア州サンフランシスコは、かつて西海岸最大のプロレスの人気マーケットだった。プロモーターはロイ・シャイアー。隔週ペースで開催されたカウ・パレス定期戦で数かずの名勝負や因縁マッチがおこなわれ、さまざまなドラマが生まれた。

シャイアーが〝NWAのフィクサー〟ジム・バーネットのアドバイスでサンフランシスコに新団体を設立したのは1960年。シャイアーは現役時代は〝プロフェッサー〟ロイ・シャイアーのリングネームで大学教授キャラクターを演じ、希代のアイディアマンとして名をはせた人物だった。

“プロセッサー”ロイ・シャイアー

興行会社の正式名称はロイ・シャイアー・プロモーションで、団体名にはビッグ・タイム・レスリング、チャンピオンシップ・レスリングといったネーミングが使われたが、サンフランシスコのプロレスファンはシンプルに〝カウ・パレス・レスリング〟と呼んでいた。

1960年から1971年までの12年間のサンフランシスコ・マットの主人公はレイ・スティーブンスで、隔週ペースでおこなわれるカウ・パレス定期戦はつねに1万2000人から1万5000人の観客を動員した。ちょうど両国国技館や日本武道館クラスの興行が2週間にいちどずつ開催され、それがつねに超満員になり、そういう状況が10年以上つづいたと考えるとわかりやすいかもしれない。

1960年代前半のサンフランシスコの名物カードはスティーブンス対ペッパー・ゴメスの因縁の

対決。スティーブンスのアトミック・ボムズ・アウェー（トップロープからのフットスタンプ）でゴメスが〝内臓破裂〟の重傷を負い、これに怒ったヒスパニック系のファンがスティーブンスの暗殺を計画するという事件まで起きた。

スティーブンスはいわゆる典型的なヒールだったが、魔法のような観客動員力を持っていた。1935年、ウエストバージニア州ポイントプレゼント出身。戦後まもない1949年に14歳でデビューし、ゴージャス・ジョージの時代からハルク・ホーガンの時代まで現役で活躍したレスラーで、バディ・ロジャースとリック・フレアーのちょうどあいだに位置する〝ミッシング・リンク（失われた輪）〟的な存在といわれている。25歳から36歳までの現役選手としての全盛期をサンフランシスコで過ごした。

レイ・スティーブンス

パット・パターソン

シャイアー・プロモーションは、テレビ番組を興行の宣伝媒体に用いた最初のプロレス団体だった。シャイアーは興行会社設立と同時にサンフランシスコのインディペンデント系テレビ局KTVUと契約し、プロモーション・インタビューを中心としたプロレス番組の制作をはじめた。

主役のスティーブンスはテレビではめったに試合をしなかったから、スティーブンスがじっさいにリング上で動きまわっているところを観たければカウ・パレスに足を運ばなければならないという仕組みになっていた。

身長5フィート9インチ（約175センチ）、体重230ポンド（約104キロ）のスティーブンスは、体つきはずんぐりしていておなかも出ていたが、とにかく動きがすばしっこく、パンチ、キック、キッチンシンク、サミング、顔面かきむしりといった小技やトップロープからの落下技が得意で、レスラー仲間からはバンプ（受け身）の達人として尊敬される〝やられ芸〟〝投げられ芸〟〝顔芸〟の天才だった。

ローカル団体の〝寿命〟は20年？

スティーブンスが中西部のＡＷＡに転戦したあとにサンフラシスコのメインイベンターの座についたのは、体つきもファイトスタイルもスティーブンスとまったく同じタイプのパット・パターソンだった。

パターソンもスティーブンスと同様、ヒールとベビーフェースをたくみに演じ分けながら１９６９年から１９７７年までの約９年間、カウ・パレス定期戦の主役として活躍。同地区認定ＵＳヘビー級王座を通算６回保持。ＡＷＡへ転戦後、スティーブンスとのコンビでＡＷＡ世界タッグ王座を獲得した。

〝昭和のプロレス〟を知るオールドファンにとっては、パターソンはアントニオ猪木――ふたりは１９６４年から１９６５年にかけてオレゴンをいっしょにサーキットした若手時代の友人――の理解者でありライバル。１９９０年代以降のＷＷＥファンにとってはビンス・マクマホンの知恵袋的存在、ＷＷＥのエグゼクティブ・プロデューサーとしてのほうが有名かもしれない。

１９７０年代のサンフランシスコ・マットにはディック・ザ・ブルーザー、ボブ・エリス、ボボ・

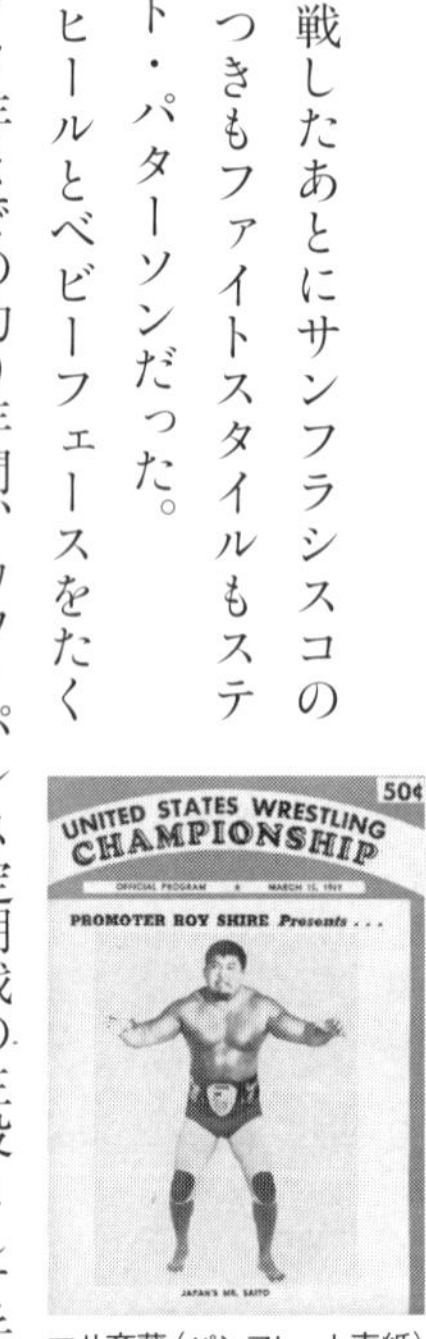

マサ斎藤（パンフレット表紙）　ペッパー・ゴメス

ブラジル、ビル・ワットなどたくさんのスーパースターたちが全米各地から代わるがわる転戦してきた。スティーブンスもパターソンも、負けそうで負けないUSヘビー級王者としていつも最後の最後にはベルトを守りきるチャンピオンを演じた。サンフランシスコの都会のプロレスはそういう長編ドラマだった。

マサ斎藤とキンジ・シブヤのジャパニーズ・コンビも長期間にわたりベイ・エリアに定着し、サンフランシスコ版・世界タッグ王者チームとして活躍した。

日本的な感覚でいえば、西海岸のサンフランシスコとロサンゼルスはすぐおとなりだが、じっさいにはクルマなら片道12時間、飛行機でも片道1時間の距離で、サンフランシスコ地区にはサンフランシスコ地区のTVショーとライブのプロレス、ロサンゼルス地区にはロサンゼルス地区のTVショーとライブのプロレスがあって、ふたつのエリアの長編ドラマが同時進行したりリンクしたりすることはあまりなかった。

ローカル団体の〝寿命〟というものがあるとしたら、それはだいたい20年くらいなのかもしれない。ビッグ・タイム・レスリングも観客動員が低下してくると、プロレス経済の変動を察知したシャイアーは1980年にあっさりと店じまいし、サンフランシスコの殿堂カウ・パレスからも〝地元のプロレス〟の灯が消えたのだった。

オレゴンのパシフィック・ノースウエスト・レスリング

オレゴン州ポートランドを本拠地とするパシフィック・ノースウエスト・レスリングは、ハーブ・オーエンとドン・オーエンの親子二代のプロモーターが67年間にわたり運営した典型的な地域密着型のローカル団体だった。

先代オーエンがオレゴンで最初にプロレス興行を手がけたのは1925年。その息子ドン・オーエンは13歳からチケットのもぎり、会場整理、売店の手伝いをはじめ、19歳でリングアナウンサーとしてデビュー。第二次世界大戦中の1942年に先代オーエンが死去するとプロモーターに転向し、1992年の引退までじつに半世紀以上にわたり〝オレゴンの父〟として地元ファンに愛された。

オレゴンで最初にプロレス中継がテレビで〝試験放送〟されたのは戦後まもない1948年。それから6年後の1954年、地元テレビ局KPTVが〝レスリング・ポートランド〟のレギュラー放映を開始。放映時間が何度か変更され、チャンネルが変わったこともあったが、番組そのものは38年間つづいた。

日本のプロレス界とのかかわりでは、パシフィック・ノースウエスト地区はアメリカ武者修行時代のアントニオ猪木が本名のカンジ・イノキとして約半年間を過ごした場所として知られている。1964年(昭和39年)3月、初めての長期海外遠征に出た猪木はハワイに1カ月、

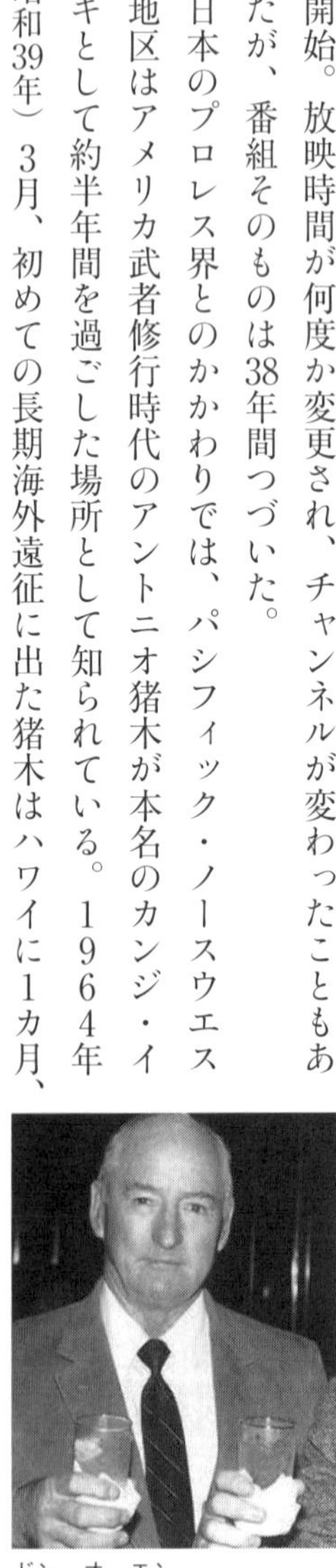

ドン・オーエン

トーキョー・トムのリングネームでNWAセントラルステーツ地区（カンザス、ミズーリ、アイオワ）に2カ月、リトル・トーキョーのリングネームでロサンゼルスに4カ月間滞在したあと、64年11月から翌65年（昭和40年）5月までオレゴン－ワシントン・エリアを長期サーキットした。また、1988年（昭和63年）には同エリアに遠征した藤波辰爾がザ・グラップラーを下し、パンフィック・ノースウエスト・ヘビー級王座を獲得した（1988年10月15日＝オレゴン州ポートランド、ポートランド・スポーツ・アリーナ）。

オレゴンとワシントンの2州にまたがる中距離のサーキット・コースは1940年代から1990年代までいちども変わることはなく、毎週、同じ曜日に同じ町の同じ体育館で試合がおこなわれ、観客のほとんどはシーズン・チケット・ホールダーと呼ばれる固定層のファンだった。リングサイドのお客さんはどの試合会場でもつねに同じ顔ぶれで、観客もレスラーたちといっしょにトシをとっていった。

先代オーエンは、無名時代のジョージ・ワーグナーにゴージャス・ジョージを演じるチャンスを与え、二代目のドン・オーエンはこれといった実績のなかった20代前半のロディ・パイパーをメインイベントに起用した最初のプロモーターだった。ホームリングを持たないジャーニーマン（放浪のレスラー）だったパイパーがカナダを西へ西へと進み、西海岸のブリティッシュ・コロンビア（バンクーバー地区）を南下してアメリカ国境をわたり、さらに南下をつづけてやっと旅装を解いた場所がポートランドだった。

パイパーはパシフィック・ノースウエスト地区に定着しつつ、サンフランシスコ、ロサンゼルスの西海岸エリアでも活躍。ロサンゼルスのオリンピック・オーデトリアムに長期滞在したあと、大陸を横断して大西洋岸のNWAクロケット・プロ（ノースカロライナ）、南部のNWAジョージアをサーキット。1984年にWWEと契約し、ハルク・ホーガンの宿命のライバルとして1980年代、1990年代を代表するスーパースターの道を歩んでいったが、親代わりのような存在だったオーエンとの関係をひじょうに大切にし、1970年代後半からずっとオレゴンに在住。ローカル団体がなくなったあとも家族といっしょにポートランド郊外で暮らしていた。

パイパーが〝オレゴンの顔〟となる以前のパシフィック・ノースウエスト地区のスターは〝タフ〟トニー・ボーン、ダッチ・サベージ、〝アパッチ〟ブル・ラモス、〝ムーンドッグ〟ロニー・メインといった顔ぶれだった。

トニー・ボーンは1926年、オハイオ州コロンバス出身。1940年代から1970年代まで活躍した息の長いレスラーで、1950年代からオレゴンに定住。ダッチ・サベージは1935年、ペンシルベニア州スクラントン出身。義兄ルーク・ブラウン（グリズリー・スミスとのコンビでザ・ケンタッキアンズとして活躍）のコーチを受け、1963年にデビュー。1972年からオレゴンに定着し、日本プロレス、全日本プロレスのリングにも上がった。サベージはオーエンの右腕的な存在で、現役選手とワシントン州担当プロモーターの二足のわらじを履き、1983年に引退後はTVショーの解説者として活躍した。

ネイティブ・アメリカンのブル・ラモスは1937年、テキサス州ヒューストン出身。テキサス、WWWF（当時）、ロサンゼルスなどをツアー後、オレゴンに定着。68年、マディソン・スクウェア・

ガーデンでブルーノ・サンマルチノのWWWF世界王座に挑戦したこともあった。

日本ではそのニックネームが〝宇宙犬〟と訳された〝ムーンドッグ〟ロニー・メインは、1944年、カリフォルニア州フェアファックス生まれのユタ州ソルトレークシティー育ち。典型的なクレイジー・ファイターとして鳴らし、金髪というよりも白に近いブロンドのロングヘアと髪の色と同色の伸ばし放題のあごヒゲ、いつも手に持っていた動物の骨と角材がトレードマークで、電球を食べてしまうデモンストレーションが有名だった。1973年にはニューヨークに転戦し、ペドロ・モラレスのWWWFヘビー級王座にも挑戦したが、78年8月、ロサンゼルス地区をサーキット中にサンバーナディーノのフリーウェイで交通事故に遭い、33歳の若さで急死。メインの死後、コピー版の〝ムーンドッグ〟が何人も出現した。

〝オレゴンの父〟オーエンは1968年にポートランド市内の古いボウリング場を買い上げ、これを3000人収容のポートランド・スポーツ・アリーナに建て替えた。毎週土曜の同アリーナ定期戦は長寿番組〝レスリング・ポートランド〟で生中継されていたが、いつもメインイベントの直前に番組が終了するのがポートランドのトラディションだった。メインイベントを観たいファンはチケットを買ってアリーナに来る、というのがオーエンとオレゴンのプロレスファンの約束事

ロディ・パイパー

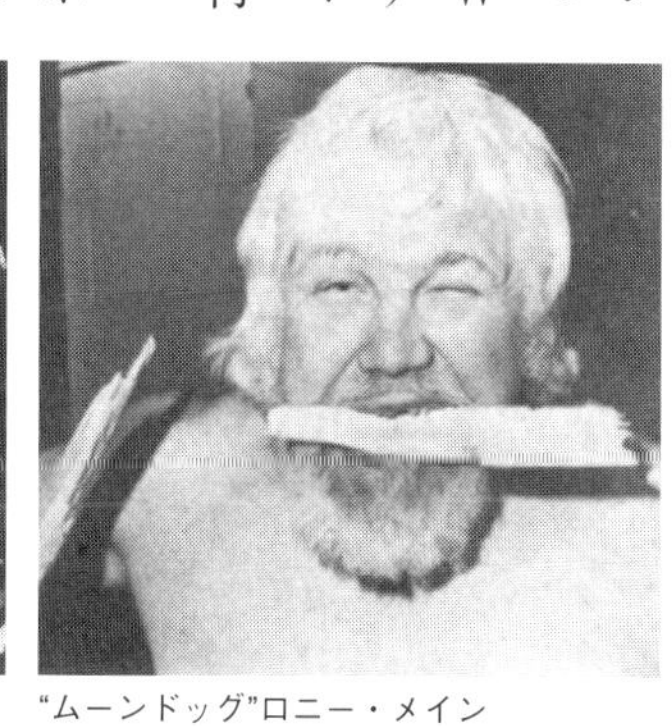

"ムーンドッグ"ロニー・メイン

になっていた。

NWA加盟団体だったPNW（パシフィック・ノースウエスト・レスリング）は有望なルーキーたちの登竜門的なテリトリーとしても知られ、70年代から80年代にかけては若手時代のジミー・スヌーカ、ドン・ムラコ、〝プレイボーイ〟バディ・ローズ（ポール・パーシュマン）、ジェシー・ベンシュラ、アドリアン・アドニス、リック・マーテル、カート・ヘニングらが若手時代をオレゴンで過ごした。

1985年に開催されたオーエン・ファミリーの〝60周年記念興行〟は、リック・フレアー対ビリー・ジャック・ヘインズのNWA世界ヘビー級選手権をメインイベントにザ・コロシアムに1万2000人の観客を動員した。インズは1953年、ポートランド生まれ。82年にカナダ・カルガリーでデビュー後、地元オレゴンのサーキットに合流。86年、オーエン派に造反して新団体OWF（オレゴン・レスリング・フェデレーション）を設立してテレビ番組を制作したが、オレゴンのファンはこれをサポートせず、新団体はあっけなく消滅。ヘインズ自身もレスラーとしては大成しなかった。

1991年12月、KPTVが放送していた〝レスリング・ポートランド〟が突然、WWEのテレビ番組に変わった。翌1992年5月、オーエンは地元出身のサンデーとジェシーのバー親子にパシフィック・ノースウエスト・レスリングの株を売ってプロレス界から引退した。

プロモーターをやめたあと、オーエンは家族といっしょにオレゴン州ユージーンで子どものころからの夢だったという牛と馬と七面鳥を育てる農場をはじめた。1990年代以降のWWEのプロレスはほとんど観なかったという。20世紀最後のローカル・プロモーターは、2002年8月、90歳でこの世を去った。

西海岸LAのオリンピック・オーデトリアム

アメリカ西海岸はかつてプロレス人気のひじょうに高かったエリアだ。本拠地ロサンゼルスからサザン・カリフォルニア一帯を興行テリトリーとするローカル団体〝ハリウッド・レスリング・オフィス〟のボスはマイク・ラベールという人物だった。

日本のプロレス界とLAは半世紀以上もまえからひじょうに密接な関係にあった。力道山対ルー・テーズのインターナショナル選手権（１９５８年＝昭和33年）、力道山対フレッド・ブラッシーのWWA世界選手権（１９６２年＝昭和37年）がおこなわれたのがLAのオリンピック・オーデトリアムだ。

オリンピック・オーデトリアム

力道山以後は豊登、ジャイアント馬場、大木金太郎、アントニオ猪木、坂口征二、グレート小鹿、星野勘太郎、上田馬之助、マサ斎藤ら旧日本プロレス出身の世代から藤波辰爾、長州力、木村健悟、小林邦昭あたりの新日本プロレス世代まで多くの日本人レスラーが同所のリングに上がった。

オリンピック・オーデトリアムは１９３２年のロサンゼルス・オリンピックのときに建てられたアリーナで、オリンピック開催以後はおもにプロレス、ボクシング、ローラーゲームなどの試合会場として使用された。

ラベールは母アイリーン・イートンがプロボクシングのプロモーター、義父キャル・イートンがプロレスのプロモーターという興行一家に育ち、ラベール自身は義父イートンの死後、1965年から1982年までの22年間、LA、エルモンテ、サンディエゴ、サンバーナディーノ、ベイカーズフィールドといった南カリフォルニア・エリアのプロモートを手がけた。ラベールの実弟ジーン・ラベールはアメリカ人としてはめずらしい柔道出身のプロレスラーで、日本では猪木対モハメド・アリの異種格闘技戦（1976年）のレフェリーをつとめたことで知られている。

オリンピック・オーデトリアムの2階にあったハリウッド・レスリング・オフィスの事務所は先代社長イートンがロサンゼルス市からリースしていた物件で、イートン・ファミリーは月額1500ドルという当時の物価としては破格の家賃を支払い、オリンピック・オーデトリアム全体の管理を委任されていた。

LAがアメリカでも指折りの人気マーケットだったのは1950年代から1970年代前半までの20数年間で、とくに1967年から1974年までの約8年間はウエストコーストの黄金テリトリーと呼ばれていた。ラベールはプロモーターとして興行面を担当し、マッチメークはイートンのパートナーだったジュールス・ストロンボーとミスター・モト（チャーリー・イワモト）がハンドリングした。

毎週水曜はオリンピック・オーデトリアム（KMEX＝SINスパニッシュ・インターナショナル・ネットワーク）、毎週土曜はKCOPテレビ（チャンネル13）のスタジオで週に2回のTVテーピングがおこなわれ、さらに隔週金曜にもオリンピック・オーデトリアムでビッグショーが開催されて、この定期戦は平均1万人クラスの観客を動員していた。

スペイン語放送局KMEXの電波はLA以外のエリアではUHF局としてSINの電波に乗ってい

たため、ラベール派プロデュースのプロレス番組はほとんど偶然といっていいような形でニューヨークをはじめ全米各地で放映されていた。

看板スターは〝銀髪鬼〟フレッド・ブラッシーと〝黄金のギリシャ人〟ジョン・トロスのふたりで、メキシコではすでにスーパースターだった〝千の顔を持つ男〟ミル・マスカラスがアメリカ本土進出を果たしたのもLAのリングだった。やや蛇足になるが、グレート小鹿はアメリカ武者修行中、マスカラスを下してLA地区認定のアメリカス・ヘビー級王者になったことがある。

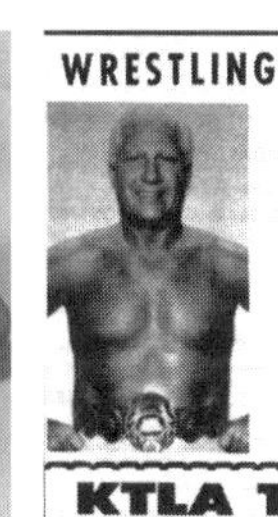

ブラッシーのTV広告

ミル・マスカラス

LAにおけるプロレス人気とラベールのプロモーターとしてのキャリアがひとつのピークを迎えたのはブラッシー対トロスの〝完全決着戦〟（1971年8月27日＝ロサンゼルス・コロシアム）だった。

当時はめずらしかったアウトドアの野球場を使ってのライブ興行は2万人とも3万人ともいわれる大観衆を動員したとされるが、正確な入場者数が発表されなかったため、現在ではこのイベントそのものが一種の都市伝説として語り継がれている。

ブラッシー対トロスの一戦は、これも当時としてはまだ異例だったクローズド・サーキット方式でLAエリアの映画館、劇場で同時上映された。このクローズド・サーキット方式が現在のPPV（ペイ・パー・ビュー＝契約式有料放映）のルーツであることはいうまでもない。

1970年代のオリンピック・オーデトリアム定期戦の入場料は平均5ドル。年に数回のビッグショーではこれが7ドル50セントに値上げされた。いまから40年以上まえの物価ということを考慮しても、やっぱりプロレスはブルーカラー層のためのエンターテインメントだったことがわかる。「ロサンゼルスにはプロレスファンは1万人しかいない」というのがラベールの持論だった。毎週水曜にオリンピック・オーデトリアムでおこなわれていたTVテーピングには平均1万人前後の観客が集まり、隔週金曜に同所で開催されるビッグショーもだいたい1万人クラスの有料入場者を集めていたから、ラベールが立てた〝仮説〟は数字のうえではおおむね正しかった。

1万人クラスの観客を動員できる人気カードなら〝リターンマッチ〟や〝完全決着戦〟を何度でもプロデュースしたが、1万人クラスの観客を集めることのできないカードはそれが現在進行形の〝因縁ドラマ〟であってもすぐに消去された。

オリンピック・オーデトリアム定期戦の観客動員が好調なときはアメリカじゅうから超一流のメンバーがLAに集まってきたが、オリンピック・オーデトリアム定期戦の興行収益が低迷しているときは出場選手たちの顔ぶれもヒスパニック系に人気のチャボ・ゲレロや経費のかからないローカル・グループが中心となった。ラベールは、試合は観ずに数字だけを読むタイプのプロモーターだった。

それがハリウッドという土地柄といってしまえばそれまでのことなのかもしれないが、ラベールの興行会社ハリウッド・レスリング・オフィスはテレビ局とよくケンカをした。KTLA（チャンネル5）との衝突でゴージャス・ジョージの時代からつづいてきたテレビ番組が1970年に打ち切られた。KTLAの後釜として新たに契約したKCOP（チャンネル13）とも番組内容とCMに関する見解の相違で1974年6月に番組そのものがキャンセルとなった。

テレビ局とのトラブルの原因はFCC（フェデラル・コミュニケーション・コミッション＝連邦通信委員会）による番組内容の改善命令だった。FCCはアメリカ国内の放送通信事業の規制・監督をおこなう連邦政府機関で、1970年代には全米のテレビ番組制作者に対して番組へのCMの〝混入〟を禁止し、本編とCMの区別、本編と通信販売コンテンツの完全分離を徹底させた。

FCCのリサーチによれば、ハリウッド・レスリング・オフィス制作のプロレス番組は番組内容のほとんどが同社の興行のCMになっていたため、この番組をオンエアしていたKCOPに〝排除勧告〟が下った。ブラッシーがTVカメラに向かって「来週の金曜、オリンピック・オーデトリアムで○○をやっつける」とがなり立てると、それは番組本編へのCMの混入、あるいは〝まぎらわしい広告〟とみなされた。

もちろん、LAのプロレス番組だけが番組本編で次回興行の宣伝をしていたわけではなくて、じっさいにはアメリカ国内の各テリトリーが制作していたほとんどすべてのプロレス番組がこのやり方で地元の興行を宣伝していたが、ハリウッドを本拠地とするラベール派だけがFCCの目に止まった。全米各地のNWA加盟団体はラベールに対し「余計なことをしてくれるな。われわれにまで迷惑がかかる」と冷たい視線を投げかけた。

ラベールのプロモーターとしての最後の大仕事は、ビンス・マクマホ

マサ斎藤が表紙のプログラム（1971年）

チャボ・ゲレロ

ンとの〝対決〟だった。1982年7月、父ビンセント・ジェームズ・マクマホンからキャピタル・レスリング・コーポレーションを買い上げたビンセント・ケネディ・マクマホンは、同年8月、ラベールからハリウッド・レスリング・オフィスを買収するためにLAにやって来た。

このとき、ビンスは36歳で、ラベールは52歳。ビンスはLAのWOR−TV、KHJ−TVと独自に契約を交わし、1983年1月1日から西海岸エリアの地上波（この時点でケーブルTVではすでに全米中継を開始）でのWWEのテレビ番組放映開始が正式決定した。

WWEはLA、サンディエゴ、サンノゼでのハウスショーの定期開催プランにも着手し、ビンスは西海岸のローカル・プロモーターとしてラベールに協力を要請した。ラベールはビンスのこのオファーに応じたが、結果的にWWEはハリウッド・レスリング・オフィスを買収することなく、カリフォルニア州全体の〝縄ばり〟をテイクオーバー（乗っ取り、買収）してしまった。

WWEが興行テリトリーをいっきに全米に拡大する〝1984体制〟が本格的にスタートを切るのはこの1年後だが、ビンスは1983年の時点でまずラベールと接触し、アメリカ第2の都市LAをその手中に収めた。WWEの〝1984体制〟はアメリカ大陸を横断しての西海岸進出からはじまっていたという事実はひじょうに興味ぶかい。ハルク・ホーガンがまだ新日本プロレスをホームリングにしていたころ、ビンスは〝世界征服計画〟をひとつずつ現実に近づけていたのだった。

ウエストコーストの大プロモーター、マイク・ラベールは2009年11月24日、末期ガンによる呼吸障害のため死去。79歳だった。

プログラムの表紙に載ったA猪木（1974年）

カナダの〝プロレス名所〟トロント

カナダ・トロントのプロレスの歴史は古い。1883年に〝プロレスの父〟ウィリアム・マルドゥーンがここで試合をしたという記録が残されている。フランク・ゴッチ、ジョージ・ハッケンシュミット、スタニスラウス・ズビスコらプロレス史のパイオニア世代も20世紀初頭にトロントにやって来た。

1929年に毎週木曜夜のアリーナ・ガーデン定期戦がはじまり、エド〝ストラングラー〟ルイス、ジム・ロンドス、ガス・ソーネンバーグら戦前のスーパースターたちがトロントに遠征してくるようになった。1931年にはメープル・リーフ・ガーデンがプロレス興行に使用されるようになり、1939年からはジョンとフランクのタニー兄弟が前任のジャック・コアコランからトロントのプロモート権を引き継いだ。しかし、兄ジョンが32歳で急死し、27歳だった弟フランクはたったひとりで興行会社を運営することになる。戦前の1940年から1983年までの43年間は、フランク・タニーがトロントとオンタリオ州周辺エリアの大プロモーターとして活躍した。

“ホイッパー”ビリー・ワトソン

戦前のトロントの大スターは〝ホイッパー〟ビリー・ワトソンだった。ワトソンは1956年、ルー・テーズを下しNWA世界ヘビー級王座を獲得。1959年にはあのゴージャス・ジョージと〝髪切りマッチ〟をおこない、メープル・リーフ・ガーデンのリングの上で〝豪華なジョージ〟を丸坊主にした。ゴージャス・ジョージの〝髪切りマッチ〟はロサンゼルスでおこなわれたザ・デストロイヤーとの一戦（1962年）があまりにも有名だが、じつはそれよりも先にトロントでワトソンと同じような試合をやっていた。

1963年1月には――NWAの分裂騒動とWWWF誕生のゴタゴタのなかで――バディ・ロジャース対テーズの歴史的なタイトルマッチがおこなわれ、それから2カ月後にはWWWF世界へビー級王者となる直前のブルーノ・サンマルチノ対テーズの最初で最後のシングルマッチが実現した。

ちょっと意外な感じではあるが、1969年から1977年あたりまではトロントの主役は〝アラビアの怪人〟ザ・シーク〟だった。タニーはデトロイトのビッグ・タイム・レスリングと提携し、シークをトロントのメインイベンターに起用。シークは隔週日曜に国境を越えてトロントにやって来て、つねに1万人クラスの大観衆を動員した。シークはいわゆる大悪役だったが、絶対といっていいほどフォール負けをしないレスラーで、トロントでの8年間の戦績は〝100勝0敗27引き分け〟だった。

フランク・タニー

WWEと提携し観客動員記録を更新

1977年、ハーリー・レイスがテリー・ファンクからNWA世界王座を奪取した場所もトロントだった。翌1978年、シークと絶縁したタニーはNWAクロケット・プロと業務提携し、リック・

フレアー、リッキー・スティムボート、ジミー・スヌーカから新しい世代のスターが定期的にトロントに遠征してくるようになった。

タニーは1983年、70歳で死去。タニーのあとを継いでトロントのプロモーターとなったタニーの甥ジャック・タニーは、NWAクロケット・プロとの提携路線を凍結し、ビンス・マクマホンを新しいパートナーに選択した。

1986年8月にはハルク・ホーガン対ポール・オーンドーフのタイトルマッチがエキシビション・スタジアムに約6万5000人の大観衆を動員。ホーガン対アルティメット・ウォリアーをメインにラインナップした1990年の〝レッスルマニア6〟はスカイドームに6万8000人の大観衆を集め、トロントにおける観客動員新記録を打ち立てた。

〝レッスルマニア18〟（2002年3月17日＝スカイドーム）ではハルク・ホーガン対ザ・ロックの〝世紀の一戦〟、クリス・ジェリコ対トリプルHの統一世界ヘビー級選手権がおこなわれ6万8237人を動員。12年まえに〝レッスルマニア6〟が樹立した同地での観客動員記録を更新した。

ジャック・タニーは1980年代後半から1995年までWWE会長をつとめた。名所メープル・リーフ・ガーデンでのプロレス興行は1995年を最後にとりやめとなり、WWEの定期興行もエアー・カナダ・センターに移転。トロントからはローカル団体が姿を消し、現在はインディーズ諸派が活動しているだけとなった。

モントリオールの主役はフレンチ・カナディアン

カナダ・モントリールのプロレス史は1930年代からその記録が残されている。それが正式な団体名だったのかチャンピオンベルトの名称だったのかは不明だが、AWA（アメリカン・レスリング・アソシエーション）の系譜は1935年からはじまっている。

モントリオールAWA（エディ・クイン派）の初代世界ヘビー級王者はダーノ・オマホニー。オマホニーは1936年3月2日、ボストンでディック・シーカットに敗れボストンAWA世界王座を失ったが、モントリオールはオマホニーを世界王者と認定し、同年7月、モントリオールでそのオマホニーを倒したイーボン・ロベアがモントリオールAWA世界ヘビー級王者となった。

このイーボン・ロベア（スペルはロバートだがフランス語読みではロベアと発音）こそモントリオール・マットが生んだ最大のスーパースターだった。ロベアは戦前の1936年から戦後の1956年までの20年間でモントリオールAWA世界王座を通算18回保持した実力者。モントリオールの力道山的存在といえばわかりやすいかもしれない。

モントリオールAWAはプロモーターのエディ・クインの死後、1964年にいちど活動を休止し、翌1965年、ジョニー・ルージョーとボブ・ランジェビンが新団体オールスター・レスリン

イーボン・ロベア

グを設立。ＡＷＡ世界王座は新設ＩＷＡ世界ヘビー級王座に模様替えされた。

この団体は約10年間存続したが、１９７５年に活動を休止し消滅。

１９６０年代以降、モントリオール・マットの主導権を握るのは兄ジョニーと弟ジャックのルージョー兄弟で、ジャックの３人の息子たち、長男レイモンド、次男ジャック・ジュニア、三男アーマンドも１９７０年代にデビューした。

このＡＷＡ／ＩＷＡとは別派でグランプリ・レスリング（ポール・バション＆ゲーリー・ラグー）という団体も１９７０年代前半にモントリオールで活動していたが、主力メンバーはすでに50代に手が届いていたエドワード・カーペンティア、マッドドッグ・バション、キラー・コワルスキーらで、このグループは１９７４年に活動を休止した。

モントリオール団体もＷＷＥに“吸収”され消滅

１９８０年代にモントリオール・マットを統一したのは新団体インターナショナル。団体のオーナーシップはジノ・ブリット、フランク・バロア、ディノ・ブラボー、そしてアンドレ・ザ・ジャイアント（モントリオールではジーン・フェレという名も使っていた）の４人の連名

ルージョー一家（右から）次男ジャックJr、父ジャック・シニア、三男アーモンド、長男レイモンド

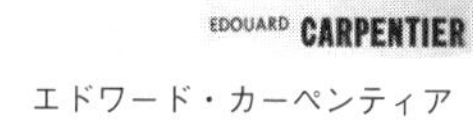

エドワード・カーペンティア

になっていた。

この時代のモントリオールはローカル版ＩＷＡ世界ヘビー級王座とミネアポリスのＡＷＡ世界ヘビー級王座のふたつのタイトルを世界王座に認定。ＡＷＡ世界王者時代のニック・ボックウィンクルが年に数回、モントリオールをツアーしていた。

１９８５年にはインターナショナルがモントリオールでの興行権をＷＷＥに売却し〝閉店〟したが、翌86年にはローカル派が興行活動を再開。しかし、インターナショナルの主力メンバーだったブラボー、レイモンド&ジャックのルージョー兄弟、リック・マーテルらは１９８０年代後半にはＷＷＥと選手契約を交わし、インターナショナルの残党グループも１９８７年に活動を停止した。

１９８０年代後半以降のモントリオールはＷＷＥの全米ツアー・コースの一部となった。現在、モントリオールには大きなローカル団体はなく、インディー諸派が小規模な活動を展開しているのみといわれている。カナダのフランス語圏のプロレスはＷＷＥに制圧されたのだった。

カナダ・カルガリー 丘の上のスチューさん一家の物語

丘の上のお屋敷からたくさんの物語が生まれた。スチュー・ハートは雪国カルガリーに〝プロレス一座〟をつくり、半世紀にわたり新人を発掘し、育成した。ヘレン夫人と男8人、女4人の12兄弟をもうけた。8人の息子たちはプロレスラーになり、4人の娘たちはプロレスラーと結婚した。

スチューさんが「あんたたち、レスリングに興味はないかね」と無名のプロフットボール・プレーヤーたちに声をかけていなかったら、フリッツ・フォン・エリックもジン・キニスキーもウィルバー・スナイダーもジョー・ブランチャードもプロレスラーにはなっていなかった。

スチューさんが自宅の地下の道場〝ダンジェン〟でウェイン・コールマンというボディービルダーにレスリングを教えていなかったら、〝スーパースター〟ビリー・グラハムは存在していなかった。グラハムがプロレスラーになっていなかったら、ハルク・ホーガンがプロレスラーをめざすことはなかったかもしれない。

スチューさんのスタンピード・レスリングがなかったら、ビル・ロビンソンもダイナマイト・キッドもデイビーボーイ・スミスもカルガリーにやって来ることはなかったし、国際的なスーパースターの道を歩むこともなかった。ダイナマイト・キッドがいなかったら、クリス・ベンワーはおそらくプロレスラーにはなっていなかっただろう。

若き日のスチュー・ハート

そして、スチューさんが父親でヘレンさんが母親でなかったら、〝ヒットマン〟ブレット・ハートもオーエン・ハートもこの世に生を受けることはなかった。

スチュワート・エドワード・ハートは1915年5月3日、カナダ・サスカッチェワン州サスカトゥーンに生まれた。実家はスチューさんが14歳のときに破産し、スチューさんはYMCAの寄宿舎に住み込み、ここでアマチュア・レスリングを学んだ。スチューさんの夢はアマチュア・レスリングでオリンピックに出場することだった。1938年にウエスト・カナダ選手権に優勝し、1939年にカナディアン・ナショナル選手権(191ポンド)に優勝してオリンピック代表選手に選ばれたが、第二次世界大戦で1940年のオリンピックが開催中止になった。スチューさんは海軍に入隊してレスリングをつづけたが4年後のオリンピック(1944年)も戦争でまた中止になった。

レスリングで生計を立てたいと考えたスチューさんは、ヒッチハイクをしながらカナダからニューヨークまで出かけていき、マンハッタンのコーヒーショップでプロモーターのトゥーツ・モントをつかまえて「アマチュアのチャンピオンでした。レスリングでお金を稼げますか」と直談判した。モントはスチューさんのカリフラワー状の耳をながめながら「試合はいつからできる?」と答えた。スチューさんは終戦から1年後、1946年に31歳でプロレスラーになった。

ニューヨークのサーキット仲間にはポール・ボーシュ、ロード・ジェームス・ブレアースらがいた。スチューさんはボーシュから元オリンピック選手のハリー・J・スミスの娘ヘレンさんを紹介され、ふたりは1947年の大みそかの夜に結婚した。ヘレンさんは「レスリングは嫌い」と公言しながら、それから50年間、カルガリーの〝プロレスの母〟でありつづけた。

スチューさんは1951年にカルガリーに興行会社フットヒル・スポーツ・クラブを設立し、カナダの山奥らしくクロンダイク・レスリングという団体名をつけた。それからビッグ・タイム・レスリング、ワイルドキャット・レスリングと何度か看板を変え、1967年にカルガリーの有名なカウボーイのお祭りの名称をとってスタンピード・レスリングとした。スチューさん自身は1960年まで現役選手としてリングに上がった。

スチューさんは筋金入りのアスリートたちを愛した。スタンピード・レスリングを観にきてくれるお客さんたちはカウボーイ、炭鉱労働者、トラック運転手、木材製造業など肉体が資本のブルーカラー層がほとんどだったから、リングの上にはタフガイをそろえておく必要があった。スチューさんがいつもお尻のポケットに入れていた革のサイフのなかには、スチューさんが大好きだったルーサー・リンゼイ（一般的なカタカナ表記はルッター・レンジ）のボロボロになったブロマイド写真がお守りのようにしまわれていた。

ダイナマイト・キッド（上）&デイビーボーイ・スミス

オーエン・ハート

1984年、ビンス・マクマホンがカルガリーにやって来てスタンピード・レスリングの買収を持ちかけた。もしも自分が団体を手放さなかったとしても、やがてWWEがカルガリーに進出してくる計画であることはスチューさんにはすぐにわかった。すでに70代に手が届きつつあったスチューさんはブレット、ダイナマイト・キッド、デイビーボーイ・スミス、ジム・ナイドハートの4人のWWEとの契約を条件にこのオファーをのんだ。

12人兄弟の六男ブレットは、WWEのリングで1990年代のプロレス・シーン代表するスーパースターに成長した。ブレットとビンスの大ゲンカにはスチューさんは関知しなかった。八男で末っ子のオーエンもスーパースターにはなったけれど、アリーナの天井からワイヤーロープでリングに舞い降りてくる〝演出〟の事故で不慮の死をとげた(1999年5月23日=カンザス州カンザスシティー)。オーエンの妻マーサさんがWWEとビンスに損害賠償を求める訴訟を起こした。WWEはオーエンの兄、姉たちに弁護側の証人になることを依頼した。裁判はハート家をふたつに引き裂き、スチューさんを苦しませた。スチューさんは「事故はビンスの監督のもとで起こったことだからビンスにもそれなりの責任はある」としながらも、巨額の賠償金を求めることには反対した。

ヘレン夫人が先立ち、義理の息子デイビーボーイが急死し、引退したブレットが脳こうそくで倒れた。丘の上のハート家のお屋敷はずいぶん寂しくなり、訪ねてくる人びとの顔ぶれも変わった。2001年、スチューさんはカナダ政府から〝オーダー・オブ・カナダ〟の文化勲章を贈られた。スチューさんは「わたしがこのようなものをもらう理由がわからない」と不思議がった。

雪国カルガリーの春と夏は短い。1年のうち気候がいい何カ月間かは、お屋敷のフロントポーチに出て、イスに座ってぼんやりと外をながめるのがスチューさんの日課だった。ある日、スチューさんは縁側で転び、ヒジをケガして入院し、そのまま帰らぬ人となった。88歳の大往生だった。

ハート一家の大河ドラマの主人公は、12人兄弟の長女エリーの娘ナタリア(WWE)、四女ダイアナとデイビーボーイの息子ハリー・スミス、次女ジョージアの息子テディ・ハートらスチューさんの孫の世代へとバトンタッチされた。

ハワイの〝常夏のプロレス〟

かつてハワイは太平洋の〝プロレス独立国〟だった。プロレスラー出身のプロモーターで、力道山の日本プロレス協会設立にも深くかかわったアル・キャラシックがホノルルで定期興行をスタートしたのは戦前の1930年代。

第二次世界大戦中は一時、興行が中断したが1945年8月、終戦と同時に再開。1950年代以降は、メインランド＝本土から遠征してくるビッグネームと地元グループの混成メンバーによる週にいちどの定期戦が人気を集めた。ボビー・ブランズ、ハンス・シュナーベル、シャープ兄弟、ラッキー・シモノビッチといった日本のプロレスの創成期に来日したアメリカ人レスラーたちは必ずハワイを経由して日本にやって来た。

ハワイが生んだネイティブのスーパースターは、サミー・スティムボートとカーティス・イアウケアのふたり。

スティムボートはワイキキ・ビーチの高名なサーファー一家、スティムボート・ファミリーの五代目で、本名はサミー・スティムボート・モクアヒ。モクアヒとは蒸気船のことで、スティムボートの祖先が蒸

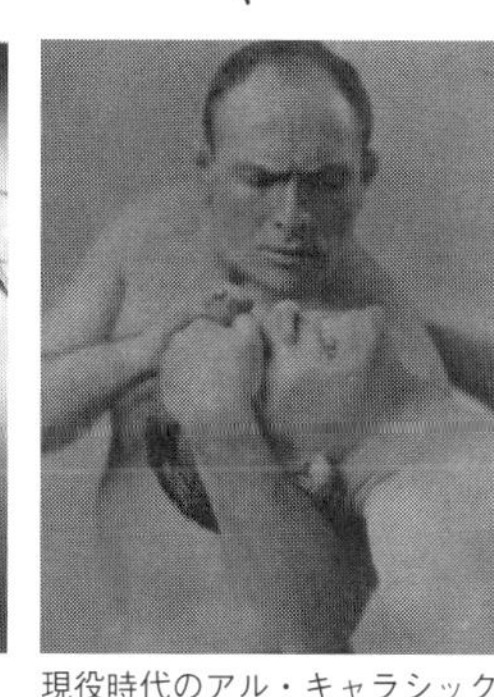

現役時代のアル・キャラシック

ロード・ブレアース

カーティス・イアウケア

サム・スティムボート

ピーター・メイビア

気船に乗ってサモアからハワイにやって来たことに由来していた。スティムボートは、蒸気船の英語表記ということになる。

1956年にハワイでデビューしたスティムボートは、1960年代前半はカナダ・トロント、テキサス、フロリダをサーキット。フロリダでは1964年にエディ・グラハムとのコンビでフロリダ版NWA世界タッグ王座を獲得。スーパースターに成長して1970年にハワイに帰ってきた。

1980年代のスーパースター、リッキー〝ザ・ドラゴン〟スティムボートのリングネームはこの〝オリジナル〟スティムボートをモチーフにフロリダのプロモーターのグラハムが考案したものだったが、ハワイのスティムボートの家族は〝にせものの親せき〟の出現をあまりよく思わなかったという。

イアウケアは〝カメハメハ王朝の末えい〟を自称し、キャリアと年齢を重ねるごとにリングネームをプリンス・イアウケア、キング・カーティス・イアウケアとアップグレードしていった。イアウケアも1960年代から1970年代はメインランドをサーキット。イアウケアも全日本プロレスの常連としても活躍した。全日本プロレスでデビューし、三冠ヘビー級王者にもなった太陽ケア（マウナケア・モスマン）はこのイアウケアの甥にあたる。

プロモーターのキャラシックは1962年にエド・フランシスに興行権を売却。KGMBテレビで毎週土曜に放送されていた90分番組の司会はロード・ブレアースがつとめていた。フランシスは1970年代前半にはAWAと業務提携し、90分番組の60分をAWAの映像、30分をローカルの試合で構成。ビル・ロビンソン、ペドロ・モラレスらがハワイに長期滞在し、ジミー・スヌーカ、ドン・ムラコらローカル組はデビューしたてのルーキーだった。

年に数回のHICアリーナ（現NBCアリーナ）のビッグカードにはAWAからバーン・ガニア、ニック・ボックウィンクル、レイ・スティーブンス、デトロイトからはザ・シーク、日本からはジャイアント馬場らがやって来た。

1980年、ピーター&リアのメイビア夫妻がフランシスからハワイの興行権を買収。P・メイビアみずからがエースとして活躍し、主力メンバーを地元のサモア系でかためた。

WWEスーパースターからハリウッドのアクションスターに変身したザ・ロック（ドウェイン・ジョンソン）はロッキー・ジョンソンとメイビア夫妻の娘アタのあいだにできた子どもで、少年時代は毎年のように夏休みのほとんどを祖父母の住むホノルルで過ごしていた。

プエルトリコはカリブ海の〝プロレス独立国〟

プエルトリコにプエルトリカンによるプエルトリカンのためのプロレス団体が誕生したのは1974年。それまでもアメリカの団体がツアー公演をおこなったことは何度かあったが、プエルトリコの〝自治団体〟はカルロス・コロンが設立したWWC（ワールド・レスリング・カウンセル）が初めてだった。

WWC発足にはWWWF役員（当時）だったゴリラ・モンスーンが協力。コロンと共同オーナーのビクター・ヨヒカのプロモートで1974年1月、グアイナボでオープニング興行が開催された。

コロンは、1950年代から60年代前半にかけてアントニオ・ロッカのタッグパートナーとしてニューヨークのマディソン・スクウェア・ガーデンで一時代を築いたミグエル・ペレスを〝団体の顔〟として起用。カナダ・カルガリーからノース・アメリカン王者ギル・ヘイズをブッキングし、プエルトリコ・ヘビー級王者ペレス対北米王者ヘイズのタイトルマッチをメインイベントにラインナップした。

カルロス・コロン

WWCの最初の〝ヒット商品〟はペレス対ラヨ・デ・バヤモンの因縁ドラマで、プエルトリカン同士のタイトルマッチはロベルト・クレメンテ・スタジアムに1万2000人の観衆を動員（1974年6月30日）。バヤモンはのちにバラバスに改名し、地元出身の大ヒールとして超大物に変身することになる。

コロンはペレスとのコンビで北米タッグ王座を獲得し、さらにギル・ヘイズを下して北米ヘビー級王者になった。アメリカの自治領プエルトリコの観客は〝ノース・アメリカン〟という名称のチャンピオンベルトを〝ワールド・チャンピオン〟と同義語ととらえた。コロンはアーニー・ラッド、〝カウボーイ〟ボブ・エリス、アブドーラ・ザ・ブッチャーらをプエルトリコに招へいし、アメリカの一流レスラーを相手に北米王座防衛戦をかさねていった。

1970年代後半から1980年代前半にかけてのWWCのビッグイベントはハイラム・バイソン・スタジアム、バヤモン・ルブリエル・スタジアムといった屋外の野球場に2万人クラスの観客を動員したが、1988年の〝ブロディ殺害事件〟以後、プロレスの人気は下降した。事件後、多くのアメリカ人レスラーがプエルトリコ遠征をボイコットし、それまでビジネス的なつながりがあったアメリカ各地のプロモーターとの関係も悪化。現在でもさまざまな形でこの〝後遺症〟がつづいている。

1994年にはWWC役員で興行会社の25パーセントの株を保有していたビクター・キニョネスが独立し、日本のIWAジャパンとの共同プロジェクトとして新団体IWAを設立。サヴィオ・ヴェガ、ミグエル・ペレスJrといったコロンよりもひと世代若い地元のスターもWWCからIWAに移籍した。

ビクター・ヨヒカ

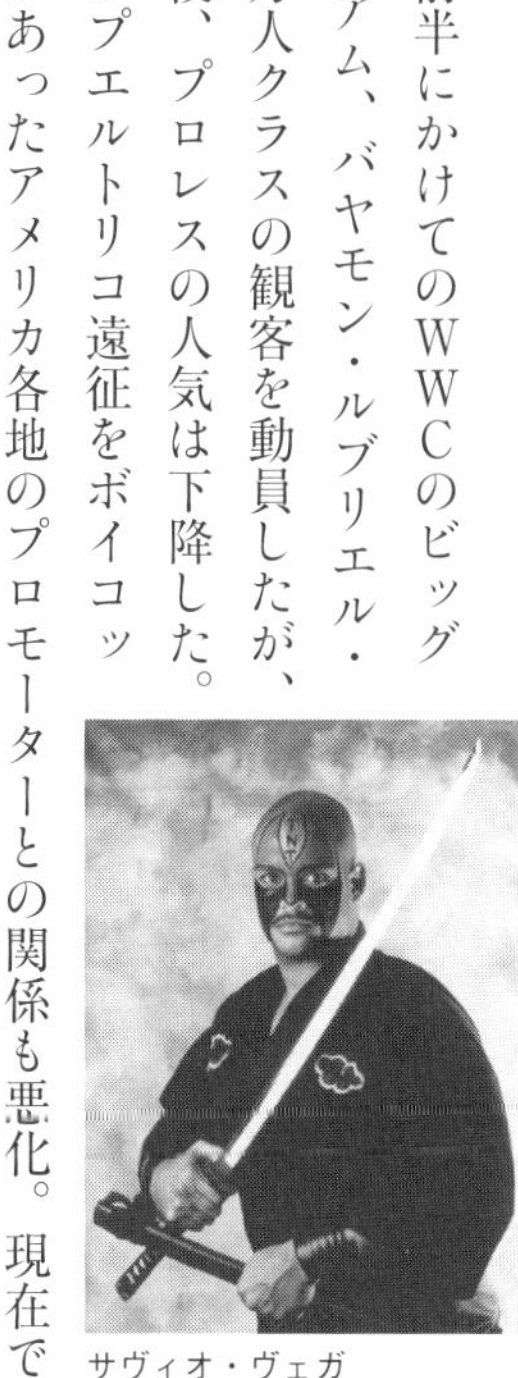
サヴィオ・ヴェガ

キニョネスはWWEとの独自のコネクションでWWEスーパースターズをIWAのビッグショーにブッキング。1999年からはプエルトリコ島内で地元勢を中心としたフルタイムの活動をスタートさせた。プエルトリコのプロレス・シーンは老舗WWCと新興勢力IWAの2団体時代に入った。

しかし、そのキニョネスは2006年4月、46歳の若さで急死。IWAの運営はS・ヴェガ、M・ペレスJrらによる合議制になった。

WWCの次代のスーパースター候補でコロンの長男カーリー・コロンはカリートのリングネームでWWE契約。WWE退団後はアメリカ本土とプエルトリコを行ったり来たりするようになった。

現在はカリートの弟ディエゴ（エディ〝プリモ〟コロン）とイトコのフェルナンド（オーランド〝エピコ〟コロン）がマスクマンのタッグチーム、ロス・マタドールズとしてWWE在籍。若きコロン・ファミリーが本格的にプエルトリコに帰ってくるのはまだ何年か先のことになるのだろう。

ビクター・キニョネス

第5節　ローカル団体システムの終えん―2大メジャーリーグ時代

NWAクロケット・プロモーション

1980年代のビンス・マクマホンにひとりだけライバルがいたとしたら、それはジム・クロケットJrということになるのだろう。

クロケットJrの父ジム・クロケット・シニアは、1935年にノースカロライナ州シャーロットにESCW（イースタン・ステート・チャンピオンシップ・レスリング）というローカル団体を設立した人物で、第二次世界大戦後はNWAに加盟。〝NWAの父〟サム・マソニックと協力関係を結んだ南部の大物プロモーターだった。

クロケット・シニアの死後、1973年4月に当時28歳だったクロケットJrが興行会社の運営をテイクオーバーし、団体名をミッドアトランティック・チャンピオンシップ・レスリング（興行会社の名称はジム・クロケット・プロモーション）に変更。ジョニー・バレンタイン、ワフー・マクダニエル、ミスター・レスリング、ブラックジャック・マリガンといったスーパースターをリクルートし、興行テリトリーを南北カロライナ、バージニア、ウエストバージニア、ジョージア北部の5州に拡大した。

1975年にはノースカロライナ州ラーレーのローカル・テレビ局WRALとの共同プロデュース

JIM CROCKETT PROMOTIONS

NWAクロケット・プロモーションの団体ロゴ

でプロレス番組〝ワールド・ワイド・レスリング〟を制作。この番組をシンディケーション・パッケージ化し、全米のＵＨＦ局に配信した。

　父親の興行会社を〝相続〟し、事業拡大を図ったという点ではビンスとクロケットJrのビジネス感覚はひじょうによく似ていた。しかし、その方法論、具体的な政策という点においては両者のポジションは明らかに異なっていた。それはニューヨークとシャーロット、大都会と南部の小都市のちがいといっていいかもしれないし、ＷＷＥと〝巨大カルテル〟ＮＷＡのシステムのちがいということになるのかもしれない。ビンスが父ビンス・シニアの古くからの友人たちと〝絶縁〟してＷＷＥの興行テリトリーをそれまでの東海岸エリアからいっきに全米マーケットに拡大したのに対し、クロケットJrはあくまでもＮＷＡ内部でその発言力を強めていった。

ジム・クロケット・シニア（左）とサム・マソニック

ジム・クロケット・ジュニア

　キャリア1年のルーキーだったリック・フレアーがクロケットJrと専属契約を交わしたのは１９７４年。シャーロットがクロケットJr体制にリニューアルされてから1年後のことだった。フレアーがスーパースターとしての道を歩む10年間とクロケットJrがＮＷＡ内部での政治力を絶対的なものにしていく10年間のプロセスが同時進行していった。
　クロケットJrは１９８０年にＮＷＡ会長に就任し、フレアーはそれから1年後にダスティ・ローデスを下して初めてＮＷＡ世界ヘビー級王者となった（1981年9月17日＝ミズーリ州カンザスシティー）。クロケット・プロモーション専属のフレアーがチャンピオンベルトを手に入れたことで、クロケットJrは自動的に世界チャンピオンの年間ブッキング権を掌握した。NWA世界王者が全米のNWA加盟団体の〝共通財産〟だった時代は事実上の終えんを迎えた。いまになってみると、これがのちのNWA崩壊の引き金になっていた。

フレアーはその後、ハーリー・レイスに敗れいったん王座から転落するが（1983年6月10日＝ミズーリ州セントルイス）、それから5カ月後、本拠地ノースカロライナ州グリーンズボロで開催された〝スターケード83〟でレイスを下して王座奪回に成功する（同年11月24日）。この〝スターケード〟こそ、クロケットJrにとっての全米マーケット進出プランのプロローグだった。

〝スターケード〟の語源は、スーパースターのアーケード（品評会）。その第1回大会の成功は、NWAとNWAクロケット・プロモーションを〝同義語〟にした。クロケットJrは、じつはビンスよりもひと足早く全米制圧プロジェクトに着手していた。

WWEとNWA、ビンスとクロケットJrがライバル関係にあったのは1984年から1988年までの約5年間だった。WWEが興行テリトリーをそれまでのニューヨークを中心とした東海岸エリアからいっきに全米マーケットに拡大した1984年春の時点では、〝巨大カルテル〟NWAはこの闘いを受けて立つ立場にあった。

NWA会長だったクロケットJrはAWA（バーン・ガニア）、NWAジョージア（オレイ・アンダーソン）、テネシー（ジェリー・ジャレット）、プエルトリコWWC（カルロス・コロン）、ルイジアナMSWA（ビル・ワット）と6プロモーション連合軍を結成し、WWEの本拠地ニューヨークへの進出を計画。シカゴ・ホワイトソックスのオーナーで実業家のエディ・アイホーンの資本サポートでテレビ番組〝プロレスリングUSA〟をプロデュースし、ニューヨークのケーブルTV局WRIXでこの番組をオンエア（1984年9月放映開始）。これと同時にニューヨーク近郊エリアでの興行活動をスタートさせた。

しかし、NWA連合軍によるニューヨーク進出プランはあっけなくとん挫。新番組〝プロレスリングUSA〟もわずか半年で制作中止となった。6人の大物プロモーターたちの立場と主張がぶつかり合ったこともその要因ではあったが、〝逆転ホームラン〟になるはずだったマディソン・スクウェア・ガーデンでの興行がついに実現しなかったことがこのプロジェクトが失敗したいちばん大きな原因だった。

ビンスは、NWA連合軍のニューヨーク進出プランとほぼ同時期にNWA加盟団体〝ジョージア・チャンピオンシップ・レスリング〟の株式51パーセントを買収。ジョージア州アトランタの大手ケーブル局TBS（ターナー・ブロードキャスティング・システム）でのプロレス番組の放映権を獲得し、番組のコンテンツだけをNWAからWWEのTVマッチにスリ替えた（1984年7月14日放映開始）。アメリカのプロレス史に〝ブラック・サタデー〟として語り継がれる敵対的買収事件だった。

TBSには視聴者から1000本を超える苦情の電話と投書が殺到した。アトランタのプロレスファンは、WWEにはっきりと拒絶反応を示した。ビンスのマネー・ゲームとそのメディア戦略にあまりいい印象を持たなかった〝テレビ王〟テッド・ターナーは、会社を乗っとられた形のオレイ・アンダーソンに資金援助を申し出て新会社〝チャンピオンシップ・フロム・ジョージア〟を設立させ、NWA系のプロレス新番組に土曜朝の1時間ワクを用意した。

結果的に、TBSがWWEとNWAの2団体のプロレス番組を放映するという変則シフトは約9カ月間つづいた。ターナー・サイドはWWEに対してアトランタのスタジオでの番組収録を義務づけたが、ビンスはこれを拒否。WWE自社プロデュースの完全パッケージ番組をTBSに供給しつづけた。

TBSとWWEの緊張関係はまるで〝時限爆弾〟だった。ターナーはWWEとのビジネスを清算する方法を探り、ビンスもまた〝レッスルマニア1〟が大成功を収めたことで「アトランタはもうどうでもいい」というスタンスを示しはじめた。〝仲介役〟をつとめたのは、元NWA役員でこの時点ではWWE副社長の役職についていたジム・バーネットだった。

WWEからTBSの番組放映権を買い上げたのは、ほかでもないクロケットJrだった。売買契約金は100万ドル(推定)。ビンスは「ウチは民放ネットワークと契約したから」と捨て台詞を残した。

米3大ネットワークTVのひとつ、NBCとの年間契約はビンスをどこまでも強気にさせた。TBSとの合体で〝全米放映番組〟を手に入れたクロケットJrの大逆襲がはじまろうとしていた。

NWAクロケット・プロモーションは1985年4月、ジョージア州アトランタのケーブルTV局TBSと番組放映契約を結んだ。毎週土曜夕方の2時間ワクでのプロレス番組の全米中継は、南部の中規模テリトリー(NWA加盟団体)だった〝ミッドアトランティック・チャンピオンシップ・レスリング〟をいっきに全米スケールのプロレス団体に変身させた。

クロケットJrは、TBSのプロレス番組〝ワールド・チャンピオンシップ・レスリング〟をテイクオーバーすると同時にNWAクロケット・プロの本拠地をノースカロライナ州シャーロットからアトランタに移転。NWA加盟団体の〝チャンピオンシップ・レスリング・フロム・ジョージア〟（オレイ・アンダーソン派）を吸収合併し、その傘下に収めた。

NWAクロケット・プロの主力メンバーはNWA世界ヘビー級王者リック・フレアー、ダスティ・ローデス、ザ・ロード・ウォリアーズ（アニマル&ホーク）、ロックンロール・エキスプレス（リッキー・モートン&ロバート・ギブソン）、ミッドナイト・エキスプレス（ボビー・イートン&デニス・コンドリー）、マグナムTAといった顔ぶれだった。

ダスティ・ローデス

フレアーはオレイ&アーンのアンダーソン兄弟、タリー・ブランチャードとの伝説のユニット〝フォー・フォースマン〟（オリジナル版）を再結成。ローデスは現役選手とプロデューサーの二足のわらじをはいた。ローデスの立場は、1990年代の新日本プロレスにおける長州力のポジションと同じと考えればわかりやすいかもしれない。

TBSでの全米中継開始は、そのまま興行テリトリーの拡大を意味していた。南北カロライナ、バージニア、ウエストバージニア、ジョージアの5州だった移動エリアはフィラデルフィア、ワシントンDC、ボストン、シンシナティといった東部、シカゴ、マイアミなどの大都市に拡大していった。

WWEが〝レッスルマニア〟を開催してから4カ月後、NWAクロケット・プロはシャーロットで〝グレート・アメリカン・バッシュ〟の第1回大会をプロモート。フレアー対ニキタ・コロフのNWA世界戦をメインイベントにラインナップした同大会は、シャーロット・ベースボール・スタジアムに2万7000人の大観衆を動員した（1985年7月6日）。

NWAクロケット・プロの年間最大イベントの〝スターケード〟は同年、アトランタのジ・オムニとノースカロライナ州グリーンズボロのグリーンズボロ・コロシアムの2会場での同日・同時刻開催となり、この二元生中継映像が全米17都市でクローズド・サーキット上映された（1885年11月28日）。

WWEは〝スターケード〟に対抗する形でこれよりも3週間まえにハルク・ホーガン対ロディ・パイパーのWWE世界ヘビー級選手権をメインにPPV〝レスリング・クラシック〟をプロデュース。ビンスにとっては、このイベントがPPVという未知のメディアへの進出の第1弾だった（1985年11月7日＝シカゴ）。

WWEのホーガンとNWAのフレアーのどちらがよりビッグなスーパースターだったかというと、一般的知名度ではホーガン、熱心なプロレスファンにとってはフレアーという〝二元論〟が当時のコンセンサスになっていた。

NWAクロケット・プロはその後、NWAセントラルステーツ地区（1986年）、NWAフロリダ地区（1987年）を吸収。事実上、かつての〝巨大カルテル〟NWAを一本化した。

1987年4月にはルイジアナUWF（ユニバーサル・レスリング・フェデレーション＝ビル・ワット社長）も吸収合併。興行会社としての規模、契約選手の人数ともにWWEと肩を並べる団体へと急成長をとげたのだった。

〝老舗〟NWAクロケット・プロから新メジャー団体WCWへ

ジム・クロケットJrは〝ビンス・マクマホン〟になれそうでなれなかった南部のプロモーターだった。ノースカロライナはもともとプロレスの人気がひじょうに高い土地だった。1970年代のNWAミッドアトランティック地区にはジョニー・バレンタイン、ワフー・マクダニエル、ミスター・レスリング、ジャックとジェリーのブリスコ兄弟、ジーン&オレイのアンダーソン兄弟、リップ・ホークとスウェード・ハンセンの〝泥棒タッグ〟、ポール・ジョーンズとネルソン・ロイヤルの〝牧童コンビ〟、ジョニー・ウィーバー、サンダーボルト・パターソン、アート・ニールセンといった南部のトップスターが顔をそろえていた。若手時代のリック・フレアー、グレッグ・バレンタイン、リッキー・スティムボートらはこのリングでベテランにもまれながらスーパースターへの足がかりをつくっていった。

NWA加盟プロモーターとしてのクロケットJrの発言力とフレアーの台頭は密接にリンクしていた。1980年の年次総会でクロケットJrがNWA会長に選出され、クロケットJrの〝秘蔵っ子〟フレアーは翌1981年、ハーリー・レイスを下しNWA世界ヘビー級王者となった。チャンピオンベルトはその後、いったんは〝セントルイス派〟のレイスの手に戻るが、1983年11月の〝スターケード〟第1回大会でフレアーが王座奪回に成功。NWAの総本山はセントルイスからノースカロライナに移った。

1985年、NWAクロケット・プロはNWAジョージアを吸収し、ジョージア州アトランタのTBS（ターナー・ブロードキャスティング・システム）が放映していた全米中継番組〝ワールド・チャンピオンシップ・レスリング〟をテイクオーバー。1986年にはNWAセントルイス、1987年にはNWAフロリダも吸収合併し、NWAを完全に掌握。また、1987年4月には〝第3団体〟UWF（ビル・ワット派）も買収。所属選手の量と質でも、年間興行数でもWWEに同格といっていいメジャー団体に急成長した。

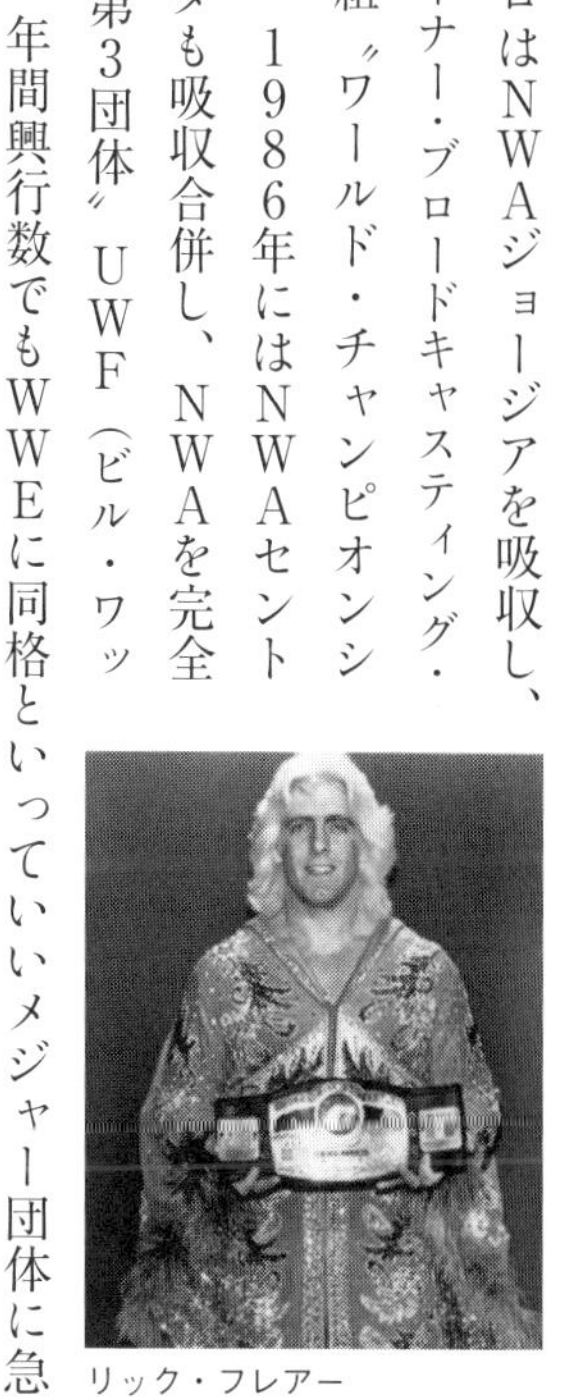
リック・フレアー

しかし、クロケットJrの事業拡大はここまでで、全米ツアーによる興行数の急激な増加と経費の大幅な拡大、契約選手数の膨張とその年俸総額の高騰などが経営を圧迫し、NWAクロケット・プロはあっというまに巨額の負債を抱えた。1988年11月、〝テレビ王〟テッド・ターナーが900万ドル（推定）で同社の全株式を買収して新団体WCW（ワールド・チャンピオンシップ・レスリング）が誕生した。

WCWという団体名はTBSが毎週土曜に放映していた番組名をそのまま用いたものだった。NWAクロケット・プロをターナー・グループに売却したクロケットJrは当初、コンサルタントという形で団体に残る予定だったが、1990年には現場からフェードアウトした。

その後、エグゼクティブ・プロデューサーのポジションにはジム・ハード、ビル・ワット、キップ・フライといった〝雇われ副社長〟が就任したが、いずれも短期間で退陣。プロレスをまったく知らなかったJ・ハードは、口論になったフレアーをクビにするという無知ゆえの失態を演じた(フレアーはWWEへ移籍)。ターナー・グループ企業のプロレス事業部WCW社長は、登記簿上は本社の顧問弁護士がつとめていたが、プロレスの現場にはほとんど顔を出さなかった。

スーパースター、スティングの誕生とホーガンの電撃加入

WCW発足後もその〝看板タイトル〟はNWA世界ヘビー級王座のままで、形のうえでは〝NWA史〟は残されたにみえたが、1991年からはWCW世界ヘビー級王座という名称も併用され、またいつのまにかNWA世界王座とWCW世界王座が枝分かれするなどして、王座の系譜はかなりあいまいになっていく。それはWCWの未来を暗示しているようでもあった。

WCWがプロデュースした純正のスーパースターは、やはりスティングということになるのだろう。厳密にいうとスティングはWCWでデビューした選手ではなくて、NWAクロケット・プロによるUWF買収でルイジアナからノースカロライナへ〝異動〟し、さらにターナー・グループのNWAクロケット・プロ買収でスライド式にWCW所属となった契約タレントのひとりだった

出世試合はフレアーと45分時間切れドローを演じた〝クラッシュ・オブ・チャンピオンズ〟でのタイトルマッチ(1988年3月27日)。それから2年後、こんどは〝グレート・アメリカン・バッシュ90〟でフレアーを下しNWA/WCW世界ヘビー級王座を獲得(1990年7月7日)。1990年代のスーパースターとしての道を着実に歩んだ。

1994年にハルク・ホーガンがWCWに電撃移籍を果たすと、WCWのリングはWWEからの〝移

籍グループ〟の再就職先と化した。同年、WCW副社長――事実上の現場のトップ――に就任したエリック・ビショフは、親会社ターナー・グループの豊富な財力をフルに活用してランディ・サベージ、テッド・デビアス、ロディ・パイパー、カート・ヘニングら元WWEスーパースターを次から次へと獲得していった。

翌1995年9月にはWWE〝マンデーナイト・ロウ〟の裏番組として毎週月曜夜の〝マンデー・ナイトロ〟が放映開始。さらに1年後の1996年にはケビン・ナッシュ、スコット・ホール、Xパック（ショーン・ウォルトマン）ら当時のWWEの〝主流派〟もWCWに移籍。同年7月にはホーガンのまさかのヒール転向でnWo路線がスタートを切った。スティングは金髪のスパイクヘアとネオンカラーのコスチュームを封印し〝黒い内面〟に傾倒していく。WCWのリングで未知の領域を感じさせるドラマはスティングの変身だけだった。

内部崩壊と経営破たんによるWCWの終焉

1990年代後半のアメリカのプロレス・シーンはWCW〝マンデー・ナイトロ〟対WWE〝マンデーナイト・ロウ〟の月曜TV戦争にはじまり、約3年間のnWoブームをへてWCWの内部崩壊―経営破たんという意外なエピローグを迎えることになる。

ホーガンのヒール転向からはじまったnWoの長編ドラマで〝ナイトロ〟の視聴率がはね上がり、1996年6月から1998年4月まで83週間連続で〝ロウ〟の視聴率を大きく引き離した。視聴者は1980年代のWWEの〝再放送〟のようなWCWではなくて、新しいドラマ展開と新しい登場人物の出現を望んでいた。ヒールのホーガンというコンセプトは斬新だったし、ダークサイドをさまよう〝黒のスティング〟のドラマには不思議なリアリティーがあった。

ｎＷｏバージョンのホーガン対〝黒のスティング〟のシングルマッチは、じつに2年がかりでプロデュースされた。スティングはホーガンからフォール勝ちをスコアしてＷＣＷ世界王座を奪ったが、長編ドラマのクライマックスらしい感動的なラストシーンは用意されていなかった。

ゴールドバーグという突然変異のような怪物レスラーが出現し、〝モントリオール事件〟でＷＷＥを退団した〝ヒットマン〟ブレット・ハートもＷＣＷに活躍の場を求めたが、〝ナイトロ〟の連続ドラマはいつもto be continuedだった。そして、ホーガンが定番のイエローのタイツ姿に戻ったところでｎＷｏのドラマはジ・エンドとなった。

〝ナイトロ〟はビショフ副社長の解任－再任－解任という舞台裏をさらけ出し、〝放送作家〟ビンス・ルッソーの起用でついにリング上の試合まで完全に汚染された。

ＷＣＷの親会社ターナー・グループはタイムワーナー社に吸収され、そのタイムワーナーはＡＯＬと合併した。ＡＯＬエグゼクティブの「レスリングはわれわれの企業イメージに合わない」という〝鶴のひと声〟で巨額の赤字をたれ流しながら延命状態をつづけてきた〝マンデー・ナイトロ〟は放送終了決定となり、メジャー団体ＷＣＷはあっけなく活動停止。２００１年3月23日付でＷＷＥに買収されたのだった。

ダラスのエリック・ランドWCCW

エリック・ファミリーはテキサス州ダラスに王国を築き、巨大化したお城は王子たちの悲劇的な死で、まるで砂漠の蜃気楼のように跡形もなく消えた。

フリッツ・フォン・エリックは〝鉄の爪〟アイアンクローをトレードマークに〝ナチの亡霊〟キャラクターとして第二次世界大戦後の50年代前半から80年代前半まで全米で活躍した大悪役だった。もちろん、ほんとうのドイツ人ではなくてテキサス出身のアメリカ人だったが、ドイツ系のルーツを大切にした。

エリックの息子たちは5人兄弟ということになっているが、じっさいは6人兄弟だったことはあまり知られていない。エリックがニューヨーク州バッファローをサーキットしていた1959年、6歳だった〝長男〟ジャッキーJrが雨の日に誤って高圧電流に接触して感電死した。ジャッキーJrの4歳年下の弟ケビンが系譜上の長男になった。

エリックはこの痛ましい事故のあとツアー生活をやめて故郷ダラスへ帰り、妻ドリスさんとともに大家族をつくった。それまでホームベースを持たない放浪のレスラーだったエリックは、60年代なかばからテキサスに戻り、現役選手とプロモーターの二足のわらじをはくようになり、その発言力と影響力を認められて1975年の年次総会でNWA会長に任命された。

1976年に長男ケビン、1977年に次男デビッド、1978年に三男ケリーがそれぞれデビュ

WCCWロゴ

ーした。3人とも本名のアドキッセンではなくて父親と同じドイツ名のフォン・エリックを名乗り、アイアンクローを得意技として愛用した。

1981年にはエリックのローカル団体のTVショー〝ワールドクラス・チャンピオンシップ・レスリング〟を放送していたダラスのクリスチャン系UHFチャンネルがケーブル局となり、エリック兄弟を主役としたプロレス番組が全米約60都市で放映されるようになった。

1983年には四男マイクもデビューし、エリック4兄弟とファビュラス・フリーバーズ（マイケル・ヘイズ&テリー・ゴーディ&バディ・ロバーツ）の因縁ドラマが爆発的な人気を呼び、毎週金曜のダラス・スポータトリアム定期戦（収容人員4500人）が18カ月連続でソールドアウトになった。観客のほとんどはティーンエイジの女の子で、試合会場のムードはアイドル歌手のコンサートのようだった。

次男デビッドから始まった不幸の連鎖

NWA世界ヘビー級王者の有力候補といわれていたデビッドが遠征先の日本で急死した（1984年2月2日）。エリック・ファミリーはダラスのメディアに〝試合中のケガ〟と発表したが、デビッドがホテルの自室で死体で発見されたのはシリーズ開幕戦当日の午後で、死因は急性ドラッグ中毒だった。

ホテルのスタッフとともにデビッドの部屋に最初に入ったブルーザー・ブロディは、テーブルの上に散らばっていた薬物をすばやく片づけ、救急車が到着するまえにそれをトイレに流したのだという。

テキサス州サンアントニオに在住し、ダラスをアメリカ国内でのホームリングにしていたブロディにとってエリックはボスというよりもよき理解者で、エリックの息子たちは弟のような存在だった。

デビッドの追悼興行として〝デビッド・メモリアル・パレード・オブ・チャンピオンズ〟というビッグショーがテキサス・スタジアムで開催され、24歳だったケリーがリック・フレアーを破りNWA世界王座を獲得した（1984年5月6日）。スタジアムの売店では値上げされたデビッドのキャラクター・グッズが大量に販売された。ここから悲劇のスパイラル現象が起きはじめた。

ケリーがバイクの事故で右足、右足首、でん部の複雑骨折、内臓破裂の重傷を負った（1986年6月）。父エリックはこの年の2月、NWAを脱退して新団体WCCW（ワールドクラス・チャンピオンシップ・レスリング）を設立。ケリーは家業のために復帰を急ぎ、同年11月、松葉づえをついたまま無理に試合をおこない再び足首を複雑骨折した。

エリック・ファミリー

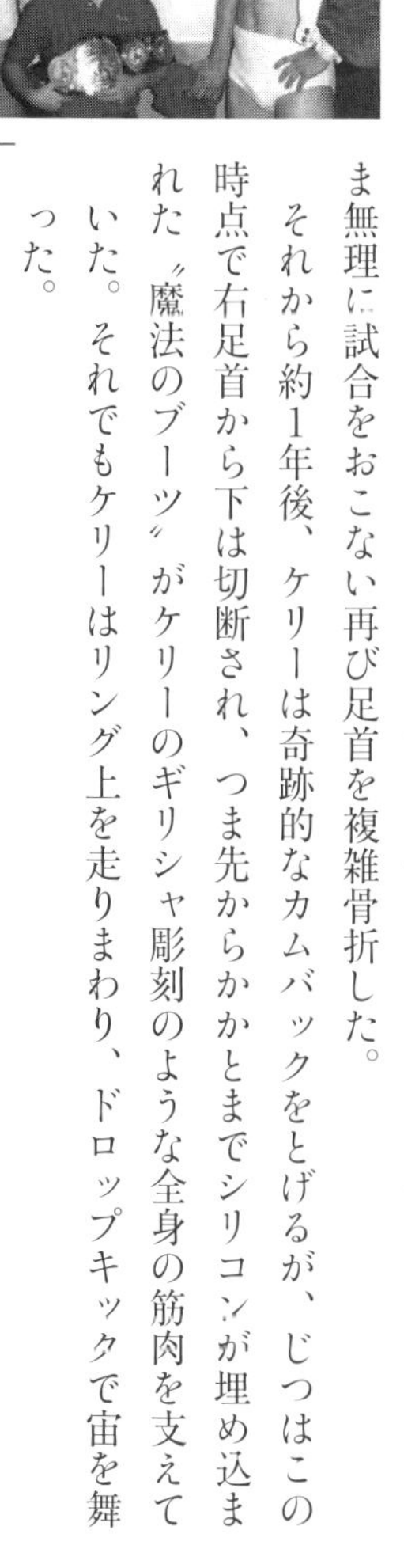

それから約1年後、ケリーは奇跡的なカムバックをとげるが、じつはこの時点で右足首から下は切断され、つま先からかかとまでシリコンが埋め込まれた〝魔法のブーツ〟がケリーのギリシャ彫刻のような全身の筋肉を支えていた。それでもケリーはリング上を走りまわり、ドロップキックで宙を舞った。
1987年4月、マイクが薬物自殺した。マイクはもともとプロレスラー志望ではなかった。それから1カ月後、こんどはケビンがリング上で倒れ呼吸停止状態となったが、仲間レスラーの人工呼吸で一命をとりとめた。
1989年、WCCWは興行不振からテネシーUSWA（ジェリー・ジャレット代表）と合併。エリックはプロモーター業から引退した。本拠地ダラス・スポータトリアム定期戦はその後も継続されたが、デビューしたばかりの末っ子のクリスが突然、ピストル自殺をとげた（１９９１年9月12日）。まだ21歳だった。母親のドリスさんははじめからクリスのデビューには大反対だったという。

ケリーは１９９０年にＷＷＥと契約してテキサス・トルネードの新リングネームで約2年間、全米をツアーしたが、コカイン不法所持で逮捕され、すでにほかの薬物所持事件で有罪となって執行猶予中だったため裁判で実刑判決をいい渡された。ケリーは「ぼくは刑務所には行かない」といってピストル自殺を選んだ（１９９３年2月18日）。

6人兄弟のうち5人までが若くして天国へ旅立ち、敬けんなクリスチャンとして知られたエリックも１９９７年、68歳でこの世を去った。資産価値３５０万ドルといわれる一家の広大な牧場とＷＣＣＷの版権・著作権、団体ロゴをはじめとする知的所有権、映像ライブラリーなどを相続したのはケビンだった。

エリック・ファミリーの最後のひとりとなったケビンは１９９４年、37歳で引退試合をおこなわずにリングを下りた。２００９年にＷＷＥホール・オブ・フェームで〝ザ・フォン・エリックス〟として殿堂入りしたのを機に、ケビンはＷＣＣＷのすべての映像とその版権をＷＷＥに売却した。

無法地帯メンフィスの〝王様のプロレス〟

テネシー州メンフィスには〝キング〟と呼ばれた男が3人いた。ひとりはかの〝キング・オブ・ロックンロール〟のエルビス・プレスリーで、もうひとりはジャッキー・ファーゴ。そして、現在進行形の――といってもすでに年齢は60代後半に手が届いてしまったが――〝キング〟はいうまでもなくWWEで〝マンデーナイト・ロウ〟の名物コメンテーターとして活躍したジェリー〝ザ・キング〟ローラーである。

テネシーのプロレスの歴史はひじょうに古く、団体の発足‐分裂‐統合‐分裂の系図はひじょうに複雑でわかりにくい。東西に細長く広がるテネシー州は、ナッシュビルをまんなかにしてメンフィス方面がウエスト・テネシー、ノックスビル方面がイースト・テネシーと色分けされている。これはプロレス団体の勢力分布図ではなくて、テネシーのカルチャーなのだという。

戦前の1930年代から70年代まで40数年間にわたりテネシー、アラバマ、ケンタッキー、アーカンソー、北ミシシッピ、南ミズーリ、ジョージア南西部、フロリダのパンハンドル＝メキシコ湾岸エリアといったディープサウス（深南部）一帯のプロレス興行をコントロールしていたのはウェルチ4兄弟の長兄ロイ・ウェルチ（1902‐1977）という老プロモーターだった。南部マット、とくにテネシー・

ジェリー“ザ・キング”ローラー

マット史をひも解くためにはまず伝説のウェルチ／フーラー・ファミリーについてふれておかなければならない
御大ロイ・ウェルチは元プロレスラーのプロモーターで、ロイの3人の弟たち、ジャック・ウェルチ、ハーブ・ウェルチ、レスター・ウェルチもプロレスラーあがりのプロモーター。ロイの息子バディ・フーラー（本名エドワード・ウェルチ＝1925－1996）はプロレスラーとプロモーターの二足のわらじで1950年代から80年代までディープサウスを牛耳った〝陰の大ボス〟だった。

戦後のウェルチ／フーラー・ファミリーの中心的な存在だったバディ・フーラーは、フロリダ、ジョージアからテネシー、アラバマ、テキサスまでのすべてのNWA加盟団体の株を保有する〝役員プロモーター〟で、NWA年次総会では〝票まとめ〟のできる実力者だった。1940年代から70年代までロイ・ウェルチのパートナーとしてテネシーの興行を手がけていたのはニック・グーラス（1914－1991）というプロモーターだった。

日本のプロレス界との関係では1960年代に芳の里、アントニオ猪木、ヒロ・マツダ、上田馬之助、山本小鉄&星野勘太郎のヤマハ・ブラザースらがこのニック・グーラス体制のテネシー・マットを長期間ツアーした。ヤマハ・ブラザースというチーム名は、ちいさいけれど性能のいいYAMAHAのバイクからつけられたものだった。

1977年にプロレスラー出身のプロモーター、ジェリー・ジャレットがグーラス派から独立し、興行会社の株の25パーセントを買い上げてメンフィスとその周辺エリアを独立テリトリーに改造した。このとき、南部の〝陰の大ボス〟B・フーラーがジャレットに協力。ジェリー・ローラー、ジャッキー・ファーゴ、日系レスラーのトージョー・ヤマモトといった看板スターもジャレット派新団体に合流し、テネシー・マットはようやく世代交代に成功した。

ジャッキー・ファーゴの〝王位〟を継承したジェリー・ローラー

ジャレット派のサーキット・コースはメンフィス、ナッシュビル、ノックスビル、チャタヌガのテネシー州内4都市とレキシントン、ルイビルのケンタッキー州内2都市。1週間の興行スケジュールがびっしりとつまったローカル団体だった。1970年代後半から80年代にかけては、本拠地メンフィスのミッドサウス・コロシアムで開催される毎週月曜の定期戦が平均5000人の観客を動員。年に数回のビッグショーには1万人クラスの観客が集まった。メンフィスの人口が約60万人だから、マーケットのサイズを考えればこれは驚異的な数字といっていい。

〝テネシー・スタイル〟と呼ばれるアリーナ全体をフルに使っての場外乱闘をこの土地に定着させたレスラーは、1960年代から70年代にかけて一世を風びした〝ファビュラス・ワン〟ジャッキー・ファーゴだった。ファーゴはいわゆる〝田舎のエルビス〟で、テネシーにおける観客動員力と知名度はホンモノのエルビスと肩を並べるとさえいわれた。レスリング・スタイルは〝田舎のバディ・ロジャース〟と評されたが、ファーゴ自身は「オレはロジャースに会ったことも、試合を観たこともない」とロジャースと比較されることを嫌ったという。

ファーゴのあとを継ぐ形で1970年代後半からテネシーの〝王様〟の座についたのは、ファーゴのまな弟子ジェリー・ローラーだった。ローラーがはじめから王冠とケープの〝王様〟の衣装を身に

ジャッキー・ファーゴ（左）とジェリー・ジャレット

まとっていたかというとそうではなくて、ルーキー時代にNWAジョージアをサーキットしていたときにいっしょにタッグチームを組んでいたボビー・シェーンというレスラーから授かったものだった。ローラーの兄貴分だったシェーンは王冠とケープとワンショルダーのタイツをトレードマークに〝キング・オブ・レスリング〟というキャラクターを演じていたが、ジョージアの旅が終わったあと、「これからはキミがキングになれ」といって24歳だったローラーに〝王様〟のコスチューム一式をプレゼントしてくれたのだという。1973年の夏のことだ。

それから2年後、シェーンはセスナ機の墜落事故で急死（1975年2月20日＝フロリダ州タンパ）。セスナ機を操縦していたツアー仲間のバディ・コルト、同乗していたマイク・マッコード（のちのオースチン・アイドル）、ゲーリー・ハートらも負傷したが、シェーンだけが命を落とした。まだ29歳の若さだった。ローラーはそれからずっと〝王様〟のコスチュームを大切にしている。

メンフィスの〝キング〟となったローラーの宿命のライバルは、〝スーパースター〟ビル・ダンディとオースチン・アイドルのふたりだった。ダンディは1943年、スコットランド生まれ。10代でサーカスに入団し、オーストラリアでプロレスに転向後、アメリカに移住したというちょっと変わったプロフィルの持ち主で、エルビスの街メンフィスのスーパースターだからエルビスのトレードマークのスパンコール入りのジャンプスーツを70年代テイストで着こなし、あるときはローラーの親友として、またあるときはローラーを心から憎む男としてベビーフェースとヒールのポジションを巧みに使い分けた。ローラーとの終わりなき大流血マッチはいまでも年に数回、南部のインディー団体のリングで実現しているという。

A・アイドルは1970年代後半から80年代にかけてアメリカ各地に出現した〝スーパースター〟ビリー・グラハムのオマージュ・レスラーのひとりで、1949年、フロリダ州タンパ出身。デビュー当時は本名のマイク・マッコードとして活動していたが、75年のセスナ機事故のあと〝ユニバーサル・ハートスラブ（宇宙一いい男）〟オースチン・アイドルに変身。出身地もネバダ州ラスベガスという設定にし、ラスベガス・ロック（足4の字固め）をトレードマーク技として愛用した。おもに南部マットをサーキット後、テネシーに定着してローラーの宿命のライバルとして80年代の因縁ドラマを90年代までひっぱった。

ローラーを南部マットのスーパースターから全米スケールの有名人に変身させた〝事件〟は、コメディアンのアンディ・カウフマンとの闘いだった（1982年4月5日＝メンフィス）。プロレスラー対コメディアンの〝お笑いマッチ〟としてプロデュースされた試合で、ローラーは十八番のドリル・ア・ホール・パイルドライバー——テネシー・マットではパイルドライバーは〝一発退場〟反則負けの禁止技に指定

ボビー・シェーン

ビル・ダンディ

オースチン・アイドル

されていた——でカウフマンを完全KO。その後、ローラーとカウフマンは人気トーク番組『デビッド・レター・マン』にもいっしょに出演し、ここでも場外乱闘を演じた。この不思議なドラマのてん末はカウフマンの短い生涯をつづった映画『マン・オン・ザ・ムーン』にもくわしく描かれている。

テネシー・マットは多くの新しいスタイルを生み出した

テネシーのリングではさまざまなキャラクター、試合形式が発明・開発され、実用化された。大仁田厚（当時24歳）と渕正信（当時27歳）はアメリカ武者修行中、1981年から82年にかけてトージョー・ヤマモトを悪党マネジャーにつけてテネシーを長期ツアー。大仁田はいわゆるテネシー・スタイルの場外乱闘（エニウェア・ルール）やデスマッチのアイディアを日本に持ち帰り、これをFMWスタイルにつくり変えた。

1980年代に流行したアイドル系タッグチームの多くもテネシーから生まれた。おそろいのヘアスタイル、おそろいのリングコスチューム、おそろいのタイツとシューズという80年代スタイルを定着させたザ・ファビュラス・ワンズ（スティーブ・カーン&スタン・レーン）はMTVを意識したプロモーション・ビデオを最初に制作したタッグチームで、元祖〝ファビュラス・ワン〟J・ファーゴがプロデュースしたコンビ。初代ファビュラス・ワンズがAWAに転戦するとトミー・リッチとエディ・ギルバートが新コンビを結成して二代目ファビュラス・ワンズとして活動。ファブスのヒール版、ニューヨーク・ドールズ（リック・マグロー&トロイ・グラハム）は大物マネジャーのジミー・ハートがプロデュースしたタッグチームだった。

80年代を代表する人気タッグチーム、ロックンロール・エキスプレス（リック・モートン&ロバート・ギブソン）がコンビを結成したのもテネシーで、そのロックンロール・エキスプレスのライバル、ミッドナイト・エキスプレスの初代トリオ（デニス・コンドリー&ランディ・ローズ&ノーベル・オースチン）もテネシー産のタッグチームだった。ミッドナイト・エキスプレスはその後、〝頭脳派マネジャー〟ジム・コーネットのプロデュースで二代目（デニス・コンドリー&ボビー・イートン）、三代目（ボビー・イートン&スタン・レーン＝WCW版）、四代目（ボブ・ホーリー&バート・ガン＝WWE版）とチーム編成を替えながら90年代後半まで活動した。

テネシーは〝ファミリー系譜〟の色濃いリングで、ボスのジェリー・ジャレットは1950年代から60年代にかけて活躍したエディ・マーリンというレスラーの娘デブラと結婚し、その息子ジェフ・ジャレットは〝三世レスラー〟として1986年、19歳でデビュー。80年代はファーゴ・スタイル、ローラー・スタイルを踏襲したベビーフェース路線で活躍したジェフは、90年代にはカントリーシンガーのキャラクターでWWEとWCWの両メジャーリーグを往復。WWEの買収によってWCWが崩壊した後はビンス・マクマホンを憎悪する南部の伝統派として選手、ブッカー、プロデューサー、団体オーナーの道を歩んでいる。

ファビュラス・ワンズ＝スタン・レーン（左）&スティーブ・カーン

ロックンロール・エキスプレス＝ロバート・ギブソン（上）&リッキー・モートン

〝キング〟ローラーの突然のWWE移籍劇

1980年代後半、〝ローラーの後継者〟といわれテネシー・マットの次代の主役となることが確実視されていたエディ・ギルバートは、数奇な運命をたどった未完のスーパースターだった。父トミー・ギルバートは現役時代、E・マーリンとのコンビで活躍したテネシー・マットの名わき役で、エディは若くして故郷テネシーを離れ、ルイジアナMSWA、ダラスWCCW、WCW、東海岸インディー団体などを放浪。ダラスをサーキット中に出逢った女性マネジャー、ミッシー・ハイアットと結婚したが、その後、離婚。1995年2月、プエルトリコをツアー中、借りていたアパートメントの自室で変死体で発見された。死因はコカインの過剰摂取による急性中毒。享年33。選手よりもどちらかといえばプロデューサー志向だったが、ついにテネシーに帰ってくることなくこの世を去った。

〝キング〟ローラーの息子ブライアン・クリストファー、〝スーパースター〟B・ダンディの息子ジェイミー・ダンディも90年代後半にプロレスラーとしてデビューしたが、いずれも父親たちほどのスターにはならなかった。

ジェリー・ジャレットは80年代、団体名をCWA（コンチネンタル・レスリング・アソシエーション）、第2次CWA（チャンピオンシップ・レスリング・アソシエーション）、USWA（ユナイテッド・ステーツ・レスリング・アソシエーション）とリニューアルさせつつテネシーとケンタッキーの両州を全米屈指の人気テリトリーに成長させた。

1988年にはローラーがカート・ヘニングを下しAWA世界ヘビー級王座を獲得（88年5月9日

＝メンフィス）。ＡＷＡサイドが提示したスケジュールをローラーが無視してテネシーでのスケジュールを優先したため同王座はハク奪されたが、テネシー陣営（ジャレット&ローラー）はチャンピオンベルトを北部ミネソタに返還せずＡＷＡ世界王座を〝略奪〟した。結果的にこの世界王座の分裂現象がＡＷＡ崩壊の遠因となった。さらに１９８９年には経営破たんは時間の問題とされていたダラスＷＣＣＷを吸収合併し、南部マット統合に王手をかけた。

ＵＳＷＡ共同オーナーだったローラーは、１９８０年代後半から90年代前半にかけては自他ともに認めるアンチ・マクマホン勢力の急先鋒としてＷＷＥの全米制圧に徹底抗戦の構えをみせ、ＵＳＷＡとＷＣＣＷの合併ではみずからが統一世界へビー級王者として活躍したが、１９９３年に突然、ＷＷＥと契約。関係者、ファンをびっくりさせた。ＵＳＷＡは１９９７年に活動休止し、テネシーでは現在、このスピンオフ系インディー団体数派が活動している。

ジャレットは２００２年、息子ジェフとともに新団体ＴＮＡ（トータル・ノンストップ・アクション）を設立した。しかし、ジェフは11年後の13年、みずからが立ち上げたＴＮＡを退団し、テネシー州ナッシュビルを本拠地にまたしても新団体ＧＦＷ（グローバル・フォース・レスリング）を立ち上げた。

〝カウボーイ〟ビル・ワットの野望と挫折

〝カウボーイ〟ビル・ワットといっても、いまどきのWWEユニバースにはまるっきりピンとこないかもしれないし、その業績やプロレス史における立ち位置は現在進行形のプロレスファンにはほとんどといっていいくらい知られていない。

1939年、オクラホマ州ビクスビー生まれ。オクラホマ大在学中はフットボールとレスリングで活躍し、卒業後はヒューストン・オイラーズ、ミネソタ・バイキングスに在籍したが、ワフー・マクダニエルの勧めで1962年のオフシーズンからプロレスを兼業するようになり、翌63年、正式に転向した。オリジナルの必殺技はオクラホマ・スタンピード（ランニング式のアバランシュ・スラム）。NWA世界ヘビー級王者の有力候補といわれた時期もあったが「体が大きすぎてチャンピオン向きではない」という理由でNWA本部がワットの擁立を見送ったというエピソードもある。

1965年、オクラホマ地区（リロイ・マクガーク派）をサーキット中、ワイルド・レッド・ベリーの推薦でWWEのルーツであるWWWF（ワールド・ワイド・レスリング・フェデレーション）に転戦し、ニューヨークのマディソン・スクウェア・ガーデン定期戦を舞台にWWWF世界ヘビー級王者〝人間発電所〟ブルーノ・サンマルチノと3度にわたる名勝負を演じた。ガーデンでの2度めのタイトルマッチ（65年3月29日）は1万9614人の大観衆を動員し、6万1877ドルの興行収益が当

“カウボーイ”ビル・ワット

時の同所のゲート記録を更新した。同年4月にはゴリラ・モンスーンとのコンビでジン・キニスキー&ワルドー・フォン・エリックを下しＷＷＷＦ・ＵＳタッグ王座獲得という記録も残されている。

しかし、プロレス現代史におけるワットの役割は現役選手としてよりもプロモーター、プロデューサーとしてのそれのほうがはるかに大きい。

第二次世界大戦後の１９４０年代後半から80年代後半までの約40年間、アメリカのプロレス界のビジネスモデルは地方分権型のテリトリー制だった。全米各地に25～30グループのローカル団体が点在し、それぞれが独立採算制で興行会社を運営し、その地方ごとにローカル・ベースのＴＶショーを制作、オンエアしていた。

ワットは１９６０年代から70年代にかけてＡＷＡ、サンフランシスコ地区、ＮＷＡフロリダなどの各テリトリーをサーキットしながらプロモーター業務、ＴＶショーのプロデュースなどを学び、このノウハウをホームタウンのオクラホマに持ち帰った。

ワットがプロデュースしたスーパースター、ジャンクヤード・ドッグ

１９７９年、ＮＷＡオクラホマから独立し新団体ＭＳＷＡ（ミッドサウス・レスリング・アソシエーション）を設立したワットは、その興行テリトリーをオクラホマからルイジアナ、ミシシッピ、アーカンソー、東テキサス、南ミズーリまで拡大した。

現役時代にＷＷＷＦ、ＡＷＡ、テキサス、ジョージア、サンフランシスコなどをくまなくまわり各地のビッグショーを目撃したワットは、プロレスが２０００人ではなく2万人クラスの観客を動員で

きるプロスポーツだということを学習していた。

「レスリング・ビジネスとは〝スター・パワーStar Power〟である」がワットの持論で、それは観客動員力のあるオリジナルのスーパースターをプロデュースすることを意味していた。ワットにとってスーパースターとは年に数回、ほんの1週間だけゲストとしてやって来るＮＷＡ世界ヘビー級王者ではなくて、ホームタウン・チームのクォーターバック的存在を指していた。元フットボール・プレーヤーのワットらしい考え方だった。

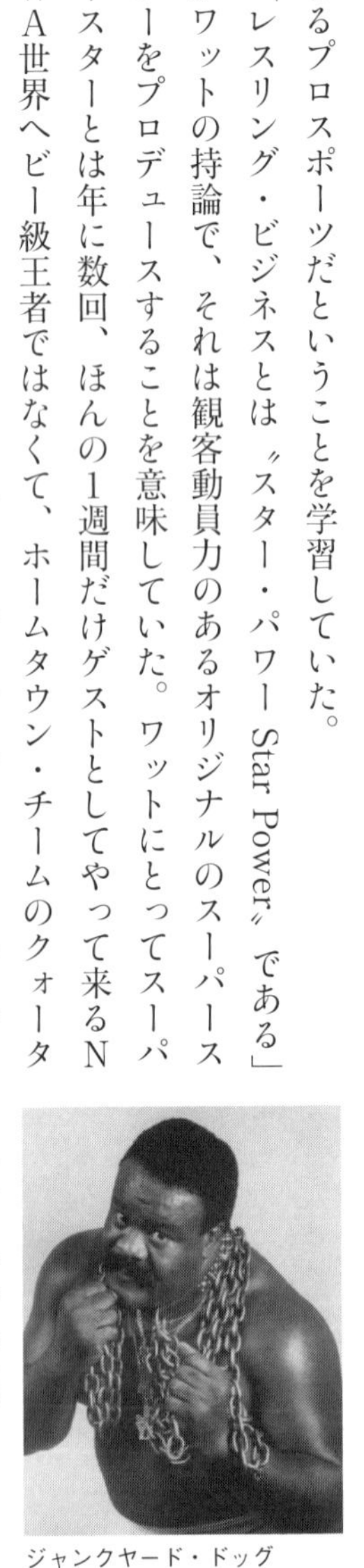
ジャンクヤード・ドッグ

ワットは、〝子分〟のジェーク・ロバーツがカナダ・カルガリーからルイジアナに連れてきた元フットボール・プレーヤーのルーキー、シルベスター・リッターの姿を上から下までじっくり観察して「彼がここのビジネスをひっくり返す」とつぶやいたという。ワットはその新人にＪＹＤ（ジャンクヤード・ドッグ＝廃品置き場の犬）というリングネームを与え、80年代を代表するアフリカ系アメリカンのスーパースターに変身させた。

１９８０年から83年までの約4年間、ルイジアナ州ニューオーリンズのダウンタウン・ミュニシパル・オーデトリアムでおこなわれていた毎週月曜夜のＴＶテーピングは５０００人から８０００人の観客をつねに動員した。ＴＶショーの絶対的な主役はＪＹＤで、ワットはＪＹＤを徹底的に〝隔離〟し、シングルマッチは必ず3分以内に決着をつけさせた。ＪＹＤの必殺技はワット自身が現役時代にフィニッシュ技として愛用したオクラホマ・スタンピードを改良したランニング・パワースラムで、ワットはこの技をサンプThumpと命名した。サンプとは〝ゴツン〟〝ドシン〟といった衝撃音を意味する擬音語だ。

ニューオーリンズでいちばん大きいインドア・スタジアム、NFLニューオーリンズ・セインツの本拠地スーパードームで初めて開催されたスーパーショー（1980年8月2日）は、JYD対マイケル・ヘイズの完全決着戦〝ドッグカラー・マッチ〟をメインイベントに同所に3万6000人の大観衆を集めた。すでに引退していたワットが〝1試合限定〟で現役復帰し、JYDとタッグを組んでミッドナイト・エキスプレス（ボビー・イートン&デニス・コンドリー）と対戦した〝ザ・ラスト・スタンピード〟はスーパードームに2万3000人を動員した（1984年4月7日）。

PPVというテクノロジーがまだなかった時代のプロレスはハウスゲート（興行収益）だけが団体経営の生命線であり、市場経済のバロメーターだった。MSWAは発足から約3年でWWE、NWA、AWAのメジャー3グループに次ぐ団体に急成長した。

JYDがスーパースターに変身したとたん、予想どおりWWEから〝引き抜き〟の魔の手が伸びた。JYDがワットのところに相談にやって来ると、ワットは「金は稼げるうちに稼いでおけ」と〝子飼い〟のJYDのWWEへの移籍を歓迎した。

MSWAはNWA加盟テリトリーではなく独立団体だったが、ワットはダスティ・ローデス、リック・フレアーといった80年代前半のNWA世界ヘビー級王者をニューオーリンズやヒューストンのビッグイベントにブッキングし、全米各地のNWA加盟プロモーターに対して〝非営利団体〟のヨコのつながりの危うさを警告してみせた。

MSWAの団体ロゴ

JYDのMSWA退団－WWE移籍から1カ月後に開催されたスーパードーム大会は、フレアー対ケリー・フォン・エリックのNWA世界戦をメインに2万1000人の大観衆を動員（1984年8月24日）。ワットは「ファックNWA！」と公言し、当時、すでに内部分裂を起こしつつあったNWAに対してもその影響力を強めていった。

JYDと同じようにワットのプロデュースにより中堅クラスからいっきにメインイベンター・クラスのポジションに昇格したレスラーは、ハクソー・ジム・ドゥガンとマグナムTA（テリー・アレン）のふたりだった。ドゥガンはワットのお気に入りのプロ・フットボール出身のパワー・ファイターで、フェイバリット技はランニング・パワースラムと助走つきのフットボール・タックル。MSWAノースアメリカン王者として活躍後、JYDと同様、WWEに移籍した。

マグナムTAはMSWAでスーパースターへの足がかりをつくり、1984年、D・ローデスのブッキングでNWAクロケット・プロに移籍。次期NWA世界王者の最有力候補といわれたが、1986年10月、交通事故で再起不能の重傷を負い引退した。

団体の経営破たんと昔かたぎの南部プロモーターの時代の終えん

ビンス・マクマホンの〝1984体制〟に遅れること約2年、ワットは1986年5月にMSWAの全米マーケット進出を計画し、団体名を〝中南部レスリング協会〟から〝宇宙レスリング連盟〟UWF（ユニバーサル・レスリング・フェデレーション）に改称。UWF世界ヘビー級王座、UWF世界タッグ王座を新設し、TVショーのフォーマットも南部市場向けのコンテンツから全米中継モードにモデルチェンジした。

新団体UWFにはテリー・ゴーディ、スティーブ・ウィリアムス、テッド・デビアス、ルーキー時代のスティング、リック・スタイナー、ザ・ファンタスティックス（トミー・ロジャース＆ボビー・フルトン）、エディ・ギルバートといった主力メンバーが顔をそろえ、全米ツアーがスタートを切った。しかし、スポーツ専門局ESPNでのプロレス番組放映には毎週5万ドルの予算（制作費）が必要で、番組の視聴率そのものは悪くはなかったが、レーティング＝視聴率の数字は現金には化けてくれなかった。

UWFの経営はあっというまにいきづまり、新体制発足からわずか11カ月後の1987年4月、ワットはNWAクロケット・プロモーションに〝身売り〟を提案した。ジム・クロケットJrはNWAとUWFを別べつの団体として運営する事業案を打ち出し、ワットに対しては〝3年後の買い戻しオプション〟を提示した。NWAクロケット・プロによるUWFの買収金額は400万ドルといわれたが、ワットがじっさいに手にした金額はイニシャルの120万ドル程度だったとされる。

しかし、この団体買収－統合から1年7カ月後の1988年11月、NWAクロケット・プロも経営破たんし、同団体はジョージア州アトランタのTBS（テッド・ターナー・ブロードキャスティング・システムズ）に買収され、旧NWAクロケット・プロは新団体WCW（ワールド・チャンピオンシップ・レスリング）として再スタートした。ワットもクロケットJrもどちらかといえば昔かたぎの南

ルイジアナUWFの団体ロゴ

部のプロモーターだった。

新体制発足後、ＷＣＷはフレアー対リッキー・スティムボートのＮＷＡ／ＷＣＷ世界ヘビー級選手権（60分3本勝負）をメインイベントにＴＢＳ特番〝クラッシュ・オブ・チャンピオンズ〟を開催（１９８９年4月2日＝観衆５３００人）。このイベントはＷＣＷがライバル団体ＷＷＥの〝レッスルマニア4〟と同日・同時刻に特番をぶつけた〝ＴＶ戦争〟だったが、ニューオーリンズの観客の反応はどこか冷やかだった。

ＵＷＦの〝身売り〟でレスリング・ビジネスの表舞台から消えたワットは、１９９２年にはＷＣＷのエグゼクティブ・バイス・プレジデントとして現場の最高責任者のポストについたが、ＴＢＳサイドとの衝突から契約途中であっさり解雇された。

ＷＣＷはワットやワット世代のオールドファッションなプロモーターが考えるところの興行団体ではなく、大手テレビ局が運営する〝プロレス事業部〟だった。その後、ワット自身は１９９５年にもエグゼクティブ・プロデューサーとしてＷＷＥと契約したが、ビンス・マクマホンとの〝蜜月〟はほんの数カ月しかつづかなかった。

90年代後半からミレニアムまでつづいたＷＷＥとＷＣＷの2大メジャー団体による〝月曜ＴＶウォーズ〟にはワットはまったく関係していない。だから、90年代後半以降にプロレスと出逢ったプロレスファン、あるいは21世紀のＷＷＥユニバースはワットの名もその功績も知らない。

ワットが２００９年のＷＷＥホール・オブ・フェームで殿堂入りを果たしたことは、ＷＷＥとワット・ファミリー（ワットの前妻が一部映像の権利を保有）のあいだで旧ＭＳＷＡ－ＵＷＦの映像アーカイブの買収交渉がすすめられていることを示唆していた。

NWA－WCW、AWA、NWAフロリダ、ダラスWCCW、ECWといった団体と同様、〝ワット王国〟MSWA－UWFの映像アーカイブの版権・著作権も現在はWWEの管理下に置かれている。ビンスにとってはこの契約が成立したことで、やっと〝南部マット史〟が手に入ったということなのだろう。

〝月曜TV戦争〟の時代

アメリカのレスリング・シーンがほんとうの意味で2大メジャー団体時代に突入したのは、ハルク・ホーガンがWWE（当時はWWF）からWCW（ワールド・チャンピオンシップ・レスリング）に移籍した1994年6月だった。

ジョージア州アトランタに本拠地を置くWCWは、NWAクロケット・プロを買収して1988年11月に発足。テッド・ターナー・エンターテインメント社のグループ企業のひとつとしてスタートを切った。WCWという名称そのものはもともとTBS（ターナー・ブロードキャスティング・システムズ）が毎週土曜夕方に放映していたNWAのプロレス番組のタイトルだったから、新団体というイメージはあまりなかった。

ホーガンが所属選手となったことで、WCWはWWEのライバル団体としてのポジション――というよりもステータス――を獲得した。WCWがWWEに明らかにまさっていたのはターナーの資金力だった。ホーガンのあとを追うようにして〝マッチョマン〟ランディ・サベージがWCWに電撃移籍した。その後、ロディ・パイパー、テッド・デビアス、カート・ヘニング、ブルータス・ビーフケーキ（WCWでのリングネームはディサイプル）らもWCWと契約。WCWのリングはリック・フレアーに代表される〝NWA色〟とホーガンに代表される〝WWE色〟が同居する世界になった。

観客を置き去りにした視聴率戦争

ＷＣＷは１９９５年９月、ＷＷＥの月曜夜のプライムタイム番組〝マンデーナイト・ロウ〟に対抗し、同曜日同時間帯の裏番組として〝マンデー・ナイトロ〟の全米生中継を開始。〝月曜ＴＶ戦争〟がはじまった。新番組を企画したのはエリック・ビショフＷＣＷ副社長だった。

翌１９９６年にはケビン・ナッシュ、スコット・ホール、ショーン・ウォルトマンの元祖ウルフパックもＷＷＥからＷＣＷに移籍。視聴者は〝ナイトロ〟の画面を観ながらそれが〝ロウ〟であるかのような錯覚を起こした。ビショフ副社長は「引き抜ける選手はすべて引き抜く」と公言し、ＷＣＷの〝ＷＷＥ化〟は加速していった。

そして、ｎＷｏ（ニュー・ワールド・オーダー）の出現とその連続ドラマによってＷＷＦ〝ロウ〟とＷＣＷ〝ナイトロ〟の番組視聴率が完全に逆転する。それまで80年代からの定番のイメージにかたくなにこだわっていたホーガンがレッド＆イエローのリングコスチュームを捨ててまさかのヒール転向を果たした。ｎＷｏは大ヒット商品となり〝ナイトロ〟の視聴率は１９９６年６月10日放映分から１９９８年４月13日放映分まで83週間連続で〝ロウ〟のそれを大きく引きはなした。

〝観る側〟と〝つくる側〟の感覚にズレが生じてくるのは、〝ナイトロ〟と〝ロウ〟の視聴率が再びシーソーゲームとなった

WCW nWoロゴ

WCWマンデー・ナイトロ番組ロゴ

WWE“RAW IS WAR”ロゴ

WWEマンデーナイト・ロウ番組ロゴ

１９９８年春あたりからだった。ＷＣＷ首脳陣はＷＷＥとの〝月曜ＴＶ戦争〟に勝つことだけを考えているうちに観客のニーズを完全に見失った。

〝ナイトロ〟の視聴者、というよりも純粋なＷＣＷファンが求めていたのは〝ロウ〟とそっくりなサムシングではなくてスティング、ゴールドバーグといったＷＣＷのオリジナルの登場人物による新しいドラマだった。

〝ロウ〟の画面のなかで〝ストーンコールド〟スティーブ・オースチンがビンス・マクマホンに中指を突き立て、ザ・ロックがまゆ毛をピクンと動かしたのとほぼときを同じくして〝ナイトロ〟の視聴率は急降下のスパイラルを転げ落ちていった。それは〝ナイトロ〟のジ・エンドだけでなくＷＣＷの終えんも意味していた。

その日（２００１年3月26日）、〝ナイトロ〟の番組オープニングと同時にビンスの顔がモニターに映し出された。〝ロウ〟と〝ナイトロ〟の二元中継がはじまった。視聴者はＷＷＥによるＷＣＷ買収というビッグニュースをビンス自身のアナウンスによって知ったのだった。

未完成に終わったＥＣＷ〝ハードコア革命〟

ＥＣＷ（エクストリーム・チャンピオンシップ・レスリング）は１９９３年から２００１年までの約８年間、インディペンデントでもメジャーでもない〝カルト団体〟としてほんの一瞬だけムーブメントを起こし、消滅したグループである。

インディーとカテゴライズするにはあまりにも急激に巨大化し、メジャーと呼ぶには資本力に乏しい〝自給自足集団〟だった。団体発足からわずか４年でＰＰＶをプロデュースし、１９９９年からはＴＶショーの全米放映（ＴＮＮ＝ケーブル）もスタートさせたが、自転車操業のツケがまわり、ある日、経営破たんした。

エクストリーム（極端な、極度の、極限の、はなはだしい）という名称のせいでＥＣＷはその団体カラーを誤解されやすかった。有刺鉄線デスマッチ、ラダー・マッチ、〝凶器持ち込み自由〟のハードコア・マッチは日課みたいなものだし、〝テーブル破壊〟も定番アイテム。ときには破壊されたテーブルが炎上するという危険なシーンもあった。しかし、ＥＣＷはデスマッチ専門の団体ではなくて、その場に集ったみんなでプロレスについてとことん真剣に議論する〝哲学の場〟だった。

１９９３年９月18日、ポール・Ｅことポール・ヘイメンがフィラデルフィアのつぶれかかったインディー団体イースタン・チャンピオンシップ・レスリングのプロデュースをまかされた。ヘイメンは

ECW団体ロゴ

「必要は発明の母」と胸をはり、自分たちが観たいプロレスを自分たちでプロデュースすることを心がけた。ジャパニーズ・スタイルならジャパニーズ・スタイル、ルチャリブレならルチャリブレ、オールドファッションなアメリカン・スタイルならオールドファッションなアメリカン・スタイルのなんたるかをとことん追求し、実践すること。それがハードコアというコンセプトだった。

ポール・ヘイメン

ボーイズのお父さんのような存在として、お金はなくても夢と希望を捨てない売れないレスラーたちの心の支えとして、ヘイメンは〝生ける伝説〟テリー・ファンクに協力を求めた。〝インディー王〟サブゥーが合流した。タスマニアン・デビルの怪物キャラクターだったタズマニアックが〝スープレックスの達人〟タズにモデルチェンジした。シェーン・ダグラスは、体つきも顔つきもレスリング・スタイルもメジャー団体向きの選手で、じっさいにWCWにもWWEにも在籍していたことがあったが、どういうわけかECWのドレッシングルームを自分のいるべき場所ととらえた。

自堕落、自暴自棄、自己陶酔の酔っぱらいレスラー、サンドマンが出現した。〝ハードコア教祖〟レイヴェンがドレッシングルームに若いボーイズたちを集め「心の闇」「内なる声」「デジャヴ＝既視感」といったテーマで説法をはじめた。トミー・ドリーマーは選手として、裏方として、営業マン、TVプロデューサー補佐として生活のすべてをECWに捧げた。

クリス・ベンワー、エディ・ゲレロ、ディーン・マレンコの3人が新日本プロレスを経由してフィラデルフィアにやって来た。クリス・ジェリコはメキシコ、WARを経由してECWにたどり着いた。

フロリダ、ノースカロライナのインディー・シーンを放浪していたRVDことロブ・ヴァン・ダムは、〝兄弟子〟サブゥーのブッキングでECWアリーナにやって来た。ヘイメンは、才能はあるけれどなんとなく埋もれていた人材に自由な発想でリングに立ってもらった。

日本人レスラーでは、TAJIRIと田中将斗がECWに長期滞在した。サブゥー&RVDと試合をするためにハヤブサと新崎人生がわざわざ日本からやって来たこともあった。邪道&外道、金村キンタロー、ザ・グレート・サスケらもECWのリングに上がった。

迷路にまよい込んだハードコア革命

ECWは〝やる側〟と〝観る側〟の知恵くらべのリングだった。サウス・フィラデルフィアのビンゴホールがECWアリーナと名を変えた。収容人員1500人のちいさなアリーナに集まってくる目の肥えた観客は、いいものをみせてもらったときはスタンディング・オベーションで選手たちをねぎらい、喜ぶ場面では大喜びし、感動的なシーンには涙し、ある基準値に満たない試合には容赦なくダメ出しをした。

ECWでスターが育つと、メジャー団体から引き抜きの魔の手がのびてきた。レイヴェンとサンドマンはWCWに持っていかれ、カクタ

サブゥー

レイヴェン

サンドマン

ス・ジャック（ミック・フォーリー）、タズ、ババ・レイ&ディーボンのダッドリー・ボーイズらはＷＷＥに移籍した。ベンワー、エディ、マレンコ、ジェリコらはＷＣＷを経由してＷＷＥの扉をこじ開けた。しかし、ヘイメンは少しもあわてなかった。ＥＣＷのリングではだれもが輝くチャンスがある。選手がひとりいなくなれば、だれかほかの選手にチャンスがまわってくる。それだけのことだった。

ＷＷＥ、ＷＣＷにつづく〝第3団体〟というポジションに立ったとたん、ハードコア革命が迷路にまよい込んだ。もともとはヘイメンの実家のベースメントをオフィスに使っていたが、会社の規模が大きくなると、かえって経営が苦しくなった。このあたりのいきさつはＷＷＥのオリジナルＤＶＤ〝ＥＣＷライズ・アンド・フォールズ〟に克明に描かれている。

ＥＣファッキンＷは、ファンに見放されてつぶれた団体ではなかった。ヘイメンはプロレスに関しては天才的なプロデューサーだったけれど、ビジネスマンとしてはまったくきちょうめんさに欠け、領収書の整理もできないダメ社長だった。

ＥＣＷの運営会社ＨＨＧコーポレーションの市場評価額１３８万５５００ドルに対し、累積赤字は８８８万１４３５ドル。倒産による損失額は約７５０万ドル（約8億２５００万円＝当時）と算出された。２００１年1月13日、ＥＣＷが活動停止になったときはみんなが泣いた。ヘイメンは自己破産までしたのにわりとケロっとしていた。いつかその日が来ることがわかっていたように——。

ロブ・ヴァン・ダム

第6節　WWEグローバリゼーション

WWWF＝世界広域レスリング連盟〝ビフォア1984〟

WWWF－WWF－WWEの50年の歴史は〝ビフォア1984〟と〝アフター1984〟のふたつのチャプターに分類することができる。前者はビンス・マクマホン・シニア（ビンセント・ジェームス・マクマホン）がオーナーだった1963年から83年までの20年間で、後者はその息子ビンス・マクマホン（ビンセント・ケネディ・マクマホン）が団体の運営をテイクオーバーし、その活動テリトリーをいっきに全米に拡大した1984年から現在に至るまでの約30年を指す。

ビンス・マクマホン・シニア

〝ビフォア1984〟のWWWF－WWFの本拠地は、ニューヨークのマディソン・スクウェア・ガーデン。バディ・ロジャースを初代世界ヘビー級王者に認定して1963年4月に発足したWWWF（ワールド・ワイド・レスリング・フェデレーション）の最初のスーパースターは、ガーデンのリングでロジャースを〝47秒〟で破り新チャンピオンとなったブルーノ・サンマルチノだった。この試合タイムについては現在でも〝47秒〟と〝48秒〟のふたつの説がネット空間を漂いつづけている。

マクマホン・シニアは1914年、ニューヨーク州ハーレム生まれ。マクマホン・シニアの父ロドリック〝ジェス〟マクマホンは、〝狂乱の20年代〟のニューヨークの大興行師だったテックス・リッカードの部下としてボクシングやコンサートのプロモーターとして活躍した人物で、マクマホン・シニアは〝二代目〟。現在のビンスは〝三代目〟で、ビンスの長男シェーン・マクマホンと長女ステファニー・マクマホンは〝四代目〟プロモーターということになる。

マクマホン・シニアは第二次世界大戦中、USCGアメリカ沿岸警備隊に在籍。ひとりめの妻ヴィッキー・H・アスキューとのあいだに長男ロドリック、次男ビンスのふたりの子どもをもうけたが、その後、離婚。1945年生まれのビンス・ジュニアは12歳のときに父親と父親のふたりめの妻ワニーダと同居するようになった。

1950年代前半に興行会社キャピタル・レスリング・コーポレーションを設立したマクマホン・シニアはワシントンDC、ボルティモア、ニューヨークとニュージャージーの一部に興行テリトリーを確立した。社名のキャピタル（首都）はワシントンDCにオフィスをかまえるカンパニーという意味合いがあった。

1955年1月、ワシントンDCにあった2000人収容のターナーズ・アリーナからのテレビ中継〝チャンピオンシップ・レスリング〟（ドゥモンTV）の放映を開始し、翌56年6月にはニューヨークのドゥモンWABDとの契約で東海岸エリアのほぼ全域に同番組の放映エリアを拡大。パートナーのトゥーツ・モントとウィリー・ギルゼンバーグの協力で57年2月、マディソン・スクウェア・ガーデンでの定期興行を手がけるようになった。アントニオ・ロッカ&バーン・ガニアの正統派コンビとハンス・シュミット&カール・フォン・ヘスの〝ナチスの亡霊コンビ〟が対戦したタッグマッチをメインイベントにラインナップした同大会は1万9300人の大観衆を動員。6万1250ドルという当時としては記録的な興行収益をあげた。

WWWF設立をまえにマクマホン・シニアは1963年1月からオハイオ州クリーブランドでWWWA（ワールド・ワイド・レスリング・アソシエーション）という団体を運営していたが、どうやらこのWWWAはWWWFのプロトタイプ＝試作品だった。同年1月24日、カナダ・トロントでバディ・ロジャースがルー・テーズに敗れNWA世界ヘビー級王座から転落すると、マクマホン・シニアをリーダーとする東部エリアの有力プロモーターたちはこの王座移動を認めずNWAを脱退。ニューヨークを本拠地に新団体WWWFが誕生し、マクマホン・シニア自身はマンハッタンのフランクリン・プラザ・ホテル内に新しいオフィスをオープンした。

WWWFの興行テリトリーはニューヨーク州全域、フィラデルフィア（ペンシルベニア州）、ピッツバーグ（同）、ボストン（マサチューセッツ州）、ボルティモア（メアリーランド州）、ワシントンDC、ニュージャージー州、コネティカット州、ロードアイランド州、オハイオ州、ニューハンプシャー州、デラウェア州、メイン州、国境を越えた東カナダの一部を含む東部エリア一帯で、マクマホン・シニアはWWWF圏内のアフィリエート・プロモーターとの関係をひじょうに大切にした。

ブルーノ・サンマルチノという正統派のスーパースター

WWWFの絶対的な主人公となるサンマルチノは、1935年、イタリア生まれ。15歳のときに家族とともにアメリカに移住し、米陸軍（予備兵）に入隊後、24歳でプロレスラーとしてデビューした。WWWF世界王座を獲得した時点ではキャリア4年、28歳のルーキーだったが、マクマホン・シニアはこのサンマルチノに新団体の運命をゆだねた。

サンマルチノは1963年から1971年、1973年から1977年までの計2回、通算11年間にわたりWWWF世界王座を保持。60年代前半から70年代後半までガーデン定期戦211公演のメインイベンターをつとめ、187公演をソールドアウトにした。サンマルチノの試合を観るために毎月、2万人近い大観衆がガーデンに足を運んだ。

ブルーノ・サンマルチノ

身長5フィート10インチ（約178センチ）、体重265ポンド（約120キロ）のがっしりした体格はいかにも強そうで、得意技はアームドラッグ（巻き投げ）、ベアハッグ、カナディアン・バックブリーカー、マシンガン・キック（フロント・キック）といったシンプルな技の数かずだった。反則はいっさいせず、典型的な正統派としての〝わかりやすいプロレス〟が子どもからお年寄りまで老若男女に愛された。

ニューヨークは〝人種のるつぼ〟で、プロレスファンもまた〝人種のるつぼ〟である。イタリア移民で英語を母国語としないサンマルチノは、ニューヨーカー好みのエスニック・ヒーローだった。サンマルチノ政権〝第1期〟のあとは、プエルトリコ出身のペドロ・モラレスが約2年間（1971年～1973年）、ガーデン定期戦の主役をつとめた。

1971年、WWWFはNWAに加盟し、WWWF世界ヘビー級王座の名称から〝世界〟を削除したとされるが、この政治的な動きはじっさいにはマクマホン・シニアと中西部・南部のNWA系プロモーターの友好関係と業務提携を確認するもので——日本のプロレス・マスコミはWWWFがNWA傘下団体となったというニュアンスでこのニュースを報じたが——WWWFの規模縮小を意味するものではなかった。WWWF(世界広域レスリング連盟)という団体名にははじめから〝ワールド〟がついているから、ニューヨークをはじめとする東海岸文化圏のプロレスファンにとっては、NWAという別組織の存在には関係なく、あくまでもWWWF王座こそが唯一無二のワールド・チャンピオンシップだった。

サンマルチノ政権の〝第2期〟は1973年12月から1977年4月までの3年4カ月間で、サンマルチノは38歳から41歳までの円熟期を再びチャンピオンとして過ごした。〝リビング・レジェンド=生ける伝説〟というニックネームが定着したのはこの時代だった。

いっぽう、70年代半ばから80年代前半にかけて、日本の年号でいうと昭和50年代、WWWF–WWFと新日本プロレスは業務提携を結んでいた。1976年(昭和51年)6月、アントニオ猪木がモハメド・アリとの〝格闘技世界一決定戦〟を実現させたとき、アメリカ全土の映画館、劇場でのクローズド・サーキット上映(現在のPPVの前身)をプロモートしたのがマクマホン・シニアだった。

1974年(昭和49年)以降、新日本プロレスのリングにはWWWFの主力メンバーが定期的に遠征してくるようになったが、サンマルチノだけはついにいちども〝猪木のリング〟には上がらなかった。これはサンマルチノ自身がルーキー時代に寝食をともにしたジャイアント馬場との友情を重んじたためだった。マクマホン・シニアもサンマルチノをコントロールすることはできなかった。

ビリー・グラハム、そしてボブ・バックランドの時代

そのサンマルチノを王座からひきずり下ろしたのは、サンマルチノとはまったくちがったタイプのパワーファイターの〝スーパースター〟ビリー・グラハムだった。グラハムはガーデンの主役としては前例のないヒールのチャンピオンとして10カ月間、チャンピオンベルトをキープした。典型的なショーマンのグラハムは観客動員力のある文字どおりのスーパースターではあったが、ニューヨークの観客はどちらかといえば〝1話完結〟の勧善懲悪ドラマを求めた。

サンマルチノの残像をひきずらない新しい時代のヒーロー、オール・アメリカン・タイプ——WASP＝ホワイト・アングロ・サクソン・プロテスタント——の20代のアスリートを探していたマクマホン・シニアに「ボブ・バックランドというアマチュア出身の優秀なレスラーがいる」とアドバイスしたのは、〝NWAの父〟として知られるセントルイスの老プロモーター、サム・マソニックだった。

バックランドはノースダコタ州立大時代、アマチュア・レスリングNCAA全米選手権（ディビジョンⅡ）で優勝し、1973年にプロ転向。ドリー・ファンクJrのガイダンスでジャンボ鶴田、スタン・ハンセンら〝同期〟とともにテキサス州アマリロでルーキー・イヤーを過ごした。

“スーパースター”ビリー・グラハム

ボブ・バックランド

バックランドは1978年2月、グラハムを下してWWWFヘビー級王座を獲得（1979年4月、WWFに改称）。サンマルチノと同様、28歳でチャンピオンの座についた〝若き帝王〟は――途中、猪木に敗れ、約2週間だけ王座を手放したが――通算5年10カ月にわたり王座を保持した。

1979年（昭和54年）11月30日、徳島でバックランドを下し日本人レスラーとして初めてWWFヘビー級王者となった猪木は、6日後の同12月6日、蔵前国技館で前王者バックランドを相手に王座初防衛戦（タイガー・ジェット・シンの乱入で無効試合）をおこなったが、試合後、その判定を〝不服〟として王座返上。同12月12日のガーデン定期戦でバックランドがボビー・ダンカンと王座決定戦をおこないチャンピオンの座に返り咲いた。

日本のマスコミは猪木の王座返上からニューヨークでの王座決定戦までの経緯をくわしく報道したが、アメリカではこのニュースはほとんど報じられず、ガーデンの観客もこの試合の入場時にバックランドの腰にチャンピオンベルトが巻かれていなかったことにこれといった疑問を持たなかった。結果的に猪木は日本の観客のまえでバックランドに敗れることなくWWFヘビー級王座をあっさり返上し、バックランドもまたなにごともなかったかのようにガーデンのリングで再びベルトを手中に収めた。東京とニューヨークを舞台とした〝政治ドラマ〟をいちばん近くで観察していたビンスは、猪木のとった行動を父親に対する裏切り行為ととらえた。

バックランドはガーデン定期戦では合計67公演でメインイベントのリングに上がり、そのうち42公演を満員札止めにした。ニューヨークだけでなくカナダ、セントルイス、ロサンゼルス、メキシコ、日本でも王座防衛戦をおこない、NWA世界王者時代のハーリー・レイスとリック・フレアー、AW

A世界王者ニック・ボックウィンクルとのダブル・タイトルマッチも実現させた。

マクマホン・シニアは１９８３年６月、ビンスに興行会社キャピタル・レスリング・コーポレーションの株式を売却して引退。父マクマホン・シニア、同社の役員だったのアーノルド・スコーラン、ゴリラ・モンスーン、フィル・ザッコーの４人から全株式を買い上げたビンスはその社名をタイタン・スポーツ社（現在のＷＷＥ）と改称し、本社オフィスをニューヨークからコネティカットに移転させた。37歳で団体オーナーとなったビンスは、このときすでに父親の友人たちである全米各地のプロモーターとの絶縁を決意し、ＷＷＦの全米進出プランを練っていた。

ビンスは〝賞味期限〟の切れたバックランドを失脚させ、ハルク・ホーガンを新しい主人公としてニューヨークに迎え入れた。そして、〝１９８４〟は現実となった。引退したマクマホン・シニアは１９８４年５月、転居先のフロリダですい臓ガンで死去。息子の〝世界征服〟を目撃することなくこの世を去ったのだった。

団体ロゴマークの変遷

WWWF1960年代

WWF1980年代前半

WWF1980年代後半

WWF1990年代

WWE2000年代

WWE現在のロゴ

〝殿堂〟マディソン・スクウェア・ガーデン

マンハッタンのどまんなかに位置するマディソン・スクウェア・ガーデンはプロスポーツとショービジネスの殿堂である。WWEとの結びつきはたいへん古く、WWEのルーツにあたるWWWF（ワールド・ワイド・レスリング・フェデレーション）が発足した1963年5月、〝人間発電所〟ブルーノ・サンマルチノがガーデンのリングで初代王者〝ネイチャーボーイ〟バディ・ロジャースを48秒で下してWWWF世界ヘビー級王座を獲得した。

ブルーノから〝ロシアの怪豪〟イワン・コロフ（1971年1月18日）、コロフから〝ラテンの魔豹〟ペドロ・モラレスへの王座移動劇（1971年2月8日）、〝スーパースター〟ビリー・グラハムからボブ・バックランドへの政権交代（1978年2月20日）が起きたのも、ハルク・ホーガンがアイアン・シークからWWF世界ヘビー級王座を奪取したのもガーデンのリングだった（1984年1月23日）。

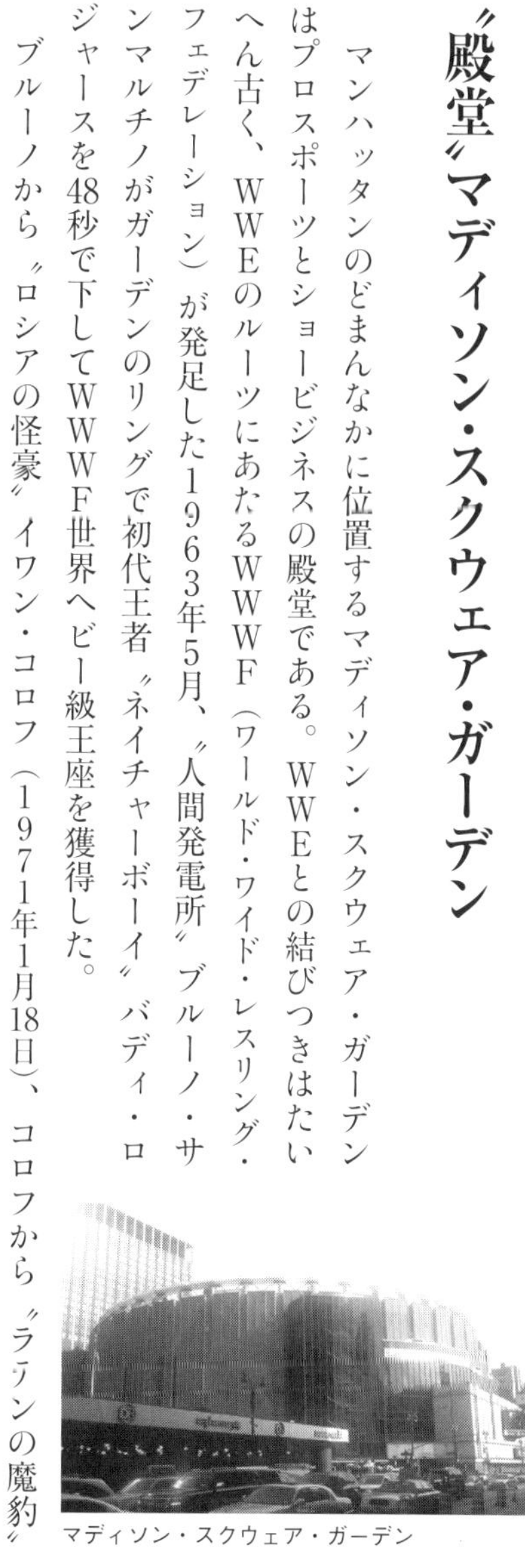
マディソン・スクウェア・ガーデン

7番街と31丁目から33丁目までの交差点、地下鉄ペン・ステーション駅のすぐ上にある現在のガーデンは、初代から数えると〝四代目〟にあたる。もともとマディソン・スクウェアとは、23丁目とブロードウェイと5番街の3本のストリートがぶつかるミッドタウンの南側にあった公園のことで、アメリカ合衆国第4代大統領ジェームス・マディソンにちなんでネーミングされた。

この場所に最初にアリーナを建てたのは有名なサーカス興行師のP・T・バーナムで、1874年にバーナムと投資家グループがニューヨーク&ハーレム鉄道の倉庫だった建物を改造して〝モンスター・クラシック・アンド・ジオロジカル・ヒッポドローム〟を建設。タテ約130メートル、ヨコ約60メートルの競技場の周囲に高さ30メートルの巨大な壁を立てたのがはじまりだった。

バーナムはその後、オーケストラ楽団指揮者のパトリック・ギルモアに建物をリースし、ギルモアがこれをギルモアズ・ガーデンと改称。〝アメリカン・プロレスの父〟ウィリアム・マルドゥーンは、このギルモアズ・ガーデンで世界グレコローマン王者シーバウド・バウワーと対戦し、アメリカのプロレス史上初の世界統一王座を獲得した(1880年1月19日)。

MSGはプロレスの歴史そのもの

1878年にバーナムとギルモアのリース契約が終了すると、こんどはW・M・タイルストンという人物が建物を買収してマディソン・スクウェア・ガーデンと命名した。この〝初代〟ガーデンは1889年7月にとり壊され、翌1890年6月に同じ場所に〝二代目〟が新装オープンした。

この建物は1925年2月まで使用されたが、〝狂乱の20年代〟の大物プロモーター、テックス・リッカードが1925年11月に〝三代目〟ガーデンを建設。場所もマディソン・スクウェアから49丁目&50丁目とアップタウン8番街の交差点に移された。

総工費1億1600万ドル、総面積7万6178平方メートル(約2万3000坪)の〝四代目〟ガーデンの建設工事が着工したのは1964年のことだから、現在のガーデンもすでに50年の歴史を数えている。月例定期戦という形で月にいちどのビッグショーが開催されるようになったのは

1968年2月。ガーデンは半世紀にわたりWWWF－WWF－WWEの大河ドラマを日撃しつづけてきた。

〝1984体制〟でWWEが全米マーケットに進出し、90年代に毎週月曜のTVショー〝マンデーナイト・ロウ〟が連続ドラマとなると、ガーデン月例定期戦はその役目をひとまず終えたが、マクマホン・ファミリーにとってもニューヨークのプロレスファンにとってもガーデンが特別な場所であることに変わりはない。

〝レッスマニア〟はその第1回大会（1985年3月31日）、〝レッスルマニア10〟（1994年3月20日）と〝レッスルマニア20〟（2004年3月14日）がガーデンで開催された。先代ビンス・マクマホン・シニアは「ガーデンで起きていることがレスリング・ビジネスでこれから起きること」という名言を残した。ビンス・マクマホンはガーデン定期戦を観ながら育ったのである。

ハルク・ホーガンという社会現象

８０年代、全米に巻き起こったプロレス・ブームの主役

ハルク・ホーガンは１９８０年代のアメリカのポップ・カルチャーを代表するスーパースターだった。ＷＷＥの全米マーケット進出計画はホーガンの出現ではじまり、ホーガンを主役とした〝レッスルマニア〟プロジェクトの成功で長期安定モードに入った。

〝レッスルマニア〟は、ホーガン自身がインタビューで好んで使う「ハルカマニア・イズ・ランニング・ワイルド Hulkamania is running wild（ハルク狂時代だぜ）」というフレーズから派生した新語だった。１９８４年からスタートしたビンス・マクマホンのマルチ・メディア路線は、高度管理社会の恐怖を描いたジョージ・オーウェルの近未来ＳＦ小説『１９８４』にたとえられ〝１９８４体制〟と呼ばれた。ビンスはプロレスというジャンルの持つイメージを根底から変えようとしていた。

ホーガンは〝闘う社会現象〟になった。プロレスとテレビ、新聞、雑誌の一般メディアのコラボレーション、プロレスラーと音楽、ファッション、マーチャンダイズの融合が日常茶飯事となった。ビンスはＣＮＮでもＭＴＶでも利用できるものはなんでも利用した。リング上のプロレスは、わかりや

『スポーツイラストレーテッド』誌の表紙に登場したハルク・ホーガン

ビンス・マクマホン

すければわかりやすいほどよかった。

ＷＷＥは80年代のアメリカにプロレス・ブームを巻き起こし、それまでプロレスをあまり取り上げることのなかった『ウォール・ストリート・ジャーナル』紙、『ニューヨーク・タイムズ』紙がこのブームを「プロレスのルネッサンス」と論評。ホーガンが『スポーツ・イラストレーテッド』誌（１９８５年4月29日号）の表紙に登場し、米3大ネットワークのひとつであるＮＢＣが特番〝サタデーナイト・メインイベント〟の放映を開始。プロレス番組がじつに30年ぶりにネットワークＴＶの電波に乗った。

ビンスとホーガンの戦略

〝アフター１９８４〟の80年代後半はホーガンとＷＷＥが同時進行で巨大化していった。〝レッスルマニア１〟（１９８５年3月30日＝ニューヨーク州ニューヨーク、マディソン・スクウェア・ガーデン）は全米１３５都市の映画館と劇場でクローズド・サーキット上映され、のべ40万人の観客を動員。〝レッスルマニア２〟（１９８６年4月7日）はニューヨーク、シカゴ、ロサンゼルスの3都市同時開催。ホーガン対アンドレ・ザ・ジャイアントがメインイベントにラインナップされた〝レッスルマニア３〟（１９８７年3月29日）は、デトロイトのポンティアック・シルバードームに9万３１７３人の大観衆を集めた。

ＷＷＥは全米ツアーの興行に加え、ＰＰＶ（ペイ・パー・ビュー＝契約式有料放映）という新しいテクノロジーをいち早く導入し、プロレスの市場経済そのものを変えた。アメリカじゅうに散在していた中規模のローカル団体は80年代の終わりまでにことごとく活動を停止。アメリカのレスリング・シーンは、WWEとWCWのメジャー2団体と無数の弱小インディーズという明らかな〝勝ち組〟と〝負け組〟の構造になった。この傾向は90年代に入るとますます強くなっていった。これもまた資本主義のルールなのだろう。

ホーガンは〝レッスルマニア4〟（1988年3月27日＝ニュージャージー州アトランティックシティー）あたりから〝マッチョマン〟ランディ・サベージ、アルティメット・ウォリアーといったすぐあとにつづくスーパースターたちとメインイベンターのポジションをシェアしながら、みずからはアクション俳優としての道を探りはじめた。ホーガンはいまいるポジションよりもつねにひとつ上を求め、ビンスはそんなホーガンをうまくコントロールした。それは〝蜜月〟ではなくタイトな緊張関係だった。WWEは1990年代に3つの大きな変革期をくぐり抜けた。ハルク・ホーガンとビンス・マクマホンが衝突をくり返した時代。ブレット・ハートとショーン・マイケルズがリングの内外で主導権を争った時代。そして、ストーンコールド〝スティーブ〟オースチンとザ・ロックが出現したアテテュード Attitude の時代である。

ホーガンは1993年6月、それまで10年間在籍したWWEを退団しフリーエージェントとなり、1年後の94年6月、ライバル団体WCWに移籍した。ビンスは40歳になったホーガンに引退かWWE所属のタレント転向かの選択を迫り、ホーガンはこのどちらも拒否した。

それまでホーガンの〝所持品〟だったWWE世界ヘビー級王

レッスルマニア第1回大会のオフィシャルポスター

座は、ヨコヅナをワンポイント・リリーフに〝レッスルマニア10〟（1994年3月20日＝マディソン・スクウェア・ガーデン）でブレットへと移動。その後はブレット、マイケルズ、ディーゼル（ケビン・ナッシュ）、アンダーテイカーらがひじょうにめまぐるしいベルト争いを演じた。

WWEの連続ドラマはプロレスからはかけ離れたソープオペラのようにみえて、じつはいちばん大切なストーリーラインはチャンピオンベルトをめぐるオーソドックスな闘いになっている。あくまでもチャンピオンベルトを腰に巻いているレスラーが〝主役〟で、そのチャレンジャーは〝助演〟。メインイベンターから中堅、前座までのポジションがきれいなピラミッド型のレイアウトになっている。

ブレット・ハートの主演映画『レスリング・ウィズ・シャドウズ』DVDジャケットより

ブレットもマイケルズもこのピラミッド型の構造をいやというほど知っていた。1984年にWWFと契約したブレットは、ハート・ファウンデーション（パートナーはジム・ナイドハート）というタッグチームで長い下積み生活を送り、1991年にようやくシングルプレーヤーに転向した。マイケルズもまたアイドル系タッグチーム、ロッカーズ（パートナーはマーティ・ジャネッティ）として前座時代を過ごし、1992年にシングルプレーヤーに抜てきされた。

新時代の胎動

スポーツ・エンターテインメントという単語の定義はそれほどむずかしくない。それがスポーツであってもエンターテインメントであっても、チャンピオンにふさわしいレスラーしかチャンピオンにはなれないし、どんなにたくさんキャストがいても主役はひとりしかいないということである。

ブレットとマイケルズはたったひとつのポジションを争いつづけた。そして、〝モントリオール事件〟が起きた（1997年11月9日＝カナダ・ケベック州モントリオール）。ビンスはレフェリーを使った〝謀略〟でブレットの腰から強引にベルトをひっぺがした。ドキュメンタリー映画『レスリング・ウィズ・シャドウズ』が事件の一部始終をフィルムに収めた。

運命のいたずら、といったらそういうことになるのかもしれない。ようやく主役の座を手に入れたマイケルズは、それからわずか5カ月後にストーンコールドに敗れてWWE世界王座を失い（1998年3月29日＝マサチューセッツ州ボストン）、持病の椎間板ヘルニアの悪化でそのまま5年5カ月という長期欠場に追い込まれてしまう。

時代はものすごいスピードで動きはじめていた。ストーンコールドのすぐ後ろからザ・ロック（ドゥエイン・ジョンソン）が追いかけてきた。ストーンコールドとロックの出現で、WWEはまったく新しい時代を迎えた。キーワードはアテテュード（心がまえ、気持ち、態度、感じ方、姿勢、判断）。まさにミレニアムの到来だった。

ストーンコールド・スティーブ・オースチン『TVガイド』誌表紙

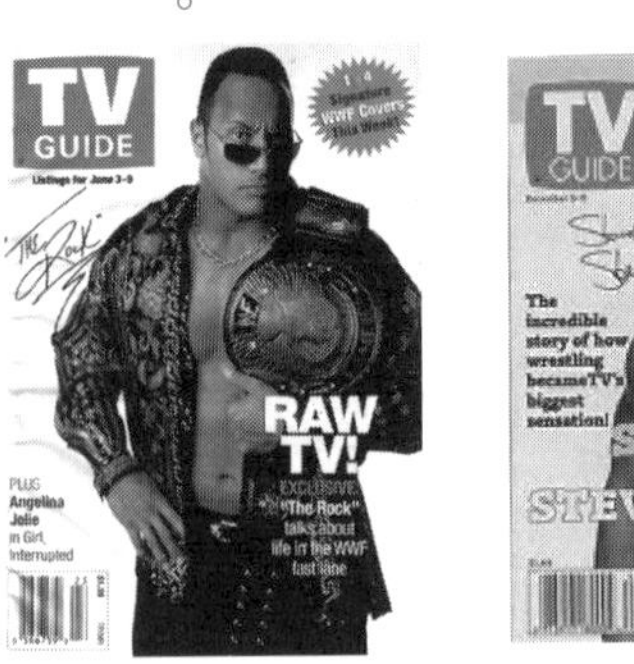

ザ・ロック『テレビガイド』誌表紙

〝ザ・ゲーム〟のWWE論

トリプルH／インタビュー

レスリング・ビジネスの根本はカリスマとパーソナリティー

トリプルH

——ミネラルウォーターのペットボトルを片手にゲートに現れ、エントランス・ランプを歩き、リングサイドをゆっくりと半周してからエプロンに飛び乗り、アリーナ席に向かって上半身の筋肉をフレックスさせながら口に含んだ水を勢いよく噴射して〝ガォーッ〟と雄叫びをあげる入場シーンがあなたのトレードマークです。このルーティンというか試合まえの〝儀式〟はご自分で発案されたものですか？

トリプルH　なんでもないようなことが大切なワンシーンに進化していった、ということなんだと思います。もともとロングヘアだったため、試合中に髪が口のなかに入ったり、誤ってノドのほうまで吸い込んでしまったりということがよくあったので、ある時期から試合前に髪を水でぬらすようになったんです。

ある日、ミネラルウォーターのペットボトルを手に持ったままドレッシングルームを出ていった。まあ、あまり深く考えずにやりはじめたことではあったのですが、リングに上がる直前にペットボトルの水を頭からかぶってみた。

それからしばらくして、初めてタイトルを獲った直後だったと記憶していますが、モーターヘッドの曲を入場シーンで使うようになった。プレゼントしてもらった楽曲を聴きながら、この音楽に合わせてなにかできないかと考えました。TVテーピングではなくてハウスショーの試合だったのですが、わたしはその日、コーナーでセカンドロープ上に立ち、右手にペットボトルを持ち、左手でチャンピオンベルトをかざしながら口にふくんだ水を観客に向かって吐き出した。するとものすごいリアクションがきた。予想以上の〝騒音〟でした。次の日も同じことをやってみたら、やっぱりすごい音でした。それから毎日、観客に向かって水を噴射するようになりました。

——それがトレードマークとなったいまではペットボトルの水を頭からかぶる場所とタイミング、水を口に含むタイミング、ペットボトルを観客席に投げ込み、エプロンに飛び乗って水を噴射しながら筋肉ポーズをとる位置とタイミング、そして最後の〝霧吹き〟に至るまで、すべての動きが完ぺきに計算されている。

トリプルH　ショーン（・マイケルズ）の入場シーンにはショーンだけのオリジナルのルーティンがあって、アンダーテイカーの入場シーンにはアンダーテイカーだけのオリジナルのルーティンがあります。ピープルがわれわれに求めているのはそういったあるひとつの様式、変わることのないひとつの型＝フォームなのではないかとわたしは考えます。日本の相撲もそうではありませんか。相撲レスリングのリチュアル、闘いに至るまでの芸術的なプロセスに完成された様式の美しさを感じます。

——ＷＷＥのスポーツ・エンターテインメントの場合、いちばん大切なのはオリジナリティーですね。

トリプルH　頭をツルツルに剃って、腕にタトゥーを彫った男が何人いてもまったく意味がない。ストーンコールドはストーンコールドにしかできない。ストーンコールドのマネをすることはできてもストーンコールドにはなれない。若いタレントがミステークを犯しやすいのはこの部分です。

しかし、観客のリアクションを観察しながらつねになにか新しい動きにトライしてみることもまた大切です。オーディエンスの反応がよかったらそれをずっとつづけていくことです。ほんのちいさな動作、歩き方、ポーズや表情、目の動きなどがそのレスラーの専売特許、オリジナリティーにつながるかもしれない。

――それはいわゆるレスリング・ムーブだけではなく、リング上でのすべての動きという意味ですか?

トリプルH リック・フレアーの試合を思い出してみてください。彼はなにをやりますか?

――バックハンド・チョップ、〝ウォーッ〟という叫び声、フレアー・ストラート(気どった歩き方)、それから、足4の字固めですか。

トリプルH そうですね、すぐに思い浮かべることができますね。ハルク・ホーガンはどうですか?

――相手を指さして〝YOU〟があって、パンチを3発打って……。

トリプルH パンチを3発打って、ビッグ・ブーツ、レッグドロップで試合はおしまいです。でも、ホーガンのプレゼンテーションはそこでは終わらず、試合のあとのポージングと観客とのコミュニケーションが試合と同じくらい重要なパートになっている。試合のことはよくおぼえていなくても、ホーガンが耳に手をあてるあのパフォーマンスはだれでも知っていて、広く理解され、世代を超えて求められている。レスリング・ビジネスの根本はそこなんです。カリスマ charisma =スター性とパーソナリティー personality =個性です。

――カリスマとパーソナリティーというのはわかりやすいですね。

トリプルH　〝スーパーフライ〟ジミー・スヌーカのスーパーフライを思い出してください。トップロープからのフライング・ボディースプラッシュです。ボディースプラッシュという技に関していえば、あれと同じ技をスヌーカよりもうまくできる選手は何人もいるわけです。技術的なことだけを論じるとするならば、スーパーフライよりもムーンサルトのほうが難度ははるかに高い。でも、スヌーカのスーパーフライだけがスーパーフライなんです。

これはわたしがいつも話していることなのですが、レイ・ミステリオというスーパースターが観客から支持されているのは彼がさまざまなクレージーな技をできるからではないんです。もちろん、彼はムーンサルトでもボディースプラッシュでもなんでもできますよ。しかし、ミステリオの人気の秘密はそういった空中殺法のレパートリーではなくて、体のちいさい彼が体の大きな相手と闘い、やられてもやられてもあきらめないこと、くじけないこと、生身のスーパーヒーローを演じているからなのです。

ひらめき、実験、実用化のプロセス

――WWEとの最初の契約は1994年12月で、TVデビューは翌95年4月。当時は〝英国貴族の末えい〟というキャラクターで、リングコスチュームは乗馬服のようなロングタイツだった。黒のショートタイツと黒のリングシューズに変えた理由は？

トリプルH　ブルーブラッド（貴族の出身）を演じていたころはあのロングタイツがキャラクターの

一部でした。わたしはもともとオーソドックスなショートタイツとリングシューズのほうが好きです。ジョン・シーナはナイスガイで、わたしの友人ですが、デニムのショーツにスニーカーというあのスタイルはどうしても好きになれません。

フットボール・プレーヤーだったらフットボール用のギア、バスケットボールの選手だったらタンクトップとショーツを必ず身につけるわけです。レスラーの〝正装〟はショートタイツとリングシューズというのがわたしの持論です。

——白いブーツ（リングシューズ）をはいていたこともありましたが。

トリプルH　それほど大きな意味はありませんが、いろいろなカラーにトライしてみたことは事実です。ビンス（・マクマホン）が「どうしてみんなブラックばかり着てるんだ？」といい出したことがあった。ストーンコールドは上も下も無地のブラック。ロックもブラックとブラック。わたしもブラックとブラック。じゃあ、ほかになにかないかなと思って赤のタイツと赤のブーツ、パープルのタイツとパープルのブーツなどをつくり、試合でもしばらく使いました。

——タイツとブーツのマッチングはフレアー・スタイルですね。

トリプルH　新調したコスチュームを着て、自分の姿を鏡に映してみたら、まるで似合っていなかったのでこれはわたしのスタイルではないと思ってすぐにやめましたけどね（笑）。

——ロングヘアからセミ・ロングに変えた理由は？

トリプルH　不思議といえば不思議なのですが、髪がもっと長かったころはその長さに気がつかなかった。数年まえの自分の写真をみると、こんなに長かったのかと驚くことがあります。90年代後半はわたしだけでなく、ほかの多くの選手たちの髪も長かった。ショーンもテイカー（アンダーテイカー）も腰のあたりまで髪を伸ばしていた。きっとそれがトレンドだったのでしょうね。そのまえはみんな、モレット（頭のてっぺんを極端に短くし、後ろだけ伸ばすヘアスタイル）でしたね。

――〝ザ・ゲーム The Game〟、〝アイ・アム・ザット・デム・グッド I am that damn good〟、〝ザ・キング・オブ・キングス The King of Kings〟といったオリジナルのキャッチフレーズの数かずについてお聞きします。

トリプルH　考えに考えてひねり出したフレーズというよりは、プロモ・インタビューのなかでわたし自身が話したことがそのまま定番のフレーズとして定着したのが〝ザ・ゲーム〟です。「このゲームで成功するにはゲームをよく知ることだ。いや、ちがう。このオレ様がゲームなんだ」。そんなセリフでした。

翌週、入場ランプを歩きながら観客席をながめてみたら〝HHH・イズ・ザ・ゲーム〟なんてサインが目に入ってきた。ファンがこのフレーズを気に入ってくれた。つまり、彼らがわたしにニックネームをつけたくれたんです。

――アリーナ席で観客が手にしているサインボード、プラカードを読むのですか？

トリプルH　ええ、もちろん。あそこにあんなサインがあるぞ、こっちにはこんなことが書いてあるぞ、というふうにけっこう注意ぶかく読みますよ。ファンのフィーリングをストレートに表現したものがあのサインボードなんです。

〝ザ・ゲーム〟につづくフレーズとして、ストーンコールドとの闘いのなかで「オレ様がゲームなんだ。オレはそのくらいすげえんだ I am that damn good」というキメのセリフがポロッと出てきた。その次の週、試合のときに入場ランプを歩きながら観客席をみてみると〝アイ・アム・ザット・デム・グッド〟と記されたサインボードがたくさんあった。それでこのいいまわしを新しいキャッチフレーズとしてくり返し使うようになった。

〝キングのなかのキング〟もそうですね。ある日、プロモ・インタビューのなかでなにげなく使ったワン・フレーズが観客だけでなくバックステージにいるレスラー仲間たちの耳に残ることがある。そういったキャッチフレーズだけでなく、試合中の動き、じっさいの技に関しても実験のなかからいいものが生まれることもあります。

――試合のなかで実験してみるわけですか？

トリプルH　ロックのピープルズ・エルボーも実験のくり返しから実用化された技でした。ロックはTVカメラがまわっていないハウスショーである日、あの技を使いはじめた。

エプロンに立って、エルボーパッドを外し、リングのなかを全速力で走り、キャンバスに寝ている相手の上を何度もまたいで、最後にダンスを踊りながらエルボードロップを落とすまでがひとつのムーブになっていた。あまりにもバカバカしい動きなので、はじめのうちはバックステージからその様子をみていた選手たちはみんな笑い転げていました。でも、ロックだけは大まじめだった。

彼のコミカルな動きは観客のハートに届き、アリーナのあちこちで歓声があがった。ロックは「このTVマッチでオレはこの技を使う！」といい出して、あとは知ってのとおり。ロックだけのオリジナル・ムーブが完成した。ひらめき、実験、実用化のプロセスです。もちろん、すべての実験が実を結ぶとは限らない。うまくいくものもあるし、うまくいかないものもある。ダメなものは何度トライしてもやっぱりダメなんです。

ディス・イズ・ビジネス＝レスリングはドラマ

――リック・フレアーとの関係を。

トリプルＨ　大切な友人のひとりです。エボルーションというユニットで行動をともにするようになってほんとうに親しくなった。ロードに出るまえにおたがいに電話で連絡を取り合い、ツアー先の空港で待ち合わせをして、いっしょにレンタカーを借りて移動。同じホテルに泊まり、いっしょにジムでトレーニングし、いっしょに食事をし、なんでも話せるようになった。

リックは60歳だけど、インサイドは16歳の少年です。おたがいの家族のこと。子どものこと。仕事のこと。ふつうの友だちがふつうに話すようなことを話せる相手ですね。

――レスラーとしてのフレアーは？

トリプルＨ　わたしはリック・フレアーこそはグレーテスト・レスラーだと考えていました。いまでもその気持ちに変わりはありません。しかし、わたしは〝フレアーの再来〟にはなりたくなかった。それではオリジナルを超えることはできないからです。わたしの試合をよく観察してもらえればわかるはずですが、フレアーから学んだものもあれば、ハーリー・レイスから学んだものもたくさんある。バディ・ロジャースの古いビデオから影響を受けた部分もある。

わたしがめざしているのはオールド・ファッションなレスリングです。ゆっくりとストーリーを伝えながらクライマックスに向かっていくような試合。レスリングは技と技の足し算ではないんです。ドラマなんです。

――技と技の足し算、つまりハイスパートが大切なわけではないと。

トリプルH　優秀なレスラーは、じつはたくさんの技は使わないのです。ストーンコールドは3つのことしかやらない。テーズ・プレス。コーナーでのストンピング。そして、スタナー。これだけです。

先ほどのはなしにも出ましたが、大切なのはカリスマとパーソナリティー。メインイベントの試合がはじまるまでに観客はヘッドロックを50回、ボディースラムを50回、大技という大技をすでに目撃しているわけです。観客の目をリングに集中させるために500種類の技を用意する必要はない。意味のある動き、技が2つか3つあればいい。

レスリング・ビジネスは変わったという人もいますが、わたしはそうは思わない。いちばんベーシックな部分はいまも昔も変わっていない。グッドガイがいて、バッドガイがいる。映画と同じです。ムーンサルトはあくまでもSFX（スペシャル・エフェクト＝特殊効果）です。ストーリーがすばらしくなかったらSFXはなんの意味も持たない。

――最後の質問です。ビンス・マクマホンとの関係について。

トリプルH　義理の父、と答えればみんなに喜んでもらえるのかな（笑）。

――WWEと初めて契約を交わしたさい、ビンスとは直接話す機会はあったのですか？

トリプルH　最初に連絡をくれたのはエージェント（当時）のJJ・デュロンでした。JJと電話で話したあと、コネティカットのオフィスでビンスと会いました。ビンスにとってわたしはただの若手

のひとりだった。おそらく、わたしの名前もろくに知らなかったと思いますよ。わたしはわたしから
の希望をビンスに伝えた。

——契約に関して、ですね。

トリプルH　わたしは年間300試合やりたい。わたしはベスト・レスラーになりたい。だから、ベスト・レスラーたちと同じリングに立ちたい。これがわたしの希望です、とね。ビンスは「キミの希望をかなえてあげよう。このカンパニーはその場所にふさわしい。キミさえそのつもりなら、キミはサムバディーになれる。やってみるか」と答えてくれた。

——そんな会話があったのですか。

トリプルH　ビンスはたいへんフェアなビジネスマンですよ。ビンスの悪口をいう……多くの場合、かつてWWEに在籍していたレスラーたちですが……人たちもたくさんいますが、それはきっとそのレスラーたち自身の問題なのではないかと感じます。

〝ビンス・マクマホン〟はたいへんな仕事です。ハイヤー（契約）もファイヤー（解雇）もビンスが決めることなのです。あるスーパースターの人気にかげりがみえたとき、その次の主役はだれなのか判断し、具体的なプランを練るのはビンスです。メインイベントのリングに立っていたスーパースターは、そのポジションから落ちることを現実として受け入れることがなかなかできない。しかし、ビジネスはビジネスとしてつねに正しい選択、決断をしなければならない。イージーな立場ではない。

——義理の息子であるあなたが批判の対象となる場合もある。

トリプルH　もちろん、それは承知しています。ああ、あいつはビンスの義理の息子だから特別な扱

いを受けているという批判ですね。さっきもいったとおり、ビンスはひじょうにフェアなビジネスマンです。もし、わたしにメインイベントのリングに立つ価値がなかったとしたら、ビンスはわたしをいまのポジションに置いておくことはないでしょう。わたしにその能力がなかったとしたら、ビンスはわたしを〝レッスルマニア〟のメインイベントで使うことはしません。ディス・イズ・ビジネス。

——ビンスがなにかに悩んだり、苦しんだりするのをみたことは？

トリプルH　アメリカの現在の経済事情が大きな理由ですが、WWEは年間いくらという経費節減の必要に迫られていた。いまから数カ月まえ、かなりの人数の本社スタッフ、タレント（選手）がカットされた。ビンスはそのことでかなり悩んでいましたね。

——妻ステファニーについて。

トリプルH　ビンスの娘じゃなかったらこんな大きなカンパニーのエグゼクティブなんかつとまるはずがない、という批判ですか？　夫のわたしが断言しますが、彼女はほんとうにハードリーカーで、ふたりの娘たちにはやさしい母親です。

ビンスは身内にも厳しいビジネスマンです。ステファニーは本社ビルの受付、オフィスの事務職からスタートした。現在は4つの部門の部長です。彼女にその能力がなかったとしたら、ビンスは彼女をその場所に置いておかないでしょう。

マクマホン・ファミリーは働き者ばかりです。ビンスは毎晩11時過ぎまでオフィスにいて、それからジムでワークアウト。しかし、翌朝の9時にはもうオフィスにいますよ。（取材／2009年6月）

サンマルチノとWWEの歴史的〝和解〟

ブルーノ・サンマルチノがWWE殿堂入りする。サンマルチノとビンス・マクマホン――もっと厳密にいえばビンス・シニアとビンス・ジュニアのマクマホン親子――の関係を知る人びとにとっては、両サイドが四半世紀ぶりに対話のテーブルについただけでも歴史的な事件なのである。

いま20代あるいは30代前半くらいまでのプロレスファンは、ブルーノ・サンマルチノという20世紀を代表するスーパースターの名を聞いたことがないかもしれない。

1935年、イタリアのアブリッチ生まれ。第二次世界大戦後の1950年に家族とともにイタリアからアメリカへ移住。18歳で州兵に志願し、20代前半まではペンシルベニア州ピッツバーグの建設会社で働きながら年に数カ月間だけ予備兵としてテキサスの空軍基地に駐屯するという生活をおくっていたが、24歳のときにウエートリフティングの大会でベンチプレス565ポンドの世界記録（当時＝非公式）をスコアし、ルーディー・ミラーという人物にスカウトされてプロレスの門をたたいた。R・ミラーは、ビンス・シニアがワシントンDCにオフィスをかまえていたキャピタル・レスリング・コーポレーション（WWEのルーツ）のピッツバーグ地区担当プロモーターだった。

サンマルチノがWWEの絶対的な主役として活躍したのは〝第1期〟と〝第2期〟のふたつの時代にまたがる。〝第1期〟はロジャースを破りWWWF世界王者となってからイワン・コロフに敗れて同王座から転落（1971年1月18日＝ガーデン定期戦）するまでの7年8カ月間で、〝第2期〟はスタン・スタージャックを下し同王座を奪回（1973年12月10日＝ガーデン定期戦）してから〝スーパースター〟ビリー・グラハムに敗れる（1977年4月30日＝メアリーランド州ボルティモア）までの3年4カ月間。60年代から70年代後半まで、年齢にすると27歳から41歳まで、通算11年3カ月間の長期にわたりチャンピオンの座をキープしつづけた。

オールド・ファッションなベビーフェースではあったけれど、プロレスラーとしてのタイプはいわゆるテクニシャンではなく、どちらかといえば不器用なほうだった。活字世代のプロレスファンならばだれもが知っている〝人間発電所〟というニックネームは、当時のアメリカの専門誌に載っていた〝パワーハウス powerhouse〟という形容詞をそのまま〝発電所〟と直訳したもので、ジャイアント馬場のアメリカ武者修行時代のエピソードを描いた劇画『ジャイアント台風』（原作・高森朝雄＝梶原一騎、作画・辻なおき）にはサンマルチノと馬場さんの友情ストーリーが克明に描写されている。

サンマルチノは1981年10月にいったん引退を表明したが、その後、息子デビッド・サンマルチノのタッグ・パートナーとして85年に現役復帰。87年までWWEのTVショーのカラー・コメンテーターとしても活躍した。

しかし、WWEがビンス・ジュニア政権に移行し、〝1984体制〟がアメリカのプロレス界の勢力分布図を塗り替えると、サンマルチノはレスリング・ビジネスとの絶縁を宣言した。サンマルチノが考えるところのプロレスとビンスが考えるところのプロレスは、まったく異なるジャンルになってしまったというのがその理由だった。

サンマルチノとビンスの長い暗闘はWWE史――というよりもプロレス史――にいくつかの〝空白〟

をつくってきた。WWEがホール・オブ・フェーム＝プロレス殿堂というテーマに初めて取り組んだのは1993年。同年1月、故郷のフランスを訪問中に急死した〝大巨人〟アンドレ・ザ・ジャイアントの生前の功績を称えて〝殿堂入り〟をアナウンスしたのがそのはじまりだった。

ホール・オブ・フェーム授賞セレモニーが正式に開催されるようになったのはその翌年の1994年からで、〝クラス・オブ・94〟では初代WWE世界王者バディ・ロジャース、ゴリラ・モンスーン、フレッド・ブラッシー、ボボ・ブラジルら6人が殿堂入り。翌95年にはアントニオ・ロッカ、ペドロ・モラレス、ファビュラス・ムーラらマディソン・スクウェア・ガーデンの歴代のスーパースター7人が殿堂入りを果たした。

1960年代から70年代後半にかけて2期、通算11年3カ月の長期にわたりWWE世界王座を保持し、ガーデン月例定期戦211公演でメインイベントのリングに立ち、通算187公演を超満員札止めにしたサンマルチノが〝殿堂入り〟のオリジナル・メンバーにリストアップされていなかったのはいささか不可解ではあったが、WWEはこの点にはいっさいふれることはなく、90年代のオーディエンスもまたそのあたりのディテールにはなぜか無頓着だった。

サンマルチノとマクマホン・ファミリーの恩讐の根は深い。キャリア3年7カ月のルーキーだったサンマルチノをニューヨークの新団体WWWFの主人公に抜てきしたビンセント・ジェームス・マクマホン・シニアは、イタリア系移民のサンマルチノにとってはどうしても心を許すことができないアメリカの〝資本家〟だった。

ニューヨークのシェイ・スタジアムでサンマルチノ対スタン・ハンセンの金網マッチがおこなわれ

たときは（1976年6月26日＝アントニオ猪木対モハメド・アリの異種格闘技戦の衛星クローズド・サーキット上映の現地サイドのメインイベント）、パーセンテージ制のファイトマネーの支払い額をめぐりサンマルチノ側の弁護士がWWEとビンス・シニアを告訴したこともあった。

ビンス・ジュニアが父ビンス・シニアから興行会社キャピタル・レスリング・コーポレーションを買収し新会社タイタン・スポーツ社を設立すると（1982年6月）、サンマルチノとマクマホン・ファミリーの関係はますます悪化した。ビンスが〝1984体制〟のWWEのアイコンと位置づけたハルク・ホーガンは、サンマルチノにとっては〝ステロイド漬けの化け物〟でしかなかった。

試合時間はきわめて短く、あっというまに勝って、あっというまに去っていくというサンマルチノのプロレスの流儀はニューヨーク・ニューヨークのトラディッションとしてホーガンに引き継がれたが、サンマルチノはビンスの〝プロレス観〟を拒絶した。WWEを退団した1987年以降はつねに〝反ビンス〟〝アンチWWE〟のスタンスをとりつづけ、94年にステロイドの販売・流通の容疑でFBIがビンスを起訴したときは——裁判はビンスの無罪判決——メディアを通じてWWE内部の薬物汚染の実態を糾弾し、90年代の終わりからニュー・ミレニアムにかけてWWEのアテテュード路線がブームになったときはその過激な件表現と暴力性を「下劣なショー」と断じた。

サンマルチノとビンスは、少なくともここ25年間はいちども口をきいていない。ふたりをよく知るオールドタイマーたちも「この関係修復だけは不可能」ととらえ、これまでも何度か非公式な会談が計画されてはそのたびにプランそのものが暗礁に乗り上げていた。

トリプルHの〝和平交渉〟

ビンスとサンマルチノ、というよりもWWEとサンマルチノのビジネス・ディールを成立させるために立ちあがったのはトリプルHだった。

トリプルHがサンマルチノとの接触を試みたのは昨年の夏。トリプルHはWWEのCOOとしてサンマルチノにまずこう伝えたという。

「これはビジネスのネゴシエーションです。あなたとビンス・マクマホンを和解させるためのパーソナルな交渉ではありません」

43歳の元WWE王者トリプルHは、77歳の元WWE王者サンマルチノに対していくつかの〝殺し文句〟を用意していた。ひとつめの台詞は「あなたの力でマディソン・スクウェア・ガーデンをもういちどソールドアウトにしてくれませんか」だった。

トリプルHがサンマルチノといつどこでどのような形で接触したかについては明らかにされていないが、話し合いは少なくとも3、4回にわたっておこなわれたとされる。高齢のサンマルチノがニューヨークあるいはコネティカット州スタンフォードのWWE本社に足を運ぶということは考えにくいから、おそらくトリプルHがサンマルチノの自宅があるペンシルベニア州ピッツバーグを訪ねたのだろう。

カメラがまわっていない場所での会談だから、そのやりとりを記録したビデオテープや会話を録音したテープのようなものは存在しない。また、この〝和平交渉〟のプランそのものを事前に知っていたのはＷＷＥ首脳部のなかでもごくひと握りの人間だけだったといわれている。ＷＷＥはこれまでも何度かサンマルチノとの和解を試みてきたが、プロレス界との絶縁――じっさいにはマクマホン・ファミリーとの絶縁――を公言するサンマルチノを交渉のテーブルにひっぱり出すことはできなかった。

トリプルＨは大義名分を重んじた。２０１３年はＷＷＥ創立50周年にあたること。サンマルチノがバディ・ロジャースを下してＷＷＷＦ世界ヘビー級王座を獲得してからちょうど50年になること。ことしの〝レッスルマニア〟の開催地はニューヨークで、ホール・オブ・フェーム授賞セレモニーがサンマルチノのホームリングだったマディソン・スクウェア・ガーデンでおこなわれること。ＷＷＥユニバース＝世界じゅうのプロレスファンが〝生ける伝説 Living Legend〟の殿堂入りを望んでいること。トリプルＨが提示したこれらの〝交渉カード〟について熟考したうえでサンマルチノは会談に合意したとされる。

「これはビジネスのネゴシエーションです。あなたとビンス・マクマホンを仲直りさせるためのパーソナルな交渉ではありません」というトリプルＨのアプローチに対し、サンマルチノもまた「それでいい。あくまでもビジネスとして話し合いに応じよう Strictly business」と念を押したという。

サンマルチノは、トリプルＨとの最初の会談で「ＷＷＥのレスリングとわたしが愛したレスリングはまったくちがうもの。わたしはオールドスクール」と〝１９８４体制〟以降のＷＷＥに苦言を呈した。トリプルＨは「わたしもオールドスクールのレスラーです。わたしの師匠はあなたのライバルだったキラー・コワルスキーです」と答えた。

サンマルチノが「ビンス・マクマホンはレスラーたちにステロイドを使わせている」と発言すると、

トリプルＨは「ステロイドもステロイド以外の薬物もいっさい使っていません。ＷＷＥは契約選手全員にドーピング検査を義務づけています」と返答し、ＷＷＥのウェルネス・ポリシー（健康管理プログラム）について説明した。サンマルチノが「ＷＷＥのＴＶショーは低俗だ。女性に暴力をふるっている」と指摘すると、トリプルＨは「われわれのＴＶはＰＧ指定です。暴力シーンは削減しました」と反論した。

サンマルチノはサンマルチノでトリプルＨ、というよりもＷＷＥに対していくつかの条件を用意していた。ホール・オブ・フェーム授賞セレモニーへの〝出演〟は1回限りのビジネスであること。今回、交渉がまとならかった場合、来年以降は話し合いに応じるつもりはないこと。サンマルチノがこの世を去ったあと──本人がそれを望んでいないため──サンマルチノの家族といかなる交渉もしないこと。これらの条件をすべて認めさせたうえで、サンマルチノは〝最後のファイトマネー〟のネゴシエーションにのぞんだのだという。

サンマルチノがＷＷＥに対して要求した契約金は10万ドルとも１００万ドルともいわれるが、おそらくそれは──77歳のサンマルチノの感覚では──ビンスが交渉を断念せざるをえないくらいの額だったのだろう。しかし、ピッツバーグでの非公式な会談から数週間後、トリプルＨはサンマルチノの自宅に電話をかけ「ご希望どおりのギャランティーを用意させていただきました」と伝えた。

サンマルチノの殿堂入りが実現することでＷＷＥは失われていた〝歴史のパズル〟のかけらをつなぎ合わせようとしている。〝サンマルチノ伝説〟の完結は、じつは〝トリプルＨ伝説〟のプロローグでもあるのだ。（取材／２０１３年3月）

とびきりゴージャスな〝セレモニー〟WWEホール・オブ・フェーム2013

セレモニーの主役〝人間発電所〟ブルーノ・サンマルチノ

毎年、〝レッスルマニア〟とセットで開催される〝ホール・オブ・フェーム〟インダクション・セレモニー。ことしは〝世界でいちばん有名なアリーナ〟といわれ、過去50年間のアメリカのプロレス文化の中心でありつづけたニューヨークのマディソン・スクウェア・ガーデンがその舞台となった。

1960年代から70年代後半までガーデン月例定期戦を「187回、ソールドアウトにした男」ブルーノ・サンマルチノをはじめ、ボブ・バックランド、ミック・フォーリー、ブッカーT、トリッシュ・ストラータス、ドナルド・トランプ（セレブリティー部門）の6人が〝クラス・オブ・2013〟としてWWE殿堂入りした。

ことしの〝殿堂入り〟セレモニーの主役は、なんといっても〝人間発電所〟ブルーノ・サンマルチノである。じつに25年ぶりにビンス・マクマホン〝ジュニア〟と和解し、ガーデンの観客のまえにその雄姿を現した。サンマルチノとは40年来の友人というアーノルド・シュワルツェネッガー前カリフォルニア州知事がインダクターをつとめた。

アーノルド・シュワルツェネッガー「みなさん、こんにちは。すごい大観衆ですね。インスピレーショナルな夜になりました。わたしがミスター・サンマルチノと初めて会ったのは60年代後半でした。

ボディービルのコンテスト〝ミスター・オリンピア〟に出場したときのことです。サンマルチノ氏はコンテストの審査員のひとりだったのですが、わたしは彼の体つきをみてたいへん驚きました。あの肩幅、胸囲、首の太さ、大腿部の大きさ。選手よりも審査員のほうが体が大きい？　わたしはオーストリアから移住してきたばかりだったので、アメリカはやっぱりすごい国だなと感じました。

チャンピオンとして通算11年、このガーデンを１８７回もソールドアウトにした偉大なるスーパースター。彼もわたしも移民。青少年のお手本になれるようにがんばってきました。彼の伝記映画が製作されたら、わたしが彼の役を演じたいと思います」

ブルーノ・サンマルチノ「（観客のスタンディング・オベーションをうけて）サンキュー・ベリー・ベリー・マッチ。まるで50年まえに戻ったような錯覚をおぼえます。わたしはオールド・マンです。特別な夜です。アーノルド・シュワルツェネッガー氏のスピーチに感謝します。彼は大切な友人です。彼はボディービルダーから映画俳優に転向し〝興行収益チャンピオン〟になり、最後はカリフォルニア州知事にまでのぼりつめた人物です。

今回、このようなチャンスを与えてくれたトリプルHに感謝します。そして、ここマディソン・スクウェア・ガーデンに集まってくださったみなさんに感謝します。50年もまえのおはなしですから、ここにおられるほとんどの方がたはまだ生まれていなかったかもしれません。ヘイスタック・カルホーンの巨体を持ちあげた日のことがきのうのことのように感じられます。

わたしとわたしの家族は第二次世界大戦中、ナチスから逃れ、イタリアの山のなかに身をひそめ、戦後の１９５０年にアメリカに移住してきました。ＹＭＣＡのジムで体を鍛えるようになり、83ポンドしかなかった体重はその後、10年間で275ポンドになりました。

レスリングがわたしとわたしの家族にすばらしい人生を与えてくれました。ガーデンはボクシングのリングを使っていたため、マットがたいへん硬かった。当時、レスリングの雑誌はほとんどニューヨークで発行されていたため、ガーデンを主戦場としていたわたしの顔がいつも雑誌の表紙に載っていた。そのため、ニューヨーク以外の土地で試合をするときも、わたしはいつもメインイベントのリングに立たせてもらった。運がよかったのだと思います。

運がよかったといえば、わたしはハイスクール時代のスウィートハートと結婚して、54年がたったいまでも幸せな家庭生活を送っています。ほんとうにラッキーな人生です。たくさんの人びとに支えられ、生きてきました。ファンのみなさまに感謝します。ピッツバーグの街に感謝します。もうすぐ78歳の誕生日を迎えますが、いまでも週6日のトレーニングは欠かしません。God bless all of you!」

〝億万長者対決〟トランプVSビンス

ビンス・マクマホン「わたしの友人、ドナルド・トランプ氏を紹介します。四半世紀まえ、トランプ氏は〝レッスルマニア4〟と〝レッスルマニア5〟をニュージャージーのトランプ・プラザで開催してくれました。彼はレスリングファンであり、ここマディソン・スクウェア・ガーデンにも何度か試合を観戦に訪れています。わたしと彼にはいくつかの共通点があります。ふたりとも父親のあとを継ぎ、革命的なビジネスマンとして会社を大きくしてきました。ふたりとも巨大な自我の持ち主であり、ハンサムで、自分の〝髪〟をなによりも大切にしています。

彼とわたしは〝レッスルマニア23〟でヘアー・マッチで対決し、敗れたわたしは大観衆のまえで自慢のヘアを切られました。わたしはイヤなことはすぐに忘れます。遺恨は残しません。だから、彼とはいまでも友だちです。彼はアメリカ合衆国大統領にだってなれる人物です。ミスター・トランプ！」

ドナルド・トランプ「わたしとビンスの友情は〝レッスルマニア4〟までさかのぼります。アンドレ・ザ・ジャイアントと会った日のことはいまでも忘れられません。ほんとうに楽しい経験だったので、翌年の〝レッスルマニア5〟もプロモートさせていただきました。〝レッスルマニア23〟での〝億万長者対決〟もいい思い出です。ビンスは再戦のチャンスをうかがっています。〝WWE殿堂入り〟はわたしにとって大きな勲章です」

〝デスマッチ王〟ミック・フォーリー

現役時代は〝デスマッチ王〟カクタス・ジャック、マンカインド、ドゥード・ラブと3つのリングネームで活躍したミック・フォーリーの殿堂入りインダクターをつとめたのは、フォーリーの〝心の師〟テリー・ファンクだった。

スピーチの途中、フォーリーが「そういえば、クリス・ジェリコにはいちども勝っていない。エルボードロップを落としてやりたい」といいだすと、ジェリコがステージに上がって大の字になるというワンシーンがあった。フォーリーがジェリコにエルボードロップをお見舞いすると、CM・パンクが飛び出してきてカウント3を数えた。

テリー・ファンク「わたしは〝グッド・マン〟になろうと思い、いままで生きてきました。ミック・

フォーリーはクレージーでイカれた男ですが〝グッド・マン〟です。何年かまえ、わたしとミックが試合をしたときのことです。サッポロかどこかだった。お客さんは300人くらいしかいなかった。わたしがミックに『ひどい客の入りだ』とつぶやくと、ミックはわたしにこうささやいた。『でも、あんなにたくさん、使っていないイスがありますよ』(笑)。

アンダーテイカーに金網のてっぺんからチョークスラムで落とされたときは、さすがに心配しました。でも、彼は立ちあがりました。ブラッド(血)、スウェット(汗)、ダスト(ほこり)、ティアーズ(涙)。こんな男はほかにいません。彼は観客に特別な時間を提供してきました。その特別な時間が彼自身のペイン(痛み)をやわらげるのです。よき父、よき息子、よき夫、そして、よき友人。ミックはそういう男です」

ミック・フォーリー「いまこの場所に立つことができて、心の底から喜びを感じています。アンダーテイカーに金網の天井からチョークスラムで落とされたときは、たしかに痛みをおぼえました。

2013年度HOFはすごいメンバーです。これだけの顔ぶれが集まると、来年のHOFセレモニーではいったいだれが殿堂入りするのでしょうか。ブルーノ・サンマルチノ、ボブ・バックランド、そしてわたし。WWEヘビー級王座のチャンピオンベルトを腰に巻いた男たちです。3人がWWE王座を保持した合計の日数は6225日間だそうです。ブルーノが4040日間、バックランドが2130日間、わたしは……。それがそれぞれの個性なのでしょう。

いまから30年まえ、1983年10月、わたしはヒッチハイクでニューヨークまで来て、マディソン・スクウェア・ガーデンでバックランド対〝スーパーフライ〟ジミー・スヌーカの金網マッチを観ました。スヌーカが金網最上段、15フィート（約4メートル50センチ）の高さから空を飛んだ瞬間、わたしの人生が決まりました。

それから2カ月後、ドミニク・デヌーチに弟子入りし、プロレスラーになるためのトレーニングを開始しました。授業料は1レッスン100ドルとのことでしたが、あまりにも高いので50ドルに負けてもらおうと思ったのですが、わたしが当時、車のなかで寝起きする生活をしていたのをみたドミニクが『お前の根性が気に入った』といって週25ドルに値引きしてくれました。

同期のシェーン・ダグラスに感謝します。わたしをWWEに導いてくれたJRことジム・ロスに感謝します。ビンス・マクマホンはわたしとの契約に消極的で『あいつにはマスクをかぶせる』といいました。〝伝説の一戦〟を闘ってくれたアンダーテイカーに感謝します。彼とはグースバンプ（鳥肌）を共有しました。どうか、ツイッターはやらないでください。lol（ネットスラングの「笑い」）なんてみたくありません」

〝ニューヨークの帝王〟ボブ・バックランド

〝ボブ・バックランド「本日、こうしてこの場に立っていることはたいへん名誉なことです。〝殿堂入り〟の顔ぶれをみていると、あらためてすごいメンバーだと感じます。わたしが初めてミスター・サンマルチノと会ったのは1977年のことです。フィラデルフィアのアリーナでした。わたしはそれほど特別な存在ではなかったので、ミスター・サンマルチノはわたしのことなんかおぼえていないと思います。彼は彼の後輩たち、つまりわたしたちのようなレスラーが進むべき道、正しい道を開拓してくれた恩人です。

ビンス・マクマホン・シニアは〝オール・アメリカン・ボーイ〟を探していた。ミネソタ州プリンストン生まれのわたしがそのオール・アメリン・ボーイに選ばれた。わたしのミネソタの実家には水道がなく、毎朝、井戸の水をくむのがわたしの仕事でした。家のなかにはあまりモノがありませんでした。

アマチュア・レスリングをはじめたのは中学のときでした。ハイスクール時代にレスリングがおもしろくなって、高校2年のときに州チャンピオンになりました。AWAのボス、バーン・ガニアと出逢ったのはそのころでした。少しばかり強くなったと思い、油断してしまったのでしょう。高校3年のときの大会ではあっさり負けてしまい、母親をがっかりさせてしまった。負けたことで、またトレーニングに打ち込みました。いまになってみると、あれが人生における大きなレッスンでした You can't give up life. If you want to be successful, you have to believe in yourself」

バックランドは、1978年2月から1983年12月まで通算5年10カ月（1979年11月、徳島でアントニオ猪木に敗れて短期間、王座転落）にわたってWWE王座を保持した。

ステージ上のビデオ・スクリーンにはNWAミズーリ・ステート・ヘビー級王者時代、〝スーパースター〟ビリー・グラハムとのタイトルマッチなど懐かしい映像が映し出された。1948年生まれのバックランドは現在、64歳。かつて〝星の王子様〟と呼ばれたニューヨークの若き帝王もほんのちょっとだけトシをとったようだ。

〝ビンスの愛人!?〟トリッシュ・ストラータス

ステファニー・マクマホン「インダクターをつとめさせていただくことを光栄に感じ、またその責任の大きさに圧倒されています。たった1年という短い時間でトリッシュ・ストラータスはマクマホン家を崩壊させました（笑）。わたしの父ビンス・マクマホンと不倫し、父と母を〝離婚〟に追い込みました。いまになってみると、あのころがわたしにとってもパフォーマーとしてのベストタイムだったのではないかと思います。PPV〝ノー・ウェイ・アウト〟でわたしとトリッシュはものすごい張り手合戦を演じ、ふたりとも顔が腫れあがりました。彼女は観客を怒らせ、観客の同情を誘い、観客に恋をさせます、それも同時にです。

彼女はみずからの運命をみずからの力でコントロールすることのできる女性です。WWEディーバ王座、通算7回獲得。〝レッスルマニア〟5回出場。またいつかリングに上がってくれると思います……、トリッシュに大きな拍手を」

トリッシュ・ストラータス「（ステファニー・マクマホンのスピーチをうけて）平手打ちの痛さも、わたしたちの友情もどちらもホンモノです。ステファニーは女性をインスパイヤする女性。男社会で実力を発揮してきた女性。ビジネス・ウーマンであり、母であり、みんなのお手本です。

またマディソン・スクウェア・ガーデンのステージに立っているなんて信じられません。前回、ここに来たとき、わたしは〝マンデーナイト・ロウ〟での最後のTVマッチを闘いました。わたしはたくさんの人びとにインスパイヤされ、（観客に向かい）みなさんにサポートされ、WWEでのキャリアを歩みました。

まず、4人の男性に感謝します。元WWEカナダ代表のカール・デマルコ。わたしの最初のコーチで、エッジ、クリスチャン、ベス・フェニックス、ゲイル・キムらの師匠でもあるトロントのロン・ハチソン。どうもありがとう。JRことジム・ロス。空港にリムジンが迎えに来て、スタンフォードのWWE本社へ向かいました。タイタン・タワーでのミーティングは忘れることができない思い出です。わたしを〝発見〟してくれてありがとう。フィット・フィンレーはわたしに〝I love to fight〟の意味を教えてくれました。DIVAにレスリング・スキルをたたき込んだ名コーチです。わたしはDIVAの黄金時代を体験しました。

アイボリー。ジャクリン。ジャズ。ビクトリア。ミッキー・ジェームス。そして、わたしの親友でライバルのリタ……エイミーと呼んだほうがいいですね。彼女たちとたくさんの時間を共有できて幸せでした。マクマホン・ファミリーに感謝します。そして、わたしの家族にも感謝します。わたしの母は――じつはそれがわたしがWWEを離れた理由なのですが――がん患者です。彼女こそはほんとうのファイティング・チャンピオンです。最後に夫ロンに感謝します。9月にはわたしたちに新しい家族が誕生します」

〝ハーレム・ヒート〟ブッカーT

ブッカーTはWCW、WWEのメジャー2団体で通算6回、〝フレアー・ベルト〟世界ヘビー級王座を獲得。現在はTVショーのコメンテーターとして活躍中で、地元テキサス州ヒューストンでは妻シャーメルとともにレスリング・スクールを経営している。1990年代の名タッグチーム、エボニー・エクスペリエンス（GWF）、ハーレム・ヒート（WCW）のパートナーだった実兄スティービー・レイがインダクターをつとめた。

スティービー・レイ「わたしの弟（ブッカーT）のニックネームはジュニアです。男4人、女4人の8人兄弟の末っ子で、父親を幼いころに亡くし、母親もわたしたちが10代のころに天国に旅立ちました。弟はいつもわたしの後ろにくっついて歩いていました。ある日、『きょうはお前を連れていかない』と弟に告げて、友人といっしょに出かけました。弟は道路に寝そべって泣きました。数時間後、わたしが遊びから帰ってきたら、弟はまだ道路に寝そべったままでした（笑）。両親を早く亡くしたためか、わたしたちは少年時代、いろいろなトラブルを起こしました。わたしも弟もちいさいころからレスリング・ファンで、アーニー・ラッドやブッチ・リードに憧れました。わたしがプロレスラーになろうと決心したとき、迷わず弟を誘いました。レスリング・スクールの授業料は3500ドル。ダラスのGWFでデビューしました。あとは弟が話してくれます――」

ブッカーT「ここにいるみなさんはわたしのファミリーです。ファミリー・フォア・22イヤーズ。兄が話したことはだいたいほんとうのことです、道に寝そべって泣いたこと以外は（笑）。若かったころ、わたしは問題を起こし、TDC（テキサス・デパートメント・オブ・コレクション＝州更生施設）のお世話になりました。出所したあとは警備員として働いたこともありましたが、前科がバレてすぐにクビになってしまいました。

兄スティービーといっしょにプロレスの道を志したとき、保護観察官のブルース・サーチさんがレスリング・スクールの授業料3500ドルを払ってくれました。無名のルーキーだった兄とわたしをダラスの弱小団体GWFにブッキングしたのはエディ・ギルバートでした。ギルバートはすぐに解雇され、わたしたちは路頭に迷いましたが、ビル・アーウィンがわたしたちをリングに上げてくれた。

観客が75人しかいないアリーナでわたしたちはブーイングを食らい、モノを投げつけられました。のちのわたしのトレードマークとなるスピナ・ルーニーが誕生したのはその夜でした。それから、サイコ・セッドがわたしたちをWCWに誘ってくれました。WCWで最初に友だちになったのはウィリアム・リーガルでした。

ミック・フォーリーとベイダーが闘って、ミックの耳がちぎれたとき、わたしはそこにいました。わたしはまだ新人だったので、たいへんな仕事だなと思いました。アーン・アンダーソン、ニック・ボックウィンクル、リック・フレアー、ダスティ・ローデスに感謝します。わたしにレスリング・ビジネスを教えてくれた先生たちです。

ダスティはわたしにいいました。『もう第1試合は卒業だよ』と。シェリー・マーテルに感謝します。彼女がハーレム・ヒートをスターにしてくれました。TV王座を6回獲得したあと、US王座にステップアップして、世界タッグ王座を獲り、世界ヘビー級王座にたどり着きました。いちばん下からいちばん上までかけ上がりました。WCWがつぶれたとき、わたしは心のなかで『こんどはWWEだ』と叫びました。ジム・ロスに感謝します。ストーンコールドはリング外でのスーパースターとしてのふるまいを教えてくれました、Ncw, can you dig it, sucka?」（2013年4月6日＝ニューヨーク・ニューヨーク、マディソン・スクウェア・ガーデン）

魔界ワンス・ア・イヤー

〝怪奇派〟対〝哲学派〟アンダーテイカーとCM・パンクのシングルマッチ

ジ・アンダーテイカーは実在の人物かもしれないし、ひょっとしたら単なるフィクションかもしれない。年にいちど〝レッスルマニア〟の大舞台にだけ登場して、それが終わるとまたいずこへと去っていく。アンダーテイカーの生身の肉体は明らかに限界に近づいているけれど、そういうアスリートとしての現実とはうらはらにアンダーテイカーのキャラクターはますますこの世のものではない領域に近づいている。

〝レッスルマニア〟におけるアンダーテイカーの連勝記録は、〝レッスルマニア7〟におけるジミー・スヌーカとのシングルマッチからはじまっている。昨年の〝レッスルマニア28〟までの数字が20勝0敗となっているのは、〝レッスルマニア10〟(1994年)と〝レッスルマニア16〟(2000年)を負傷欠場しているためだ。ようするに、アンダーテイカーだってケガもすれば試合を休む場合もあるということだ。年にいちどしかリングに上がらないとなると、その対戦相手はおのずとアンダーテイカーと同格かあるいはアンダーテイカーと一騎打ちをおこなうのにふさわしいステータスのスーパースターということになる。過去4年の〝祭典〟でアンダーテイカーはトリプルH、ショーン・マイケルズとそれぞれ2回ずつ対戦し、その4試合すべてで勝利を収めた。

CM・パンクはここ数年でいちばん大化けしたWWEスーパースターである。WWEヘビー級王座を〝434日間保持〟という事実は、ここ1年ほどのWWEの連続ドラマがあくまでもパンクを中心に動いてきたことを証明している。ポール・ヘイメンがマネジャーについたことでヒールとしてもぐっと大物っぽくなった。

ことしの〝レッスルマニア29〟のメインイベントはザ・ロック対ジョン・シーナ、トリプルH対ブロック・レスナー、アンダーテイカー対パンクの3大シングルマッチだった。

ロック対シーナのWWE選手権は明るいキャラクターと明るいキャラクターのまばゆいばかりの接触で、トリプルH対レスナーの〝ノー・ホールズ・バード〟は暗いキャラクターと暗いキャラクターのディープなせめぎ合い。アンダーテイカーとパンクのシングルマッチは〝怪奇派〟対〝哲学派〟の対決、まったくタイプの異なるふたつのキャラクターが化学反応するかどうかの実験だった。

大技連発か、一撃必殺か

序盤戦のサプライズは、パンクがアンダーテイカーの〝ロープ歩き〟オールド・スクールを完ぺきにディフェンスし、返す刀で〝逆オールド・スクール〟をキメてみせたワンシーンだった。どんなレスラーのどんな動きでもかんたんにコピーしてしまう感覚はパンクならではの〝プロレス小僧〟的センスなのだろう。コーナーのターンバックル上でいったん静止し、それからリングのまんなかまで飛んでいくダイビング・エルボードロップ、トップロープから場外にダイブしてのダブル・ノックスハンドルは〝マッチョマン〟ランディ・サベージへのオマージュだ。助走つきの〝串刺し〟ニー、スワンダイブ式のフライング・クローズライン、ゼロ戦キック、アナコンダ・バイス、そして必殺技G2S（ゴー・トゥー・スリープ）がいわゆるジャパニーズ・ムーブの複製＝完全コピーであることはいうまでもないが、アメリカでは意外なくらいその事実が知られていない。パンクはとにかく大技を惜しみなく使いまくる。

アンダーテイカーにとっては、おそらくパンクのこういったファイトスタイルはこざかしいものでしかない。アンダーテイカーのフェイバリット技はチョークスラム、ラストライド（パワーボム）、そして一撃必殺のツームストーン・パイルドライバーだ。MMA仕様のオープン・フィンガー・グローブからくり出す左右のパンチが隠し味的なスパイスになっている。

終盤戦、パンクがアンダーテイカーのツームストーン・パイルドライバーをカウント2でキックアウトすると8万人のオーディエンスがいっせいに「おーっ」とどよめいた。

この瞬間、パンクはアンダーテイカーが〝墓石落とし〟一発で完全フォールを奪えなかった数少ないWWEスーパースターのひとりとなった。

ラスト30秒の攻防はまるでスローモーションの映像を観ているかのような展開だった。G2S－ツームストーン－G2S－ツームストーンの切り返し合戦からアンダーテイカーがツームストーン・パイルドライバーでパンクを脳天からキャンバスに突き刺し、定番のRIP（レスト・イン・ピース）のポーズで3カウントのピンフォールをスコアした。「ゴーン」という低い鐘の音とともに超大作〝魔界ワス・ア・イヤー〟はジ・エンドとなった――。（2013年4月7日＝ニュージャージー州イーストラサフォード、メットライフ・スタジアム））

〝レッスルマニア29〟トリプルH VS ブロック・レスナー

プロレスラー対MMAファイター

〝レッスルマニア29〟はどうやらトリプルHの物語だった。アメリカ英語のフレーズに〝24／7／365〟（トゥエンティーフォー・セブン・スリー・シックスティーファイブ）といういいまわしがある。1日24時間、1週間に7日間、1年365日、なにかをずっとやりつづけるという意味だが、トリプルHはほんとうに〝24／7／365〟でトリプルHを演じつづけている。トリプルHはWWEスーパースターであり、バックステージではエグゼクティブ・プロデューサーであり、観客のいるところでもいないところでもビンス・マクマホンの長女ステファニー・マクマホンの夫である。

アンダーテイカーは年にいちどだけ〝レッスルマニア〟のリングに降りてくる〝魔界の住人〟だが、トリプルHもまた、いつもそこにはいないことがじつはそこに存在していることの証になるという、ひじょうにまれな神通力のようなパワーの持ち主だ。トリプルH対ブロック・レスナーの〝ノー・ホールズ・バード〟はもちろんMMAではないけれど、ごくあたりまえのプロレスの試合かといえばやっぱりそうではない、フィジカルとメンタルが同時にハイになるようなめずらしい闘いだった。

トリプルHが定義する〝なんでもあり〟とは、プロレス的宇宙のなかでの〝なんでもあり〟なのだろう。だから、純粋なプロレスのテクニックも使うし、〝柔道の鬼〟木村政彦の名がつけられたキムラ（腕がらみ＝ダブル・リストロック＝チキンウィング・アームロック）のような関節技も許容範囲内だし、イス攻撃、スレッジハンマー攻撃といった凶器の使用もOKということになる。

レスナーは紺色のニット・キャップ、大きめなショーツにオープン・フィンガー・グローブというUFC仕様のいでたちでリングに上がってきた。WWEユニバース、というよりもライブの観客はレスナーのことをどうやらプロレスラーではなくMMAファイターととらえていた。レスナーのパーソナル・コンサルタントであり〝悪党マネジャー〟でもあるポール・ヘイメンは、レスナーがMMAファイターに転向してUFCと契約した時点ですでに数年後のWWEへのUターンを想定していた。ヘイメンの感覚では、MMAでの成功はレスリング・ビジネスでのさらなる成功を確約するものである。レスナーはヘイメンと行動をともにすることで、デーナ・ホワイトUFC社長にもビンス・マクマホンにもダマされない、インディペンデント・コントラクターとしての洞察力を身につけた。ヘイメンにとって、レスナーはプロレスとMMAの境界線をかんたんにまたぐことのできるワン・アンド・オンリーのスーパースターということになる。

必殺技が必殺技にはならない非日常的なシチュエーション

プロレスラーとMMAファイターのぶつかり合いは、ファースト・コンタクトがそこから先の試合展開を決定づける。案の定、トリプルHとレスナーはただのいちどもカラー・アンド・エルボーの体勢でロックアップすることなくいきなり殴り合いを演じ、おたがいのボディーに下からのヒザ蹴りを突き上げていった。序盤戦、レスナーはベリー・トゥー・ベリー・スープレックス3連発、低空ジャーマン・スープレックス3連発でトリプルHをおもしろいように投げ飛ばしていった。クローズライン、コーナーでの執ようなストンピング、パンチ攻撃のリズムはMMAのテクニックというよりは明らかにプロレスのそれだった。

レスナーがトリプルHのペディグリーを難なくカウント2でクリアすると、トリプルHもレスナーのF5（竜巻式フェイスバスター）をきっちりとカウント2でキックアウトしてみせた。このワンシーンを目撃した観客は、これが必殺技が必殺技にはならない非日常的なシチュエーションであることを察知した。トリプルHが2度めのペディグリーの体勢に入ると、レスナーはこれをかいくぐってスタンディング・ポジションからのキムラをトリプルHの左腕にからませた。レスナーが両脚をトリプルHのボディーに巻きつけると、トリプルHはそのままの体勢からスパインバスターでレスナーの巨体をキャンバスにたたきつけた。

トリプルHは観客に無言の問いかけを突きつけてくるレスラーだ。イス攻撃、スレッジハンマー攻撃、背後からの急所攻撃はあくまでもプロレス的な主張で、キムラをめぐる攻防はトリプルHからレスナーへのパーソナルな歩み寄り。トリプルHはグラウンド・ポジションでの下からのキムラで再三、レスナーをタップアウト寸前まで追い込んだ。

難解なパズルのような〝ノー・ホールズ・バード〟は、スチール製のステップ上でペディグリーを決めたトリプルHがレスナーから完ぺきな3カウントを奪っての〝頭脳勝ち〟。ベビーフェースでもヒールでもない〝プロレス人〟トリプルHは、8万人の大観衆に向かって「どんなもんだ」と雄叫びをあげた。（2013年4月7日＝ニュージャージー州イーストラサフォード、メットライフ・スタジアム）

〝真実が語られる場所〟WWEホール・オブ・フェーム2014授賞セレモニー

アルティメット・ウォリアー最後のカムバック

ホール・オブ・フェーム授賞セレモニーは、そのプロレスラーについてのある真実が語られる場所であり、機会である。もちろん、それはある真実であって、すべての真実であったり、真実のすべてであったりするわけではない。あくまでも、あるひとつの真実である。しかし、そこで語られることはすべてのオーディエンス――WWE用語でいうところのWWEユニバース――に向けて開かれていて、ありとあらゆる人びとによってシェアされ、また拡散されるという点においてひじょうに大きな意義がある。

インダクティー（受賞者）の偉業あるいはその人となりは、インダクター（授与者）によってそのイントロダクションを受ける。〝WWEホール・オブ・フェーム・クラス・オブ・2014〟インダクション・セレモニーではミスターT、カルロス・コロン、ポール・ベアラー、リタ、レーザー・ラモン（スコット・ホール）、ジェーク〝ザ・スネーク〟ロバーツ、そしてアルティメット・ウォリアーの7人が殿堂入りした。

リタにはトリッシュ・ストラータス、R・ラモンにはケビン・ナッシュ、ジェーク〝ザ・スネーク〟にはダイヤモンド・ダラス・ペイジといったように、授賞式のインダクターにはそれぞれ公私ともにインダクティーといちばん親しい友人、インダクティーをいちばんよく知る人物が選ばれる。

ウォリアーのインダクターをつとめたのは、ウォリアーの友人やレスラー仲間ではなくて、なぜかリンダ・マクマホンだった。

「彼がわたしに電話をくれ、わたしにインダクターをやってくれというので、ひじょうに名誉なことであり、ホール・オブ・フェームはわたしの大好きなイベントでもありますから、喜んで引き受けることにしました」

リンダは「わたしにいつもほほ笑みを与えてくれた人」「ほんとうにインスピレーショナルなレスラー」というグリーティングのことばでウォリアーを紹介した。この〝インスピレーショナル inspirational〟という形容詞は、アメリカ英語のなかでもとくに日本語に訳しづらい単語のひとつだ。霊感を受けた、霊感を与える、心を鼓舞するだとややわかりにくく、心を揺さぶる、感動を与える、感動的だとかんたんすぎる。

ウォリアーにとってはビンス・マクマホン夫人であり、WWE社内の役職では元ボスのビンスと同じランク（かそれより上）にいる〝おかみさん〟にあたるリンダは、ウォリアーの人物像を「蒸気機関車みたいな人」「そのやり方に問題がある場合もあるけれど、絶対的な完ぺき主義者」「リングの上でも、リングの外でもローナー（孤独を愛する人）」と評した。

黒のタキシード姿でステージに登場したウォリアーは、まず最初に「スポーツ・エンターテインメント史上、もっとも待ち望まれたスピーチ！」とこれからはじまる演説にみずから大げさなタイトルをつけた。短く刈り込んだ髪は、かつてのライトブラウンではなくて、ナチュラルなグレー。いわゆるペインティング・レスラーの54歳の素顔だから、いまそこに立っているウォリアーとかつてのアルティメット・ウォリアーのイメージがなかなか合致しない。

ウォリアーは、どうしても語っておきたいことを語りはじめるまえに、デイナ夫人とふたりの娘さんたち、13歳のインディーさんと11歳のマティーさんをWWEユニバースに紹介した。デイナ夫人はウォリアーが1996年にWWEを退団したあとにウォリアーの人生に現れた最良のパートナーで、子どもたちはもちろん、アルティメット・ウォリアーの活躍をリアルタイムでは目撃していない。

「WWEではすごいことをたくさんやったけど、いちばんすごいことはキミたちの父親になったことだ。それを知ってほしい」

ウォリアーは観客席にいるふたりの娘たちにステージの上からこう語りかけた。

「あれから18年もたったのに、こうしてまたカムバックできるとは思わなかった。今回、WWEタワーでのミーティングをセッティングしてくれたポールに感謝したい」

ポールとはポール・M・レベックCOO、つまりトリプルHのことだ。

「WWEはわたしにすべてを与えてくれた。あの日々を思い出さない日はありません」

「アルティメット・ウォリアーの歴史は1本のDVDによって書き換えられ、改ざんされた。それについては断固として闘う」

ウォリアーは、ビンスとある約束をしていた。それは〝胸のつかえ〟をおろし、苦しみから自由になることだったという。

このスピーチを終えてから3日後、ニューオーリンズからダラス経由の国内線で自宅のあるアリゾナ州フェニックスに戻ったウォリアーは、胸の痛みを訴えて倒れ、救急車で病院に運ばれたが搬送先で死亡が確認された。享年54。まさに「事実は小説よりも奇なり」の衝撃的な最期だった――。

WWEディーヴァ、リタの物語

ホール・オブ・フェーマーたちはそれぞれのとっておきの物語をステージに運んできた。リタのストーリーは、プロレスラーになりたくて、そのソース source（源泉、根源）を求めてたったひとりでメキシコに渡った〝プロレス女子〟の冒険のおはなしだった。

リタにとってプロレスラーとしての約8年間は「ワン・ビッグ・ロースト（大きなひとつのかたまり）」のようなもので、ひとつひとつのエピソードをこまかく切り分けて話すことはできないらしい。

メキシコで最初に学んだことは、仲間とのボンディング bonding（きずな、友情、一体と感じられる結びつき）と――女子ではあるけれど――ワン・オブ・ザ・ボーイズ（レスラー集団のなかのひとり）としてのフィーリング。ＣＭＬＬレスリング・スクールでの戦利品は、黙ってもらってきてしまったラヨ・デ・ハリスコJrのマスクだった。

レイ・ミステリオはメキシコで出逢い、ＷＷＥで再会したプロレスの師匠。いつもいろいろな相談に乗ってくれて、よくいっしょにミラーライトを飲んだメントア（助言者）はアーン・アンダーソン。試合に関するこまかいアドバイスをしてくれた先輩はトミー・ドリーマー。首を骨折したとき、みずからの体験をシェアし、専門医を紹介してくれた〝ストーンコールド〟スティーブ・オースチン。会ったことはないけれど、尊敬する女子プロレスラーは豊田真奈美。リタはリタ自身の〝ひとかたまり〟

の体験を「好きなものをみつけて、その好きなものに人生をまかせてみること」と語った。

カルロス・コロン、レーザー・ラモン、ジェーク〝ザ・スネーク〟ロバーツ……

カルロス・コロンはWWEスーパースターではなくて、プロレス現代史の重要な登場人物のひとりとしてWWE殿堂入りを果たした。

1948年、プエルトリコのサンタイザベル生まれのニューヨーク育ち。少年時代はアントニオ・ロッカ、ブルーノ・サンマルチノ、ミグエル・ペレスらにあこがれ、14歳でレスリングを習いはじめ、66年にデビュー。

モントリオール、カルガリー、フロリダ、サンアントニオ、メキシコなどをサーキット後、1973年にプエルトリコに新団体WWC(ワールド・レスリング・カウンセル)を設立。以後40年間、カリブ海の〝プロレス王〟の座に君臨してきた超大物である。

レーザー・ラモン、というよりもスコット・ホールが演じる〝にせキューバ人〟レーザー・ラモンは「8歳のときに恋をした」とプロレスとの最初の出逢いを告白したあとで「レスリングはオレにパワーを与えてくれた。レーザーに変身し、オーディエンスとの強いつながりを構築し、すばらしい仲間たちとめぐり逢えた。レーザーに感謝したい」とスコット・ホールの真実を語った。

〝バッドガイ〟レーザーのベストマッチは〝レッスルマニア10〟でのショーン・マイケルズとのラダー・マッチ(1994年3月20日=ニューヨーク、マディソン・スクウェア・ガーデン)。「オレには4人の兄弟がいる」とレーザーがスパニッシュなまりのブロークン・イングリッシュでイントロダクションをするとトリプルH、ケビン・ナッシュ、S・マイケルズ、〝Xパック〟ショーン・ウォルトマンがステージに登場してきた。この5人組がクリック（派閥）としてリングのなかとバックステージを同時にひっかきまわしていたのはいまからもう20年もまえのことだ。

ジェーク〝ザ・スネーク〟ロバーツが壇上にあがったワンシーンは、授賞セレモニーのための晴れやかなスピーチというよりは現在進行形のドキュメンタリー映像のようだった。

〝蛇男〟ロバーツは、ウォリアーとはまたちがった意味でセルフ・ディストラクション（自己破壊）の道を転げ落ちていった〝消えたWWEスーパースター〟である。

「プロレスラーとしての体験には一瞬の後悔もありません。なにごとにも代えがたい最高のフィーリングでした。子どもからお年寄りまで、男性も女性も、すべての観客の感情をコントロールすることができた」

「ハートとマインドがそれを求めたとしても、それをできなくなるときがやって来る。わたしはドラッグとアルコールに溺れ、家族を苦しめ、子どもたちにウソをつきつづけた。現役生活が終わると、わたしのなかに残ったのは苦痛と恥辱だけだった」

「いまから18カ月まえ、ダイヤモンド・ダラス・ペイジがわたしを救ってくれた」

ロバーツは「わたしの新しい人生」といって、1歳6カ月の男の子のベイビーをオーディエンスに紹介した。それは59歳の〝伝説の男〟に与えられたアナザー・チャンスだった。（取材／2014年4月）

〝プロレス現代史の集大成〟レッスルマニア30

オープニング・ホストはハルク・ホーガン

1985年の第1回大会から数えてことしで30回めとなった祭典〝レッスルマニア30〟はプロレス現代史の集大成のようなイベントだった。

オープニング・ホストをつとめたハルク・ホーガンのスピーチからジ・アンダーテイカーのまさかの敗北、ダニエル・ブライアンのWWE世界ヘビー級王座獲得シーンと7万5167人の大観衆による〝イエス・コール〟の大合唱までが長編映画のような〝大絵巻〟になっていた。

試合開始前の午後3時半からスーパードーム内のプレスルームで開かれた共同記者会見にはホーガン、ステファニー・マクマホン、ジョン・シーナの3人が登場した。

ホーガンは〝レッスルマニア1〟の思い出をこう語った。

「映画俳優（ミスターT）なんかリングに上げてどうするつもりだ、という意見が圧倒的だった。しかし、ビンス・マクマホンはビジョン（先見の明、洞察力）を持っていた。ビンスのビジョンがこのビジネスの常識を根底からひっくり返した」

〝レッスルマニア1〟のメインイベントは、ホーガン&ミスターT対ロディ・パイパー&ポール・オーンドーフのタッグマッチだった。モハメド・アリが特別レフェリー、キーボード奏者のリベラッチがゲスト・タイムキーパーをつとめた（1985年3月31日＝ニューヨーク、マディソン・スクウェア・ガーデン）。アメリカのマスメディアはこの試合を「プロレスのルネッサンス」と評した。

「ファンアクセスの会場でアンドレの銅像をみたとき、こみあげてくるものがあった。〝アンドレ・ザ・ジャイアント・メモリアル・バトルロイヤル〟は〝レッスルマニア〟の新しい伝統となるだろう。〝レッスルマニア〟は毎年、巨大化している。いまこの場所に立っていることを誇りに思う。まさか（WWEに）戻ってくるとは思っていなかったから」

ホーガンは現役続行の可能性については「マインド（考える力、頭脳、知性）とハート（心、気持ち、精神）はずっと同じ。でも、ボディーはもう同じではない。腰の手術を6回、やりました。〝よい子はゼッタイにマネしてはいけません Don't Try This At Home〟といいますが、レスリングはフェイクではありません。いまでも試合がしたいと思うことはあります、いちど倒れたら立ちあがれないかもしれないけれど」と語った。

ホーガンのすぐあとに壇上に立ったステファニーは、TVショーでいつも演じている〝悪の首脳部〟としてのキャラクターではなく、聡明でフレンドリーなエグゼクティブ・プロデューサーの顔をみせた。

「〝レッスルマニア〟にはこれまで1大会も欠かすことなく参加してきました。30年です。いまはどんなデバイスからでも、スマートフォンでもタブレットでもこのイベントを観ることができますから（テクノロジーは）進化していると思いますね」

「先ほどバックステージで父とホーガンが立ち話をしているところをみて、8歳の少女に戻ったような感覚をおぼえました。すごくハッピーなことですね。やっぱりホーガンのイメージはレッド&イエローです」

「〝レッスルマニア〟の思い出のシーンはわたしの場合、試合ではなくて〝レッスルマニア3〟でのアンドレ・ザ・ジャイアントの入場シーンですね。わたしにとってアンドレはおとぎばなしのヒーローでした」

「〝レッスルマニア〟は世界150カ国へ、30カ国語で伝えられ、ソーシャルメディアを通じて3億人のフォロワーに支えられています。わたしですか？ わたし自身はヒールのほうが楽しいと思います」

シーナはWWEスーパースターとしてよりも、どちらかといえばWWEのスポークス・パーソン的な視点で報道陣の質問に答えた。

「バトルロイヤルでは若くてハングリーなWWEスーパースターたちの動きをじっくりみてほしい。ダニエル・ブライアン、ザ・シールド、ワイアット・ファミリーにも注目してほしい。彼らがWWE、レスリング・ビジネスの未来を担うのです」

「ブレイ・ワイアットとの試合は楽しみです。ぼく自身もこういう闘いは好きです。それがすばらしい対戦相手であるならば、ぼくは試合に負けることは気にならないし、それが恥ずかしいことだとは思わない」

「ぼくを応援してくれるファンがいて、ぼくにブーイングを浴びせるファンがいる。人生はオープン・ブックです。ぼくは評論家の批判にも耳を傾ける。オーディエンスがなにを求めているかを感じとり、彼らをすばらしい旅にいざなうのです」

「〝ホール・オブ・フェーム〟のメインイベントはアルティメット・ウォリアーでした。それはひじょうにむずかしい役まわりだったかもしれないけれど、彼は観客にいろいろなことを伝えようとしていた。そして、観客は彼を観にきていたのです」

チャンピオンベルトを必要としないスーパースターとなったシーナは、いつのまにかプロデューサー的なポジションからWWEについて語るようになっていた。

プロレス史上もっともビッグな3人のスーパースター

オープニング・ホストとしてまずリングに登場してきたのはホーガン、〝ストーンコールド〟スティーブ・オースチン、〝ザ・ロック〟ドゥエイン・ジョンソンの3人だった。いずれもWWE史上――というよりも過去150年のプロレス史上――あらゆる意味でもっともビッグな3人のスーパースターである。

最初にリングに上がってきたホーガンが「ニューオーリンズへようこそ、ブラザー」と開会のあいさつをし「いまから30年まえ（正確には29年まえ）、〝レッスルマニア1〟でわたしはミスターTと……」と語りはじめたところで〝ガシャン〟というガラスが割れる効果音からはじまるテーマ音楽とともにストーンコールドが登場。ホーガンとストーンコールドがリングのまんなかで握手を交わすと、こんどは〝イフ・ユー・スメル If you smell ……〟のキャッチフレーズがスタジアムに響き渡り、直線距離にして100メートルほどはあろうかと思われる長い長い入場ランプをロックがゆっくりと歩いてきた。

単なるミステークといえば単なるミステークだし、思い込みといえば思い込みなのかもしれないが、ホーガンはことしの祭典の舞台となったスーパードームを何度も「シルバードーム」といいまちがえた。シルバードームとは、ホーガン対アンドレの歴史的なシングルマッチ（〝レッスルマニア3〟）がおこなわれた場所であることはいうまでもない。

これをおもしろがったストーンコールドは、ホーガンをからかうようにスピーチの途中でわざと「シルバドームは……」と語り、あとからやって来たロックは「ここスーパードームでは」とこれをソフトに訂正した。ストーンコールドが音頭をとって3人の缶ビールの乾杯で豪華なオープニング・シーンはひとまず幕となった。

〝レッスルマニア30〟のダブル・メインイベントは、ランディ・オートン対バティースタ対〝X〟のWWE世界戦とアンダーテイカー対ブロック・レスナーの2試合。第1試合でトリプルH対ダニエル・ブライアンのシングルマッチがラインナップされ、この試合の勝者が〝X〟としてメインのタイトルマッチに駒を進めるというレイアウトになっていた。

アンダーテイカー衝撃の敗北

WWEのTVショー、とくに秒刻みのタイムテーブルでイベントが進行していくPPVでは、実況・解説なしで観客が目にするライブと実況・解説が聞こえる映像とでは試合そのもののイメージがかなりちがったものになるケースがある。

前者は観客の自由なリアクションを許容するが、後者はあくまでもWWEがWWEユニバースに対してプロデュースする映像作品である。映像作品としてのWWEのプレゼンテーション（ここでは〝レッスルマニア30〟のコンテンツ）は、それがポジティブなものであってもネガティブなものであっても、観客サイドのリアクションや声援、ブーイングなどの影響をいっさい受けない。

リングサイドの実況ブースに座っているのはプレー・バイ・プレー・アナウンサーのマイケル・コール、カラー・コメンテーターのジェリー〝ザ・キング〟ローラーとジョン・ブラッドショー・レイフィールドの実況・解説トリオだが、この3人のヘッドセットにはインカムを通じてつねにビンスからの〝天の声〟が聞こえている。

ビンスは〝ゴリラ・ポジション〟――その語源はTVプロデューサーだった故ゴリラ・モンスーンが陣頭指揮をとっていたコントロールルーム――と呼ばれるバックステージ内の1室からつねに実況・解説のコメント内容を遠隔操作していて、とくにコールが試合中に話すことはコール自身による実況ではなくて、コールの口を通して語られるビンスのナレーションである。

レスナーがこの日、3発めのF5でアンダーテイカーから3カウントのピンフォールを奪った瞬間、まるで時間が止まったかのようにスーパードームが凍りついた。これは7万5167人の自然な反応だった。

それから数秒後、実況アナのコールはしんみりとした調子で「すべてのすばらしきものには終わりがある」と小声でささやいた。勝ったレスナーとアドバイザーのポール・ヘイメンが花道を引き揚げていったあと、リング上で大の字にノビていたアンダーテイカーが〝ムクッ〟と起き上がったが、すぐにまたヒザからキャンバスに崩れ落ちた。スタジアム全体を〝サンキュー・テイカー〟の大コールが覆い尽くした。これもまた観客サイドの自由な発想だった。

「グレーテスト・パフォーマンス・イン・レスリング・ヒストリー（プロレス史上もっとも偉大なパフォーマンス）」というコメントはコールのそれではなく、やっぱりビンスによるナレーションだったのだろう。

アンダーテイカーがよろよろと立ちあがり、うつろな瞳でスタジアムを見上げると、7万人の大観衆がスタンディング・オベーションでアンダーテイカーに大きな拍手をおくった。それはアンダーテイカーの引退を示唆するようなシーンにもみえたし〝to be continued〟にもみえた。

試合中に脳しんとうを起こしたアンダーテイカーはそのまま救急車で病院に直行。ビンスも〝ゴリラ・ポジション〟を放置してアンダーテイカーといっしょに救急車に同乗した。ビンスにとってもそれは想定外のシチュエーションだったのだろう。

興行収益10億円、観客数7万5167人

メインのタイトルマッチがはじまるまえにリングサイド席に座っているブルーノ・サンマルチノ、ハーリー・レイス、ダスティ・ローデス、ボブ・バックランド、ブレット・ハートら歴代の名チャンピオンたちの顔がスクリーン（とテレビの画面）に映し出された。やはり〝レッスルマニア〟はプロレス史の集大成だ。

アンダーテイカーのまさかの敗北に静まり返ったオーディエンスは、メインのオートン対バティー

スタ対ブライアンのWWE世界戦〝トリプル・スレット〟でもういちどローラーコースター・ライドに乗せられた。

ブライアンがイエス・ロックでバティースタからタップアウトを奪い2本のチャンピオンベルトを手にすると、入場ゲートから大きな花火が打ち上げられ、スタジアムの天井からは紙吹雪が舞い降りてきた。

〝レッスルマニア30〟のフィナーレは、ピープルによるピープルのためのピープルの〝イエス・コール〟だった。ブライアンはビンスがプロデュースしたWWEスーパースターというよりも、WWEユニバースが育てた主人公。そういう意味では、まったく新しいタイプのインタラクティブ型スーパースターの誕生ということになるのかもしれない。

メインが終了する数分前、プレス席に配布された〝緊急リリース〟には「本日の興行収益1009万ドル（約10億円）、観客数7万5167人は史上5位」と記されていた。（取材／2014年4月6日＝ルイジアナ州ニューオーリンズ、メルセデス・ベンツ・スーパードーム）

ハルク・ホーガンの〝グッド・トゥ・ビー・ホーム〟

ハルク・ホーガンがやって来る。ロックシンガーとしてデビューした長女ブルック・ホーガンのプロモーション活動のため、2007年春に来日して以来、7年ぶりの日本だ。現役選手として最後に日本で試合をしたのは新日本プロレスのリングで蝶野正洋と闘ったときだった（2003年10月13日＝東京ドーム）。これもすでに11年もまえのことだ。

いまどきのプロレスファン、とくにWWEユニバースとカテゴライズされるオーディエンスは、それがアメリカであっても日本であっても、ホーガンを歴史上の人物ととらえている。ちょうど、いまどきのロックファンがポール・マッカートニーと接するときと同じような感覚と考えればわかりやすいかもしれない。ホーガンは1970年代、1980年代、1990年代、2000年代、そして現在進行形の2010年代まで5つのデケードにわたり〝ハルク・ホーガン〟を世界じゅうの観客のまえでディスプレイしてきた。

アメリカ在住の日本人レスラー、ヒロ・マツダ（故人）のコーチを受け、フロリダのローカル団体でデビューしたのが1977年8月だから、プロレスラーとしてのキャリアは37年。ルーキー時代はマスクマンのスーパー・デストロイヤー、テリー・ボウダー、スターリング・ゴールデンといったリングネームを名乗ったが、79年12月にWWEと契約したときにハルク・ホーガンに改名した。ホーガンに〝ハルク・ホーガン〟というキャラクターを与えたのはビンス・マクマホンの父、〝先代〟ビンス・

ジェームス・マクマホンだった。

ライバルはアンドレと猪木

ホーガンの生涯のライバル、というよりもホーガンのキャリア、プロレスラーとしてのキャリア、プロレスというジャンルを超越したスーパースターとしてのキャリア——にだれよりも大きな影響を与えたプロレスラーはアンドレ・ザ・ジャイアントとアントニオ猪木のふたりである。

ホーガンとアンドレの〝世紀の一戦〟といえば〝レッスルマニア3〟(1987年3月29日＝ミシガン州ポンティアック)における歴史的なシングルマッチがあまりにも有名だが、じつはこのふたりのシングルマッチはそれよりまえにもアメリカ、カナダ、日本で何度もおこなわれていた。

ビンスが全米マーケット侵攻作戦〝1984〟をスタートする以前のWWEでプロデュースされたホーガン対アンドレのシングルマッチでいちばん有名な試合は、ニューヨークのシェイ・スタジアムでおこなわれた一戦だった(1980年8月9日)。このときはホーガンがヒール、アンドレがベビーフェースというポジションで、試合はアンドレがフォール勝ちを収めた。しかし、このシェイ・スタジアムでの試合は同大会の模様をまとめたWWEオフィシャルDVDには収録されていない。どうやら、WWEの〝修正版オフィシャル・ヒストリー〟ではホーガン対アンドレの最初のシングルマッチは〝レッスルマニア3〟で実現した試合、ということになっているようだ。

ホーガン自身がいまも大切な試合として記憶にとどめているアンドレとのシングルマッチは、シェイ・スタジアムでの試合から1カ月後、ニューヨークのマディソン・スクウェア・ガーデン定期戦

（1980年9月22日）でおこなわれた再戦だ。アンドレはこの日、リング上でホーガンに向かって「お前はプロレスラーなんだ。それを忘れるな」とささやきながらホーガンの顔面に友情の〝大巨人パンチ〟をお見舞いしたという。その翌日、ホーガンは映画『ロッキー3』のスクリーン・オーディションを受け、シルベスター・スタローンとの共演という大きなチャンスを手に入れた。ホーガンは、このときのアンドレとの会話をまるできのうのことのように語る。

80年代前半のホーガンのホームリングは、だれがなんといおうと新日本プロレスだった。80年4月の『第3回MSGシリーズ』に初来日したホーガンは、同年10月の『闘魂シリーズ』、同年11月の『第1回MSGタッグ・リーグ戦』にも出場。新日本と年間契約を交わした81年から84年までの4年間は、年間15週間から20週間のスケジュールでアメリカと日本を往復する〝二重生活〟をつづけた。トレードマークは漢字で〝一番〟と刺しゅうが入った新日本スタイルの黒のショートタイツだった。

トーキョーでのホーガンのねぐらは新宿の京王プラザホテルだった。ホーガンはホテルのまわりを自分の足で歩いて散策し、すぐ近くの高層ビルの地下にあったジムをトレーニング場所として確保し、行きつけの居酒屋では親しくなった店長にプロレスラー用の焼き鳥（チキンブレスト）の新メニューをこしらえてもらったりした。

1982年には映画『ロッキー3』が日本でも公開され、スクリーンのなかでロッキーと闘ったホーガンの一般的知名度＝商品価値は――アメリカでも日本でも――いっきにプロレスのカテゴリーを超えてしまった。

翌年の『第1回IWGP決勝リーグ戦』では猪木を〝舌出し失神KO事件〟で下して同リーグ戦に

優勝し、オリジナルのＩＷＧＰベルトをその腰に巻いた（１９８３年６月２日＝蔵前国技館）。つまり、ホーガンはＷＷＥのチャンピオンベルトよりもＩＷＧＰのチャンピオンベルトを先に手に入れていた。この史実は大きい。ホーガンは、猪木のオーラをすぐそばで観察しながら〝国民的ヒーロー〟のなんたるかを学んだのだった。

１９８３年12月にＷＷＥと再契約を交わしたホーガンは、ニューヨークでアイアン・シークを破りＷＷＥ世界ヘビー級王座を獲得（１９８４年1月23日）。その翌週、シリーズ終盤戦への〝特別参加〟という形で新日本プロレスの『新春黄金シリーズ』にＵターンしてきた。ＷＷＥと新日本プロレスの業務提携ラインがあやしくなってくるのはこのあたりからで、アメリカ国内では〝１９８４体制〟によるる全米ツアーが殺人的スケジュールとなり、ＷＷＥとＮＷＡ各エリア、ＡＷＡなど他団体との衝突が各地ではじまっていた。

ホーガンがレギュラー枠で新日本プロレスのシリーズ興行に出場したのは〝１９８４体制〟から１年後の『ＩＷＧＰ＆ＷＷＦチャンピオン・シリーズ』（１９８５年5月）までだが、いまになってみれば、〝レッスルマニア〟の第1回大会がおこなわれてから約1カ月後にそれまでと同じようにホーガンが日本にやって来て、新宿を歩いていたという事実は驚きに値する。

ＷＷＥ脱退とビンスとの和解

ホーガンは１９８４年から１９９３年8月まで約10年間、ＷＷＥに在籍。ビンスとの関係に亀裂が生じると、ホーガンはみずから古巣・新日本プロレスとコンタクトを図り、フリーの立場で福岡ドーム大会に出場（1993年5月3日）。その後、WWEのライバル団体WCWに移籍した（1994年6月）。〝超大物FA〟ホーガンを獲得したことでWCWはメジャーリーグとしてのポジションとステータスを確立し、1990年代後半のアメリカのレスリング・シーンはWWEとWCWの2大メジャー団体による〝月曜TV戦争〟のピリオドを迎えた。90年代後半は、アメリカと日本のプロレス界が疎遠になった時代だった。

WCWは2000年、年間損失額7000万ドル（約70億円）の赤字を計上し、親会社ターナー・ブロードキャスティング（ジョージア州アトランタ）とそのまた親会社のAOLタイムワーナー社は〝プロレス事業部〟の活動休止を決定。2001年3月、WWEがWCWを買収し、WCWはその12年の短い歴史に終止符を打った。

ホーガンは2002年、ビンスと和解して再びWWEと契約。〝レッスルマニア18〟（2002年3月17日＝カナダ・トロント）でザ・ロックと〝世紀の一戦〟をおこない、翌年の〝レッスルマニア19〟（2003年3月30日＝ワシントン州シアトル）では――ホーガン自身がずっとあたためてきたアイディアであった――ビンスとのストリート・ファイトを実現させた。

ロックと闘ったときのホーガンは48歳で、ビンスと殴り合いを演じたときは49歳。2003年6月にまたビンスとケンカ別れすると、それから4カ月後には新日本プロレスのリングで蝶野と対戦した。おそらく、ホーガンにとって日本という国は〝帰ってきたいときに帰ってこられる場所〟なのだろう。

ホーガンとビンスはいったい何回、ケンカして、何回、仲直りするのかわからない。しばらくケンカがつづいたかと思ったら、いきなりホーガンが〝ホール・オブ・フェーム〟授賞セレモニーで殿堂入りしたこともあったし（2005年4月）、それからしばらくするとまた、ホーガンからみれば〝退団〟、ビンスにしてみれば〝解雇〟という状況になった。最後に意見の衝突があったのは7年ほどまえで、おたがいにまた連絡を取り合うようになったのはことしの2月ごろだったという。

〝レッスルマニア30〟（2014年4月6日）のイベント・ホストとしてニューオーリンズにやって来たホーガンは、「グッド・トゥ・ビー・ホーム It's good to be home（家に帰ってくるのはいいものだ）」と前置きしてから、WWEスーパースターズとWWEユニバースをまとめて〝ウィー We（わたしたち）〟と表現した。〝プロレスをやる側のわたしたち〟と〝プロレスを観る側のわたしたち〟がホーガンのなかではどちらも〝わたしたち〟になっている。

「腰の手術を6回、バックアップのリハビリ治療を60回、受けました。もちろん、いまでも試合をやりたいという気持ちはあります。でも、試合をやったら、二度と立って歩くことはできなくなるかもしれません」

マインドはプロレスラーで、ハートもプロレスラーだけれど、ボディーだけはもうプロレスラーのそれではなくなってしまった、というのが60歳のホーガンの謙虚で客観的な自己分析ということになるのだろう。

長女ブルックは25歳、長男ニックは23歳。ふたりとも父親のヘルプをあまり必要としないオトナになった。ホーガンは、新しいパートナーの妻ジェニファーさんに〝イチバン好きな国ジャパン〟のことを知ってもらいたいと願っている。ジャパンもまたホーガンのなかの〝わたしたち〟なのである。（取材／2014年7月）

WWE日本公演〝WWE LIVE 2014〟

スーパースター、裏方、現役選手、それぞれの人生

WWE日本公演〝WWEライブ〟は、TVショー〝マンデーナイト・ロウ〟と〝フライデーナイト・スマックダウン〟で展開中の連続ドラマをそのままフィーチャーした現在進行形のラインナップとハルク・ホーガンのゲスト出演をカップリングした〝ジャパン仕様〟のハウスショー・ツアーだった。

WWEジャパンが日本国内のメディア向けに配布した資料には、ホーガンは「東京公演2日目・大阪公演のみ登場」、ジョン・シーナとブレイ・ワイアットは「東京公演のみ出場」と記されていた。今回の日本公演は〝ロウ〟〝スマックダウン〟のテレビ放映（スカパー）が生中継になってから初めてのツアーだった。

7・7〝ロウ〟モントリオール大会に出場したメンバーは、翌8日にカナダを出発して9日午後（日本時間）、羽田便で来日。ホーガンとホーガンの専属マネジャーのジミー・ハートは10日、成田便で来日した。ホーガンは11日午前、日本テレビの情報番組『スッキリ!!』と『PON!』にゲスト出演。午後は都内のホテルで〝1社あたり20分〟のタイトな時間割で新聞、雑誌など活字媒体のインタビュ

ハルク・ホーガン（右）とジョン・ローリナイティス

ー取材を受けた。3日間の日本公演のプロデューサー（興行責任者）はジョン・ローリナイティス。いわゆるWWEユニバースにとっては〝悪のエグゼクティブ〟ミスター・ローリナイティスであり、日本の（おそらく40代以上の）プロレスファンにとっては全日本プロレスのジョニー・エースである。

ひょっとしたら、WWEユニバースなるコンセプトは〝万物流転〟を意味しているのかもしれない。万物とは、宇宙に存在するありとあらゆるもの、天地間のすべてのもの。万物流転とは、万物はつねに流動変化し、とどまらないということだ。いま60歳のホーガンは、WWEスーパースターというよりもアメリカのポップカルチャーの象徴的な存在。ローリナイティスと悪党マネジャーのポール・ヘイメンのふたりは50代に手が届いたクリエイティブ部門の〝裏方〟。現在のWWEの主人公はいうまでもなく30代のシーナで、ローマン・レインズ、ブレイ・ワイアットらは現役選手としていままさにプライムタイムを迎えつつある20代のWWEスーパースターズだ。

マイク・ロトンドの息子で、ブラックジャック・マリガンの孫にあたるワイアットは〝三世レスラー〟で、〝元祖ワイルド・サモアン〟シカ・アノアイの息子レインズも〝二世レスラー〟。世代、バックグラウンドの異なるスーパースターズがWWEという〝宇宙〟で融合している。

ホーガンの長女でロックシンガーのブルックはテネシー州ナッシュビル在住、ヒップホップ系のハウスDJとして活躍している長男ニックはカリフォルニアに住んでいる。ブルックは26歳で、ニックは24歳。ふたりとも年に数回ずつしか〝実家〟のあるフロリダ州クリアウォーターには帰ってこない。

ローリナイティスのふたりの子どもたち、18歳の長男ザックは6月にハイスクールを卒業してこの秋からセントラル・フロリダ大に進学、12歳の長女マヤは9月から小学6年生になる。ECW時代は

〝眠らないプロデューサー〟だったヘイメンは結婚して、12歳と10歳の2児の父になっていた。

WWEトーキョー公演が意味するもの

ヘイメンは、ECW時代の自分と現在の自分とを比較し「ディファレント・タイム、ディファレント・ライフ（異なる時代、異なる人生）」と語る。ブロック・レスナー、セザーロらをはじめとする〝ポール・ヘイメン・ガイズ〟をプロデュースする仕事は、異なる時代、異なる人生を歩んでいるヘイメンのただいま現在のライフワークということになる。

今回の〝WWEライブ〟は、7月のPPV〝バトルグラウンド〟から8・17PPV〝サマースラム〟へとつながる大きなドラマのなかの〝のりしろ〟の部分を日本のオーディエンスにディスプレイした。ディテールにこだわるヘイメンは、東京公演2日めにラインナップされたセザーロ対コフィ・キングストンのシングルマッチを〝ハシモト・チョーシュー〟なる暗号でプロデュースし、セザーロに合計50発のヨーロピアン・アッパーカット（長州力のラリアット）を打たせ、キングストン（橋本真也）をフォールした。それは、わかる観客にはわかり、わからない観客にはまったくわからない、潜在意識に訴える〝演出〟だった。

「東京公演のみ出場」のシーナとワイアットは、両国大会2日めの翌日、12日午前に東京発ニューヨーク行き直行便に乗り、同日夜、そのままマディソン・スクウェア・ガーデンで開催されたハウスショーに出場した。WWEスーパースターズにとって、トーキョー・ジャパンは地球規模のツアー・コースのなかのほんの1都市でしかなかった。（取材／2014年7月）

〝レッスルマニア31〟衝撃の結末

WWEの春の祭典〝レッスルマニア〟はことしも記録づくめの大会だった。興行収益は1260万ドル（約15億1200万円）で、これまでの記録だった〝レッスルマニア29〟（2013年＝ニュージャージー州イーストルサフォード、メットライフ・スタジアム）の1230万ドル（約14億7600万円）を上回り過去最高。グッズの売り上げは330万ドル（約3億9600万円）で、これも〝レッスルマニア29〟の270万ドル（約3億2400万円）の記録を更新した。

アメリカ国内全50州、世界40カ国から集まってきた7万6976人の大観衆も、リーバイス・スタジアムでのこれまでの記録だったNFLサンフランシスコ49ナーズ公式戦（14年9月）の7万799人を抜いて同スタジアムの観客動員新記録となった。

現在、世界177カ国で動画配信サービスをおこなっているWWEネットワークでは130万世帯がライブ中継を視聴し、ソーシャルメディアではレッスルマニア・ウィーク期間中、WWE関連の動画コンテンツがフェイスブック、ツイッターをはじめとする各プラットフォームで合計6000万回以上、リピート視聴された。

〝レッスルマニア31〟の目玉カードは、ブロック・レスナー対ローマン・レインズのWWE世界ヘビー級選手権、トリプルH対スティングのシングルマッチ2試合。

ことしの祭典は西海岸標準時間帯での開催となったため、第1試合がスタートしたのは午後3時で、メインイベントが終了したのは午後7時57分。公式カード全8試合、約5時間の長丁場だった。

〝レッスルマニア〟らしい？　衝撃の結末

メインイベントにラインナップされた王者レスナー対挑戦者レインズのWWE世界ヘビー級選手権は現在進行形のWWEの頂上対決。ここ1カ月ほどWWEとレスナーの契約更改問題をめぐるさまざまな情報がネット上を漂流し、レッスルマニア・ウィーク直前までレスナーのWWE退団－UFCと接触のウワサが流れた。

いっぽう、1月のPPV〝ロイヤルランブル〟で時間差式変則バトルロイヤルに優勝し〝レッスルマニア31〟のメインイベント出場権を獲得したレインズは、次期WWE世界王者の最有力候補としてのサクセス・ストーリーが明確になってくると、なぜかWWEユニバースから大ブーイングを浴びるようになった。アメリカのオーディエンスは、団体サイドがレールを敷いた（ようにみえる）シンデレラ・ボーイの誕生を拒絶した。

その意味で、このタイトルマッチは勝敗の予想がひじょうにむずかしい試合だった。基本的なポジションはレスナーがヒールで、レインズがベビーフェースだが、ヒールといっても反則やズルいことをいっさいせず、とにかくひたすら強いレスナーを観客サイドは実質的なベビーフェースととらえていた。

試合開始から1分経過の時点でレスナーが十八番F5でレインズを宙に舞わした。しかし、レスナーはフォールの体勢には入らず、ベリー・トゥー・ベリー・スープレックス、投げっぱなしジャーマン・スープレックス、バーティカル・スープレックス（ブレーンバスター）の連射攻撃でレインズをおもしろいように痛めつけつづけた。

レスナーの2発めのF5はレインズがカウント2でクリア。スタジアムの上空が暗くなってきたところでレスナーが放ったこの日、3発めのF5もレインズはカウント2でキックアウトした。

半失神状態でコーナーにダウンしたレインズが不敵な笑みを浮かべ、この表情がアップでスクリーンに映し出されるとスタジアム全体が「おーっ」というどよめきに包まれた。この瞬間、レインズは7万人超の観客をようやく味方につけた。

レスナーの4発めのF5をレインズがカウント2で返した瞬間、入場ゲートにブリーフケースを手にしたセス・ロリンズが現れた。いつでもどこでもWWE世界王座に挑戦できる〝マネー・イン・ザ・バンク〟の権利を保有しているロリンズは、このタイミングでタイトルマッチ出場権を行使。試合はここで急きょトリプル・スレット・マッチに変更された。

ランディ・オートンとのシングルマッチを約3時間まえに終え、たっぷりとインターバルを取ってきたロリンズは、十八番カーブ・スタンプでレインズの顔面をキャンバスにめり込ませ余裕のフォール勝ちをスコア。レスナーは試合に敗れることなくWWE世界王座から転落してしまった。

まさに衝撃の結末。〝レッスルマニア〟らしいハッピーエンドを望んでいた観客にとってはかなりストレスの残る〝to be continued〟的な試合結果となった。

スティング、WWEデビュー

今大会のもうひとつの注目のカード、トリプルH対スティングの超大物対決は第5試合にラインナップされていた。〝ミスターWCW〟スティングにとってはこれがWWEにおける正真正銘のデビュー戦。WCW崩壊からじつに14年という長い歳月を経てついに実現した歴史的一戦ということになる。

トリプルHのセコンドには試合途中からDX（ショーン・マイケルズ、Xパック、ビリー・ガン、ロードドッグ）、スティングの救援にはnWo（ハルク・ホーガン、ケビン・ナッシュ、スコット・ホール）が登場。両派閥による大乱闘シーンは、まさに〝月曜TV戦争〟のリメイク版だった。

トリプルHがスレッジハンマー、スティングが黒のベースボール・バットを手にしてのラストシーンは、〝知能犯〟トリプルHが折れたハンマーの破片をスティングの額に突き刺すトリックプレーで予想どおりのズル勝ちをゲット。

試合終了後は、DXとnWoが激しいにらみ合いを演じるなか、トリプルHとスティングは意外にもクリーンな握手を交わした。ひょっとするとこのドラマもまた to be continued なのだろうか――。

（取材／2015年3月29日＝カリフォルニア州サンタクララ、リーバイス・スタジアム）

おわりに　At The End Of The Day

日本でも、アメリカでも、プロレスは現在進行形のスポーツ文化である。プロレスは戦後、アメリカから輸入されたエンターテインメントだが、プロレスというジャンルは日本と日本人のなかにしっかりと根をおろし、メディアとオーディエンスがいっしょにつくるメディアスポーツとして独自の進化と発展をとげてきた。日本のプロレスは〝街頭テレビ〟というメガイベントからはじまり、モノクロのブラウン管に映し出された力道山はこの国の戦後—復興のシンボルとなり、カラーテレビの画面のなかを動きまわるジャイアント馬場とアントニオ猪木は昭和の高度経済成長期のイメージそのものだった。平成の日本には、平成の日本のプロレスがある。

アメリカにおいてもプロレスはその時代、その時代で進化と発展をくり返してきた。19世紀末のバーンストーミング（カーニバルの地方巡業）の時代からアリーナ興行のビッグ・ビジネスの時代へ。第二次世界大戦後は、日本のそれに先行してテレビとともに歩んだ時代があり、興行的には地方分権テリトリー制の時代を経て1980年代から90年代にかけては大都市型メジャー団体の時代へ。そして、メディア・テクノロジーの進化と歩調を合わせるように、プロレスの映像は20世紀の終わりから21世紀にかけてPPV（ペイ・パー・ビュー）、インターネットの動画へと姿を変えた。

最近のアメリカ英語に〝アット・ジ・エンド・オブ・ザ・デー At the end of the day〟というフレーズがある。流行語といってしまえば流行語だし、もっと普遍的なコンセプトととらえるとそういうことにもなるのかもしれない。直訳すると〝1日の終わりには〟〝その日の最後には〟だが、口語的な意味としては〝いろいろ考えてみて〟〝ようするに〟〝けっきょくのところ〟〝結論としては〟といったニュアンスになる。アット・ジ・エンド・オブ・ザ・デー、時代が変わろうとも、テクノロジーがどんなに進化をとげようとも、プロレスはプロレスなのである。

アメリカ人が日常会話のなかで連発するもうひとつのフレーズに〝ナンバーズ・ドント・ライNumbers don't lie〟といういいまわしがある。これは読んで字のごとく〝数字はウソをつかない〟という意味で、数字に対する〝信仰〟のようなものを表している。〝レッスルマニア32〟（2016年4月3日＝テキサス州アーリントン）はAT&Tスタジアムに10万1763人の大観衆を動員し、これまでのプロレス興行の観客動員記録だった〝レッスルマニア3〟（1987年3月29日＝ミシガン州ポンティアック、シルバードーム）の9万3173人を破り同記録を更新。ライブ興行収益も1730万ドルという過去最高の数字をはじき出し、前年度の〝レッスルマニア31〟（2015年3月29日＝カリフォルニア州サンタクララ、リーバイス・スタジアム）が打ち立てた1260万ドルの記録をさらに更新した。WWEはほんとうに人気がある。数字はウソをつかない。

〝数字はウソをつかない〟というコンセプトは、ツイッターのフォロワー数にもあてはめることができる。WWEの公式ツイッターのフォロワー数は（この原稿を書いている時点で）805万7753人で、〝ザ・ロック〟ドゥエイン・ジョンソンのそれは1039万1757人。ジョン・シーナ＝845万3664人。ランディ・オートン＝467万2502人。トリプルH＝363万3494人。クリス・ジェリコ＝288万7777人。これだけの〝数字〟が1日24時間シフトでWWEスーパースターズのつぶやきに耳を傾け、さらにその情報を第三者にリツイート＝拡散しつづけている。

オバマ大統領の7664万710人、ドナルド・トランプ大統領候補の1082万2768人、レディー・ガガの6243万9095人、マイケル・ムーア監督の275万1666人といったフォロワー数と比較してみても、アメリカ（というよりも広い意味での英語圏）におけるWWEスーパースターズの一般的知名度＝社会的ステータスのようなものがなんとなんく把握できる。

日本の著名人では安倍晋三総理が60万6855人、猪瀬直樹・元東京都知事が67万6899人、糸井重里さんが約1337万人、乙武洋匡さんが約80万人、水道橋博士さんが約50万人、蓮舫議員が約40万人のフォロワーを抱えているが、アメリカと日本のツイッター人口のちがい――ツイッターそのものの社会的なポジションのちがい――を考慮しても、この人たちの〝数字〟がWWEスーパースターズのそれに遠く及ばないという事実には驚かされる。

〝アット・ジ・エンド・オブ・ザ・デー〟も〝ナンバース・ドント・ライ〟もアメリカのプロレス――というよりもアメリカという国――を知るためにはひじょうに便利なコンセプトだろう。しかし、プロレスはやっぱり〝数字〟だけでは理解できない。プロレスの歴史をつくってきたのはプロレスの神がみであり、伝説の男たちである。プロレス史の点と点とが交差し合い、からまり合って、いまのプロレスにちゃんとつながっている、この本の企画をまとめてくださったビジネス社の唐津隆社長、編集を担当してくださった岩谷健一さんに深く感謝いたします。『プロレス入門』下巻もお楽しみに。

2016年8月

斎藤文彦

わ行

（わ）

Photo Credit and Special Thanks:

Mr. William Otten
Mr. George Napolitano
Mr. Masa Horie
Ms. Hitomi Brunk
Mr. Jimmy Wheeler and Professional Wrestling Historical Society
Mr. Rock Rims and When It Was Big Time Wrestling
Mr. Mick Kirch and Slick Mick Old School Wrestling
Mr. Scott Teal and Championship Wrestling From Florida Archives
Wrestling Classics.com and Lou Thesz Forum
And Specail Courtesy to my family, friends, and all the people who helped make this project possible

や行

ら行

ま行

（へ）

（ほ）

(ひ)

(ふ)

な行

は行

た行

（し）

か行

人名索引（本文に登場した人物）

各章各節の初出ページを収集、太字は当該人物を中心テーマとした節のページを記載。

あ行

（あ）

（い）

（う）

【著者略歴】

斎藤文彦（さいとう・ふみひこ）
1962年1月1日、東京都杉並区生まれ。プロレス・ライター、コラムニスト、編集者、プロレス解説者、大学講師（スポーツ社会学、サブカルチャー論、メディア文化論）。筑波大学大学院人間総合科学研究科博士後期課程満期退学。在米中の1981年よりプロレスを取材。1983年の創刊時から『週刊プロレス』に記者、編集としてかかわり、試合リポート、外国人選手のインタビュー、巻頭記事などを担当。連載コラム「ボーイズはボーイズ」を1992年から2014年まで執筆。おもな著書に『プロレス大事典』（1993年、小学館）、『ボーイズはボーイズ』（1998年、梅里書房）、『スポーツで楽しむアメリカ英語』（2003年、岩波書店）、『みんなのプロレス』（2008年、ミシマ社）など。

プロレス入門　神がみと伝説の男たちのヒストリー

2016年9月16日　第1刷発行

著　者　斎藤文彦
発行者　唐津　隆
発行所　株式会社ビジネス社
〒162－0805　東京都新宿区矢来町114番地　神楽坂高橋ビル5F
電話　03－5227－1602　FAX 03－5227－1603
URL　http://www.business-sha.co.jp/

〈カバーデザイン〉尾形　忍（Sparrow Design）　〈本文組版〉エムアンドケイ
〈印刷・製本〉モリモト印刷株式会社
〈編集担当〉岩谷健一　〈営業担当〉山口健志

ISBN978-4-8284-1907-7

ビジネス社の本

1杯の水と卵1個で変わる
史上最強のコンディショニング術

庄司 剛……著

定価 本体1400円＋税
ISBN978-4-8284-1894-0

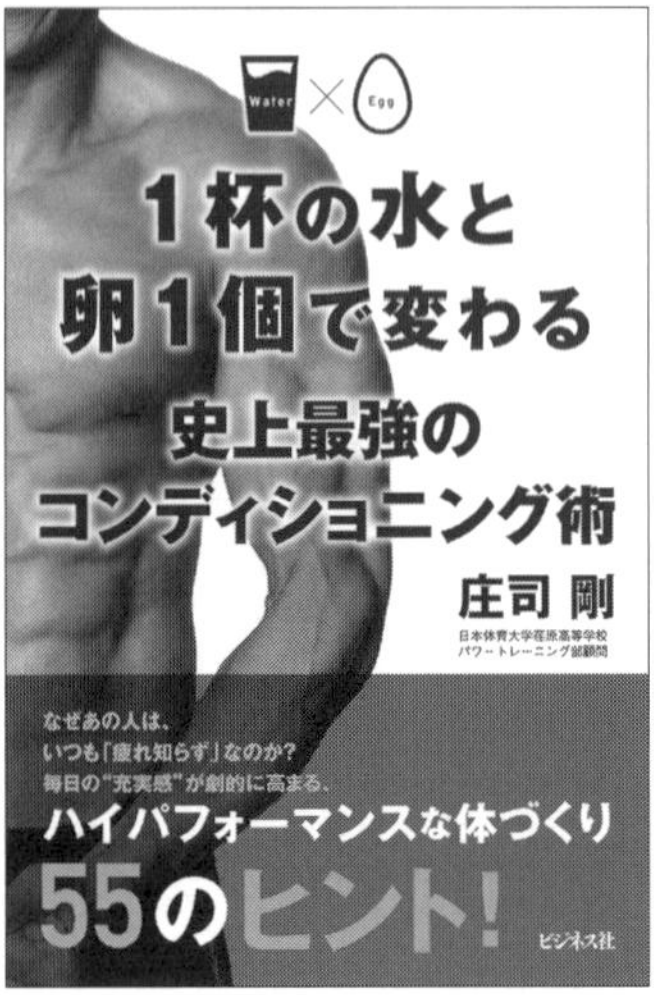

「体が変われば、心も必ず変わる！」

誰でも必ずハイパフォーマンスな体になれる“55のヒント”がここにある。コップ1杯の水と卵1個から始まる史上最強の自分革命。1万8000人の肉体と人生を変えてきた“庄司メソッド”を公開。

本書の内容

第1章　できる人はなぜ体のデザインにこだわるのか
第2章　ハイパフォーマンスのカギを握るオンオフの秘けつ
第3章　体、頭、心に効く食事の考えかた
第4章　ルーティンが自然に身につく「習慣化の法則」

ビジネス社の本

水の飲みすぎが病気をつくる

体内の「水毒」を追い出す飲み方、食べ方、暮らし方

石原結實……著

定価　本体1200円＋税
ISBN978-4-8284-1890-2

「血液をサラサラにするために、水をたくさん摂ろう」はウソだった！

本書の内容

Part1　水の飲みすぎは万病のもと
本当は恐ろしい水と体の関係
Part2　水が引き起こす病気・症状
メカニズムを知れば必ず解消する
Part3　体内の「水毒」を追い出す
飲み方、食べ方、暮らし方
Part4　実証!! 余分な水をためない体になったら
長年の不調が改善した